Dominando o Desenvolvimento no iPhone

Explorando o SDK do iOS

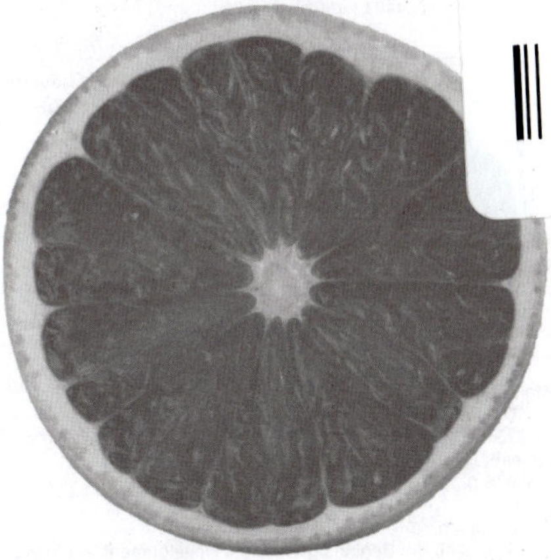

Dave Mark
Jack Nutting
Jeff LaMarche

ALTA BOOKS
EDITORA
Rio de Janeiro, 2014

Dominando no Desenvolvimento no iPhone: Explorando o SDK do iOS

Impresso no Brasil — 1ª Edição, 2014

Produção Editorial
Editora Alta Books

Gerência Editorial
Anderson Vieira

Supervisão Gráfica
Angel Cabeza

Supervisão de Qualidade Editorial
Sergio Luiz de Souza

Supervisão de Texto
Jaciara Lima

Design Editorial
Auleriano Messias
Aurélio Corrêa

Captação e Contratação de Obras
Cristiane Santos
Marco Pace
J. A. Rugeri
autoria@altabooks.com.br

Vendas Atacado e Varejo
Daniele Fonseca
Viviane Paiva
comercial@altabooks.com.br

Marketing e Promoção
marketing@altabooks.com.br

Ouvidoria
ouvidoria@altabooks.com.br

Equipe Editorial
Claudia Braga
Hannah Carriello
Letícia Vitoria
Livia Brazil
Marcelo Vieira
Mayara Coelho
Milena Lepsch
Natália Gonçalves
Raquel Ferreira
Rodrigo Araujo
Thiê Alves

Tradução
Luana Laje Moreno

Revisão Técnica
Fabio Luiz Fonseca
Bacharel em Ciência da Computação

Revisão Gramatical
Daniele Kazan

Diagramação
K2 Design

Dados Internacionais de Catalogação na Publicação (CIP)

M345d Mark, Dave.
Dominando o desenvolvimento no iPhone: explorando o SDK do iOS / Dave Mark, Jack Nutting, Jeff LaMarche. – Rio de Janeiro, RJ : Alta Books, 2014.
676 p. : il. ; 24 cm.

Inclui índice.
Tradução de: Beginning iPhone 4 Development: exploring the iOS SDK.
ISBN 978-85-7608-796-0

1. iPhone (Smartphone) - Programação. 2. Telefone celular - Programação. 3. iPad (Computador). 4. Software de aplicação - Desenvolvimento. 5. Computadores de bolso - Programação. 6. Interfaces de usuários (Sistemas de computação). I. Nutting, Jack. II. LaMarche, Jeff. III. Título.

CDU 004.42:621.395
CDD 006.67

Índice para catálogo sistemático:
1. Programação : iPhone 004.42:621.395
2. Programação : Smartphones 004.42:621.395

(Bibliotecária responsável: Sabrina Leal Araujo – CRB 10/1507)

ALTA BOOKS
EDITORA

Rua Viúva Cláudio, 291 – Bairro Industrial do Jacaré
CEP: 20970-031 – Rio de Janeiro – Tels.: (21) 3278-8069/8419
www.altabooks.com.br – e-mail: altabooks@altabooks.com.br
www.facebook.com/altabooks – www.twitter.com/alta_books

Para Deneen, Daniel, Kelley e Ryan, LFU4FRNMWWA...

— Dave

Para Weronica, Henrietta e Dorotea.

— Jack

Para as pessoas mais importantes da minha vida, minha esposa e meus filhos.

— Jeff

Sumário Resumido

Sumário

Sobre os Autores

Dave Mark é um desenvolvedor em Mac de longa data e já escreveu diversos livros sobre desenvolvimento de Mac e iOS, incluindo *Beginning iPhone3 Development* (Apress, 2009), *More iPhone3 Development* (Apress, 2010), *Learn C on the Mac* (Apress, 2008), a série *The Macintosh Programming Primer* (Addison-Wesley, 1992), e *Ultimate Mac Programming* (Wiley, 1995). Dave ama a água e passa o máximo de tempo possível dentro ou perto dela. Ele mora com sua esposa e seus três filhos na Virgínia (EUA).

Jack Nutting tem usado o Cocoa há muito tempo, muito antes de, até mesmo, ser chamado assim. Ele usou o Cocoa e seus antecessores para desenvolver software para diversas indústrias e vários aplicativos, incluindo jogos, design gráfico, distribuição digital online, telecomunicações, finanças, publicações e viagens. Quando ele não está trabalhando no Mac ou em projetos do iOS, desenvolve aplicativos para a web com Ruby on Rails. Jack é apaixonado por Objetive-C e frameworks Cocoa. Na hora certa, ele falará muito sobre as virtudes do despacho dinâmico e das manipulações de classe em execução para qualquer um que prestar atenção (e, até mesmo, para aqueles que não se importarem). Jack é o principal autor de *Learn Cocoa on the Mac* (Apress, 2010) e de *Beginning iPad Development for iPhone Developers* (Apress, 2010). Ele posta em seu blog de vez em quando no endereço http://www.nuthole.com.

Jeff LaMarche é um desenvolvedor em Mac e iOS, com mais de 20 anos de experiência em programação. Ele escreveu vários livros sobre desenvolvimento em iOS Mac, incluindo *Beginning iPhone3 Development* (Apress, 2009), *More iPhone3 Development* (Apress, 2010) e *Learn Cocoa on the Mac* (Apress, 2010). Jeff é diretor da MartianCraft, um local de desenvolvimento de iOS e Android. Ele escreveu sobre Cocoa e Objective-C para a *MacTech Magazine* e artigos para o site de desenvolvedor da Apple. Jeff também escreve sobre desenvolvimento de iOS para seu blog altamente visitado em http://iphonedevelopment.blogspot.com.

Sobre o Revisor Técnico

Mark Dalrymple é um programador de Mac e Unix de longa data, trabalhando em conjuntos de ferramentas de plataformas cruzadas, ferramentas de publicação de internet, servidores da web de alto desempenho e aplicativos para desktop de usuário final. Ele também é o principal autor do livro *Advanced Mac OS X Programming* (Big Nerd Ranch, 2005) e *Learn Objective-C on The Mac* (Apress, 2009). Em seu tempo livre, ele toca trombone e fagote e faz animais de balões.

Agradecimentos

Este livro não poderia ser escrito sem nossos grandiosos, gentis e inteligentes famílias, amigos e colegas. Primeiramente, agradecimentos eternos a Terry, Weronica e Dennen por nos aguentar e manter o resto do universo isolado enquanto trabalhávamos intensivamente neste livro. Esse projeto nos viu enfiados em nossas escrivaninhas por muitas e muitas horas, e, de alguma forma, vocês não reclamaram, somos homens de sorte.

Este livro não poderia ser escrito sem nossos queridos companheiros da Apress. Clay Andres tomou a iniciativa de nos trazer para a Apress em primeiro lugar e carregou este livro nas costas. Dominic Shakeshaft foi o gracioso gênio que lidou com todas as nossas reclamações com um sorriso no rosto e que, de alguma forma, encontrou soluções que fizeram sentido e tornaram este livro melhor. Kelly Moritz, nossa maravilhosa editora de coordenação, foi a força irresistível para os nossos objetos lentamente móveis. Tom Welsh, nosso editor de desenvolvimento, nos ajudou com excelentes feedbacks durante o trabalho. Eles mantiveram o livro no rumo certo e sempre nos apontavam a direção correta. Marilyn Smith e Kim Wimpsett, extraordinárias editoras de cópias, foi um prazer imenso trabalhar com vocês! Jeffrey Pepper, Frank McGuckin, Brigid Duffy e a equipe de produção da Apress pegaram todos os pedaços e, de alguma forma, os tornaram algo inteiro. Leo Cuellar, Dylan Wooters e Jeff Stonefield montaram a mensagem de comercialização e a espalharam pelo mundo. A todos os colegas na Apress, obrigado, obrigado, obrigado!

Um agradecimento muito especial ao nosso incrivelmente talentoso revisor técnico, Mark Dalrymple — além de nos dar feedbacks perspicazes, Mark testou todos os códigos do livro e nos ajudou a mantê-los diretos e precisos. Obrigado, Mark!

Finalmente, obrigado aos nossos filhos pela paciência enquanto seus papais trabalhavam tão arduamente. Este livro é para vocês: Maddie, Gwynnie, Ian, Kai, Henrietta, Dorotea, Daniel, Kelley e Ryan.

Prefácio

O prefácio da edição anterior deste livro, *Beginning iPhone3 Development*, começou com a frase "Que viagem incrível!". Bem, é verdade. Estamos gostando muito, fazendo vários novos amigos e, acima de tudo, aprendendo, aprendendo e aprendendo. O SDK do iOS continua se desenvolvendo e, a cada novo lançamento, ele traz novos conceitos para explorar e novos padrões de design para se aprimorar.

Então, qual é a novidade desta edição? Muita! Para iniciantes, passamos por cada linha de código e fizemos todas as alterações necessárias para colocar cada projeto em linha com a versão mais recente do iOS e do SDK recém-lançado. Todos os projetos foram criados em Xcode 3.2.5, a versão mais recente do Xcode. Como você esperaria, passamos também pelo texto, para que todas as explicações estivessem atualizadas.

Vale a pena comprar este livro se você já tiver uma edição anterior? Excelente pergunta. Fizemos vários pequenos ajustes no decorrer no livro, mas também fizemos alterações adicionais. Inserimos dois novos capítulos: um sobre programação para iPad e outra sobre rosqueamento e processamento de segundo plano. Ambos apresentam todo o novo código e foram criados com o iOS4 em mente.

Resumindo, melhoramos muito o livro. Se você já viu a edição anterior e se sente confortável com todo o material, continue e vá para o *More iPhone4 Development*, no qual estamos trabalhando enquanto esse livro vai para impressão.

Se você ainda não terminou a primeira ou segunda edição, se ainda se sente um pouco confuso ou se apenas quer nos ajudar como autores, compre esta edição. Agradecemos o apoio. Acesse http://iphonedevbook.com e escreva para nós contando sobre seus novos e incríveis aplicativos. Esperamos vê-lo no fórum.
Boa codificação!

Dave, Jack e Jeff.

Capítulo 1

Bem-vindo à Selva

Então, você quer escrever aplicativos para iPhone, iPod touch e iPad? Bem, não culpamos você. O iOS, principal software de todos esses aparelhos, pode ser a nova plataforma mais interessante que já surgiu. Certamente, é a plataforma móvel mais interessante até o momento, principalmente agora que a Apple forneceu uma série de ferramentas elegantes e bem documentadas para o desenvolvimento dos aplicativos iOS. Além disso, com o lançamento da versão 4 do SDK (software development kit) do iOS, as coisas ficaram ainda melhores.

O Que É Este Livro

Este livro é um guia para ajudá-lo a iniciar a criação de seus próprios aplicativos do iOS. Nosso objetivo é proporcionar a curva inicial do aprendizado para ajudar a entender como os aplicativos do iPhone trabalham e como são construídos. Conforme você trabalhar seguindo o livro, irá criar vários pequenos aplicativos, cada um designado para destacar características específicas do iOS e mostrar como controlar esses recursos e interagir com eles. Se você combinar a base que irá obter a partir deste livro com a sua própria criatividade e determinação além de uma extensiva e bem escrita documentação fornecida pela Apple, você terá tudo de que precisa para construir seus próprios aplicativos profissionais do iPhone e iPad.

> **DICA:** Dave, Jack e Jeff têm um fórum para este livro. É um ótimo espaço para encontrar pessoas com o mesmo pensamento, ter respostas às suas perguntas e até mesmo perguntar algo a outras pessoas. Acesse `http://iphonedevbook.com/forum` e confira!

Do Que Você Precisa

Antes de começar a escrever um software para o iOS, você precisará de algumas coisas. Os iniciantes precisarão de um Macintosh baseado em Intel e executando Snow Leopard (OS X 10.6.5 ou posterior). Qualquer computador Macintosh com processador Intel (laptop ou desktop) recente deverá funcionar muito bem. Você também precisará se cadastrar para se tornar um desenvolvedor registrado do iOS. A Apple exige essa etapa antes de permitir o download do SDK do iOS.

Para se cadastrar, acesse `http://developer.apple.com/ios/`, que levará você até uma página semelhante à exibida na Figura 1-1.

Figura 1-1. *Site do iOS Dev Center da Apple.*

Primeiro, clique no botão *Log in*. Será solicitada sua *Apple ID*. Se você não a tiver, clique no botão Create *Apple ID*, crie uma e, em seguida, faça o login. Ao se conectar, você será levado para a página principal de desenvolvimento de iOS. Você não só irá encontrar um link para o download do SDK, como também encontrará links para várias documentações, vídeos, amostras de código entre outros, todos dedicados a lhe ensinar os melhores pontos do desenvolvimento de aplicativos do iOS.

Um dos mais importantes downloads dessa página é o **Xcode**, ambiente integrado para desenvolvimento de software (Integrated Development Environment – IDE) da Apple. O Xcode inclui ferramentas para criar e depurar códigos-fonte, compilar aplicativos e ajustar a performance dos aplicativos que você tiver escrito. Assim que você terminar este livro, você se tornará fã do Xcode!

VERSÕES DO SDK E CÓDIGO-FONTE PARA OS EXEMPLOS

Conforme o SDK e o Xcode se desenvolvem, o mecanismo para fazer download deles também irá mudar. Às vezes, o SDK e o Xcode são encontrados como downloads separados; outras vezes, eles serão mesclados como um único download. O principal: você quer fazer o download da última versão (não beta) do SDK e do Xcode.

Este livro foi escrito para trabalhar com a versão 4 do SDK. Em alguns lugares, podemos escolher utilizar novas funções ou métodos introduzidos na versão 4 que podem ser incompatíveis com versões anteriores do SDK. Falaremos sobre essas situações assim que elas aparecerem neste livro.

Faça o download dos excelentes e mais recentes arquivos de código–fonte no site `http://iphonedevbook.com`.

Atualizaremos o código conforme novas versões do SDK forem lançadas; então, acesse o site periodicamente.

Opções do Desenvolvedor

A opção de download gratuito do SDK inclui um simulador, que lhe permitirá executar aplicativos de iPhone e iPad no seu Mac. Isso é perfeito para aprender a programar para iOS. No entanto, o simulador não oferece suporte a recursos dependentes de hardware, como o acelerômetro do iPhone e a câmera. Além disso, a opção gratuita não irá permitir que você faça o download dos seus aplicativos para o seu iPhone ou outro aparelho. Ele também não dá a capacidade de distribuir seus aplicativos na App Store da Apple. Para isso, você precisará de uma das duas outras opções, que não são gratuitas:

O programa Standard (padrão) custa $99/ano. Ele fornece uma série de ferramentas e recursos de desenvolvimento, suporte técnico, distribuição do seu aplicativo via App Store da Apple e, o mais importante, capacidade para testar e depurar seu código em um iOS, não apenas no simulador.

O programa Enterprise (empresas) custa U$$ 299/ano e é destinado a empresas de desenvolvimento, aplicativos caseiros para o iOS e aplicativos de desenvolvimento para a App Store da Apple, com mais de um desenvolvedor trabalhando no projeto.

Para obter mais detalhes sobre esses programas e compará-los, acesse `http://developer.apple.com/programs/ios` e `http://developer.apple.com/programs/ios/enterprise`.

Como o iOS suporta um aparelho móvel sempre conectado e usa infraestrutura wireless (sem fio) de outras empresas, a Apple precisou colocar mais restrições aos desenvolvedores do iOS do que aos do Mac, que são capazes de escrever e distribuir programas sem absolutamente qualquer fiscalização ou aprovação da Apple. Embora o iPod touch e as versões somente Wi-Fi do iPad não usem infraestrutura de outros, eles ainda estão sujeitos às mesmas restrições.

A Apple não colocou restrições para ser mesquinha, mas, aos poucos, está tentando minimizar as chances de distribuição de programas medíocres e maliciosamente escritos, o que poderia degradar o desempenho na rede compartilhada. Desenvolver para o iOS pode parecer uma pista de prova de obstáculos, mas a Apple fez um grande esforço para tornar esse processo o mais indolor possível. Também deve ser notado que $99 é ainda consideravelmente mais barato do que comprar, por exemplo, o Visual Studio, IDE de desenvolvimento de software da Microsoft.

Isso pode parecer óbvio, mas você também precisará de um iPhone, iPod touch ou iPad. Enquanto muitos dos seus códigos podem ser testados usando o iOS Simulator, nem todos os programas podem. Mesmo aqueles que podem ser executados no simulador realmente precisam ser testados em um aparelho real, antes de você considerar seu aplicativo acessível para o público.

> **NOTA:** Se você vai assinar os programas Standard ou Enterprise, deverá fazer isso agora mesmo. O processo de aprovação demora um pouco, e ela deverá estar pronta para executar seus aplicativos em um aparelho real. No entanto, não se preocupe, pois todos os projetos dos primeiros capítulos e a maioria dos aplicativos neste livro irão executar muito bem no iOS Simulator.

O Que Você Precisa Saber

Este livro supõe que você já tenha algum conhecimento sobre programação. Ele pressupõe que você entenda os fundamentos da programação orientada a objeto (que você saiba o que são objetos, loops e variáveis, por exemplo). Ele também supõe que você esteja familiarizado com a linguagem de programação Objective-C. O Cocoa Touch, a parte do SDK que você irá usar na maior parte deste livro, utiliza o Objective-C 2.0, mas não se preocupe se você não estiver familiarizado com inclusões mais recentes na linguagem Objective-C. Iremos ressaltar qualquer um dos recursos da linguagem 2.0 dos quais obtemos vantagem e explicar como eles funcionam e por que os usamos.

Você também deve estar familiarizado com o próprio iOS, como usuário. Assim como você faria com qualquer plataforma para a qual você precisa escrever um aplicativo, conheça as diferenças e particularidades do iPhone, iPad ou iPod touch. Use o tempo para se familiarizar com a interface do iOS e com a aparência e o comportamento dos programas do iPhone e/ou iPad da Apple.

NOVO NO OBJECTIVE-C?

Se você nunca programou em Objective-C antes, aqui estão alguns recursos para te ajudar a começar:

Verifique o *Learn Objective-C on the Mac*, uma excelente e acessível introdução ao Objective-C, feita pelos especialistas em programação do Mac Mark Dalrymple e Scott Knaster (Apress, 2009; em inglês):

`http://www.apress.com/book/view/9781430218159`

Veja a introdução da Apple sobre a linguagem, *Learning Objective-C: A Primer*:

`http://developer.apple.com/library/ios/#referencelibrary/GettinStarted/Learning_Objective-C_A_Primer`

Dê uma olhada em *The Objective-C Programming Language*, uma descrição detalhada e extensiva da linguagem e um ótimo guia de referência:

`http://developer.apple.com/library/ios/#documentation/Cocoa/Conceptual/ObjectiveC`

Esse último está disponível como download gratuito no iBooks do seu iPhone, iPod touch ou iPad. Perfeito para ler em atividade! A Apple lançou vários títulos de desenvolvedor nesse formato, e esperamos que mais títulos venham. Procure por "apple developer publications" no iBooks para encontrá-los.

O Que é Diferente na Codificação para iOS?

Se você nunca usou o Cocoa ou seus antecessores NeXTSTEP e OpenStep, você talvez ache um pouco estranho o Cocoa Touch, o framework de aplicativo que você irá usar para escrever os aplicativos do iOS, algo pequeno. Há algumas diferenças fundamentais em relação aos outros frameworks de aplicativo, como aquelas usadas quando se constrói aplicativos .NET ou Java. Não se preocupe muito se você se sentir um pouco perdido no começo. Apenas fique atento aos exercícios e você começará a entender depois de um tempo.

Se você escreveu programas usando o Cocoa ou o NextSTEP, encontrará muita coisa familiar no SDK do iOS. Muitas classes não foram alteradas em relação às versões que está acostumado a desenvolver para o Mac OS X. Até mesmo aquelas que são diferentes tendem a seguir os mesmos princípios básicos e usam padrões de objetos similares aos que você já conhece. Há, contudo, várias diferenças entre o Cocoa e o Cocoa Touch.

Independentemente da sua experiência, você precisará ter em mente algumas diferenças cruciais entre o desenvolvimento do iOS e o do aplicativo desktop.

Somente Um Aplicativo Ativo

No iOS, somente um aplicativo pode estar ativo e ser exibido na tela em um determinado momento. Começando pelo iOS 4, às vezes, os aplicativos podem continuar em execução em segundo plano após o usuário pressionar o botão home, mas mesmo isso é limitado a situações e usos específicos.

Quando seu aplicativo não estiver ativo ou em execução em segundo plano, ele não receberá atenção da CPU, o que irá causar problemas com conexões de rede abertas e semelhantes. O iOS 4 permite muito bem o processamento em segundo plano, mas será necessário um esforço seu para fazer com que os aplicativos sejam executados adequadamente nessa situação.

Somente Uma Janela

Sistemas operacionais de desktop e de laptop permitem a existência de muitos programas em execução, cada um com a capacidade de criar e controlar várias janelas. No entanto, o iOS dá ao seu aplicativo apenas uma “janela” para trabalhar. Toda a interação do aplicativo com o usuário acontece nessa única janela, e seu tamanho é determinado pelo espaço da tela.

Acesso Limitado

Programas em um computador muitas vezes têm acesso a tudo o que o usuário executa. No entanto, o iOS restringe seriamente o que seu aplicativo pode fazer.

Você pode ler e escrever arquivos apenas pelo sistema de arquivos do iOS criado para o seu aplicativo. Essa área é chamada de **sandbox** do aplicativo. É nela que serão armazenados documentos, preferências e todos os outros tipos de dados necessários.

O seu aplicativo é também restringido de outras formas. Você não conseguirá acessar portas de rede com número baixo no iOS, por exemplo, ou fazer alguma outra coisa que geralmente poderia requerer acesso administrativo ou root em um desktop.

Tempo de Resposta Limitado

Devido ao modo como é usado, o iOS precisa ser ágil e espera-se o mesmo do seu aplicativo. Quando seu programa é iniciado, você precisa deixar o seu aplicativo em aberto, preferências e dados carregados e a visualização principal em exibição o mais rápido possível — não mais do que poucos segundos.

A qualquer momento em que seu programa estiver executando, poderá ter o tapete puxado. Se o usuário apertar o botão home, o iOS vai para home e você precisará salvar tudo rapidamente e sair. Se você gastar mais do que cinco segundos para salvar e abandonar o controle, o processo do seu aplicativo será destruído, sem levar em conta se você acabou de salvar.

Note que, no iOS4, essa situação é melhorada de alguma forma pela existência de uma nova API, que permite ao seu aplicativo pedir mais tempo para trabalhar quando ele estiver prestes a desaparecer.

Tamanho de Tela Limitado

A tela do iPhone é muito boa. Quando foi introduzida, era a tela com melhor resolução disponível em um aparelho, até então.

No entanto, a tela do iPhone não é tão grande assim, e, como resultado, você tem uma área muito menor para trabalhar do que em computadores modernos. A tela é de apenas 640 × 960 pixels nos últimos aparelhos de tela Retina (iPhone 4 e a quarta geração do iPod touch) e de 320 × 480 pixels em aparelhos mais antigos. A tela Retina, de 640 × 960, está comprimida no mesmo tamanho físico antigo, então você não pode mais contar com ajuste de mais controles ou algo assim — todos eles terão apenas resolução maior do que antes.

O iPad aumenta um pouco as coisas, oferecendo tela de 1024 × 768, mas, mesmo hoje, a tela não é tão grande. Para dar um contraste interessante, no momento desta escrita, o iMac mais acessível da Apple suporta 1920 × 1080 pixels, e o seu notebook mais acessível, o MacBook, suporta 1280 × 800 pixels. Por outro lado, o maior monitor atual da Apple, o Cinema Display LED de 27 polegadas, oferece uma tela enorme de 2560 × 1440 pixels.

Recursos de Sistema Limitados

Qualquer programador antigo que estiver lendo isto estará rindo da ideia de uma máquina com, pelo menos, 256MB de RAM e 8GB de armazenamento ter qualquer recurso contido — limitado, mas é verdade. Desenvolver para o iOS não é, talvez, exatamente a mesma ligação de tentar escrever um complexo aplicativo de planilha em uma máquina com 48KB de memória. No entanto, devido à natureza gráfica do iPhone e a todas as coisas que ele é capaz de fazer, executar fora da memória é muito, muito fácil.

Todos os aparelhos de iOS disponíveis agora têm 256MB ou 512MB de RAM física, embora isso tenda a crescer com o tempo. Algumas dessas memórias são usadas para o buffer da tela e por outros processos do sistema. Geralmente, cerca da metade dessa memória é deixada para o seu aplicativo, e a quantidade pode ser consideravelmente menor.

Embora isso possa parecer uma quantidade de memória bem coerente para um computador pequeno, há outro fator a ser considerado quando se trata da memória no iOS. Sistemas operacionais de computadores modernos, como o Mac OS X, pegarão partes da memória que não estão sendo usadas e irão escrevê-las fora do disco, em um lugar chamado **arquivo de troca** (em inglês, swap file). Esse lugar permite que os aplicativos continuem em execução, mesmo quando tiverem solicitado mais memória do que a disponível no computador. O iOS, entretanto, não irá escrever na memória volátil, como dados de aplicativo, fora de um arquivo de troca. Consequentemente, a quantidade de memória disponível para o seu aplicativo é armazenada por uma quantidade de memória física não usada no aparelho do iOS.

O Cocoa Touch tem mecanismos internos para deixar o seu aplicativo saber que a memória está diminuindo. Quando isso acontecer, seu aplicativo deverá liberar a memória desnecessária ou arriscar ser forçado a sair.

Sem Coleta de Lixo

Nós mencionamos antes que o Cocoa Touch utiliza o Objective-C 2.0, mas um dos novos recursos-chave dessa linguagem não está disponível no iOS: o Cocoa Touch não suporta coleta de lixo (em inglês, garbage collection).

Algumas Coisas Novas

Já que nós mencionamos que o Cocoa Touch não tem algumas coisas que o Cocoa tem, é justo mencionar que o SDK do iOS apresenta algumas funções que, atualmente, não estão presentes no Cocoa ou, no mínimo, não estão disponíveis em todo Mac:

O SDK do iOS fornece uma maneira para o seu aplicativo determinar as coordenadas geográficas atuais do aparelho usando o Core Location;

A maioria dos aparelhos iOS tem uma câmera incorporada e uma biblioteca de fotos, e o SDK fornece mecanismos que permitem que seu aplicativo acesse ambos;

Aparelhos iOS têm um acelerômetro incorporado (no iPhone e iPod touch mais recentes, um giroscópio), que detecta como você segura e move seu aparelho.

Uma Abordagem Diferente

Duas coisas que os aparelhos iOS não têm são um teclado e um mouse físicos, o que significa que você tem uma forma de interagir com o usuário fundamentalmente diferente do que ao programar para um computador com objetivo geral. Felizmente, a maioria dessas interações é controlada por você. Por exemplo, se você adicionar um campo de texto ao seu aplicativo, o iOS saberá mostrar um teclado quando o usuário clicar naquele campo, sem que você precise escrever mais algum código.

NOTA: Os aparelhos atuais permitem que você conecte um teclado externo via Bluetooth, o que dá a você uma boa experiência com teclado e economiza algum estado real da tela, mas esse ainda é um uso um tanto raro. Conectar um mouse definitivamente ainda não é uma opção.

O Que Tem Neste Livro

Aqui, está uma breve descrição dos demais capítulos deste livro:

No Capítulo 2, aprenderemos como usar o colega de trabalho do Xcode, o Interface Builder, para criar uma interface simples, colocando alguns textos na tela.

No Capítulo 3, começaremos a interagir com o usuário, construindo um aplicativo simples que atualiza de modo dinâmico o texto exibido, em tempo de execução, com base nos botões que o usuário clica.

O Capítulo 4 irá se basear no Capítulo 3, introduzindo vários outros controles padrões da interface do usuário do iOS. Também veremos como usar alertas e action sheets para pedir aos usuários que tomem uma decisão ou informá-los de que alguma coisa estranha aconteceu.

No Capítulo 5, veremos a manipulação de atributos de autorrotação e autoajuste, mecanismos que permitem que os aplicativos do iOS sejam usados tanto no modo retrato quanto no modo paisagem.

No Capítulo 6, chegaremos às interfaces de usuário mais avançadas e veremos a criação de interfaces de multivisualização. Mostraremos a você como mudar cada view mostrada ao usuário em tempo de execução, o que irá melhorar muito o potencial dos seus aplicativos.

As barras de tabulação e os pickers são parte da interface de usuário do iOS. No Capítulo 7, veremos como implementar esses elementos.

No Capítulo 8, veremos as table views, a principal maneira de fornecer listas de dados ao usuário e o fundamento de aplicativos baseados na navegação hierárquica. Veremos também como permitir que o usuário pesquise em seus dados de aplicativo.

Uma das interfaces de aplicativos mais comum no iOS é a lista hierárquica que possibilita uma configuração para ver mais dados ou detalhes. No Capítulo 9, você verá o que está envolvido na implementação desse tipo padrão de interface.

O iPad, com seu tamanho físico diferente dos outros aparelhos iOS, requer uma abordagem diferente para exibir uma GUI e fornecer alguns componentes para ajudar isso a acontecer. No Capítulo 10, mostraremos a você como usar as partes específicas de iPad do SDK.

No Capítulo 10, veremos a implementação das configurações de aplicativos, que é o mecanismo do iPhone para deixar os usuários colocarem as suas preferências de nível de aplicativos.

No Capítulo 11, veremos a implementação das configurações de aplicativo, que é o mecanismo de iOS que permite aos usuários definir as preferência do aplicativo.

O Capítulo 12 mostra o gerenciamento de dados no iOS. Falaremos sobre a criação de objetos para pegar dados do aplicativo e veremos como o dado pode ser persistido no sistema de arquivo do iOS. Trataremos também dos fundamentos do uso do Core Data, que permite a você salvar e recuperar dados facilmente.

Ao começar com o iOS 4, os desenvolvedores têm acesso a uma nova abordagem, ao desenvolvimento de multitarefas, utilizando o Grand Central Dispatch, bem como à possibilidade de fazer com que seus aplicativos sejam executados em segundo plano em determinadas circunstâncias. No Capítulo 13, mostraremos como isso é feito.

Todo mundo ama desenhar; então, veremos como fazer desenhos personalizados no Capítulo 14. Utilizaremos funções de desenho básicas em Quartz 2D e OpenGL ES.

A tela multitoque, comum a todos os aparelhos iOS, pode aceitar uma grande variedade de entradas dos movimentos do usuário. No Capítulo 15, você aprenderá tudo sobre como detectar movimentos básicos, tais como uma batida leve ou uma pancada. Também veremos o processo de definição dos novos toques e falaremos sobre quando os novos toques são apropriados.

O iOS é capaz de determinar sua latitude e longitude graças ao Core Location. No Capítulo 16, criaremos alguns códigos que utilizam o Core Location para descobrir em que lugar do mundo o seu aparelho está e usaremos essa informação na nossa aventura de dominar o mundo.

No Capítulo 17, trataremos da interface com o acelerômetro e o giroscópio do iOS, que é como o seu aparelho soubesse de que jeito será mantido, bem como a velocidade e a direção na qual está se movendo. Veremos algumas coisas divertidas que seu aplicativo pode fazer com essas informações.

Quase todo aparelho tem uma câmera e uma biblioteca de imagens, ambas disponíveis para o seu aplicativo, se você pedir gentilmente! No Capítulo 18, mostraremos a você como fazer isso.

Dispositivos iOS atualmente se encontram disponíveis em mais de 90 países. No Capítulo 19, mostraremos como escrever seus aplicativos de tal modo que todas as partes dele possam ser facilmente traduzidas para outras línguas a fim de expandir o público potencial dos seus aplicativos.

Ao final deste livro, você terá dominado os fundamentos para criar aplicativos do iPhone e do iPad. Mas para onde ir a partir daqui? No Capítulo 20, exploraremos os próximos passos lógicos para você se aventurar a dominar o SDK do iOS.

O Que É Novo Nesta Atualização?

Desde que a primeira edição deste livro chegou às livrarias, o crescimento da comunidade de desenvolvimento do iOS tem sido fenomenal. O SDK evoluiu continuamente, com a Apple lançando um fluxo de dados estável de atualizações do SDK.

Bem, também estivemos ocupados! No momento em que descobrimos o SDK 4 do iOS, imediatamente começamos o trabalho, atualizando cada projeto para garantir não apenas que o código para aquele compile utilizando as versões mais recentes do Xcode e do SDK, mas também para que cada um aproveitasse a vantagem dos recursos mais recentes e excelentes oferecidos pelo Cocoa Touch. Fizemos várias mudanças no decorrer do livro e adicionamos uma boa quantidade de alterações individuais também, tanto ao código quanto às explicações. Adicionamos um novo capítulo sobre movimento e multitarefas, e outro capítulo sobre programação no iPad. Além disso, é claro, nós refizemos cada tela apresentada no livro.

Você Está Pronto?

O iOS é uma incrível plataforma de computação e uma excitante nova fronteira para o seu prazer em desenvolver. Programar para iOS será uma nova experiência, diferente de trabalhar com qualquer outra plataforma. Para tudo o que parecer familiar, haverá alguma coisa diferente, mas, enquanto você trabalhar de acordo com o código do livro, os conceitos deverão vir todos juntos e começarão a fazer sentido.

Tenha em mente que os exercícios neste livro não são simplesmente uma checklist que, quando completada, magicamente lhe dará um status de desenvolvedor guru do iOS. Tenha certeza de que você entendeu o que fez e o porquê antes de passar para o próximo projeto. Não tenha medo de fazer mudanças no código. Observar os resultados é um dos melhores caminhos para você aprender com as complexidades da codificação em um ambiente como o Cocoa Touch.

Dito isso, se o SDK do seu iOS estiver instalado, vire a página. Se não, instale-o! Conseguiu? Ótimo. Então, vamos lá!

O Que é Novo Nesta Atualização?

[illegible]

[illegible]

[illegible]

Capítulo 2

Satisfazendo os Deuses Tiki

Como você provavelmente sabe muito bem, já se tornou tradição chamar o primeiro projeto em qualquer livro sobre programação de "Hello, World!" ("Olá, Mundo!"). Nós pensamos em quebrar essa tradição, mas ficamos com medo de que os deuses Tiki impusessem alguma retribuição dolorosa em nós por tal quebra bruta da etiqueta. Então, faremos isso pelo livro, não é?

Neste capítulo, utilizaremos o Xcode e o Interface Builder a fim de criar um pequeno aplicativo de iOS para exibir o texto "Hello, World!" na tela de um aparelho iOS simulado. Veremos o que está envolvido na criação do projeto do aplicativo de iOS em Xcode, trabalharemos os detalhes do uso do Interface Builder para criar nossa interface de usuário do aplicativo e, em seguida, executaremos nosso aplicativo no simulador do iOS. Feito isso, daremos ao nosso aplicativo um ícone e um identificador específico para que ele se sinta um aplicativo de iOS mais real.

Temos muito a fazer aqui. Então, vamos lá!

Preparando Seu Projeto em Xcode

A essa altura, você deve ter o Xcode e o SDK do iOS instalados em sua máquina. Você também deverá fazer o download do arquivo de projetos do livro em seu site. Aqui está o link:

`http://www.iphonedevbook.com/forum`

Os fóruns do livro são ótimos para fazer o download do código-fonte mais recente do livro, ter respostas às suas perguntas e encontrar pessoas com pensamentos semelhantes. É claro que você também pode encontrar o código--fonte no site da Apress:

`http://www.apress.com`

NOTA: Embora você tenha a configuração completa dos arquivos do projeto à sua disposição no arquivo de projeto do livro, achamos que aprenderia mais fora dele, criando cada projeto manualmente em vez de simplesmente executar a versão da qual você fez o download. Assim, você ficará mais familiarizado e especializado trabalhando com as diversas ferramentas conforme desenvolve seus próprios projetos. Não há qualquer substituto para realmente clicar e arrastar para fora os botões da barra de rolagem e rolar pelo código-fonte para fazer mudanças conforme nós passamos de uma versão de um programa para outra.

Nosso primeiro projeto está na pasta *02 - Hello World*. Se você for criar seus próprios projetos, crie uma nova pasta para manter todos os seus projetos do livro. Conforme você avançar no livro, salve todos os seus novos projetos na pasta principal.

Agora, abra o Xcode, que está localizado em */Developer/Applications*. Você encontrará uma pasta chamada *Developer* na parte superior da sua unidade de disco rígido. Dentro dessa pasta, há uma outra chamada *Applications*, e, dentro desta, um aplicativo chamado *Xcode.app*. Antes de abrir o Xcode, arraste o ícone dele para o dock. Na mesma pasta, você encontrará um programa chamado *Interface Builder.app*. Arraste também esse ícone para o dock. Você irá utilizar esses programas do começo ao fim do livro.

Se esta for a sua primeira vez usando o Xcode, não se preocupe; nós guiaremos você pelo processo de criação de um novo projeto. Se não for, apenas siga em frente.

Quando você abrir o Xcode pela primeira vez, você será apresentado à tela de boas-vindas, como mostra a Figura 2-1. A partir daí, você poderá escolher entre criar um novo projeto, mergulhar no tutorial *Getting started with Xcode* e ir ao site da Apple Developer Connection. Você também pode ir direto para qualquer projeto recente que tenha criado a partir da lista exibida à direita da janela. Se este for o seu primeiro projeto, essa lista estará vazia.

DICA: Reserve um tempo para acessar o site da Apple Developer Connection e ver o programa de desenvolvedor de iOS. Se você planeja criar aplicativos e vendê-los na App Store, certamente precisará participar desse programa. Como a associação ao programa pode demorar um tempo para ser aprovada, talvez valha a pena se registrar agora. Com sorte, quando estiver terminando este livro, sua associação terá sido aprovada.

Se você não quiser ver a janela de boas-vindas toda vez que o Xcode abrir, desmarque a caixa de seleção *Show this window when Xcode launches* antes de fechá-la. Se você sentir a informação martelando na sua cabeça por alguns minutos, siga em frente de qualquer jeito. Quando você estiver pronto, feche a janela e nós prosseguiremos.

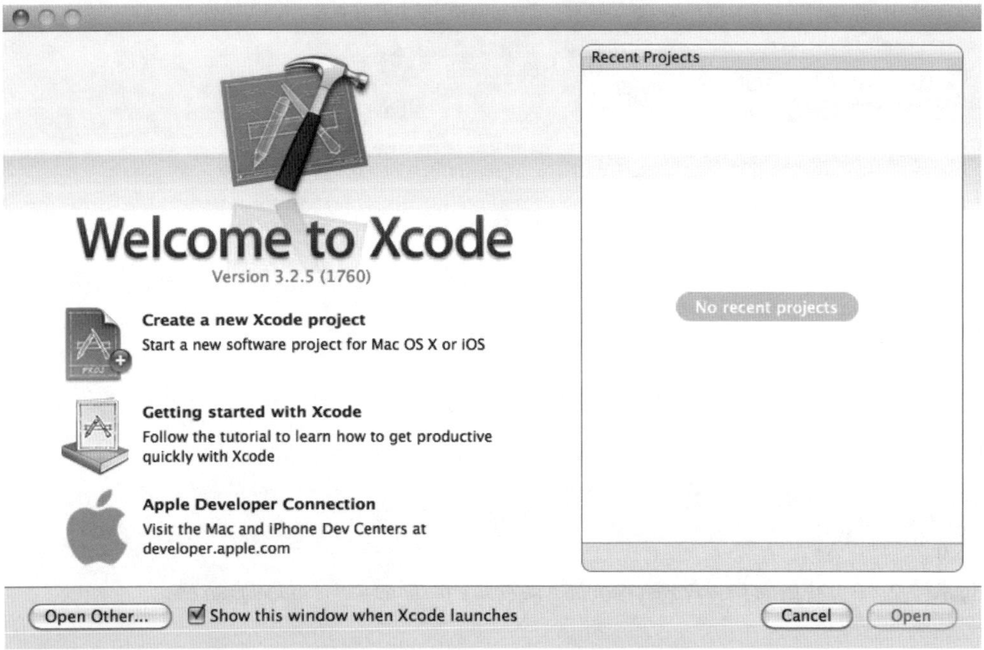

Figura 2-1. *Tela de boas-vindas do Xcode. Note que, se essa for a sua primeira vez executando o Xcode, não haverá projetos recentes. Isso irá mudar conforme você avançar no livro.*

NOTA: Se você tiver um aparelho iOS conectado à sua máquina, quando você iniciar o Xcode pela primeira vez, deverá ver a mensagem perguntando se você quer usar aquele dispositivo para o desenvolvimento. Por outro lado, uma janela chamada *Organizer*, criada para listar os aparelhos com os quais você irá trabalhar, poderá aparecer. Por enquanto, clique no botão *Ignore* ou, no caso da janela *Organizer*, feche-a. Se você escolheu participar do programa pago de desenvolvedor de iOS, você terá acesso a um portal do programa que lhe dirá como usar seu aparelho iOS para desenvolvimento e testes.

Crie um novo projeto selecionando `File` ➤ `New Project` ou pressionando ⇧⌘ **N**, que mostrará o Assistente New Project (veja Figura 2-2). O painel à esquerda é dividido em duas seções principais: *iOS* e *Mac OS X*.

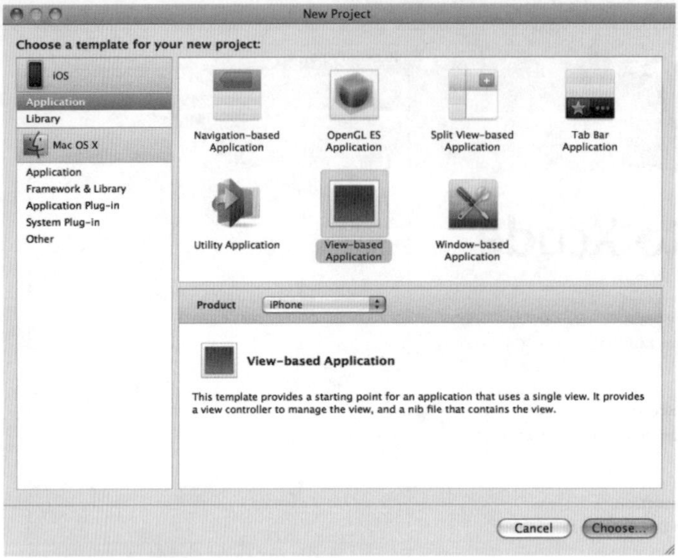

Figura 2-2. *O assistente New Project permite a seleção a partir de vários modelos ao criar um novo arquivo.*

Conforme mostrado na Figura 2-2, selecione *Application* abaixo do título iOS e serão mostrados vários ícones na parte superior direita do painel, cada um representando um **modelo de projeto** separado, que pode ser usado como um ponto de partida para seus aplicativos do iOS. O ícone *View-based Application* é o modelo mais simples e o único que usaremos nos primeiros capítulos. Os outros fornecem código adicional e/ou fontes necessárias para criar interfaces comuns de aplicativos do iOS, conforme você verá nos capítulos a seguir.

Clique no ícone *View-based Application* (conforme mostrado na Figura 2-2) e selecione *iPhone* no menu de pop-up *Product*, na parte central da janela. Isso diz ao Xcode que o aplicativo é apenas para iPhone. A partir daí, o iPhone e o iPad serão os únicos aparelhos iOS suportados por esse template. Por enquanto, ficaremos com o iPhone. Não se preocupe, pois chegaremos ao iPad posteriormente no livro.

Para continuar, clique no botão *Choose...*. Será pedido para você salvar seu novo projeto utilizando a folha de salvamento padrão (veja Figura 2-3). Escreva *Hello World* para o nome do projeto e salve-o no local em que você deseja armazená-lo. A pasta *Document* não é um lugar ruim, mas talvez você queira criar uma pasta dedicada aos seus projetos de Xcode.

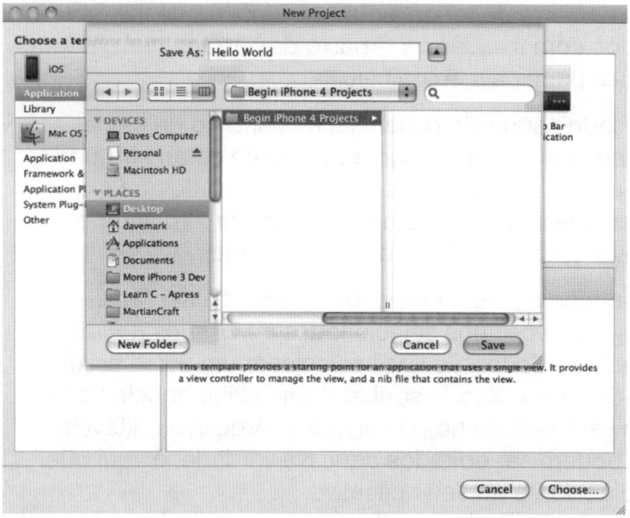

Figura 2-3. *Seleção do nome e do local do seu projeto.*

A Janela do Projeto em Xcode

Após clicar em *Save*, o Xcode criará e, então, abrirá o seu projeto, e uma nova **janela de projeto** aparecerá, como mostra a Figura 2-4. Achamos que essa janela de projeto, quando criada pela primeira vez, é um pouco pequena para o nosso gosto; então, normalmente a expandimos para ocupar mais a tela. Há muito mais informações inseridas nessa janela, e é nela que você passará muito do seu tempo de desenvolvimento para iOS.

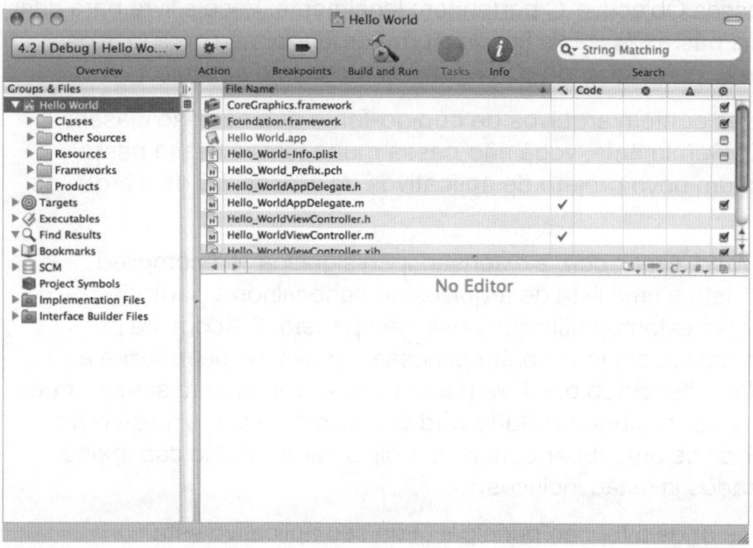

Figura 2-4. *O projeto* Hello World *no Xcode.*

A janela de projeto apresenta uma barra de ferramentas no topo, o que lhe dá um acesso rápido a controles usados com frequência. Abaixo da barra de ferramentas, a janela é dividida em três seções principais ou painéis.

O painel que vai para baixo, do lado esquerdo da janela, é chamado de painel *Groups & Files*. Todos esses recursos que compõem seu projeto estão agrupados ali, assim como várias de suas configurações relevantes. Assim como no Finder, clique no triângulo pequeno à esquerda de um item para expandir e mostrar os subitens disponíveis. Clique novamente no triângulo para ocultá-los.

O painel superior à direita é chamado de *Detail View* (ou apenas painel *Detail*) e mostra informações detalhadas sobre os itens selecionados no *Groups & Files*. O painel inferior à direita é chamado de *Editor.* Se você selecionar um único arquivo no painel *Groups & Files* ou no *Detail* e o Xcode souber como exibir aquele tipo de arquivo, o conteúdo do arquivo será exibido no painel *Editor.* Arquivos editáveis, como o código-fonte, também podem ser editados aqui. Na verdade, é aqui que você irá escrever e editar o código-fonte do seu aplicativo.

Agora que passamos pela terminologia, dê uma olhada no painel *Groups & Files*. O primeiro item da lista deverá ter o mesmo nome do seu projeto, neste caso, *Hello World*. Esse item é o ponto de compilação para o seu código-fonte e outros recursos específicos para o seu projeto. Por enquanto, não se preocupe com os itens do painel *Groups & Files*, exceto com aqueles abaixo do *Hello World*.

Dê uma olhada na Figura 2-4. Note que o triângulo de abertura à esquerda do *Hello World* está aberto e que há cinco subpastas: *Classes*, *Other Sources*, *Resources*, *Frameworks* e *Products*. Vejamos brevemente a utilização de cada subpasta:

- *Classes* é a subpasta em que você passará bastante tempo. É para ela que vai a maior parte do código que você escrever, já que é a ela que todas as classes Objective-C pertencem legalmente. Você é livre para criar subpastas na pasta *Classes* a fim de ajudar organizar seu código. Nós usaremos essa pasta quando começarmos o próximo capítulo.
- *Other Sources* contém arquivos de código-fonte que não são classes Objective-C. Geralmente, você não passa muito tempo nessa pasta. Quando cria um novo projeto de aplicativos de iPhone, há dois arquivos nela:
  - *Hello_World_Prefix.pch*: a extensão .pch significa “precompiled header”. Isto é uma lista de arquivos de cabeçalhos a partir de *frameworks* externos utilizados pelo seu projeto. O Xcode irá pré-compilar os cabeçalhos contidos nesse arquivo, o que reduzirá a quantidade de tempo que leva para compilar seu projeto sempre que você selecionar **Build** ou **Build and Go**. Isso será antes mesmo de você ter de se preocupar com isso, pois os arquivos de cabeçalho mais usados já estão inclusos.
  - *main.m*: é onde a função principal ( ) do seu aplicativo está. Geralmente, você não precisa editar ou mudar esse arquivo.

- *Resources* contém arquivos que não são códigos e que serão inclusos como parte do seu aplicativo. É aqui que você irá incluir coisas como a sua imagem do ícone do aplicativo e outras imagens, arquivos de som, de vídeo, de texto ou listas de propriedades de que o seu programa poderá precisar enquanto estiver executando. Lembre-se de que, já que o seu aplicativo executa de seu próprio *sandbox*, você precisará incluir aqui quaisquer arquivos de que precisar, pois não terá mais acesso aos que estão localizados em outra parte do iPhone, exceto por meio das API aprovadas, tais como aquelas que permitem acesso ao álbum de fotos do iPhone e à agenda. Deve haver três itens nessa pasta:
  - *Hello_WorldViewController.xib*: esse arquivo contém informações usadas pelo programa Interface Builder, em que daremos uma olhada mais para frente neste capítulo.
  - *MainWindow.xib*: este é o seu principal aplicativo do arquivo do Interface Builder (ou "nib"). Para um aplicativo simples como o que estamos construindo neste capítulo, geralmente não é necessário tocar nesse arquivo. Nos próximos capítulos, quando fizermos interfaces mais complexas, trabalharemos com ele e o veremos mais profundamente.
  - *Hello_World-Info.plist*: é uma lista de propriedades que contém informações sobre seu aplicativo. Veremos esse arquivo posteriormente também neste capítulo.
- *Frameworks* são um tipo especial de biblioteca, que pode conter códigos e recursos como arquivos de imagem e som. Qualquer framework ou biblioteca que você adicionar a essa pasta estará ligado ao seu aplicativo, e seu código poderá utilizar objetos, funções e recursos contidos naquele framework ou naquela biblioteca. Os frameworks e as bibliotecas mais necessários são vinculados ao seu projeto por padrão; então, na maioria das vezes, não precisaremos fazer qualquer coisa com essa pasta. No entanto, as bibliotecas e os frameworks menos utilizados não são inclusos por padrão, e você verá mais para frente neste livro como vinculá-los ao seu aplicativo.
- *Products* contém o aplicativo que este projeto gera quando é compilado. Se você expandir *Products*, verá um item chamado *Hello World.app*. É esse aplicativo que o projeto particular cria. *Hello World.app* é o único produto deste projeto. Agora, ele está escrito em vermelho, significando que o arquivo não pode ser encontrado, o que faz sentido, já que ainda não tínhamos compilado nosso projeto! Destacar o nome de um arquivo em vermelho é a maneira de o Xcode dizer que ele não pode achar o arquivo físico subjacente.

NOTA: As "pastas" no painel *Groups & Files* não correspondem necessariamente às pastas do sistema de arquivo do seu Mac. Esses são agrupamentos lógicos dentro do Xcode para ajudá-lo a manter tudo organizado e tornar mais rápido e fácil para você encontrar o que está procurando enquanto trabalha no seu aplicativo. Se você olhar nas pastas do seu projeto, perceberá que, enquanto há uma pasta *Classes*, não há qualquer outra chamada *Other Sources* ou *Resources*. Geralmente, os itens contidos nessas duas pastas de projeto estão armazenados bem no diretório raiz do mesmo, mas você pode armazená-lo onde quiser, até mesmo fora da pasta do seu projeto. A hierarquia dentro do Xcode é completamente independente da hierarquia de sistema de arquivo. Mover um arquivo para fora da pasta *Classes* no Xcode, por exemplo, não mudará a localização do arquivo na sua unidade de disco rígido.

Introduzindo o Interface Builder

Agora que você está familiarizado com os princípios do Xcode, vamos dar uma olhada na outra metade usada no desenvolvimento de software do iPhone: o Interface Builder, geralmente referido como IB.

Na lista *Groups & Files* da janela do seu projeto, expanda o grupo *Resources* e, então, clique duas vezes no arquivo *Hello_WorldViewController.xib*. Isso abrirá aquele arquivo no Interface Builder. Se esta for a sua primeira vez usando o Interface Builder, um agrupamento de janelas similar ao grupo mostrado na Figura 2-5 deverá aparecer. Se você já usou o Interface Builder antes, as janelas estarão onde você as deixou na última vez em que as utilizou.

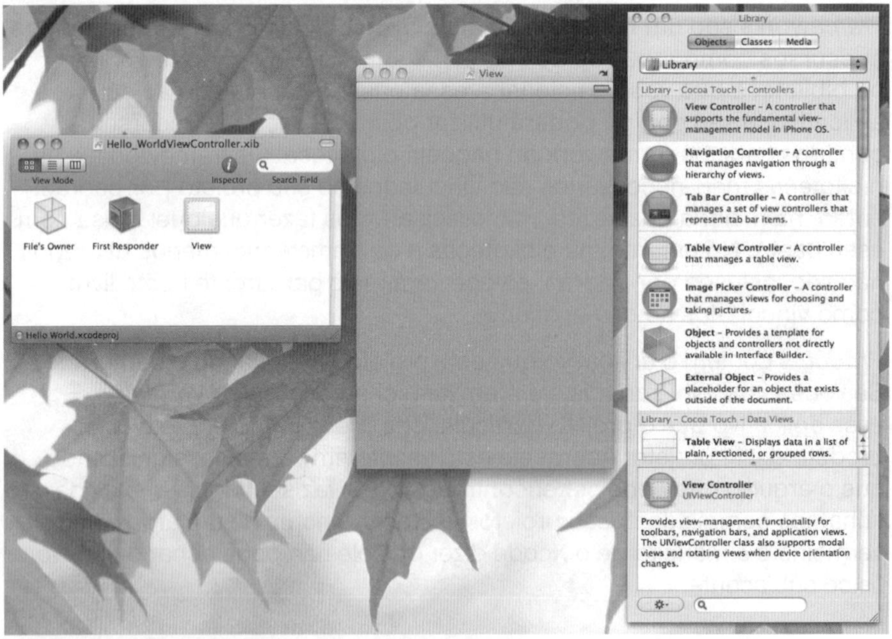

Figura 2-5. *Hello_WorldViewController.xib no Interface Builder.*

NOTA: O Interface Builder tem uma longa história; ele foi feito por volta de 1988 e tem sido usado para desenvolver aplicativos para NextSTEP, OpenSTEP, Mac OS X e agora para o iPhone. O Interface Builder suporta dois tipos de arquivo: um formato mais antigo, que usa a extensão *.nib*, e um formato mais novo, que utiliza a extensão *.xib*. Todos os templates de projeto de iPhone usam arquivos *.xib* por padrão, mas, até recentemente, todos os arquivos do Interface Builder tinham a extensão *.nib*, e, consequentemente, a maioria dos desenvolvedores chama os arquivos do Interface Builder de "arquivo nib". Eles geralmente são chamados de arquivos nib independentemente de a extensão realmente usada para o arquivo ser *.xib* ou *.nib*. Na verdade, a Apple geralmente usa os termos "nib" e "arquivo nib" nas suas documentações.

A janela chamada *Hello_WorldViewController.xib* (a janela da esquerda na Figura 2-5) é a principal do nib. Esse é o seu home base e o ponto de partida nesse arquivo nib particular. Com exceção dos dois primeiros ícones (*File's Owner* e *First Responder*), todo ícone nessa janela representa uma única instância de uma classe Objective-C, que será automaticamente criada para você quando esse arquivo nib for carregado. Nosso arquivo nib tem um ícone adicional além dos *File's Owner* e *First Responder* necessários, que representa um objeto de view.

Quer criar um exemplo de um botão? Você poderia, é claro, criar o botão escrevendo o código. No entanto, geralmente você usará o Interface Builder para criá-lo e especificar seus atributos (forma, tamanho, título etc.).

O arquivo *Hello_WorldViewController.xib* que estamos procurando agora carrega automaticamente quando o seu aplicativo abre — por enquanto, não se preocupe como —, então, esse é um excelente local para criar objetos que farão parte da sua interface de usuário.

Por exemplo, para adicionar um botão no seu aplicativo, você precisará instanciar um objeto do tipo `UIButton`. Você poderá fazer isso no código digitando uma linha como esta:

```
UIButton *myButton = [[UIButton alloc] initWithFrame:aRect];
```

No Interface Builder, você pode realizar exatamente a mesma coisa arrastando um botão de uma palheta de objetos de interface para a sua janela principal de aplicativos. O Interface Builder facilita para ajustar os atributos do botão, e, já que o botão será salvo no arquivo nib, ele será automaticamente instanciado quando o seu aplicativo começar. Você verá como isso funciona em um minuto.

O Que Existe no Arquivo Nib?

Dê uma olhada na Figura 2-5. Como mencionamos antes, a janela *Hello_ WorldViewController.xib* (a janela de cima, à esquerda) é a principal do arquivo nib. Todo arquivo nib começa com os mesmos dois ícones, *File's Owner* e *First Responder*. Eles são criados automaticamente e não podem ser excluídos. A partir disso, você poderá provavelmente achar que eles são importantes, e são.

O *File's Owner* sempre será o primeiro ícone em qualquer arquivo nib e representa o objeto que carregou o arquivo nib do disco. Em outras palavras, o *File's Owner* é o objeto que "possui" essa cópia do arquivo nib. Se isso estiver um pouco confuso, não se preocupe. Não é importante agora. Mais tarde, quando isso se tornar importante, retomaremos.

O segundo ícone nesse e em qualquer outro arquivo nib é chamado de *First Responder*. Falaremos mais sobre isso posteriormente, mas, em poucas palavras, o *First Responder* é o objeto com que o usuário está interagindo atualmente. Se, por exemplo, no momento em que o usuário insere dados em um campo de texto, este campo é o *First Responder*. Ele muda conforme o usuário interage com a interface, e o ícone *First Responder* lhe dá uma forma conveniente para se comunicar com qualquer controller ou view que seja o *First Responder* atual, sem precisar escrever o código para determinar em qual controller ou view deveria estar. Repetindo, falaremos sobre isso mais à frente, então não se preocupe se no momento esse conceito estiver um pouco confuso.

Todos os outros ícones nessa janela, com exceção desses dois primeiros casos especiais, representam uma instância de objeto que será criada quando carregar o arquivo nib. No seu caso, como pode ver na Figura 2-5, há um terceiro ícone chamado *View*.

O ícone *View* representa uma instância da classe `UIView`. Um objeto `UIView` é uma área que o usuário pode ver e com a qual pode interagir. Nesse aplicativo, teremos apenas uma view, então esse ícone representa tudo o que o usuário pode ver em seu aplicativo. Mais tarde, faremos aplicativos mais complexos que tenham mais de uma view, mas, por enquanto, apenas pense nisso como o que os usuários podem ver quando estão usando o seu aplicativo.

> **NOTA:** Em termos técnicos, o nosso aplicativo terá atualmente mais de uma view. Todos os elementos de interface de usuário que podem ser exibidos na tela, inclusive os botões, campos de texto e títulos, estão todos na subclasse do `UIView`. Quando você encontrar o termo "view" usado neste livro, geralmente estaremos nos referindo às instâncias atuais do `UIView`, e este aplicativo tem apenas uma dessas.

Se você voltar à Figura 2-5, perceberá duas outras janelas abertas ao lado da principal. Veja a janela em que está escrita a palavra *View* na barra de título. Essa janela é a representação gráfica do terceiro ícone na janela principal do nib. Se você fechá-la e depois clicar duas vezes no ícone *View* na janela principal do arquivo nib, ela abrirá novamente. É ali que você pode desenhar sua interface de usuário graficamente. Vamos fazer isso agora!

Adicionando uma Label para a View

A janela à direita da Figura 2-5 é a **library**, que você poderá ver com mais detalhes na Figura 2-6. É ali que você encontrará todo o estoque de objetos Cocoa Touch que o Interface Builder suporta. Arrastar um item da library para uma janela de arquivo nib irá adicionar uma instância daquela classe ao seu aplicativo. Se você fechar a janela da library, pode reabri-la selecionando **Tools ➤ Library** ou pressionando **⇧⌘L.** Os itens dessa palheta são originalmente do UIKit do iOS, que é um recurso de objetos para criar uma interface de usuário do aplicativo.

Figura 2-6. *Library, onde você encontrará objetos de ações UIKit disponíveis para o uso no Interface Builder.*

O UIKit executa o mesmo papel no Cocoa Touch que o AppKit faz no Cocoa. Os dois recursos são similares conceitualmente, mas, devido às diferenças nas plataformas, obviamente há também muitas divergências entre eles. Por outro lado, as classes do framework *Foundation*, tais como `NSString` e `NSArray`, são comuns entre Cocoa e Cocoa Touch.

Passe pela lista de objetos na library até achar um chamado *Label* (veja a Figura 2-7).

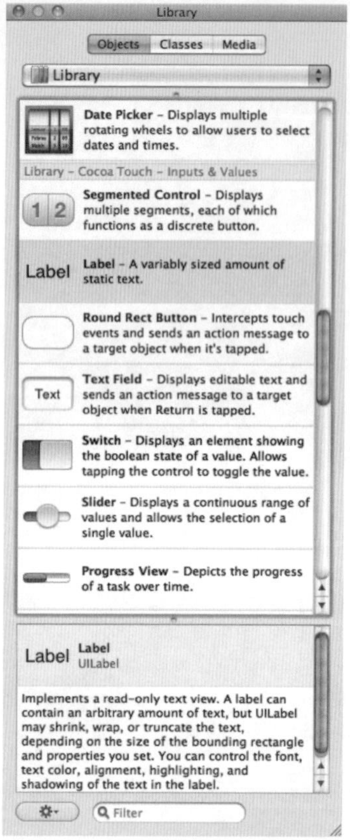

Figura 2-7. *Objeto label na Library.*

Um label representa um pouco do texto que pode ser mostrado na tela de um aparelho iOS, mas não pode ser diretamente editado pelo usuário. Em instantes, iremos adicionar um label à nossa view.

Como os objetos de interface de usuário são hierárquicos, adicionaremos nosso label como uma **subview** da nossa view principal (chamada *View*). O Interface Builder é inteligente. Se um objeto não aceitar subviews, você não conseguirá arrastar objetos para ele.

Arrastar um label de uma library para a view chamada *View* irá adicionar um exemplo de `UILabel` como uma subview da view principal do nosso aplicativo. Entendeu?

> **DICA:** Está com problema para encontrar o label naquela longa lista dos objetos da library? Sem problema! Clique no campo search na parte inferior da página (ou, como atalho, pressione ⇧⌘**L** para chegar lá) e digite a palavra *label*. Conforme você digita, a lista de objetos será reduzida para corresponder ao termo da sua pesquisa. Certifique--se de esvaziar a janela search quando você terminar para que você possa ver a lista inteira novamente.

Arraste um label da palheta para a janela *View*. Quando você terminar, a view deverá parecer mais ou menos como mostra a Figura 2-8.

Figura 2-8. *Adicionando um label à janela View do seu aplicativo.*

Vamos editar o label. Então, isso diz algo sério. Clique duas vezes no label que você acabou de criar e digite o texto *Hello, World!*. Em seguida, arraste o rótulo para onde quiser que ele apareça na tela.

Adivinhe só! Uma vez salvo, terminamos! Selecione `File` ➤ `Save` e volte para o Xcode; então, poderemos construir e executar nosso aplicativo.

No Xcode, selecione `Build` ➤ `Build and Run` (ou pressione ⌘**R**). O Xcode irá compilar o nosso aplicativo e iniciá-lo no iPhone Simulator, conforme mostrado na Figura 2-9.

Figura 2-9. *Aqui, está o programa Hello World em sua plena glória do iPhone!*

Quando terminar de admirar a sua obra, tenha certeza de que saiu do simulador. O Xcode, o Interface Builder e o iPhone Simulator são aplicativos separados.

ATENÇÃO: Se o seu aparelho iOS estiver conectado ao seu Mac quando você construir e executar, talvez os objetos não encerrem como planejado. Em síntese, para ser capaz de construir e executar seus aplicativos no seu iPhone, você precisará se cadastrar e pagar um dos programas de desenvolvedor de iOS da Apple. Sendo assim, siga apropriadamente pelo processo de configuração do Xcode. Quando você começar a participar do programa, a Apple enviará a informação do que você precisa para fazer isso. Enquanto isso, muitos dos programas neste livro serão bem executados apenas usando o simulador do iOS. Se o seu aparelho estiver plugado, antes de selecionar **`Build and Run`**, selecione **`Project`** ➤ **`Set Active SDK`** ➤ **`Simulator`**.

Espere um minuto! É isso? Mas não escrevemos nenhum código ainda.

Está certo. Bem simples, não é?

Mas e se você quisesse mudar alguma das propriedades do rótulo, como o tamanho e a cor do texto? Precisaríamos escrever um código para fazer isso, certo?

Não.

Mudando Atributos

Volte para o Interface Builder e clique uma vez na label Hello World para que ele seja selecionado. Agora, pressione **⌘1** ou selecione **`Tools`** ➤ **`Inspector`**. Isso mostrará uma janela chamada **inspector**, em que poderemos colocar os atributos do item selecionado atualmente (veja a Figura 2-10).

A partir do inspector, você poderá mudar características, como o tamanho e a cor da fonte, colocar sombra — muita coisa. O inspector tem uma capacidade impressionante. Se você selecionar um campo de texto, ele irá mostrar os atributos editáveis de um campo de texto. Se selecionar um botão, ele irá mostrar os atributos editáveis de um botão, e assim por diante.

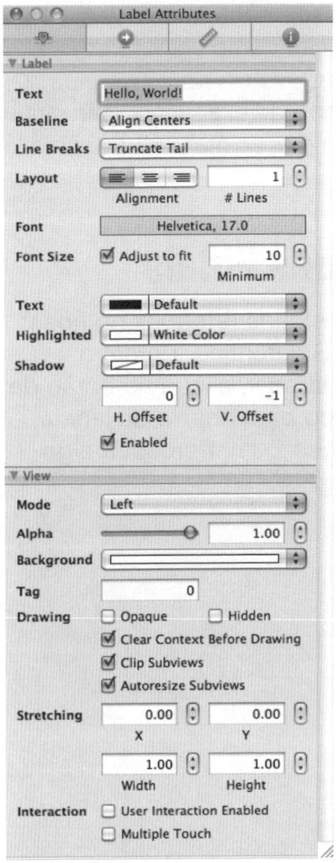

Figura 2-10. *O inspector mostrando os atributos da nossa label.*

Vá em frente e mude a aparência da label ao seu gosto; então, salve, volte ao Xcode e selecione `Build and Run` novamente. As mudanças que fez podem aparecer no seu aplicativo, mais uma vez sem ter de escrever nenhum código. Ao deixar você criar sua interface graficamente, o Interface Builder libera tempo para você passar escrevendo o código que é específico para o seu aplicativo, em vez de gastar tempo escrevendo códigos entediantes para construir sua interface de usuário.

> **NOTA:** Não se preocupe muito com o que significam todos os campos nos atributos do objeto ou não se aborreça se uma de suas mudanças não aparecer. Conforme você prosseguir no livro, aprenderá muito sobre o inspector de atributos e o que cada um dos campos faz.

Os ambientes de desenvolvimento de aplicativos mais modernos têm algumas ferramentas que permitem a construção gráfica da interface de usuário. Uma diferença entre o Interface Builder e muitas dessas outras ferramentas é que o

Interface Builder não desenvolve um código que precisa ser mantido. Em vez disso, o Interface Builder cria objetos do Objective-C, assim como você faria com o código, e, então, serializa esses objetos em um arquivo nib para que eles possam ser carregados diretamente na memória em tempo de execução. Isso evita muitos dos problemas associados à produção de código e é, acima de tudo, uma abordagem muito mais potente.

Alguns Detalhes no iPhone — Toques Finais

Antes de terminar este capítulo, vamos apenas colocar alguns retoques no nosso aplicativo para que ele pareça mais um aplicativo de iOS autêntico. Primeiro, execute o seu projeto. Quando a janela do simulador aparecer, clique no botão de início do iPhone, o botão preto com um quadrado branco bem abaixo da janela. Isso lhe trará de volta à tela inicial do iPhone (veja a Figura 2-11). Percebeu algo um pouco, bem, feio?

Figura 2-11. *Nosso ícone do aplicativo Hello World é simplesmente feio.*

Dê uma olhada no ícone Hello World na parte superior da tela. Sim, aquele ícone nunca vai mudar, não é? Para consertar isso, você precisará criar um ícone e salvá-lo como um arquivo *.png* (portable network graphic). É necessário que o tamanho seja de 57 × 57 pixels. Não tente combinar o estilo dos botões que já estão no telefone; o seu iPhone irá automaticamente arredondar as bordas e dar aquela aparência opaca bonita. Apenas crie uma imagem normal, quadrada e plana. Fornecemos uma imagem de ícone no arquivo de projetos (dentro da pasta *02 Hello World* disponível no site da Editora Alta Books; digite o título da obra) que você poderá utilizar se não quiser criar sua própria imagem.

NOTA: Para o ícone do seu aplicativo, você precisará usar uma imagem *.png*, mas, na verdade, você deveria usar esse formato para todas as imagens que adicionar em seus projetos do iOS. Mesmo que os formatos de imagem mais comuns sejam exibidos corretamente, você deverá usar arquivos *.png,* a menos que tenha uma forte razão para usar outro formato. O Xcode melhora automaticamente as imagens *.png* no momento da construção para tornar mais rápido e mais eficiente o tipo de imagem usada nos aplicativos do iOS.

Depois de ter criado seu ícone de aplicativo, arraste o arquivo *.png* do Finder para a pasta *Resources* no Xcode, conforme mostrado na Figura 2-12, ou selecione a pasta *Resources* no Xcode. Escolha `Project > Add to Project...` e navegue até o seu arquivo de imagem do ícone.

Se não quiser criar seu próprio ícone, você poderá navegar até o arquivo de projeto do livro e entrar na pasta *02 — Hello World*, na qual você encontrará o ícone que criamos apenas para você adicionar ao seu projeto. O nome do arquivo é *icon.png*. Encontre esse arquivo e arraste-o para a pasta *Resources* do seu projeto.

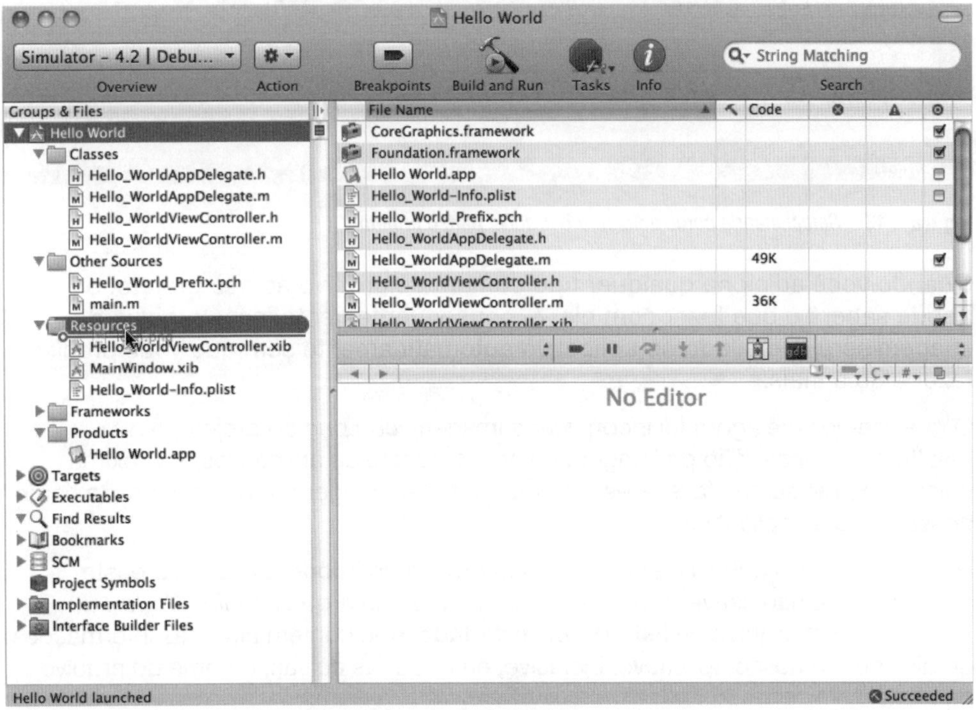

Figura 2-12. *Arrastando um arquivo de ícone para a pasta Resources do seu projeto do Xcode.*

Feito isso, o Xcode irá lhe perguntar alguns pontos específicos (veja a Figura 2-13). Você poderá escolher ter uma cópia Xcode do arquivo em seu diretório de projeto ou apenas adicioná-lo aos seus projetos como uma referência ao arquivo original. Geralmente, é uma boa ideia copiar recursos no seu projeto do Xcode, a menos que o arquivo seja compartilhado com outros projetos.

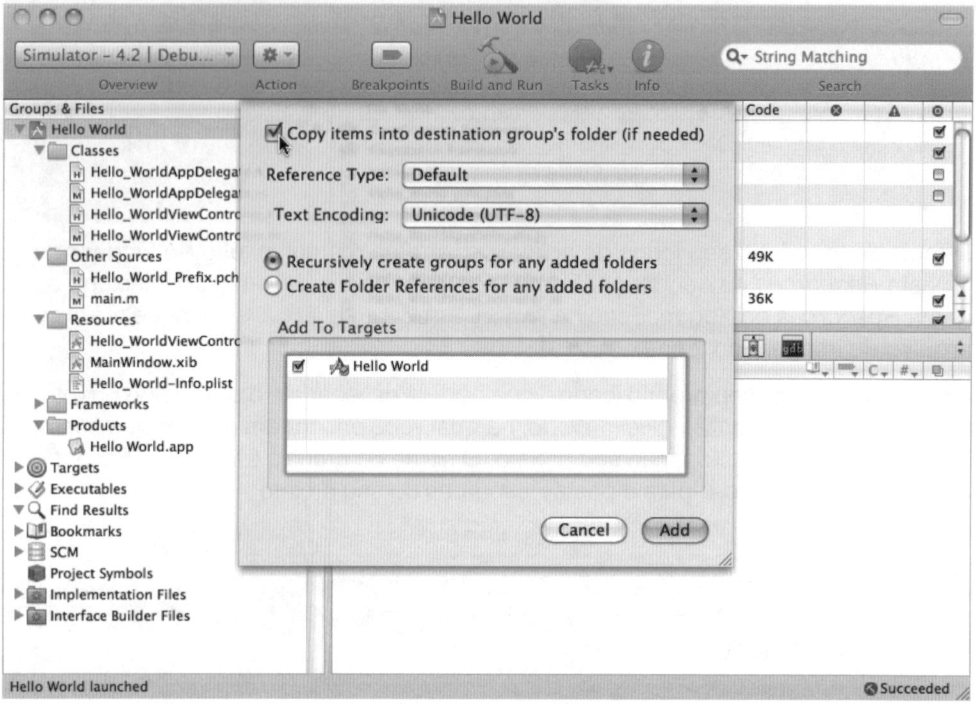

Figura 2-13. *Selecionando como adicionar o arquivo para o projeto.*

Quando você adiciona qualquer tipo comum de arquivo ao seu projeto, o Xcode saberá o que fazer com ele, e, consequentemente, esse arquivo de imagem será compilado no aplicativo automaticamente sem que você precise fazer algo a mais.

O que fizemos até agora foi incorporar a imagem *icon.png* ao projeto, o que resultará na construção da imagem no nosso pacote de aplicativos. A próxima coisa que precisamos fazer é especificar que essa imagem deverá ser usada como nosso ícone de aplicativo.

No painel *Groups & Files* da janela do seu projeto do Xcode, expanda a pasta *Resources*, se não estiver pronta e clique uma vez no arquivo *Hello_World-Info. plist*. Isso é um arquivo de **lista de propriedade**, que contém algumas informações gerais sobre o nosso aplicativo, inclusive, entre outras coisas, o nome do arquivo de ícone.

Quando você selecionar *Hello_World-Info.plist*, a lista de propriedade aparecerá no painel de edição (veja a Figura 2-14). Dentro dela, encontre uma linha com o rótulo *Icon file* na coluna da esquerda. A coluna da direita corresponde à mesma linha que deve estar vazia. Clique duas vezes na célula vazia e digite o nome do arquivo *.png* que você acabou de adicionar ao seu projeto.

NOTA: Se você ignorou a entrada do *Icon file* na plist, seu ícone aparecerá mesmo assim. Ahn? Por que isso? Por padrão. Se não for fornecido um nome de arquivo de ícone, o SDK procura um recurso chamado *icon.png* e utiliza isso. Achamos que você gostaria de saber disso!

Key	Value
▼ Information Property List	(12 items)
Localization native development re	English
Bundle display name	${PRODUCT_NAME}
Executable file	${EXECUTABLE_NAME}
Icon file	icon.png
Bundle identifier	com.yourcompany.${PRODUCT_NAME:rfc1034identifier}
InfoDictionary version	6.0
Bundle name	${PRODUCT_NAME}
Bundle OS Type code	APPL
Bundle creator OS Type code	????
Bundle version	1.0
Application requires iPhone enviror	☑
Main nib file base name	MainWindow

Figura 2-14. *Especificando o arquivo de ícone.*

Pronto para Compilar e Executar

Antes de compilar e executar, dê uma olhada nas outras linhas no *Hello_World-Info.plist*. Enquanto muitas dessas configurações são boas como elas são, uma em particular requer nossa atenção, a configuração chamada *Bundle identifier*. Esse é um identificador único para o seu aplicativo e sempre deverá ser configurado. Se você só irá executar seu aplicativo no iOS Simulator, a convenção de nomes-padrão para identificadores de pacote serve para utilizar um dos domínios de internet de nível mais alto, tais como com ou org, seguido de um ponto, depois o nome de sua empresa ou organização seguido por outro ponto e o nome do seu aplicativo. Se você quiser executar seu aplicativo em um aparelho iOS real, criar o identificador de pacote do seu aplicativo é um processo um pouco mais complicado, sobre o qual você poderá saber mais no iPhone Program Portal, se você escolher pagar para se associar ao iPhone SDK Program. Já que estamos aqui, por que não clicar duas vezes na palavra *yourcompany* no identificador de pacote existente e mudar para *apress*? O valor ao final da string é um código especial, que será substituído pelo nome do seu aplicativo quando ele for criado. Isso permite que você ligue o identificador de pacote do seu aplicativo ao nome dele.

Feita essa mudança, compile e rode. Quando o simulador terminar de iniciar, aperte o botão com o quadrado branco para voltar à home e verifique seu novo ícone. O nosso é mostrado na Figura 2-15.

Figura 2-15. *Agora, seu aplicativo tem um ícone!*

Você deve ter notado que a Figura 2-15 mostra dois aplicativos Hello World diferentes, um com um ícone genérico e outro com um novo ícone brilhante. O que está acontecendo? Conforme ele desliga, o Identificador de Pacote que você acabou de mudar é o que identifica exclusivamente um aplicativo específico. Quando você mudou *yourcompany* para *apress*, você disse ao iOS que esse era um aplicativo novo, diferente.

> **NOTA:** Quando você quiser apagar os aplicativos antigos da tela inicial do iPhone Simulator, você poderá simplesmente excluir a pasta chamada *iPhone Simulator* da pasta *Application Support*, que está na pasta *Library*, em seu diretório home. Você também poderá redefinir o simulador selecionando **`iOS Simulator`** ➤ **`Reset Content and Settings ...`**

Trazendo-o para Casa

Dê uns tapinhas nas suas costas. Embora possa não parecer que você concluiu tudo isso neste capítulo, na verdade, fizemos muita coisa. Você aprendeu sobre templates de projetos do iOS, criou um aplicativo, viu como usar o Interface Builder e aprendeu como definir o ícone de aplicativo e o identificador de pacote.

O Hello World, no entanto, é um aplicativo extremamente unidirecional: mostramos algumas informações para o usuário, mas nunca colocamos qualquer uma de suas entradas. Quando estiver pronto para ver como vamos tratar da entrada de usuário de um aparelho iOS e tomar decisões baseadas nela, respire fundo e siga em frente.

Capítulo 3

Manipulando a Interação Básica

Nosso aplicativo Hello World era um bom aplicativo para o desenvolvimento do iOS usando o Cocoa Touch, mas faltava uma capacidade crucial: a habilidade de interagir com o usuário. Sem isso, nosso aplicativo é muito limitado frente ao que ele pode realizar.

Neste capítulo, iremos escrever um aplicativo um pouco mais complexo, com dois botões e um rótulo (veja a Figura 3-1). Quando o usuário tocar em um dos botões, o texto do label mudará. Isso pode parecer um exemplo um pouco simplista, mas demonstra os conceitos-chave de que você precisará para conhecer o uso dos controladores nos seus aplicativos de iOS.

Figura 3-1. *Neste capítulo, construiremos um aplicativo simples com dois botões.*

O Paradigma Model-View-Controller

Antes de ir mais a fundo, um pouquinho de teoria é de praxe. Os designers do Cocoa Touch foram guiados por um conceito chamado **Model-View-Controller** (MVC), que é um jeito muito lógico de dividir o código que completa um aplicativo baseado em GUI. Hoje, quase todos os frameworks orientados a objetos mostram certo respeito pelo MVC, mas poucos são tão fiéis ao modelo MVC quanto o Cocoa Touch.

O padrão MVC divide tudo funcionalmente em três categorias distintas:

- **Model**: as classes que têm os dados de seu aplicativo;
- **View**: formado por janelas, controles e outros elementos que o usuário pode ver e com os quais pode interagir;
- **Controller**: une model e view, e é a lógica do aplicativo que decide como manipular as entradas do usuário.

O objetivo no MVC é fazer os objetos que implementam esses três tipos de códigos o máximo possível distintos uns dos outros. Qualquer objeto que você criar deverá ser prontamente identificado como pertencente a uma das três categorias, com pequena ou nenhuma funcionalidade que possa ser classificada dentro de uma das outras duas. Um objeto que implementa um botão, por exemplo, não deverá conter o código para processar dados quando aquele botão for tocado, e o código que implementa uma conta de banco não deverá conter um código para desenhar uma tabela para exibir suas transações.

O MVC ajuda a garantir a reutilização ao máximo. Uma classe que implementa um botão genérico pode ser usada em qualquer aplicativo. Uma classe que implementa um botão que faz algum cálculo particular quando clicado pode ser usada apenas no aplicativo para o qual foi escrita originalmente.

Ao escrever aplicativos do Cocoa Touch, você primeiramente irá criar seus componentes de view usando o Interface Builder, embora, às vezes, também seja necessário modificar sua interface no código, ou você poderá criar subclasses de views ou de controles.

Seu modelo será criado pela elaboração de classes do Objective-C, feitas para manter os dados do seu aplicativo, ou construindo um modelo de dados utilizando o Core Data, sobre o qual aprenderemos no Capítulo 12. Não criaremos um modelo de objeto no aplicativo deste capítulo, pois não precisamos armazenar ou preservar dados, mas iremos introduzir objetos de modelo conforme nosso aplicativo ficar mais complexo nos próximos capítulos.

O seu componente controller será tipicamente composto por classes que você cria e que são específicas para o seu aplicativo. Os controllers podem ser classes completamente personalizadas (subclasses de `NSObject`), mas, muitas vezes, eles serão subclasses de uma das diversas classes de controllers genéricos a partir do framework `UIKit`, como `UIViewController`, que você verá na próxima seção. Ao criar subclasses dessas classes existentes, você conseguirá várias funcionalidades prontas e não precisará gastar tempo refazendo o movimento.

Assim que nós nos aprofundarmos no Cocoa Touch, rapidamente você começará a perceber como as classes do recurso `UIKit` seguem os princípios do MVC. Se você guardar esse conceito em sua mente enquanto desenvolve, acabará criando um código permanente mais claro e fácil de ser mantido.

Criando Nosso Projeto

É hora de criar o nosso próximo projeto do Xcode. Utilizaremos o mesmo template que usamos no capítulo anterior: *View-based Application*. Ao começar com um template simples, será mais fácil vermos como objetos da view e dos controllers trabalham juntos em um aplicativo do iOS. Utilizaremos alguns outros templates nos próximos capítulos.

Vá em frente e crie seu projeto, definindo o pop-up *Product* para *iPhone* e salvando-o com o nome de *Button Fun*. Se você tiver qualquer problema ao criar seu projeto, consulte as etapas apropriadas no capítulo anterior.

Você provavelmente se lembra de que o template de projeto criou algumas classes para nós. Você achará essas mesmas classes em seu novo projeto, embora os nomes sejam um pouco diferentes, porque os nomes das classes são baseados no do projeto.

Criando o View Controller

Um pouco mais para frente neste capítulo, criaremos uma view (ou interface do usuário) para nosso aplicativo usando o Interface Builder, assim como nós fizemos no capítulo anterior. Antes disso, vamos ver e fazer algumas mudanças nos arquivos do código-fonte que foram criados para nós. Sim, vamos realmente escrever alguns códigos neste capítulo.

Antes de fazer qualquer mudança, vamos dar uma olhada nos arquivos que foram criados para nós. No painel *Groups & Files*, expanda a pasta *Classes* para mostrar os quatro arquivos que estão nela, conforme é apresentado na Figura 3-2.

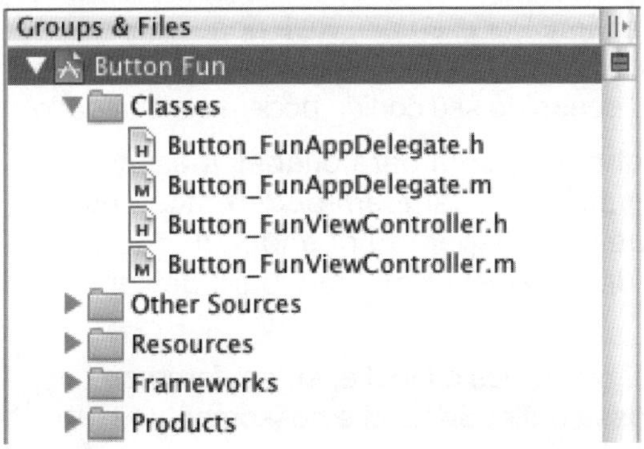

Figura 3-2. *Painel Groups & Files mostrando os arquivos de classe que foram criados para nós pelo template de projeto. Note que o nome do projeto foi incorporado aos nomes do arquivo de classe.*

Esses quatro arquivos implementam duas classes, cada uma contendo um arquivo *.m* e um *.h*. O aplicativo que estamos criando neste capítulo tem apenas uma view, e a classe controller, que é responsável pelo gerenciamento de uma view, é chamada de `Button_FunViewController`. A parte `Button_Fun` do nome vem do nome do nosso projeto, e a parte `ViewController` significa que essa classe é um view controller. Clique em *Button_ FunViewController.h* no painel *Groups&Files* e dê uma olhada no conteúdo do arquivo:

```
#import <UIKit/UIKit.h>
@interface Button_FunViewController : UIViewController {
}
@end
```

Não é muita coisa, não é? `Button_FunViewController` é uma subclasse do `UIViewController`, que é uma das classes de controladores genéricos que mencionamos anteriormente. Essa é parte do `UIKit` que nos dá várias funcionalidades de graça. O Xcode não sabe qual será a funcionalidade específica do nosso aplicativo, mas isso o faz saber que teremos algumas, por isso criou essa classe para mantê-la.

Dê uma olhada novamente na Figura 3-1. Nosso programa consiste em dois botões e um rótulo de texto que indica qual botão foi tocado. Criaremos todos os três elementos no Interface Builder. Já que também iremos escrever código, devem existir alguns modos de o nosso código interagir com os elementos que criamos no Interface Builder, certo?

Absolutamente certo. Nossa classe controller pode indicar objetos no nib usando um tipo especial de variável de instância chamada **outlet**. Pense em uma saída, como um ponteiro que aponta para um objeto dentro do nib. Por exemplo, suponha que você criou um label de texto no Interface Builder e quer mudar o texto do painel de dentro do seu código. Declarando uma outlet e conectando-a ao objeto do label, você poderia usar a outlet de dentro de seu código para mudar o label. Você verá como fazer isso neste capítulo.

Indo em outra direção, objetos de interface no nosso arquivo nib podem ser configurados para ativar métodos especiais na nossa classe controller. Esses métodos especiais são conhecidos como métodos **action**. Por exemplo, você pode dizer ao Interface Builder que, quando o usuário toca (arrasta um dedo para fora da tela) dentro de um botão, um método action específico dentro do seu código poderá ser chamado.

No nosso código, criaremos uma outlet que aponta para o label, e essa saída nos permitirá mudar o texto daquele label. Também poderemos criar um método chamado `buttonPressed:`, que será disparado quando um dos dois botões for tocado. O `buttonPressed:` irá definir o texto de label para deixar o usuário saber qual botão foi tocado.

Utilizaremos o Interface Builder para criar os botões e label e, então, faremos alguns cliques para conectar o label à nossa outlet do label e nossos botões à nossa action `buttonPressed:`.

No entanto, antes de conseguir o nosso código, aqui estão mais alguns detalhes sobre a outlet e as actions.

Outlets

Outlets são variáveis de instância que são declaradas usando-se a palavra-chave `IBOutlet`. A declaração de uma outlet no seu arquivo de cabeçalho do controller poderia parecer assim:

```
@property (nonatomic, retain) IBOulet UIButton *myButton;
```

A palavra-chave `IBOutlet` é definida como:

```
#ifndef IBOutlet
#define IBOutlet
#endif
```

Confuso? O `IBOutlet` não faz absolutamente nada até que o compilador esteja envolvido. Seu único propósito é agir como uma sugestão para dizer ao Interface Builder que essa é uma variável de instância que iremos conectar a um objeto em um nib. Qualquer variável de instância que você criar e quiser conectar a um objeto em um arquivo nib deve ser precedida pela palavra-chave `IBOutlet`. Quando você abre um arquivo nib no painel Groups & Files, o Interface Builder irá procurar nos arquivos de cabeçalhos do seu projeto por ocorrências dessa palavra-chave e permitirá que você faça conexões do seu código para o nib baseado nessas (e somente nessas) variáveis. Posteriormente, neste capítulo, na seção "Conectando Outlets", você verá como realmente fazer a conexão entre uma outlet e um objeto de interface de usuário no Interface Builder.

MUDANÇAS DA OUTLET

Na primeira versão deste livro, nós colocamos a palavra `IBOutlet` antes da declaração da variável de instância, assim:

```
IBOutlet UIButton *myButton;
```

Desde então, o código de modelo da Apple tem se aprimorado para colocar a palavra-chave `IBOutlet` na declaração de propriedade, da seguinte maneira:

```
@property (nonatomic, retain) IBOutlet UIButton *myButton;
```

Os dois mecanismos são suportados, e, na maior parte das vezes, não há diferença quanto à maneira como as coisas funcionam, com base no local em que você coloca a palavra-chave. No entanto, há uma exceção. Se você declarar uma propriedade com um nome diferente do que o da variável de instância-base (que pode ser feito na diretiva `@synthesize`), será necessário colocar a palavra-chave `IBOutlet` na declaração de propriedade, em vez de colocá-la antes da declaração da variável de instância, para que funcione corretamente. Se você estiver um pouco confuso sobre o conceito de propriedade, em breve falaremos mais sobre ele.

Embora as duas abordagens funcionem, seguimos a da Apple e movemos a palavra-chave `IBOutlet` para a declaração de propriedade em todo o nosso código.

Você poderá ler mais sobre as novas propriedades do Objective-C no livro *Learn Objective-C on the Mac*, escrito por Mark Dalrymple e Scott Knaster (Apress, 2009), e no documento *Introduction to The Objective-C Programming Language,* disponível no site de desenvolvedor da Apple no endereço: `http://developer.apple.com/documentation/Cocoa/Conceptual/ObjectiveC`

Actions

Actions são métodos que fazem parte da nossa classe controllers. Elas também são anunciadas com uma palavra-chave especial, `IBAction`, que diz ao Interface Builder que esse método é uma action e pode ser disparado por um controle. Normalmente, a declaração para um método action será como esta:

```
- (IBAction)doSomething: (id)sender;
```

O nome real do método pode ser o que você quiser, mas deve ter um tipo de retorno de `IBAction`, que é o mesmo que declarar um tipo de retorno `void`. Esse é outro jeito de salvar aqueles métodos action que não retornam um valor. Geralmente, o método action terá um argumento, que normalmente é definido como `id` e chamado de `sender`. O controle que ativa sua action irá utilizar o argumento sender para passar uma referência dele mesmo. Então, por exemplo, se o seu método action era acionado como resultado de um toque de botão, o argumento sender poderá conter uma referência para o botão específico que foi tocado.

Conforme você verá na próxima seção, nosso programa utilizará o argumento `sender` para configurar o rótulo para o texto esquerda "left" ou direita "right", dependendo de qual botão for tocado. Se você não precisar saber qual controle chamou seu método, também poderá definir métodos action sem um parâmetro `sender`, que devem aparecer como:

```
- (IBAction)doSomething;
```

Não vai machucar ninguém se você declarar um método action com um argumento `sender` e depois ignorá-lo. Você provavelmente verá vários exemplos de código que fazem isso, porque, historicamente, os métodos action no Cocoa têm aceitado o `sender` sendo eles usados ou não.

Adicionando Actions e Outlets ao View Controller

Agora que você já sabe o que são outlets e actions, vamos seguir em frente e adicionar um de cada para a nossa classe controller. Precisamos de uma outlet; então, poderemos mudar o texto do label. Já que os botões não serão mudados, não precisaremos de uma outlet para eles.

Também podemos declarar um único método action, que será chamado pelos dois botões. Enquanto muitos deles são específicos de um único controle, é possível usar somente uma action para lidar com a entrada de controles múltiplos, que é o que faremos aqui. Nossa action irá pegar o nome do botão do seu argumento `sender` e usar uma outlet do label para incorporar aquele nome do botão no texto do label. Você verá como isso é feito daqui a algumas páginas, quando revisarmos o método `buttonPressed:`.

> **NOTA:** Como o Xcode cria arquivos para nosso uso que já apresentam alguns dos códigos de que precisamos, muitas vezes iremos inserir um código em um arquivo já existente. Quando você vir o código listado como um dos `Button_FunViewController.h`, qualquer código com a fonte no estilo `typeface` normal será um código existente que já estava no arquivo. O código listado em **negrito** é um novo código que você precisa digitar.

Vá em frente e adicione o seguinte código para `Button_FunViewController.h`:

```
#import <UIKit/UIKit.h>
@interface Button_FunViewController : UIViewController {
    UILabel     *statusText;
}
@property (nonatomic, retain) IBOutlet UILabel *statusText;
- (IBAction)buttonPressed:(id)sender;
@end
```

Se você trabalhou com o Objective-C 2.0, você provavelmente estará familiarizado com a declaração `@property`, mas, se não, essa linha de código deverá parecer um pouco intimidante. Não tema: as propriedades do Objective-C são realmente muito simples. Vamos dar uma volta para falar sobre elas, já que elas são relativamente novas e serão muito usadas neste livro. Mesmo se você já for experiente com a propriedade, leia, por favor, pois há algumas informações específicas do Cocoa Touch que você achará útil.

Propriedades do Objective-C

Antes de a propriedade ser adicionada ao Objective -C, os programadores tradicionalmente definem pares de métodos para estabelecer e recuperar os valores de cada uma das variáveis de instância da classe. Esses métodos são chamados de **accessors** e **mutators** (ou, se preferir, **getters** e **setters**) e devem ser parecidos com isto:

```
- (id)foo {
    return foo;
}

- (void)setFoo:(id)aFoo {
    if (aFoo != foo) {
        [aFoo retain];
        [foo release];
        foo = aFoo;
    }
}
```

Embora essa abordagem ainda seja perfeitamente válida, a declaração `@property` lhe permite dizer tchau ao processo tedioso de criar os métodos accessor e mutator, se você quiser. As declarações `@property` que acabamos de digitar, combinadas à outra declaração no arquivo de implementação (`@synthesize`, que você verá quando mudarmos o arquivo `Button_FunViewController.m`), dirão ao compilador para criar os métodos getter e setter no tempo de compilação. Você normalmente irá declarar as variáveis de instância subjacentes como fizemos aqui, mas não precisará definir o accessor ou o mutator.

NOTA: Você deve ter notado que, no parágrafo anterior, nós dissemos que você "normalmente" irá declarar variáveis de instância para corresponder às propriedades, o que parece indicar que haja casos "anormais" em que você poderá pulá-las. Na verdade, esse é o caso. O Objective-C 2.0 permite que você omita a declaração de variável de instância sempre que essa variável e a propriedade tiverem o mesmo nome, deixando apenas a declaração de propriedade no local. No entanto, essa funcionalidade se limita aos ambientes mais recentes de tempo de execução que a Apple oferece, que inclui o iOS e aplicativos 64-bit no Mac OS X 10.6 ou posterior, mas *não* incluem aplicativos 32-bit no Mac OS X. Até o verão de 2010, essa limitação também incluía software em execução no iPhone simulator. Como todo desenvolvedor utiliza o simulador até certo ponto, utilizar uma base de código que omitia variáveis de instância poderia ser uma dor de cabeça, o que significa que a maioria dos softwares escritos para iOS até esse ponto inclui variáveis de instância. Mesmo agora, o suporte à ferramenta para omissão de variáveis de instância parece um pouco irregular. Por exemplo, o depurador do Xcode tem dificuldade para apresentar informações sobre uma propriedade se a variável de instância não foi declarada. Neste livro, quase sempre iremos incluí-las, mas você deverá ficar atento ao fato de que, em algum ponto da sua carreira de desenvolvimento de iOS, as ferramentas serão atualizadas, e essas variáveis de instância serão coisas do passado.

Em nossa declaração, a palavra-chave `@property` é seguida por alguns atributos opcionais que estão entre parênteses. Eles definem como os accessors e os mutators serão criados pelo compilador e possibilitam que os programadores leiam o código, desde que descrevam como o objeto irá tratar sua variável de instância. Os dois que você verá aqui serão usados muitas vezes ao definir propriedades nos aplicativos do iPhone:

```
@property (retain, nonatomic) IBOutlet UILabel *statusText;
```

O primeiro desses atributos, `retain`, diz ao compilador para enviar uma mensagem `retain` para qualquer objeto que designamos para essa propriedade. Isso impedirá que a variável de instância subjacente à nossa propriedade seja tirada da memória enquanto nós ainda a estivermos usando. Isso é necessário porque o comportamento-padrão (`assign`) é planejado para ser usado com tipos de dados C de baixo nível ou com o coletor de lixo, um recurso do Objective-C 2.0 que geralmente não está disponível em qualquer versão do iOS. Consequentemente, se você definir uma propriedade que seja um objeto (o oposto dos dados brutos, como o `int`), você geralmente deverá especificar `retain` nos atributos opcionais. Ao declarar a propriedade para um `int`, `float` ou qualquer outro dado bruto, não será necessário especificar um atributo opcional. Na verdade, especificar `retain` em uma declaração de propriedade para um tipo de dado de baixo nível irá causar erros, já que um objeto que não seja do Objective-C não poderá receber qualquer mensagem, nem mesmo `retain` ou `release`.

O segundo dos nossos atributos opcionais, `nonatomic`, muda o maneira como os métodos accessor e mutator são gerados. Para não ficar muito técnico, digamos apenas que, por padrão, esses métodos são criados com algum código adicional que ajuda a escrever programas multithreaded. O overhead adicional, ainda que pequeno, é desnecessário ao declarar um ponteiro para um objeto de interface de usuário;

então, escolhemos o `nonatomic` para salvar um pouco de overhead. Às vezes, você não quer especificar o `nonatomic` para uma propriedade, mas, como regra geral, iremos especificá-lo quando escrevermos os aplicativos para iPhone.

O Objective-C tem outro recurso legal que iremos utilizar com as propriedades. Ele introduziu o uso do **dot notation** (notação de pontos) à linguagem. Tradicionalmente, para usar um método accessor, você deverá enviar uma mensagem ao objeto, como esta:

```
myVar = [someObject foo];
```

Essa abordagem ainda funciona muito bem. No entanto, quando você define uma propriedade, também tem a opção de usar um dot notation semelhante ao usado no Java, no C++ e no C#, como este:

```
myVar = someObject.foo;
```

Essas duas instruções são idênticas se considerarmos o compilador; o uso de qualquer um é aceito. O dot notation também trabalha com mutators. Este código:

```
someObject.foo = myVar;
```

é funcionalmente idêntico ao

```
[someObject setFoo:myVar];
```

NOTA: Neste livro, optamos por usar uma política rígida para lidar com propriedades. Sempre que acessarmos uma variável de instância que também seja uma propriedade, faremos isso invocando os getters e setters da propriedade, seja chamando diretamente os métodos ou usando dot notation. Poderíamos ter pulado isso para referências a propriedades dentro do mesmo objeto e, com isso, deixado a parte self. de uma referência como `self.`*`propertyName`*, mas, por questão de consistência (outros objetos deverão acessar nossas variáveis de instância com propriedades de qualquer forma) e exatidão do programa (um getter e um setter podem ter efeitos colaterais desejados e não queremos causar curto-circuito), estamos utilizando as propriedades em todo lugar. As únicas exceções a isso são dentro dos métodos init e dealloc, cujas variáveis de instância podemos acessar diretamente. Isso ocorre porque, quando esses métodos são chamados, o receptor necessariamente está em um estado de transição (porque acabou de ser criado ou apenas porque está prestes a ser destruído); então, os possíveis efeitos colaterais de chamar um getter ou um setter serão provavelmente indesejados nesse momento. Fique atento também ao fato de que algum código da Apple, gerado pelo Xcode a partir de um template, não segue essas diretrizes, mas o código que adicionamos sempre irá segui-las.

Declarando o Método Action

Após a declaração da propriedade, adicionamos outra linha de código:

```
- (IBAction)buttonPresed:(id)sender;
```

Essa é nossa declaração do método action. Ao colocá-la aqui, iremos informar às outras classes e ao Interface Builder que a nossa classe tem um método action chamado `buttonPressed:`.

Adicionando Actions e Outlets ao Arquivo de Implementação

No momento, acabamos o arquivo de cabeçalho de nossa classe controller. Então, salve-o e clique uma vez no arquivo de implementação de classe, o *Button_FunViewController.m*. Esse arquivo deve parecer assim:

```
#import "Button_FunViewController.h"

@implementation Button_FunViewController
/*
// The designated initializer. Override to perform setup
// that is required before the view is loaded.
- (id)initWithNibName:(NSString *)nibNameOrNil bundle:
        (NSBundle *)nibBundleOrNil {
    if (self=[super initWithNibName:nibNameOrNil bundle:nibBundleOrNil]) {
        // Custom initialization
    }
    return self;
}
*/

/*
// Implement loadView to create a view hierarchy programmatically,
// without using a nib.
- (void)loadView {
}
*/

/*
// Implement viewDidLoad to do additional setup after loading the view,
// typically from a nib.
- (void)viewDidLoad {
    [super viewDidLoad];
}
*/

/*
// Override to allow orientations other than the default portrait
// orientation.
- (BOOL)shouldAutorotateToInterfaceOrientation:
        (UIInterfaceOrientation)interfaceOrientation {
    // Return YES for supported orientations
    return (interfaceOrientation == UIInterfaceOrientationPortrait);
}
*/

- (void)didReceiveMemoryWarning {
    // Releases the view if it doesn't have a superview.
    [super didReceiveMemoryWarning];

    // Release any cached data, images, etc that aren't in use.
}

- (void)viewDidUnload {
    // Release any retained subviews of the main view.
    // e.g. self.myOutlet = nil;
}
```

```
- (void)dealloc {
    [super dealloc];
}

@end
```

A Apple antecipou alguns dos métodos que provavelmente iremos substituir e incluiu partes de métodos no arquivo de implementação. Alguns deles são comentados e podem ser não comentados ou excluídos quando for apropriado. Aqueles que não são comentados são usados pelo template ou são tão usados que eles incluíram para pouparmos tempo. Não precisamos de nenhum dos métodos comentados para este aplicativo; então, vá em frente e exclua-os, pois irá diminuir o código e torná-lo mais fácil de seguir conforme inserirmos o novo código nesse arquivo.

Quando você excluir os métodos comentados, adicione o código a seguir. Ao terminar, volte aqui e falaremos sobre o que fizemos:

```
#import "Button_FunViewController.h"

@implementation Button_FunViewController
@synthesize statusText;

- (IBAction)buttonPressed:(id)sender {
    NSString *title = [sender titleForState:UIControlStateNormal];
    NSString *newText = [[NSString alloc] initWithFormat:
                            @"%@ button pressed.", title];
    statusText.text = newText;
    [newText release];
}

- (void)didReceiveMemoryWarning {
    [super didReceiveMemoryWarning]; // Releases the view if it
    // doesn't have a superview
    // Release anything that's not essential, such as cached data
}

- (void)viewDidUnload {
    // Release any retained subviews of the main view.
    // e.g. self.myOutlet = nil;
    self.statusText = nil;
}

- (void)dealloc {
    [statusText release];
    [super dealloc];
}

@end
```

OK. Vamos ver o código recém-adicionado. Primeiro, adicionamos isto:

```
@synthesize statusText;
```

É assim que nós pedimos ao compilador para criar automaticamente os métodos accessor e mutator. Devido a essa linha de código, agora há dois métodos "invisíveis" na nossa classe: `statusText` e `setStatusText:`. Nós não os escrevemos, mas eles estão ali, esperando-nos para usá-los.

O próximo trecho do código recém-adicionado é a implementação do nosso método action, que será chamado quando cada botão for pressionado:

```
-(IBAction)buttonPressed: (id)sender {
    NSString *title = [sender titleForState:UIControlStateNormal];
    NSString *newText = [[NSString alloc] initWithFormat:
                          @"%@ button pressed.", title];
    statusText.text = newText;
    [newText release];
}
```

Lembre-se de que o parâmetro passado para um método action é o controle ou objeto que o invocou. Então, em nosso aplicativo, o sender sempre apontará para o botão pressionado. Esse é um mecanismo muito útil, pois nos permite ter um método action que controla a entrada de múltiplos controles, que é exatamente o que estamos fazendo aqui. Os dois botões chamam esse método, e nós os distinguimos olhando o sender. A primeira linha do código nesse método pega o título do botão pressionado do sender.

```
NSString *title = [sender titleForState:UIControlStateNormal];
```

> **NOTA:** Tivemos de fornecer um **control state** (estado de controle) quando solicitamos o rótulo do botão. Os quatro estados possíveis são: **normal**, que representa o controle quando ele é ativado, mas normalmente não está em uso; **highlighted**, que representa o controle quando ele está prestes a ser pressionado ou usado de outra forma; **disabled**, que é o estado do botão que não está habilitado e não pode ser usado; e **selected**, o estado que apenas alguns controles têm e que indica que o controle está selecionado normalmente. O `UIControlStateNormal` representa um estado normal do controle e é o único que você usará, na maior parte do tempo. Se os valores para os outros estados não forem especificados, aqueles estados não terão o mesmo valor do estado normal.

A próxima coisa a fazer é criar uma nova string baseada naquele título:

```
NSString *newText = [[NSString alloc] initWithFormat:
                      @"%@ button pressed.", title];
```

Essa nova string acrescentará o texto "button pressed" ao nome do botão. Então, se apertarmos um botão com um texto de "Left", essa nova string será "Left button pressed".

Em seguida, configuramos o texto do nosso label para essa nova string:

```
statusText.text = newText;
```

Estamos utilizando dot notation aqui para definir o texto do label, mas também poderíamos ter utilizado [statusText setText : newText]; .

Por fim, liberamos a string:

```
[newText release];
```

A importância de liberar objetos quando você terminar não deve ser exagerada. O iPhone, o iPad e outros aparelhos iOS têm muitos recursos limitados, e até mesmo uma pequena quantidade de vazão de memória pode causar danos no seu programa. Também é importante ressaltar que *não* fazemos isto:

```
NSString *newText = [NSString stringWithFormat:
                    @"%@ button pressed.", title];
```

Esse código deveria funcionar exatamente como o que usamos. Métodos de classe como esse são chamados **convenience** ou **factory**, e eles desenvolvem um objeto de autoliberação. De acordo com a regra geral de memória, de que "se você não a alocar ou retiver, não a libere", esses objetos de autoliberação não podem ser liberados a menos que você os retenha especificamente, e usá-los frequentemente resulta em um código um pouco menor e mais legível.

No entanto, há um custo associado a esses métodos convenientes, porque eles usam uma área de autoliberação. A memória alocada por um objeto de autoliberação ficará assim por um período de tempo depois que terminarmos com isso. No Mac OS X, com arquivos de troca e uma quantidade relativamente grande de memória física, o custo de usar objetos de autoliberação é insignificante, mas, no iPhone, esses objetos podem ter um efeito prejudicial na memória do seu aplicativo. Não há problemas em usar a autoliberação, mas tente usá-la somente quando você realmente precisar, não apenas para salvar uma ou duas linhas de código digitadas.

Em seguida, adicionamos uma única linha de código do método `viewDidUnload:` existente:

```
    self.statusText = nil;
```

Não se preocupe muito com essa linha de código agora; iremos explicar o porquê de precisarmos dela no próximo capítulo. Por enquanto, apenas se lembre de que você precisa definir quaisquer outlets que a sua classe tenha para `nil` no `viewDidUnload`.

> **DICA:** Se você ainda estiver um pouco perdido no gerenciamento de memória do Objective-C, você realmente deveria rever o "contrato" do gerenciamento de memória no site `http://developer.apple.com/documentation/Cocoa/Conceptual/MemoryMgmt`. Mesmo uma quantidade pequena de vazão de memória pode causar uma destruição em um aplicativo de iOS.

A última coisa que fizemos foi liberar a saída no nosso método `dealloc`:

```
[statusText release];
```

Liberar esse item pode parecer estranho. Você deve estar pensando que, já que não o instanciamos, não poderíamos ser responsáveis por liberá-lo. Se você já trabalhou com as versões anteriores do Cocoa e do Objective-C, provavelmente deve estar pensando que isso está totalmente errado. No entanto, pelo fato de termos implementado propriedades para cada uma dessas outlets e especificado o `retain` naqueles atributos da propriedade, liberá-lo é correto e necessário. O Interface Builder irá utilizar nosso método mutator gerado quando designar as outlets, e este mutator irá reter o objeto designado para isso; então, é importante liberar a outlet aqui para evitar o vazamento de memória.

NOTA: Você deve ter notado que, após liberar `statusText` chamando o método release (o oposto de chamar `[self setStatusText : nil]`), nosso objeto é deixado em um estado inválido por um rápido período, desde que a variável `statusText` ainda contenha um ponteiro para o objeto que acabamos de liberar, o que pode muito bem não existir mais. Se a classe parent do nosso objeto (ou qualquer outra anterior da hierarquia) chamar um método que acesse sua propriedade `statusText`, isso provavelmente irá provocar danos. Além disso, em um aplicativo de multitarefa, você poderá ter um erro quando um objeto que estiver passando pelo `dealloc` em uma tarefa for simultaneamente acessado por outra, o que poderá levar a travamentos, bloqueios ou outro tipo de erro. Poderíamos trabalhar nisso definindo o ponteiro para `nil` no método `dealloc`, mas essa abordagem tem os próprios problemas. Se alguma parte do seu código estiver causando o bug que descrevemos — seja acidentalmente acessando propriedades a partir de uma subclasse durante o `dealloc`, seja utilizando um objeto em múltiplas tarefas e não gerenciando corretamente a contagem de retain —, será melhor encontrar e corrigir esses bugs do que deixá-los ficar nos seus aplicativos! Definir todas as variáveis de instância para `nil` no método `dealloc` poderá facilitar que esses bugs se escondam, em vez de serem encontrados durante o desenvolvimento. Esse tópico frequentemente é um tema de debate e discussão entre programadores de Objective-C, e o blog do Jeff LaMarche apresenta uma descrição detalhada de todas as posições possíveis em `http://iphonedevelopment.blogspot.com/2010/09/dealloc.html`. Se você estiver interessado em mais discussões sobre isso, incluindo como manter esses ponteiros inválidos por perto pode, de fato, ajudar a depurar erros de gerenciamento de memória, leia também "zombie objects", em `http://www.cocoadev.com/index.pl?NSZombieEnabled`.

Antes de continuar, tenha certeza de que você salvou esse arquivo; então, vá em frente e compile o projeto digitando **⌘B** para ter certeza de que não cometeu nenhum erro enquanto digitava. Se ele não compilar, volte e compare o seu código ao deste livro.

ANINHANDO MENSAGEM

As mensagens do Objective-C muitas vezes são aninhadas por alguns desenvolvedores. Você deverá se deparar com um código como este em suas aventuras:

```
statusText.text = [NSString stringWithFormat:@"%@ button pressed.",
    [sender titleForState:UIControlStateNormal]];
```

Essa única linha de código irá funcionar exatamente do mesmo jeito que as quatro linhas de código funcionam com o nosso método `buttonPressed:`. Para ficar mais claro, geralmente não aninhamos mensagens do Objective-C nos exemplos de código neste livro, com exceção de chamadas para `alloc` e `init`, que, por uma convenção antiga, quase sempre são aninhadas.

Usando o Delegate do Aplicativo

Os outros dois arquivos abaixo da pasta *Classes* implementam nosso **delegate do aplicativo**. O Cocoa Touch utiliza muito os **delegates**, que são classes que têm a responsabilidade de fazer algumas coisas no lugar de outro objeto. O delegate do aplicativo nos deixa fazer coisas em um tempo predeterminado em nome da classe `UIApplication`. Todo aplicativo de iPhone tem uma única instância de `UIApplication`, que é responsável pelo loop da execução do aplicativo e manipula as funcionalidades de nível do aplicativo, como a rota de entrada apropriada da classe controller.

O `UIApplication` é uma parte padrão do `UIKit` e ele faz o seu trabalho "nos bastidores"; então, você não precisa se preocupar com isso na maioria das vezes. Em certos momentos definidos durante a execução de um aplicativo, contudo, a `UIApplication` chamará métodos delegate específicos, se houver um delegate e se ele implementar aquele método. Por exemplo, se você tiver um código que precisa ser disparado antes de o seu programa finalizar, você deveria implementar o método `applicationWillTerminate:` no delegate do seu aplicativo e colocar o código de término lá. Esse tipo de delegação permite que o seu aplicativo implemente um comportamento comum de aplicativo, sem precisar da subclasse `UIApplication` ou ainda, de fato, saber qualquer coisa sobre seus trabalhos internos.

Clique em `Button_FunAppDelegate.h` no painel *Groups&Files* para ver o arquivo de cabeçalho do delegate do aplicativo. Deveria parecer assim:

```
#import <UIKit/UIKit.h>

@class Button_FunViewController;

@interface Button_FunAppDelegate : NSObject <UIApplicationDelegate> {
    UIWindow *window;
    Button_FunViewController *viewController;
}
@property (nonatomic, retain) IBOutlet UIWindow *window;
@property (nonatomic, retain) IBOutlet Button_FunViewController
    *viewController;

@end
```

Não precisamos fazer qualquer mudança para esse arquivo, e, depois de implementar nossa classe controller, quase tudo aqui deverá parecer familiar para você. Uma coisa importante é notar esta linha do código:

```
@interface Button_FunAppDelegate : NSObject <UIApplicationDelegate> {
```

Você viu a importância dos colchetes? Isso indica que essa classe está de acordo com o protocolo chamado `UIApplicationDelegate`. Mantenha a tecla de opção pressionada e mova seu cursor para que ele fique acima da palavra `UIApplicationDelegate`. O seu cursor deverá se transformar em alvo; ao fazer isso, clique duas vezes. Isso abrirá uma pequena janela mostrando uma visão geral breve do protocolo `UIApplicationDelegate`, conforme mostrado na Figura 3-3.

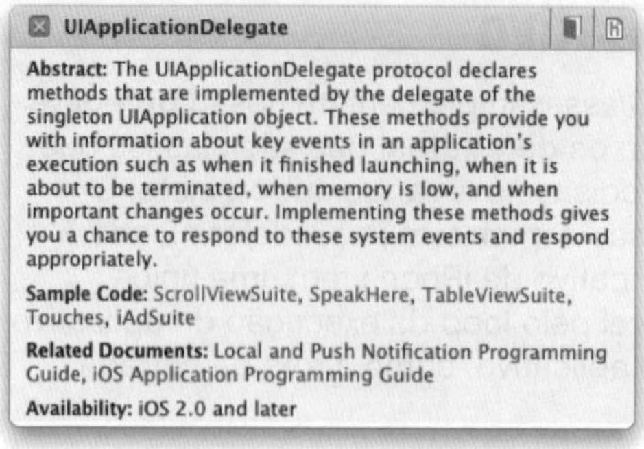

Figura 3-3. *Clicamos duas vezes na opção <UIApplicationDelegate> dentro do código-fonte, e o Xcode mostrará essa janela, chamada de painel Quick Help, que descreve o protocolo.*

Observe os dois ícones no canto superior direito da janela flutuante da documentação. Clique no ícone à esquerda para visualizar a documentação completa para esse símbolo ou no ícone à direita para visualizar a definição do símbolo no arquivo de cabeçalho. Esse mesmo truque funciona com a classe, o protocolo e os nomes de categoria, bem como com os nomes de métodos exibidos no painel de edição. Apenas clique uma vez na palavra, e ele irá procurar pela palavra no browser de documentação.

Saber como procurar rapidamente coisas na documentação é definitivamente compensador, mas olhar a definição desse protocolo é, talvez, o mais importante. Aqui, você achará quais métodos delegate podem implementar e quando eles serão chamados. Provavelmente, vale à pena passar um tempo lendo sobre as descrições desses métodos.

> **NOTA:** Se você já trabalhou com o Objective-C, mas não com o Objective-C 2.0, você deverá estar ciente de que os protocolos agora podem especificar métodos opcionais. O `UIApplicationDelegate` contém muitos métodos opcionais, e você não precisará implementar nenhum deles no delegate do seu aplicativo, a menos que tenha uma razão para isso.

No painel *Groups&Files*, clique em `Button_FunAppDelegate.m` e veja a implementação do delegate do aplicativo. Deve ser assim:

```
#import "Button_FunAppDelegate.h"
#import "Button_FunViewController.h"

@implementation Button_FunAppDelegate

@synthesize window;
@synthesize viewController;

- (BOOL)application:(UIApplication *)application
        didFinishLaunchingWithOptions:(NSDictionary *)launchOptions {

    // Override point for customization after application launch
```

```
    [window addSubview:viewController.view];
    [window makeKeyAndVisible];
    return YES;
}

- (void)applicationWillTerminate:(UIApplication *)application {
    // Save data if appropriate.
}

- (void)dealloc {
    [window release];
    [viewController release];
    [super dealloc];
}

@end
```

Ao centro do seu arquivo, você poderá ver que o delegate do nosso aplicativo implementou um dos métodos do protocolo, `application:didFinishLauchingWithOptions:`, que, como você provavelmente já adivinhou, é acionado assim que o aplicativo termina todo o trabalho de configuração e está pronto para começar a interagir com o usuário.

A nossa versão do delegate do `application:didFinishLauchingWithOptions:` adiciona a view do nosso view controller como uma subview para a janela principal do aplicativo, tornando-a visível, que é como a view que iremos desenhar será mostrada ao usuário. Você não precisa fazer nada para que isso ocorra; tudo integra o código gerado como parte do template que usamos para criar esse projeto.

Apenas quisemos lhe dar uma ideia sobre os delegates de aplicativo e mostrar como tudo isso se vincula.

Editando MainWindow.xib

Até agora, vimos os quatro arquivos na guia *Classes* do nosso projeto (dois arquivos .m, dois arquivos .h). Nos capítulos anteriores, tivemos experiência com dois dos três arquivos da guia Resources do nosso projeto. Vimos o equivalente ao `Button_Fun-Info.plist` quando adicionamos nosso ícone ao projeto e vimos o equivalente ao `Button_FunViewController.xib` quando adicionamos "Hello, World!" ao nosso rótulo.

Há outro arquivo na guia *Resources* sobre o qual queremos falar. O arquivo *MainWindow.xib* é o que faz com que o delegate do seu aplicativo, a janela principal e as instâncias de view controller sejam criadas no tempo de execução. Lembre-se de que esse arquivo é fornecido como parte do template de projeto. Você não precisa mudar ou fazer alguma coisa aqui. Essa é apenas uma chance para ver o que está acontecendo "nos bastidores".

Figura 3-4. *MainWindow.xib do nosso aplicativo como ele aparece no Interface Builder.*

Expanda a pasta *Resources* no painel *Groups & Files* do Xcode e clique duas vezes em *MainWindow.xib*. Quando o Interface Builder abrir, dê uma olhada na janela principal do nib — o *MainWindow.xib* com rótulo, que deve parecer com a Figura 3-4.

Você deverá reconhecer os dois primeiros ícones nessa janela do Capítulo 2. Como um lembrete, todo ícone em uma janela nib, depois dos dois primeiros, representa um objeto que será instanciado quando o arquivo nib carregar. Vamos dar uma olhada no terceiro, no quarto e no quinto ícones.

> **NOTA:** Nomes longos são cortados na janela principal do arquivo nib na view padrão, como você pode ver na Figura 3-4. Se você mantiver o cursor em cima desses ícones por alguns segundos, uma caixinha irá aparecer para lhe mostrar o nome inteiro do item. Note também que os nomes mostrados na janela principal não indicam necessariamente a classe subordinada do objeto. O nome-padrão para uma nova instância geralmente guiará você para a classe subordinada, mas esses nomes podem ser, e muitas vezes são, mudados.

O terceiro ícone é uma instância do `Button_FunAppDelegate`. O quarto ícone é uma instância do `Button_FunViewController`. Por fim, o quinto ícone é uma única janela do nosso aplicativo (uma instância do `UIWindow`). Esses três ícones indicam que, uma vez que o arquivo nib é carregado, o nosso aplicativo terá uma instância do delegate do aplicativo, `Button_FunAppDelegate`; uma instância do nosso view controller, `Button_FunViewController`; e uma instância do `UIWindow` (a classe que representa uma única janela do aplicativo). Como você pode ver, o Interface Builder pode fazer muito mais do que apenas criar elementos de interface. Ele também permite que você crie instâncias de qualquer outra classe. Esse é um recurso poderoso e incrível. Toda linha de código que você não escreve é uma linha do código que você não precisa depurar ou manter. Até aqui, nós criamos três instâncias de objeto no tempo de inicialização sem precisar escrever uma única linha de código.

Ok, isso é tudo o que temos para ver aqui, pessoal; prossiga. Tenha certeza de que fechou esse arquivo nib quando sair. Se for pedido para você salvar, apenas diga "não", porque você não deveria ter mudado nada.

Editando Button_FunViewController.xib

Agora que você manipulou os arquivos que fazem parte do seu projeto e os conceitos que os colocam juntos, vamos voltar e construir a nossa interface.

Criando a View no Interface Builder

No Xcode, clique duas vezes em `Button_FunViewController.xib` no painel *Groups & Files*. O arquivo nib deverá abrir no Interface Builder. Certifique-se de que a library esteja visível. Se não estiver, você poderá mostrá-la selecionando **Library** do menu **Tools**. Certifique-se também de que a janela View do nib esteja aberta. Se não estiver, clique duas vezes no ícone chamado *View* na janela principal do nib (veja a Figura 3-5).

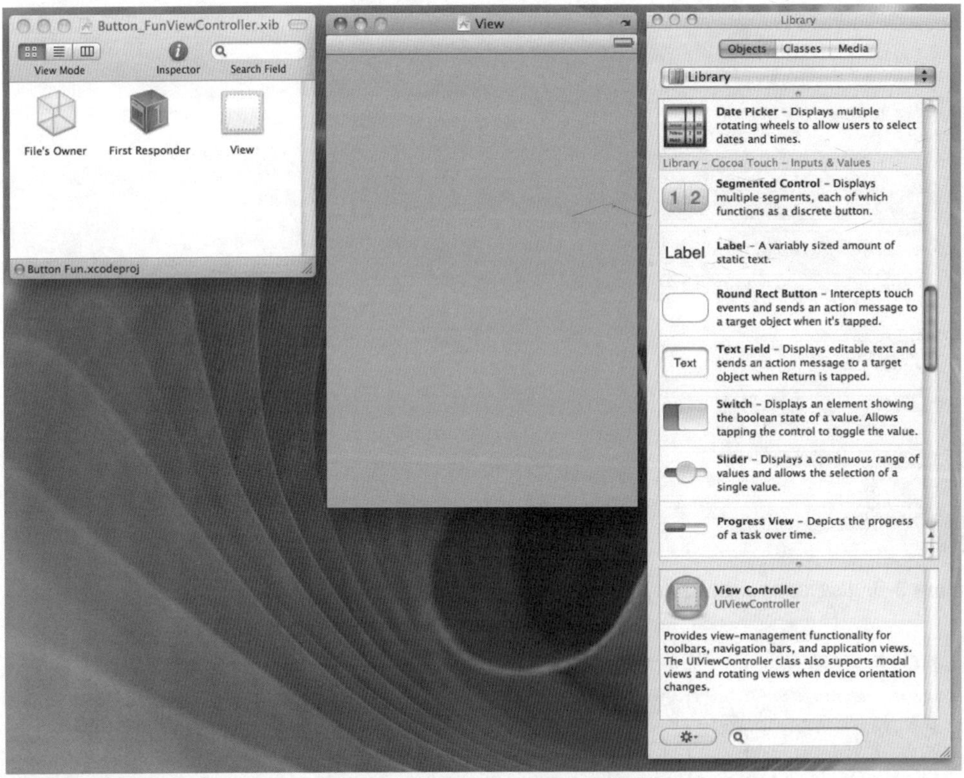

Figura 3-5. *Button_FunViewController.xib aberto no Interface Builder.*

Agora, estamos prontos para criar a nossa interface. Arraste um label da library para cima da janela de view, assim como você fez no capítulo anterior. Coloque o label na parte inferior da view para que os rótulos se alinhem às guias azuis à esquerda e inferiores (veja a Figura 3-6). Em seguida, expanda o label para que o lado direito se alinhe às guias à direita da janela.

Figura 3-6. *Usando as guias azuis para colocar objetos.*

NOTA: As pequenas guias azuis estão lá para lhe ajudar a colocar o *Apple Human Interface Guidelines* (geralmente referido como "o HIG"). Sim, assim como fez para o Mac OS X, a Apple fez o *iPhone Human Interface Guidelines* para a criação dos aplicativos do iPhone. O HGI lhe diz como você deve — e não deve — criar sua interface. Você realmente deve lê-lo, pois ele contém informações valiosas que todo desenvolvedor de iPhone precisa saber. Você irá encontrá-lo em `http://developer.apple.com/iphone/library/documentation/UserExperience/Conceptual/MobileHIG/`.

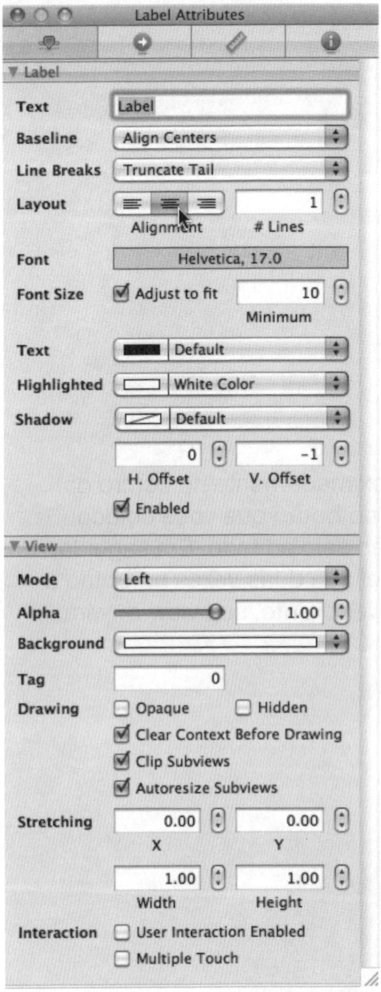

Figura 3-7. *Botões de alinhamento de texto do inspector.*

Após colocar o label na parte inferior da view, clique nele para selecioná-lo e pressione **⌘1** para trazer o inspector. Mude o alinhamento para centralizar usando os botões de alinhamento de texto no inspector (veja a Figura 3-7).

Agora, clique duas vezes no label e exclua o texto existente. Não queremos que nenhum texto apareça até que um botão seja pressionado.

Em seguida, iremos arrastar dois botões *Round Rect* (retangulares com canto arredondado) da library (veja a Figura 3-8) para nossa view.

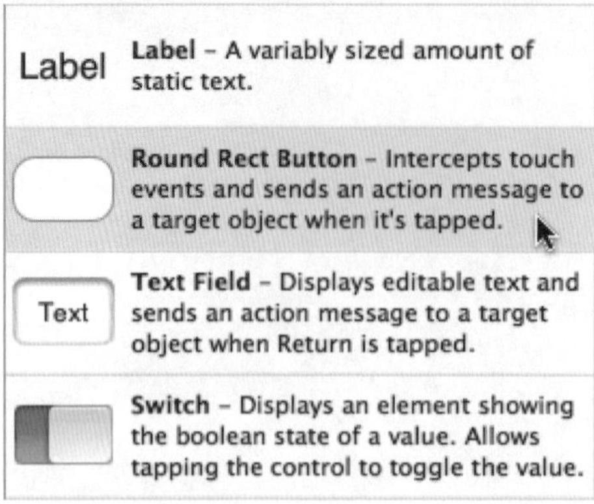

Figura 3-8. *O botão Round Rect como ele aparece na library.*

Coloque os dois botões próximos um ao outro, aproximadamente no centro da view. O lugar exato não importa. Clique duas vezes no botão que você colocou à esquerda. Fazer isso permitirá que o texto do botão seja editado. Em seguida, prossiga e mude esse texto para "Left ". Feito isso, clique duas vezes no botão à direita e mude o texto para ler "Right ". Quando estiver pronto, sua view deverá parecer com o que é mostrado na Figura 3-9.

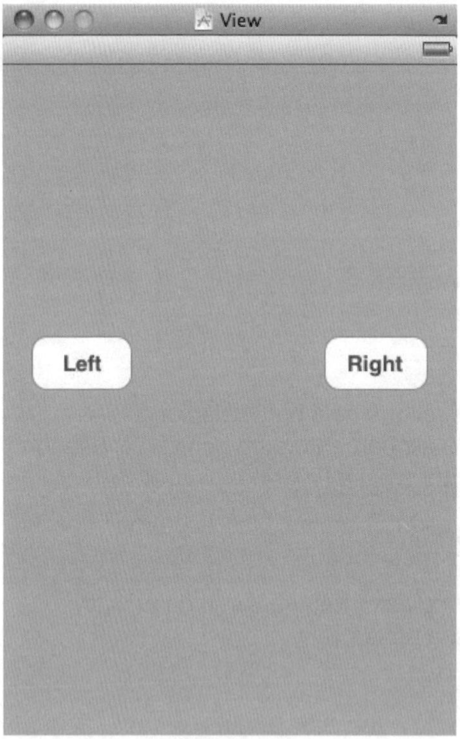

Figura 3-9. *A view final.*

Conectando Tudo

Agora, temos todas as peças para a nossa interface. Tudo isso foi feito para realizar as várias conexões que permitirão que essas peças trabalhem juntas.

O primeiro passo é estabelecer uma conexão do *File's Owner* com o label na janela *View*. Por que o *File's Owner*?

Quando uma instância de `UIViewController` ou uma de suas subclasses são instanciadas, pode ser solicitado a ela que se inicialize a partir de um nib. No template que usamos, a classe `Button_FunViewController` será carregada a partir do arquivo nib chamado *Button_FunViewController.xib*. Não precisaremos fazer algo para que isso aconteça; isso é parte do template do projeto que escolhemos. Nos capítulos futuros, você verá exatamente como esse processo funciona. Já que o arquivo *MainWindow.xib* contém um ícone que representa o *`Button_FunViewController`*, uma instância do `Button_FunViewController` será criada automaticamente quando iniciarmos o nosso aplicativo. Quando isso ocorrer, aquela instância irá automaticamente carregar o *Button_FunViewController.xib* dentro da memória e se tornar o proprietário do seu arquivo.

Anteriormente, neste capítulo, adicionamos uma saída para o `Button_FunViewController`, que é o proprietário desse nib. Agora, podemos fazer uma conexão entre aquela outlet e o label usando o ícone *File's Owner*. Vamos ver como se faz isso.

> **NOTA:** Tudo bem se você ainda não entendeu tudo sobre o processo de carregar o nib. É complicado; falaremos sobre isso e o veremos atuando várias vezes nos próximos capítulos. Por enquanto, apenas se lembre de que a nossa classe controller é um proprietário do arquivo para o arquivo nib com o mesmo nome.

Conectando Outlets

Mantenha a tecla de controle pressionada; clique no ícone *File's Owner* na janela principal do nib e deixe o botão do mouse para baixo. Arraste o ícone *File's Owner* para a janela *View*. Uma guia azul de orientação deverá aparecer. Continue arrastando até seu cursor chegar ao label na janela *View*. Mesmo se você não conseguir ver o label, ele aparecerá automaticamente, uma vez que você estiver sobre ele (veja a Figura 3-10).

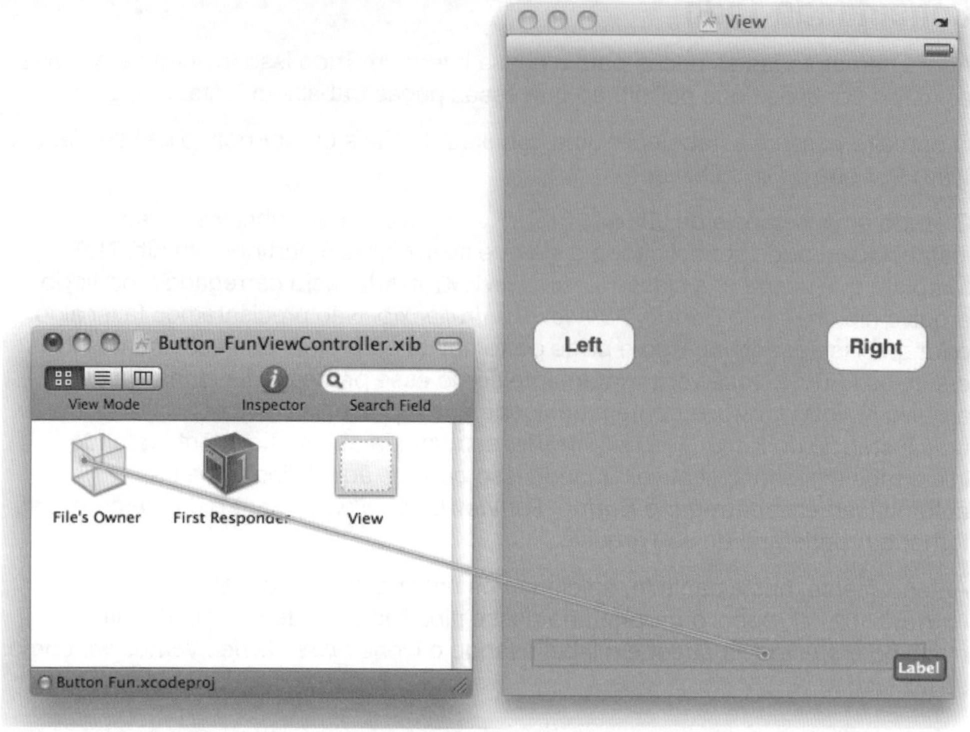

Figura 3-10. *Arrastando o controle para conectar outlets.*

Com o cursor ainda em cima do label, solte o botão do mouse, e um menu pequeno e cinza, como o mostrado na Figura 3-11, deverá aparecer.

Selecione *statusText* do menu cinza.

Arrastando o controle do *File's Owner* para um objeto de interface, você irá dizer ao Interface Builder que precisa conectar uma das outlets do File's Owner a esse objeto quando o arquivo nib for carregado. Nesse caso, o proprietário do arquivo é a classe `Button_FunViewController`, e a outlet `Button_FunViewController` na qual estamos interessados é a `statusText`. Quando arrastamos o controle do File's Owner para o objeto do label e selecionamos `statusText` de um menu pop-up que apareceu, dissemos ao Interface Builder para que a outlet `statusText` do `Button_FunViewController` apontasse para o label; então, sempre que nos referirmos ao `statusText` do seu código, lidaremos como esse label. Legal, não é?

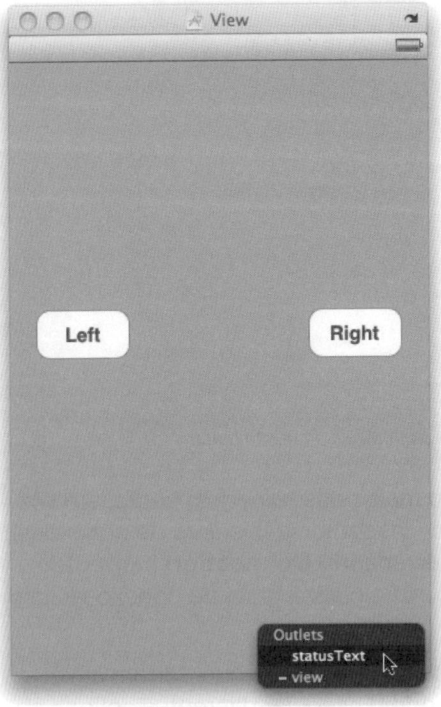

Figura 3-11. *Menu de seleção de outlet.*

Especificando Actions

A única coisa que falta fazer é identificar quais actions esses botões ativam e em quais circunstâncias o fazem. Se você está familiarizado com a programação Cocoa para Mac OS X, provavelmente estará pronto para arrastar o controle dos botões sobre o ícone do *File's Owner*. E, para ser honesto, isso provavelmente irá funcionar, mas não é a melhor maneira de fazê-lo.

O iPhone é diferente do Mac OS X, e aqui é um dos lugares em que essa diferença se torna aparente. No Mac, um controle pode ser associado a apenas uma action, e esta action geralmente é ativada quando aquele controle é usado. Há algumas exceções para isso, mas, em geral, um controle ativa seu método action correspondente quando o botão do mouse é liberado, se o cursor ainda estiver dentro dos limites daquele controle.

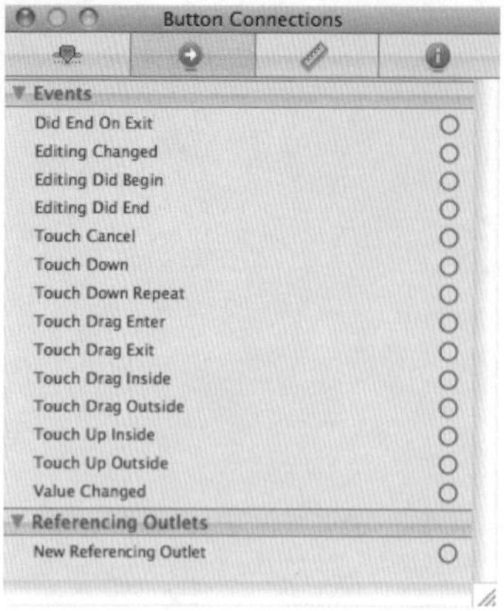

Figura 3-12. *O connections inspector mostrando eventos disponíveis do nosso botão.*

Os controles no Cocoa Touch oferecem muito mais possibilidades, então, em vez de clicar e arrastar, é melhor usar o connection inspector (assistente de conexões), que pode ser obtido pressionando ⌘**2** ou selecionando **Connection Inspector** do menu **Tools**. Clique no botão *Left* e, então, abra o assistente de conexões. Isso deve parecer com a Figura 3-12.

Abaixo do título *Events*, você verá uma lista inteira de eventos que podem ativar potencialmente uma action. Se quiser, você poderá associar diferentes actions a diferentes eventos. Por exemplo, você poderia usar o *Touch Up Inside* para ativar uma action, enquanto o *Touch Drag Inside* ativa uma action diferente. A nossa situação é relativamente simples e direta. Quando o usuário tocar no nosso botão, queremos que ele chame o método buttonPressed:. A primeira questão é qual dos eventos na Figura 3-12 nós usamos?

A resposta, que pode não ser óbvia a princípio, é o *Touch Up Inside*. Quando os dedos de usuário saem da tela, se o último lugar tocado antes disso estava dentro do botão, o usuário ativa um touch up inside. Pense sobre o que acontece com a maioria dos seus aplicativos para iPhone se você tocar a tela e mudar de ideia. Você tira seu dedo antes de levantá-lo, certo? Devemos dar aos nossos usuários a mesma capacidade. Se o dedo do nosso usuário ainda estiver no botão quando ele for tirado da tela, então poderemos supor seguramente que o botão tocado é desejado.

Agora que sabemos qual evento precisamos para ativar nossa action, como associamos o evento a um método action específico?

Você vê um pequeno círculo no assistente à direita do *Touch Up Inside*? Clique nele e arraste-o com o botão do mouse pressionado; não há necessidade de pressionar a tecla de controle nesse momento. Você deverá ter uma linha de conexão azul, assim como você fez antes quando estávamos conectando as outlets. Arraste essa linha para cima do ícone do *File's Owner* e, quando o pequeno menu cinza aparecer, selecione buttonPressed:. Lembre-se de que o ícone do *File's Owner* representa a classe cujo nib estamos editando. Nesse caso, o *File's Owner* representa nossa instância única do aplicativo da classe do `Button_FunViewController`. Quando arrastamos do evento do botão para o ícone do *File's Owner*, estamos dizendo para o Interface Builder chamar o método selecionado quando o evento especificado ocorrer. Então, quando o usuário tocar dentro do botão, o método buttonPressed: da classe `Button_FunViewController` será chamado.

Faça a mesma sequência com o outro botão e, em seguida, salve. Agora, sempre que o usuário tocar em um desses botões, o método buttonPressed: será chamado.

Tentando Fazer

Salve o arquivo nib. Depois, volte ao Xcode e compile seu aplicativo. Selecione **Build and Run** no menu **Build**. O seu código deverá compilar, e o seu aplicativo deverá aparecer no iPhone Simulator. Quando você tocar o botão da esquerda, o texto "Left button pressed" deverá aparecer, assim como na Figura 3-1. Se você tocar o botão da direita, o rótulo mudará para "Right button pressed".

Levando para o Início

O aplicativo simples deste capítulo introduz você ao MVC, criando e conectando outlets e actions, implementando os view controllers e usando delegates. Você aprendeu a ativar métodos action quando um botão é tocado e viu como mudar o texto do label no tempo de execução. Embora seja um aplicativo simples, os conceitos básicos que usamos para construí-lo são os mesmos que sustentam o uso de todos os controles no iPhone, não apenas os botões. Na verdade, o modo como usamos os botões e os labels neste capítulo é parecido com o que iremos implementar e interagir com a maioria dos controles padrões no iOS.

É muito importante que você entenda tudo o que fizemos neste capítulo. Se não entendeu, volte e refaça as partes que não entendeu direito. Isso é importante! Se você não tiver certeza de que entendeu tudo agora, você só ficará mais confuso assim que começarmos a criar interfaces mais complexas posteriormente neste livro.

No próximo capítulo, daremos uma olhada em alguns dos outros controles padrões do iOS. Você também irá aprender a usar alertas para notificar o usuário de eventos importantes e a usar action sheets para indicar que o usuário precisa fazer uma escolha antes de continuar. Quando se sentir pronto para prosseguir, dê um tapinha nas suas costas por ser um estudante tão incrível e vá para o próximo capítulo.

Capítulo 4

Mais Diversão na Interface do Usuário

No Capítulo 3, nós discutimos o conceito MVC e construímos um aplicativo que deu vida à ideia. Você aprendeu sobre outlets e actions e as utilizou para vincular um botão de controle a um label de texto. Neste capítulo, vamos montar um aplicativo que vai levar o seu conhecimento sobre controles para outro nível.

Vamos programar uma Image View, uma barra de rolagem, dois campos de texto diferentes, um controle segmentado, algumas chaves e um botão. Você vai aprender a usar a visualização de hierarquia para agrupar múltiplos itens em uma view-pai comum e facilitar a manipulação da interface em tempo de execução. Você verá como definir e recuperar os valores de vários controles, usando as outlets e o argumento sender do nosso método action. Depois disso, veremos como utilizar as action sheets para forçar o usuário a fazer escolhas, bem como alertas para dar feedbacks importantes. Também vamos aprender sobre os estados do controle e sobre o uso de imagens reguláveis para fazer com que os controles pareçam como devem.

Como o aplicativo deste capítulo usa diversos itens de interfaces de usuário, vamos trabalhar um pouco diferente da maneira como fizemos nos dois capítulos anteriores. Vamos dividir nosso aplicativo em pedaços, implementando um de cada vez, indo e vindo entre o Xcode, o Interface Builder e o iOS Simulator, testando cada pedaço antes de passar para o próximo. Dividir o processo de construção de interfaces complexas em fragmentos menores irá tornar o trabalho muito menos intimidante, bem como mais parecido com o processo real pelo qual você vai passar quando construir seus próprios aplicativos. O ciclo código-compilação-depuração compõe uma grande parte do dia típico do desenvolvedor de software.

Uma Tela Cheia de Controles

Como mencionamos, o aplicativo que vamos desenvolver neste capítulo é um pouco mais complexo do que no caso do Capítulo 3. Nós ainda vamos usar apenas uma view e um controller, mas, como pode ver na Figura 4-1, tem mais algumas coisas acontecendo nessa view.

Figura 4-1. *O Aplicativo Control Fun, destacando campos de texto, labels, barra de rolagem e muitos outros controles do iOS.*

O logo na parte superior da tela do iPhone é uma **Image View** e, nesse aplicativo, não faz nada mais do que mostrar uma imagem estática. Abaixo do logo, existem dois **campos de texto**: um que permite a entrada de texto alfanumérico e outro que permite apenas números. Abaixo dos campos de texto, está uma **barra de rolagem**. Quando o usuário a mover, o valor do label perto dela irá mudar para que sempre reflita o valor da barra.

Abaixo da barra de rolagem, há um **controle segmentado** e duas **chaves**. O controle segmentado irá alternar entre dois diferentes tipos de controle no espaço abaixo dele. Quando o aplicativo abrir pela primeira vez, duas chaves aparecerão abaixo do controle segmentado. Mudar o valor de qualquer chave irá fazer com que a outra também mude seu valor a fim de igualar. Agora, isso não é algo que você faria em um aplicativo real, mas demonstra como mudar o valor de um controle de maneira programada e como o Cocoa Touch anima certas actions sem precisar fazer qualquer trabalho.

A Figura 4-2 mostra o que acontece quando o usuário toca no controle segmentado. As chaves desaparecem e são substituídas por um botão. Quando o botão Do Something é pressionado, uma action sheet aparece perguntando aos usuários se eles realmente querem acionar aquele botão (veja a Figura 4-3). Essa é a maneira padrão de responder à entrada de dados, que é potencialmente perigosa ou que poderia ter repercussões significativas, dando aos usuários a possibilidade de parar um dano prestes a acontecer. Se Yes, I'm Sure! for selecionado, o aplicativo irá lançar um alerta, permitindo que o usuário saiba que está tudo bem (veja a Figura 4-4).

Figura 4-2. *Tocar no controller segmentado à esquerda faz com que duas chaves sejam exibidas. Tocar à direita faz com que um botão seja exibido.*

Figura 4-3. *Nosso aplicativo usa uma action sheet para solicitar uma resposta do usuário.*

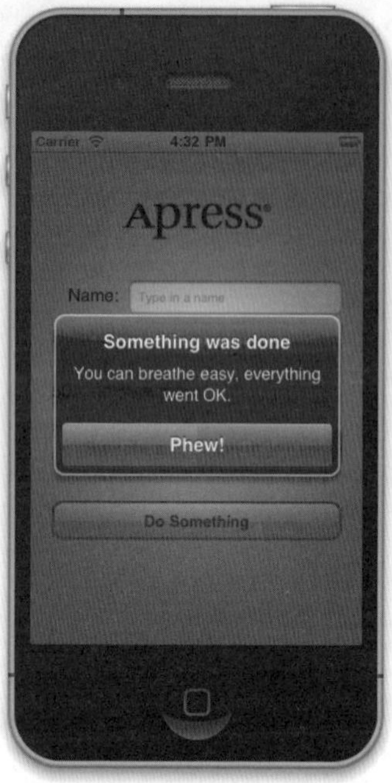

Figura 4-4. *São usados alertas para notificar ao usuário quando coisas importantes acontecem. Aqui, nós usamos um para confirmar que correu tudo bem.*

Controles Ativos e Passivos

Os controles de interface do usuário vêm em duas formas básicas: ativa e passiva. Os botões que usamos no capítulo anterior são exemplos clássicos de controles ativos. Você os pressiona e algo acontece — normalmente, uma parte do código dispara.

Alguns controles podem funcionar de uma maneira passiva, apenas mantendo o valor que o usuário introduziu até você estar pronto para ele. Esses controles não disparam métodos action, mas o usuário pode interagir com eles e mudar seus valores. Um exemplo clássico de controle passivo é um campo de texto em uma página da web. Embora possa haver um código de validação que dispara quando você clica fora do campo, a grande maioria dos campos de texto de páginas da web é simplesmente container de dados, que são submetidos ao servidor quando você clica no botão enviar. Os campos de texto por si só, na verdade, não levam nenhum código a disparar, mas, quando se clica no botão enviar, os dados dos campos de texto são levados junto.

Em um aparelho iOS, muitos dos controles disponíveis podem ser usados de todas as formas, e a maioria pode funcionar em mais de uma delas, dependendo de suas necessidades. Todos os controles do iOS são subclasses do UIControl e, por isso, são capazes de disparar métodos action. A maioria dos controles também pode ser usada passivamente. No entanto, alguns controles, como botões, não têm muito propósito, a não ser que sejam usados de uma maneira ativa para disparar um código.

Como você deve esperar, existem algumas diferenças comportamentais entre os controles no iOS e no Mac. Aqui, estão alguns exemplos.

- Devido à interface multitoque, todos os controles do iOS podem disparar múltiplas actions, dependendo da maneira como são tocados. O usuário pode disparar uma action diferente ao se arrastar o dedo pelo controle em vez de dar apenas um toque.
- Você pode ativar uma action pressionando um botão para baixo e uma action distinta quando tirar o dedo.
- Você pode ter um único controle chamando múltiplos métodos action em um único evento. Você pode ter dois métodos action diferentes sendo disparado ao tocar no evento, o que significa que ambos os métodos serão chamados quando o usuário levantar o dedo depois de tocar o botão.

NOTA: Ter um controle chamando múltiplos métodos action seria um pouco de desvio da arquitetura MVC, e provavelmente é melhor você implementar um único método action que faça tudo o que for necessário para o pressionar daquele botão específico. No entanto, ao trabalhar no Interface Builder, é bom ter em mente que conectar um evento a uma action não necessariamente desconecta a action anteriormente relacionada a este mesmo evento! Isso pode levar a erros surpreendentes no seu aplicativo. Então, fique de olho ao redirecionar um evento no Interface Builder.

Outra grande diferença entre o iOS e o Mac vem do fato de que o iPhone não tem um teclado físico (a menos, é claro, que você adicione um teclado externo). O teclado padrão do iOS é, na verdade, apenas uma tela cheia com uma série de controles de botão. Seu código provavelmente nunca irá interagir de forma direta com o teclado do iOS, mas, como você verá mais à frente no capítulo, às vezes será necessário escrever um código para fazer o teclado se comportar exatamente da maneira desejada.

Criando o Aplicativo

Inicie o Xcode se ainda não estiver aberto e crie um novo projeto chamado *Control Fun*. Vamos utilizar novamente a opção do template do aplicativo View-Based. Então, crie seu projeto da mesma maneira como fez nos dois últimos capítulos.

Agora que você criou seu projeto, vamos pegar a imagem que usaremos na Image View. A imagem precisará ser importada no Xcode antes de estar disponível para o uso no Interface Builder; então, vamos importá-la agora. Você pode achar uma imagem *.png* propícia nos arquivos de projetos no diretório *04 Control Fun* ou usar uma imagem que você tenha escolhido — assegure-se de que a imagem selecionada seja .png e tenha as dimensões corretas para o espaço disponível. Ela deverá ter menos de 100 pixels de altura e não mais do que 300 pixels de largura, para que caiba confortavelmente na parte superior da view sem que precise ser redimensionada.

Adicione a imagem à pasta *Resources* do seu projeto, assim como fizemos no capítulo 2, arrastando a imagem do Finder para a pasta *Resources*.

Implementando a Image View e os Campos de Texto

Com a imagem adicionada ao seu projeto, o próximo passo será implementar os cinco elementos de interface na parte superior da tela do aplicativo: a Image View, os dois campos de texto e os dois labels (veja a Figura 4-5).

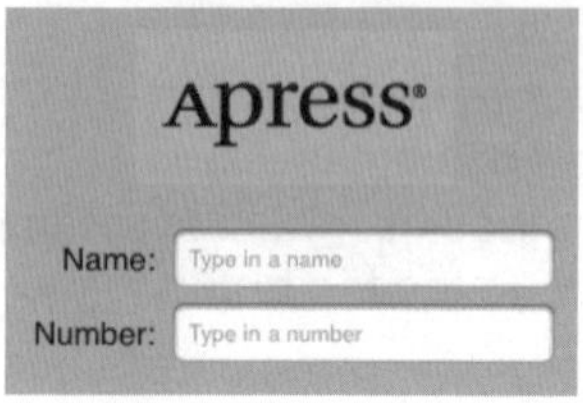

Figura 4-5. *A Image View, os labels e os campos de texto que vamos implementar primeiro.*

Determinando Outlets

Antes de começarmos a criar esta GUI, precisamos descobrir qual desses objetos requer uma outlet. Lembre-se de que outlets precisam ser definidas no arquivo de cabeçalho da classe controller antes de serem conectadas a qualquer coisa no editor de nib.

A Image View é apenas uma imagem estática. Iremos designar a imagem para ser exibida diretamente no Interface Builder, e ela não irá mudar enquanto o aplicativo estiver em execução. Como resultado, não requer uma outlet. Se *quiséssemos* mudar a imagem ou qualquer uma de suas características no tempo de execução, *precisaríamos* de uma outlet. Não é o caso aqui.

O mesmo vale para os dois rótulos. Eles estão lá para exibir um texto, mas não serão alterados no tempo de execução, e o usuário não irá interagir com eles. Sendo assim, também não precisamos de outlets para eles.

Por outro lado, os dois campos de texto não são muito úteis se não pudermos ter acesso aos dados que eles contêm. A maneira de acessar os dados contidos em um controle passivo é utilizando uma outlet; então, precisamos definir uma outlet para cada um desses campos de texto. Isso é simples para você agora, portanto por que você não adiciona duas outlets e suas propriedades correspondentes ao arquivo de classe `Control_FunViewController.h` usando os nomes nameField e numberField? Quando terminar, `Control_FunViewController.h` deverá parecer com algo assim:

```
#import <UIKit/UIKit.h>

@interface Control_FunViewController : UIViewController {
    UITextField *nameField;
    UITextField *numberField;
}
@property (nonatomic, retain) IBOutlet UITextField *nameField;
@property (nonatomic, retain) IBOutlet UITextField *numberField;
@end
```

Antes de irmos para o arquivo nib, vamos adicionar também nossas diretivas @ synthesize ao Control_FunViewController.m:

```
#import "Control_FunViewController.h"

@implementation Control_FunViewController
@synthesize nameField;
@synthesize numberField;
...
```

> **NOTA:** Você vê os três pontos (...) no final da listagem de códigos? Utilizaremos aquele símbolo para indicar que existe um código depois do que mostramos na listagem que não precisa de mudança alguma. Nós vamos adicionar todos os nossos códigos à parte superior do arquivo de implementação nesse capítulo; então, usando os três pontos, nós poderemos evitar mostrar o arquivo inteiro sempre que adicionarmos uma ou duas linhas ao código.

Também precisaremos ficar atentos quanto à memória. Como declaramos as propriedades `nameField` e `numberField` com a palavra-chave *retain*, precisaremos lançá-las no método `dealloc`. Mova a barra de rolagem para a parte inferior do arquivo e adicione as duas linhas a seguir ao método dealloc existente:

```
- (void)dealloc {
    [nameField release];
    [numberField release];
    [super dealloc];
}
```

Determinando Actions

Dê uma olhada novamente nos cinco objetos na Figura 4-5. Você vê a necessidade de declarar alguma action? Como não permitiremos que o nosso usuário interaja com os labels ou com a Image View, não há razão para eles terem actions, certo? Certo.

E quanto aos dois campos de texto? Campos de texto são controles passivos clássicos. Na maioria das vezes, o que eles fazem é só conter valores até você estar pronto para eles. Não estamos fazendo nenhuma validação nesses campos, a não ser limitando a entrada de dados do campo de números ao mostrar a parte dos números, não o teclado inteiro (o que podemos fazer inteiramente no Interface Builder); então, não precisamos de uma action para eles também, certo? Bem, guarde esse pensamento. Vamos construir e testar a primeira parte da nossa interface do usuário.

Construindo a Interface

Assegure-se de que ambos os arquivos estejam salvos. Expanda a pasta *Resources* no painel *Groups & Files* e clique duas vezes em *Control_FunViewController.xib* para iniciar o Interface Builder. Se a janela *View* não estiver aberta, clique duas vezes no ícone *View* na janela principal do arquivo nib.

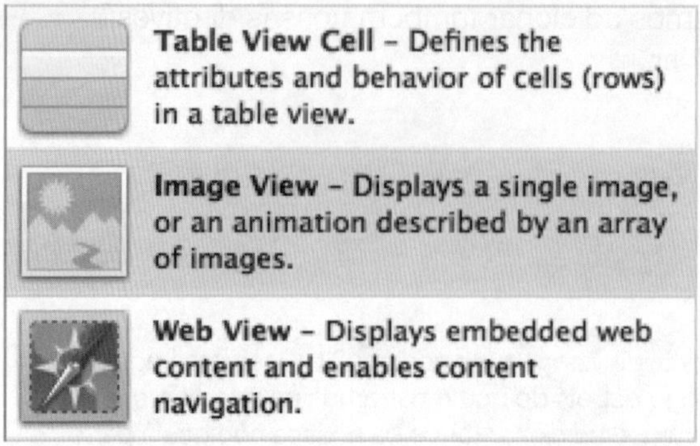

Figura 4-6. *O elemento da Image View na library do Interface Builder.*

Agora, preste atenção à library. Se não estiver aberta, selecione **Library** no menu **Tools**. Mova a barra de rolagem cerca de um quarto da lista até achar Image View (veja a Figura 4-6).

Adicionando a Image View

Arraste uma Image View para a janela chamada *View*. Como esse é o primeiro item que você está colocando na view, o Interface Builder irá automaticamente redimensionar a imagem para que ela fique do mesmo tamanho da view. Já que não queremos que nossa view tome o espaço inteiro, use os cursores de arrastar a fim de redimensionar a Image View para o tamanho aproximado da imagem que você importou para o Xcode. Não se preocupe em deixar perfeito agora. Vai ficar mais fácil de fazer em instantes.

Falando nisso, às vezes um objeto não é selecionado, e pode ser muito difícil selecioná-lo novamente, pois está atrás de outro objeto, ocupa toda a view ou não tem margem desenhada. Nesses casos, não se desespere! Existe um meio de selecionar novamente o objeto. Na janela principal do nib, você verá três botões chamados *View Mode*. Selecione o do meio, e você terá a view hierárquica do nib, que permitirá a você detalhar em subviews, como mostra a Figura 4-7. Clicar duas vezes em qualquer item dessa view também fará com que o mesmo item seja selecionado na janela View.

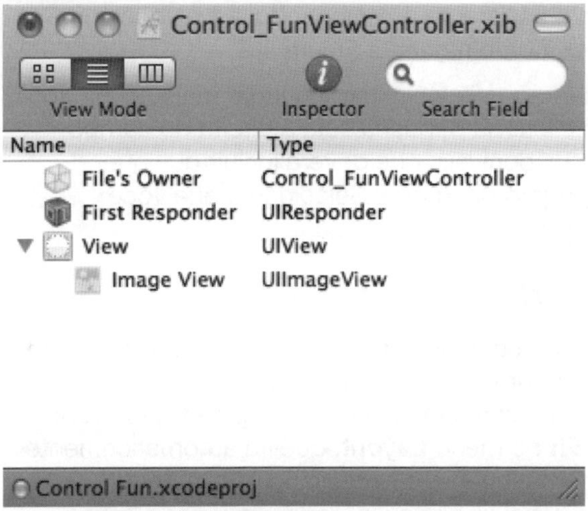

Figura 4-7. *Colocando a janela principal do nib em uma view hierárquica e detalhando em subviews.*

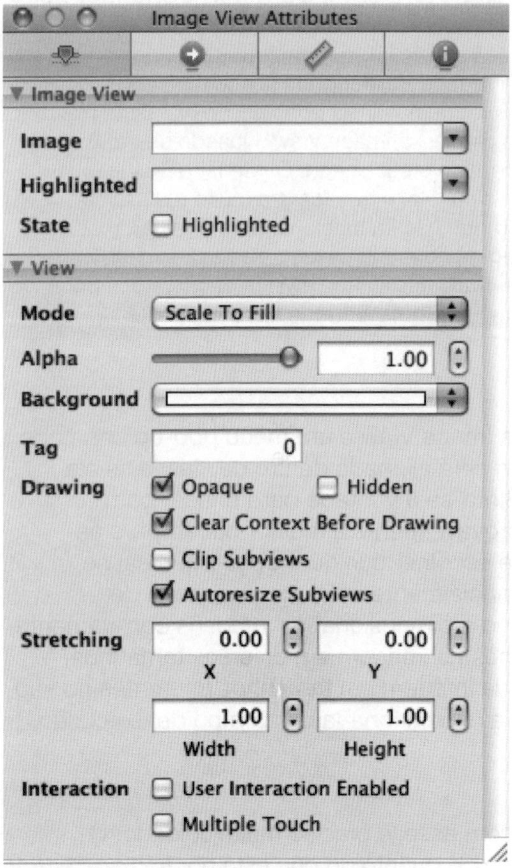

Figura 4-8. *O assistente de atributos da Image View.*

Com a Image View selecionada, abra o assistente pressionando ⌘**1** e você verá opções editáveis da classe `UIImageView`, como mostra a Figura 4-8.

O ajuste mais importante para nossa Image View é o item no lugar mais acima no assistente, chamado *Image*. Se você clicar na pequena seta à direita do campo, aparecerá um menu com as imagens disponíveis, que deverá incluir qualquer imagem que você adicionou ao seu projeto do Xcode. Selecione a que você adicionou há um minuto. Ela deverá aparecer agora na Image View.

Redimensione a Image View

Agora, redimensione a Image View para que fique exatamente do mesmo tamanho da imagem. Nós falaremos o porquê em um instante. Uma maneira fácil para redimensionar a view para que fique do mesmo tamanho da imagem selecionada é pressionar ⌘= ou selecionar **Size to Fit** no menu **Layout**, que irá automaticamente redimensionar qualquer view para o tamanho exato necessário para manter os conteúdos. Você também irá querer mover a imagem redimensionada para centralizá-la e deixar a parte superior alinhada às guias azuis. Você pode facilmente centralizar um item na view escolhendo **Align Horizontal Center in Container** no submenu **Alignment** do menu **Layout**.

DICA: Arrastar e redimensionar views no Interface Builder pode ser complicado. Não se esqueça do botão hierárquico *View Mode* na janela principal do nib. Isso irá ajudá-lo a achar e selecionar (com dois cliques) a Image View. Quando se tratar de redimensionamento, mantenha a tecla option pressionada. O Interface Builder irá desenhar algumas linhas vermelhas úteis na tela, o que tornará muito mais fácil perceber o tamanho certo da view. Esse truque não irá funcionar para arrastar, mas, se você selecionar **Show Bounds Rectangles** no menu Layout, ele irá desenhar uma linha em volta de todos os itens da sua interface, facilitando a visualização. Você pode desativar essas linhas selecionando novamente **Show Bounds Rectangles.**

O Atributo Mode

A próxima opção abaixo no assistente da Image View é um menu pop-up chamado **Mode**. Esse menu define como a imagem será alinhada dentro da view e se ela terá sua escala ajustada para caber ali. Sinta-se à vontade para brincar com as várias opções, mas o valor *Center* é provavelmente a melhor opção para as suas necessidades. Tenha em mente que escolher qualquer opção que cause o redimensionamento da imagem irá potencialmente adicionar overhead de processamento; então, é melhor evitar isso e dimensionar as imagens corretamente antes de importá-las. Se quiser exibir a mesma imagem em diversos tamanhos, geralmente é melhor ter diversas cópias da imagem em tamanhos diferentes no seu projeto, em vez de forçar o aparelho iOS a dimensioná-las no tempo de execução.

O Indicador Alpha

O próximo item no assistente é *Alpha*, e, com esse, é preciso muito cuidado. O Alpha define a transparência da sua imagem: o quanto do que está por trás aparece. Se você tiver algum valor menor do que 1.0, seu iPhone irá desenhar essa view tão transparente que os objetos de baixo poderão ser vistos. Com um valor menor do que 1.0, mesmo que não haja nada de fato abaixo da imagem, você fará com que o aplicativo gaste ciclos de processador calculando a transparência; então, não ajuste isso para algo menor do que 1.0, a não ser que tenha uma boa razão para fazê-lo.

Ignore o Plano de Fundo

Você pode ignorar o próximo item, chamado *Background*. Essa é uma propriedade herdada do `UIView`, mas não causa impacto na aparência de uma Image View.

O Atributo Tag

O próximo item — *Tag* — vale a pena ser mencionado, embora não o utilizemos nesse capítulo. Todas as subclasses do `UIView`, incluindo todas as views e todos os controles, têm uma propriedade chamada *tag*, que é apenas um valor numérico que você pode ajustar para acompanhar a sua Image View. A tag é feita para o seu uso; o sistema nunca irá ajustar ou mudar seu valor. Se você atribuir um valor de tag para um controle ou uma view, pode ter certeza de que a tag irá sempre manter o mesmo valor, a não ser que você mude.

As tags proporcionam uma maneira fácil, independentemente de linguagem, para identificar objetos na interface. Digamos que você tenha cinco botões diferentes, cada um com um texto diferente, e você queira usar um único método action para lidar com os cinco. Nesse caso, provavelmente, você precisaria de alguma forma de diferenciar os botões quando o método action for solicitado. Claro, você poderia olhar para o texto do botão, mas o código que faz isso provavelmente não funcionaria quando o aplicativo fosse traduzido para suaíli ou sânscrito. Ao contrário dos textos, as tags nunca mudarão; então, se ajustar um valor de tag aqui no Interface Builder, você poderá usar isso como uma maneira fácil e confiável para checar qual controle foi transformado em um método action no argumento `sender`.

As Caixas de Seleção de Desenho

Abaixo da tag, existe uma série de caixas de seleção de *Desenho*. A primeira chama-se *Opaque*. Selecione-a. Ela diz ao iOS que nada deve ser desenhado atrás da view e permite que os métodos de desenho de iOS façam algumas otimizações para acelerar o desenho.

Você pode estar imaginando por que precisamos marcar a caixa de seleção *Opaque*, quando já ajustamos o valor do *Alpha* em 1.0 para indicar nenhuma transparência. Isso ocorre porque o valor do *Alpha* se aplica a partes da imagem a serem desenhadas, mas, se uma imagem não preencher completamente a Image View ou se houver buracos na imagem, graças ao canal Alpha ou às ferramentas de recorte, os objetos abaixo ainda irão aparecer, apesar do valor inserido em *Alpha*. Ao selecionar *Opaque*, estaremos dizendo ao iOS que nada abaixo dessa view precisa ser desenhado, não importa o quê. Então, não precisamos perder tempo de processamento com algo abaixo do nosso objeto. Podemos, seguramente, marcar a caixa de seleção *Opaque*, porque selecionamos antes o *Size to Fit*, que fez com que a nossa Image View se ajustasse de acordo com o tamanho da imagem que ele contém.

A caixa de seleção *Hidden* faz exatamente o que você acha que ela faz. Se selecionada, o usuário não poderá ver esse controle. Ocultar um controle pode ser útil às vezes, incluindo posteriormente neste capítulo, quando ocultarmos as chaves e o botão, mas, na maioria das vezes, você irá querer que isso permaneça desmarcado. Podemos deixá-lo no valor padrão.

A próxima caixa de seleção, chamada *Clear Context Before Drawing*, raramente precisará ser marcada. Quando estiver selecionada, o iOS irá desenhar toda uma área coberta pelo controle em preto transparente antes de desenhar, de fato, o controle. Novamente, está desativada para o bem do desempenho e porque raramente será necessária. Certifique-se de que essa caixa de seleção esteja desmarcada.

Clip Subviews é uma opção interessante. Se sua view tiver subviews e estas não estiverem completamente dentro dos limites da sua view-pai, essa caixa de seleção irá determinar como a subview será desenhada. Se *Clip Subviews* for selecionada, apenas as partes da subview que estiverem dentro dos limites serão desenhadas. Se *Clip Subviews* não estiver selecionada, as subviews serão desenhadas inteiras, mesmo se estiverem além dos limites.

Pode parecer que o comportamento do padrão deveria ser o oposto do que realmente é: que *Clip Subviews* deveria ser habilitada por padrão. Assim como muitas outras coisas no iPhone, isso tem a ver com o desempenho. Calcular a área de recorte e exibir apenas uma parte das subviews é uma operação custosa, matematicamente falando, e, na maioria das vezes, a subview não ficará para fora dos limites da superview. Você pode ativar *Clip Subviews* se realmente precisar por algum motivo, mas, se estiver desligada por padrão, será para o bem do desempenho.

A última caixa de seleção dessa seção, *Autoresize Subviews*, diz ao iOS para redimensionar qualquer subview se essa view for redimensionada. Deixe isso selecionado. Como não permitiremos que a view seja redimensionada, essa configuração realmente não importa.

As Caixas de Seleção de Interação

As duas últimas caixas de seleção têm a ver com a interação do usuário. A primeira delas, *User Interaction Enable*, especifica se o usuário pode fazer algo com esse objeto. Para a maioria dos controles, essa caixa estará marcada, porque, se não estiver, o controle nunca poderá disparar métodos action. No entanto, labels e Image Views não são selecionados, pois eles são, muitas vezes, usados apenas para exibir informações estáticas. Como aqui estamos só exibindo uma figura na tela, não há necessidade de ativar a caixa de seleção *User Interaction Enable*.

A última caixa de seleção é a *Multiple Touch* e determina se esse controle é capaz de receber eventos de multitoque. Esses eventos permitem gestos complexos, como o gesto de pinçar, usado para dar zoom em diversos aplicativos do iOS. Falaremos mais sobre gestos e eventos de multitoque no Capítulo 15. Como essa Image View não aceita interações com o usuário de maneira alguma, não há necessidade de ligar eventos de multitoque; então, desmarque a caixa de seleção.

Adicionando Campos de Texto

Terminada a Image View, pegue um campo de texto da library e arraste-o para a janela *View*. Coloque-o abaixo da Image View, usando as linhas azuis para alinhá-lo à margem direita (veja a Figura 4-9). Aparecerá uma linha azul acima do campo de texto quando você movê-lo para muito perto da parte inferior da imagem. Essa linha de avisa quando você está o mais próximo possível de um outro objeto. Você pode deixar lá por enquanto, mas, para dar uma aparência balanceada, nós achamos que fica melhor um pouco mais para baixo. Lembre-se de que você pode sempre voltar para o Interface Builder e mudar a posição e o tamanho dos elementos da interface sem precisar mudar códigos ou restabelecer conexões.

Após deixar o campo de texto, pegue um label da library e o arraste até que fique alinhado à margem esquerda da view e horizontalmente ao campo de texto que você colocou um pouco antes. Note que várias linhas azuis aparecem para você, facilitando o alinhamento do label ao campo de texto, usando a parte superior, inferior, central ou da linha-base do texto. Vamos alinhar o label e o campo de texto usando a linha-base do texto, que desenhará uma linha a partir da parte inferior do texto do label até o campo de texto, conforme mostrado na Figura 4-10. Se a linha azul estiver sendo desenhada pelo meio do texto do label, você estará na linha central, não na linha-base. Usar a linha-base do texto fará com que o label e o texto que o usuário digitar no campo de texto fiquem na mesma posição vertical na tela.

Figura 4-9. *Colocando o campo de texto no lugar. Note a linha bem acima do campo de texto que diz a você para não mover o campo de texto para mais perto da imagem.*

Figura 4-10. *Alinhando o label e o campo de texto usando a linha-base.*

Clique duas vezes no label que você acabou de colocar, mude-o para *Name:* em vez de *Label* e pressione a tecla de retorno para enviar as alterações. Depois, arraste outro campo de texto da library para a view e use as linhas para colocá-lo abaixo do primeiro campo de texto (veja a Figura 4-11).

Ao colocar o segundo campo de texto, pegue outro label da library e coloque-o do lado esquerdo, abaixo do label existente. Use novamente a linha azul para alinhá-lo ao segundo campo de texto. Clique duas vezes no novo label e mude-o para *Number:*.

Agora, vamos expandir o tamanho do campo de texto inferior para a esquerda. Clique uma vez no campo de texto inferior e arraste o ponto de redimensionamento da esquerda, até que apareça uma linha dizendo a você que está o mais próximo possível do label (veja a Figura 4-12).

Agora, expanda o campo de texto superior para que fique do mesmo tamanho que o inferior. Note que fizemos primeiro a parte inferior, pois o label inferior é o maior dos dois labels.

Quase acabamos com a parte do campo de texto, exceto por um pequeno detalhe. Veja novamente a Figura 4-5. Viu como *Name:* e *Number:* estão alinhados à direita? Agora, ambos estão na margem esquerda. Para alinhar as laterais à direita dos nossos dois labels, clique no label *Name:*, mantenha a tecla shift pressionada e clique no label *Number:* para que ambos sejam selecionados. No submenu **Alignment** do menu **Layout**, selecione **Align Right Edges.**

Figura 4-11. *Adicionando o segundo campo de texto.*

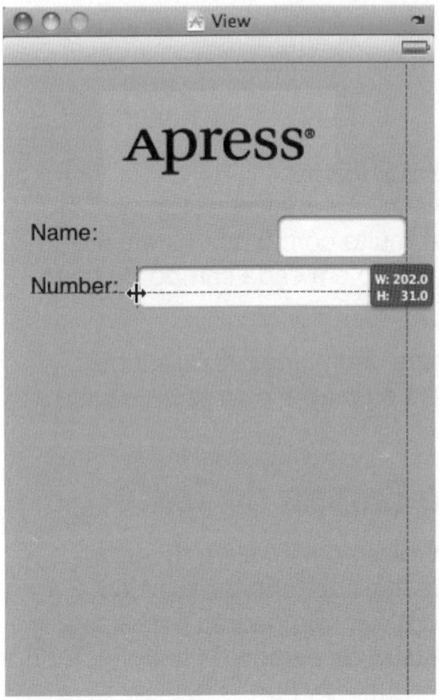

Figura 4-12. *Expandindo o tamanho do campo de texto inferior.*

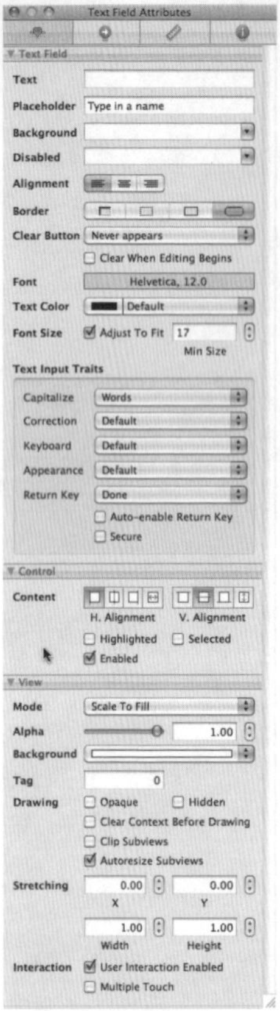

Figura 4-13. *O assistente do campo de texto mostrando os valores do padrão.*

Quando você acabar, a interface deverá se parecer muito com o que foi mostrado na Figura 4-5. A única diferença é o texto em cinza claro em cada campo de texto. Iremos adicioná-lo agora.

Clique em algum lugar em que não haja controle para desmarcar os dois labels, selecione o campo de texto superior e pressione **⌘1** para abrir o assistente (veja a Figura 4-13).

As Configurações do Assistente do Campo de Texto

Os campos de texto são dos mais complexos controles no iOS, além de serem dos mais usados. Vejamos, primeiramente, a seção mais ao topo do assistente. No primeiro campo, *Text*, você poderá configurar um valor do padrão para esse campo. Qualquer coisa que você digitar aqui aparecerá no campo de texto quando o aplicativo for iniciado.

O segundo campo, *Placeholder*, permite que você especifique um pouco do texto que será exposto em cinza no campo de texto, mas apenas quando o campo não tiver qualquer valor. Você pode usar um placeholder em vez do label se o espaço for pouco ou poderá usá-lo para deixar claro o que o usuário deverá digitar nesse campo.

Digite *Type in a Name* como um placeholder para esse campo de texto.

Os próximos dois campos são usados apenas se você precisar customizar a aparência do seu campo de texto, o que é completamente desnecessário e, na verdade, não aconselhável na maioria das vezes. Os usuários esperam que os campos tenham determinada aparência. Como resultado, vamos pular direto para os campos *Background* e *Disabled* e deixá-los em branco.

Abaixo desses campos, existem três botões para comandar o alinhamento do texto exibido no campo. Deixaremos esse campo com o valor do padrão *left-aligned* (o botão que está mais à esquerda).

Depois, há quatro botões chamados *Border*. Eles permitem mudar o jeito como a borda do campo de texto será desenhada. Sinta-se à vontade para testar os quatro diferentes tipos de estilos, mas o valor do padrão é o botão mais à direita, e ele cria o estilo do campo de texto que o usuário está mais acostumado a ver nos campos de texto normais em um aplicativo do iOS; então, quando acabar de testar todos, volte para ele.

A caixa de seleção *Clear When Editing Begins* especifica o que acontece quando o usuário toca esse campo para usá-lo. Se essa caixa for selecionada, qualquer valor que estava anteriormente nesse campo será excluído, e o usuário irá começar com um campo vazio. Se a caixa não for selecionada, o valor anterior continuará no campo, e o usuário poderá editá-lo. Certifique-se de que essa caixa de seleção não esteja marcada.

O campo *Text Color* é uma combinação de cor (se você clicar no lado esquerdo) e um menu pop-up. Deixaremos preto como a cor padrão do *Text Color*.

A caixa de seleção *Adjust to Fit* especifica se o tamanho do texto deverá diminuir quando o campo de texto for de tamanho reduzido. Ajustar para caber irá manter todo o texto visível na view, mesmo se o texto for muito grande para caber normalmente no espaço designado. À direita da caixa de seleção, está um campo de texto que permite que você especifique um tamanho mínimo de texto. Não importa o tamanho do campo, o texto não será redimensionado abaixo desse mínimo. Especificar um tamanho mínimo permite que você tenha a certeza de que o texto não ficará pequeno demais para ser lido.

Entrada de Texto

A próxima seção define como será a aparência do teclado e como vai se comportar quando o campo de texto estiver sendo usado. Já que esperamos um nome, vamos mudar *Capitalize* para *Words*, o que deixará cada palavra automaticamente com a primeira letra maiúscula, que é o que você quer quando se trata de nomes. Também vamos mudar os valores da *Return Key* para *Done* e deixar todas as outras entradas de texto com os valores do padrão. A *Return Key* é a chave no canto direito inferior do teclado, e seu nome muda de acordo com o que você estiver fazendo. Se estiver dando entrada em um campo de busca pelo Safari, por exemplo, ela diz *Google*. Em um aplicativo como esse, em que os campos de texto compartilham a tela com outros controles, *Done* é a escolha certa. Deixaremos os outros três pop-ups com os valores-padrão.

Se a caixa de seleção *Auto-enable Return Key* estiver marcada, a return key estará desativada até que pelo menos um caractere seja digitado no campo de texto. Deixe essa caixa desmarcada, pois queremos que o campo de texto permaneça vazio se o usuário assim escolher.

A caixa de seleção *Secure* especifica se os caracteres digitados são exibidos no campo de texto. Você deveria marcar essa caixa de seleção se esse campo de texto fosse usado como um campo de senha. Deixe-o desmarcado.

E o Resto...

A próxima seção permite que você configure atributos gerais de controle herdados do `UIControl`, mas eles geralmente não se aplicam aos campos de texto e, com exceção da caixa de seleção *Enabled*, não irão afetar a aparência dos campos. Queremos deixar os campos de texto habilitados para que o usuário possa interagir com eles; então, deixe tudo como está.

A última seção no assistente deverá parecer familiar para você. É idêntica à seção de mesmo nome no assistente de Image View que vimos há alguns minutos. Esses são atributos herdados da classe `UIView`, e, já que todos os controles são subclasses da `UIView`, todos compartilham essa seção de atributos. Note que, para um campo de texto, você não quer selecionar *Opaque*, pois, se fizer isso, irá entrar com um texto ilegível. Na verdade, pode deixar os valores nessa seção da maneira como estão.

Configure os Atributos para o Segundo Campo de Texto

Agora, clique uma única vez no segundo campo de texto da janela View e retorne ao assistente. No campo do *Placehoder*, digite *Type in a number*. Na seção *Text Input Traits*, clique em *Keyboard Type* no menu pop-up. Como queremos que o usuário use apenas números, não letras, vá em frente e selecione *Number Pad*. Fazendo isso, o usuário terá acesso a um teclado contendo apenas números, o que significa que ele não poderá colocar caracteres alfabéticos, símbolos ou qualquer coisa que não seja número. Não precisamos configurar o valor da Return Key para o teclado numérico, porque o estilo do teclado não a possui; então, tudo mais no assistente pode ficar com os valores-padrão.

Conectando Outlets

Certo, para essa primeira parte da interface, o que resta é ligar as outlets. Use o controle de arrastar do *File's Owner* para cada um dos campos de texto e conecte-os às suas outlets correspondentes. Salve o arquivo nib quando conectar ambos os campos de texto às suas outlets correspondentes e depois volte ao Xcode.

Fechando o Teclado

Vamos ver como isso funciona, sim? Selecione **Build and Run** no menu **Build** do Xcode. O aplicativo deverá aparecer no iOS Simulator. Clique no campo de texto *Name*. O teclado deverá aparecer. Digite um nome. Agora, clique no campo *Number*. O teclado numérico deverá aparecer (veja a Figura 4-14). O Cocoa Touch nos dá toda essa funcionalidade de graça apenas adicionando os campos de texto à interface.

Figura 4-14. *O teclado aparece automaticamente quando você toca o campo de texto ou de número.*

Oba! Mas há um probleminha. Como fazer o teclado sumir? Vá em frente e tente, ficaremos aqui enquanto você faz isso.

Fazendo o Teclado Sumir Quando "Done" for Pressionado

Como o teclado é baseado em um software em vez de ser um teclado físico, precisamos dar alguns passos extras para ter certeza de que o ele irá desaparecer quando o usuário acabar de usá-lo. Quando o usuário pressionar o botão Done, será gerado um evento *Did End On Exit*, e, nesse momento, precisaremos dizer ao campo de texto para desistir do controle a fim de que o teclado desapareça. Para fazer isso, precisamos adicionar um método action à nossa classe controller e, em seguida, adicionar o seguinte código ao `Control_FunViewController.h`:

```
#import <UIKit/UIKit.h>

@interface Control_FunViewController : UIViewController {
    UITextField *nameField;
    UITextField *numberField;
}
@property (nonatomic, retain) IBOutlet UITextField *nameField;
@property (nonatomic, retain) IBOutlet UITextField *numberField;
- (IBAction)textFieldDoneEditing:(id)sender;
@end
```

Agora, mude para o `Control_FunViewController.m` e vamos implementar esse método. Apenas uma linha do código é necessária nesse novo método action para fazê-lo funcionar. Adicione o seguinte método ao `Control_FunViewController.m`:

```
- (IBAction)textFieldDoneEditing:(id)sender {
    [sender resignFirstResponder];
}
```

Conforme aprendemos no Capítulo 2, o first responder é o controle com o qual o usuário está interagindo agora. Em nosso novo método, dizemos ao controle para parar como first responder, dando essa função para o controle anterior com o qual o usuário trabalhou. Quando um campo de texto produz o status do first responder, o teclado associado a ele vai embora.

Salve os dois arquivos que você acabou de editar. Clique duas vezes em `Control_FunViewController.xib` para voltar ao Interface Builder e disparar essa action a partir dos dois campos de texto.

Ao voltar ao Interface Builder, clique uma vez no campo de texto Name e pressione **⌘2** para abrir o assistente de conexões. Dessa vez, não queremos o evento de *Touch Up Inside* que usamos no capítulo anterior. Em vez disso, queremos o *Did End On Exit*, já que é esse evento que irá disparar quando o usuário pressionar o botão *Done* do teclado do iPhone. Arraste-o a partir do círculo perto do *Did End On Exit* para o ícone do *File's Owner* e conecte-o à action `textFieldDoneEditing:`. Repita com o outro campo de texto e salve. Vamos voltar ao Xcode para construir e iniciar novamente.

> **DICA:** Se você arrastar de *Did End On Exit* mas o ícone do *File's Owner* não se destacar, mostrando que você pode completar o deslizamento, existe a chance de você não ter salvo seu código-fonte antes de mudar para editar o arquivo nib. Selecione o arquivo de cabeçalho do controller, salve e tente novamente. Isso deve fazer funcionar!

Quando o simulador aparecer, clique no campo *Name*, digite algo e depois pressione o botão *Done*. Certamente, o teclado irá desaparecer, assim como você espera que ele faça. Certo! E quanto ao campo *Number*? Bom, existe o botão *Done* para ele (veja a Figura 4-14)?

Bem, nem todo layout de teclado tem um botão *Done*. Podemos forçar o usuário a pressionar o campo *Name* e, então, pressionar o *Done*, mas isso não é muito simpático com o usuário, não é? E definitivamente queremos que nosso aplicativo seja simpático com o usuário. Vejamos como lidar com essa situação.

Tocando o Plano de Fundo para Fechar o Teclado

Você se lembra do que os aplicativos do iOS da Apple fazem em uma situação como essa? Bem, na maioria dos lugares em que há campos de texto, pressionar em qualquer lugar da view em que não haja um controle ativo irá fazer com que o teclado suma. Como fazemos isso?

A resposta provavelmente irá surpreender você pela simplicidade. Nosso view controller tem uma propriedade chamada view, herdada do `UIViewController`. Essa propriedade corresponde ao ícone View no arquivo nib e aponta para uma instância de `UIView` que age como contêiner para todos os itens na nossa interface de usuário. Ela não se parece com a interface de usuário, mas cobre toda a janela do iPhone, ficando "abaixo" de todos os outros objetos da interface de usuário. Às vezes, refere-se a ela como a **container view** do nib, pois seu principal objetivo é simplesmente segurar as outras views e os controles. Para todos os fins, a container view é o pano de fundo da nossa interface de usuário.

Utilizando o Interface Builder, podemos mudar a classe do objeto para a qual a *view* aponta a fim de que a classe-base seja `UIControl` em vez de `UIView`. Como `UIControl` é uma subclasse de `UIView`, é perfeitamente apropriado que nós conectemos nossa propriedade view a uma instância de `UIControl`. Lembre-se de que, quando uma classe divide outro objeto em subclasses, é apenas mais uma versão específica daquela classe, então `UIControl` *é* uma `UIView`. Se nós simplesmente mudarmos a instância criada da `UIView` para `UIControl`, poderemos disparar métodos action. No entanto, antes de fazer isso, precisaremos criar um método action que seja chamado quando o plano de fundo for tocado.

Precisaremos adicionar mais uma action à nossa classe controller. Adicione a linha a seguir ao seu arquivo *Control_FunViewController.h*:

```
#import <UIKit/UIKit.h>

@interface Control_FunViewController : UIViewController {
     UITextField *nameField;
     UITextField *numberField;
}
@property (nonatomic, retain) IBOutlet UITextField *nameField;
@property (nonatomic, retain) IBOutlet UITextField *numberField;
- (IBAction)textFieldDoneEditing:(id)sender;
- (IBAction)backgroundTap:(id)sender;
@end
```

Salve o arquivo de cabeçalho.

Agora, mude para o arquivo de implementação e adicione o código a seguir, que simplesmente diz a todos os campos de texto para dar o status do first responder se eles tiverem. É perfeitamente seguro chamar o `resignFirstResponder` em um controle que não seja o first responder, para que possamos chamá-lo seguramente em ambos os campos de texto sem precisar saber qual deles é o first responder.

```
- (IBAction)backgroundTap:(id)sender {
    [nameField resignFirstResponder];
    [numberField resignFirstResponder];
}
```

> **DICA:** Você ficará alternando entre o arquivo de cabeçalho e o de implementação diversas vezes enquanto codifica. Felizmente, além da conveniência fornecida pelo assistente, o Xcode tem um atalho que mudará entre esses arquivos rapidamente. A combinação do padrão da chave é ⌥⌘↑ (option-command-up arrow / opção-comando-seta para cima), embora possamos mudá-la para qualquer coisa que você queira usando as preferências do Xcode.

Salve esse arquivo e volte para o Interface Builder. Agora, precisaremos criar um botão-base da view do nosso nib. Se você olhar a janela principal do nib no modo de view do ícone (Figura 4-15), você verá que há três ícones naquela view. O terceiro ícone, View, é a view principal do nosso nib, que mantém todos os outros controles e as views como subviews.

Figura 4-15. *A janela principal do nib tem três ícones. O terceiro, chamado de View, é a content view do nosso nib.*

Clique uma vez no ícone View e pressione ⌘**4** para abrir o **identity inspector** (Figura 4-16). É aqui que podemos mudar a classe-base de qualquer instância de objeto no Interface Builder.

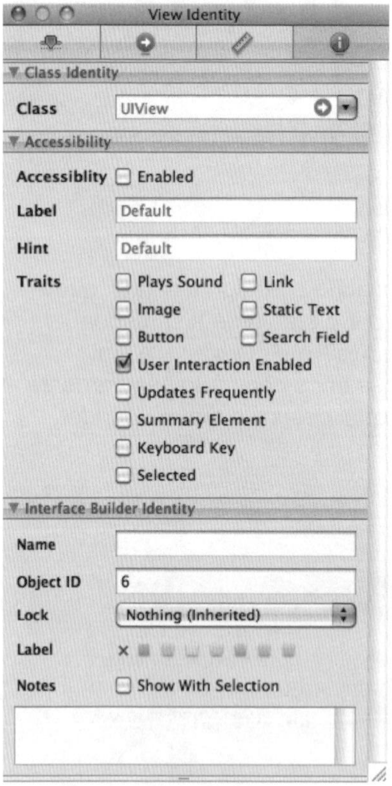

Figura 4-16. *O identity inspector permite que você mude a classe-base de qualquer instância de objeto em um nib.*

O campo chamado de *Class* atualmente diz `UIView`. Mude-o para `UIControl`. Todos os controles que podem disparar métodos action são subclasses de `UIControl`; portanto, ao mudar a classe-base, apenas demos a essa view a possibilidade de disparar métodos action. Você poderá verificar isso pressionando **⌘2** para abrir o connections inspector (Figura 4-17). Agora, você deverá ver todos os eventos que viu antes quando você estava conectando botões a actions no capítulo anterior.

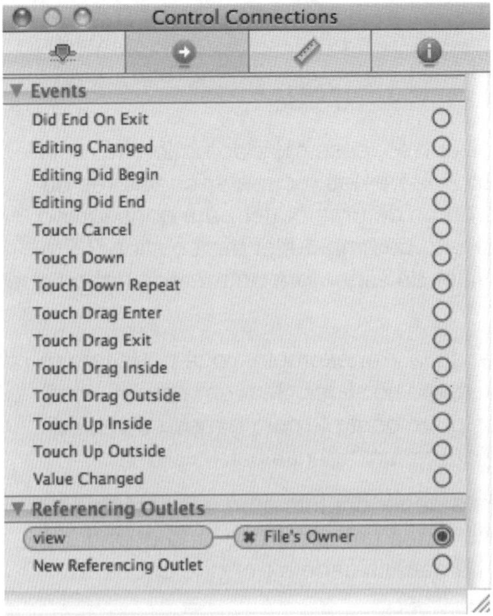

Figura 4-17. *Ao mudar a classe da nossa view de UIView para UIControl, ganhamos a possibilidade de disparar métodos action de quaisquer eventos-padrão.*

Arraste do evento *Touch Down* para o ícone do *File's Owner* e escolha a action `backgroundTap:`. Agora, toques em qualquer lugar da view que não tenha controle ativo irão disparar o novo método action, o que levará o teclado a sair.

> **DICA:** Você deve estar se perguntando por que selecionamos Down em vez de Touch Up Inside, como fizemos no capítulo anterior. A resposta é que esse plano de fundo não é um botão, isto é, não é um controle aos olhos do usuário; por isso, não passaria pela cabeça de grande parte dos usuários tentar arrastar o dedo para algum lugar para cancelar essa ação.

Salve o nib; vamos voltar e testá-lo. Compile e execute seu aplicativo novamente. Desta vez, o teclado deverá desaparecer não apenas quando o botão *Done* for pressionado, mas também quando você clicar em qualquer lugar que não seja um controle ativo, que é o comportamento que o usuário espera.

Excelente! Agora que deixamos essa seção preparada para entrar em ação, você está pronto para passar ao próximo grupo de controles?

Implementando o Slider e o Label

Agora que acabamos com os campos de texto, vamos implementar o slider. Além disso, iremos adicionar um label que irá refletir o valor do slider.

Determinando as Outlets e as Actions

Quer tentar adivinhar de quantas outlets precisaremos para nosso slider e nosso label? Bem, o label precisará mudar programaticamente quando o slider mudar, então precisaremos de uma outlet para ele. E quanto ao slider?

O slider irá disparar uma action, e, quando fizer isso, esse método action irá receber um slider para o slider no argumento sender. Poderemos recuperar os valores do slider a partir do sender; então, não precisaremos de uma outlet para conseguir o valor do slider. Sendo assim, precisamos de fato de uma outlet para o slider? Em outras palavras, precisamos do acesso ao valor do slider fora do método action que vamos chamar?

Em um aplicativo real, muitas vezes você precisaria. Por exemplo, você pode ter um view controller que precise exibir um valor existente no slider. Sem uma outlet, você não teria como definir isso. Aqui, como temos outro controle com o mesmo valor do slider e que já tem uma outlet, não há razão para ter um apenas para o slider.

Lembre-se de que você deve adquirir o hábito de ter cautela com a memória quando programar para aparelhos iOS. Mesmo que um slider use uma quantidade mínima de memória, por que usá-la se não há necessidade e por que encher o código com coisas extras que você não irá utilizar?

Descobrir as actions para esses controles é simples. Precisamos de uma para o slider chamar quando for mudado. O label é estático, e o usuário não pode fazer nada com ele diretamente, então não precisará disparar uma action.

Adicionando Outlets e Actions

Vamos declarar mais uma outlet e mais uma action no arquivo *Control_FunViewController.h* desta forma:

```
#import <UIKit/UIKit.h>

@interface Control_FunViewController : UIViewController {
    UITextField *nameField;
    UITextField *numberField;
    UILabel     *sliderLabel;
}
@property (nonatomic, retain) IBOutlet UITextField *nameField;
@property (nonatomic, retain) IBOutlet UITextField *numberField;
@property (nonatomic, retain) IBOutlet UILabel *sliderLabel;
- (IBAction)textFieldDoneEditing:(id)sender;
- (IBAction)backgroundTap:(id)sender;
- (IBAction)sliderChanged:(id)sender;
@end
```

Já que sabemos exatamente o que o nosso método precisa fazer, vamos mudar para `Control_FunViewController.m` para adicionar a propriedade de sintetizar e escrever nosso método `sliderChanged:`:

```
#import "Control_FunViewController.h"

@implementation Control_FunViewController
@synthesize nameField;
@synthesize numberField;
@synthesize sliderLabel;

- (IBAction)sliderChanged:(id)sender {
    UISlider *slider = (UISlider *)sender;
    int progressAsInt = (int)(slider.value + 0.5f);
    NSString *newText = [[NSString alloc] initWithFormat:@"%d",
    progressAsInt];
    sliderLabel.text = newText;
    [newText release];
}

- (IBAction)backgroundTap:(id)sender {
...
```

Vamos falar um pouco sobre o que acontece no método `sliderChanged:`. A primeira coisa que faremos é jogar o sender para um `UISlider *`. Isso simplesmente torna o código mais legível e nos faz evitar ter de distribuir papéis para o sender sempre que o utilizarmos. Depois disso, pegaremos o valor do slider, adicionaremos 0.5 para arredondá-lo para o valor inteiro mais próximo, a fim de criar uma nova linha, que usaremos para configurar o texto do label. Como alocamos o `newText`, somos responsáveis por lançá-lo; então, faremos isso na última linha do código no método. Bem simples, não?

Por falar em ser responsável pela memória, como adicionamos a propriedade `sliderLabel` com a palavra-chave `retain`, precisaremos ter a certeza de liberá-la. Para fazer isso, adicione a linha de código a seguir ao método `dealloc`:

```
- (void)dealloc {
    [nameField release];
    [numberField release];
    [sliderLabel release];
    [super dealloc];
}
```

Ao concluir, salve as mudanças. Em seguida, iremos adicionar os objetos à nossa interface.

Adicionando o Slider e o Label

Você sabe a rotina agora. Clique duas vezes em *Control_FunViewController.xib* ou, se já estiver aberto, apenas volte ao Interface Builder.

Antes de colocar a barra de rolagem, vamos adicionar um pouco de espaço ao nosso design. As linhas azuis que utilizamos para determinar o espaçamento entre o campo superior de texto e a imagem acima dele são realmente sugestões para proximidade mínima. Em outras palavras, as linhas azuis dizem a você "não se aproxime mais do que isso". Arraste os dois campos de texto e seus labels um pouco para baixo utilizando a Figura 4-1 como guia. Agora, vamos adicionar o slider.

Da library, traga o slider e o coloque abaixo do campo de texto de número ocupando a maioria (mas não todo) do espaço horizontal. Deixe um pouco de espaço para o label. Novamente, utilize a Figura 4-1 como guia. Clique uma vez no slider recentemente adicionado para selecioná-lo e, em seguida, pressione **⌘1** para voltar ao assistente se ainda não estiver visível. O assistente deverá parecer com o que é mostrado na Figura 4-18.

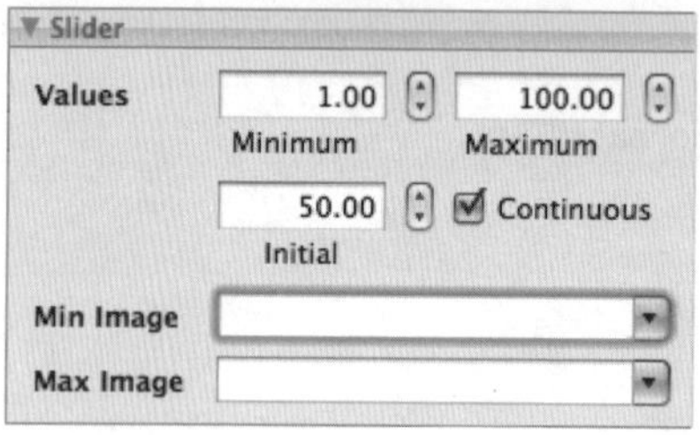

Figura 4-18. *O assistente mostrando os atributos de padrão para um slider.*

Um slider deixa você escolher um número dentro de um limite dado, e aqui poderemos estabelecer esse limite e o valor inicial no Interface Builder. Coloque o valor mínimo de *1*, o valor máximo de *100* e um valor inicial de *50*. Só precisamos nos preocupar com isso agora.

Traga um label e o coloque perto do slider, usando as linhas-guia azuis para alinhá-lo verticalmente ao slider e para alinhar sua margem esquerda à margem esquerda da view (veja a Figura 4-19).

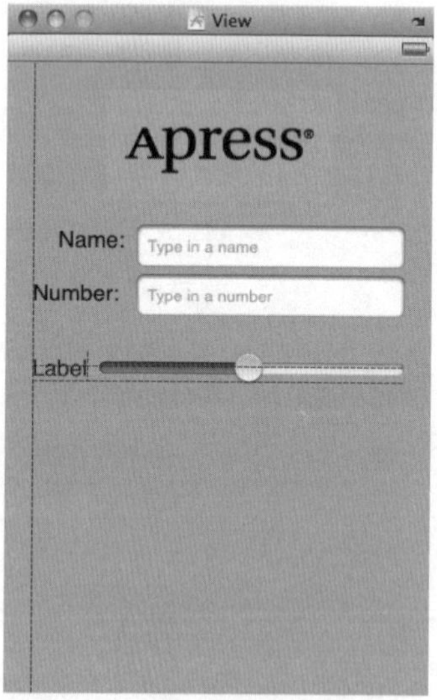

Figura 4-19. *Posicionando o slider e o label.*

Clique duas vezes no label recém-colocado e mude seu texto de *Label* para *100*. Esse é o maior valor que o slider pode manter, e podemos usá-lo para determinar a extensão correta do slider. Já que "100" é menor do que "Label", você deverá redimensionar o label segurando o ponto de redimensionamento do meio à direita e arrastá-lo para a direita. Certifique-se de parar de redimensionar antes que o texto comece a ficar menor. Se isso acontecer, traga o ponto de redimensionamento de volta para a direita até voltar ao tamanho original. Você também poderá utilizar a opção ajustar para caber, discutida anteriormente, pressionando ⌘= ou selecionando **Size to Fit** no menu **Layout**. Em seguida, redimensione o slider clicando uma vez nele para selecioná-lo e arrastando para o ponto de redimensionamento da esquerda, até que as linhas azuis indiquem quando parar.

Agora, clique duas vezes no label novamente e mude o valor para *50*. É o valor inicial do slider, e precisamos voltar ao que era para ter certeza de que a interface estará correta ao iniciar. Uma vez que o slider é usado, o código que acabamos de escrever irá assegurar que o label continue a mostrar o valor certo.

Conectando as Actions e as Outlets

O que resta fazer nesses dois controles é conectar a outlet e a action. O que estamos esperando? Você sabe como fazer isso. Bem, no caso de ter esquecido, arraste do ícone do *File's Owner* para o label que você acabou de adicionar e selecione `sliderLabel`. Depois, clique uma vez no slider, pressione **⌘2** para trazer o assistente de conexões e arraste de — hum, nós não queremos o *Touch Up Inside* dessa vez, queremos? E quanto ao *Value Changed*? Parece uma boa opção, não? Sim, vá em frente e arraste deste para o *File's Owner* e selecione `sliderChanged`.

Salve o nib, volte para o Xcode e teste o slider. Conforme você movê-lo, deverá ver o label mudar em tempo real. Outra peça se encaixa. Agora, vamos ver a implementação das chaves.

Implementando Chaves, Botão e Controle Segmentado

De volta ao Xcode mais uma vez. Está ficando tonto já? Essas idas e vindas podem parecer um pouco estranhas, mas é muito comum ir e vir, editando código no Xcode, otimizando sua interface no Interface Builder, com a ocasional parada para testar seu aplicativo no iOS Simulator apropriado enquanto estiver desenvolvendo.

Nosso aplicativo terá duas chaves, que são pequenos controles com apenas dois estados: ligado e desligado. Vamos também acrescentar um controle segmentado para ocultar e mostrar as chaves. Com ele, iremos adicionar um botão que será mostrado quando o lado direito do controle segmentado for tocado. Vamos implementá-los a seguir.

Adicionando Outlets e Actions

Não vamos precisar de uma outlet para o controle segmentado, já que não iremos alterar seus atributos ou fazer qualquer coisa com ele fora do método action que ele chama. Entretanto, precisaremos de algumas outlets para as chaves, já que alterar o valor de uma destas irá disparar uma mudança no valor de outra. Teremos acesso à chave selecionada por meio do sender. Para obter outra chave, precisaremos de uma outlet. Também precisaremos de uma para o botão que iremos adicionar.

O controle segmentado precisará disparar um método action, que irá ocultar ou mostrar as chaves. Também precisaremos de uma action que dispare quando alguma chave for tocada. Teremos as duas chaves chamando o mesmo método action, assim como fizemos com os dois botões no Capítulo 3. Em *Control_FunViewController.h*, adicione as três outlets e os dois botões da seguinte maneira:

```
#import <UIKit/UIKit.h>

#define kSwitchesSegmentIndex    0

@interface Control_FunViewController : UIViewController {
    UITextField    *nameField;
    UITextField    *numberField;
    UILabel        *sliderLabel;
    UISwitch       *leftSwitch;
    UISwitch       *rightSwitch;
    UIButton       *doSomethingButton;
}
@property (nonatomic, retain) IBOutlet UITextField *nameField;
@property (nonatomic, retain) IBOutlet UITextField *numberField;
@property (nonatomic, retain) IBOutlet UILabel *sliderLabel;
@property (nonatomic, retain) IBOutlet UISwitch *leftSwitch;
@property (nonatomic, retain) IBOutlet UISwitch *rightSwitch;
@property (nonatomic, retain) IBOutlet UIButton *doSomethingButton;
- (IBAction)textFieldDoneEditing:(id)sender;
- (IBAction)backgroundTap:(id)sender;
- (IBAction)sliderChanged:(id)sender;
- (IBAction)toggleControls:(id)sender;
- (IBAction)switchChanged:(id)sender;
- (IBAction)buttonPressed;
@end
```

No código que escreveremos em breve, faremos referência a uma propriedade do `UISegmentedControl` chamada `selectedSegmentIndex`, que nos diz qual segmento está atualmente selecionado. Essa propriedade é um número inteiro. O segmento *Switches* terá um índex de 0. Em vez de colocar esse 0 no código, cujo significado talvez não nos lembremos daqui a alguns meses, definimos a constante `kSwitchesSegmentIndex` para que o código que escrevemos fique mais legível.
Mude para o *Control_FunViewController.m* e adicione o seguinte código:

```
#import "Control_FunViewController.h"

@implementation Control_FunViewController
@synthesize nameField;
@synthesize numberField;
@synthesize sliderLabel;
```

```
@synthesize leftSwitch;
@synthesize rightSwitch;
@synthesize doSomethingButton;

- (IBAction)toggleControls:(id)sender {
    if ([sender selectedSegmentIndex] == kSwitchesSegmentIndex)
     {
        leftSwitch.hidden = NO;
        rightSwitch.hidden = NO;
        doSomethingButton.hidden = YES;
     }
    else
    {
        leftSwitch.hidden = YES;
        rightSwitch.hidden = YES;
        doSomethingButton.hidden = NO;
    }
}

- (IBAction)switchChanged:(id)sender {
    UISwitch *whichSwitch = (UISwitch *)sender;
    BOOL setting = whichSwitch.isOn;
    [leftSwitch setOn:setting animated:YES];
    [rightSwitch setOn:setting animated:YES];
}

- (IBAction)buttonPressed {
    // TODO: Implement Action Sheet and Alert
}

- (IBAction)sliderChanged:(id)sender {
...
```

O primeiro método que adicionamos, `toggleControls:`, é chamado sempre que o controle segmentado é tocado. Nesse método, olhamos para o segmento selecionado, ocultamos a chave e mostramos o botão, ou mostramos a chave e ocultamos o botão, conforme apropriado.

O segundo método que adicionamos, `switchChanged:`, é chamado sempre que uma das duas chaves é tocada. Nesse método, nós simplesmente pegamos o valor do sender, que representa a chave pressionada, e usamos esse valor para ajustar ambas as chaves. Agora, o sender será sempre o `leftSwitch` ou o `rightSwitch`; então, você deve estar se perguntando por que ajustamos os dois. Dá menos trabalho apenas ajustar o valor de ambas as chaves sempre do que determinar qual chave chamou e apenas ajustar a outra. Qualquer chave que chamar esse método já estará ajustada ao valor correto, e ajustá-la novamente com o mesmo valor não irá afetar em nada.

Note que, quando mudamos o valor da chave, chamamos o método `setOn:animated:`, que pega dois valores `BOOL` como parâmetros. O primeiro parâmetro determina se a chave deve estar ligada ou desligada. O segundo nos permite especificar se o botão deve desligar devagar, somente se alguém o pressionar, ou se deve apenas ser movido diretamente para a nova posição. Para o primeiro parâmetro, nós enviamos o novo valor ligado/desligado, que determinamos com base no estado atual. Para o segundo, nós especificamos `YES`, porque fazer a chave deslizar fica legal, e os usuários de aparelhos iOS esperam esse tipo de resposta visual. Você pode tentar especificar `NO` se quiser ver a diferença, mas — a menos que tenha uma boa razão — é geralmente uma boa ideia animar mudanças feitas de maneira programada na interface de usuário para que ele esteja ciente delas.

O terceiro novo método, `buttonPressed`, é chamado quando o botão for pressionado. Ainda não iremos implementar esse método, mas mencionamos isso como um lembrete.

Como declaramos as três novas outlets, precisamos lançá-las no nosso método `dealloc`. Adicione as três linhas a seguir ao método `dealloc` existente em *Control_FunViewController.m*:

```
- (void)dealloc {
    [nameField release];
    [numberField release];
    [sliderLabel release];
    [leftSwitch release];
    [rightSwitch release];
    [doSomethingButton release];
    [super dealloc];
}
```

Adicionando Chaves, Botão e Controle Segmentado

Em seguida, iremos interromper o controle segmentado, as chaves e o botão entre os quais ele alterna. De volta ao Interface Builder, arraste um controle segmentado da library (veja a Figura 4-20) e o coloque na janela *View*, um pouco abaixo do indicador.

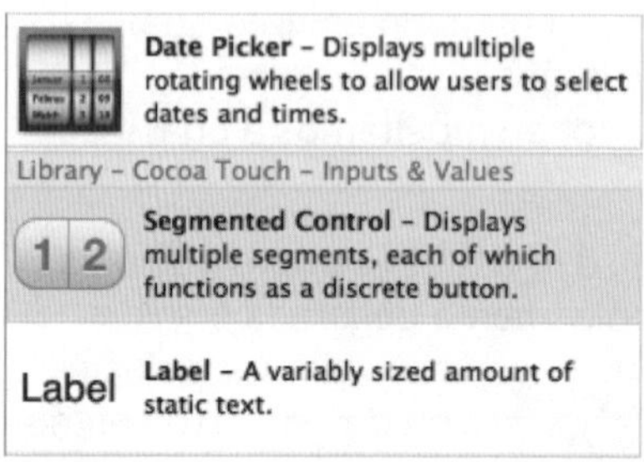

Figura 4-20. *A opção do controle segmentado na library.*

Expanda a largura do controle segmentado para que ele se amplie da margem esquerda da view para a margem direita, como na Figura 4-21. Coloque o cursor na palavra *First* do controle segmentado e clique duas vezes. Isso deverá fazer com que o título do segmento se torne editável; então, mude de *First* para *Switches*, como mostrado na Figura 4-21. Feito isso, repita o processo com o segmento *Second* e o renomeie para *Button*.

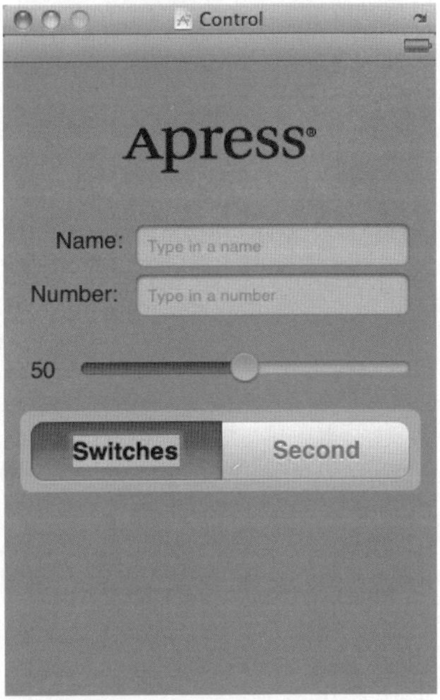

Figura 4-21. *Renomeando os segmentos.*

Adicionando Duas Chaves com Label

Arraste uma chave da library e coloque-a na view. Coloque-a abaixo do controle segmentado, contrária à margem à esquerda (Figura 4-22). Arraste uma segunda chave e coloque-a contrária à margem à direita, alinhada verticalmente à primeira chave.

> **DICA:** Manter a tecla de opção pressionada e arrastar um objeto no Interface Builder irá criar uma cópia daquele item. Quando você tiver muitas instâncias do mesmo objeto para criar, pode ser mais rápido arrastar apenas um objeto da library e depois arrastar quantas cópias forem necessárias.

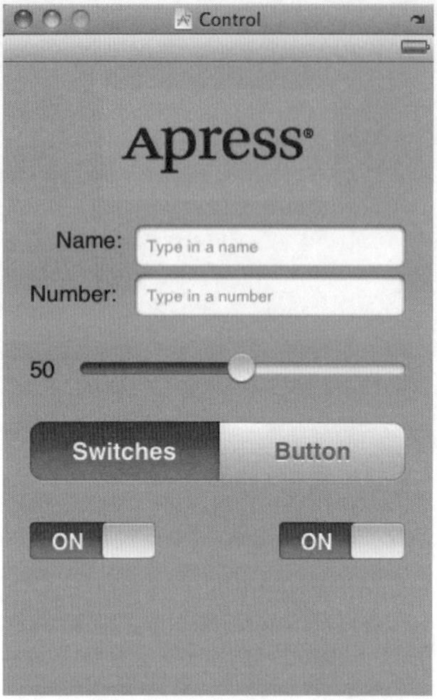

Figura 4-22. *Adicionando as chaves à view.*

Conectando Outlets e Actions da Chave

Antes de adicionar o botão, vamos conectar as chaves às outlets `leftSwitch` e `rightSwitch`. O botão que iremos adicionar daqui a pouco realmente ficará na parte superior das chaves, tornando difícil controlar-arrastar dele e para ele; então, queremos fazer as conexões de chaves antes de adicionar o botão. Como o botão e as chaves nunca estarão visíveis ao mesmo tempo, tê-los no mesmo local físico não seria um problema.

Controle e arraste do ícone do *File's Owner* para cada uma das chaves e as conecte à outlet `leftSwitch` ou `rightSwitch` apropriada.

Agora, selecione a chave à esquerda novamente, clicando uma vez nela, e pressione **⌘2** para abrir o assistente de conexão. Arraste do evento *Value Changed* para o ícone do *File's Owner* e selecione a ação `switchChanged:`. Repita com a outra chave.

Clique uma vez no controle segmentado e procure pelo evento *Value Changed* no assistente de conexão. Arraste do círculo próximo a ele para o ícone do *File's Owner* e selecione o método action `toggleControls:`.

Adicionando o Botão

Em seguida, arraste um botão retangular arredondado da library para a sua view. Adicione-o à parte superior do botão mais à esquerda, alinhando-o à margem esquerda e, verticalmente, ao centro das duas chaves (Figura 4-23).

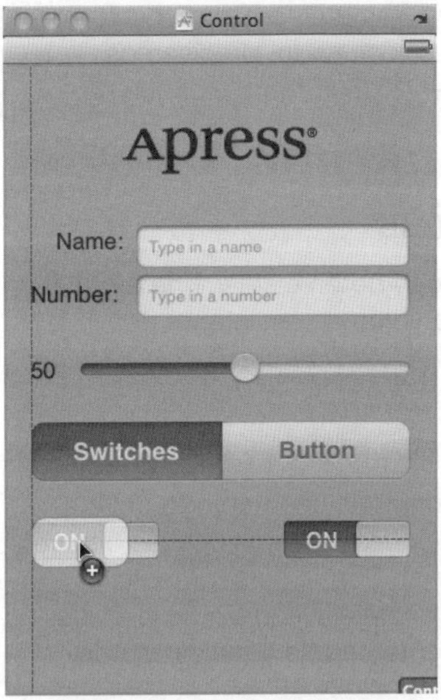

Figura 4-23. *Adicionando um botão retangular arredondado à parte superior das chaves existentes.*

Agora, pegue o canto de redimensionamento central à direita e arraste-o totalmente para a direita até chegar à guia azul que indica a margem direita. O botão deverá cobrir completamente as duas chaves (Figura 4-24).

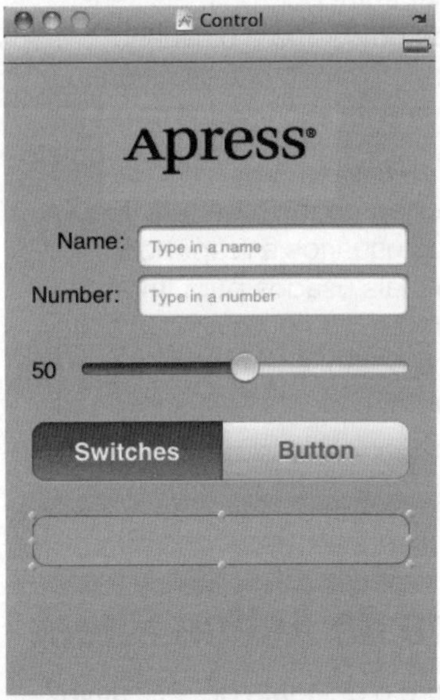

Figura 4-24. *Quando posicionado e redimensionado, o botão retangular arredondado irá escurecer completamente as duas chaves.*

Clique duas vezes no botão e dê a ele um label de *Do Something*. Como o controle segmentado irá começar com o segmento *Switches* selecionado, precisamos ocultar esse botão. Pressione **⌘1** para abrir o assistente de atributo e clique na caixa de seleção *Hidden* na seção mais inferior.

Conectando Outlets e Actions e Botões

Controle e arraste do ícone do *File's Owner* para o novo botão e selecione a outlet *doSomethingButton*. Em seguida, pressione **⌘2** para voltar ao assistente de conexão. Arraste do círculo próximo ao evento *Touch Up Inside* para o *File's Owner* e selecione a action `buttonPressed`. Agora, seu botão está totalmente ligado.

Salve seu trabalho.

Volte ao Xcode e faça um test drive no aplicativo. O controle segmentado deverá aparecer agora. Quando você tocar no segmento *Switches*, as duas chaves deverão aparecer. Toque uma delas, e as duas deverão alternar. Toque no segmento Button, e as chaves deverão estar ocultas, substituídas pelo botão *Do Something.* Tocar no botão ainda não faz nada, porque não implementamos aquele método particular. Faremos isso agora.

Implementando o Action Sheet e o Alerta

Action sheets e **alertas** são usados para fornecer feedback ao usuário.

Action sheets são usadas para forçar o usuário a escolher entre dois ou mais itens. Elas vêm da parte superior da tela e exibem uma série de botões para o usuário escolher (Figura 4-3). O usuário não conseguirá continuar utilizando o aplicativo até que tenha tocado um dos botões. As action sheets geralmente são usadas para confirmar uma action potencialmente perigosa ou irreversível, como delegar um objeto.

Os alertas aparecem como um retângulo azul arredondado no meio da tela (Figura 4-4). Assim como as action sheets, os alertas forçam os usuários a responder antes de continuar usando o aplicativo. Os alertas são mais usados para informar o usuário sobre algo importante ou sobre algo que ocorreu e, ao contrário das action sheets, podem ser apresentados com apenas um único botão, embora você tenha a opção de apresentar múltiplos botões, caso mais de uma resposta seja apropriada.

> **NOTA:** Uma view que força o usuário a escolher antes de poder continuar usando o aplicativo é conhecida como **modal view**.

Adequando-se ao Método Delegate do Action Sheet

Você se lembra de quando falamos, no Capítulo 3, sobre o delegate do aplicativo? Bem, o `UIApplication` não é apenas a classe no Cocoa Touch que utiliza delegates. Na verdade, a delegação é um padrão de design comum no Cocoa Touch. Action sheets e alertas utilizam delegates para que saibam qual objeto notificar quando forem dispensados. No nosso aplicativo, precisaremos ser notificados quando uma action sheet for dispensada. Não precisamos saber quando um alerta for dispensado, porque iremos utilizá-lo apenas para notificar o usuário sobre algo, não necessariamente para solicitar uma escolha.

Para que a nossa classe controller funcione como o delegate para uma action sheet, ela precisa se adequar a um protocolo chamado `UIActionSheetDelegate`. Fazemos isso adicionando o nome do protocolo após a superclasse na nossa declaração de classe.

```
Control_FunViewController.h:

#import <UIKit/UIKit.h>

#define kSwitchesSegmentIndex    0

@interface Control_FunViewController : UIViewController
        <UIActionSheetDelegate> {
    UITextField *nameField;
    UITextField *numberField;
    UILabel     *sliderLabel;
...
```

Exibindo o Action Sheet

Vamos voltar ao *Control_FunViewController.m* e implementar o método action do botão. Precisamos implementar outro método além do nosso método action existente: o `UIActionSheetDelegate`, que a action sheet irá utilizar para nos notificar que algo foi dispensado.

Aqui, estão as alterações necessárias para fazer o método `buttonPressed` no *Control_FunViewController.m*:

```
- (IBAction)buttonPressed {
    // TODO: Implement Action Sheet and Alert
    UIActionSheet *actionSheet = [[UIActionSheet alloc]
                                  initWithTitle:@"Are you sure?"
                                  delegate:self
                                  cancelButtonTitle:@"No Way!"
                                  destructiveButtonTitle:@"Yes, I'm Sure!"
                                  otherButtonTitles:nil];
    [actionSheet showInView:self.view];
    [actionSheet release];
}
```

Em seguida, adicione este método ao *Control_FunViewController.m*, abaixo do método `buttonPressed`:

```
- (void)actionSheet:(UIActionSheet *)actionSheet
    didDismissWithButtonIndex:(NSInteger)buttonIndex
{
    if (buttonIndex != [actionSheet cancelButtonIndex])
     {
       NSString *msg = nil;
```

```
        if (nameField.text.length > 0)
            msg = [[NSString alloc] initWithFormat:
                    @"You can breathe easy, %@, everything went OK.",
                    nameField.text];
        else
            msg = @"You can breathe easy, everything went OK.";
        UIAlertView *alert = [[UIAlertView alloc]
                              initWithTitle:@"Something was done"
                              message:msg
                              delegate:self
                              cancelButtonTitle:@"Phew!"
                              otherButtonTitles:nil];
        [alert show];
        [alert release];
        [msg release];
    }
}
```

O que exatamente fizemos aqui? Bem, primeiro, no método action `buttonPressed`, alocamos e inicializamos um objeto `UIActionSheet`, que é o objeto que representa uma action sheet (caso você não consiga resolver isso sozinho):

```
UIActionSheet *actionSheet = [[UIActionSheet alloc]
        initWithTitle:@"Are you sure?"
        delegate:self
        cancelButtonTitle:@"No Way!"
        destructiveButtonTitle:@"Yes, I'm Sure!"
        otherButtonTitles:nil];
```

O método de inicialização pega um número de parâmetros. Veremos um por vez. O primeiro parâmetro é o título a ser exibido. Consulte novamente a Figura 4-3 para ver como o título que estamos fornecendo será exibido na parte superior da action sheet.

O próximo argumento é o delegate para a action sheet. Ele será notificado quando um botão dessa sheet for pressionado. Mais especificamente, o método delegate `actionSheet:didDismissWithButtonIndex:` será chamado. Ao passar `self` como o parâmetro do delegate, nós asseguramos que nossa versão do `actionSheet:didDismissWithButtonIndex:` será chamada.

Depois, vamos seguir para o título do botão que o usuário irá pressionar para indicar que ele quer prosseguir. Todas as action sheets devem ter um botão de cancelamento, embora você possa dar qualquer título apropriado à situação. Você não quer usar uma action sheet se não houver escolha a ser feita. Em situações em que você quer apenas notificar o usuário, sem dar opções, uma view de alerta é mais apropriada.

O próximo parâmetro é o botão destrutivo, e você pode pensar nele como "Yes, please, go ahead."(ou "sim, siga em frente, por favor."), embora, novamente, possa dar qualquer título.

O último parâmetro permite especificar qualquer número de botões que queiramos exibir nessa sheet. Esse argumento final pode assumir um número variável de valores, o que é uma das boas características da linguagem Objective-C. Se quiséssemos mais dois botões na action sheet, poderíamos ter feito assim:

```
UIActionSheet *actionSheet = [[UIActionSheet alloc]
    initWithTitle:@"Are you sure?"
    delegate:self
    cancelButtonTitle:@"No Way!"
    destructiveButtonTitle:@"Yes, I'm Sure!"
    otherButtonTitles:@"Foo", @"Bar", nil];
```

Esse código resultaria em uma action sheet com quatro botões. Você pode passar quantos argumentos quiser no parâmetro `otherButtonTitles`, desde que passe o nil como o último, mas existe, claro, uma limitação prática na quantidade de botões que você pode ter, com base no espaço disponível na tela.

Depois de criar a action sheet, diremos para ela aparecer:

```
[actionSheet showInView:self.view];
```

Action sheets sempre têm um antecessor, que deve estar na View atualmente visível ao usuário. Nesse caso, queremos que a view criada no Interface Builder seja o antecessor, então usamos `self.view`. Note o uso do ponto do Objective-C. `self.view` é equivalente a dizer `[self view]`, utilizando um accessor para retornar ao valor da nossa propriedade `view`.

Por que não utilizamos apenas `view` em vez de `self.view`? `view` é uma variável de instância privada da classe `UIViewController` e deve ser acessada pelo accessor.

Finalmente, quando terminarmos tudo, liberamos a action sheet. Não se preocupe; ela vai permanecer por ali até que o usuário pressione um botão.

Usando o Delegate do Action Sheet

Bem, não foi tão difícil, foi? Em apenas algumas linhas de código, nós exibimos uma action sheet e pedimos para o usuário tomar uma decisão. O iOS irá até animar essa sheet sem nos dar trabalho extra. Agora, precisamos apenas descobrir qual botão o usuário pressionou. O outro método que acabamos de implementar, `actionSheet:didDismissWithButtonIndex`, é um dos métodos `UIActionSheetDelegate`, e, já que especificamos self como o delegate da nossa action sheet, esse método automaticamente será chamado pela página de alerta quando um botão for pressionado.

O argumento `buttonIndex` irá nos dizer qual botão foi realmente pressionado. No entanto, como sabemos qual botão do índex se refere ao de cancelar e qual se refere ao outro? Felizmente, o método delegate recebe um indicador do objeto `UIActionSheet` que representa a sheet, e esse objeto de action sheet sabe qual é o botão de cancelar. Precisamos apenas olhar para uma de suas propriedades, `cancelButtonIndex`:

```
if (buttonIndex != [actionSheet cancelButtonIndex])
```

Essa linha do código assegura que o usuário não pressione o botão de cancelar. Como demos a ele apenas duas opções, sabemos que, se ele não pressionou o botão de cancelar, ele pressionou o outro, então está tudo bem para prosseguir. Uma vez que sabemos que o usuário não cancelou, a primeira coisa a fazer é criar a nova string que será apresentada a ele. Em um aplicativo real, você faria, aqui, tudo o que o processamento do usuário pedisse. Nós só iremos fazer de conta que fizemos alguma coisa e notificar o usuário usando o alerta.

Se o usuário inserir um nome no campo de texto superior, pegaremos isso e usaremos na mensagem que vamos exibir no alerta. Caso contrário, apenas montaremos uma mensagem genérica para exibir:

```
NSString *msg = nil;

if (nameField.text.length > 0)
    msg = [[NSString alloc] initWithFormat:
        @"You can breathe easy, %@, everything went OK.",
        nameField.text];
else
    msg = @"You can breathe easy, everything went OK.";
```

As próximas linhas do código vão parecer um pouco familiares. Alertas e action sheets são criados e usados de uma maneira bem similar.

```
UIAlertView *alert = [[UIAlertView alloc]
        initWithTitle:@"Something was done"
        message:msg
        delegate:nil
        cancelButtonTitle:@"Phew!"
        otherButtonTitles:nil];
```

Novamente, passamos um título a ser exibido. Também passaremos uma mensagem mais detalhada, que é aquela string que acabamos de criar. Views de alerta também têm delegates, e, se precisarmos saber quando o usuário dispensou o alerta ou qual botão foi pressionado, podemos especificar self como delegate aqui, assim como fizemos com a action sheet. Se tivéssemos feito isso, precisaríamos agora adequar nossa classe ao protocolo `UIAlertViewDelegate` também e implementar um ou mais dos métodos daquele protocolo. Nesse caso, estamos apenas informando algo ao usuário e dando a ele somente um botão. Não nos importamos de verdade quando esse botão é pressionado e já sabemos qual botão o será; então, especificamos o `nil` aqui para indicar que não precisamos ser avisados quando o usuário terminar com a view de alerta.

Views de alerta, ao contrário das action sheets, não estão ligadas a uma view particular; então, dizemos ao alerta para se mostrar sem especificar uma view antecessora. Depois disso, é só uma questão de limpar a memória, e acabamos. Salve o arquivo, construa, execute e teste o aplicativo completo.

Melhorando o Botão

Se comparar o aplicativo em execução à Figura 4-2, irá notar uma diferença interessante. O botão *Do Something* que você construiu não se parece com o nosso nem com os botões da action sheet ou qualquer outro em aplicativos do iOS, parece? O botão retangular arredondado padrão não parece certo; então, vamos cuidar disso antes de terminar o aplicativo.

A maioria dos botões que você vê no seu aparelho iOS é desenhada usando-se imagens. Não se preocupe, pois você não precisará criar imagens em um editor de imagens para cada botão. Tudo o que tem de fazer é especificar um tipo de imagem do template que o iOS vai usar quando desenhar os botões.

É importante ter em mente que seu aplicativo é uma *sandbox*. Você não pode chegar às imagens do template que são usadas por outros aplicativos do seu aparelho iOS ou pelo próprio iOS. Sendo assim, você precisa ter certeza de que todas as imagens de que necessita estão nos limites do seu aplicativo. Então, onde podemos pegar esses templates de imagem?

Felizmente, a Apple disponibilizou um monte para você. Você pode pegá-los no aplicativo de amostras do iOS chamado UICatalog disponível na biblioteca de referência do iOS em:

`http://developer.apple.com/library/ios/#samplecode/UICatalog/Introduction/Intro.html`

Você também pode simplesmente copiá-los para a pasta *04 - Control Fun* do arquivo do projeto desse livro. Sim, é permitido usar essas imagens em seus aplicativos; a licença de amostra de códigos da Apple permite especificamente que você as use e distribua.

Adicione as duas imagens chamadas *blueButton.png* e *whiteButton.png* ao seu projeto do Xcode, obtendo-as da pasta *04 - Control Fun* ou da subpasta *Images* da pasta de projeto do UICatalog.

Se abrir uma das duas imagens em *Preview.app* ou em um programa de edição de imagem, verá que elas não são nada de mais e que existe um truque para usá-las em seus botões.

Volte para o Interface Builder, clique uma vez no botão *Do Something* e pressione **⌘1** para abrir o assistente de atributos. No assistente, use o primeiro menu pop-up para mudar o tipo de *Round Rect* para *Custom.* Você verá no assistente que é possível especificar uma imagem para o seu botão, mas não vamos fazer isso, pois esses templates de imagem precisam ser manejados de uma maneira um pouco diferente. Salve o nib e volte para o Xcode.

Usando o Método viewDidLoad

O `UIViewController`, nossa superclasse do controller, tem um método chamado `viewDidLoad` que podemos anular se precisarmos modificar qualquer objeto que criamos para o nib. Como não podemos fazer totalmente o que queremos no Interface Builder, vamos tirar vantagem do método `viewDidLoad`. Vá em frente e adicione o código seguinte ao arquivo *Control_FunViewController.m*. Quando acabar, falaremos sobre o que esse método faz.

```
- (void)viewDidLoad
{
    UIImage *buttonImageNormal = [UIImage imageNamed:@"whiteButton.png"];
    UIImage *stretchableButtonImageNormal = [buttonImageNormal
        stretchableImageWithLeftCapWidth:12 topCapHeight:0];
    [doSomethingButton setBackgroundImage:stretchableButtonImageNormal
        forState:UIControlStateNormal];

    UIImage *buttonImagePressed = [UIImage imageNamed:@"blueButton.png"];
    UIImage *stretchableButtonImagePressed = [buttonImagePressed
        stretchableImageWithLeftCapWidth:12 topCapHeight:0];
        [doSomethingButton setBackgroundImage:stretchableButtonImagePressed
        forState:UIControlStateHighlighted];
}
```

NOTA: O template do projeto que utilizamos, na verdade, criou uma implementação em parte do `viewDidLoad`, mas está comentado no arquivo. Você pode colocar o código anterior nessa parte ou simplesmente digitar novamente o método desde o início e excluir a parte comentada — o que você preferir.

Esse código ajusta a imagem do plano de fundo para o botão com base nos templates de imagem que adicionamos no projeto. Ele especifica que, quando tocado, o botão irá parar de usar a imagem branca e passará a usar a azul. Esse breve método introduz dois novos conceitos: **control states** (estados de controle) e **strechable images** (imagens ajustáveis). Vejamos um de cada vez.

Estados de Controle

Todo controle do iOS tem quatro estados de controle possíveis e está sempre em um único por vez.

- **Normal:** é o estado mais comum e o do padrão. É o estado em que os controles estão quando não estão em nenhum dos outros estados.
- **Highlighted** (destacado): o estado highlighted é aquele em que um controle está quando está sendo usado no momento. Para um botão, seria quando o usuário estivesse com o dedo sobre ele.
- **Disabled** (desativado): o estado disabled é como o controle fica quando é desligado, o que só pode ser feito desmarcando a caixa de seleção *Enabled* no Interface Builder ou ajustando a propriedade do controle enabled para NO.
- **Selected** (selecionado): apenas alguns controles suportam esse estado. Ele geralmente é usado para indicar que o controle está ligado ou selecionado. Selected é parecido com highlighted, mas um controle pode continuar a ser selecionado quando o usuário não o estiver mais usando diretamente.

Certos controles do iOS têm atributos que podem assumir valores diferentes, dependendo do seu estado. Por exemplo, especificando uma imagem para o `UIControlStateNormal` e uma diferente para o `UIControlStateHighlighted`, estamos dizendo ao iOS para usar uma imagem quando o usuário estiver com o dedo no botão e outra no resto do tempo.

Imagens Ajustáveis

Imagens ajustáveis são um conceito interessante. Uma imagem ajustável é uma imagem redimensionável, que sabe como se redimensionar de maneira inteligente para que mantenha a aparência certa. Nos templates desses botões, não queremos que as bordas se alonguem de maneira igual ao resto da imagem. **End Caps** são as partes da imagem, medidas em pixels, que não deverão ser redimensionadas. Queremos que os cortes ao redor das bordas continuem os mesmos, não importa de que tamanho faremos o botão; então, especificaremos o tamanho do end cap esquerdo como 12.

Como passamos a nova imagem ajustável para o botão em vez do template de imagem, o iOS sabe como desenhar o botão corretamente em qualquer tamanho.

Agora, podemos ir e mudar o tamanho do botão no arquivo do nib, e, ainda assim, ele seria desenhado corretamente. Se tivéssemos especificado a imagem do botão diretamente no arquivo do nib, ele iria redimensionar a imagem inteira por igual, e o botão pareceria estranho na maioria dos casos.

> **DICA:** Como sabíamos qual valor usar para os end caps? Na verdade, é fácil: copiamos das amostras de códigos da Apple.

Convivendo Bem com a Memória

Antes de testar nosso novo botão, há mais um tópico sobre o qual gostaríamos de falar. Em cada versão do iOS, desde o 3.0, a classe `UIViewController` inclui um método para ajudar nosso aplicativo a manter uma baixa área ocupada pela memória. `UIViewController` é a classe a partir da qual todos os views controllers no Cocoa Touch surgem, incluindo `Control_FunViewController`. Esse novo método é chamado de `viewDidUnload` e é importante em termos de manter um baixo uso de memória.

No Capítulo 6, começaremos a falar sobre aplicativos com múltiplas views. Não queremos que você se preocupe muito ainda com múltiplas views, mas queremos mostrar a você a maneira correta de implementar uma classe do view controller.

Quando você tem múltiplas views, o iOS carrega e descarrega arquivos do nib para preservar a memória. Quando uma view é descarregada, qualquer objeto na classe do seu controller terá uma outlet que não poderá ser tirada da memória, pois você reteve aquele objeto especificando a palavra-chave retain na propriedade da outlet. Portanto, quando seu controller for notificado de que sua view foi descarregada, é importante definir todas as propriedades de outlet do controller para nil, para que a memória possa ser limpa. O Cocoa Touch irá reconectar suas outlets automaticamente quando o arquivo do nib for recarregado, então não há perigo aqui. Utilizando essa abordagem, você será um bom cidadão de memória que não prende memória desnecessária.

O Control Fun é um aplicativo de uma única view; então, `viewDidUnload` nunca será chamado enquanto o programa estiver em execução. No entanto, só porque um aplicativo começa como um aplicativo de única view, não significa que ele sempre será assim. Então, você deverá ser um bom cidadão de memória mesmo quando souber que consegue se dar bem sem ser um desses. Vamos conviver bem com a memória substituindo as partes de código do método seguinte no *Control_FunViewController* para liberar nossas outlets quando nossa view for descarregada:

```
- (void)viewDidUnload {
    self.nameField = nil;
    self.numberField = nil;
    self.sliderLabel = nil;
    self.leftSwitch = nil;
    self.rightSwitch = nil;
    self.doSomethingButton = nil;

    [super viewDidUnload];
```

```
}
```

Observe novamente o uso do ponto do Objective-C. Agora, como ele é usado à esquerda de uma tarefa, o ponto é equivalente a chamar nosso mutator. Por exemplo, esta linha de código:

```
self.nameField = nil;
```

é equivalente a esta:

```
[self setNameField:nil];
```

Pense sobre o que acontece quando nosso mutator faz isso. Lembre-se de que o sintetizamos utilizando a palavra-chave `retain`. Primeiro, ele retém o novo objeto, depois libera o antigo e atribui o novo à sua variável de instância. Nesse caso, o mutator retém `nil`, que não faz coisa alguma. Em seguida, o objeto antigo é liberado, o que é exatamente o que queremos fazer, já que ele foi retido quando foi conectado anteriormente. Por fim, `nil` é atribuído a `nameField`. Bem legal, não é?

Ao adicionar esse método, por que não salvar o arquivo e testar nosso aplicativo? Tudo deverá funcionar exatamente como ocorreu antes, mas esse botão deverá se parecer muito mais com o iPhone. Você não verá diferença na maneira como o aplicativo se comporta, como resultado da adição do método `viewDidUnload`, mas poderá dormir bem à noite sabendo que fez a coisa certa. Bom trabalho, cidadão!

Cruzando a Linha de Chegada

Esse foi um capítulo grande. Conceitualmente, não passamos muitas coisas novas para você, mas o levamos por uma quantidade enorme de controles e mostramos vários detalhes diferentes de implementação. Você praticou bem mais com as outlets e actions e viu como usar a natureza hierárquica das views como vantagem. Aprendeu sobre os estados dos controles, sobre as imagens ajustáveis e a usar a action sheet e os alertas.

Muita coisa acontece nesse pequeno aplicativo; então, sinta-se à vontade para voltar e brincar com ele, mudar valores, experimentar adicionando e mudando códigos e ver quais ajustes diferentes o Interface Builder faz. Não há como mostrarmos cada permutação de cada controle disponível no iOS, mas o aplicativo que você acabou de montar é um ótimo início e cobre muitos pontos básicos.

No próximo capítulo, veremos o que acontece quando o usuário alterna um aparelho iOS de retrato para paisagem ou vice-versa. Você provavelmente está ciente de que muitos aplicativos mudam seu display com base na maneira como o usuário segura o aparelho. Mostraremos como fazer isso em seus próprios aplicativos.

Capítulo 5

Autorrotação e Autoajuste

O iPhone, o iPad e os outros aparelhos iOS são peças incríveis de engenharia. Os engenheiros da Apple descobriram todos as maneiras para colocar o máximo de funcionalidade em um pacote que cabe no bolso. Um exemplo é o mecanismo que permite que o aplicativo seja usado tanto no modo retrato (alto e fino) quanto no paisagem (largo e baixo) e mudar essa orientação durante o tempo de execução se o telefone for girado. Um primeiro exemplo desse comportamento, que é chamado de **autorotation** (Autorrotação), pode ser visto no navegador da web do iOS, Mobile Safari (veja a Figura 5-1).

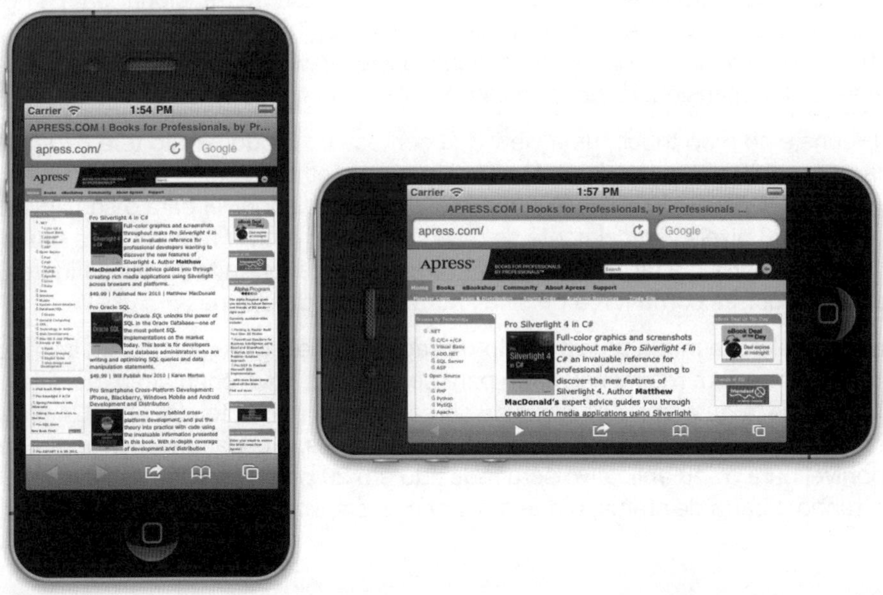

Figura 5-1. *Como muitos aplicativos do iOS, o Mobile Safari muda o modo de exibição baseado em como o aparelho é segurado, tirando o maior proveito do espaço disponível na tela.*

Neste capítulo, falaremos detalhadamente sobre a Autorrotação. Começaremos com uma visão geral dos seus prós e contras.

A Mecânica da Autorrotação

A Autorrotação pode não ser certa para todos os aplicativos. Muitos aplicativos do iPhone da Apple suportam apenas uma orientação. Filmes somente podem ser assistidos no modo paisagem, por exemplo, e contatos só podem ser editados no modo retrato. No entanto, isso não é válido para o iPad, para o qual a Apple recomenda que basicamente todos os aplicativos (com possível exceção de jogos criados em torno de um layout específico) deverão suportar todas as orientações.

Na verdade, todos os aplicativos de iPad da Apple funcionam bem nas duas orientações. Muitos utilizam diferentes orientações para mostrar as diferentes views dos seus dados. Por exemplo, os aplicativos Mail e Notes utilizam orientação de paisagem para mostrar uma lista de itens (pastas, mensagens ou notas) à esquerda e o item selecionado à direita, enquanto a orientação em retrato permite que você se foque em detalhes apenas do item selecionado.

O ponto principal é que, se a Autorrotação melhora a experiência do usuário, adicione isso ao seu aplicativo. Felizmente, a Apple fez um excelente trabalho escondendo as complexidades da Autorrotação no iOS e no UIKit; então, implementar esse comportamento em seu próprio aplicativo é, na verdade, bem fácil.

A Autorrotação é especificada no view controller; então, se o usuário girar o telefone, o view controller será questionado sobre a possibilidade de rotacionar para a nova orientação (algo que você verá como fazer nesse capítulo). Se a resposta do view controller for afirmativa, a janela do aplicativo e as views serão giradas, e a janela e a view serão redimensionadas para caber na nova orientação.

No iPhone e no iPod touch, uma view que começa no modo retrato terá 320 pixels de largura e 480 pixels de altura. No iPad, o modo retrato significa 768 pixels de largura e 1024 pixels de altura. A quantidade de tela disponível para o seu aplicativo irá diminuir 20 pixels verticalmente se o seu aplicativo estiver mostrando a **barra de status**. Essa barra é a faixa de 20 pixels na parte superior da tela (veja a Figura 5-1) que mostra coisas como força de sinal, hora e carga da bateria.

Quando o telefone muda para o modo paisagem, a view gira, juntamente à janela do aplicativo, e será redimensionada para se ajustar à nova orientação, ou seja, 480 pixels de largura por 320 pixels de altura (iPhone e iPod touch) ou 1024 pixels de largura por 768 pixels de altura (iPad). Como antes, o espaço vertical realmente disponível para o seu aplicativo será reduzido em 20 pixels se você estiver mostrando a barra de status, o que a maioria dos aplicativos faz.

DICA: Neste ponto, você deve estar pensando onde o **display de retina** do iPhone 4 e do iPod touch se ajusta nesse cenário. Ele é o termo de marketing da Apple para a tela de alta resolução no iPhone 4 e no iPod touch, que duplica a resolução de tela para 640 por 960 pixels. Graças ao manuseio inteligente de gráficos da Apple, você geralmente não precisará pensar nessa resolução extra (a menos que você realmente a queira). A tela do display de retina possui duas vezes a resolução física em ambas as direções, mas, quando você estiver criando aplicativos do Cocoa Touch, geralmente irá lidar com a resolução normal de iPhone e iPod touch de 320 por 480 pixels. Pense nisso como uma "resolução virtual" que o iOS automaticamente mapeia para a resolução de tela física. Falaremos mais sobre isso no Capítulo 14.

A maior parte do trabalho de mover os pixels para lá e para cá na tela é gerenciada pelo iOS. A principal função do seu aplicativo é ter certeza de que tudo se encaixe harmoniosamente e pareça certo na janela redimensionada.

Seu aplicativo pode usar três abordagens diferentes quando administrar a rotação. A que você irá utilizar depende da complexidade da interface. Veremos essas três abordagens neste capítulo.

Com interfaces mais simples, você pode simplesmente especificar o atributo **autosize** (Autoajuste) correto para todos os objetos que compõem a interface. Esses atributos dizem ao aparelho iOS como os controles devem se comportar quando a view incluída for redimensionada. Se você trabalhou com o Cocoa ou com o Mac OS X, já está familiarizado com o processo básico, pois é o mesmo usado para especificar como os controles Cocoa se comportam quando o usuário redimensiona a janela em que estão contidos.

O Autoajuste é rápido e fácil, mas não é apropriado para todo aplicativo. Interfaces mais complexas precisam lidar com a Autorrotação de um jeito diferente. Para views mais complexas, existem duas abordagens básicas. Uma delas é reposicionar os objetos manualmente na sua view quando notificado de que ela está executando. A segunda opção é, de fato, planejar duas versões diferentes da sua view no Interface Builder — uma para o modo retrato e outra separada para o modo paisagem. Em ambos os casos, será necessário excluir métodos do `UIViewController` na classe de view controllers.

Vamos começar, certo? Vamos ver o Autoajuste primeiro.

Manipulando a Rotação Usando Atributos de Autoajuste

Inicie um novo projeto no Xcode e o nomeie *Autoajuste*. Vamos continuar com o mesmo template do aplicativo baseado na view para ele e novamente escolher o iPhone como o aparelho alvo. Antes de colocar nossa GUI no Interface Builder, precisaremos dizer ao iOS que nossa view suporta a Autorrotação. Faremos isso alterando a classe do view controller.

Especificando o Suporte de Rotação

Quando seu projeto estiver aberto no Xcode, expanda a pasta *Classes* e clique uma vez em *AutoSizeViewController.m*. No código que já está lá, você verá um método chamado `shouldAutorotateToInterfaceOrientation:`, fornecido a você como cortesia do template, mas está comentado. Tudo bem, pois iremos substituir essa versão comentada em um minuto.

```
...
/*
// Override to allow orientations other than the default portrait
// orientation.
- (BOOL)shouldAutorotateToInterfaceOrientation:(UIInterfaceOrientation)
        interfaceOrientation {
    // Return YES for supported orientations
    return (interfaceOrientation == UIInterfaceOrientationPortrait);
}
*/
...
```

Esse método é o jeito de o sistema perguntar ao view controller se é possível rotacionar para uma orientação específica. Existem quatro orientações definidas, que correspondem às quatro maneiras gerais que um aparelho iOS pode ser manejado:

- `UIInterfaceOrientationPortrait`
- `UIInterfaceOrientationPortraitUpsideDown`
- `UIInterfaceOrientationLandscapeLeft`
- `UIInterfaceOrientationLandscapeRight`

No caso do iPhone, o template padroniza para suportar uma única orientação de Autorrotação, `UIInterfaceOrientationPortrait`. Se tivéssemos criado um projeto de iPad aqui, a versão padrão do método `shouldAutorotateToInterfaceOrientation:` criado pelo template seria diferente. Nesse caso, o método apenas retornaria `YES`, já que a recomendação da Apple para desenvolvedores de aplicativo para iPad é permitir que o aparelho seja rotacionado para qualquer uma das quatro orientações definidas.

Quando o aparelho iOS é mudado para uma nova orientação, esse método é chamado no view controller ativo. O parâmetro `interfaceOrientation` irá conter um dos quatro valores da lista acima, e esse método precisa responder `YES` ou `NO`, simbolizando que a janela do aplicativo deve ser rotacionada para combinar com a nova orientação. Como cada subclasse de view controller pode implementar isso de maneira diferente, é possível que um aplicativo suporte a Autorrotação com algumas dessas views, mas não com as outras.

PERCEPÇÃO DE CÓDIGO

Você reparou que as constantes do sistema definidas no iPhone são sempre projetadas para que os valores que trabalham juntos comecem com as mesmas letras? Uma razão pela qual `UIInterfaceOrientationPortrait`, `UIInterfaceOrientationPortraitUpsideDown`, `UIInterfaceOrientationLandscapeLeft`, `UIInterfaceOrientationLandscapeRight` começam com `UIInterfaceOrientation` é fazer você tirar vantagem da característica de **Code Sense** (Percepção de Código) do Xcode.

Você deve ter notado que, quando digita no Xcode, ele geralmente tenta completar as palavras que você digitou. Isso é Code Sense em ação. Os desenvolvedores de software possivelmente não se lembram de todas as várias constantes definidas no sistema, mas podem se lembrar do começo comum para os grupos frequentemente usados. Quando precisar especificar uma orientação, apenas digite *UIInterfaceOrientation* (ou até *UIInterf*) e, então, pressione o Esc (escape key) para mostrar uma lista das possíveis combinações (nas preferências do Xcode, você pode mudar a tecla de correspondência de fuga para outra coisa. Você poderá utilizar as setas para navegar na lista que aparece e selecionar pressionando a tecla tab ou return. Assim é muito mais rápido do que ter de procurar os valores na documentação ou nos arquivos de cabeçalho.

A implementação do padrão desse método vê o `interfaceOrientation` e responde `YES` se for igual ao `UIInterfaceOrientationPortrait`, o que basicamente limita esse aplicativo a uma orientação, desabilitando efetivamente a Autorrotação.

Para habilitar a rotação para qualquer orientação, apenas alteramos o método para responder `YES` a qualquer valor passado, assim:

```
- (BOOL)shouldAutorotateToInterfaceOrientation:
    (UIInterfaceOrientation)interfaceOrientation {
    return YES;
}
```

Na verdade, conforme mencionamos anteriormente, essa é a forma como o método parece quando você cria um projeto para iPad em vez de um projeto para iPhone.

Para dar suporte a algumas orientações, mas não a todas elas, precisaremos olhar para o valor de `interfaceOrientation` e retornar `YES` para aqueles que queremos suportar e `NO` para os que não queremos. Por exemplo, para dar suporte ao modo retrato e ao modo paisagem em ambas as direções, mas não para a rotação do modo retrato de cabeça para baixo (upside down), utilizamos o seguinte código:

```
- (BOOL)shouldAutorotateToInterfaceOrientation:
    (UIInterfaceOrientation)interfaceOrientation {
    return (interfaceOrientation !=
        UIInterfaceOrientationPortraitUpsideDown);
}
```

Siga em frente e mude o método comentado `shouldAutorotateToInterfaceOrientation:` para que corresponda à versão anterior. Como regra geral, o `UIInterfaceOrientationPortraitUpsideDown` é desencorajado pela Apple no iPhone, pois, se o telefone tocar quando estiver sendo segurado de cabeça para baixo, ele estará propenso a continuar de cabeça para baixo quando for atendido. Isso não se aplica ao iPad, em que o significado de "cabeça para baixo" não está muito claro, e o aparelho pode ser girado quantas vezes você quiser.

Salve seu projeto. Agora, veremos as configurações dos atributos do Autoajuste no arquivo do nib utilizando o Interface Builder.

Criando uma Interface com os Atributos de Autoajuste

No Xcode, expanda a pasta *Resources* e clique duas vezes em *AutosizeViewController.xib* para abrir o arquivo no Interface Builder. Uma coisa boa sobre usar os atributos de Autoajuste é que eles requerem poucos códigos. Precisamos especificar a quais orientações daremos suporte, assim como fizemos no view controller, mas o restante da implementação do Autoajuste será feita aqui, no Interface Builder.

Para ver como isso funciona, arraste seis *Botões Round Rects* da library para a view e os posicione como mostramos na Figura 5-2. Clique duas vezes em cada botão e crie um título para cada um deles a fim de que possamos diferenciá-los depois. Numeramos os nossos de 1 a 6.

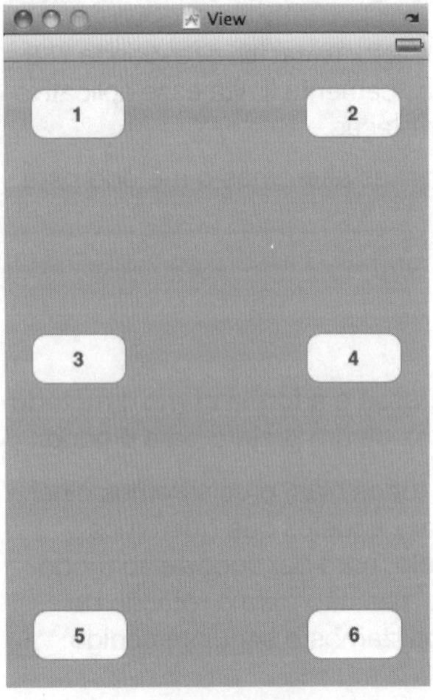

Figura 5-2. *Adicionando seis botões de número à interface.*

Vejamos o que acontece agora que você especificou que suportamos a Autorrotação, mas não definimos nenhum atributo de Autoajuste.

Primeiro, salve seu arquivo nib. Em seguida, volte ao Xcode, crie e execute o aplicativo. Quando o iPhone Simulator aparecer, selecione `Hardware` ➤ `Rotate Left`, que irá simular a mudança do iPhone para o modo paisagem. Veja a Figura 5-3. Meu Deus!

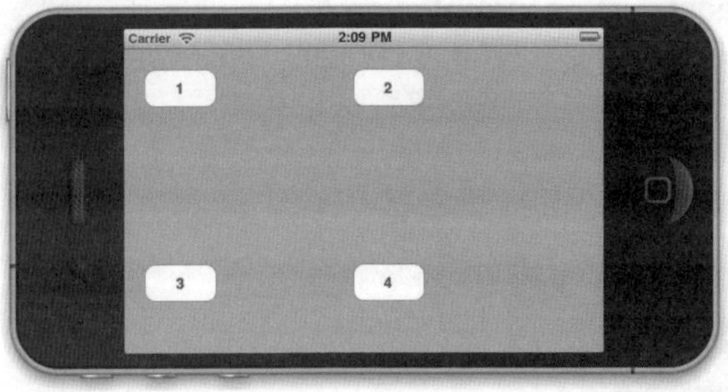

Figura 5-3. *Bem, isso não é muito útil, é? Onde estão os botões 5 e 6?*

A maioria dos padrões do controle tem um ajuste que os faz ficar do jeito que estão em relação ao canto superior esquerdo da tela. Para alguns controles, isso seria apropriado. O botão número 1, na parte superior à esquerda, por exemplo, provavelmente está onde o queremos. Os demais, porém, nem tanto.

Saia do simulador e volte para o Interface Builder. Vamos trabalhar para consertar a GUI a fim de que ela se adapte ao tamanho da tela de uma maneira sensível.

Utilizando os Atributos de Autoajuste do Size Inspector

Clique uma vez no botão no canto superior esquerdo da sua view e pressione ⌘**3** para abrir o size inspector, que deverá se parecer com a Figura 5-4.

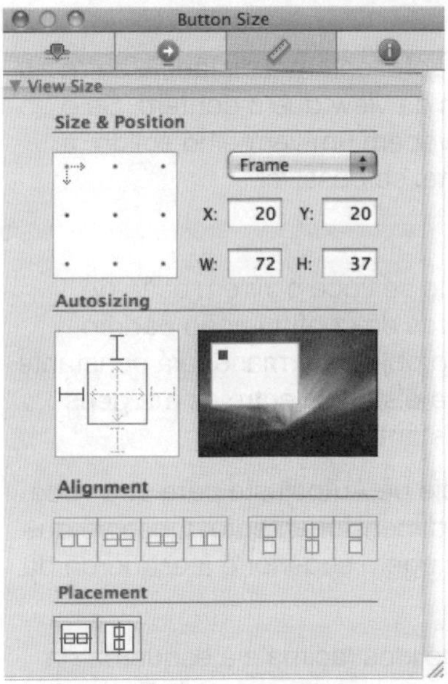

Figura 5-4. *O size inspector permite o ajuste dos atributos de Autoajuste de um objeto.*

O **size inspector** permite que você configure os **atributos de Autoajuste** de um objeto. A Figura 5-5 mostra a parte do size inspector que comanda esses atributos.

Figura 5-5. *A seção de Autoajuste do size inspector.*

É na caixa à esquerda da Figura 5-5 que, na verdade, configuramos os atributos; na caixa à direita, está uma pequena animação, que irá nos mostrar como o objeto irá se comportar durante o redimensionamento. Note que a animação apenas é reproduzida quando seu cursor se move na área de animação. Na caixa à esquerda, o quadrado do centro representa o objeto em questão. Se um botão for selecionado, esse quadrado o representará.

As setas vermelhas dentro do quadrado central representam os espaços horizontais e verticais dentro do objeto selecionado. Clicar em qualquer seta irá alterar de sólido para pontilhado e o pontilhado de volta para o sólido. Se a seta horizontal estiver sólida, a largura do objeto estará livre para mudar quando a janela for redimensionada; se a seta horizontal estiver pontilhada, o iPhone tentará manter a largura do objeto o mais próximo possível do valor original. O mesmo ocorre com a altura do objeto e com a seta vertical.

Os quatro “I” do lado de fora do quadrado central representam a distância entre a margem do objeto selecionado e a mesma margem da view que o contém. Se o “I” estiver pontilhado, o espaço é flexível, e, se estiver em um vermelho sólido, a quantidade de espaço deverá permanecer constante, se possível.

O quê?

Talvez esse conceito faça um pouco mais de sentido se você o vir em ação de verdade. Volte à Figura 5-5, que representa os valores da configuração padrão. Essas configurações especificam que o tamanho do objeto permanecerá constante enquanto sua superview for redimensionada e que a distância entre as margens superior e esquerda também deve permanecer constante.

Mova seu cursor até a animação próxima ao controle de Autoajuste para que você possa ver como ele irá se comportar durante um redimensionamento. Observe que a caixa interior fica no mesmo local em relação à margem superior e à esquerda da view-pai conforme ela muda de tamanho.

Teste esse experimento. Clique nos “I” vermelhos sólidos (acima e à esquerda da caixa interna) para que eles fiquem pontilhados e se pareçam com os da Figura 5-6.

Figura 5-6. *Com todas as linhas pontilhadas, seu controle flutua no antecessor e mantém seu tamanho.*

Com todas as linhas pontilhadas, o tamanho do objeto irá permanecer o mesmo, e ele irá flutuar no meio da superview enquanto ela for redimensionada.

Agora, clique na seta vertical dentro da caixa e no "I", ambos acima e abaixo da caixa, para que os atributos de Autoajuste pareçam com os mostrados na Figura 5-7.

Figura 5-7. *Essa configuração permite que o tamanho vertical do nosso objeto mude.*

Aqui, estamos indicando que o tamanho vertical do nosso objeto pode mudar e que a distância entre a parte superior do objeto e a parte superior da janela e a distância da parte inferior do objeto até a parte inferior da janela devem permanecer constantes. Com essa configuração, a largura do objeto não deve mudar, mas a altura sim. Mude os atributos de Autoajuste mais algumas vezes e assista à animação até entender o conceito de como as diferentes configurações vão causar impacto no comportamento quando a view for rotacionada e redimensionada.

Configurando os Atributos de Autoajuste dos Botões

Agora, vamos configurar os atributos de Autoajuste para os seis botões. Vá em frente e veja se consegue descobri-los. Se ficar preso, veja a Figura 5-8, que mostra os atributos de Autoajuste necessários para manter cada botão em ordem na tela quando o telefone for virado.

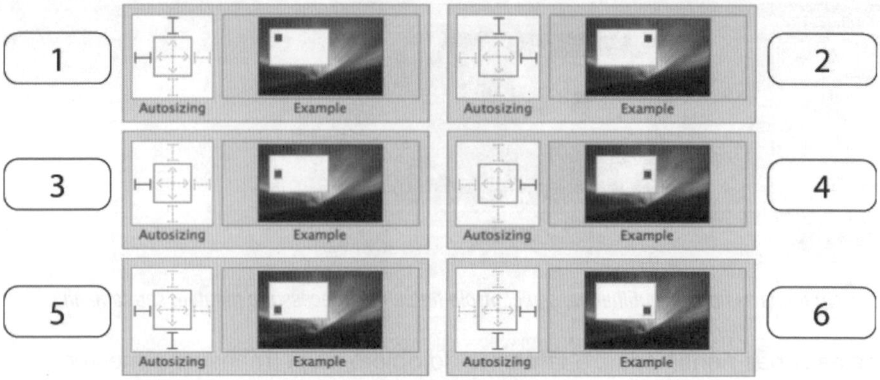

Figura 5-8. *Atributos de Autoajuste para os seis botões.*

Quando você tiver os atributos ajustados da mesma forma que na Figura 5-8, salve o nib, volte ao Xcode, construa e inicie. Dessa vez, quando o iPhone Simulator aparecer, você deverá selecionar `Hardware` ➤ `Rotate Left` ou `Rotate Right` e ter todos os botões ainda na tela (veja a Figura 5-9). Se você girar de volta, eles deverão retornar à posição original. Essa técnica irá funcionar para uma grande quantidade de aplicativos.

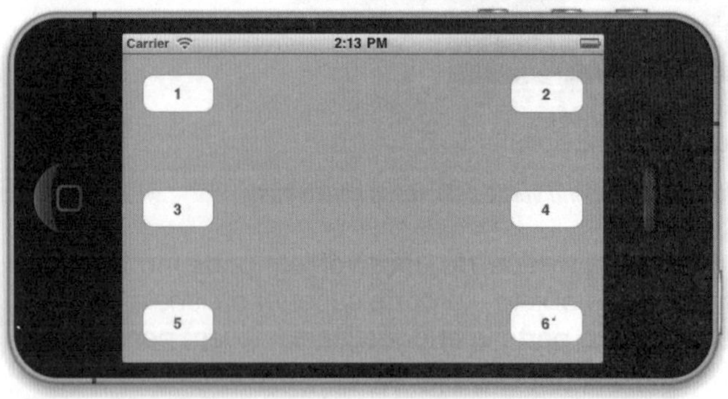

Figura 5-9. *Os botões em suas novas posições depois de rotacionar.*

Nesse exemplo, mantivemos os botões do mesmo tamanho. Agora todos os botões estão visíveis e podem ser usados, mas existe muito espaço em branco, inutilizado na tela. Seria melhor se permitíssemos que a largura ou altura dos botões mudasse para que houvesse menos espaço em branco na interface? Sinta-se livre para experimentar os atributos de Autoajuste desses seis botões e adicionar outros, se quiser. Brinque à vontade até que se sinta confortável com o jeito como o Autoajuste funciona.

Ao longo do seu experimento, note que, às vezes, nenhuma combinação dos atributos de Autoajuste irá dar exatamente o que você quer. Às vezes, será necessário reorganizar sua interface mais drasticamente do que essa maneira pode proporcionar. Para situações como essa, será necessário um pouco mais de código. Vamos dar uma olhada nisso, sim?

Reestruturando a View Quando Rotacionar

No Interface Builder, clique uma vez em cada botão e use o size inspector para mudar os campos *W* (para largura) e *H* (para altura) para *125*, o que irá configurar a largura e a altura do botão para 125 pixels. Quando acabar, reorganize os botões usando as linhas azuis para que sua view pareça com a Figura 5-10.

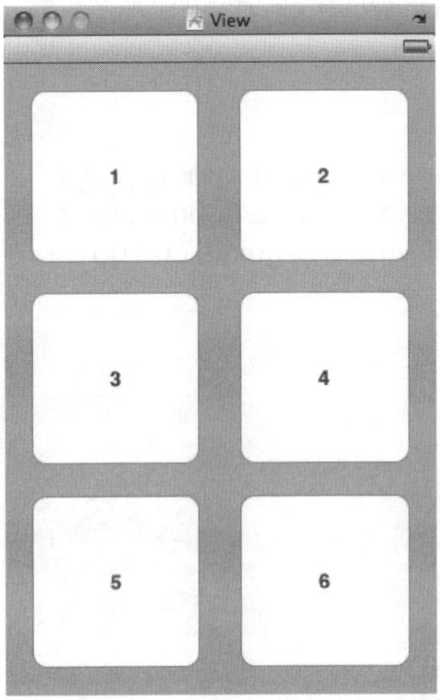

Figura 5-10. *View após redimensionamento de todos os botões.*

Salve seu arquivo do nib, volte ao Xcode e execute novamente o seu projeto. Você consegue adivinhar o que vai acontecer quando girarmos a tela? Bom, supondo que você manteve as configurações, mostradas na Figura 5-8, dos atributos de autoajuste dos botões, o que irá acontecer provavelmente não é o que você gostaria. Os botões vão se sobrepor e parecer com os da Figura 5-11, pois não há altura suficiente na tela do modo paisagem para acomodar três botões com altura de 125 pixels.

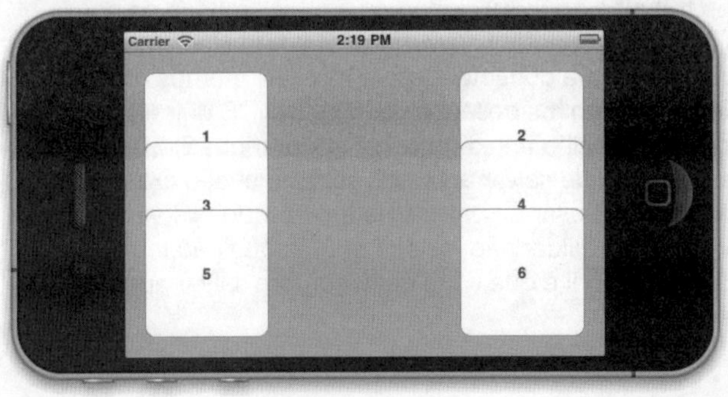

Figura 5-11. *Não é exatamente o que queremos. Muita sobreposição. Precisamos de outra solução.*

Poderíamos acomodar esse cenário usando os atributos de Autoajuste, permitindo que a altura dos botões mudasse, mas isso não faria o melhor uso do estado real da tela, pois deixaria um grande espaço vazio no meio. Se houvesse espaço para seis botões quadrados quando a interface estivesse no modo retrato, ainda deveria haver espaço para seis botões quadrados no modo paisagem — precisaremos apenas arrastá-los um pouco pela tela. Uma maneira de lidarmos com isso é especificar novas posições para cada botão quando a view for girada.

Declarando e Conectando Outlets

Para mudar um atributo de controle, precisamos de uma outlet que aponte para o objeto que queremos mudar. Isso significa que precisaremos declarar uma outlet para cada um dos seis botões para reorganizá-los. Adicione o seguinte código ao *AutosizeViewController.h:*

```
#import <UIKit/UIKit.h>

@interface AutosizeViewController : UIViewController {
    UIButton *button1;
    UIButton *button2;
    UIButton *button3;
    UIButton *button4;
    UIButton *button5;
    UIButton *button6;
}
@property (nonatomic, retain) IBOutlet UIButton *button1;
@property (nonatomic, retain) IBOutlet UIButton *button2;
@property (nonatomic, retain) IBOutlet UIButton *button3;
@property (nonatomic, retain) IBOutlet UIButton *button4;
@property (nonatomic, retain) IBOutlet UIButton *button5;
@property (nonatomic, retain) IBOutlet UIButton *button6;
@end
```

Salve esse arquivo e volte ao Interface Builder. Use o controle de arrastar do ícone do File's Owner para cada um dos seis botões e os conecte às outlets correspondentes. Assim que conectá-los, salve o nib e volte ao Xcode.

> **DICA:** Observe nosso padrão de trabalho aqui. Adicionamos as declarações da nossa outlet ao arquivo de cabeçalho e salvamos; então, o Interface Builder está ciente das outlets. Depois, editamos o arquivo nib para conectar essas outlets. Faremos muito isso. Um dos maiores problemas que os novos desenvolvedores de iOS enfrentam é se esquecer de salvar o arquivo de cabeçalho antes de voltar ao Interface Builder para conectar as outlets. Se você se esquecer de salvar antes de selecionar seu arquivo nib e voltar ao Interface Builder, quando você usar o controle de arrastar do *File's Owner* para seu objeto de interface, o Interface Builder não incluirá outlets que não tenham sido salvas na lista apresentada. O principal é que você deve sempre salvar após adicionar outlets. Torne isso um hábito.

Movendo os Botões em Rotação

Para mover esses botões e fazer um melhor uso do espaço, precisamos sobrescrever o método `willAnimateRotationToInterfaceOrientation:duration:` em *AutosizeViewController.m*. Esse método é chamado automaticamente depois de uma rotação, mas antes das animações da rotação final.

Adicione o seguinte código e depois falaremos sobre o que ele faz.

```
#import "AutosizeViewController.h"

@implementation AutosizeViewController
@synthesize button1;
@synthesize button2;
@synthesize button3;
@synthesize button4;
@synthesize button5;
@synthesize button6;

- (void)willAnimateRotationToInterfaceOrientation:(UIInterfaceOrientation)
    interfaceOrientation duration:(NSTimeInterval)duration {
    if (interfaceOrientation == UIInterfaceOrientationPortrait
            || interfaceOrientation ==
            UIInterfaceOrientationPortraitUpsideDown)
    {
        button1.frame = CGRectMake(20, 20, 125, 125);
        button2.frame = CGRectMake(175, 20, 125, 125);
        button3.frame = CGRectMake(20, 168, 125, 125);
        button4.frame = CGRectMake(175, 168, 125, 125);
        button5.frame = CGRectMake(20, 315, 125, 125);
        button6.frame = CGRectMake(175, 315, 125, 125);
    }
    else
    {
        button1.frame = CGRectMake(20, 20, 125, 125);
        button2.frame = CGRectMake(20, 155, 125, 125);
        button3.frame = CGRectMake(177, 20, 125, 125);
        button4.frame = CGRectMake(177, 155, 125, 125);
        button5.frame = CGRectMake(328, 20, 125, 125);
        button6.frame = CGRectMake(328, 155, 125, 125);
    }
}

- (BOOL)shouldAutorotateToInterfaceOrientation:
    (UIInterfaceOrientation)interfaceOrientation {
    return (interfaceOrientation !=
        UIInterfaceOrientationPortraitUpsideDown);
}

- (void)didReceiveMemoryWarning {
    [super didReceiveMemoryWarning];
    // Releases the view if it doesn't have a superview
    // Release anything that's not essential, such as cached data
}
```

```
- (void)viewDidUnload {
    // Release any retained subviews of the main view.
    // e.g. self.myOutlet = nil;
    self.button1 = nil;
    self.button2 = nil;
    self.button3 = nil;
    self.button4 = nil;
    self.button5 = nil;
    self.button6 = nil;
    [super viewDidUnload];
}

- (void)dealloc {
    [button1 release];
    [button2 release];
    [button3 release];
    [button4 release];
    [button5 release];
    [button6 release];
    [super dealloc];
}
```

O tamanho e a posição de todas as views, incluindo controles e botões, são especificados em uma propriedade chamada `frame`, que é uma estrutura do tipo `CGRect`. `CGRectMake()` é uma função fornecida pela Apple que nos permite criar facilmente um `CGRect` especificando as posições `x` e `y` junto com a `largura` e a `altura`.

> **NOTA:** A função `CGRect()` começa com as letras CG, indicando que vem do framework do Core Graphics. Como o nome indica, esse framework contém código relacionado a gráficos e desenhos. Em versões anteriores do SDK do iOS, esse framework não estava incluso em templates de projeto do Xcode e precisava ser adicionado manualmente. Isso não é mais necessário, já que o framework do Core Graphics é incluso automaticamente quando você utiliza qualquer template do Xcode para criar um aplicativo para iPhone ou iPad.

Salve esse código. Agora, construa e execute para vê-lo em ação. Tente rotacionar e veja como os botões ficam em suas novas posições.

Alternando Views

Mover controles para locais diferentes, como fizemos na seção anterior, pode ser um processo muito entediante, especialmente com uma interface complexa. Não seria melhor se pudéssemos projetar as views em paisagem e em retrato separadamente e depois alternar entre elas quando o telefone girasse?

Bem, nós podemos, mas é uma opção um tanto complicada, que você utilizará apenas no caso de interfaces muito complexas.

Apesar de os botões em ambas as views poderem disparar as mesmas actions, precisaremos ter duas definições completamente distintas de outlets — uma para cada view —, e isso irá adicionar certa complexidade ao nosso código. É, sem dúvida, de uma complexidade imensurável, só que, às vezes, essa opção é a melhor. Vamos tentar.

Para demonstrar, criaremos um aplicativo com views separadas para orientação em retrato e em paisagem. Embora a interface que criaremos não seja complexa o suficiente para justificar a técnica que estamos utilizando, manter a interface simples irá ajudar a esclarecer o processo.

Crie um novo projeto no Xcode utilizando novamente um template de aplicativo baseado na view (começaremos a trabalhar com outros templates no próximo capítulo). Chame esse projeto de *Swap*. O aplicativo irá iniciar no modo retrato, com dois botões, um acima do outro (veja a Figura 5-12).

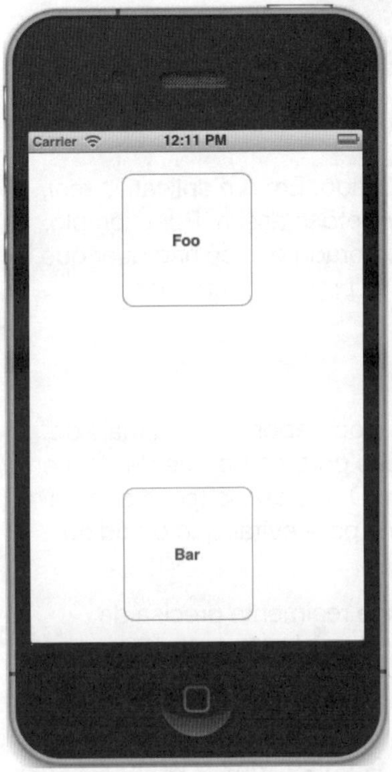

Figura 5-12. *O aplicativo Swap na abertura. Essa é a view em retrato e os dois botões.*

Girar o telefone troca para uma view completamente diferente, criada especialmente para a orientação em paisagem. A view em paisagem terá também dois botões com os mesmos rótulos (veja a Figura 5-13); então, o usuário não saberá que está olhando para duas views diferentes.

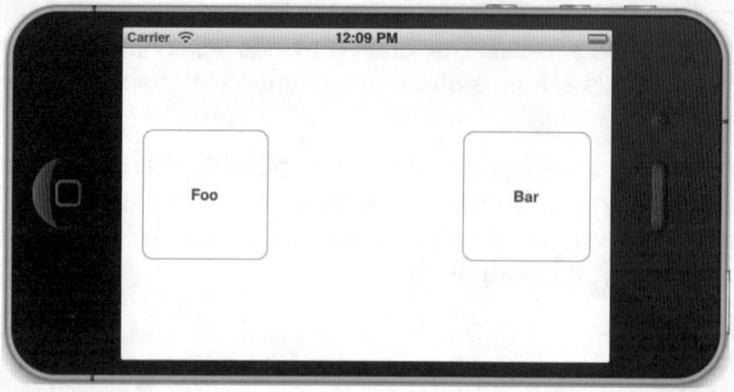

Figura 5-13. *Parecido, mas não igual. Essa é a view em paisagem, com dois botões diferentes.*

Quando um dos botões for pressionado, ele será ocultado. Em um aplicativo real, pode acontecer de você querer desabilitar ou ocultar botões assim. Por exemplo, você pode criar um botão que inicia um processo demorado e você não quer que o usuário pressione o mesmo botão novamente até esse processo terminar.

Determinando Outlets e Actions

Como cada view tem dois botões, e uma outlet não pode apontar para mais de um objeto, precisaremos declarar quatro outlets: duas para os botões de view em paisagem e duas para os botões de view em retrato. O uso dessa técnica torna muito importante pensar nos nomes dados às outlets para evitar que o código fique confuso.

Mas espere, tem alguma coisa no fundo dizendo "Você realmente precisa de outlets para esses botões? Já que estamos desativando os botões pressionados, não podemos usar o sender em vez disso?" Em um cenário de view única, seria exatamente esse o jeito certo de ir para lá e para cá.

Pense nisso. E se o usuário pressionar o botão *Foo* e, então, virar o telefone? O botão *Foo,* na outra view, é completamente diferente e continua visível, o que não é o comportamento que queremos. Não queremos declarar ao usuário que o objeto que ele está manipulando não é o mesmo que ele estava manipulando instantes atrás.

Além das outlets para os botões, precisamos de mais duas outlets para apontar para as duas versões diferentes. Ao trabalhar com uma view apenas, a propriedade `view` da classe-pai era tudo de que precisávamos. No entanto, já que vamos alterar o valor de `view` em tempo de execução, precisamos nos assegurar de que temos um caminho para chegar às duas views, por isso, a necessidade de duas outlets `UIView`.

Nossos botões precisam disparar uma action; então, precisaremos de, no mínimo, um método action. Vamos criar um único método action para lidar com a ação de pressionar qualquer um dos botões. Portanto, iremos declarar apenas uma única action `buttonPressed:` na classe do nosso view controller.

Declarando Actions e Outlets

Adicione o seguinte código ao *SwapViewController.h* para criar as outlets de que precisaremos quando formos para o Interface Builder.

```
#import <UIKit/UIKit.h>

#define degreesToRadians(x) (M_PI * (x) / 180.0)

@interface SwapViewController : UIViewController {
    UIView *landscape;
    UIView *portrait;

    // Foo
    UIButton *landscapeFooButton;
    UIButton *portraitFooButton;

    // Bar
    UIButton *landscapeBarButton;
    UIButton *portraitBarButton;
}
@property (nonatomic, retain) IBOutlet UIView *landscape;
@property (nonatomic, retain) IBOutlet UIView *portrait;
@property (nonatomic, retain) IBOutlet UIButton *landscapeFooButton;
@property (nonatomic, retain) IBOutlet UIButton *portraitFooButton;
@property (nonatomic, retain) IBOutlet UIButton *landscapeBarButton;
@property (nonatomic, retain) IBOutlet UIButton *portraitBarButton;
- (IBAction)buttonPressed:(id)sender;
@end
```

A linha de código a seguir é simplesmente uma macro para converter entre graus e radianos.

```
#define degreesToRadians(x) (M_PI * (x) / 180.0)
```

Utilizaremos isso quando chamarmos a função que requer radianos como uma entrada. Muitas pessoas não pensam em radianos; então, essa macro irá tornar o nosso código muito mais fácil de ler ao nos deixar especificar ângulos em graus em vez de radianos. Todo o resto nesse cabeçalho deverá parecer familiar para você.

Agora que implementamos as outlets, vamos ao Interface Builder criar as duas views de que precisamos. Clique duas vezes em *SwapViewController.xib* na pasta *Resources* para abrir o arquivo no Interface Builder.

Criando as Duas Views

Idealmente, o que você está vendo no Interface Builder agora deveria parecer familiar para você. Precisaremos de duas views no nosso nib. Não queremos utilizar a view existente, que foi fornecida como parte do template, porque o tamanho dela não pode ser alterado. Em vez disso, iremos excluir a view padrão e criar duas novas views.

Na janela principal, clique uma vez no ícone *View* e pressione *Delete*. Em seguida, arraste duas *Views* da library para a janela principal. Após fazer isso, você terá dois ícones chamados *View*. Isso pode se tornar um pouco confuso, então vamos renomeá-los para que se torne óbvio o que cada um faz.

Para renomear um ícone na janela principal do nib, você deverá clicar na view para selecioná-la, esperar um segundo ou dois e, então, clicar no nome do ícone. Depois de mais um segundo, o nome se tornará editável, e você poderá digitar um novo nome. Note que esse truque só funciona no modo de view do ícone. Nomeie uma view de *Portrait* e a outra de *Landscape*.

Agora, arraste o controle do ícone do *File's Owner* para o ícone *Portrait* e, quando o menu cinza aparecer, selecione a outlet *portrait*. Então, arraste novamente o controle do ícone do *File's Owner* para o ícone *Landscape* e selecione a outlet landscape. Agora, arraste novamente o controle do ícone do *File's Owner* para *Portrait* e selecione a outlet *view* para indicar qual view deverá ser exibida ao iniciar.

Clique duas vezes no ícone chamado *Landscape* e pressione ⌘**3** para abrir o size inspector. Agora, o tamanho dessa view deverá ser de 320 pixels de largura por 460 pixels de altura. Mude os valores para que ela fique com 480 pixels de largura por 300 de altura; você também poderá pressionar o ícone da pequena seta à direita na barra de títulos da view, que irá automaticamente mudar as proporções da view para paisagem. Agora, arraste os dois *Botões Round Rects* da library para a view *Landscape*. O tamanho e o lugar exatos não importam, mas os fizemos bons e grandes, com 125 pixels de largura e 125 de altura. Clique duas vezes no botão esquerdo e dê a ele o título *Foo*; em seguida, clique duas vezes no botão à direita e dê o título de *Bar*.

Arraste o controle do ícone do *File's Owner* para o botão *Foo* e o atribua à outlet `landscapeFooButton`; em seguida, faça o mesmo para atribuir o botão *Bar* à outlet `landscapeBarButton`.

Agora, clique uma vez no botão *Foo* e mude para o connections inspector pressionando ⌘**2**. Arraste do círculo que representa o evento *Touch Up Inside* para o ícone do *File's Owner* e selecione a action `buttonPressed:`. Repita isso com o botão *Bar* para que ambos os botões disparem o método action `buttonPressed:`. Agora, você pode fechar a janela *Landscape*.

Clique duas vezes no ícone *Portrait* para abrir essa view para edição. Arraste dois ou mais *Botões Round Rects* da library, colocando-os um acima do outro dessa vez. Novamente, faça com que cada botão tenha 125 pixels de largura por 125 pixels de altura. Clique duas vezes no botão superior e o nomeie de *Foo*. Então, clique duas vezes no botão inferior e dê a ele o nome *Bar*.

Arraste o controle do ícone do *File's Owner* para o botão Foo e atribua a outlet `portraitFooButton`. Arraste novamente o controle do ícone do *File's Owner* para o botão *Bar* e atribua a outlet `portraitBarButton`.

Clique no botão *Foo* e o arraste do evento *Touch Up Inside*, no connections inspector, para o ícone do *File's Owner* e selecione a action `buttonPressed:`. Repita essa conexão com o botão *Bar*.

Salve o nib e volte ao Xcode.

Implementando o Swap e a Action

Estamos quase acabando nosso aplicativo. Precisamos apenas colocar o código em ordem para lidar com o swap e os toques do botão. Adicione o código a seguir ao arquivo *SwapViewController.m*.

> **NOTA:** Esta lista de códigos não mostra os métodos comentados fornecidos pelo stub. Fique à vontade para excluir os métodos comentados que já estiverem na sua classe controller.

```
#import "SwapViewController.h"

@implementation SwapViewController
@synthesize landscape;
@synthesize portrait;
@synthesize landscapeFooButton;
@synthesize portraitFooButton;
@synthesize landscapeBarButton;
@synthesize portraitBarButton;

- (void)willAnimateRotationToInterfaceOrientation:(UIInterfaceOrientation)
    interfaceOrientation duration:(NSTimeInterval)duration {
    if (interfaceOrientation == UIInterfaceOrientationPortrait) {
       self.view = self.portrait;
       self.view.transform = CGAffineTransformIdentity;
       self.view.transform =
           CGAffineTransformMakeRotation(degreesToRadians(0));
       self.view.bounds = CGRectMake(0.0, 0.0, 320.0, 460.0);
     }
    else if (interfaceOrientation == UIInterfaceOrientationLandscapeLeft) {
      self.view = self.landscape;
      self.view.transform = CGAffineTransformIdentity;
      self.view.transform =
      CGAffineTransformMakeRotation(degreesToRadians(-90));
      self.view.bounds = CGRectMake(0.0, 0.0, 480.0, 300.0);
    }
    else if (interfaceOrientation ==
            UIInterfaceOrientationPortraitUpsideDown) {
      self.view = self.portrait;
      self.view.transform = CGAffineTransformIdentity;
      self.view.transform =
          CGAffineTransformMakeRotation(degreesToRadians(180));
      self.view.bounds = CGRectMake(0.0, 0.0, 320.0, 460.0);
    }
    else if (interfaceOrientation ==
            UIInterfaceOrientationLandscapeRight) {
        self.view = self.landscape;
        self.view.transform = CGAffineTransformIdentity;
        self.view.transform =
          CGAffineTransformMakeRotation(degreesToRadians(90));
        self.view.bounds = CGRectMake(0.0, 0.0, 480.0, 300.0);
    }
```

```
}

- (IBAction)buttonPressed:(id)sender {
    if (sender == portraitFooButton || sender == landscapeFooButton) {
        portraitFooButton.hidden = YES;
        landscapeFooButton.hidden = YES;
    } else {
        portraitBarButton.hidden = YES;
        landscapeBarButton.hidden = YES;
    }
}

- (BOOL)shouldAutorotateToInterfaceOrientation:(UIInterfaceOrientation)
    interfaceOrientation {
    return YES;
}

- (void)didReceiveMemoryWarning {
    // Releases the view if it doesn't have a superview
    [super didReceiveMemoryWarning];

    // Release anything that's not essential, such as cached data
}

- (void)viewDidUnload {
    // Release any retained subviews of the main view.
    // e.g. self.myOutlet = nil;
    self.landscape = nil;
    self.portrait = nil;
    self.landscapeFooButton = nil;
    self.portraitFooButton = nil;
    self.landscapeBarButton = nil;
    self.portraitBarButton = nil;
    [super viewDidUnload];
}

- (void)dealloc {
    [landscape release];
    [portrait release];
    [landscapeFooButton release];
    [portraitFooButton release];
    [landscapeBarButton release];
    [portraitBarButton release];

    [super dealloc];
}
@end
```

O primeiro método no novo código se chama `willAnimateRotationToInterfaceOrientation:duration:`. Esse é um método da superclasse que sobrescrevemos que é chamado assim que a rotação começa, mas antes de ela realmente acontecer. As actions que tomamos nesse método serão animadas como parte da primeira metade da animação de rotação.

Nesse método, olhamos para a orientação para a qual estamos rotacionando e ajustamos a propriedade `view` para `portrait` ou `landscape`, conforme apropriado para a nova orientação. Então, chamamos o `CGAffineTransformMakeRotation`, parte do framework do Core Graphics, para criar uma **transformação na rotação**. Uma **Transformação** é uma descrição matemática de alterações no tamanho, na posição ou no ângulo de um objeto. Geralmente, o iOS cuida de ajustar os valores de transformação automaticamente quando o telefone é virado. No entanto, quando mudamos para a nova view aqui, precisamos ter certeza de que demos o valor correto para não confundir o sistema operacional. É isso que o `willAnimateRotationToInterfaceOrientation:duration:` faz cada vez que acerta as propriedades de transformação da view. Quando a view for rotacionada, ajustaremos a moldura para que caiba confortavelmente na janela na orientação atual.

O próximo é o método `buttonPressed:`, e não deve haver algo muito surpreendente aqui. Olhamos para o botão que foi pressionado, ocultamo-lo e, então, ocultamos o botão correspondente na outra view.

Você deve se sentir confortável com todo o resto que escrevemos nessa classe. O novo método `shouldAutorotateToInterfaceOrientation:` simplesmente responde `YES` para dizer ao iPhone que daremos suporte à rotação em qualquer orientação, e o código adicionado ao método `dealloc` é simplesmente uma limpeza na memória.

Agora, compile e execute-o.

> **NOTA:** Se você clicar acidentalmente nos dois botões, a única maneira de trazê-los de volta é sair do simulador e executar novamente o projeto. Não utilize essa abordagem nos seus próprios aplicativos.

Girando para Fora Daqui

Neste capítulo, você testou três abordagens completamente diferentes para dar suporte à autorrotação em seus aplicativos. Aprendeu sobre atributos de Autoajuste e como reestruturar suas views, no código, quando o aparelho iOS rotacionar. Viu como alternar entre duas views completamente diferentes quando o aparelho rotacionar e aprendeu a conectar novos frameworks no seu projeto.

Nesse capítulo, você também teve o primeiro contato com o uso de múltiplas views em um aplicativo a partir da alternância entre duas views do mesmo nib. No próximo capítulo, começaremos a ver verdadeiros aplicativos de multivisualização. Todos os aplicativos que escrevemos até agora têm um único view controller, e todos, exceto o último, são utilizados em uma única content view. Diversos aplicativos complexos do iOS, como Mail e Contacts, entretanto, são apenas possíveis com o uso de múltiplas views e de view controllers. Veremos exatamente como eles funcionam no Capítulo 6.

Capítulo 6

Aplicativos com Múltiplas Views

Até agora, escrevemos aplicativos com apenas um view controller. Apesar de certamente haver várias coisas que você pode fazer com uma view, o poder real da plataforma do iOS surge quando você consegue mudar views com base nas escolhas do usuário. Os aplicativos de múltiplas views vêm em vários gostos diferentes, mas o mecanismo é básico, independentemente de como aparece na tela.

Neste capítulo, iremos focar na estrutura de aplicativos de múltiplas views e nos princípios da troca de content views pela criação do nosso aplicativo de múltiplas views desde o início. Iremos escrever nossa classe controller personalizada, que alterna entre diferentes content views, o que dará a você uma base forte para aproveitar os diversos controllers de múltiplas views que a Apple oferece.

Antes de começar a criar o nosso aplicativo, vejamos como os aplicativos com múltiplas views podem ser úteis.

Tipos Comuns de Aplicativos com Múltiplas Views

Para falar a verdade, já trabalhamos com múltiplas views em aplicativos anteriores, desde botões, labels até outros controles, que são todos controles do `UIView` e podem entrar na hierarquia da view. No entanto, quando a Apple usa o termo "view" na documentação, geralmente é para se referir a uma subclasse de `UIView` que tem um view controller correspondente. Esses tipos de view também podem ser chamados de **content views**, porque são o contêiner principal do conteúdo do seu aplicativo.

O exemplo mais simples de um aplicativo com múltiplas views é um aplicativo utilitário. Ele foca principalmente em uma única view, mas oferece uma segunda que pode ser usada para configurar os aplicativos ou fornecer mais detalhes do que a view principal. O aplicativo Stocks que embarca com o iPhone é um bom exemplo (veja a Figura 6-1). Se você clicar no pequeno ícone *i* no canto inferior à direita, a view aparecerá para deixar você configurar a lista de estoques localizados pelo aplicativo.

Figura 6-1. *O aplicativo Stocks que embarca com o iPhone tem duas views: uma para iniciar os dados e outra para configurar a lista de estoque.*

Há também vários **aplicativos com tab bar** que vêm com o iPhone, tais como o aplicativo Phone (veja a Figura 6-2) e o Clock. Essa barra é um aplicativo de múltiplas views que exibe uma linha de botões, chamada **tab bar**, na parte inferior da tela. Tocar em um desses botões faz com que um novo view controller fique ativo e uma nova view seja mostrada. No aplicativo Phone, por exemplo, tocar em *Contacts* mostra uma view diferente da exibida quando você toca em *Keypad*.

Figura 6-2. *O aplicativo Phone é um exemplo de aplicativo de múltiplas views que usa tab bar.*

Outro tipo comum de aplicativo com múltiplas views do iPhone é o aplicativo baseado na navegação, o qual possui um navigation controller que utiliza uma **navigation bar** para mostrar informações hierárquicas ao usuário. O aplicativo Settings é um bom exemplo. Nele, a primeira view mostrada é uma série de linhas, cada uma correspondendo a um grupo de configurações ou a um aplicativo específico. Tocar em uma dessas linhas leva você a uma nova view, em que você poderá personalizar uma série particular de configurações. Algumas views apresentam uma lista que permite a você ir ainda mais fundo. O navigation controller mantém registro de quão longe você poderá ir e dá a você um controle que permite voltar para a view anterior.

Por exemplo, se você selecionar a preferência *Sounds*, aparecerá uma view com uma lista das opções de som relacionadas. Na parte superior dessa view haverá uma navigation bar com uma seta à esquerda que leva você de volta à view, anterior se você tocar nela. Dentro das opções de som, está uma linha chamada *Ringtone*. Toque nela e você irá para uma nova view (veja a Figura 6-3) com uma lista de toques e uma navigation bar que o levará de volta à view principal *Sounds*. Um aplicativo baseado na navegação é útil quando você quer mostrar uma hierarquia de views.

Figura 6-3. *O aplicativo iPhone Settings é um exemplo de aplicativo com múltiplas views usando uma navigation bar.*

No iPad, a maioria dos aplicativos baseados em navegação, como Mail, é implementada utilizando uma **split view**, em que os elementos de navegação aparecem à esquerda da tela, e o item que você selecionar para visualizar ou editar aparecerá à direita. Você irá aprender mais sobre essas views e outros elementos de GUI específicos do iPad no Capítulo 10.

Como as views são hierárquicas por natureza, é até mesmo possível combinar diferentes mecanismos para trocá-las dentro de um único aplicativo. Por exemplo, o aplicativo iPod do iPhone usa uma tab bar para trocar métodos diferentes de organização de música, e um navigation controller e sua navigation bar associada para permitir que você pesquise suas músicas com base naquela seleção. Na Figura 6-4, a tab bar está na parte inferior da tela, e a navigation bar está na parte superior.

Figura 6-4. *O aplicativo iPod usa uma navigation bar e uma tab bar.*

Alguns aplicativos utilizam uma **Toolbar**, que geralmente é confundida com uma tab bar. Uma tab bar é utilizada para selecionar uma, e apenas uma, opção entre duas ou mais. Uma Toolbar pode manter botões e determinados controles, mas esses itens não são mutuamente exclusivos. Um exemplo perfeito de uma Toolbar é a parte inferior da view principal do Safari (veja a Figura 6-5). Se você comparar a Toolbar na parte inferior da view do Safari à tab bar na parte inferior do aplicativo do iPhone ou do iPod, verá que é muito fácil distingui-las. A tab bar é dividida em segmentos claramente definidos, enquanto a Toolbar geralmente não é.

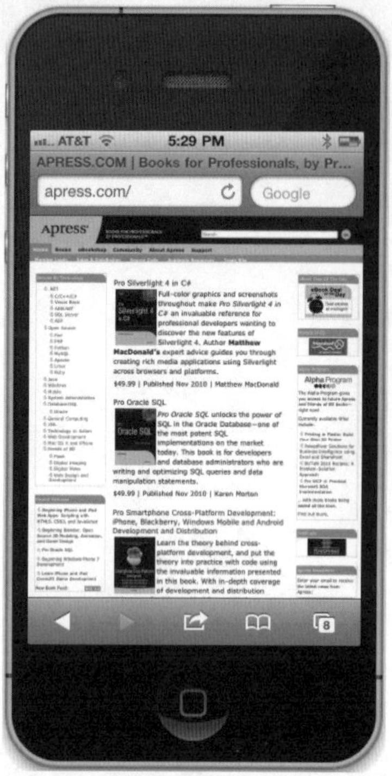

Figura 6-5. *Mobile Safari contém uma Toolbar na parte inferior. A Toolbar é uma barra de forma livre, que permite a você incluir uma variedade de controles.*

Cada um desses tipos de aplicativos de múltiplas views usa uma classe controller específica do `UIKit`. As interfaces da tab bar são implementadas usando a classe `UITabBarController`, e as interfaces de navigation bar usando `UINavigationController`.

A Arquitetura de um Aplicativo com Múltiplas Views

O aplicativo que iremos criar neste capítulo, View Switcher, é bem simples na aparência, mas, em termos do código que vamos escrever, é, sem dúvida, o aplicativo mais complexo que já fizemos. Ele consiste em três controladores diferentes, três nibs e um delegate do aplicativo.

Ao iniciar pela primeira vez, o View Switcher irá parecer com a Figura 6-6, com uma Toolbar na parte inferior contendo um único botão. O resto da view terá um fundo azul e um botão pedindo para ser pressionado.

Figura 6-6. *Quando abrirmos o aplicativo pela primeira vez, veremos uma view azul com um botão e uma Toolbar com seu próprio botão.*

Quando o botão *Switch Views* for pressionado, o fundo ficará amarelo, e o título do botão mudará (veja a Figura 6-7).

Figura 6-7. *Quando pressionamos o botão Switch Views, a view azul revela a view amarela.*

Se o botão *Press Me* ou *Press Me, Too* for pressionado, aparecerá um alerta indicando qual botão da view foi pressionado (veja a Figura 6-8).

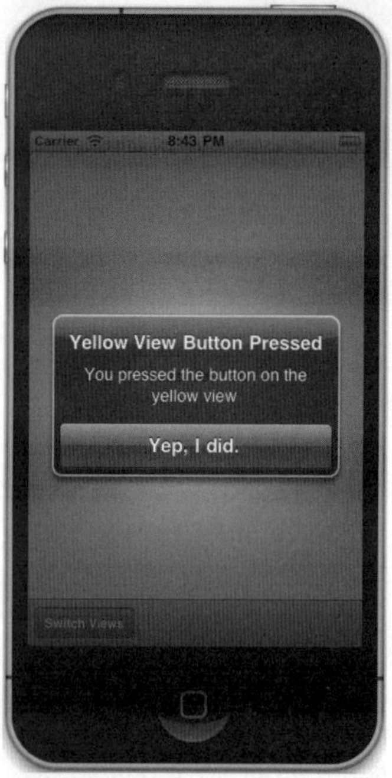

Figura 6-8. *Quando o botão Press Me ou Press Me, Too é pressionado, aparece um alerta.*

Embora possamos realizar essa mesma funcionalidade escrevendo um aplicativo com uma única view, tornaremos esse acesso mais complexo para demonstrar os mecanismos de um aplicativo de múltiplas views. Na realidade, existem três view controllers interagindo nesse simples aplicativo: um que controla a view azul, outro que controla a view amarela e um terceiro controle especial, que alterna as outras duas que entram e saem quando o botão *Switch Views* é pressionado.

Antes de começar a criar nosso aplicativo, vamos falar um pouco sobre o modo como os aplicativos de múltiplas views do iPhone são colocados juntos. Quase todos esses aplicativos usam o mesmo padrão básico.

O Root Controller

O arquivo nib é uma peça-chave aqui. Para o nosso aplicativo View Switcher, você encontrará *MainWindow.xib* na pasta *Resources* da janela do seu projeto. Esse arquivo contém o delegate e a janela principal do aplicativo, juntamente aos ícones do *File's Owner* e do *First Responder*. Iremos adicionar uma instância de uma classe controller que é responsável por gerenciar qual outra view está sendo mostrada, no momento, para o usuário. Chamamos esse controller de **root controller**, pois é o primeiro controller que o usuário vê e é ele que será carregado quando o aplicativo abrir.

Esse root controller geralmente é uma instância de `UINavigationController` ou `UITabBarController`, embora também possa ser uma subclasse personalizada de `UIViewController`.

Em um aplicativo de múltiplas views, o trabalho do root controller é pegar uma ou mais views e apresentá-las ao usuário conforme apropriado, com base na entrada do usuário. Um tab bar controller, por exemplo, irá alternar entre diferentes views e view controllers, com base no item da tab bar que foi tocado por último. Um navigation controller fará o mesmo conforme o usuário se mover para cima e para baixo nos dados hierárquicos.

> **NOTA:** O root controller é o view controller primário para o aplicativo e, como tal, é a view que especifica se é possível rotacionar automaticamente para uma nova orientação. No entanto, o root controller pode passar a responsabilidade de coisas assim para o controller ativo no momento.

Em aplicativos de múltiplas views, a maior parte da tela é coberta por uma content view, e cada uma delas terá o próprio controller com as próprias outlets e actions. Em um aplicativo da tab bar, por exemplo, tocar na tab bar irá levar ao seu controller, mas tocar em qualquer outro lugar da tela irá levar ao controller correspondente à content view que está em exibição no momento.

Anatomia de uma Content View

Em um aplicativo de múltiplas views, cada view controller controla uma content view, e essas views estão onde a estrutura da interface do aplicativo do usuário é construída. Cada content view é geralmente composta por três peças: o view controller, o nib e uma subclasse do `UIView`. A menos que você esteja fazendo algo realmente fora do comum, sua content view sempre terá um view controller associado, geralmente terá um nib e, às vezes, terá uma subclasse `UIView`. Embora você possa criar sua interface no código em vez de usar um arquivo nib, poucas pessoas escolhem esse caminho por causa do seu maior consumo de tempo e por ser mais difícil de manter. Neste capítulo, iremos criar apenas um nib e uma classe controller para cada content view.

No projeto *View Switcher*, nosso root controller controla uma content view que consiste em uma Toolbar que fica na parte inferior da tela. Então, o root controller carrega um view controller azul, colocando a content view azul como uma subview da view do root controller. Quando o botão switch views do root controller é pressionado (o botão está na Toolbar), o root controller tira o view controller azul e coloca um view controller amarelo, instanciando aquele controller se for necessário. Confuso? Não se preocupe, pois isso começará a ficar mais claro conforme verificarmos melhor o código.

Criando o View Switcher

Chega de teoria! Vamos seguir em frente e criar nosso projeto. Selecione **`File`** ➤ **`New Project...`** ou pressione ⇧⌘**N**. Quando o assistente abrir, selecione *Window-based*

Application (veja a Figura 6-9) e certifique-se de que a caixa de seleção *Use Core Data for storage* está desmarcada e que o botão pop-up *Product* está definido para iPhone. Digite um nome de produto do *View Switcher*.

Figura 6-9. *Criando um novo projeto utilizando o template de projeto Window-based Application.*

O template que acabamos de selecionar é, na verdade, o mais simples de todos os que usamos até agora. Ele nos dará uma **janela**, um delegate do aplicativo e nada mais — nem views, nem controladores, nem nada.

> **NOTA:** A window-based é o contêiner mais básico no iOS. Cada aplicativo tem exatamente uma janela que pertence a ele, embora seja possível ver mais de uma janela por vez na tela. Por exemplo, se o seu aplicativo estiver executando e aparecer uma mensagem SMS (Short Message Service), você verá essa mensagem exibida na janela dele. Seu aplicativo não poderá acessar aquela janela coberta. Ela pertence ao aplicativo SMS.

Você não irá utilizar o template *Window-based Application* na maioria das vezes que criarmos aplicativos, mas, começando do nada, você realmente vai gostar de como os aplicativos são agrupados.

Expanda as pastas Resources e Classes no painel Groups & Files e olhe o que tem lá. Você encontrará um único arquivo nib, MainWindow.xib, o arquivo View_Switcher-Info.plist e os dois arquivos na pasta Classes que implementam o delegate do aplicativo. Deveremos criar todo o restante do que precisarmos para o nosso aplicativo.

Criando o Nosso View Controller e os Arquivos Nib

Um dos aspectos mais intimidadores de fazer um aplicativo de múltiplas views do nada é o fato de precisarmos criar diversos objetos interconectados. Iremos criar todos os arquivos que farão parte do nosso aplicativo antes de fazer qualquer coisa no Interface Builder e antes de escrever qualquer código. Ao criar todos esses arquivos primeiro, estaremos aptos a usar o Code Sense do Xcode para escrever nosso código mais rápido. Se a classe não for declarada, o Code Sense não terá como saber; então, devemos digitar o código inteiro todas as vezes, o que leva tempo e tende a gerar mais erros.

Felizmente, além dos templates do projeto, o Xcode também fornece templates de arquivo para muitos tipos de arquivo-padrão, o que ajuda a simplificar o processo de criação do esqueleto básico do nosso aplicativo.

Clique uma vez na pasta Classes no navegador do projeto e pressione ⌘**N** ou selecione `File` ➤ `New File...`. Dê uma olhada na janela que abre (veja a Figura 6-10).

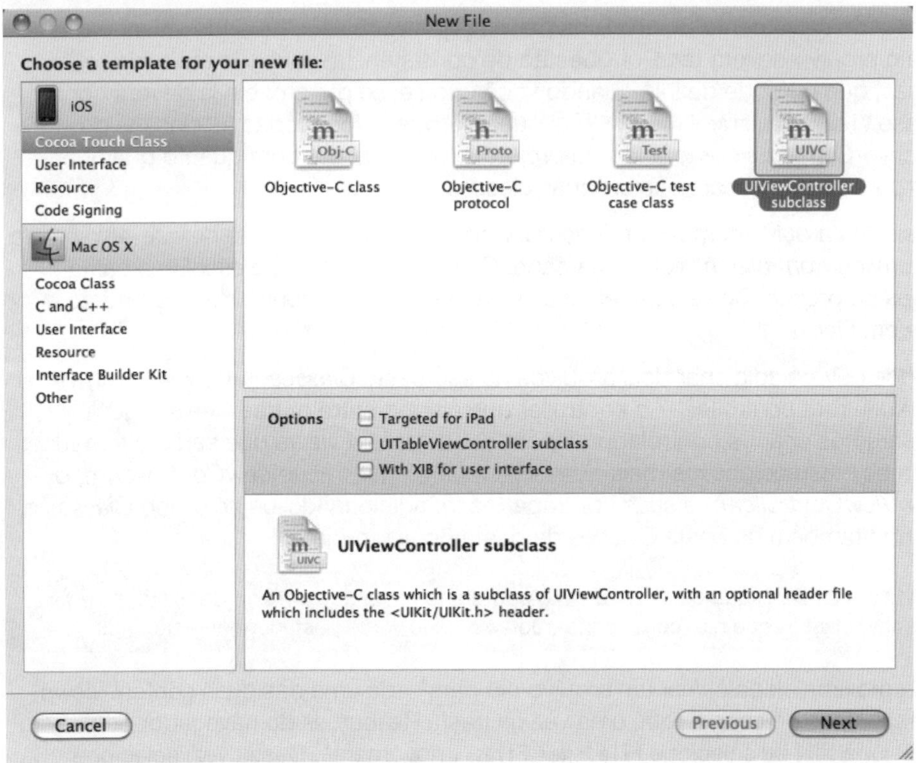

Figura 6-10. *O template que utilizaremos para criar uma nova subclasse do view controller.*

Se você selecionar *Cocoa Touch Class* do painel do lado esquerdo, você verá templates para várias classes Cocoa Touch comuns. Selecione *UIViewController subclass.* No painel da direita ao centro, você verá três caixas de seleção:

- A primeira é chamada de *Targeted for iPad* e deverá estar desmarcada (já que agora não faremos uma GUI do iPad).
- A segunda é chamada de *UITableViewController subclass* e será útil se formos criar um layout baseado em tabela; caso contrário, desmarque essa caixa também.
- A terceira é a *With Xib for user interface*. Se essa caixa estiver marcada, desmarque-a. Se você selecionar essa opção, o Xcode também irá criar um arquivo nib que corresponde à sua classe controller. Começaremos a utilizar essa opção no próximo capítulo, mas, por enquanto, queremos ver como as diferentes partes do quebra-cabeça se unem criando-as individualmente.

Clique em *Next*. Aparecerá uma janela que permitirá a você nomear seu arquivo, especificar se quer que o arquivo *.h* seja criado com o arquivo *.m*, escolher um diretório particular no qual salvar os arquivos e escolher um projeto e um target para eles.

A janela de salvamento de arquivos permite que você escolha onde salvar e qual nome o arquivo deverá ter. Por questão de consistência, navegue até o diretório Classes, que o Xcode definiu quando você criou esse projeto; ele já deverá conter a classe `View_SwitcherAppDelegate`. É aí que o Xcode coloca todas as classes do Objective-C criadas como parte do projeto; é um local tão bom quanto qualquer outro para você colocar suas próprias classes.

Nomeie seu arquivo como *SwitchViewController.m* e tenha certeza de que *Also create "SwitchViewController.h"* esteja marcado. Clique em *Choose...* e escolha a pasta *Classes* do projeto. Deixe o projeto e as seleções-alvo nas configurações-padrão e clique em *Finish*.

O Xcode deverá adicionar dois arquivos na sua pasta *Classes*. `SwitchViewController` será o seu root controller — o controller que alterna entre outras views. Agora, precisaremos criar os controladores para duas content views que serão alternadas. Repita os mesmos passos mais duas vezes para criar o *BlueViewController.m*, o *YellowViewController.m* e suas contrapartes *.h*, adicionando-os ao grupo *Classes* e salvando também na pasta *Classes* da pasta do seu projeto.

> **ATENÇÃO:** Certifique-se de ter escrito corretamente, já que um erro de digitação aqui irá criar classes que não corresponderão ao código-fonte posteriormente no capítulo.

Nossa próxima etapa é criar um arquivo nib para cada uma das duas content views que acabamos de criar. Clique uma vez na pasta Resources do navegador do projeto e pressione ⌘**N** ou selecione **`File`** ➤ **`New File...`** novamente. Dessa vez, selecione *User Interface* abaixo do título do iOS no painel à esquerda (veja a Figura 6-11). Em seguida, selecione o ícone para o template *View XIB*, que irá criar um nib com uma content view. Feito isso, selecione *iPhone* no pop-up *Product* e clique em *Next*.

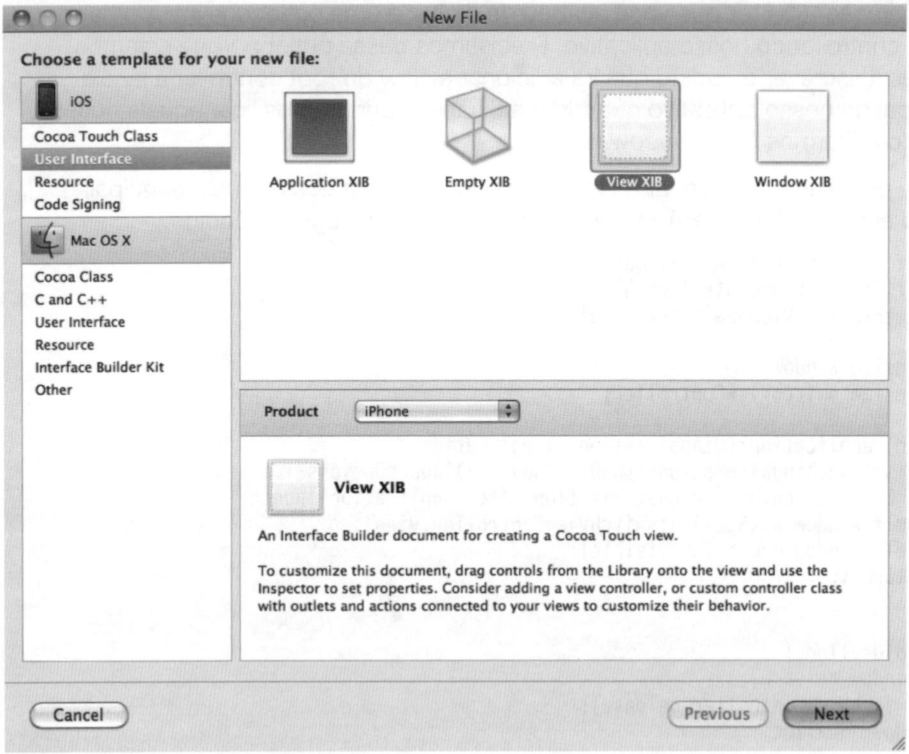

Figura 6-11. *Estamos criando um novo arquivo nib, utilizando o template View XIB na seção User Interface.*

Quando for solicitado um nome de arquivo, digite *BlueView.xib*.

Repita os mesmos passos para criar um segundo arquivo nib chamado *YellowView.xib*. Feito isso, você terá todos os arquivos necessários. É hora de começar a unir tudo.

Modificando o Delegate do Aplicativo

Nossa primeira parada nas múltiplas views é o delegate do aplicativo. Clique no arquivo *View_SwitcherAppDelegate.h* no painel *Groups & Files* e faça as seguintes mudanças nele:

```
#import <UIKit/UIKit.h>
@class SwitchViewController;
@interface View_SwitcherAppDelegate : NSObject <UIApplicationDelegate> {
    UIWindow *window;
    SwitchViewController *switchViewController;
}

@property (nonatomic, retain) IBOutlet UIWindow *window;
@property (nonatomic, retain) IBOutlet SwitchViewController
    *switchViewController;
@end
```

A declaração `IBOutlet` que você acabou de digitar é uma outlet que irá apontar para o root controller do nosso aplicativo. Precisamos dessa outlet porque estamos prestes a escrever o código que irá adicionar a view do root controller à janela principal do nosso aplicativo quando o aplicativo abrir. Iremos ligar aquela outlet quando editarmos *MainWindow.xib*.

Agora, precisamos adicionar a view do root controller à nossa janela principal. Clique em *View_SwitcherAppDelegate.m* e adicione o seguinte código:

```
#import "View_SwitcherAppDelegate.h"
#import "SwitchViewController.h"
@implementation View_SwitcherAppDelegate

@synthesize window;
@synthesize switchViewController;

- (void) application:(UIApplication *)application
didFinishLaunchingWithOptions:(NSDictionary *)launchOptions{
    // Override point for customization after application launch
    [self.window addSubview:switchViewController.view];
    [self.window makeKeyAndVisible];
    return YES;
}

- (void)dealloc {
    [window release];
    [switchViewController release];
    [super dealloc];
}

@end
```

Além de implementar a outlet `switchViewController`, estamos adicionando a view do root controller à janela. Lembre-se de que a janela é a única porta para o usuário; então, qualquer coisa que precisa ser mostrada ao usuário terá de ser adicionada como uma subview de janela do aplicativo.

Se você voltar ao Projeto *Swap* do Capítulo 5 e examinar o código em *SwapAppDelegate,* você verá que o template adicionou a view do controller view à janela do aplicativo pra você. Uma vez que estamos utilizando um modelo de template mais simples para esse projeto, precisamos nos certificar, nós mesmos, das partes relativas à interação.

SwitcherViewController.h

Como iremos adicionar uma instância do `switchViewController` ao *MainWindow.xib*, agora é hora de adicionar quaisquer outlets ou actions necessárias ao arquivo do cabeçalho SwitchViewController.h.

Precisaremos de um método action para alterar entre as duas views. Não precisaremos de uma outlet, mas de outros dois indicadores, um para cada um dos view controllers que vamos alternar na tela. Não precisam ser outlets, porque iremos criá-las no código, em vez de no nib. Adicione o seguinte código ao *SwitchViewController.h*:

```
#import <UIKit/UIKit.h>

@class YellowViewController;
@class BlueViewController;

@interface SwitchViewController : UIViewController {
    YellowViewController *yellowViewController;
    BlueViewController *blueViewController;
}
@property (retain, nonatomic) YellowViewController *yellowViewController;
@property (retain, nonatomic) BlueViewController *blueViewController;

- (IBAction)switchViews:(id)sender;
@end
```

Agora que declaramos a action necessária, poderemos adicionar uma instância dessa classe ao *MainWindow.xib*.

Adicionando um View Controller

Salve seu código-fonte e clique duas vezes em *MainWindow.xib* para abri-lo no Interface Builder. Quatro ícones deverão aparecer na janela principal do nib: *File's Owner, First Responder, View_SwitcherAppDelegate* e *Window* (veja a Figura 6-12). Precisamos adicionar mais um ícone, que representará uma instância do nosso root controller. Já que a library do Interface Builder não tem um `SwitchViewController`, nós iremos adicionar um view controller e mudar sua classe para `SwitchViewController`.

Figura 6-12. *MainWindow.xib, mostrando File's Owner, First Responder, View_SwitcherAppDelegate e Window.*

Como a classe que precisamos adicionar é uma subclasse do `UIViewController`, procure na library por um *View Controller* (veja a Figura 6-13) e arraste um deles para a janela principal do nib (a janela com os ícones e o título *MainWindow.xib*).

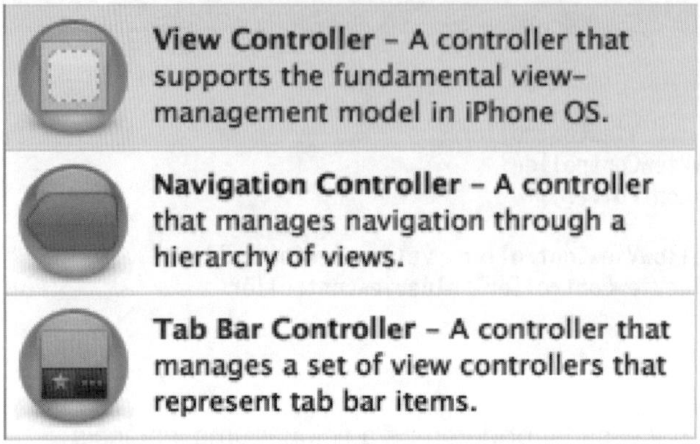

Figura 6-13. *View Controller na Library.*

Feito isso, a janela principal do seu nib agora terá cinco ícones, e uma nova janela deverá aparecer, contendo um retângulo arredondado pontilhado cinza e intitulado *View* (veja a Figura 6-14).

Figura 6-14. *A janela representando seu view controller no Interface Builder.*

Acabamos de adicionar uma instância do `UIViewController` ao nosso nib, mas, na verdade, precisamos de uma instância do `SwitchViewController`; então, vamos mudar a nossa classe de view controller para `SwitchViewController`. Clique no ícone View Controller na janela principal do nib e pressione ⌘**4** para abrir o identity inspector (veja a Figura 6-15).

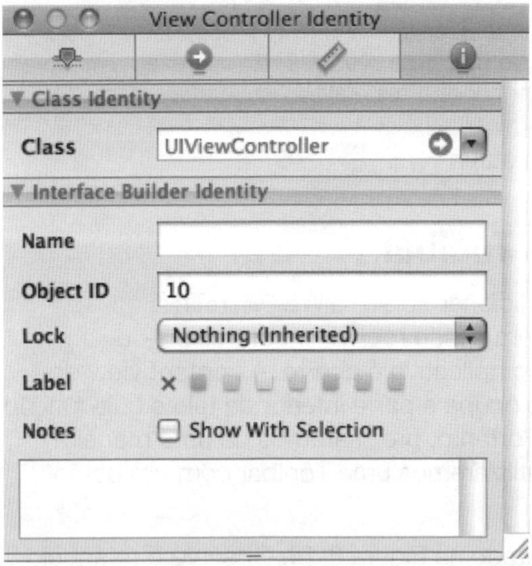

Figura 6-15. *Note que a classe está definida como UIViewController no identity inspector. Estamos prestes a mudar isso.*

O identity inspector permite que você especifique a classe do objeto selecionado no momento. Nosso view controller está atualmente especificado como `UIViewController` e não tem nenhuma action definida. Clique dentro da caixa combo rotulada *Class*, aquela que está no topo do inspector, em que se lê *UIViewController*. Mude a Class para *SwitchViewController*.

Ao fazer essa mudança, você deverá notar que, na janela principal do nib, o nome do ícone *View Controller* que acabamos de adicionar mudou para *Switch View Controller*. Mantenha a tecla de controle pressionada e clique no ícone *Switch View Controller* na janela principal do nib. Aparecerá uma janela de sumário de pop-up (veja a Figura 6-16) dando alguns detalhes sobre o objeto que foi clicado. Note que a seção *Received Actions* agora lista a ação `switchViews:`. Essa é a dica de que a classe do seu view controller realmente foi alterada para *SwitchViewController*. Você verá como utilizar isso na próxima seção.

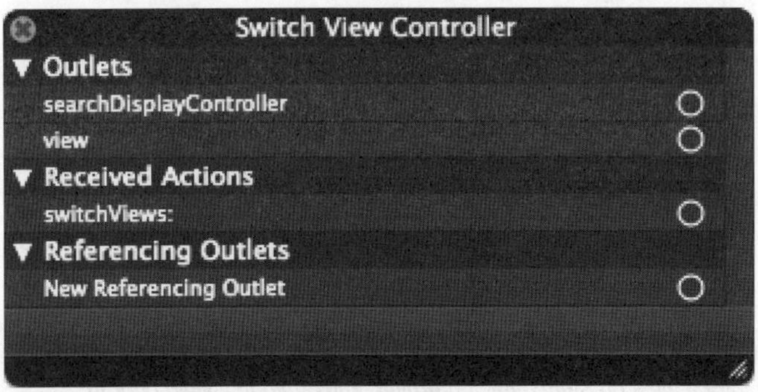

Figura 6-16. *Um clique de controle no SwitchViewController mostrará uma janela de pop-up que exibe alguns detalhes sobre o objeto que foi clicado.*

ATENÇÃO: Se você não vir a action `switchViews:` na janela pop-up mostrada na Figura 6-16, verifique a grafia dos nomes de arquivo da classe. Se você não escreveu o nome exatamente correto, as coisas não irão se encaixar. Preste atenção à grafia!

Salve seu arquivo nib e vá para a próxima etapa.

Criando uma View com uma Toolbar

Agora, precisamos criar uma view para adicionar ao `SwitchViewController`. Para lembrar, esse novo view controller será nosso root view controller — o controller que está em ação quando nosso aplicativo é aberto. A content view do `SwitchViewController` terá uma Toolbar que ocupa a parte inferior da tela e cuja função é alternar entre as views azul e amarela. Portanto, precisaremos de uma maneira de o usuário mudar as views. Para isso, utilizaremos uma Toolbar com um botão. Criaremos agora a view dessa barra.

Veja novamente o view controller apresentado na Figura 6-14. Observe o retângulo arredondado cinza com um tracejado dentro da janela do view controller. Encontre esse mesmo retângulo no Interface Builder. Ele representa a view controlada por aquele view controller. Iremos arrastar uma view para substituir esse retângulo cinza. Se você não conseguir encontrar essa janela, clique duas vezes no ícone *Switch View Controller* na janela principal do nib.

Arraste uma View da library para o retângulo arredondado cinza. O fundo cinza deverá ser substituído por essa nova view. Conforme seu cursor entrar no retângulo cinza, ele será destacado, mostrando que está recebendo a movimentação (veja a Figura 6-17). Solte o botão do mouse, e sua nova view estará posicionada.

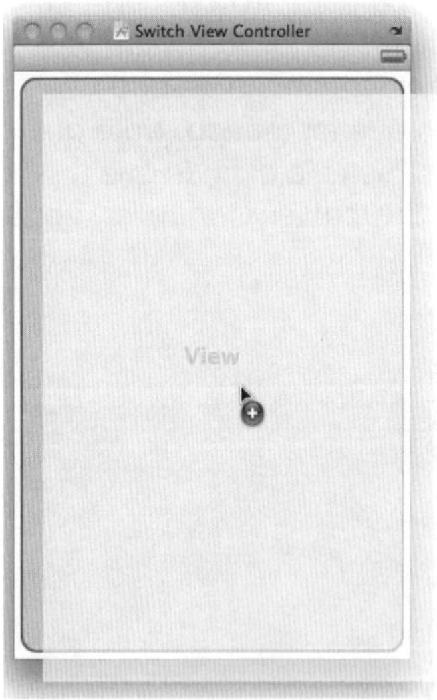

Figura 6-17. *Arrastando uma view para a view do SwitchViewController, substituindo a view padrão.*

Agora, vamos adicionar uma toolbar à parte inferior da view. Pegue uma *Toolbar* da library, arraste-a para a sua view e coloque-a na parte inferior, para que fique como na Figura 6-18.

Figura 6-18. *Arrastamos uma toolbar para a nossa nova view. Note que a toolbar apresenta um único botão chamado Item.*

A toolbar apresenta um único botão. Vamos usá-lo para permitir que o usuário alterne entre as diferentes content views. Clique duas vezes no botão e mude seu título para *Switch Views*. Aperte a tecla de retorno para fazer sua mudança.

Agora, podemos ligar o botão da toolbar ao nosso método action. No entanto, antes de fazermos isso, devemos avisá-lo: os botões da toolbar não são como os outros controles do iPhone. Eles suportam apenas uma única action-alvo e ativam-na apenas em um momento definido — equivalente a um evento *Touch Up Inside* em outros controles do iOS.

Selecionar um botão da toolbar no Interface Builder pode ser complicado. Clique na view para que todos nós comecemos do mesmo local. Agora, clique uma vez no botão da toolbar. Observe que isso seleciona a toolbar, não o botão. Agora, clique novamente no botão. Isso deverá selecioná-lo. Você poderá confirmar a seleção do botão mudando o inspetor dos atributos (⌘**1**) e tendo a certeza de que ele mostra *Bar Button Item*.

Ao selecionar o botão *Switch Views*, arraste o controle para o ícone *Switch View Controller* e selecione a action `switchViews:`. Se essa action não aparecer e, em vez disso, você vir uma outlet chamada `delegate`, prefira arrastar da toolbar em vez do botão. Para arrumar isso, apenas tenha certeza de que você selecionou o botão, e não a toolbar, e arraste o controle novamente.

DICA. Lembre-se de que você poderá sempre visualizar a janela principal do nib no modo de lista e utilizar os triângulos de abertura para mover pela hierarquia a fim de obter qualquer elemento na hierarquia da view.

Anteriormente, criamos uma outlet no *View_SwitcherAppDelegate.h*; então, nosso aplicativo poderia pegar a nossa instância do `SwitchViewController` e adicionar sua view à janela principal do aplicativo. Agora, precisamos conectar a instância do `SwitchViewController` no seu nib àquela outlet. Arraste o controle do ícone *View Switcher App Delegate* para o ícone Switch View Controller e selecione a outlet `switchViewController`. Você poderá ver uma segunda outlet chamada `viewController`. Se você fizer isso, tenha certeza de que você conectou o `switchViewController` e não `viewController`.

Isso é tudo o que precisa fazer aqui. Então, salve o seu arquivo nib e volte para o Xcode para que possamos implementar o `SwitchViewController`.

Escrevendo o Root View Controller

É hora de escrever o nosso root view controller. O trabalho dele é alternar entre a view amarela e a view azul sempre que o usuário clicar no botão *Switch Views*.

Fazer o que é apresentado a seguir muda para *SwitchViewController.m*. Você poderá excluir os métodos comentados fornecidos pelo template se quiser reduzir o código.

```
#import "SwitchViewController.h"
#import "YellowViewController.h"
#import "BlueViewController.h"

@implementation SwitchViewController
@synthesize yellowViewController;
@synthesize blueViewController;

- (void)viewDidLoad
{
    BlueViewController *blueController = [[BlueViewController alloc]
            initWithNibName:@"BlueView" bundle:nil];
    self.blueViewController = blueController;
    [self.view insertSubview:blueController.view atIndex:0];
    [blueController release];
    [super viewDidLoad];
}

- (IBAction)switchViews:(id)sender
{
    if (self.yellowViewController.view.superview == nil)
    {
        if (self.yellowViewController == nil)
        {
          YellowViewController *yellowController =
          [[YellowViewController alloc] initWithNibName:@"YellowView"
                                                 bundle:nil];
          self.yellowViewController = yellowController;
```

```
            [yellowController release];
        }
        [blueViewController.view removeFromSuperview];
        [self.view insertSubview:yellowViewController.view atIndex:0];
    }
    else
    {
        if (self.blueViewController == nil)
        {
            BlueViewController *blueController =
            [[BlueViewController alloc] initWithNibName:@"BlueView"
                                                 bundle:nil];
            self.blueViewController = blueController;
            [blueController release];
        }
        [yellowViewController.view removeFromSuperview];
        [self.view insertSubview:blueViewController.view atIndex:0];
    }
}
...
```

Além disso, adicione o seguinte código ao método `didReceiveMemoryWarning` existente:

```
- (void)didReceiveMemoryWarning {
    // Releases the view if it doesn't have a superview
    [super didReceiveMemoryWarning];

    // Release any cached data, images, etc, that aren't in use
    if (self.blueViewController.view.superview == nil)
        self.blueViewController = nil;
    else
        self.yellowViewController = nil;
}
```

Em seguida, adicione as linhas a seguir ao método `dealloc`:

```
- (void)dealloc {
    [yellowViewController release];
    [blueViewController release];
    [super dealloc];
}
@end
```

O primeiro método que adicionamos, `viewDidLoad`, é um método `UIViewController`, que foi chamado quando o nib foi carregado. Como podemos dizer? Clique duas vezes na opção do nome do método e dê uma olhada na janela de documentação que aparecerá (veja a Figura 6-19). O método é definido na sua superclasse e destina-se de ser substituído pelas classes que precisam ser notificadas quando a view terminar de carregar.

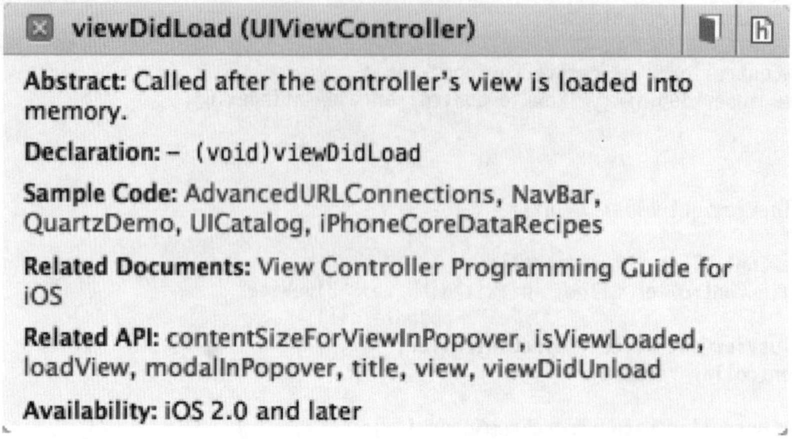

Figura 6-19. *Essa janela de documentação aparece quando você clica duas vezes na opção do método viewDidLoad. Observe a referência ao SwitchViewController no título da janela.*

Essa versão do `viewDidLoad` cria uma instância do `BlueViewController`. Nós usamos o método `initWithNibName` para carregar a instância `BlueViewController` do arquivo nib `BlueView.xib`. Note que o nome do arquivo fornecido pelo `initWithNibName` não inclui a extensão .xib. Quando o `BlueViewController` for criado, designaremos essa nova instância para nossa propriedade `blueViewController`.

```
BlueViewController *blueController = [[BlueViewController alloc]
     initWithNibName:@"BlueView" bundle:nil];
self.blueViewController = blueController;
```

Em seguida, vamos inserir a view azul como uma subview da root view. Inserimos 0 no índice, o que diz ao iOS para colocar essa view atrás de tudo. Enviar essa view para trás garante que a barra de ferramentas que criamos no Interface Builder há um momento sempre ficará visível na tela, já que inserimos as content views atrás disso.

```
[self.view insertSubview:blueController.view atIndex:0];
```

Agora, por que não carregamos a view amarela aqui também? Precisaremos carregá-la em algum ponto, então por que não fazer isso agora? Boa pergunta. A resposta é porque o usuário pode nunca tocar no botão *Switch Views*. O usuário poderia entrar, usar a view que está visível quando o aplicativo iniciar e depois sair. Nesse caso, por que usar recursos para carregar a view amarela e seu controller?

Em vez disso, carregaremos a view amarela quando realmente precisarmos dela. Isso é chamado de **lazy loading** (carregamento tardio) e é uma maneira padrão de manter a memória sem desperdício. O carregamento real da view amarela acontece no método `switchViews:`; então, vamos dar uma olhada nisso.

O `switchViews:` primeiro confere qual view está sendo alternada verificando se a superview da view `yellowViewController` é `nil` (zero). Isso irá retornar com `true` se uma das duas coisas for `true`:

- Se `yellowViewController` existir, mas sua view não for mostrada ao usuário, essa view não terá uma superview, porque não estará presente na hierarquia da view, e a expressão irá estimar o valor para `true`.
- Se `yellowViewController` não existir porque não foi criada ainda ou porque foi retirada da memória, também irá retornar `true`.

Então, nós checamos para ver se `yellowViewController` é `nil`.

```
if (self.yellowViewController.view.superview == nil)
{
```

Se for, significa que não há uma instância de `yellowViewController` e que precisaremos criar uma. Isso poderia acontecer porque é a primeira vez que o botão é pressionado ou porque o sistema ficou sem memória e foi esvaziado. Nesse caso, precisaremos criar uma instância de `YellowViewController` conforme fizemos para `BlueViewController` no método `viewDidLoad`:

```
    if (self.yellowViewController == nil)
     {
        YellowViewController *yellowController =
        [[YellowViewController alloc] initWithNibName:@"YellowView"
                                               bundle:nil];
        self.yellowViewController = yellowController;
        [yellowController release];
    }
```

Nesse ponto, sabemos que temos uma instância de `yellowViewController`, pois já tínhamos uma ou acabamos de criá-la. Então, removemos a view de `blueViewController` da hierarquia da view e adicionamos a view de `yellowViewController`.

```
    [blueViewController.view removeFromSuperview];
    [self.view insertSubview:yellowViewController.view atIndex:0];
}
```

Se `self.yellowViewController.view.superview` for `nil`, precisaremos fazer o mesmo, mas para o `blueViewController`. Embora tenhamos criado uma instância de `BlueViewController` no `viewDidLoad`, ainda é possível retirá-la, porque a memória ficou baixa. Agora, nesse aplicativo, as chances de ficarmos sem memória são pequenas, mas ainda vamos conviver bem com a memória e teremos a certeza de termos uma instância antes de continuar:

```
else
{
    if (self.blueViewController == nil)
     {
        BlueViewController *blueController =
        [[BlueViewController alloc] initWithNibName:@"BlueView"
                                             bundle:nil];
        self.blueViewController = blueController;
       [blueController release];
     }
    [yellowViewController.view removeFromSuperview];
    [self.view insertSubview:blueViewController.view atIndex:0];
}
```

Além de não usar os recursos para a view amarela e o controller, se o botão *Switch Views* nunca for tocado, o lazy loading também nos dá capacidade para liberar qualquer view não exibida para liberar memória. O iOS irá chamar o método `didReceiveMemoryWarning` do `UIViewController`, que é herdado por todo view controller quando a memória fica abaixo de um nível determinado no sistema.

Como sabemos que essa view será carregada novamente na próxima vez em que esse método for mostrado ao usuário, poderemos seguramente liberar cada controller. Fazemos isso adicionando algumas linhas ao método `didReceiveMemoryWarning` existente:

```
- (void)didReceiveMemoryWarning {
    [super didReceiveMemoryWarning]; // Releases the view if it
                                     // doesn't have a superview
    // Release anything that's not essential, such as cached data
    if (self.blueViewController.view.superview == nil)
        self.blueViewController = nil;
    else
        self.yellowViewController = nil;
}
```

Esse código recém-adicionado verifica se cada view está realmente sendo mostrada ao usuário e libera o controller para as outras views, atribuindo `nil` à sua propriedade. Isso irá fazer com que o controller, juntamente à view que ele controla, seja liberado, esvaziando memória.

> **DICA:** Lazy loading é um componente-chave de gerenciamento de recurso no iOS, e você deverá implementá-lo em qualquer lugar que puder. Em um aplicativo completo de múltiplas views, ser responsável por limpar objetos não utilizados poderá ser a diferença entre um aplicativo que funciona bem e um que trava constantemente porque fica sem memória.

Implementando as Content Views

As duas content views que estamos criando nesse aplicativo são extremamente simples. Cada uma delas tem um método action que é ativado por um botão, e nenhuma delas precisa de outlets. As duas views também são muito parecidas. Na verdade, elas são tão parecidas que podem ser representadas pela mesma classe. Nós escolhemos fazê-las em duas classes separadas, porque é como a maioria dos aplicativos com múltiplas views é construída. Vamos declarar um método action em cada um dos arquivos de cabeçalho. Primeiro, no *BlueViewController.h*, adicione a seguinte declaração:

```
#import <UIKit/UIKit.h>
@interface BlueViewController : UIViewController {

}
- (IBAction)blueButtonPressed;
@end
```

Salve-a e adicione a seguinte linha ao *YellowViewController.h*:

```
#import <UIKit/UIKit.h>
```

```
@interface YellowViewController : UIViewController {
}
- (IBAction)yellowButtonPressed;
@end
```

Salve esse arquivo também e clique duas vezes em *BlueView.xib* para abri-lo no Interface Builder, a fim de que possamos fazer algumas alterações. Primeiro, precisaremos especificar que a classe que irá carregar esse nib a partir do disco é `BlueViewController`. Clique uma vez no ícone do File's Owner e pressione ⌘4 para abrir o identity inspector. O *File's Owner* padroniza para *NSObject*; mude isso para *BlueViewController*.

Clique uma vez no ícone *View* na doca e pressione ⌘1 para abrir o attribute inspector. Na seção *View* do inspector, clique na cor escrita *Background* e utilize o seletor de cores pop-up para mudar a cor de plano de fundo dessa view para um tom bonito de azul. Quando estiver satisfeito com o seu azul, feche o seletor de cor.

Em seguida, iremos mudar o tamanho da view no nib. No attributes inspector, a seção superior chama-se *Simulated User Interface Elements*. Se definirmos esses menus suspensos para refletir quais elementos superiores e inferiores são utilizados no nosso aplicativo, o Interface Builder irá automaticamente calcular o tamanho do espaço restante. A barra de status já está especificada. Se você selecionar o pop-up *Bottom Bar*, poderá selecionar *Toolbar* para indicar que a view inclusa tem uma barra de ferramentas.

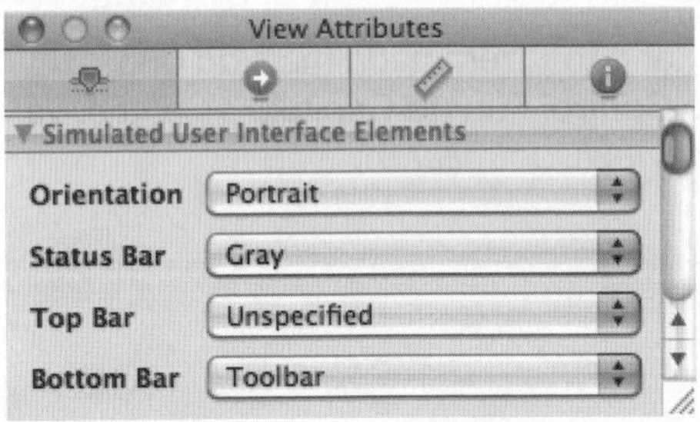

Figura 6-20. *A seção Simulates Metrics do attributes inspector da View.*

Definir isso irá fazer com que o Interface Builder calcule automaticamente o tamanho certo para sua view, a fim de que você saiba quanto espaço você terá para trabalhar. Você pode pressionar **⌘3** para abrir o size inspector e confirmar isso. Após fazer a alteração, a altura da janela deverá ser de 416 pixels e a largura ainda deverá ser de 320 pixels.

Arraste um *Round Rect Button* da library para a view. Clique duas vezes no botão e mude esse título para *Press Me*. Você pode colocar o botão em qualquer lugar que parecer bom para você. Em seguida, ainda com o botão selecionado, mude para o connections inspector (pressionando **⌘2**), arraste do evento *Touch Up Inside* para o ícone do *File's Owner* e conecte ao método action `blueButtonPressed`.

Temos mais uma coisa para fazer nesse nib, que é conectar a outlet `view` do `BlueViewController` à view no nib. A outlet `view` é herdada da classe-pai,

`UIViewController`, e dá o acesso do controller para a view que controla. Quando mudamos a classe principal do proprietário do arquivo, as conexões de outlet existentes foram interrompidas. Consequentemente, precisamos restabelecer a conexão do controller para sua view. Arraste o controle do ícone do *File's Owner* para o ícone *View* e selecione a outlet **view** para fazer isso.

Salve o nib, volte para o Xcode e clique duas vezes no *YellowView.xib*. Faremos quase as mesmas mudanças para esse arquivo nib.

Primeiro, clique no ícone do *File's Owner* na janela do nib e utilize o identity inspector para mudar a classe para *YellowViewController*.

Em seguida, selecione a view e alterne para o attributes inspector. Nele, clique na cor de fundo e selecione um amarelo claro (bright yellow). Em seguida, feche o seletor de cor. Além disso, selecione *Toolbar* do pop-up *Bottom Bar* na seção *Simulated User Interface Elements*.

Agora, arraste um *Round Rect Button* da library e centralize-o na view; mude o nome dele para *Press Me, Too.* Com o botão ainda selecionado, utilize o connections inspector para arrastar do evento *Touch Up Inside* para o ícone do *File's Owner* e conectar ao método action *yellowButtonPressed.*

Por fim, arraste o controle do ícone do *File's Owner* para o ícone *View* e selecione a outlet *view*.

Feito isso, salve o nib e prepare-se para inserir mais código.

Os dois métodos action que vamos implementar não fazem nada mais do que mostrar um alerta (como fizemos no aplicativo Control Fun do Capítulo 4); então, vá em frente e adicione o seguinte código ao *BlueViewController.m*:

```
#import "BlueViewController.h"

@implementation BlueViewController

- (IBAction)blueButtonPressed
{
    UIAlertView *alert = [[UIAlertView alloc]
        initWithTitle:@"Blue View Button Pressed"
              message:@"You pressed the button on the blue view"
             delegate:nil
    cancelButtonTitle:@"Yep, I did."
    otherButtonTitles:nil];
    [alert show];
    [alert release];
}
...
```

Salve o arquivo. Em seguida, mude para *YellowViewController.m* e adicione um código muito semelhante:

```
#import "YellowViewController.h"

@implementation YellowViewController
```

```
- (IBAction)yellowButtonPressed
{
   UIAlertView *alert = [[UIAlertView alloc]
       initWithTitle:@"Yellow View Button Pressed"
            message:@"You pressed the button on the yellow view"
           delegate:nil
   cancelButtonTitle:@"Yep, I did."
   otherButtonTitles:nil];
   [alert show];
   [alert release];
}
...
```

Salve o seu código e estaremos prontos para testar nossa criação. Quando o nosso aplicativo iniciar, será mostrada a view que criamos no *BlueView.xib.* Quando você tocar no botão *Switch Views*, ele irá mudar para nos mostrar a view que criamos no *YellowView.xib*. Toque novamente, e ele irá voltar para a view que criamos no *BlueView.xib*. Se você tocar no botão centralizado da view azul ou amarela, receberá uma view de alerta com uma mensagem indicando qual botão foi pressionado. Esses alertas nos mostram que a classe controller certa está sendo chamada para a view que está começando a aparecer.

No entanto, a transição entre as duas views está um pouco abrupta. Deus! Se tivesse algum jeito de fazer a transição ficar mais legal.

Animando a Transição

É claro, há um jeito de fazer com que a transição fique mais legal! Nós podemos animar a transição para dar ao usuário um feedback visual da mudança. O `UIView` tem vários métodos de classe que podemos chamar para indicar que a transição pode ser animada, para indicar que tipo de transição deverá ser usado e para especificar quanto tempo a transição deverá levar.

Volte para o *SwitchViewController.m* e substitua seu método `switchViews:` por esta nova versão:

```
- (IBAction)switchViews:(id)sender
{
    [UIView beginAnimations:@"View Flip" context:nil];
    [UIView setAnimationDuration:1.25];
    [UIView setAnimationCurve:UIViewAnimationCurveEaseInOut];

    if (self.yellowViewController.view.superview == nil)
    {
        if (self.yellowViewController == nil)
          {
            YellowViewController *yellowController =
            [[YellowViewController alloc] initWithNibName:@"YellowView"
                                                   bundle:nil];
            self.yellowViewController = yellowController;
            [yellowController release];
        }
```

```
        [UIView setAnimationTransition:
         UIViewAnimationTransitionFlipFromRight
                                forView:self.view cache:YES];

        [blueViewController viewWillAppear:YES];
        [yellowViewController viewWillDisappear:YES];

        [blueViewController.view removeFromSuperview];
        [self.view insertSubview:yellowViewController.view atIndex:0];
        [yellowViewController viewDidDisappear:YES];
        [blueViewController viewDidAppear:YES];
    }
    else
     {
       if (self.blueViewController == nil)
       {
         BlueViewController *blueController =
         [[BlueViewController alloc] initWithNibName:@"BlueView"
                                               bundle:nil];
         self.blueViewController = blueController;
         [blueController release];
       }

        [UIView setAnimationTransition:
         UIViewAnimationTransitionFlipFromLeft
                               forView:self.view cache:YES];

        [yellowViewController viewWillAppear:YES];
        [blueViewController viewWillDisappear:YES];

        [yellowViewController.view removeFromSuperview];
        [self.view insertSubview:blueViewController.view atIndex:0];
        [blueViewController viewDidDisappear:YES];
        [yellowViewController viewDidAppear:YES];
     }
    [UIView commitAnimations];
}
```

Compile essa nova versão e execute seu aplicativo. Quando você tocar no botão *Switch Views*, em vez de a nova view só aparecer, a antiga irá virar para revelar a nova view, como apresentado na Figura 6-21.

Figura 6-21. *Uma view fazendo a transição para outra usando o estilo flip de animação.*

Para dizer ao iOS que queremos uma mudança animada, precisamos declarar um **bloco de animação** e especificar quanto tempo deverá durar a animação. Os blocos de animação são declarados utilizando o método `beginAnimations : context` da classe `UIView`, assim:

```
[UIView beginAnimations:@"View Flip" context:NULL];
[UIView setAnimationDuration:1.25];
```

`beginAnimations : context` pega dois parâmetros. O primeiro é identificação da animação. Essa animação é feita com os recursos do Core Animation, o framework atrás dessa animação. Para nossos objetivos, poderíamos ter utilizado `nil`. O segundo parâmetro é um (`void` *), que permite a você especificar um objeto (ou qualquer outro tipo de dado C) cujo ponteiro você gostaria de associar a esse bloco de animação. Utilizamos `NULL` aqui, já que não precisamos fazer isso.

Feito isso, configuramos a **curva de animação**, que determina o tempo da animação. O padrão, que é uma curva linear, faz com que a animação ocorra em uma velocidade constante. A opção que nós configuramos aqui, `UIViewAnimationCurveEaseInOut`, especifica que a animação deve começar lenta, acelerar no meio e voltar à lentidão ao final. Isso dá um ar mais natural à animação, uma aparência menos mecânica.

```
[UIView setAnimationCurve:UIViewAnimationCurveEaseInOut];
```

Em seguida, precisaremos especificar a transição a ser usada. Na hora de escrever, quatro transições de view estão disponíveis no iOS:

- UIViewAnimationTransitionFlipFromLeft
- UIViewAnimationTransitionFlipFromRight
- UIViewAnimationTransitionCurlUp
- UIViewAnimationTransitionCurlDown

Escolhemos usar dois efeitos diferentes, dependendo de qual view é trocada. Usar um left flip (virar para a esquerda) para uma transição e um right flip (virar para direita) para outra fará com que a view pareça virar para trás e para frente. A opção de armazenamento em cache acelera o desenho por um instante na view quando a animação começa e usando essa imagem ao invés de redesenhar a view em cada etapa da animação. Você deverá sempre ter em cache a animação, a menos que a aparência da view precise ser mudada durante ela.

```
[UIView setAnimationTransition:UIViewAnimationTransitionFlipFromRight
                       forView:self.view cache:YES];
```

Após configurar a transição, faremos duas chamadas, uma para cada uma das views que está sendo usada na transição:

```
[self.blueViewController viewWillAppear:YES];
[self.yellowViewController viewWillDisappear:YES];
```

Quando terminarmos de trocar as views, faremos mais duas chamadas nelas:

```
[self.yellowViewController viewDidDisappear:YES];
[self.blueViewController viewDidAppear:YES];
```

As implementações padrões desses métodos no `UIViewController` não fazem nada; portanto, nossas chamadas para `viewDidDisappear:` e `viewDidAppear:` não fazem nada, já que nossos controladores não sobrescrevem esses métodos. É importante fazer essas chamadas mesmo se você souber que não as irá utilizar.

Por que é importante fazer essas chamadas mesmo se elas não fazem nada? Embora não estejamos usando esses métodos agora, poderemos escolhê-los no futuro. Também é possível que a implementação do `UIViewController` a esses métodos nem sempre esteja vazia; então, não os chamar pode fazer com que o nosso aplicativo se comporte inadequadamente após uma atualização futura do sistema operacional. O êxito da performance para fazer essas quatro chamadas é em vão, já que elas não disparam código algum, e, ao colocá-las, poderemos ter a certeza de que o nosso aplicativo continuará trabalhando. Estamos prevendo o futuro.

Quando terminarmos de especificar as mudanças a serem animadas, chamaremos `commitAnimations` no `UIView`. Tudo o que acontece entre o início do bloco de animação e a chamada ao `commitAnimations` será animado junto.

Graças ao fato de o Cocoa Touch utilizar o Core Animation, poderemos fazer uma animação realmente sofisticada com apenas um punhado de códigos.

Desligando

Cara! Criar nosso próprio controller de múltiplas views deu muito trabalho, não deu? Você deverá ter um domínio muito bom de como os aplicativos de múltiplas views são colocados juntos, agora que criou um desde o início. Embora o Xcode tenha templates de projeto para os tipos mais comuns de aplicativos de múltiplas views, você precisará entender toda a estrutura desses tipos de aplicativos para que possa criá-los desde o início. Os templates entregues são poupadores de tempo incríveis, mas, às vezes, eles simplesmente não alcançam as suas expectativas.

Nos próximos três capítulos, continuaremos criando aplicativos de múltiplas views para reforçar os conceitos deste capítulo e para você sentir como os aplicativos mais complexos são colocados juntos. No próximo capítulo, vamos criar um aplicativo de tab bar e, nos outros dois, criaremos um aplicativo baseado na navegação.

Capítulo 7

Tab Bars (Barras de Abas) e Pickers

No capítulo anterior, você criou o seu primeiro aplicativo de múltiplas views. Neste, você irá criar um aplicativo de tab bar completo, com cinco tabulações e cinco content views diferentes. Criar esse aplicativo irá reforçar muito do que você aprendeu no Capítulo 6. Agora, você é muito esperto para gastarmos um capítulo inteiro fazendo coisas que você já sabe fazer; então, utilizaremos aquelas cinco content views para demonstrar um tipo de controle do iOS que ainda não fizemos. Esse controle é chamado de **picker view** ou apenas **picker**.

Você pode não estar familiarizado com o nome, mas, com certeza, já usou um picker se esteve com um iPhone ou iPod touch por mais de, digamos, dez minutos. Os pickers são os controles com valores que se alteram. Você os usa para colocar datas no aplicativo Calendar ou configurar o horário no Clock (veja a Figura 7-1). No iPad, a view do picker não é tão comum, já que a tela maior permite que você apresente outras formas de escolher entre vários itens, mas, mesmo lá, ele é usado no aplicativo Calendar.

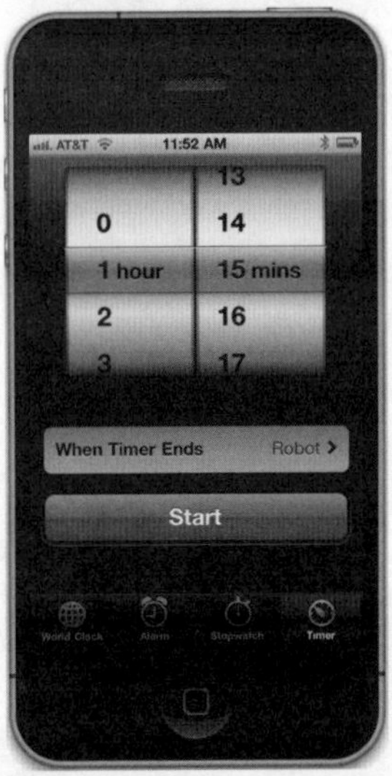

Figura 7-1. *Um picker no aplicativo Clock.*

Os pickers são um pouco mais complexos do que os controles do iOS que você viu até agora e, assim sendo, merecem um pouco mais de atenção. Os pickers podem ser configurados para exibir um valor ou vários. Por padrão, exibem listas de texto, mas também podem exibir imagens.

O Aplicativo Pickers

O aplicativo deste capítulo, Pickers, terá uma tab bar. Conforme você cria Pickers, você muda a tab bar padrão para que tenha cinco abas, adiciona um ícone para cada um dos itens da tab bar, depois cria uma série de content views e conecta cada view a uma aba.

As content views do aplicativo terão cinco pickers diferentes:

- **Date picker** (picker de data): a primeira content view que vamos criar terá um date picker (picker de data), que é o tipo mais fácil para implementar (veja a Figura 7-2). A view também terá um botão que, quando pressionado, exibirá um alerta que mostra a data selecionada.

Figura 7-2. *A primeira aba mostrará um picker de data.*

- **Single-component picker** (picker de um único componente): a segunda aba terá um picker com uma única lista de valores (veja a Figura 7-3). Esse picker é um pouco mais trabalhoso de implementar do que o de data. Você irá aprender a especificar os valores para serem exibidos no picker usando um delegate e uma datasource.

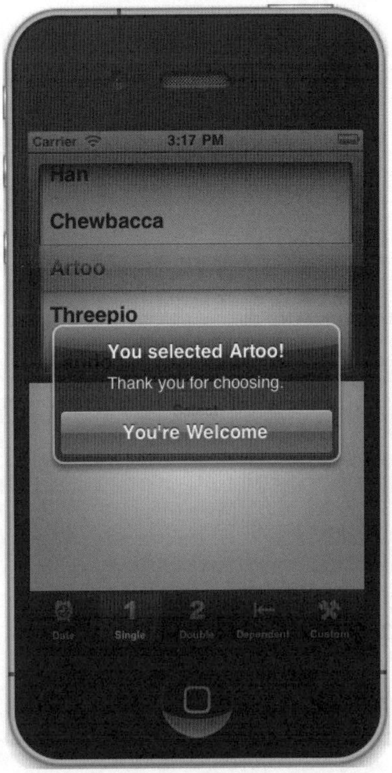

Figura 7-3. *Um picker exibindo uma única lista de valores.*

- **Multicomponent picker** (picker de múltiplos componentes): na terceira aba, vamos criar um picker com duas rodas (wheels) separadas. O termo técnico para essas rodas é **picker component** (componente de picker); então, aqui, criaremos um picker com dois componentes. Você verá como usar a datasource e o delegate para fornecer duas listas independentes de dados para o picker (veja a Figura 7-4). Cada um dos componentes desse picker pode ser mudado sem impactar o outro.

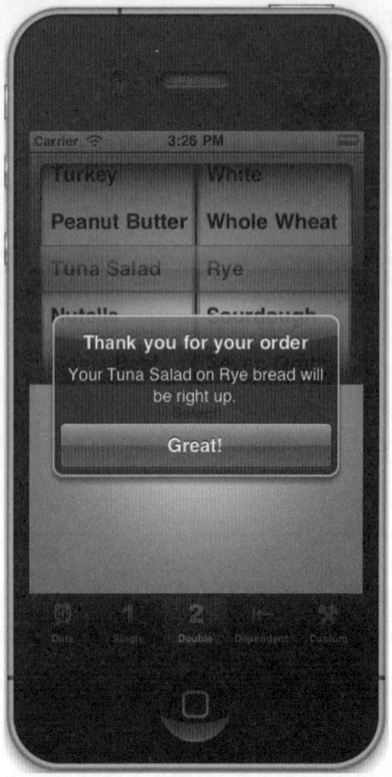

Figura 7-4. *Um picker de dois componentes mostrando uma alerta que se reflete na nossa seleção.*

- **Picker with dependent components** (picker com componentes dependentes): na quarta content view, vamos construir outro picker com dois componentes. No entanto, dessa vez, os valores exibidos no componente à direita irão mudar com base no valor selecionado no componente à esquerda. Em nosso exemplo, vamos exibir uma lista de estados no componente à esquerda e uma lista dos CEP daquele estado no componente à direita (veja a Figura 7-5).

Figura 7-5. *Nesse picker, um componente é dependente do outro. Como nós selecionamos um estado no componente à esquerda, o componente à direita muda para uma lista de CEP daquele estado.*

- **Custom picker with images** (picker personalizado com imagens): por fim, e com certeza não menos importante, teremos um pouco de diversão com a última content view. Veremos como adicionar dados de imagem a um picker e faremos isso escrevendo um joguinho que usa um picker de cinco componentes. Em várias partes da documentação da Apple, a aparência do picker é descrita como uma máquina de caça-níqueis. Bem, então, o que poderia ser mais apropriado do que escrever um joguinho de caça-níqueis (veja a Figura 7-6)? Para esse picker, o usuário não conseguirá mudar manualmente os valores dos componentes, mas conseguirá selecionar o botão *Spin* para fazer as três rodas girarem em um novo valor selecionado aleatoriamente. Se as três cópias da mesma imagem aparecerem em sequência, o usuário vence.

Figura 7-6. *Nosso quinto componente de picker. Note que não queremos usar seu iPhone como um pequeno cassino.*

Delegates e Datasource

Antes de mergulharmos e começarmos a criar nosso aplicativo, vamos dar uma olhada nos pontos em que os pickers são bem mais complexos do que os outros controles que usamos até agora. Com exceção do picker de data, você não poderá usar um picker apenas pegando um na biblioteca do objeto, deixando-o na sua content view e configurando-o. Você também precisará fornecer, a cada picker, um **delegate** e uma **datasource**.

Nesse ponto, você deverá estar confortável usando delegates. Nós já usamos delegates de aplicativos e delegates de action sheet, e a ideia básica aqui é a mesma. O picker adia diversos trabalhos para o seu delegate. O mais importante disso é a tarefa de determinar o que realmente desenhar para cada uma das linhas em cada um dos componentes. O picker pede ao delegate uma string ou uma view, que será desenhada em um determinado local em um dado componente. O picker pega esses dados do delegate.

Além do delegate, os pickers precisam ter datasource. Nessa instância, o nome *datasource* é um pouco impróprio. A datasource diz ao picker com quantos componentes irá trabalhar e quantas linhas fazem parte de cada um. A datasource trabalha de modo semelhante ao delegate, no qual seus métodos são chamados nos momentos certos e pré-especificados. Sem uma datasource e um delegate, os pickers não poderão fazer o seu trabalho e, na verdade, não poderão sequer ser desenhados.

É muito comum a datasource e o delegate serem o mesmo objeto, e comum para aquele objeto ser o view controller para a view de abertura do picker, que é a abordagem que será usada nesse aplicativo. Os view controllers para cada painel de conteúdo do aplicativo serão a datasource e o delegate para os pickers deles.

NOTA: Aqui, está um quiz rápido: a datasource do picker faz parte de um modelo, uma view ou um controller do aplicativo? É uma pergunta capciosa. Uma datasource parece que deve ser parte do modelo, mas, na verdade, ela faz parte do controller. Normalmente, a datasource não é um objeto criado para manter dados. Em aplicativos simples, ela pode manter dados, mas seu real trabalho é recuperar dados do modelo e passá-los para o picker.

Vamos iniciar o Xcode e chegar lá.

Configurando o Framework da Barra de Abas

Embora o Xcode forneça um template para os aplicativos da barra de abas, vamos criar os nossos desde o início. Não é muito trabalho extra e é um bom exercício.

Crie um novo projeto, selecionando novamente o template *Windows-based Application*. Certifique-se de que a caixa de seleção *Use Core Data for storage* esteja desmarcada e defina o pop-up *Product* para iPhone. Quando for solicitado um nome, digite *Pickers*.

Nós vamos guiar você pelo processo de criação de todo o aplicativo, mas, se em alguma etapa no caminho, você se sentir desafiando a si mesmo, de qualquer jeito, siga em frente. Se você tiver dificuldades, sempre poderá voltar. Se não se sentir bem pulando alguma parte, tudo bem. Nós adoramos a companhia.

Criando os Arquivos

No capítulo anterior, criamos um root view controller (root controller, para facilitar) para gerenciar o processo de troca entre as outras views do nosso aplicativo. Faremos isso novamente agora, mas, dessa vez, não precisaremos criar nossa própria classe do root view controller. A Apple fornece uma classe muito boa para gerenciar views de barra de abas; então, só iremos utilizar uma instância de `UITabBarController` como nosso root controller.

Primeiramente, precisaremos criar cinco novas classes no Xcode: os cinco view controllers de que o root controller irá entrar e sair.

Expanda as pastas Classes e Resources no painel Groups & Files. Em seguida, clique uma vez na pasta Classes e pressione ⌘**N** ou selecione `File > New File...` .

Selecione *Cocoa Touch Class* no painel à esquerda do novo assistente de arquivo e, em seguida, selecione o ícone para *UIViewController* subclass. No painel ao centro chamado Options, acima da descrição do template selecionado, você verá uma caixa de seleção chamada *With Nib for user interface* (veja a Figura 7-7). Certifique-se de que ela esteja marcada (e somente ela; as opções *Targeted for iPad* e *UITableController subclass* deverão estar desmarcadas,) antes de clicar em *Next*.

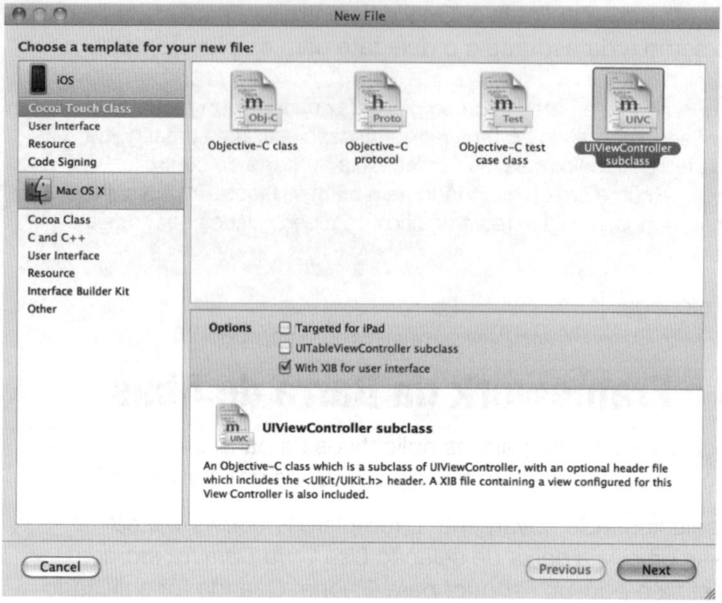

Figura 7-7. *Ao criar uma subclasse de UIViewController, o Xcode irá criar um arquivo .nib anexo para você se você marcar a caixa de seleção With Xib for user interface.*

Nomeie a primeira das cinco novas classes *DatePickerViewController.m*, certificando-se de marcar *Also create* " *DatePickerViewController.h*". Como sempre, ao nomear um novo arquivo de classe, fique muito atento à grafia. Um erro de digitação aqui irá fazer com que a sua nova classe seja nomeada incorretamente.

Após clicar no botão *Finish*, três novos arquivos aparecerão na sua pasta *Classes*: *DatePickerViewController.h*, *DatePickerViewController.m* e *DatePickerViewController.xib*. O arquivo nib não pertence à pasta Classes; então, arraste *DatePickerViewController.xib* para a pasta *Resources*.

Repita essas etapas mais quatro vezes, usando os nomes *SingleComponentPickerViewController.m*, *DoubleComponentPickerViewController.m*, *DependentComponentPickerViewController.m* e *CustomPickerViewController.m*.

Adicionando o Root View Controller

Iremos criar nosso root view controller, que será uma instância do `UITabBarController`, no Interface Builder. Antes de fazermos isso, entretanto, devemos declarar uma outlet para ele. Clique uma vez em *PickersAppDelegate.h* e adicione o seguinte código:

```
#import <UIKit/UIKit.h>

@interface PickersAppDelegate : NSObject <UIApplicationDelegate> {
    UIWindow *window;
    UITabBarController *rootController;
}
```

```
@property (nonatomic, retain) IBOutlet UIWindow *window;
@property (nonatomic, retain) IBOutlet UITabBarController *rootController;
@end
```

Antes de ir para o Interface Builder para criar nosso root view controller, vamos adicionar o seguinte código ao *PickersAppDelegate.m:*

```
#import "PickersAppDelegate.h"

@implementation PickersAppDelegate
@synthesize window;
@synthesize rootController;

- (BOOL)application:(UIApplication *)application
didFinishLaunchingWithOptions:(NSDictionary *)launchOptions {

    // Override point for customization after app launch
    [self.window addSubview:rootController.view];
    [self.window makeKeyAndVisible];

  return YES;
}

- (void)dealloc {
    [rootController release];
    [window release];
    [super dealloc];
}

@end
```

Não deve ter nada ali que o surpreenda. É praticamente a mesma coisa que nós fizemos no capítulo anterior, exceto pelo fato de que não vamos usar uma classe controller fornecida pela Apple; em vez disso, escreveremos a nossa. Tenha certeza de que salvou ambos os arquivos antes de continuar.

As tab bars usam ícones para representar cada uma das abas, então nós também devemos adicionar os ícones que vamos usar antes de editar o arquivo nib para essa classe. Você pode achar alguns ícones apropriados no arquivo do[1] projeto que acompanha este livro, na pasta *07 Pickers/Tab Bar Icons/*. Adicione os cinco ícones daquela pasta ao projeto. Você pode apenas arrastar a pasta do Finder e colocá-la na pasta *Resources* no navegador do projeto. Quando solicitado, selecione *Recursively create groups for any added folders*, e o Xcode irá adicionar uma subpasta *Tab Bar Icons* à pasta *Resources*.

Os ícones que você utilizar deverão ter 24 x 24 pixels e ser salvos em formato *.png*. O arquivo do ícone deve ter um fundo transparente. Geralmente, ícones cinza médio ficam melhores em uma tab bar. Não se preocupe em tentar combinar a aparência dela. Assim como o ícone do aplicativo, o iOS irá pegar a sua imagem e fazer com que ela fique certa.

[1]N.E.: Todos disponíveis no site da Editora Alta Books. Procure pelo título da obra.

Editando MainWindow.xib

Agora, vamos editar *MainWindow.xib* e adicioná-lo em nosso tab bar controller. Clique duas vezes em MainWindow.xib para abrir o arquivo no Interface Builder. Arraste um *Tab Bar Controller* da biblioteca de objetos (veja a Figura 7-8) para a janela principal do nib.

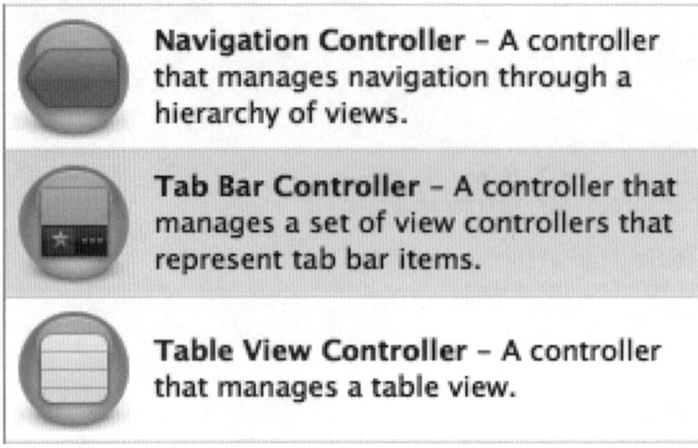

Figura 7-8. *O Tab Bar Controller na library.*

Ao colocar o tab bar controller na janela principal do seu nib, uma nova janela representando o `UITabBarController` irá aparecer (veja a Figura 7-9), e você verá um novo ícone na doca do Interface Builder. Esse tab bar controller será o nosso root controller. Só para lembrar, o root controller controla a primeira view que o usuário verá quando o programa for executado e é responsável por alternar as outras views para dentro e para fora. Como conectamos cada uma das nossas views a uma das abas da tab bar, o controller dessa tab bar é uma escolha lógica como um root controller.

Figura 7-9. *A janela do tab bar controller. Observe a tab bar na parte inferior da janela com duas guias individuais.*

Nossa próxima etapa é personalizar a tab bar para refletir nossas necessidades. Teremos cinco abas, cada uma representando nossos cinco pickers.

No Interface Builder, mude a janela principal para a view de lista clicando no ícone *View Mode*, ao centro. Abra o triângulo de abertura à esquerda de *Tab Bar Controller* para mostrar a tab bar e as duas entradas de view controller. Abra os triângulos de abertura à esquerda de cada view controller para mostrar o *Tab Bar Item* associado a cada controller (veja a Figura 7-10). Ao abrir tudo, você entenderá melhor o que está acontecendo conforme personalizamos essa tab bar.

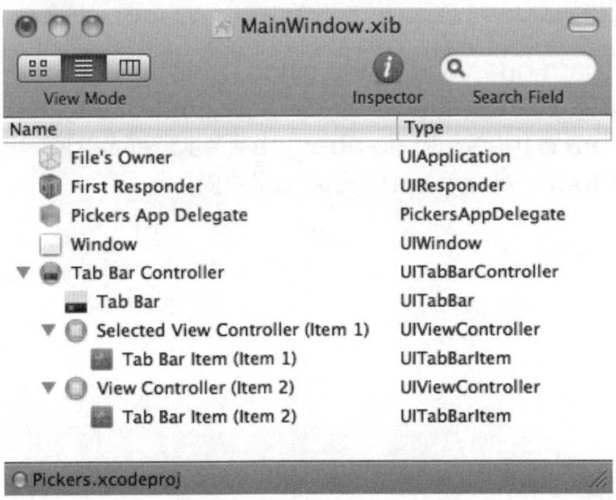

Figura 7-10. *O tab bar controller totalmente aberto para mostrar os itens dentro dele.*

Vamos adicionar mais três *Tab Bar Items* à tab bar. Conforme você verá, os view controllers serão adicionados automaticamente quando arrastarmos um novo *Tab Bar Item*.

Abra a library (`Tools` ➤ `Library`). Localize um *Tab Bar Item* e arraste-o para a tab bar (veja a Figura 7-11). Observe o ponto de inserção. Isso diz a você onde, na tab bar, o seu novo item irá terminar. Como iremos personalizar todos os itens da nossa tab bar, não importa onde esse acaba.

Figura 7-11. *Arrastando um Tab Bar Item da library para nossa tab bar. Observe o ponto de inserção, que mostra a você onde seu novo item irá terminar.*

Agora, arraste mais dois *Tab Bar Items*, para que você tenha cinco no total. Se você observar seu dock, verá que agora sua tab bar apresenta cinco view controllers, cada um com o próprio *Tab Bar Item*. Abra o triângulo de abertura à esquerda de cada view controller para que você veja todos eles (veja a Figura 7-12).

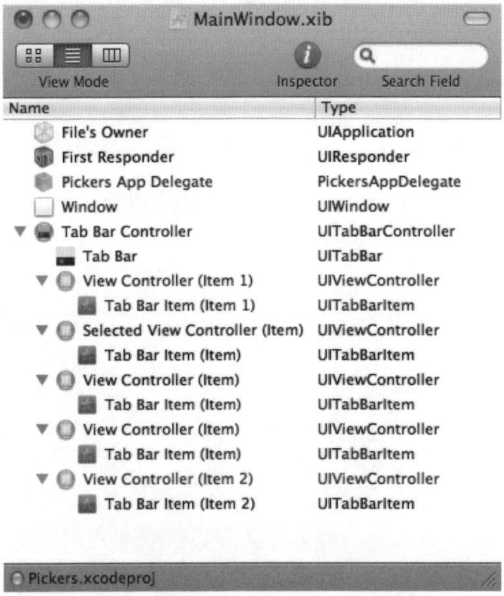

Figura 7-12. *O tab bar controller totalmente aberto para mostrar os cinco view controllers e seus Tab Bar Items associados.*

Nossa próxima etapa é personalizar cada um dos cinco view controllers. Na janela principal do nib, selecione o primeiro dos cinco view controllers (*não* o *Tab Bar Item* associado) e abra o attributes inspector (`Tools` ➤ `Attributes Inspector`). É aí que associamos o view controller de cada aba ao nib apropriado.

No attributes inspector, deixe o campo *Title* em branco (veja a Figura 7-13). Os view controllers da tab bar não utilizam esse título. A caixa de seleção *Wants Full Screen* pode ser usada para indicar que a view que aparece quando você seleciona aquela guia irá sobrepor e ocultar a tab bar. Se você marcar essa caixa de seleção, deverá fornecer um mecanismo alternativo para navegação fora daquela aba. Deixaremos esse valor desmarcado para todas as nossas abas. Por fim, especificamos um *NIB Name of DatePickerViewController*. Não inclua a extensão *.xib*. Deixe a caixa de seleção *Resize View From NIB* marcada. Isso não se aplica ao nosso aplicativo, já que criaremos nossas views para serem do tamanho que queremos, e não será necessário redimensioná-las.

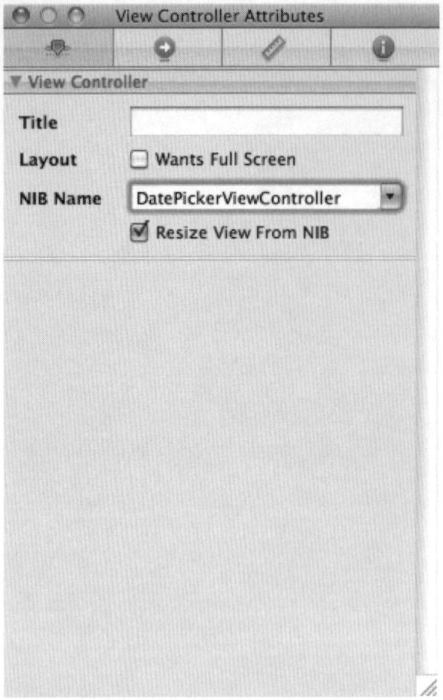

Figura 7-13. *Selecionamos o primeiro dos nossos cinco view controllers e associamos o nib DatePickerViewController.xib ao controller. Note que deixamos a extensão .xib de fora. Isso será adicionado automaticamente ao nome do nib.*

Enquanto você estiver aqui, pressione ⌘**4**. Isso irá abrir o identity inspector para esse view controller. Mude a classe para *DatePickerViewController* e pressione return ou tab para defini-la.

Agora, repita o mesmo processo para os próximos quatro view controllers. No attributes inspector de cada um, certifique-se de que as caixas de seleção estão configuradas corretamente e insira os nomes do nib *SingleComponentPickerViewController*, *DoubleComponentPickerViewController*, *DependentComponentPickerViewController* e *CustomPickerViewController*, respectivamente. Para cada view controller, certifique-se de ter utilizado também o identity inspector para mudar a classe, a fim de que seja a mesma do nome que você digitar no campo *NIB Name*. Visite o attributes inspector e, depois, o identity inspector para cada view controller.

> **ATENÇÃO:** Tenha certeza de pressionar return após inserir um nome no campo *NIB Name* de um inspector para que o nome da classe fique lá. Se você mudar de inspectors sem pressionar return, sua alteração poderá não fazer efeito.

Você acabou de fazer muitas mudanças. Verifique seu trabalho e salve-o. Agora, vamos personalizar os cinco *Tab Bar Items* para que eles tenham o ícone e o texto corretos.

Na janela principal do nib, clique no primeiro *Tab Bar Item*. Agora, pressione ⌘**1** para voltar ao assistente de atributos (veja a Figura 7-14).

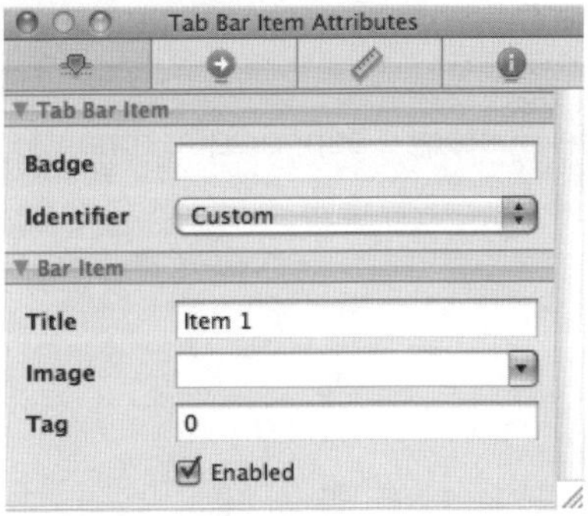

Figura 7-14. *O attributes inspector do Tab Bar Item.*

O primeiro campo na seção *Tab Bar Item* é chamado de *Badge*. Ele pode ser usado para colocar um ícone vermelho em um item da tab bar, semelhante ao número vermelho colocado no ícone *Mail* que diz a você quantas mensagens de e-mail não-lidas você tem. Não iremos utilizar esse campo neste capítulo; então, pode deixá-lo em branco.

Abaixo dele, há um botão pop-up chamado *Identifier*. Esse campo permite a você selecionar a partir de um conjunto de nomes e ícones de itens de tab bar muito usados, como *Favorites* e *Search*. Se você selecionar um deles, a tab bar irá fornecer o nome e o ícone do item com base na sua seleção. Não estamos utilizando itens padrões; então, deixe isso com o *Custom*.

Nos próximos dois campos, você poderá especificar um título e um ícone personalizado da aba para um item da tab bar. Mude o *Title* do *Item 1* para *Date.* Em seguida, clique na caixa combo *Image* e selecione a imagem *clockicon.png*. Se você estiver utilizando sua própria configuração de ícones, selecione um dos arquivos *.png* que você tiver. Pelo resto deste capítulo, vamos imaginar que você utilizou nossos recursos. Ajuste seu pensamento conforme for necessário.

Se você der uma olhada na janela *Tab Bar Controller*, verá que, no item da barra que está mais à esquerda, agora aparece *Date* e a figura de um relógio (veja a Figura 7-15). Não se preocupe com os títulos dos outros itens da aba. Iremos mudá-los agora.

Figura 7-15. *O título do nosso primeiro item da tab bar mudou para Date e um ícone de um relógio. Legal!*

Repita esse processo para os outros quatro itens da tab bar:

- Mude o segundo *Tab Bar Item* para um *Title* de *Single* e especifique uma *Image* de *singleicon.png*.
- Mude o terceiro *Tab Bar Item* para um *Title* de *Double* e especifique uma *Image* de *doubleicon.png*.

- Mude o quarto *Tab Bar Item* para um *Title* de *Dependent* e especifique uma *Image* de *dependenticon.png*.
- Mude o quinto *Tab Bar Item* para um *Title* de *Custom* e especifique uma *Image* de *toolicon.png*.

A Figura 7-16 mostra nossa tab bar finalizada.

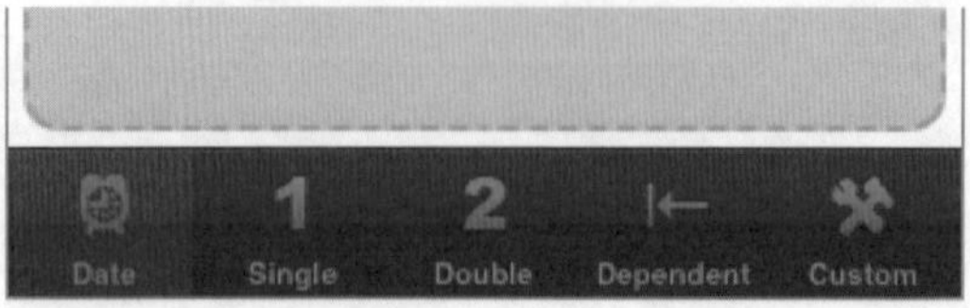

Figura 7-16. *Nossa tab bar finalizada, com todos os cinco títulos e ícones posicionados.*

NOTA: Não se preocupe com os campos *Title* do view controller. Não os iremos utilizar para esse aplicativo. Não importa se eles estarão em branco ou com algum texto. No entanto, nós *realmente* utilizamos os campos *Title* do item da tab bar. Não confunda os dois.

Antes de seguir para a próxima parte da edição do nosso nib, salve seu arquivo nib.

Conecte a Outlet e Depois o Execute

Tudo o que nós deixamos para fazer nesse arquivo nib é arrastar o ícone *Pickers App Delegate* para o ícone *Tab Bar Controller.* Selecione a outlet `rootController` e salve o arquivo nib.

Nesse ponto, a tab bar e as content views devem estar todas ligadas e trabalhando. Volte ao Xcode, compile e execute, e o seu aplicativo deverá iniciar com uma barra de ferramentas que funciona. Ao clicar em uma aba, ela deverá ser selecionada.

Não há nada nas content views agora; então, as mudanças não serão muito dramáticas. No entanto, se tudo ocorreu bem, o framework básico para o seu aplicativo de múltiplas views estará configurado e funcionando agora, e poderemos começar a desenhar as content views individuais.

DICA: Se o seu simulador travar quando você clicar em uma dessas abas, não entre em pânico! O mais provável é que você tenha se esquecido de uma etapa ou cometido algum erro de digitação. Volte e verifique todos os nomes dos arquivos nib; tenha certeza de que as conexões estão certas e de que todos os nomes das classes estão configurados corretamente.

Se você quiser ter certeza de que tudo está funcionando, poderá adicionar um rótulo diferente ou alguns outros objetos para cada uma das content views e, então, reiniciar o aplicativo. Assim, você verá o conteúdo das diferentes views mudarem conforme você selecionar as diferentes abas.

Implementando o Picker de Data

Para implementar o picker de data, você precisará de uma outlet única e de uma action única. A outlet será usada para segurar o valor do picker de data. A action será disparada por um botão e mostrará um alerta para exibir o valor da data puxada a partir do picker. Clique uma vez em *DatePickerViewController.h* e adicione o seguinte código:

```
#import <UIKit/UIKit.h>

@interface DatePickerViewController : UIViewController {
    UIDatePicker        *datePicker;
}
@property (nonatomic, retain) IBOutlet UIDatePicker *datePicker;
- (IBAction)buttonPressed;
@end
```

Salve esse arquivo e clique duas vezes em *DatePickerViewController.xib* para editar a content view para a nossa primeira aba.

A primeira coisa que precisaremos fazer é dimensionar a view para que ela seja responsável pela tab bar. Clique uma vez no ícone *View* e pressione **⌘1** para abrir o attributes inspector. Na seção *Simulated User Interface Elements*, defina o pop-up *Bottom Bar* para *Tab Bar*. Isso fará com que o Interface Builder reduza automaticamente a altura da view para 411 pixels e mostre uma tab bar simulada.

Em seguida, encontre um *Date Picker* na library e arraste-o para a janela *View*. Coloque esse picker na parte superior da view, no lado oposto à parte inferior da barra de status. Ele deverá ocupar toda a largura da sua content view e uma boa parte da altura. Não utilize as linhas azuis para o picker; ele é criado para se ajustar confortavelmente às bordas da view (veja a Figura 7-17).

Figura 7-17. *Arrastamos um Date Picker da library. Note que ele ocupa toda a largura da view e é colocado na parte superior dela, abaixo da barra de status.*

Clique uma vez no picker de data se ainda não estiver selecionado e volte ao attributes inspector. Como você poderá ver na Figura 7-18, vários atributos podem ser configurados para um picker de data. Deixaremos a maioria dos valores no padrão (mas sinta-se à vontade para brincar com as opções quando acabarmos de ver o que elas fazem). A única coisa que vamos fazer é limitar a extensão do picker para datas razoáveis. Procure o cabeçalho que diga *Constraints* e marque a caixa *Minimum Date*. Mantenha o valor padrão de 1/1/1970. Marque também a caixa *Maximum Date* e defina o valor para 12/31/2200.

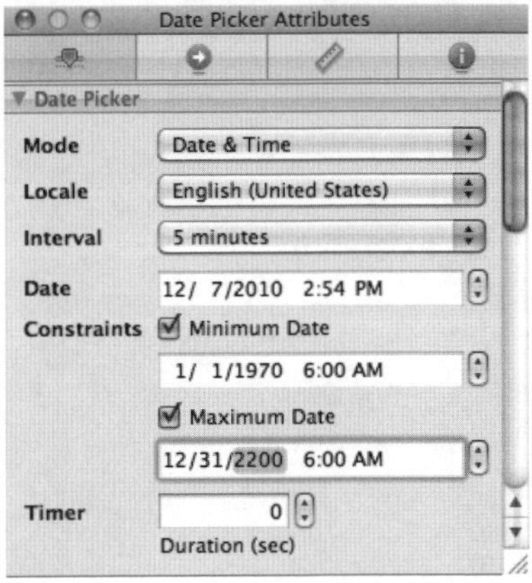

Figura 7-18. *O attributes inspector para um picker de data. Definiremos as datas mínima e máxima, mas deixaremos o restante das configurações com os valores padrões.*

Em seguida, pegue um *Round Rect Button* da library e coloque-o abaixo do picker de data. Clique duas vezes nele e dê um título de *Select*.

Com o botão ainda selecionado, pressione ⌘**2** para mudar para o connections inspector. Arraste do círculo próximo ao evento *Touch Up Inside* para o ícone do *File's Owner* e conecte a action `buttonPressed`. Então, arraste do ícone do *File's Owner* de volta para o picker de data e selecione a outlet `datePicker`. Por fim, salve as alterações feitas no arquivo do nib, já que concluímos essa parte da GUI.

Agora, precisamos apenas implementar o `DatePickerViewController`. Volte ao Xcode, clique em *DatePickerViewController.m* e adicione o seguinte código na parte superior do arquivo:

```
#import "DatePickerViewController.h"

@implementation DatePickerViewController
@synthesize datePicker;

- (IBAction)buttonPressed {
    NSDate *selected = [datePicker date];
    NSString *message = [[NSString alloc] initWithFormat:
        @"The date and time you selected is: %@", selected];
    UIAlertView *alert = [[UIAlertView alloc]
              initWithTitle:@"Date and Time Selected"
                    message:message
               delegate:nil
         cancelButtonTitle:@"Yes, I did."
         otherButtonTitles:nil];
    [alert show];
    [alert release];
    [message release];
}

- (void)viewDidLoad {
```

```
    NSDate *now = [[NSDate alloc] init];
    [datePicker setDate:now animated:NO];
    [now release];
}
...
```

Em seguida, adicione uma linha ao método `viewDidUnload:` existente:

```
- (void)viewDidUnload {
    [super viewDidUnload];
    // Release any retained subviews of the main view.
    // e.g. self.myOutlet = nil;
    self.datePicker = nil;
}
```

Adicione também uma linha ao método `dealloc` existente:

```
- (void)dealloc {
    [datePicker release];
    [super dealloc];
}
```

Aqui, primeiro nós sintetizamos o Acessor e o Mutador para a nossa outlet `datePicker` e, depois, adicionamos a implementação do `buttonPressed` e substituímos o `viewDidLoad`. No `buttonPressed`, utilizamos nossa outlet `datePicker` para pegar o valor da data atual da data do picker e, depois, construir uma linha baseada naquela data e usá-la para mostrar um alerta.

No `viewDidLoad`, criamos um novo objeto `NSDate`. Um objeto `NSDate` criado dessa forma irá manter a data e o horário atuais. Então, nós configuramos datePicker para aquela data, o que garante que, sempre que essa view for carregada, o picker será restabelecido para a data e o horário atuais.

Vá em frente, construa e execute para ter a certeza de que saiu do seu picker de data. Se tudo estiver bem, o seu aplicativo deverá se parecer com a Figura 7-2 quando executar. Se você clicar no botão *Select*, aparecerá um alerta dizendo a data e o horário atuais, selecionados no picker de data.

> **NOTA:** O picker de data não permite que você especifique segundos ou um fuso horário. O alerta exibe o horário em segundos e em GMT (Greenwich Mean Time). Poderíamos adicionar algum código para simplificar a string exibida no alerta, mas esse capítulo já não está grande demais? Se você estiver interessado em personalizar a formatação da data, dê uma olhada na classe `NSDateFormatter`.

Implementando o Picker de Componente Único

Nosso próximo picker permite que o usuário selecione a partir de uma lista de valores. Nesse exemplo, vamos criar um `NSArray` para manter os valores que nós queremos exibir no picker.

Os pickers não mantêm nenhum dado com eles. Em vez disso, eles chamam métodos na datasource e no delegate deles para pegar os dados necessários para exibir. O picker realmente não se importa com o local em que determinado dado está. Ele pede os dados quando necessita deles, e a datasource e o delegate (que, geralmente, na prática, são o mesmo objeto) trabalham juntos para fornecê-los. Consequentemente, os dados podem vir de uma lista estática, assim como faremos nesta seção. Eles também podem ser carregados de um arquivo, de uma URL ou, até mesmo, feitos ou calculados quando necessário.

Declarando Outlets e Actions

Como sempre, precisamos ter certeza de que nossas outlets e actions estão no arquivo de cabeçalho de controller antes de começar a trabalhar na GUI. No painel *Groups & Files*, clique uma vez em *SingleComponentPickerViewController.h*. Essa classe controller atuará com a datasource e o delegate para seu picker; então, precisamos ter certeza de que ela está de acordo com o protocolo para essas duas funções. Além disso, precisaremos declarar uma outlet e uma action. Adicione o seguinte código:

```
#import <UIKit/UIKit.h>

@interface SingleComponentPickerViewController : UIViewController
    <UIPickerViewDelegate, UIPickerViewDataSource> {
        UIPickerView    *singlePicker;
        NSArray         *pickerData;
}
@property (nonatomic, retain) IBOutlet UIPickerView *singlePicker;
@property (nonatomic, retain) NSArray *pickerData;
- (IBAction)buttonPressed;
@end
```

Começamos adequando a nossa classe controller aos dois protocolos, `UIPickerViewDelegate` e `UIPickerViewDataSource`. Feito isso, declaramos uma outlet para o picker, e um indicador para um `NSArray`, que será usado para manter a lista dos itens que serão mostrados no picker. Por fim, declaramos o método action para o botão, assim como fizemos para o picker de data.

Criando a View

Salve seu código-fonte e clique duas vezes no *SingleComponentPickerViewController.xib* para editar a content view para a segunda aba na nossa tab bar. Selecione o ícone View e pressione **⌥⌘3** para abrir o attributes inspector. Defina *Bottom Bar* para a *Tab Bar* na seção *Simulated User Interface Elements*. Em seguida, abra uma *Picker View* da library (veja a Figura 7-19) e adicione isso à janela *View* do seu nib, colocando-o confortavelmente na parte superior da view, como você fez na view do picker de data.

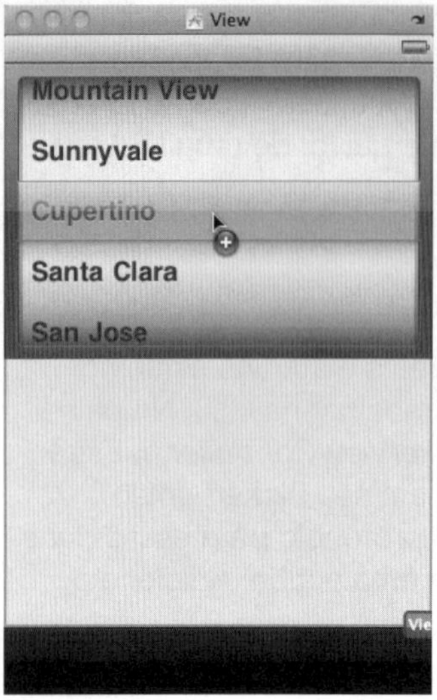

Figura 7-19. *Arrastando uma Picker View da library para a nossa segunda view.*

Depois de posicionar o picker, arraste o controle do *File's Owner* para a view do picker e selecione a outlet `singlePicker`. Em seguida, clique uma vez no picker, se ele ainda não estiver selecionado, e pressione **⌘2** para abrir o connections inspector. Se você observar as conexões disponíveis para a view do picker, verá que os dois primeiros itens são *datasource* e *delegate*. Arraste do círculo próximo ao *delegate* para o ícone do *File's Owner*. Agora, esse picker sabe que a instância da classe `SingleComponentPickerViewController` no nib é sua datasource e delegate e vai pedir para fornecer os dados a serem exibidos. Em outras palavras, quando o picker precisa de uma informação sobre os dados que serão exibidos, ele pede a instância `SingleComponentPickerViewController` que controla essa view para aquela informação.

Arraste um *Round Rect Button* para a view, clique duas vezes nele e chame-o de *Select*. Pressione return para fazer a mudança. No connections inspector, arraste do círculo próximo ao *Touch Up Inside* para o ícone do *File's Owner*, selecionando a action `buttonPressed`. Agora, você terminou de criar a GUI para a segunda aba. Salve o arquivo nib e volte para o Xcode para alguma codificação.

Implementando o Controller como Datasource e Delegate

Para fazer com que nosso controller funcione corretamente como a datasource e o delegate do picker, começaremos com algum código com o qual você deve se sentir confortável e, depois, adicionaremos alguns métodos que você nunca viu antes.

Clique uma vez em *SingleComponentPickerViewController.m* e adicione o seguinte código ao início do arquivo:

```
#import "SingleComponentPickerViewController.h"

@implementation SingleComponentPickerViewController
@synthesize singlePicker;
@synthesize pickerData;

- (IBAction)buttonPressed {
    NSInteger row = [singlePicker selectedRowInComponent:0];
    NSString *selected = [pickerData objectAtIndex:row];
    NSString *title = [[NSString alloc] initWithFormat:
                        @"You selected %@!", selected];
    UIAlertView *alert = [[UIAlertView alloc] initWithTitle:title
                                        message:@"Thank you for choosing."
                                       delegate:nil
                              cancelButtonTitle:@"You're Welcome"
                              otherButtonTitles:nil];
    [alert show];
    [alert release];
    [title release];
}

- (void)viewDidLoad {
    NSArray *array = [[NSArray alloc] initWithObjects:@"Luke", @"Leia",
          @"Han", @"Chewbacca", @"Artoo", @"Threepio", @"Lando", nil];
    self.pickerData = array;
    [array release];
}
...
```

Esses dois métodos devem ser familiares para você agora. O método `buttonPressed` é muito parecido com o que nós usamos com o picker de data.

Ao contrário do picker de data, um picker regular não pode nos dizer quais dados ele mantém, porque ele não os conserva. Ele transfere o trabalho para o delegate e para a datasource. Em vez disso, precisamos perguntar ao picker qual linha está selecionada e, então, pegar o dado correspondente da nossa lista `pickerData`. É assim que solicitamos a linha selecionada:

```
NSInteger row = [singlePicker selectedRowInComponent:0];
```

Perceba que tivemos de especificar sobre qual componente nós queríamos saber. Nós temos apenas um componente nesse picker; então, simplesmente colocamos como 0, que é o indicador do primeiro componente.

NOTA: Você percebeu que não há nenhum asterisco entre `NSInteger` e `row` na nossa solicitação pela linha selecionada? Na maioria do SDK do iOS, o prefixo "NS" geralmente indica uma classe Objective-C do framework Foundation, mas essa é uma das exceções à regra geral. O `NSInteger` é sempre definido como um tipo de dado inteiro, seja um `int` ou um `long`. Nós usamos `NSInteger` em vez de um `int` ou `long`, porque, quando utilizamos o `NSInteger`, o compilador escolhe automaticamente o tamanho que for melhor para a plataforma para a qual estamos compilando. Ele irá criar um `int` de 32-bit quando compilar para um processador de 32-bit e um maior de 64-bit quando compilar para uma estrutura de 64-bit. No momento, não há um aparelho iOS de 64-bit, mas quem sabe? Algum dia, no futuro, pode haver. Você também poderá escrever classes para os seus aplicativos iOS que posteriormente você irá querer reutilizar e usar nos aplicativos de Cocoa para o Mac OS X, que já executam em máquinas de 32 e 64-bit.

Em `viewDidLoad`, nós criamos um array com diversos objetos para termos dados para alimentar o picker. Geralmente, o seu dado virá de outras fontes, como uma lista de propriedade na pasta *Resources* do seu projeto. Ao incorporar um array de itens no nosso código como fizemos aqui, tornamos isso muito difícil para nós se precisarmos atualizar esse array ou se quisermos ter o nosso aplicativo traduzido em outros idiomas. No entanto, essa abordagem é a maneira mais rápida e fácil de conseguir dados em uma lista para demonstrações. Mesmo geralmente você não criando seus arrays assim, quase sempre você irá ocultar os dados que está usando em uma array aqui no método `viewDidLoad`, para não ir constantemente para o disco ou para a rede sempre que o picker pedir dados.

DICA: Se você não pretende criar arrays das listas de objetos em seu código como fizemos em `viewDidLoad`, como você deve fazer isso? Coloque as listas nos arquivos de lista de propriedade e adicione aqueles arquivos à pasta *Resources* do seu projeto. Os arquivos de lista de propriedade podem ser mudados sem compilar novamente seu código, o que quer dizer que não há risco algum de introduzir novos erros quando você fizer isso. Você também poderá fornecer versões distintas da lista para diferentes idiomas, como verá no Capítulo 19. As listas de propriedade podem ser criadas usando o aplicativo Property List Editor (`/Developer/Applications/Utilities/Property List Editor.app`) ou diretamente no Xcode, que oferece um template para a criação de uma lista de propriedades na seção Resource do nosso assistente de arquivo, além de suportar a edição dessas listas no painel do editor. O `NSArray` e o `NSDictionary` oferecem um método chamado `initWithContentsOfFile:`, que permite inicializar instâncias do arquivo de propriedade, algo que faremos posteriormente neste capítulo quando implementarmos a aba Dependent.

Em seguida, insira as novas linhas de código a seguir aos métodos `viewDidUnload` e `dealloc` existentes:

```
...
- (void)viewDidUnload {
    [super viewDidUnload];
    // Release any retained subviews of the main view.
    // e.g. self.myOutlet = nil;
```

```
    self.singlePicker = nil;
    self.pickerData = nil;
}

- (void)dealloc {
    [singlePicker release];
    [pickerData release];
    [super dealloc];
}
...
```

Note que definimos `singlePicker` e `pickerData` para `nil`. Na maioria dos casos, você definirá apenas outlets para `nil`, e não outras variáveis de instância. No entanto, definir `pickerData` para `nil` é apropriado aqui, porque o array do `pickerData` será recriado sempre que a view for recarregada e quisermos liberar aquela memória quando a view for descarregada. Qualquer coisa criada no método `viewDidLoad` poderá ser esvaziada no `viewDidUnload`, pois `viewDidLoad` será disparado novamente quando a view for recarregada.

Por fim, insira o novo código a seguir ao final do arquivo:

```
#pragma mark -
#pragma mark Picker Data Source Methods
- (NSInteger)numberOfComponentsInPickerView:(UIPickerView *)pickerView {
    return 1;
}

- (NSInteger)pickerView:(UIPickerView *)pickerView
        numberOfRowsInComponent:(NSInteger)component {
    return [pickerData count];
}

#pragma mark Picker Delegate Methods
- (NSString *)pickerView:(UIPickerView *)pickerView
        titleForRow:(NSInteger)row
        forComponent:(NSInteger)component {
    return [pickerData objectAtIndex:row];
}

@end
```

Na parte inferior desse arquivo, pegamos os novos métodos necessários para implementar o picker. Os dois primeiros métodos depois de `dealloc` são do protocolo `UIPickerViewDataSource`, e ambos são necessários para todos os pickers (exceto para os de data). Aqui, está o primeiro:

```
- (NSInteger)numberOfComponentsInPickerView:(UIPickerView *)pickerView {
    return 1;
}
```

Os pickers também podem ter mais de uma roda paralela, ou componente, e é assim que ele pergunta quantos componentes deve exibir. Nós queremos exibir apenas uma lista desta vez; então, retorne um valor de 1. Perceba que um `UIPickerView` é dado como um parâmetro. Esse parâmetro aponta para a view do picker que está nos fazendo uma pergunta, o que torna possível ter múltiplos pickers sendo controlados pela mesma datasource. Em nosso caso, sabemos que temos apenas um picker, então podemos seguramente ignorar esse argumento, porque já sabemos qual picker está nos chamando.

O segundo método da datasource é usado pelo picker para perguntar quantas linhas de dados existem para um determinado componente:

```
- (NSInteger)pickerView:(UIPickerView *)pickerView
        numberOfRowsInComponent:(NSInteger)component {
    return [pickerData count];
}
```

#PRAGMA O QUÊ?

Você notou estas linhas de código do *SingleComponentPickerViewController.m*?

```
#pragma mark -
#pragma mark Picker Data Source Methods
```

Qualquer linha de código que comece por `#pragma` é tecnicamente uma diretiva de compilador. Mais especificamente, `#pragma` significa diretiva **pragmática**, ou específica do compilador, que não necessariamente irá funcionar com os outros compiladores ou em outros ambientes. Se o compilador não reconhecer a diretiva, ele a ignora, embora possa gerar um aviso. Nesse caso, as diretivas `#pragma` são realmente diretivas ao IDE, não ao compilador, e dizem ao editor do Xcode para colocar uma quebra no menu pop-up de métodos e funções na parte superior do painel do editor. O primeiro coloca uma quebra no menu. O segundo cria uma entrada de texto contendo o que quer que esteja no restante da linha, que você poderá usar como um tipo de cabeçalho descritivo para grupos de métodos no seu código-fonte.

Algumas das suas classes, principalmente algumas das suas classes controller, tendem a ficar um pouco longas, e o menu pop-up de métodos e funções facilita muito a navegação pelo seu código. Colocar diretivas `#pragma` e organizar seu código com lógica deixará esse pop-up mais eficaz para ser utilizado.

Mais uma vez, nós dissemos qual view do picker está pedindo e sobre qual componente o picker está perguntando. Como sabemos que temos apenas um picker e um componente, não nos preocupamos com qualquer um dos argumentos e simplesmente retornamos a soma dos objetos do seu array de datas.

Depois dos dois métodos de datasource, nós implementamos um delegate. Diferente dos de datasource, todos os métodos delegate são opcionais. O termo "*opcional*" é um pouco errado, porque você precisa implementar pelo menos um método delegate. Geralmente, você irá implementar o método que está implementando aqui. No entanto, se você quiser exibir algo além de texto no picker, você deverá implementar um método diferente, conforme veremos quando chegarmos ao picker personalizado.

```
- (NSString *)pickerView:(UIPickerView *)pickerView
        titleForRow:(NSInteger)row
        forComponent:(NSInteger)component {
    return [pickerData objectAtIndex:row];
}
```

Nesse método, o picker está nos pedindo para fornecer os dados para uma linha específica em um componente específico. Nós fornecemos um indicador para o picker que está perguntando, juntamente ao componente e à linha sobre a qual está perguntando. Como a nossa view tem um picker com um componente, nós simplesmente ignoramos tudo, exceto o argumento row, e usamos isso para retornar o item apropriado do nosso array de dados.

Siga em frente, compile e execute novamente. Quando o simulador aparecer, passe para a segunda aba — chamada Single — e verifique seu novo picker personalizado, que deverá se parecer com a Figura 7-3.

Quando você terminar de reviver todas aquelas memórias de Star Wars, volte ao Xcode e mostraremos como implementar um picker com dois componentes. Se você se sentir pronto para um desafio, a próxima content view será, na verdade, um bom desafio para você tentar sozinho. Você já viu todos os métodos necessários para esse picker, então siga em frente e arrebente. Iremos esperá-lo aqui. Talvez você queira começar dando uma boa olhada na Figura 7-4 só para refrescar a sua memória. Quando terminar, leia e você verá como resolvemos esse problema.

Implementando um Picker de Múltiplos Componentes

O próximo painel de conteúdo terá um picker com dois componentes ou wheels (rodas), e cada roda será independente da outra. A roda da esquerda terá uma lista de sabores de sanduíche, e a da direita terá uma seleção para tipos de pão. Como mencionamos anteriormente, vamos escrever os mesmos métodos de datasource e delegate que fizemos para o picker de um componente. Nós precisamos apenas escrever um pequeno código adicional em alguns daqueles métodos para ter certeza de retornarmos o valor certo e o número de linhas para cada componente.

Declarando Outlets e Actions

Clique uma vez em *DoubleComponentPickerViewController.h* e adicione o seguinte código:

```
#import <UIKit/UIKit.h>

#define kFillingComponent 0
#define kBreadComponent   1

@interface DoubleComponentPickerViewController : UIViewController
    <UIPickerViewDelegate, UIPickerViewDataSource>
{
    UIPickerView *doublePicker;
    NSArray *fillingTypes;
    NSArray *breadTypes;
}
@property(nonatomic, retain) IBOutlet UIPickerView *doublePicker;
@property(nonatomic, retain) NSArray *fillingTypes;
@property(nonatomic, retain) NSArray *breadTypes;
-(IBAction)buttonPressed;
@end
```

Como você pode ver, nós começamos definindo duas constantes que irão representar os dois componentes, o que facilitará a leitura do código. Componentes são números fixos, com o primeiro componente da direita começando pelo 0 e crescendo a cada movimento para a direita.

Em seguida, adequamos nossa classe controller para os protocolos delegate e datasource e declaramos uma outlet para o picker e para os dois arrays que mantêm os dados para os nossos dois componentes de picker. Depois de declarar as propriedades para cada uma das variáveis de instância, nós declaramos um único método action para o botão, assim como nós fizemos nos dois últimos painéis de conteúdo. Salve isso e clique duas vezes em *DoubleComponentPickerViewController.xib* para abrir o arquivo nib para edição.

Criando a View

Selecione o ícone *View* e utilize os atributos do objeto para definir a *Bottom Bar* para *Tab Bar* na seção *Simulated User Interface Elements*.

Adicione um picker e um botão à view, mude o rótulo do botão para *Select* e faça as conexões necessárias. Nós não vamos guiar você dessa vez, mas você pode recorrer à seção anterior se precisar de um guia passo a passo, já que os dois aplicativos são idênticos em termos de arquivo nib. Aqui, está um resumo do que você precisa fazer:

1. Conecte a outlet `doublePicker` no *File's Owner* ao picker.
2. Conecte as conexões *DataSource* e *Delegate* na view do picker ao *File's Owner* (use o connections inspector).
3. Conecte o evento *Touch Up Inside* do botão à action `buttonPressed` no *File's Owner* (use o connections inspector).

Tenha certeza de que salvou o seu nib e fechou antes de voltar ao código. Ah, e dobre uma orelha nessa página (ou use um marcador de livro, se preferir). Você irá consultar isso mais algumas vezes.

Implementando o Controller

Selecione *DoubleComponentPickerViewController.m* e adicione o seguinte código:

```
#import "DoubleComponentPickerViewController.h"

@implementation DoubleComponentPickerViewController
@synthesize doublePicker;
@synthesize fillingTypes;
@synthesize breadTypes;

-(IBAction)buttonPressed
{
    NSInteger fillingRow = [doublePicker selectedRowInComponent:
                            kFillingComponent];
    NSInteger breadRow = [doublePicker selectedRowInComponent:
                            kBreadComponent];

    NSString *bread = [breadTypes objectAtIndex:breadRow];
    NSString *filling = [fillingTypes objectAtIndex:fillingRow];
```

```
    NSString *message = [[NSString alloc] initWithFormat:
            @"Your %@ on %@ bread will be right up.", filling, bread];

    UIAlertView *alert = [[UIAlertView alloc] initWithTitle:
                                       @"Thank you for your order"
                                                 message:message
                                                delegate:nil
                                       cancelButtonTitle:@"Great!"
                                       otherButtonTitles:nil];
    [alert show];
    [alert release];
    [message release];
}

- (void)viewDidLoad {
    NSArray *fillingArray = [[NSArray alloc] initWithObjects:@"Ham",
                    @"Turkey", @"Peanut Butter", @"Tuna Salad",
                    @"Nutella", @"Roast Beef", @"Vegemite", nil];
    self.fillingTypes = fillingArray;
    [fillingArray release];

    NSArray *breadArray = [[NSArray alloc] initWithObjects:@"White",
        @"Whole Wheat", @"Rye", @"Sourdough", @"Seven Grain",nil];
    self.breadTypes = breadArray;
    [breadArray release];
}
...
```

Além disso, adicione as seguintes linhas de código aos métodos `dealloc` e `viewDidUnload` existentes:

```
...
- (void)viewDidUnload {
    [super viewDidUnload];
    // Release any retained subviews of the main view.
    // e.g. self.myOutlet = nil;
    self.doublePicker = nil;
    self.breadTypes = nil;
    self.fillingTypes = nil;
}

- (void)dealloc {
    [doublePicker release];
    [breadTypes release];
    [fillingTypes release];
    [super dealloc];
}
...
```

E adicione os métodos do delegate e da datasource na parte inferior:

```
#pragma mark -
#pragma mark Picker Data Source Methods
- (NSInteger)numberOfComponentsInPickerView:(UIPickerView *)pickerView {
    return 2;
```

```
}

- (NSInteger)pickerView:(UIPickerView *)pickerView
    numberOfRowsInComponent:(NSInteger)component {
    if (component == kBreadComponent)
        return [self.breadTypes count];

    return [self.fillingTypes count];
}

#pragma mark Picker Delegate Methods
- (NSString *)pickerView:(UIPickerView *)pickerView
    titleForRow:(NSInteger)row
    forComponent:(NSInteger)component {
    if (component == kBreadComponent)
        return [self.breadTypes objectAtIndex:row];
    return [self.fillingTypes objectAtIndex:row];
}

@end
```

O método `buttonPressed` envolve um pouco mais de tempo, mas há uma coisinha nova para você ali. Nós só precisamos especificar sobre qual componente estamos falando quando pedirmos a linha selecionada usando aquelas constantes que definimos anteriormente, `kBreadComponent` e `kFillingComponent`.

```
NSInteger breadRow = [doublePicker selectedRowInComponent:
        kBreadComponent];
NSInteger fillingRow = [doublePicker selectedRowInComponent:
        kFillingComponent];
```

Você pode ver aqui que usar as duas constantes, em vez de 0 e 1, torna o nosso código consideravelmente mais legível. A partir de agora, o método `buttonPressed` é basicamente o mesmo do último que escrevemos.

O `viewDidLoad:` também é muito parecido com o que nós escrevemos para o picker anterior. A única diferença é que carregamos dois arrays com dados em vez de somente um. Novamente, nós só estamos criando arrays a partir de uma lista de strings inserida no código — algo que você geralmente não faria em seus aplicativos.

Quando chegarmos aos métodos de datasource é que as coisas vão começar a mudar um pouco. No primeiro método, nós especificamos que o nosso picker deveria ter dois componentes em vez de apenas um:

```
- (NSInteger)numberOfComponentsInPickerView:(UIPickerView *)pickerView {
    return 2;
}
```

Agora, quando formos perguntados sobre o número de linhas, precisaremos verificar sobre qual componente o picker está perguntando e retornar o número de linhas correto para o array correspondente:

```
- (NSInteger)pickerView:(UIPickerView *)pickerView
    numberOfRowsInComponent:(NSInteger)component {
    if (component == kBreadComponent)
```

```
        return [self.breadTypes count];

    return [self.fillingTypes count];
}
```

Depois, no nosso método delegate, faremos a mesma coisa. Verificamos o componente e usamos o array correto para o componente solicitado para buscar e retornar o valor certo.

```
- (NSString *)pickerView:(UIPickerView *)pickerView
    titleForRow:(NSInteger)row
       forComponent:(NSInteger)component {
    if (component == kBreadComponent)
        return [self.breadTypes objectAtIndex:row];
    return [self.fillingTypes objectAtIndex:row];
}
```

Não foi tão difícil, não é mesmo? Compile, execute o seu aplicativo e verifique se o painel de conteúdo *Double* se parece com a Figura 7-4.

Perceba que cada roda é completamente independente da outra. Virar uma não altera em nada a outra. Neste caso, isso é apropriado, mas há momentos em que um componente é dependente de outro. Um bom exemplo disso é o picker de data. Quando você muda o mês, o dial (quadrante ou valor) que mostra o número dos dias no mês pode precisar mudar, porque nem todos os meses têm a mesma quantidade de dias. Implementar isso não é muito difícil, uma vez que você já saiba, embora não seja a coisa mais fácil de se resolver sozinho; então, vamos fazer isso em seguida.

Implementando Componentes Dependentes

Estamos a todo vapor agora. Para esta próxima seção, não vamos dar as mãos a você quando se tratar de assuntos de que já falamos. Em vez disso, focaremos nas coisas novas. Nosso novo picker irá exibir uma lista de estados dos Estados Unidos no componente da esquerda e uma lista de CEP no componente da direita, que corresponde aos estados selecionados à esquerda.

Precisaremos separar uma lista de valores de CEP para cada item no componente esquerdo. Iremos declarar dois arrays, um para cada componente, como fizemos da outra vez. Também precisaremos de um `NSDictionary`. Nesse dicionário, teremos um `NSArray` para cada estado (veja a Figura 7-20). Mais tarde, iremos implementar um método delegate que vai nos notificar quando a seleção de picker mudar. Se o valor da esquerda mudar, pegaremos o array correto do dicionário e o designaremos ao array que está sendo usado pelo componente à direita. Não se preocupe se não entendeu nada; falaremos mais sobre isso quando entrarmos no código.

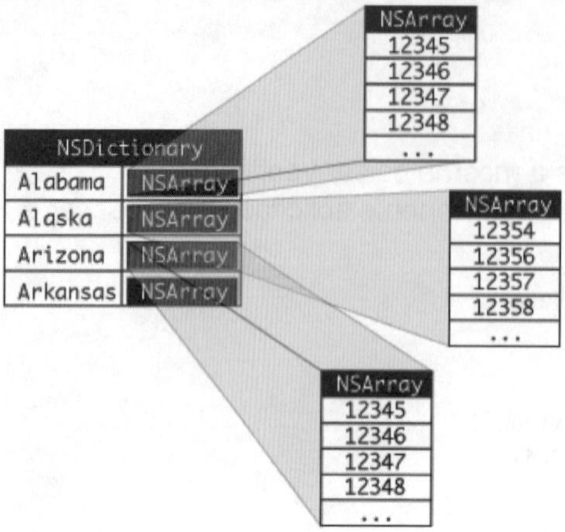

Figura 7-20. *Os dados do nosso aplicativo. Para cada estado, haverá uma entrada no dicionário com seu nome como chave. Abaixo dela, estará armazenada uma instância NSArray contendo todos os CEP desse estado.*

Adicione o seguinte código ao arquivo *DependentComponentPickerViewController.h*:

```
#import <UIKit/UIKit.h>
#define kStateComponent  0
#define kZipComponent    1

@interface DependentComponentPickerViewController : UIViewController
    <UIPickerViewDelegate, UIPickerViewDataSource> {
    UIPickerView     *picker;

    NSDictionary     *stateZips;
    NSArray          *states;
    NSArray          *zips;
}
@property (retain, nonatomic) IBOutlet UIPickerView *picker;
@property (retain, nonatomic) NSDictionary *stateZips;
@property (retain, nonatomic) NSArray *states;
@property (retain, nonatomic) NSArray *zips;
- (IBAction) buttonPressed;
@end
```

Agora, é hora de criar a content view. Esse processo será quase idêntico ao das duas últimas content views que criamos. Se você se perder, volte para a seção anterior, "Criando a View", e siga as instruções passo a passo. Eis uma dica: comece clicando duas vezes no *DependentComponentPickerViewController.xib* e repita as mesmas etapas básicas que você fez para todas as outras content views neste capítulo. Quando acabar, salve o nib e volte ao Xcode.

Certo, respire fundo. Vamos implementar essa classe controller. Essa implementação pode parecer primeiramente um pouco deformada para nós. Ao fazer um componente depender do outro, adicionamos outro nível de complexidade à nossa classe controller. Embora o picker apenas exiba duas listas de cada vez, nossa classe controller precisa conhecer e administrar cinquenta e uma listas. A técnica que usaremos aqui, na verdade, simplifica o processo. Os métodos datasource (fonte de dados) parecem quase idênticos aos que implementamos na view `DoublePicker`. Toda essa complexidade adicional é controlada em outro lugar, entre o `viewDidLoad` e um novo método delegate chamado `pickerView:didSelectRow:inComponent:`.

Antes de escrevermos o código, precisamos de alguns dados para exibir. Até agora criamos arrays em código especificando uma lista de strings. Como não queremos ter de digitar milhares de valores e descobrimos que devemos mostrar o jeito certo de fazer isso, vamos carregar os dados a partir de uma lista de propriedades. Conforme mencionamos, os objetos `NSArray` e `NSDictionary` podem ser criados a partir das listas de propriedades. Incluímos uma lista de propriedades chamada `statedictionary.plist` no arquivo do projeto, na pasta *07 Pickers*.

Copie esse arquivo para a área *Resources* no seu projeto do Xcode. Se você clicar uma vez no arquivo plist na janela do projeto, poderá ver e até editar os dados contidos nele (veja a Figura 7-21).

Key	Type	Value
▼ Root	Dictionary	(50 items)
▶ Alabama	Array	(657 items)
▶ Alaska	Array	(251 items)
▶ Arizona	Array	(376 items)
▶ Arkansas	Array	(618 items)
▶ California	Array	(1757 items)
▶ Colorado	Array	(501 items)
▶ Connecticut	Array	(276 items)
▶ Delaware	Array	(68 items)
▶ Florida	Array	(972 items)
▶ Georgia	Array	(736 items)
▼ Hawaii	Array	(92 items)
Item 0	String	96701
Item 1	String	96703
Item 2	String	96704
Item 3	String	96705
Item 4	String	96706
Item 5	String	96707
Item 6	String	96708
Item 7	String	96710
Item 8	String	96712
Item 9	String	96713
Item 10	String	96714
Item 11	String	96716
Item 12	String	96717
Item 13	String	96718
Item 14	String	96719
Item 15	String	96720

Figura 7-21. *O arquivo statedictionary.plist mostrando nossa lista de estados. Dentro de Havaí, você verá o início de uma lista de CEP.*

Agora, vamos escrever alguns códigos. Adicione o seguinte código ao *DependentComponentPickerViewController.m* e, depois, o quebraremos em pedaços mais digeríveis:

```
#import "DependentComponentPickerViewController.h"

@implementation DependentComponentPickerViewController
@synthesize picker;
```

```
@synthesize stateZips;
@synthesize states;
@synthesize zips;

- (IBAction) buttonPressed {
    NSInteger stateRow = [picker selectedRowInComponent:kStateComponent];
    NSInteger zipRow = [picker selectedRowInComponent:kZipComponent];

    NSString *state = [self.states objectAtIndex:stateRow];
    NSString *zip = [self.zips objectAtIndex:zipRow];

    NSString *title = [[NSString alloc] initWithFormat:
                       @"You selected zip code %@.", zip];
    NSString *message = [[NSString alloc] initWithFormat:
                         @"%@ is in %@", zip, state];

    UIAlertView *alert = [[UIAlertView alloc] initWithTitle:title
                                                     message:message
                                                    delegate:nil
                                           cancelButtonTitle:@"OK"
                                           otherButtonTitles:nil];
    [alert show];
    [alert release];
    [title release];
    [message release];
}

- (void)viewDidLoad {

    NSBundle *bundle = [NSBundle mainBundle];
    NSString *plistPath = [bundle pathForResource:
                           @"statedictionary" ofType:@"plist"];

    NSDictionary *dictionary = [[NSDictionary alloc]
                                initWithContentsOfFile:plistPath];
    self.stateZips = dictionary;
    [dictionary release];

    NSArray *components = [self.stateZips allKeys];
    NSArray *sorted = [components sortedArrayUsingSelector:
                       @selector(compare:)];
    self.states = sorted;

    NSString *selectedState = [self.states objectAtIndex:0];
    NSArray *array = [stateZips objectForKey:selectedState];
    self.zips = array;
}
...
```

Em seguida, adicione as seguintes linhas de código aos métodos `viewDidUnload` e `dealloc` existentes:

```
- (void)viewDidUnload {
    [super viewDidUnload];
    // Release any retained subviews of the main view.
```

```
    // e.g. self.myOutlet = nil;
    self.picker = nil;
    self.stateZips = nil;
    self.states = nil;
    self.zips = nil;
}

- (void)dealloc {
    [picker release];
    [stateZips release];
    [states release];
    [zips release];
    [super dealloc];
}
```

Por fim, adicione os métodos delegate e datasource à parte inferior do arquivo.

```
...
#pragma mark -
#pragma mark Picker Data Source Methods
- (NSInteger)numberOfComponentsInPickerView:(UIPickerView *)pickerView {
    return 2;
}

- (NSInteger)pickerView:(UIPickerView *)pickerView
        numberOfRowsInComponent:(NSInteger)component {
    if (component == kStateComponent)
        return [self.states count];
    return [self.zips count];
}

#pragma mark Picker Delegate Methods
- (NSString *)pickerView:(UIPickerView *)pickerView
        titleForRow:(NSInteger)row
        forComponent:(NSInteger)component {
    if (component == kStateComponent)
        return [self.states objectAtIndex:row];
    return [self.zips objectAtIndex:row];
}

- (void)pickerView:(UIPickerView *)pickerView
        didSelectRow:(NSInteger)row
        inComponent:(NSInteger)component {
    if (component == kStateComponent) {
        NSString *selectedState = [self.states objectAtIndex:row];
        NSArray *array = [stateZips objectForKey:selectedState];
        self.zips = array;
        [picker selectRow:0 inComponent:kZipComponent animated:YES];
        [picker reloadComponent:kZipComponent];
    }
}

@end
```

Não precisamos falar sobre o método `buttonPressed`, já que ele é basicamente igual ao anterior. No entanto, deveríamos falar sobre o método `viewDidLoad`. Há algumas coisas acontecendo lá que você precisa entender. Então, sente-se e vamos conversar.

A primeira coisa que faremos nesse novo método `viewDidLoad` é pegar a referência para o pacote (bundle) principal do nosso aplicativo.

```
NSBundle *bundle = [NSBundle mainBundle];
```

O que é um pacote, você perguntou? Bem, um **pacote** é apenas um tipo especial de pasta cujo conteúdo segue uma estrutura específica. Aplicativos e frameworks são pacotes, e essa chamada retorna um objeto do pacote que representa o nosso aplicativo. Um dos principais usos do `NSBundle` é chegar aos recursos que você adicionou na pasta *Resources* do seu projeto. Esses arquivos serão copiados no pacote de aplicativos quando você criar seu aplicativo. Nós adicionamos recursos como imagens aos nossos projetos, mas, até agora, nós só os usamos no Interface Builder. Se quisermos adicionar esses recursos em nosso código, teremos de usar o `NSBundle`. Utilizamos o pacote principal para obter o caminho dos recursos que nos interessam:

```
NSString *plistPath = [bundle pathForResource:@"statedictionary"
    ofType:@"plist"];
```

Isso irá retornar uma string contendo o lugar do arquivo *statedictionary.plist*. Podemos, então, usar esse caminho para criar um objeto `NSDictionary`. Quando fizermos isso, todos os conteúdos dessa lista de propriedades serão carregados no novo objeto `NSDictionary`, que, então, atribuiremos aos `StatesZips`.

```
NSDictionary *dictionary = [[NSDictionary alloc]
    initWithContentsOfFile:plistPath];
self.stateZips = dictionary;
[dictionary release];
```

O dicionário que acabamos de carregar usa os nomes dos estados como chave e contém um `NSArray` com todos os CEP desses estados como valores. Para preencher o array para o componente esquerdo, pegaremos a lista de todas as chaves do nosso dicionário e atribuiremos ao array `states`. Antes disso, vamos separá-las em ordem alfabética.

```
NSArray *components = [self.stateZips allKeys];
NSArray *sorted = [components sortedArrayUsingSelector:
    @selector(compare:)];
self.states = sorted;
```

A menos que ajustemos especificamente a seleção a outro valor, os pickers começarão com a primeira linha (row 0) selecionada. Para pegar o array `zips` que corresponde à primeira linha do array `states`, pegamos o objeto do array `states` que está no índex 0. Isso irá retornar o nome do estado que será selecionado na hora da inicialização. Depois, usamos o nome desse estado para pegar o array dos seus CEP, que atribuiremos ao array `zips` que será usado para alimentar dados ao componente direito.

```
NSString *selectedState = [self.states objectAtIndex:0];
NSArray *array = [stateZips objectForKey:selectedState];
self.zips = array;
```

Os dois métodos de datasource são praticamente idênticos aos da versão anterior. Retornamos o número de linhas no array apropriado. O mesmo é válido para o primeiro método delegate que implementamos. O segundo método delegate é o novo, e é nele que a mágica acontece.

```
- (void)pickerView:(UIPickerView *)pickerView
        didSelectRow:(NSInteger)row
        inComponent:(NSInteger)component {
    if (component == kStateComponent) {
        NSString *selectedState = [self.states objectAtIndex:row];
        NSArray *array = [stateZips objectForKey:selectedState];
        self.zips = array;
        [picker selectRow:0 inComponent:kZipComponent animated:YES];
        [picker reloadComponent:kZipComponent];
    }
}
```

Nesse método, que é chamado a qualquer momento em que a seleção do picker muda, olhamos para o componente e veremos se o componente esquerdo mudou. Se mudou, pegaremos o array que corresponde à nova seleção e o atribuiremos ao array `zips`. Então, ajustamos o componente direito de volta à primeira linha e pedimos para ele se recarregar. Ao alternar o array `zips` sempre que o estado mudar, o restante do código continuará basicamente o mesmo que era no exemplo *DoublePicker*.

Ainda não acabamos. Compile e execute seu aplicativo e dê uma olhada na aba *Dependent* (veja a Figura 7-22). Vê alguma coisa de que não gosta?

Figura 7-22. *Você realmente quer que os dois componentes sejam do mesmo tamanho? Observe o recorte de um estado com nome extenso.*

Os dois componentes estão do mesmo tamanho. Embora o CEP[2] nunca tenha mais do que cinco caracteres, foram dados campos iguais aos do estado. Sabendo que estados como Mississippi e Massachusetts não vão caber em metade do picker, isso parece menos do que o ideal. Felizmente, existe outro método delegate que podemos implementar para indicar o quão largo cada componente deve ser. Temos por volta de 295 pixels disponíveis para o componente picker na orientação em retrato, mas, para cada componente adicional que incluirmos, perderemos um pouquinho de espaço para desenhar as margens do novo componente. Talvez você precise experimentar um pouco com os valores para acertar. Adicione o seguinte método à seção delegate do *DependentComponentPickerViewController.xib*:

```
- (CGFloat)pickerView:(UIPickerView *)pickerView
    widthForComponent:(NSInteger)component {
    if (component == kZipComponent)
        return 90;
    return 200;
}
```

Nesse método, retornaremos um número que representa quantos pixels de largura cada componente deve ter, e o picker fará o seu melhor para acomodar isso. Salve, compile e execute, e o picker na aba *Dependent* vai parecer mais como o mostrado na Figura 7-5.

Até agora, você deve estar bem confortável com ambos os pickers e os aplicativos da tab bar. Temos mais uma coisa para mostrar a você sobre pickers, mas vamos nos divertir um pouco fazendo isso. Vamos criar um simples caça-níqueis.

Criando um Jogo Simples com um Picker Personalizado

A seguir, criaremos um caça-níqueis que funciona de verdade. Bem, certo, não vai soltar notas de dinheiro, mas ficará bem legal. Olhe novamente para a Figura 7-6 antes de prosseguir para saber como deverá ficar a view que iremos criar.

Escrevendo o Arquivo de Cabeçalho do Controller

Para começar, adicione o seguinte código ao *CustomPickerViewController.h*:

```
#import <UIKit/UIKit.h>

@interface CustomPickerViewController : UIViewController
        <UIPickerViewDataSource, UIPickerViewDelegate> {
    UIPickerView *picker;
    UILabel *winLabel;

    NSArray *column1;
    NSArray *column2;
    NSArray *column3;
    NSArray *column4;
    NSArray *column5;
}
@property(nonatomic, retain) IBOutlet UIPickerView *picker;
```

[2]N.E.: O CEP acima é baseado na identificação do código estadual americano.

```
@property(nonatomic, retain) IBOutlet UILabel *winLabel;
@property(nonatomic, retain) NSArray *column1;
@property(nonatomic, retain) NSArray *column2;
@property(nonatomic, retain) NSArray *column3;
@property(nonatomic, retain) NSArray *column4;
@property(nonatomic, retain) NSArray *column5;
- (IBAction)spin;
@end
```

Estamos declarando duas outlets, uma para a view do picker e outra para um label. O label será usado para dizer aos usuários quando eles ganharem, o que acontece quando conseguirem três símbolos iguais de uma vez.

Também criamos cinco indicadores para objetos `NSArray`. Iremos usá-los para conter as image views com as imagens que queremos que o picker desenhe. Embora estejamos usando as mesmas imagens nas cinco colunas, precisaremos separar os arrays para cada uma com o próprio conjunto de image views, pois cada view só pode ser desenhada em um lugar no picker. Além disso, declaramos um método action, dessa vez chamado `spin`.

Criando a View

Embora o picker na Figura 7-6 pareça um pouco mais incrementado do que os outros que criamos, na verdade, há apenas poucas diferenças na maneira como vamos projetar nosso nib. Todo o trabalho extra é feito no método delegate do nosso controller.

Tenha certeza de que você salvou seu novo código-fonte e, então, clique duas vezes no *CustomPickerViewController.xib* no navegador do projeto para editar a GUI. Defina *Simulated User Interface Elements* para simular uma tab bar na parte inferior da view e, em seguida, adicione uma view de picker, o label abaixo dela e um botão acima. Use a linha azul voltada para a parte inferior da sua view para posicionar a parte inferior do seu botão e centralize o label e o botão. Dê ao botão o nome de *Spin*.

Agora, mova seu label para que ele se alinhe à linha à esquerda da view e toque a linha abaixo da parte inferior da view de picker. Em seguida, redimensione o label para que ele vá por toda a linha à direita e para baixo dela, acima da parte superior do botão.

Com o label selecionado, abra o attributes inspector. Defina o *Alignment* para centralizado. Em seguida, clique na cor de *text* para mudar a cor do texto e defini-la para algo mais festivo, como fúcsia claro (realmente, não sabemos que cor é, mas parece festiva).

Em seguida, abra a palheta de fontes (**Font ▸ Show Fonts**). Selecione o label e utilize a palheta de fontes para mudar o tamanho da fonte para 48. Note que você não pode utilizar a palheta de fontes para mudar a cor do texto. Após deixar o texto da maneira como você quer, exclua dele a palavra *Label*, já que não queremos que nenhum texto seja exibido até que o usuário vença pela primeira vez.

Após isso, faça todas as conexões com as outlets e com as actions. Você precisa conectar a outlet `picker` do *File's Owner* à view do picker, a outlet `winLabel` do *File's Owner* ao label, e os eventos *Touch Up Inside* do botão à action `spin`. Feito isso, apenas assegure-se de especificar o delegate e a datasource para o picker.

Ah, e existe uma coisa adicional que você precisará fazer. Selecione o picker e abra o attributes inspector. Você precisa desmarcar a caixa de seleção *User Interaction Enabled* na parte inferior das configurações da *View* para que o usuário não possa alterar manualmente o indicador e trapacear. Assim que fizer isso, salve as alterações que você fez no arquivo nib.

FONTES SUPORTADAS POR APARELHOS IOS

Tome cuidado ao usar a palheta de fontes no Interface Builder para criar as interfaces do iOS. O Interface Builder deixará você atribuir qualquer fonte no seu Mac para o label, mas os aparelhos iOS apresentam uma seleção muito limitada de fontes. Você deverá limitar sua seleção para uma das famílias de fontes encontradas na versão do iOS em que está sendo desenvolvido o aplicativo. Essa postagem no excelente blog do Jeff LaMarche mostra a você como pegar essa lista de maneira programada:
`http://iphonedevelopment.blogspot.com/2010/08/fonts-and-font-familites.html`:

Em resumo, crie um aplicativo baseado na view e adicione o seguinte código ao método `application:DidFinishLaunchingWithOptions:` no delegate do aplicativo.

```
for (NSString *family in [UIFont familyNames]) {
   NSLog(@"%@", family);
   for (NSString *font in [UIFont fontNamesForFamilyName:family]) {
       NSLog(@"\t%@", font);
    }
}
```

Execute o projeto no simulador apropriado, e suas fontes serão exibidas no log do console do projeto.

Adicionando Recursos de Imagem

Agora, precisamos adicionar as imagens que usaremos em nosso jogo. Incluímos um conjunto de seis arquivos de imagem (*seven.png, bar.png, crown.png, cherry.png, lemon.png* e *apple.png*) para você no arquivo do projeto, na pasta *07 Pickers/Custom Picker Images*. Assim como você fez com as imagens da tab bar, adicione toda essa pasta de imagens à pasta *Resources* do seu projeto. É provavelmente uma boa ideia copiá-las para a pasta do projeto quando for solicitado.

Implementando o Controller

Temos um monte de coisas novas para fazer na implementação deste controller. Adicione o seguinte código ao início do arquivo *CustomPickerViewController.m*:

```
#import "CustomPickerViewController.h"

@implementation CustomPickerViewController
@synthesize picker;
@synthesize winLabel;
```

```
@synthesize column1;
@synthesize column2;
@synthesize column3;
@synthesize column4;
@synthesize column5;

- (IBAction)spin {
    BOOL win = NO;
    int numInRow = 1;
    int lastVal = -1;
    for (int i = 0; i < 5; i++) {
        int newValue = random() % [self.column1 count];

        if (newValue == lastVal)
            numInRow++;
        else
            numInRow = 1;

        lastVal = newValue;
        [picker selectRow:newValue inComponent:i animated:YES];
        [picker reloadComponent:i];
        if (numInRow >= 3)
            win = YES;
    }
    if (win)
        winLabel.text = @"WIN!";
    else
     winLabel.text = @"";
}

- (void)viewDidLoad {
   UIImage *seven = [UIImage imageNamed:@"seven.png"];
   UIImage *bar = [UIImage imageNamed:@"bar.png"];
   UIImage *crown = [UIImage imageNamed:@"crown.png"];
   UIImage *cherry = [UIImage imageNamed:@"cherry.png"];
   UIImage *lemon = [UIImage imageNamed:@"lemon.png"];
   UIImage *apple = [UIImage imageNamed:@"apple.png"];

   for (int i = 1; i <= 5; i++) {
       UIImageView *sevenView = [[UIImageView alloc] initWithImage:seven];
       UIImageView *barView = [[UIImageView alloc] initWithImage:bar];
       UIImageView *crownView = [[UIImageView alloc] initWithImage:crown];
       UIImageView *cherryView = [[UIImageView alloc]
                                    initWithImage:cherry];
       UIImageView *lemonView = [[UIImageView alloc] initWithImage:lemon];
       UIImageView *appleView = [[UIImageView alloc] initWithImage:apple];
       NSArray *imageViewArray = [[NSArray alloc] initWithObjects:
                    sevenView, barView, crownView, cherryView, lemonView,
                                              appleView, nil];

       NSString *fieldName =
          [[NSString alloc] initWithFormat:@"column%d", i];
       [self setValue:imageViewArray forKey:fieldName];
       [fieldName release];
```

```
        [imageViewArray release];

        [sevenView release];
        [barView release];
        [crownView release];
        [cherryView release];
        [lemonView release];
        [appleView release];
    }

    srandom(time(NULL));
}
...
```

Em seguida, insira as novas linhas a seguir aos métodos `viewDidUnload` e `dealloc`:

```
...
- (void)viewDidUnload {
    [super viewDidUnload];
    // Release any retained subviews of the main view.
    // e.g. self.myOutlet = nil;
    self.picker = nil;
    self.winLabel = nil;
    self.column1 = nil;
    self.column2 = nil;
    self.column3 = nil;
    self.column4 = nil;
    self.column5 = nil;
}

- (void)dealloc {
    [picker release];
    [winLabel release];
    [column1 release];
    [column2 release];
    [column3 release];
    [column4 release];
    [column5 release];
    [super dealloc];
}
...
```

Por fim, adicione o seguinte código ao final do arquivo:

```
...
#pragma mark -
#pragma mark Picker Data Source Methods
- (NSInteger)numberOfComponentsInPickerView:(UIPickerView *)pickerView {
    return 5;
}

- (NSInteger)pickerView:(UIPickerView *)pickerView
    numberOfRowsInComponent:(NSInteger)component {
    return [self.column1 count];
}
```

```
#pragma mark Picker Delegate Methods
- (UIView *)pickerView:(UIPickerView *)pickerView
        viewForRow:(NSInteger)row
            forComponent:(NSInteger)component reusingView:(UIView *)view {
    NSString *arrayName = [[NSString alloc] initWithFormat:@"column%d",
        component+1];
    NSArray *array = [self valueForKey:arrayName];
    [arrayName release];
    return [array objectAtIndex:row];
}

@end
```

Tem muita coisa acontecendo aí, não é? Vamos pegar as coisas novas método por método.

O Método Spin

O método `spin` funciona quando o usuário toca no botão Spin. Nele, nós primeiro iremos declarar algumas variáveis que irão ajudar a nos manter informados se o usuário ganhou. Usaremos `win` para acompanhar se achamos três em sequência, ajustando-o para `YES` se acharmos. Usaremos `numInRow` para acompanhar quantos do mesmo valor tiramos em sequência até agora e acompanharemos os valores dos componentes anteriores em `lastVal` para termos um meio de comparar o valor atual ao valor anterior. Inicializaremos `lastVal` com `-1`, pois sabemos que esse valor não será igual a nenhum dos valores reais.

```
BOOL win = NO;
int numInRow = 1;
int lastVal = -1;
```

Depois, passaremos rapidamente pelos cinco componentes e ajustaremos cada um para uma nova seleção de linhas geradas ao acaso. Para isso, pegaremos a conta do array `column1`, que é um atalho que podemos usar por sabermos que as cinco colunas têm o mesmo número de valores.

```
for (int i = 0; i < 5; i++) {
    int newValue = random() % [self.column1 count];
```

Comparamos o novo valor ao anterior e aumentamos o `numInRow` se for igual. Se não for igual, nós retornamos o `numInRow` de volta para `1`. Então, atribuímos o novo valor a `lastVal` para compará-lo da próxima vez pelo loop.

```
    if (newValue == lastVal)
        numInRow++;
    else
         numInRow = 1;
    lastVal = newValue;
```

Feito isso, ajustamos o componente correspondente para o novo valor, dizendo a ele para animar a mudança, além de dizer ao picker para recarregar esse componente:

```
    [picker selectRow:newValue inComponent:i animated:YES];
    [picker reloadComponent:i];
```

A última coisa que faremos toda vez pelo loop é olhar para saber se tiramos três em sequência e ajustar `win` para `YES` se tirarmos.

```
        if (numInRow >= 3)
            win = YES;
    }
```

Quando o loop for realizado, poderemos definir o label para dizer se o spin foi uma vitória ou não.

```
if (win)
    winLabel.text = @"Win!";
else
    winLabel.text = @"";
```

O Método viewDidLoad

A nova versão do `viewDidLoad` é algo que dá medo de se olhar, não é? Não se preocupe — quando o decifrarmos, não vai parecer tanto com um mostro no armário. A primeira coisa que faremos é carregar seis diferentes imagens. Faremos isso usando um método conveniente da classe `UIImage` chamado `imageNamed:`.

```
UIImage *seven = [UIImage imageNamed:@"seven.png"];
UIImage *bar = [UIImage imageNamed:@"bar.png"];
UIImage *crown = [UIImage imageNamed:@"crown.png"];
UIImage *cherry = [UIImage imageNamed:@"cherry.png"];
UIImage *lemon = [UIImage imageNamed:@"lemon.png"];
UIImage *apple = [UIImage imageNamed:@"apple.png"];
```

Avisamos você anteriormente sobre o uso de classes do método de conveniência para iniciar objetos, pois elas usam o pool de autoliberação, mas estamos abrindo uma exceção aqui por duas razões. Primeiro, o código dispara apenas uma vez, quando o aplicativo inicia. Segundo, é muito conveniente. Usando esse método, evitamos ter de determinar o local para cada imagem no iPhone e, então, utilizaremos essa informação para carregar cada uma. Isso provavelmente nos poupará uma dúzia de linhas de código ou mais sem adicionar memória geral significativa.

Quando tivermos as seis imagens carregadas, precisaremos criar instâncias de `UIImageView`, uma para cada imagem, para cada um dos cinco componentes do picker. Faremos isso em um loop.

```
for (int i = 1; i <= 5; i++) {
    UIImageView *sevenView = [[UIImageView alloc] initWithImage:seven];
    UIImageView *barView = [[UIImageView alloc] initWithImage:bar];
    UIImageView *crownView = [[UIImageView alloc] initWithImage:crown];
    UIImageView *cherryView = [[UIImageView alloc]
        initWithImage:cherry];
    UIImageView *lemonView = [[UIImageView alloc] initWithImage:lemon];
    UIImageView *appleView = [[UIImageView alloc] initWithImage:apple];
```

Quando tivermos as image views, iremos colocá-las em um array. Esse array é aquele que será utilizado para fornecer dados ao picker para um de seus cinco componentes.

```
    NSArray *imageViewArray = [[NSArray alloc] initWithObjects:
        sevenView, barView, crownView, cherryView, lemonView,
        appleView, nil];
```

Agora, precisamos somente designar esse array para um dos nossos cinco arrays. Para fazer isso, criaremos uma string que combine com o nome de um dos arrays. Na primeira vez pelo loop, essa linha será `column1`, que é o nome do array que iremos utilizar para fornecer o primeiro componente no picker. Na segunda vez, vamos igualar `column2` e assim por diante:

```
        NSString *fieldName = [[NSString alloc]
                           initWithFormat:@"column%d", i];
```

Assim que tivermos o nome de um dos cinco arrays, poderemos designá-lo para aquela propriedade usando um método muito útil chamado `setValue:forKey:`. Esse método deixa você usar a propriedade com base no nome dela. Então, se chamarmos esse método com um valor de "`column1`", será exatamente a mesma coisa que chamar o método mutator de `setColumn1:`.

```
        [self setValue:imageViewArray forKey:fieldName];
```

Após isso, apenas faremos uma pequena limpeza na memória.

```
        [fieldName release];
        [imageViewArray release];
        [sevenView release];
        [barView release];
        [crownView release];
        [cherryView release];
        [lemonView release];
        [appleView release];
    }
```

A última coisa que faremos nesse método é implantar o gerador aleatório de números. Se não fizermos isso, o jogo será executado da mesma maneira sempre que você o jogar, o que ficaria bem chato.

```
    srandom(time(NULL));
}
```

Isso não foi tão ruim, foi? Mas, o que faremos com aqueles cinco arrays agora que os arquivamos com as image views? Se você rolar um pouco para baixo o código que acabou de digitar, verá que os dois métodos de datasource parecem os mesmos de antes, mas, se olhar mais para baixo no método delegate, verá que estamos usando um delegate completamente diferente para fornecer dados ao picker. O que usamos até agora retornou um `NSString *`, mas esse retorna um `UIView *`.

Usando esse método em vez do outro, podemos fornecer ao picker qualquer coisa que possa ser desenhada em um `UIView`. É claro que existem limitações quanto ao que irá funcionar aqui e ficar bem ao mesmo tempo, devido ao tamanho reduzido do picker. No entanto, esse método nos dá muito mais liberdade em relação ao que exibimos, embora dê um pouco mais de trabalho.

```
- (UIView *)pickerView:(UIPickerView *)pickerView
      viewForRow:(NSInteger)row
     forComponent:(NSInteger)component
      reusingView:(UIView *)view {
```

Esse método retorna uma das image views de um dos cinco arrays. Para fazer isso, mais uma vez criamos um `NSString` com o nome de um dos arrays. Pelo fato de o `component` ser de índice 0, adicionaremos um a ele, o que nos dá um valor entre a `column1` e a `column5` e irá corresponder ao componente ao qual o picker está pedindo dados.

```
    NSString *arrayName = [[NSString alloc] initWithFormat:@"column%d",
        component+1];
```

Quando tivermos o nome do array a usar, iremos recuperá-lo usando um método chamado `valueForKey:`, que é a contraparte ao método `setValue:forKey:` que usamos no `viewDidLoad`. Usá-lo é o mesmo que chamar método get para especificar a propriedade. Então, chamar o `valueForKey:` e especificar a "`column1`" é o mesmo que usar o método get da `column1`. Quando tivermos o array certo para o componente, iremos apenas obter a image view do array que corresponde à linha selecionada.

```
    NSArray *array = [self valueForKey:arrayName];
    return [array objectAtIndex:row];
}
```

Uau, respire fundo. Você conseguiu colocar tudo junto e agora precisa testar.

Detalhes Finais

Nosso pequeno jogo é um tanto divertido, principalmente quando você pensar no pouco esforço que fizemos para criá-lo. Entretanto, vamos refiná-lo um pouco mais. Existem duas coisas sobre o jogo agora que realmente nos incomodam.

- Ele é muito silencioso. Máquinas de caça-níquel não são silenciosas!
- Ele nos diz que ganhamos antes de o seu mostrador parar de girar, o que é só um detalhe, mas tende a acabar com a expectativa. É algo sutil, mas o label realmente aparece antes de as rodas pararem de girar.

A pasta *07 Pickers/Custom Picker Sounds* no arquivo do projeto[3] que acompanha o livro contém dois arquivos de som: *crunch.wav* e *win.wav*. Copie essa pasta para a pasta *Resources* do seu projeto. Esses são os sons que, respectivamente, iremos reproduzir quando o usuário tocar no botão *Spin* e quando ganhar.

Para trabalhar com sons, precisaremos acessar as classes de caixa de ferramentas de áudio do iOS. Em seguida, precisaremos adicionar uma outlet que irá apontar para o botão. Enquanto as rodas estiverem girando, iremos ocultar o botão. Não queremos que os usuários toquem novamente nele até que o giro atual acabe. Também precisaremos de um `SystemSoundID` para manter o som "crunch" feito pelo giro e outro para manter o som de "binging" que ocorre quando ganhamos. Note que um `SystemSoundID` é um `UInt32` typedef'ed, não um objeto; então, sem palavra-chave `retain`, sem asterisco nessa declaração.

Adicione o seguinte código ao *CustomPickerViewController.h*:

```
#import <UIKit/UIKit.h>
#import <AudioToolbox/AudioToolbox.h>

@interface CustomPickerViewController : UIViewController
      <UIPickerViewDataSource, UIPickerViewDelegate> {
    UIPickerView *picker;
    UILabel *winLabel;

    NSArray *column1;
    NSArray *column2;
```

[3]N.E.: Disponível no site da Editora Alta Books. Procure pelo título do livro.

```
    NSArray *column3;
    NSArray *column4;
    NSArray *column5;

    UIButton *button;
    SystemSoundID crunchSoundID;
    SystemSoundID winSoundID;
}
@property(nonatomic, retain) IBOutlet UIPickerView *picker;
@property(nonatomic, retain) IBOutlet UILabel *winLabel;
@property(nonatomic, retain) NSArray *column1;
@property(nonatomic, retain) NSArray *column2;
@property(nonatomic, retain) NSArray *column3;
@property(nonatomic, retain) NSArray *column4;
@property(nonatomic, retain) NSArray *column5;
@property(nonatomic, retain) IBOutlet UIButton *button;
@property(nonatomic) SystemSoundID crunchSoundID;
@property(nonatomic) SystemSoundID winSoundID;
- (IBAction)spin;

@end
```

Depois de digitar e salvar o arquivo, clique no *CustomPickerViewController.xib* para editar o nib. Assim que abrir, arraste-o do *File's Owner* para o botão *Spin* e conecte-o à nova outlet `button` que acabamos de criar. Salve o nib.

Agora, precisamos fazer algumas coisas na implementação da nossa classe controller. Primeiro, precisamos sintetizar o acessor e o mutador da nossa nova outlet; então, abra *CustomPickerViewController.m* e adicione a seguinte linha:

```
@implementation CustomPickerViewController
@synthesize picker;
@synthesize winLabel;
@synthesize column1;
@synthesize column2;
@synthesize column3;
@synthesize column4;
@synthesize column5;
@synthesize button;
@synthesize crunchSoundID;
@synthesize winSoundID;
...
```

Também precisaremos adicionar alguns métodos à nossa classe controller. Adicione os dois métodos seguintes ao *CustomPickerViewController.m* como os dois primeiros métodos na classe:

```
-(void)showButton {
    button.hidden = NO;
}

-(void)playWinSound {
    AudioServicesPlaySystemSound (winSoundID);
    winLabel.text = @"WIN!";
    [self performSelector:@selector(showButton) withObject:nil
        afterDelay:1.5];
}
```

O primeiro método é usado para mostrar o botão. Vamos ocultar este botão quando o usuário apertá-lo, porque, se as rodas já estiverem girando, não haverá motivo para deixá-las executar novamente até elas pararem.

O segundo método será chamado quando o usuário ganhar. A primeira linha desse método reproduz nosso som WIN!, que já estará carregado (você verá como daqui a pouco). Em seguida, ajustamos o rótulo para *WIN!* e chamamos o método `showButton`, mas o chamamos de uma maneira especial usando um método chamado `performSelector:withObject:afterDelay:`. Esse método é muito útil e está disponível para todos os objetos. Ele permite que você chame o método em algum momento no futuro — nesse caso, um segundo e meio no futuro —, dando tempo para o mostrador girar até a posição final antes de dizer o resultado ao usuário.

Precisaremos também fazer algumas mudanças no método `spin:`. Iremos escrever um código para tocar o som e chamar o método `playWon` se o jogador ganhar. Faça as seguintes alterações agora:

```
- (IBAction)spin {
    BOOL win = NO;
    int numInRow = 1;
    int lastVal = -1;
    for (int i = 0; i < 5; i++) {
        int newValue = random() % [self.column1 count];

        if (newValue == lastVal)
            numInRow++;
        else
            numInRow = 1;

        lastVal = newValue;
        [picker selectRow:newValue inComponent:i animated:YES];
        [picker reloadComponent:i];
        if (numInRow >= 3)
            win = YES;
     }

    button.hidden = YES;
    AudioServicesPlaySystemSound(crunchSoundID);

    if (win)
        [self performSelector:@selector(playWinSound)
            withObject:nil
            afterDelay:.5];
    else
        [self performSelector:@selector(showButton)
            withObject:nil
            afterDelay:.5];

    winLabel.text = @"";

    if (win)
        winLabel.text = @"WIN!";
    else
        winLabel.text = @"";
```

```
}
```

A primeira linha do código que adicionamos oculta o botão *Spin*. A linha seguinte toca um som já carregado para que o jogador saiba que girou as rodas. Então, em vez de ajustarmos o label para *WIN!* assim que soubermos que o usuário ganhou, faremos algo complicado. Chamaremos um dos dois métodos que acabamos de criar, mas faremos isso depois de um delay usando o `performSelector:afterDelay:`. Se o usuário ganhar, chamaremos o método `playerWon` meio segundo no futuro, o que dará tempo para que os mostradores girem para seus lugares; caso contrário, esperaremos alguns segundos e reabilitaremos o botão *Spin*.

Em seguida, precisaremos adicionar um pouco de código ao viewDidLoad para carregar nossos dois sons.

```
- (void)viewDidLoad {
    UIImage *seven = [UIImage imageNamed:@"seven.png"];
    UIImage *bar = [UIImage imageNamed:@"bar.png"];
    UIImage *crown = [UIImage imageNamed:@"crown.png"];
    UIImage *cherry = [UIImage imageNamed:@"cherry.png"];
    UIImage *lemon = [UIImage imageNamed:@"lemon.png"];
    UIImage *apple = [UIImage imageNamed:@"apple.png"];

    for (int i = 1; i <= 5; i++) {
        UIImageView *sevenView = [[UIImageView alloc] initWithImage:seven];
        UIImageView *barView = [[UIImageView alloc] initWithImage:bar];
        UIImageView *crownView = [[UIImageView alloc] initWithImage:crown];
        UIImageView *cherryView = [[UIImageView alloc]
                                    initWithImage:cherry];
        UIImageView *lemonView = [[UIImageView alloc] initWithImage:lemon];
        UIImageView *appleView = [[UIImageView alloc] initWithImage:apple];
        NSArray *imageViewArray = [[NSArray alloc] initWithObjects:
            sevenView, barView, crownView, cherryView, lemonView,
                                          appleView, nil];

        NSString *fieldName =
            [[NSString alloc] initWithFormat:@"column%d", i];
        [self setValue:imageViewArray forKey:fieldName];
        [fieldName release];
        [imageViewArray release];

        [sevenView release];
        [barView release];
        [crownView release];
        [cherryView release];
        [lemonView release];
        [appleView release];
    }
    NSString *path = [[NSBundle mainBundle] pathForResource:@"win" ofType:@"wav"];
    AudioServicesCreateSystemSoundID((CFURLRef)[NSURL fileURLWithPath:path],
        &winSoundID);
    path = [[NSBundle mainBundle] pathForResource:@"crunch" ofType:@"wav"];
    AudioServicesCreateSystemSoundID((CFURLRef)[NSURL fileURLWithPath:path],
        &crunchSoundID);

    srandom(time(NULL));
}
```

A única coisa que nos resta fazer é liberar nossa outlet `button` e descarregar os sons, supondo que eles ainda estejam na memória; então, faça as seguintes alterações aos seus métodos `dealloc` e `viewDidUnload`:

```
...
- (void)viewDidUnload {
    [super viewDidUnload];
    // Release any retained subviews of the main view.
    // e.g. self.myOutlet = nil;
    self.picker = nil;
    self.winLabel = nil;
    self.column1 = nil;
    self.column2 = nil;
    self.column3 = nil;
    self.column4 = nil;
    self.column5 = nil;
    self.button = nil;

    if (winSoundID)
        AudioServicesDisposeSystemSoundID(winSoundID), winSoundID = 0;

    if (crunchSoundID)
        AudioServicesDisposeSystemSoundID(crunchSoundID), crunchSoundID = 0;
}

- (void)dealloc {
    [picker release];
    [winLabel release];
    [column1 release];
    [column2 release];
    [column3 release];
    [column4 release];
    [column5 release];
    [button release];

    if (winSoundID)
        AudioServicesDisposeSystemSoundID(winSoundID), winSoundID = 0;

    if (crunchSoundID)
        AudioServicesDisposeSystemSoundID(crunchSoundID), crunchSoundID = 0;

    [super dealloc];
}
...
```

Conectando ao Framework da Caixa de Ferramentas de Áudio

Se você tentar compilar agora, terá um erro de conexão. O problema está com aquelas funções que chamamos para carregar e tocar sons. Pois é, elas não estão em nenhum dos frameworks conectados por padrão. Clicar rapidamente duas vezes na função `AudioServicesCreateSystemSoundID` nos leva ao arquivo de cabeçalho em que ele está declarado. Se arrastarmos para a parte superior do arquivo de cabeçalho, veremos isto:

```
/*=============================================================================
     File: AudioToolbox/AudioServices.h

     Contains: API for general high level audio services.

     Copyright: (c) 2006 - 2008 by Apple Inc., all rights reserved.
...
```

Isso nos diz que a função que estamos tentando chamar faz parte da caixa de ferramentas de áudio; então, precisaremos conectar manualmente nosso projeto a esse framework.

Clique com o botão direito (ou com o botão de controle, se você tiver um mouse com um único botão) na pasta *Frameworks* do painel *Groups & Files* no Xcode e selecione **`Existing Frameworks...`** a partir do submenu **`Add`**. Selecione AudioToolbox. framework na lista, conforme mostrado na Figura 7-23.

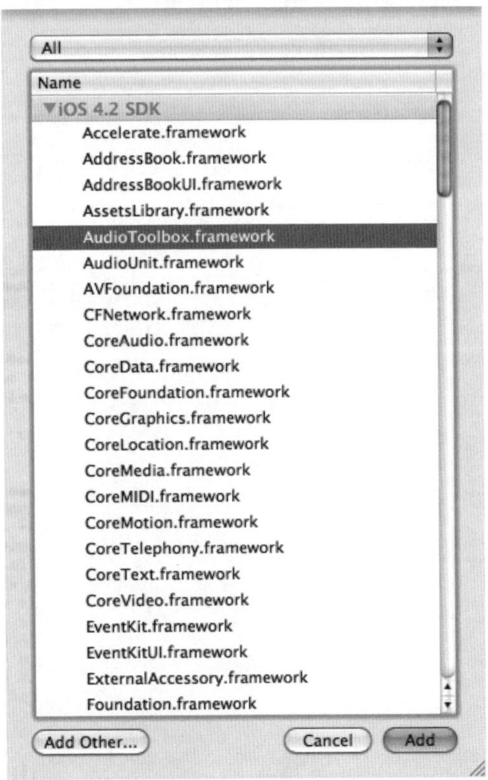

Figura 7-23. *Selecionando AudioToolbox.framework na lista de frameworks existentes.*

Agora, seu aplicativo deverá conectar corretamente e, quando executar, o botão *Spin* deverá reproduzir um som, e um win deverá produzir um som de vitória. Iupi!

Rodada Final

Agora, você certamente deve estar confortável com os aplicativos tab bar e os pickers. Neste capítulo, criamos um aplicativo tab bar bem ornamentado, contendo cinco content views diferentes. Você aprendeu a usar os pickers em inúmeras configurações diferentes, a criar pickers com múltiplos componentes e até a fazer os valores em um componente dependente de outro valor selecionado em outro componente. Além disso, aprendeu a como fazer o picker exibir imagens em vez de textos apenas.

No decorrer do caminho, você também aprendeu sobre delegates de pickers e datasources e viu como carregar imagens, tocar sons, criar dicionários a partir de uma lista de propriedades e conectar seu projeto a frameworks adicionais. Foi um capítulo longo, então parabéns por conseguir chegar até o fim! Quando estiver pronto para lidar com table views, vire a página e seguiremos em frente.

Capítulo 8

Introdução às Table Views

No próximo Capítulo, vamos criar um aplicativo baseado nas navegações hierárquicas, parecido com o aplicativo de Mail (correspondência), que envia em aparelhos iOS. Seu aplicativo irá permitir que o usuário percorra uma lista de informações acumuladas e edite esses dados. No entanto, antes de podermos fazer isso, você precisará dominar o conceito de table views. E esse é o objetivo deste capítulo.

Table views são os mecanismos mais comuns usados para exibir listas de dados ao usuário. Elas são objetos altamente configuráveis, que podem ser feitos para ter a aparência que desejar. O mail usa table views para exibir listas de contas, pastas e mensagens, mas as table views não estão limitadas apenas a exibir dados textuais. Elas são também usadas no YouTube, em Settings e aplicativos do iPod, embora esses aplicativos tenham aparências muito diferentes (veja a Figura 8-1).

Figura 8-1. *Embora pareçam diferentes, os aplicativos de Settings, do iPod e do YouTube usam Table Views para exibir seus dados.*

Os Fundamentos de Table Views

Tabelas mostram listas de dados. Cada item na lista de uma tabela é uma linha. As tabelas do iOS podem ter um número ilimitado de linhas, restringida apenas pela quantidade de memória disponível. As tabelas do iOS podem ter apenas uma coluna de largura.

Células da Table View

Uma table view é o objeto de view que exibe dados de uma tabela e é uma instância da classe `UITableView`. Cada linha visível da tabela é implementada pela classe `UITableViewCell`. Então, uma table view é o objeto que exibe a parte visível da tabela, e a célula da table view é responsável por exibir uma única linha (veja a Figura 8-2).

Figura 8-2. *Cada table view é uma instância da UITableView, e cada linha visível é uma instância de UITableViewCell.*

Table views não são responsáveis por armazenar os dados da sua tabela. Elas apenas armazenam dados suficientes para desenhar as linhas que estão visíveis no momento. Table views pegam os dados da sua configuração de um objeto que se adeque ao protocolo `UITableViewDelegate` e os dados das linhas de um objeto que se adeque ao protocolo `UITableViewDataSource`. Você verá como tudo isso funciona quando chegarmos ao programa de amostra posteriormente neste capítulo.

Como mencionado, todas as tabelas são implementadas como uma única coluna. No entanto, o aplicativo YouTube, mostrado do lado direito da Figura 8-1, parece ter ao menos duas colunas, talvez até três se contar os ícones, mas não; cada linha na tabela é representada por um único `UITableViewCell`. Cada objeto `UITableViewCell` pode ser configurado com uma imagem, algum texto e um ícone de acessório opcional, que é o pequeno ícone à direita (falaremos sobre esses ícones com detalhes no próximo capítulo).

Você pode ainda colocar mais dados em uma célula se necessário adicionando subviews para `UITableViewCell`, utilizando uma das duas técnicas básicas: adicionar subviews de maneira programada ao criar a célula ou dividi-las a partir de um arquivo nib. Você pode projetar a célula de table view do modo que quiser e incluir qualquer subview. Então, a limitação da coluna única é muito menor do que provavelmente pareceu de início. Se isso for confuso, não se preocupe — mostraremos essas técnicas posteriormente neste capítulo.

Tabelas Agrupadas e Simples

As table views aparecem em dois estilos diferentes:

- **Grouped** (agrupado): cada grupo em uma tabela agrupada é um conjunto de linhas encaixadas em um retângulo arredondado, conforme mostrado na imagem mais à esquerda na Figura 8-3. Note que uma tabela agrupada pode consistir em um único grupo.
- **Plain** (simples): é o estilo padrão. Qualquer tabela que não apresenta retângulos arredondados é uma table view simples. Quando um índice é usado, esse estilo também é tratado como **indexado.**

Se sua datasource fornecer as informações necessárias, a table view permitirá que o usuário navegue na lista usando um índice que é exibido no lado inferior direito. A Figura 8-3 mostra uma tabela agrupada, uma tabela simples sem um índice e uma tabela simples com um índice (uma tabela indexada).

Figura 8-3. *A mesma table view exibida como uma tabela agrupada (à esquerda), uma tabela simples sem um índice (ao meio) e uma tabela simples com um índice, também chamada de tabela indexada (à direita).*

Cada divisão da sua tabela é conhecida pela sua datasource como uma **section** (seção). Em uma tabela agrupada, cada grupo é uma seção. Em uma tabela indexada, cada grupo de dados indexados é uma seção. Por exemplo, na tabela indexada mostrada na Figura 8-3, todos os nomes que começam com a letra "*A*" seriam uma seção, os que começam com "*B*" seriam outra e assim por diante.

As seções têm dois propósitos principais. Em uma tabela agrupada, cada seção representa um grupo. Em uma tabela indexada, cada seção corresponde a uma entrada do índice. Por exemplo, se você quisesse exibir uma lista indexada em ordem alfabética com uma entrada de índice para cada letra, você teria 26 seções, cada uma contendo todos os valores que começam com uma determinada letra.

> **ATENÇÃO:** Embora tecnicamente seja possível criar uma tabela agrupada com um índice, você não deveria fazer isso. O *iPhone Human Interface Guidelines* afirma especificamente que tabelas agrupadas não devem fornecer índices.

Implementando uma Tabela Simples

Vamos olhar para o exemplo mais simples possível de uma table view para sentir como ela funciona. Nesse exemplo, vamos apenas exibir uma lista de valores de texto.

Crie um novo projeto no Xcode. Para este capítulo, vamos voltar ao template do *View-based Application* e, então, selecionar um. Defina o Product para iPhone e nomeie seu projeto de *Simple Table*.

Criando a View

Expanda a pasta *Resources* e a pasta *Classes*. Esse é um aplicativo tão fácil que nem precisaremos de outlets ou actions. Então, clique duas vezes em *Simple_TableViewController.xib* para editar a GUI. Se a janela *View* não estiver aberta, clique duas vezes no seu ícone na janela do nib para abri-la. Em seguida, procure na library por uma *Table View* (veja a Figura 8-5) e arraste para a janela *View*.

Figura 8-4. *Arrastando uma table view da library para nossa view principal. Note que a table view automaticamente se redimensiona para a tela cheia da view.*

A table view deverá se redimensionar automaticamente para a altura e a largura da view. É exatamente isso o que queremos. As table views são criadas para tomar a largura inteira da tela e o máximo da altura que não estiver sendo ocupada pelas barras de navegação, de ferramentas ou pelas barras de abas do seu aplicativo. Depois de arrastar a table view para a janela *View* e posicioná-la bem abaixo da barra de status, ela ainda deverá estar selecionada. Se não estiver, clique uma vez nela para selecioná-la. Em seguida, pressione **⌘2** para abrir o connections inspector. Você irá notar que as duas primeiras conexões disponíveis para a table view são as mesmas que as duas primeiras para a view do picker: *dataSource* e *delegate*. Arraste do círculo perto da cada uma das conexões para o ícone do *File's Owner*. Fazendo isso, estamos agrupando a nossa classe controller, a datasource e o delegate para esta tabela.

Após estabelecer as conexões, salve seu arquivo nib e prepare-se para mergulhar mais no código do `UITableView`.

Escrevendo o Controller

A próxima parada é nosso arquivo de cabeçalho da classe controller. Clique uma vez em *Simple_TableViewController.h* e adicione o seguinte código:

```
#import <UIKit/UIKit.h>

@interface Simple_TableViewController : UIViewController
      <UITableViewDelegate, UITableViewDataSource>
{
```

```
    NSArray *listData;
}
@property (nonatomic, retain) NSArray *listData;
@end
```

Tudo o que estamos fazendo aqui é adequar a classe aos dois protocolos que são necessários para agir como delegate e datasource para a table view e, então, declarar um array que irá armazenar a informação a ser exibida.

Salve suas alterações. Em seguida, mude para *Simple_TableViewController.m* e adicione o seguinte código ao início do arquivo:

```
#import "Simple_TableViewController.h"

@implementation Simple_TableViewController
@synthesize listData;

- (void)viewDidLoad {
    NSArray *array = [[NSArray alloc] initWithObjects:@"Sleepy", @"Sneezy",
        @"Bashful", @"Happy", @"Doc", @"Grumpy", @"Dopey", @"Thorin",
        @"Dorin", @"Nori", @"Ori", @"Balin", @"Dwalin", @"Fili", @"Kili",
        @"Oin", @"Gloin", @"Bifur", @"Bofur", @"Bombur", nil];
    self.listData = array;
    [array release];
    [super viewDidLoad];
}
...
```

Agora, adicione as seguintes linhas de código aos métodos `viewDidUnload` e dealloc existentes:

```
...
- (void)viewDidUnload {
    // Release any retained subviews of the main view.
    // e.g. self.myOutlet = nil;
    self.listData = nil;
    [super viewDidUnload];
}

- (void)dealloc {
    [listData release];
    [super dealloc];
}
...
```

Por fim, adicione o seguinte código ao final do arquivo:

```
...
#pragma mark -
#pragma mark Table View Data Source Methods
- (NSInteger)tableView:(UITableView *)tableView
    numberOfRowsInSection:(NSInteger)section {
    return [self.listData count];
}

- (UITableViewCell *)tableView:(UITableView *)tableView
        cellForRowAtIndexPath:(NSIndexPath *)indexPath {
```

```
    static NSString *SimpleTableIdentifier = @"SimpleTableIdentifier";

    UITableViewCell *cell = [tableView dequeueReusableCellWithIdentifier:
        SimpleTableIdentifier];
    if (cell == nil) {
        cell = [[[UITableViewCell alloc]
            initWithStyle:UITableViewCellStyleDefault
            reuseIdentifier:SimpleTableIdentifier] autorelease];
    }

    NSUInteger row = [indexPath row];
    cell.textLabel.text = [listData objectAtIndex:row];
    return cell;
}

@end
```

Adicionamos três métodos ao controller. Você deve estar confortável com o primeiro, `viewDidLoad`, já que fizemos coisas parecidas no passado. Estamos simplesmente criando um array de dados para passar à tabela. Em um aplicativo real, esse array estaria mais propenso a vir de outra fonte, como um arquivo de texto, uma lista de propriedades ou uma URL.

Se você rolar até o fim, verá que adicionamos dois métodos de datasource. O primeiro, `tableView:numberOfRowsInSection:`, é usado pela tabela para perguntar quantas linhas existem em uma seção particular. Como você pode esperar, o número padrão da seção é um, e esse método será chamado para chegar ao número de linhas na seção que dá origem à lista. Apenas retornamos o número de itens no nosso array.

O próximo método provavelmente requer um pouco de explicação, então vamos olhar mais de perto:

```
- (UITableViewCell *)tableView:(UITableView *)tableView
      cellForRowAtIndexPath:(NSIndexPath *)indexPath {
```

Esse método é chamado pela tabela quando ela precisa desenhar uma de suas linhas. Note que o segundo argumento para esse método é uma instância `NSIndexPath`. Esse é o mecanismo que as table views usam para juntar a seção e a linha em um único objeto. Para tirar a linha ou a seção de um `NSIndexPath`, você apenas chama o método `row` ou o método `section`, e ambos irão retornar um `int`.

O primeiro parâmetro, `tableView`, é uma referência à tabela que está perguntando. Isso permite que criemos classes que ajam como datasource para diversas tabelas.

Em seguida, declaramos uma instância de string estática.

```
static NSString *SimpleTableIdentifier = @"SimpleTableIdentifier";
```

Essa string será usada como uma chave para representar o tipo de célula da tabela. Nossa tabela irá utilizar apenas um tipo de célula.

Uma table view pode apenas exibir algumas linhas por vez na pequena tela do iPhone, mas a tabela pode armazenar por si só uma quantidade consideravelmente a mais. Lembre-se de que cada linha da tabela é representada por uma instância do `UITableViewCell`, que é uma subclasse do `UIView`, o que quer dizer que cada linha pode armazenar subviews. Com uma tabela larga, isso poderia representar uma vasta quantidade de overhead, se a tabela tentasse e mantivesse uma instância da célula de table view para cada linha dela, sem levar em consideração se a linha está sendo exibida no momento. Felizmente, as tabelas não funcionam desse jeito.

Em vez disso, como as células da table views se movem para fora da tela, elas são colocadas em uma fila de células disponíveis para serem reutilizadas. Se o sistema estiver com pouca memória, a table view irá se livrar das células na fila, mas, contanto que haja memória disponível para elas, ela vai mantê-las para o caso de querer utilizá-las novamente.

Sempre que uma célula da table view rola para fora da tela, existe uma grande chance de que outra role para dentro da tela, do outro lado. Se essa nova linha puder apenas reutilizar uma das células que acabaram de rolar para fora da tela, o sistema poderá evitar o overhead associado à criação e à liberação constante dessas views. Para tirar vantagem desse mecanismo, pedimos para a tabela nos dar uma das células **postas na fila** do tipo especificado. Note que estamos usando o identificador `NSString` que declaramos antes. De fato, estamos pedindo por uma célula reutilizável do tipo `SimpleTableIdentifier`.

```
UITableViewCell *cell = [tableView dequeueReusableCellWithIdentifier:
    SimpleTableIdentifier];
```

Agora, é totalmente possível que a table view não tenha nenhuma célula extra; então, selecionamos `cell` após a chamada para ver se está `nil`. Se estiver, criaremos manualmente uma nova célula de table view, usando a string identificadora. Em algum momento, inevitavelmente, reutilizaremos uma das células que criamos aqui, então, precisamos ter certeza de que criamos utilizando `SimpleTableIdentifier`.

```
    if (cell == nil) {
        cell = [[[UITableViewCell alloc]
             initWithStyle:UITableViewCellStyleDefault
             reuseIdentifier:SimpleTableIdentifier] autorelease];
    }
```

Curioso sobre `UITableViewCellStyleDefault`? Espere um pouco. Chegaremos aí quando virmos os estilos de célula da table view.

Agora, temos uma célula de table view que podemos retornar para que a table view utilize. Tudo o que precisamos fazer agora é colocar qualquer informação que quisermos exibir na célula. Exibir um texto na linha de uma tabela é uma tarefa muito comum, então a célula da table view gera uma propriedade chamada `textLabel`, que podemos ajustar para exibir strings. Apenas, precisamos tirar a string certa do array `listData` e usá-la para ajustar a propriedade `textLabel` da célula.

No entanto, para obter o valor correto, precisamos saber qual linha a table view está pedindo. Tiramos essa informação da variável `indexPath`, da seguinte maneira:

```
NSUInteger row = [indexPath row];
```

Utilizamos o número da linha da tabela para obter a string correspondente do array, atribuí-la à propriedade `textLabel.text` e, então, retornar a célula.

```
    cell.textLabel.text = [listData objectAtIndex:row];
    return cell;
}
```

Não foi tão ruim, foi? Compile e execute seu aplicativo. Você deverá ver os valores do array exibidos em uma table view (veja a Figura 8-5).

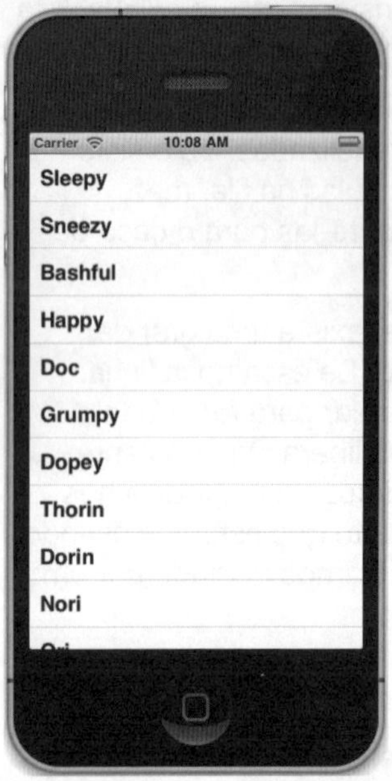

Figura 8-5. *O aplicativo Simple Table.*

Adicionando uma Imagem

Seria legal se pudéssemos adicionar uma imagem para cada linha. Acho que teremos de criar uma subclasse do `UITableViewCell` ou adicionar subviews para fazer isso, não é? Na verdade, não, se você puder conviver com a imagem do lado esquerdo de cada linha. A célula da table view padrão lida perfeitamente com essa situação. Vamos ver.

Na pasta *08 Simple Table*, no arquivo do projeto, pegue o arquivo chamado *star.png* e adicione-o à pasta *Resources* do seu projeto. O *star.png* é um pequeno ícone que preparamos apenas para esse projeto.

Em seguida, vamos ao código. No arquivo *Simple_TableViewController.m*, adicione o seguinte código ao método `tableView:cellForRowAtIndexPath:`.

```
- (UITableViewCell *)tableView:(UITableView *)tableView
        cellForRowAtIndexPath:(NSIndexPath *)indexPath {

    static NSString *SimpleTableIdentifier = @" SimpleTableIdentifier ";

    UITableViewCell *cell = [tableView dequeueReusableCellWithIdentifier:
                                 SimpleTableIdentifier];
    if (cell == nil) {
        cell = [[[UITableViewCell alloc]
```

```
            initWithStyle:UITableViewCellStyleDefault
            reuseIdentifier:SimpleTableIdentifier] autorelease];
    }

    UIImage *image = [UIImage imageNamed:@"star.png"];
    cell.imageView.image = image;

    NSUInteger row = [indexPath row];
    cell.textLabel.text = [listData objectAtIndex:row];

    return cell;
}
@end
```

Sim, é isso. Cada célula tem uma propriedade `imageView`. Cada `imageView` tem uma propriedade de imagem, bem como uma propriedade `highlightedImage`. A imagem aparece à esquerda do texto da célula e é substituída por `highlightedImage`, se houver uma fornecida, quando a célula for selecionada. Você acabou de ajustar a propriedade `imageView.image` da célula para qualquer imagem que queira exibir.

Se você compilar e executar seu aplicativo agora, deverá ter uma lista com vários ícones de estrelinhas bonitinhas à esquerda de cada linha (veja a Figura 8-6). Claro, poderíamos ter incluído imagens diferentes para cada linha na tabela. Ou, com muito pouco esforço, poderíamos ter usado um ícone para cada um dos anões do Sr. Disney e um diferente para os do Sr. Tolkien.

Figura 8-6. *Usamos a propriedade de imagem de células para adicionar uma imagem para cada uma das células da table view.*

Se você quiser, faça uma cópia de *star.png*, utilize seu aplicativo gráfico favorito para colori-la um pouco, adicione-a ao projeto, carregue-a com `imageNamed:` e utilize-a para imageView.highlightedImage. Agora, se você clicar em uma célula, sua nova imagem será desenhada. Se você não quiser colorir, utilize o ícone *star2.png* que fornecemos no arquivo do projeto.

> **NOTA:** UIImage utiliza um mecanismo de cache baseado no nome do arquivo; então, ele não irá carregar uma nova propriedade de imagem sempre que imageNamed: for chamado. Em vez disso, irá utilizar a versão já em cache.

Utilizando os Estilos de Célula da Table View

O trabalho que você fez com a table view até agora utilizou o estilo de célula padrão mostrado na Figura 8-6, representado pela constante UITableViewCellStyleDefault. No entanto, a classe UITableViewCell inclui vários outros estilos de célula pré-definidos, que permitem a você adicionar facilmente mais variedade às suas table views. Esses estilos utilizam três diferentes elementos de célula:

- **Imagem**: se uma imagem fizer parte do estilo especificado, ela será exibida à esquerda do texto da célula.
- **Rótulo do texto**: esse é o texto primário da célula. No estilo que usamos anteriormente, UITableViewCellStyleDefault, o rótulo do texto é o único texto mostrado na célula.
- **Detalhe do label do texto**: esse é o texto secundário da célula, geralmente utilizado como uma nota ou um label de explicação.

Para ver como são essas novas inclusões de estilo, adicione o seguinte código a tableView:cellForRowAtIndexPath: no Simple_TableViewController.m:

```
- (UITableViewCell *)tableView:(UITableView *)tableView
        cellForRowAtIndexPath:(NSIndexPath *)indexPath {

    static NSString *SimpleTableIdentifier = @"SimpleTableIdentifier";

    UITableViewCell *cell = [tableView dequeueReusableCellWithIdentifier:
                              SimpleTableIdentifier];
    if (cell == nil) {
        cell = [[[UITableViewCell alloc]
            initWithStyle:UITableViewCellStyleDefault
            reuseIdentifier: SimpleTableIdentifier] autorelease];
    }

    UIImage *image = [UIImage imageNamed:@"star.png"];
    cell.imageView.image = image;

    NSUInteger row = [indexPath row];
    cell.textLabel.text = [listData objectAtIndex:row];

    if (row < 7)
        cell.detailTextLabel.text = @"Mr. Disney";
    else
        cell.detailTextLabel.text = @"Mr. Tolkien";
```

```
    return cell;
}
```

Tudo o que fizemos aqui foi definir o texto de detalhe da célula. Utilizamos a string `@"Mr. Disney"` para as sete primeiras linhas e `@"Mr. Tolkien"` para as demais. Quando você executar esse código, cada célula ficará exatamente como antes (veja a Figura 8-7). Isso ocorre porque estamos utilizando um estilo `UITableViewCellStyleDefault`, que não utiliza o texto de detalhe.

Figura 8-7. *O estilo de célula padrão mostra a imagem e o texto em uma linha reta.*

Agora, mude `UITableViewCellStyleDefault` para `UITableViewCellStyleSubtitle` e execute o aplicativo novamente. Com o estilo subtitle (legenda), os elementos de texto são mostrados um abaixo do outro (veja a Figura 8-8).

Figura 8-8. *O estilo subtitle mostra a legenda em letras menores e cinzas abaixo do texto.*

Mude `UITableViewCellStyleSubtitle` para `UITableViewCellStyleValue1`, crie e execute. Esse estilo coloca o texto e a legenda na mesma linha, em lados opostos da célula (veja a Figura 8-9).

Figura 8-9. *O estilo value 1 irá colocar o texto à esquerda em preto e a legenda justificada à direita no lado direito em azul.*

Por fim, mude `UITableViewCellStyleValue1` para `UITableViewCellStyleValue2`. Esse formato é geralmente usado para exibir informações em um texto descritivo. Ele não mostra o ícone da célula, mas coloca a legenda à esquerda do texto (veja a Figura 8-10). Nesse layout, a legenda age descrevendo o tipo de dado mantido de texto.

Figura 8-10. *O estilo value 2 não exibe a imagem e coloca a legenda em azul à esquerda do texto.*

Agora que você viu os estilos de célula que estão disponíveis, vá em frente e retorne ao UITableViewCellStyleDefault antes de continuar. Posteriormente, neste capítulo, você verá como personalizar a aparência da sua tabela. Antes de você decidir fazer isso, leve em consideração os estilos disponíveis para ver qual se adequa melhor às suas necessidades.

Talvez você tenha notado que fizemos do nosso controller o datasource e delegate para essa table view, mas, até agora, não tínhamos, de fato, implementado quaisquer dos métodos de UITableViewDelegate. Ao contrário das views do picker, table views mais simples não requerem o uso de um delegate para fazer as coisas. A datasource oferece todos os dados necessários para desenhar a tabela. O objetivo do delegate é configurar a aparência da table view e lidar com certas interações do usuário. Vejamos agora algumas das opções de configuração. Veremos mais algumas no próximo capítulo.

Ajustando o Nível de Deslocamento

O delegate pode ser usado para especificar que algumas linhas devem ser deslocadas. No arquivo Simple_TableViewController.m, adicione o seguinte método ao seu código, bem acima da declaração @end:

```
#pragma mark -
#pragma mark Table Delegate Methods

- (NSInteger)tableView:(UITableView *)tableView
   indentationLevelForRowAtIndexPath:(NSIndexPath *)indexPath {
    NSUInteger row = [indexPath row];
    return row;
}
```

Esse método ajusta o **nível de deslocamento** (indent level) para cada número de linha, para que 0 tenha um nível de deslocamento de 0, a linha 1 tenha um nível de deslocamento de 1, e assim por diante. Um nível de deslocamento é simplesmente o número inteiro que diz para a table view mover aquela linha um pouco para a direita. Quanto mais alto for o número, mais para a direita ficará o deslocamento da linha. Você pode usar essa técnica, por exemplo, para indicar que uma linha está, de alguma maneira, subordinada à outra, como o Mail faz quando representa subpastas.

Quando executarmos o aplicativo novamente, você poderá ver que cada linha está agora desenhada um pouco mais para a direita do que a última (veja a Figura 8-11).

Figura 8-11. *Cada linha da tabela é desenhada com um nível de deslocamento maior do que a linha anterior a ela.*

Manipulando a Seleção da Linha

O delegate da tabela pode usar dois métodos para determinar se o usuário selecionou uma determinada linha. Um é chamado antes que a linha seja selecionada e pode ser usado para evitar isso ou para alterar qual linha será selecionada. Vamos implementar esse método e especificar que a primeira linha não pode ser selecionada. Adicione o seguinte método ao fim de *Simple_TableViewController.m*, um pouco antes da declaração `@end`:

```
-(NSIndexPath *)tableView:(UITableView *)tableView
      willSelectRowAtIndexPath:(NSIndexPath *)indexPath {
   NSUInteger row = [indexPath row];

   if (row == 0)
       return nil;

   return indexPath;
}
```

Esse método é passado como `indexPath`, que representa o item que está prestes a ser selecionado. Nosso código olha para a linha que está para ser selecionada. Se ela for a primeira, que sempre tem o índice zero, então retorna `nil`, o que indica que nenhuma linha deveria ser, na verdade, selecionada. Caso contrário, retorna `indexPath`, que é como indicamos que a seleção pode continuar.

Antes de compilar e executar, vamos implementar também o método delegate, que é chamado depois que uma linha foi selecionada, que normalmente é onde, na verdade, você vai lidar com a seleção. É aqui que acontecerá qualquer ação apropriada quando o usuário selecionar uma linha. No próximo capítulo, usaremos esse método para lidar com os drill-downs, mas, aqui, apenas colocaremos um alerta para mostrar que a linha foi selecionada. Adicione o seguinte método ao final do *Simple_ TableViewController.m*, antes da declaração `@end` novamente:

```
- (void)tableView:(UITableView *)tableView
        didSelectRowAtIndexPath:(NSIndexPath *)indexPath {
    NSUInteger row = [indexPath row];
    NSString *rowValue = [listData objectAtIndex:row];

    NSString *message = [[NSString alloc] initWithFormat:
        @"You selected %@", rowValue];
    UIAlertView *alert = [[UIAlertView alloc]
        initWithTitle:@"Row Selected!"
              message:message
             delegate:nil
     cancelButtonTitle:@"Yes I Did"
     otherButtonTitles:nil];
    [alert show];

    [message release];
    [alert release];
    [tableView deselectRowAtIndexPath:indexPath animated:YES];
}
```

Assim que adicionar esse método, compile, execute o aplicativo e faça um teste. Veja se você consegue selecionar a primeira linha (não deveria conseguir) e, então, selecione uma das outras. A linha selecionada deverá ficar destacada e, então, um alerta deverá aparecer, dizendo a linha que selecionou (veja a Figura 8-12).

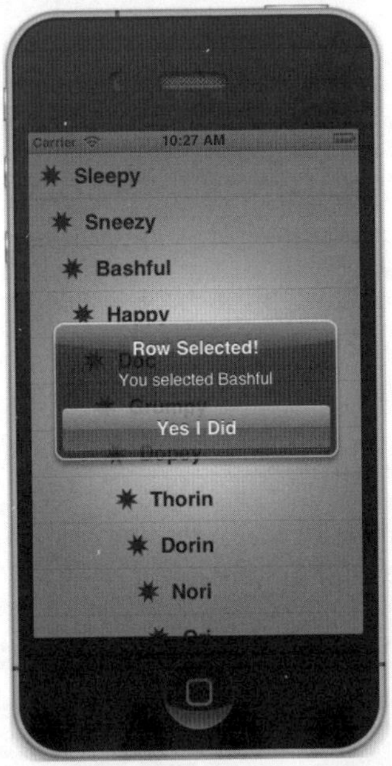

Figura 8-12. *Nesse exemplo, a primeira linha não é selecionável, e o alerta é exibido quando qualquer outra é selecionada. Isso foi feito usando os métodos delegate.*

Note que você pode também modificar o caminho do índice antes de passá-lo para trás, o que pode fazer com que uma linha/seção diferente seja selecionada. Você não irá fazer isso muitas vezes, pois deverá ter uma boa razão para mudar a seleção do usuário. Na grande maioria dos casos, quando esse método for usado, você irá retornar `indexPath` não modificado para permitir a seleção ou `nil` para impedir a seleção.

Alterando o Tamanho da Fonte e a Altura da Linha

Vamos dizer que gostaríamos de mudar o tamanho da fonte sendo usada na table view. Na maioria das situações, você não deve aumentar a fonte do padrão; é o que o usuário espera ver. No entanto, às vezes, existem razões válidas para fazer isso. Adicione a seguinte linha de código ao seu método `tableView:cellForRowAtIndexPath:`.

```
- (UITableViewCell *)tableView:(UITableView *)tableView
        cellForRowAtIndexPath:(NSIndexPath *)indexPath
{
    static NSString *SimpleTableIdentifier = @"SimpleTableIdentifier";

    UITableViewCell *cell = [tableView dequeueReusableCellWithIdentifier:
                             SimpleTableIdentifier];
    if (cell == nil) {
        cell = [[[UITableViewCell alloc]
            initWithStyle:UITableViewCellStyleDefault
            reuseIdentifier: SimpleTableIdentifier] autorelease];
```

```
    }

    UIImage *image = [UIImage imageNamed:@"star.png"];
    cell.image = image;

    NSUInteger row = [indexPath row];
    cell.textLabel.text = [listData objectAtIndex:row];
    cell.textLabel.font = [UIFont boldSystemFontOfSize:50];

    if (row < 7)
        cell.detailTextLabel.text = @"Mr. Disney";
    else
        cell.detailTextLabel.text = @"Mr. Tolkein";
    return cell;
}
```

Quando você executar o aplicativo agora, os valores na sua lista serão desenhados bem grande, mas eles não cabem exatamente na linha (veja a Figura 8-13).

Figura 8-13. *Ficou legal e grande, mas seria ainda melhor se não pudéssemos ver tudo.*

Bem, ai vem o delegate da table view ao resgate! O delegate da table view pode especificar a altura das linhas das tabelas. Na verdade, ele pode especificar valores únicos para cada linha se for necessário. Siga em frente e adicione esse método à sua classe controller, antes de @end:

```
- (CGFloat)tableView:(UITableView *)tableView
    heightForRowAtIndexPath:(NSIndexPath *)indexPath {
    return 70;
}
```

Acabamos de dizer à table view para ajustar a altura de todas as linhas para 70 pixels de altura. Compile e execute, e as linhas da sua tabela devem ficar bem mais altas agora (veja a Figura 8-14).

Figura 8-14. *Alterando o tamanho da linha usando o delegate.*

Existem mais coisas com as quais o delegate lida, mas a maioria delas entrará em cena quando começarmos a trabalhar com dados hierárquicos, o que faremos no próximo capítulo. Para aprender mais, use o browser de documentação para explorar o protocolo `UITableViewDelegate` e veja quais outros métodos estão disponíveis.

Personalizando as Células da Table View

Você pode fazer várias coisas com as table views que vêm prontas para o uso, mas geralmente vai querer formatar os dados para cada linha de maneira que o `UITableViewCell` não dê suporte diretamente. Em alguns casos, existem duas abordagens básicas: uma que envolve adicionar subviews ao `UITableViewCell` de maneira programada ao criar a célula; e a segunda que envolve carregar uma série de subviews a partir de um arquivo `nib`. Vamos olhar as duas técnicas.

Adicionando Subviews à Célula da Table View

Para mostrar como usamos células personalizadas, iremos criar um novo aplicativo com uma nova table view e posicionar duas linhas de informação com dois labels (veja a Figura 8-15). Nosso aplicativo irá exibir o nome e a cor de uma série de modelos de computadores potencialmente familiares, e vamos exibir essas partes de informação na mesma célula da tabela adicionando subviews à célula da table view.

Figura 8-15. *Adicionar subviews à célula da table view pode dar a você várias linhas.*

Crie um novo projeto no Xcode usando o template do *View-based Application* e com *Product* definido para *iPhone.* Nomeie o projeto de *Cells*. Clique duas vezes em *CellsViewController.xib* para editar o arquivo nib no Interface Builder.

Adicione uma *Table View* à view principal e defina o delegate e a datasource dela para *File's Owner*, como fizemos com o aplicativo Simple Table, e, então, salve o nib.

Modificando o Controller do Arquivo do Cabeçalho

Selecione *CellsViewController.h* e adicione o seguinte código:

```
#import <UIKit/UIKit.h>
#define kNameValueTag    1
#define kColorValueTag   2

@interface CellsViewController : UIViewController
    <UITableViewDataSource, UITableViewDelegate>
{
    NSArray    *computers;
}
@property (nonatomic, retain) NSArray *computers;
@end
```

Observe que definimos duas constantes. Usaremos isso daqui a pouco para atribuir tags a algumas subviews que vamos adicionar à célula da table view. Iremos adicionar quatro subviews à célula, e duas delas precisam ser mudadas para cada linha. Para fazer isso, precisamos de alguns mecanismos que nos permitam recuperar os dois campos da célula quando a atualizarmos com um dado particular da linha. Se ajustarmos valores de tag únicos para cada label que precisaremos usar novamente, poderemos recuperá-los da célula da table view e ajustar seu valor.

Implementando o Código do Controller

Em nosso controller, precisaremos ajustar alguns dados a serem usados e, então, implementar o método de datasource da tabela para fornecer esses dados para ela. Mude para *CellsViewController.m* e adicione o seguinte código:

```
#import "CellsViewController.h"

@implementation CellsViewController
@synthesize computers;

- (void)viewDidLoad {

    NSDictionary *row1 = [[NSDictionary alloc] initWithObjectsAndKeys:
                        @"MacBook", @"Name", @"White", @"Color", nil];
    NSDictionary *row2 = [[NSDictionary alloc] initWithObjectsAndKeys:
                        @"MacBook Pro", @"Name", @"Silver", @"Color", nil];
    NSDictionary *row3 = [[NSDictionary alloc] initWithObjectsAndKeys:
                        @"iMac", @"Name", @"Silver", @"Color", nil];
    NSDictionary *row4 = [[NSDictionary alloc] initWithObjectsAndKeys:
                        @"Mac Mini", @"Name", @"Silver", @"Color", nil];
    NSDictionary *row5 = [[NSDictionary alloc] initWithObjectsAndKeys:
                        @"Mac Pro", @"Name", @"Silver", @"Color", nil];

    NSArray *array = [[NSArray alloc] initWithObjects:row1, row2,
                        row3, row4, row5, nil];
    self.computers = array;

    [row1 release];
    [row2 release];
    [row3 release];
    [row4 release];
    [row5 release];
    [array release];
}
...
```

É claro que precisamos ser bons de memória; então, faça as seguintes alterações aos métodos `dealloc` e `viewDidUnload` existentes:

```
...
- (void)viewDidUnload {
    // Release any retained subviews of the main view.
    // e.g. self.myOutlet = nil;
    self.computers = nil;
    [super viewDidUnload];
}

- (void)dealloc {
```

```
    [computers release];
    [super dealloc];
}
...
```

Em seguida, adicione este código ao final do arquivo, acima da declaração @end:

```
...
#pragma mark -
#pragma mark Table Data Source Methods
- (NSInteger)tableView:(UITableView *)tableView
    numberOfRowsInSection:(NSInteger)section {
    return [self.computers count];
}

-(UITableViewCell *)tableView:(UITableView *)tableView
    cellForRowAtIndexPath:(NSIndexPath *)indexPath {
    static NSString *CellTableIdentifier = @"CellTableIdentifier ";

    UITableViewCell *cell = [tableView dequeueReusableCellWithIdentifier:
        CellTableIdentifier];
    if (cell == nil) {
        cell = [[[UITableViewCell alloc]
            initWithStyle:UITableViewCellStyleDefault
            reuseIdentifier:CellTableIdentifier] autorelease];
        CGRect nameLabelRect = CGRectMake(0, 5, 70, 15);
        UILabel *nameLabel = [[UILabel alloc] initWithFrame:nameLabelRect];
        nameLabel.textAlignment = UITextAlignmentRight;
        nameLabel.text = @"Name:";
        nameLabel.font = [UIFont boldSystemFontOfSize:12];
        [cell.contentView addSubview: nameLabel];
        [nameLabel release];

        CGRect colorLabelRect = CGRectMake(0, 26, 70, 15);
        UILabel *colorLabel = [[UILabel alloc] initWithFrame:colorLabelRect];
        colorLabel.textAlignment = UITextAlignmentRight;
        colorLabel.text = @"Color:";
        colorLabel.font = [UIFont boldSystemFontOfSize:12];
        [cell.contentView addSubview: colorLabel];
        [colorLabel release];
        CGRect nameValueRect = CGRectMake(80, 5, 200, 15);
        UILabel *nameValue = [[UILabel alloc] initWithFrame:
            nameValueRect];
        nameValue.tag = kNameValueTag;
        [cell.contentView addSubview:nameValue];
        [nameValue release];

        CGRect colorValueRect = CGRectMake(80, 25, 200, 15);
        UILabel *colorValue = [[UILabel alloc] initWithFrame:
            colorValueRect];
        colorValue.tag = kColorValueTag;
        [cell.contentView addSubview:colorValue];
        [colorValue release];
    }
```

```
    NSUInteger row = [indexPath row];
    NSDictionary *rowData = [self.computers objectAtIndex:row];
    UILabel *name = (UILabel *)[cell.contentView viewWithTag:
        kNameValueTag];
    name.text = [rowData objectForKey:@"Name"];

    UILabel *color = (UILabel *)[cell.contentView viewWithTag:
        kColorValueTag];
    color.text = [rowData objectForKey:@"Color"];
    return cell;
}
@end
```

Essa versão do `viewDidLoad` cria diversos dicionários. Cada um contém a informação de nome e cor para uma linha na tabela. O nome para a linha é armazenado no dicionário sob a chave Name, e a cor é armazenada sob a chave Color. Colocaremos todos os dicionários em um único array, que é nosso dado para essa tabela.

Vamos focar no `tableView:CellForRowWithIndexPath:`, já que é aí que surgem novas informações. As duas primeiras linhas do código são iguais às nossas versões anteriores. Criamos um identificador e pedimos à tabela que alinhe uma célula da table view, se tiver uma.

Se a tabela não tiver nenhuma célula disponível para reutilização, precisaremos criar uma nova célula. Quando fizermos isso, também precisaremos criar e adicionar subviews, que usaremos para implementar nossa tabela com duas linhas por coluna. Vamos olhar para o código mais de perto.

Primeiro, criamos uma célula. Isso é basicamente a mesma técnica usada antes. Nós especificamos o estilo padrão, embora o estilo realmente não importe, pois iremos adicionar nossas próprias subviews para exibir nossos dados em vez de utilizar os fornecidos.

```
cell = [[[UITableViewCell alloc]
    initWithStyle:UITableViewCellStyleDefault
    reuseIdentifier:CellTableIdentifier] autorelease];
```

Feito isso, criaremos quatro `UILabels` e os adicionaremos à célula de table view. Essa célula já tem uma subview chamada `contentView`, que é usada para agrupar todas as suas subviews, quase da mesma forma como agrupamos aqueles switches dentro de um `UIView` no Capítulo 4. Como resultado, não adicionamos os labels como subviews diretamente à célula de table view, mas preferencialmente à sua `contentView`.

```
[cell.contentView addSubview:colorValue];
```

Dois desses labels contêm textos estáticos. O rótulo `nameLabel` contém o texto *Name:*, e o label `colorLabel` contém o texto *Color:*. Esses são apenas labels estáticos que não iremos mudar. Os outros dois labels, entretanto, serão usados para exibir os dados específicos da linha. Lembre-se de que precisaremos de um jeito para recuperar esses campos mais tarde; então, atribuiremos valores para ambos. Por exemplo, atribuímos a constante `kNameValueTag` no campo do tag `nameValue`.

```
nameValue.tag = kNameValueTag;
```

Em breve, utilizaremos essa tag para recuperar o label certa da célula.

Assim que acabarmos de criar nossa nova célula, usaremos o argumento `indexPath` que passamos para determinar para qual linha a tabela está pedindo uma célula e depois usaremos esse valor da linha para pegar o dicionário correto para a linha requerida. Lembre-se de que esse dicionário tem dois pares de valor/chave, um com nome e outro com cor.

```
NSUInteger row = [indexPath row];
NSDictionary *rowData = [self.computers objectAtIndex:row];
```

Você se lembra daquelas tags que ajustamos antes? Bem, aqui, iremos utilizá-las para recuperar o label cujo valor precisamos definir.

```
UILabel *name = (UILabel *)[cell.contentView viewWithTag:kNameValueTag];
```

Assim que tivermos esse label, apenas ajustaremos seu texto com um dos valores que puxamos do dicionário que representa essa linha.

```
name.text = [rowData objectForKey:@"Name"];
```

Compile e execute seu aplicativo, e você terá linhas com duas linhas, assim como na Figura 8-15.

A possibilidade de adicionar views à table view dá muito mais flexibilidade do que usar a table view padrão, mas pode ser entediante criar, posicionar e adicionar todas as subviews de maneira programada. Meu Deus, seria mesmo bom se pudéssemos criar graficamente a célula de table view utilizando o editor de nib do Xcode, não seria? Bem, estamos com sorte. Como mencionamos anteriormente, você pode utilizar o Interface Builder para criar suas células de table view e, então, simplesmente carregar as views a partir do arquivo nib quando você criar uma nova célula

Carregando um UITableViewCell a partir de um Nib

Vamos recriar as mesmas duas linhas da interface que construímos no código usando os recursos de layout visual que o Xcode oferece no Interface Builder. Para fazer isso, iremos criar um novo arquivo nib que contém a célula da table view e posicionar suas views utilizando o Interface Builder. Então, quando precisarmos que uma célula da table view represente uma linha, em vez de adicionar subviews a uma célula da table view padrão, apenas carregaremos o arquivo nib que contém a célula da table view e as subviews e utilizaremos duas outlets conectadas à célula para encontrar os labels e definir o nome e a cor.

Clique com o botão direito na pasta *Resources* no Xcode e selecione **Add ➤ New File...** do menu contextual. No painel à esquerda do novo assistente de arquivo, clique em *User Interface* (tendo a certeza de tê-lo pego na seção *iOS* em vez de na seção *Mac OS X*). No painel superior à direita, selecione *Empty XIB* e deixe o pop-up *Product* definido para *iPhone*. Clique em *Next*. Quando for solicitado um nome, digite *CustomCell.xib*.

Criando Novas Outlets

Voltaremos a falar sobre o posicionamento da GUI posteriormente, mas primeiro vamos prosseguir e criar alguma infraestrutura para suportar a GUI que iremos criar.

Por enquanto, você provavelmente está bem confortável com a noção de que um arquivo nib contém uma série de objetos homogêneos que transformam objetos reais em um aplicativo quando o nib é carregado. Geralmente, carregamos um arquivo nib juntamente a um controller, definimos como proprietário do arquivo no nib, seja quando o controller é criado ou quando está prestes a ser mostrado na tela. Talvez você tenha a ideia de que um único controller pode carregar um único arquivo nib, mas não há somente esse padrão de utilização. Você também pode ter um controller que carrega vários arquivos nib, com o controller sendo definido como proprietário de arquivo de todos eles, e ter todas as outlets e actions conectadas e configuradas conforme o nib é carregado. Você até pode carregar o mesmo nib várias vezes, e ele irá criar uma série de novos objetos (uma cópia recente de todos os armazenados no nib) a cada vez. Se o controller tiver uma outlet apontando para um objeto carregado a partir de um nib e o nib for carregado novamente, a outlet simplesmente será mudada para apontar para a cópia carregada mais recentemente.

Iremos utilizar uma outlet na nossa classe controller para facilitar a definição do valor que precisa mudar em cada linha. Como na maneira anterior de fazer isso, utilizaremos tags para localizar objetos específicos da GUI que precisam ser atualizados, mas, dessa vez, definiremos os valores de tag diretamente nos objetos que iremos posicionar graficamente no Interface Builder.

Clique uma vez em *CellsViewController.h* e adicione o seguinte código:

```
#import <UIKit/UIKit.h>
#define kNameValueTag    1
#define kColorValueTag   2

@interface CellsViewController : UIViewController
    <UITableViewDataSource, UITableViewDelegate>
{
    NSArray      *computers;
    UITableViewCell *tvCell;
}
@property (nonatomic, retain) NSArray *computers;
@property (nonatomic, retain) IBOutlet UITableViewCell *tvCell;
@end
```

É só isso que precisamos fazer aqui. Vamos mudar para *CellsViewController.m* e adicionar um pouco mais:

```
#import "CellsViewController.h"

@implementation CellsViewController
@synthesize computers;
@synthesize tvCell;
```

É claro que precisamos tomar cuidado com a memória; então, faça as seguintes alterações nos métodos `dealloc` e `viewDidUnload` existentes:

```
...
- (void)viewDidUnload {
    // Release any retained subviews of the main view.
    // e.g. self.myOutlet = nil;
    self.computers = nil;
    self.tvCell = nil;
    [super viewDidUnload];
}

- (void)dealloc {
```

```
    [computers release];
    [tvCell release];
    [super dealloc];
}
@end
```

Certifique-se de salvar todos esses arquivos. Agora, começaremos a criar a GUI.

Criando a Célula da Table View no Interface Builder

Em seguida, clique duas vezes em *CustomCell.xib* no painel *Groups & Files* para abrir o arquivo para edição. Existem apenas dois ícones na janela principal do nib: *File's Owner* e *First Responder*. Procure na library por uma *Table View Cell* (veja a Figura 8-16) e arraste uma delas para a janela principal do nib.

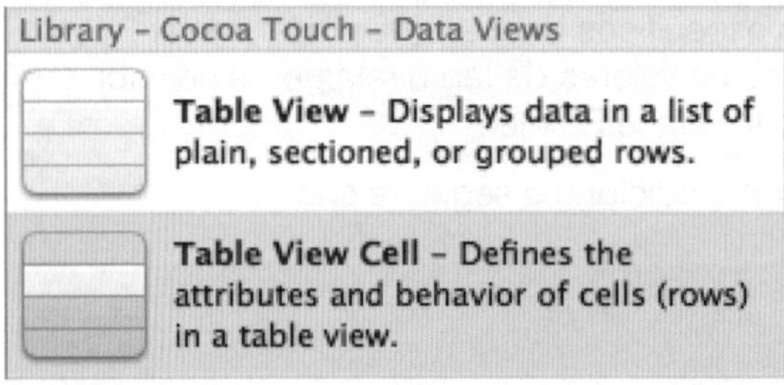

Figura 8-16. *Arrastamos uma Table View Cell da library e a selecionamos no editor do nib.*

Assegure-se de que a célula da table view esteja selecionada, pressione ⌘**3** para abrir o size inspector e mude a altura da célula da table view de 44 para 65. Isso nos dará um pouco mais de espaço para brincar.

Em seguida, pressione ⌘**1** para abrir o attributes inspector (Figura 8-17). O primeiro campo que verá é o *Identifier.* É esse o identificador de reutilização que vamos usar em nosso código. Se isso não fizer você se lembrar de nada, dê uma olhada no capítulo e procure por `SimpleTableIdentifier`. Ajuste o *Identifier* para *CustomCellIdentifier*.

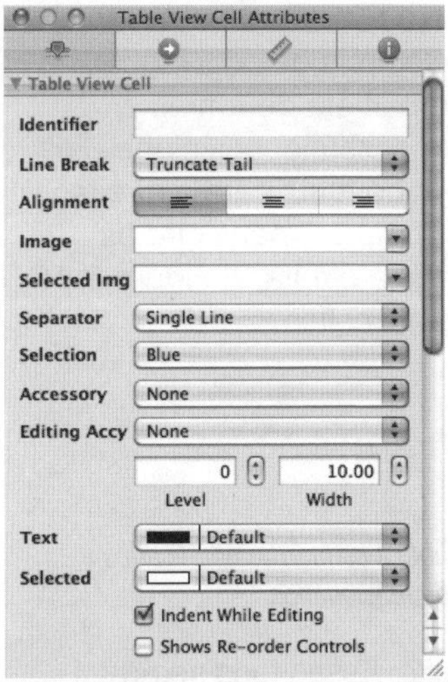

Figura 8-17. *O attributes inspector para uma célula de table view.*

A ideia aqui é que, quando recuperamos uma célula para reutilização, talvez devido a um rolamento de uma nova célula para a view, queremos ter a certeza de que pegamos o tipo correto de célula. Ao definir *Identifier* para *CustomCellIdentifier*, quando essa célula particular for instanciada a partir do arquivo nib, você poderá fazer com que sua variável de instância do identificador de reutilização seja preenchida com o `NSString` que você inseriu no campo *Identifier*. Nesse caso, esse `NSString` é *CustomCellIdentifier*.

Imagine uma situação em que você criou uma tabela com um cabeçalho e depois uma série de células "medianas". Se você rolar uma dessas células para a view, é importante recuperar uma dessas células para reutilização e não uma célula de cabeçalho. O campo *Identifier* permite que você ligue as células de maneira apropriada.

Nossa próxima etapa é editar a nossa content view da table view. Clique duas vezes em *Table View Cell* na janela principal do nib. Uma nova janela deverá aparecer, com um retângulo arredondado pontilhado cinza e o label *Content View* ao centro. Como o nome diz, essa é a content view da célula, e é nela que faremos nossa edição.

Arraste quatro rótulos da library e coloque-os na content view, utilizando a Figura 8-18 como guia. Observe que os labels estarão muito próximos da parte superior e inferior daquelas linhas, que serão de muita ajuda, mas a linha à esquerda e as de alinhamento deverão cumprir sua função.

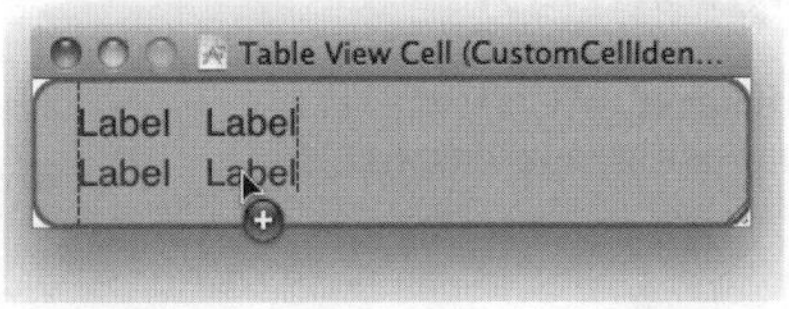

Figura 8-18. *A content view da table view com quatro labels arrastados.*

Em seguida, clique duas vezes no rótulo superior à esquerda, altere-o para *Name*: e mude o rótulo inferior à esquerda para *Color:*. Agora, selecione os dois labels, pressione ⌘**T** (ou selecione **Font** › **Show Fonts**) para abrir a palheta de fontes e escolher *Helvetica* como a fonte e *Bold* como o tipo. Se necessário, selecione dois campos do label não alterado à direita e arraste-os um pouco mais para a direita para deixar o design com um pouco mais de espaço. Por fim, redimensione os dois labels à direita para que eles se expandam para a linha à direita. A Figura 8-19 deverá dar a você uma noção da nossa content view final da célula.

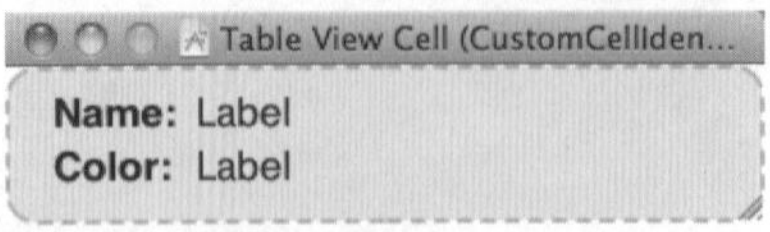

Figura 8-19. *A content view da célula da table view com os nomes do label à esquerda modificados e definidos para negrito, e com os labels à direita levemente mudados e redimensionados.*

Agora, defina as tags para cada uma dos dois labels à direita. Essas tags serão usadas para identificar o label correto no qual serão armazenados a cor e o texto do nome após o arquivo nib ser carregado. É importante utilizarmos os mesmos labels, como fazemos no código: 1 para o label do nome e 2 para o label de cor. Para definir cada um, pressione ⌘1 para abrir o attributes inspector do objeto e, em seguida, vá até a área *View* e localize o campo *Tag*. Selecione o label superior à direita e defina sua tag para *1*. Em seguida, selecione o label inferior à direita e defina sua tag para 2.

Nesse ponto, os objetos da GUI já estarão definidos, mas não há conexão com a classe controller que irá carregar o nib. É hora de mudar isso. Selecione *File's Owner* da janela do nib, pressione ⌘**4** para abrir o identity inspector e insira *CellsViewController* no campo *Class*.

Agora, arraste o controle do ícone do *File's Owner* para o ícone *Table View Cell* na janela do nib, atribuindo a ele a outlet *tvCell*. Salve o nib e vamos voltar ao código.

Usando a Nova Célula de Table View

Para usar a célula que criamos, precisaremos fazer algumas mudanças drásticas no método `tableView:cellForRowAtIndexPath:` em *CellsViewController.m*. Exclua o que você tem no momento e substitua por esta nova versão:

```
- (UITableViewCell *)tableView:(UITableView *)tableView
        cellForRowAtIndexPath:(NSIndexPath *)indexPath {
    static NSString *CustomCellIdentifier = @"CustomCellIdentifier";

    UITableViewCell *cell = [tableView
        dequeueReusableCellWithIdentifier: CustomCellIdentifier];
    if (cell == nil) {
        NSArray *nib = [[NSBundle mainBundle] loadNibNamed:@"CustomCell"
                                                     owner:self options:nil];
        if ([nib count] > 0) {
            cell = self.tvCell;
        } else {
            NSLog(@"failed to load CustomCell nib file!");
        }
```

```
    }
    NSUInteger row = [indexPath row];
    NSDictionary *rowData = [self.computers objectAtIndex:row];

    UILabel *colorLabel = (UILabel *)[cell viewWithTag:kNameValueTag];
    colorLabel.text = [rowData objectForKey:@"Color"];

    UILabel *nameLabel = (UILabel *)[cell viewWithTag:kColorValueTag];
    nameLabel.text = [rowData objectForKey:@"Name"];
    return cell;
}
```

Como criamos a célula de table view em um arquivo nib, se não houver células reutilizáveis, simplesmente carregaremos uma do nib. Quando carregamos do nib, obtemos uma outlet conectada à nova célula, utilizamos as tags que definimos para acessar os labels que estão dentro da célula e definimos os valores de exibição.

Existe mais uma adição a fazer. Já mudamos a altura da nossa célula de table view a partir do valor padrão no *CustomCell.xib*, mas não é o suficiente. Também precisamos informar à tabela sobre esse fato; caso contrário, ela não deixará espaço suficiente para a célula se apresentar de maneira apropriada. A maneira mais fácil de fazer isso é editando o nib que contém a table view.

Clique duas vezes em *CellsViewController.xib* no navegador do projeto para voltar ao Interface Builder e, então, selecione a própria table view. Certifique-se de ter selecionado a table view, não a view (que é pai da table view). Pressione **⌘3** para abrir o size inspector. Procure a seção *Table View Size* na parte superior, na qual você verá campos de texto para configurar diretamente as alturas das diversas partes da anatomia da table view. Mude o valor de *Row* para *66.00*.

É isso. Construa e execute. Agora as suas células da tabela de duas linhas estão baseadas na habilidade de criação no Interface Builder.

Seções Agrupadas e Indexadas

Nosso próximo projeto irá explorar outro aspecto fundamental das tabelas. Ainda vamos usar uma única table view — ainda não hierárquicas —, mas vamos dividir dados em seções. Crie um novo projeto no Xcode utilizando novamente o template *View-based Application* e, dessa vez, o chame de *Sections*.

Criando a View

Abra as pastas *Classes* e *Resources* e clique duas vezes em *SectionsViewController.xib* para editar o arquivo. Deixe uma table view na janela *View*, como fizemos antes. Então, pressione **⌘2** e conecte as conexões datasource e delegate ao ícone do *File's Owner*.

Em seguida, assegure-se de que a table view esteja selecionada e pressione **⌘1** para abrir o attributes inspector. Modifique o campo *Style* de *Plain* para *Grouped* (veja a Figura 8-20). Você deverá ver a mudança refletida na tabela de amostra mostrada na table view. Salve seu nib e continue. (Tratamos da diferença entre estilos indexados e agrupados no início do capítulo.)

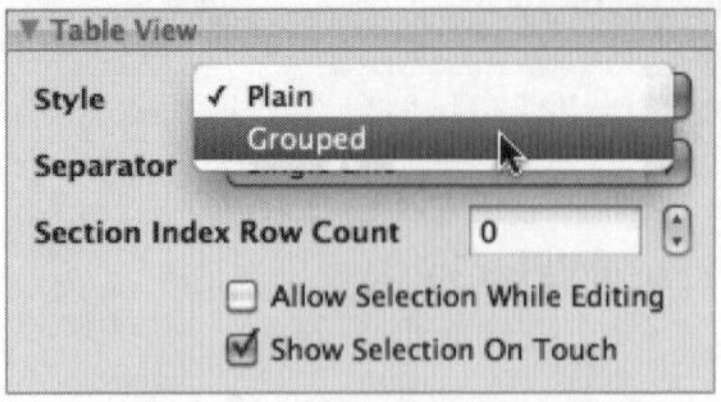

Figura 8-20. *O attributes inspector para a table view mostrando o pop-up Style com Grouped selecionada.*

Importando os Dados

Este projeto precisa de uma grande quantidade de dados para funcionar. Para poupar suas horas digitando, vamos fornecer outra lista de propriedades para o seu prazer de tabulação. Pegue o arquivo chamado *sortednames.plist*, da pasta *08 Sections* no arquivo de projetos deste livro, e adicione-o à pasta *Resources* do seu projeto.

Quando *sortednames.plist* for adicionado ao seu projeto, clique nele apenas para ver sua aparência (veja a Figura 8-21). É uma lista de propriedades que contém um dicionário, com uma entrada para cada letra do alfabeto. Abaixo de cada letra, existe uma lista de nomes que começam com ela.

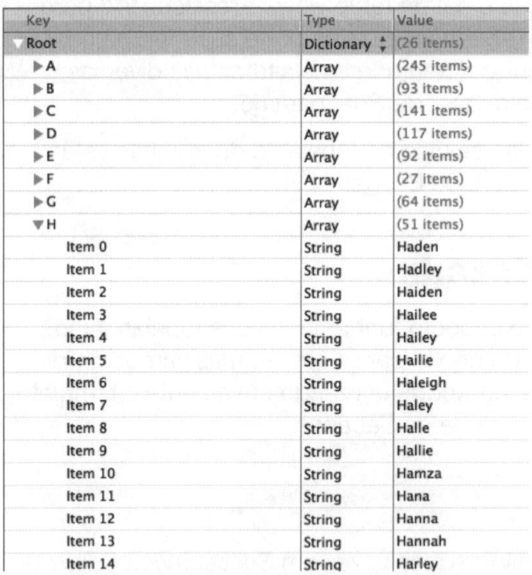

Figura 8-21. *O arquivo da lista de propriedades sortednames.plist. Abrimos a letra H para dar a você uma noção de um dos dicionários.*

Iremos utilizar os dados dessa lista de propriedades para alimentar a table view, criando uma seção para cada letra.

Implementando o Controller

Clique uma vez no arquivo *SectionsViewController.h* e adicione uma variável de instância `NSDictionary` e uma `NSArray`, além das declarações de propriedade correspondentes. O dicionário irá armazenar todos os nossos dados. O array irá manter as seções classificadas em ordem alfabética. Também precisaremos fazer com que a classe se adeque aos protocolos `UITableViewDataSource` e `UITableViewDelegate`:

```
#import <UIKit/UIKit.h>

@interface SectionsViewController : UIViewController
    <UITableViewDataSource, UITableViewDelegate>
{
    NSDictionary *names;
    NSArray      *keys;
}
@property (nonatomic, retain) NSDictionary *names;
@property (nonatomic, retain) NSArray *keys;
@end
```

Agora, mude para *SectionsViewController.m* e adicione o seguinte código ao início do arquivo:

```
#import "SectionsViewController.h"

@implementation SectionsViewController
@synthesize names;
@synthesize keys;

- (void)viewDidLoad {
    NSString *path = [[NSBundle mainBundle] pathForResource:@"sortednames"
                                                      ofType:@"plist"];
    NSDictionary *dict = [[NSDictionary alloc]
                          initWithContentsOfFile:path];
    self.names = dict;
    [dict release];

    NSArray *array = [[names allKeys] sortedArrayUsingSelector:
                      @selector(compare:)];
    self.keys = array;
}
...
```

Insira as seguintes linhas de código nos métodos `dealloc` e `viewDidUnload` existentes:

```
...
- (void)viewDidUnload {
    // Release any retained subviews of the main view.
    // e.g. self.myOutlet = nil;
    self.names = nil;
    self.keys = nil;
    [super viewDidUnload];
}

- (void)dealloc {
```

```
    [names release];
    [keys release];
    [super dealloc];
}
...
```

Agora, adicione o seguinte código ao final do arquivo, logo acima da declaração @end:

```
...
#pragma mark -
#pragma mark Table View Data Source Methods
- (NSInteger)numberOfSectionsInTableView:(UITableView *)tableView {
    return [keys count];
}

- (NSInteger)tableView:(UITableView *)tableView
        numberOfRowsInSection:(NSInteger)section {
    NSString *key = [keys objectAtIndex:section];
    NSArray *nameSection = [names objectForKey:key];
    return [nameSection count];
}

- (UITableViewCell *)tableView:(UITableView *)tableView
    cellForRowAtIndexPath:(NSIndexPath *)indexPath {
    NSUInteger section = [indexPath section];
    NSUInteger row = [indexPath row];

    NSString *key = [keys objectAtIndex:section];
    NSArray *nameSection = [names objectForKey:key];

    static NSString *SectionsTableIdentifier = @"SectionsTableIdentifier";
    UITableViewCell *cell = [tableView dequeueReusableCellWithIdentifier:
        SectionsTableIdentifier];
    if (cell == nil) {
        cell = [[[UITableViewCell alloc]
            initWithStyle:UITableViewCellStyleDefault
            reuseIdentifier:SectionsTableIdentifier] autorelease];
     }

    cell.textLabel.text = [nameSection objectAtIndex:row];
    return cell;
}

- (NSString *)tableView:(UITableView *)tableView
    titleForHeaderInSection:(NSInteger)section {
    NSString *key = [keys objectAtIndex:section];
    return key;
}
@end
```

A maior parte disso não é tão diferente do que já foi visto antes. No método viewDidLoad, nós criamos uma instância NSDictionary a partir da lista de propriedades que adicionamos ao nosso projeto e atribuímos a names. Depois disso, pegamos todas as chaves desse dicionário e as separamos para organizar o NSArray com os valores das chaves no dicionário em ordem alfabética. Lembre-se de que o NSDictionay usa as letras do alfabeto como suas chaves, então, esse array terá 26 letras, de "A" a "Z", e iremos utilizá-lo para nos ajudar a acompanhar as seções.

Role para baixo para os métodos de datasource. O primeiro que adicionamos à nossa classe especifica a quantidade de seções. Não implementamos esse método da última vez porque estávamos felizes com o ajuste padrão de 1. Dessa vez, estamos dizendo à table view que temos uma seção para cada chave do nosso dicionário.

```
- (NSInteger)numberOfSectionsInTableView:(UITableView *)tableView {
    return [keys count];
}
```

O próximo método calcula o número de linhas em uma seção específica. No exemplo anterior, tínhamos somente uma seção, então, apenas retornamos o número de linhas que tínhamos no array. Dessa vez, temos de dividir seção por seção. Podemos fazer isso recuperando o array que corresponde à seção em questão e retornando a conta desse array.

```
- (NSInteger)tableView:(UITableView *)tableView
        numberOfRowsInSection:(NSInteger)section {
    NSString *key = [keys objectAtIndex:section];
    NSArray *nameSection = [names objectForKey:key];
    return [nameSection count];
}
```

No nosso método tableView:cellForRowAtIndexPath:, precisamos extrair tanto a seção quanto a linha do caminho do índice e usar isso para determinar qual valor utilizar. A seção irá nos dizer qual array irá puxar o dicionário de nomes, e, então, poderemos usar a linha para descobrir qual valor daquele array usar. Todo o resto desse método é basicamente a mesma coisa da versão do aplicativo Simple Table.

O método tableView:titleForHeaderInSection permite especificar um valor de cabeçalho opcional para cada seção, e simplesmente retornamos a letra para esse grupo.

```
- (NSString *)tableView:(UITableView *)tableView
    titleForHeaderInSection:(NSInteger)section {
    NSString *key = [keys objectAtIndex:section];
    return key;
}
```

Compile, execute o projeto e alegre-se com as maravilhas! Lembre-se de que mudamos o *Style* da tabela para *Grouped*, então, nós finalizamos com uma tabela agrupada com 26 seções e que deve se parecer com a Figura 8-22.

Figura 8-22. *Uma tabela agrupada com múltiplas seções.*

Por outro lado, vamos mudar a nossa table view de volta para o estilo simples e ver como é uma tabela indexada com múltiplas seções. Clique duas vezes em *SectionViewController.xib* para editar o arquivo no Interface Builder novamente. Selecione a table view e use o attributes inspector para mudar a view para Plain. Salve o projeto, crie e execute-o — os mesmos dados, maravilhas diferentes (veja a Figura 8-23).

Figura 8-23. *Uma tabela simples com seções e sem índice.*

Adicionando um Índice

Um problema com a nossa tabela atual é o número total de linhas. Há dois mil nomes na lista. Seus dedos vão ficar muito cansados de procurar Zachariah ou Zayne, sem mencionar Zoie.

Uma solução para esse problema é adicionar um índice no lado direito inferior da table view. Agora que configuramos o nosso estilo de table view de volta para Plain, isso é relativamente fácil de fazer. Adicione o seguinte método na parte inferior de *SectionsViewController.m*, bem acima de `@end`:

```
- (NSArray *)sectionIndexTitlesForTableView:(UITableView *)tableView {
    return keys;
}
```

Sim, é isso. Nesse método, o delegate está pedindo um array dos valores para exibi-lo no índice. Você deve ter mais de uma seção na sua table view para usar o índice, e as entradas nesse array devem corresponder àquelas seções. O array que retorna deve ter o mesmo número das entradas e das seções que você tem, e os valores devem corresponder à seção apropriada. Em outras palavras, o primeiro item nesse array irá levar o usuário à primeira seção, que é a 0.

Compile e execute novamente o aplicativo. Você terá um índice legal (veja a Figura 8-24).

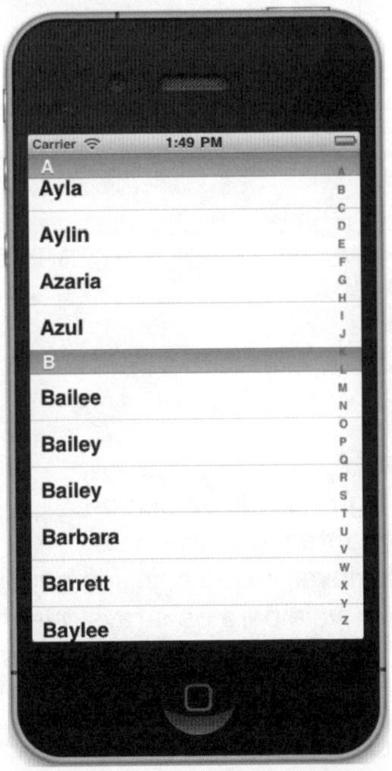

Figura 8-24. *A table view indexada com um índice.*

Implementando uma Barra de Busca

O índice é útil, mas, ainda assim, temos um monte de nomes impressionantes aqui. Se quisermos ver se o nome Arabella está na lista, por exemplo, você ainda terá de rolar a tela mais um pouco, mesmo depois de usar o índice. Seria legal se pudéssemos deixar o usuário reduzir a lista especificando um termo de busca, não seria? Isso seria muito amigável com ele. Bem, é um pouco de trabalho extra, mas não é tão ruim. Nós vamos implementar uma barra de busca padrão do iOS, como é mostrado na Figura 8-25.

Figura 8-25. *O aplicativo com uma barra de busca adicionada à tabela.*

Repensando o Design

Antes de adicionar uma barra de busca, precisamos ter algumas ideias de como isso irá funcionar. Atualmente, temos um dicionário que mantém um grupo de arrays, um para cada letra do alfabeto. O dicionário é invariável, o que significa que não podemos adicionar ou excluir valores nele, e o mesmo vale para os arrays que ele mantém. Também precisamos manter a capacidade de voltar ao grupo de dados original quando o usuário cancelar ou apagar seu termo de busca.

A solução é criar dois dicionários: um dicionário invariável, para manter o grupo de dados cheio, e uma cópia variável, da qual podemos remover linhas. Os delegates e o datasource vão ler o dicionário variável, e, quando os critérios de pesquisa mudarem ou a pesquisa for cancelada, poderemos atualizar o dicionário variável a partir do invariável. Parece um plano. Vamos fazê-lo.

ATENÇÃO: Esse próximo projeto é um pouco avançado e pode lhe causar uma sensação de estar esquecendo tudo se você for muito rápido. Se alguns desses conceitos estão lhe dando dor de cabeça, consiga sua cópia do *Learn Objective-C on the Mac* de Mark Dalrymple e Scott Knaster (Apress 2009), e reveja os bits sobre as categorias e a variabilidade.

Uma Cópia Variável e Profunda

Para utilizar nossa nova abordagem, há um problema que precisamos resolver. O `NSDictionary` segue o protocolo `NSMutableCopying`, que retorna um `NSMutableDictionary`, mas aquele método cria uma cópia **superficial**. Isso significa que, quando você chama o método `mutableCopy`, ele irá criar um novo objeto `NSMutableDictionary`, que tem todos os objetos que o dicionário original tinha. Eles não serão cópias; eles serão os mesmos objetos reais. Ficará tudo bem se, digamos, nós formos conduzindo com as séries armazenadas no dicionário, porque remover o valor da cópia não fará nada com o original, já que ambos apontam para os mesmos objetos. Nesse caso particular, os arrays originais não podem ser mudados, então você poderia realmente remover objetos deles de qualquer forma, mas nossa intenção é ilustrar o ponto.

Para lidar com isso adequadamente, precisamos conseguir fazer uma cópia variável profunda de um dicionário cheio de arrays. Não é tão difícil de fazer, mas onde poderíamos colocar essa funcionalidade?

Se você disse “em uma categoria”, está ótimo, agora você está pensando com portais! Se não pensou, não se preocupe, pois leva um tempo para se acostumar com essa linguagem. As categorias, caso você tenha se esquecido, permitem que você adicione métodos adicionais a objetos existentes sem subclassificá-los. As categorias são frequentemente ignoradas pelos iniciantes em Objective-C, porque elas são um recurso que a maioria das outras linguagens não tem.

Com as categorias, podemos adicionar um método ao `NSDictionary` para fazer uma cópia profunda, retornando um `NSMutableDictionary` com os mesmos dados, mas não com os mesmos objetos.

Na janela do seu projeto, selecione a pasta *Classes* e pressione **⌘N** para criar um novo arquivo. Quando o assistente aparecer, selecione *Other* na parte inferior à esquerda. Infelizmente, não existe nenhum template de arquivo para categorias, então nós vamos apenas criar dois arquivos vazios para esse objetivo. Selecione o ícone *Empty File* e dê ao primeiro o nome de *NSDictionary-MutableDeepCopy.h*. Repita o processo, desta vez usando o nome *NSDictionary-MutableDeepCopy.m*.

DICA: Um caminho mais rápido para criar os dois arquivos necessários para a categoria é selecionar o template *NSObject subclass* e depois excluir o conteúdo do arquivo. Essa opção dará a você os arquivos de cabeçalho e de implementação, livrando-o de uma etapa.

Implemente o código a seguir em *NSDictionary-MutableDeepCopy.h*

```
#import <Foundation/Foundation.h>

@interface NSDictionary(MutableDeepCopy)
- (NSMutableDictionary *)mutableDeepCopy;
@end
```

Coloque o seguinte código no *NSDictionary-MutableDeepCopy.h*:

```
#import "NSDictionary-MutableDeepCopy.h"

@implementation NSDictionary (MutableDeepCopy)

- (NSMutableDictionary *) mutableDeepCopy {
    NSMutableDictionary *returnDict = [[NSMutableDictionary alloc]
        initWithCapacity:[self count]];
    NSArray *keys = [self allKeys];
    for (id key in keys) {
        id oneValue = [self valueForKey:key];
        id oneCopy = nil;

        if ([oneValue respondsToSelector:@selector(mutableDeepCopy)])
            oneCopy = [oneValue mutableDeepCopy];
        else if ([oneValue respondsToSelector:@selector(mutableCopy)])
            oneCopy = [oneValue mutableCopy];
        if (oneCopy == nil)
            oneCopy = [oneValue copy];
        [returnDict setValue:oneCopy forKey:key];
        [oneCopy release];
    }
    return returnDict;
}
@end
```

Esse método cria um novo dicionário variável e depois loops por todas as chaves do dicionário original, fazendo cópias variáveis de cada array encontrado. Como esse método irá se comportar apenas como se fizesse parte do `NSDictionary`, qualquer referência a `self` será uma referência ao dicionário ao qual o método está sendo chamado. O primeiro método tenta fazer uma cópia variável profunda, e, se o objeto não responder à mensagem `mutableDeepCopy`, ele tentará fazer uma cópia variável. Se o objeto não responder à mensagem `mutableCopy`, ele volta a fazer uma cópia regular para assegurar que todos aqueles objetos contidos no dicionário foram copiados. Fazendo desse modo, você teria um dicionário contendo dicionários (ou outros objetos que suportassem cópias variáveis profundas), e aqueles que tiverem conteúdo também deveriam ser copiados profundamente.

Para alguns de vocês, essa deve ser a primeira vez que estão vendo essa sintaxe no Objective-C:

```
for (id key in keys)
```

Existe um novo recurso do Objective-C chamado **Fast enumeration** (enumeração rápida). É um nível de linguagem que substitui o `NSEnumerator` e permite que você repita rapidamente por meio de uma coleção, como um `NSArray`, sem o incômodo de criar objetos adicionais ou variáveis de loop.

Todas as classes de coleção do Cocoa salvas, inclusive `NSDictionary`, `NSArray` e `NSSet`, suportam fast enumeration, e você deve usar essa sintaxe sempre que precisar repetir uma coleção. Isso vai garantir que você consiga o loop mais eficiente possível.

Você deve ter percebido que parece que temos um problema de memória aqui. Nós alocamos e inicializamos `returnDict`, mas não o liberamos. Tudo bem. Como nosso método tem `copy` no nome, ele segue as mesmas regras de memória que o método `copyWithZone:`, que deve retornar um objeto com uma contagem retain de 1. Por outro lado, você deve ter notado que liberamos cada cópia que criamos e imaginado se estaríamos liberando a mais para esses novos objetos. Na verdade, estamos liberando cada objeto copiado apenas após adicioná-lo ao `returnDict`, que, por contrato, é o único objeto que nosso método deverá evitar que seja liberado.

Se incluirmos o arquivo de cabeçalho *NSDictionary-MutableDeepCopy.h* em uma das nossas outras classes, poderemos chamar o `mutableDeepCopy` ou qualquer objeto `NSDictionary` que quisermos. Vamos tirar vantagem disso agora.

Atualizando o Arquivo de Cabeçalho do Controller

Em seguida, precisamos adicionar algumas outlets para o nosso arquivo de cabeçalho da classe controller. Iremos adicionar uma saída para a table view fora dos métodos datasource. Precisamos de um para a implementação da nossa barra de busca, já que diremos à tabela para se recarregar com base no resultado da pesquisa.

Também vamos precisar adicionar uma outlet nessa barra de busca, que é um controle usado para, bem, buscar e pesquisar.

Além dessas duas outlets, também vamos precisar de outro dicionário. O dicionário existente e a outlet são objetos invariáveis, e precisamos mudá-los para suas versões variáveis correspondentes, então, o NSArray se torna um `NSMutableArray`, e o `NSDictionary` se torna um `NSMutableDictionary`.

Não precisaremos de um método action novo no nosso controller, mas precisaremos de mais dois novos métodos. Por enquanto, só vamos declará-los e falaremos em detalhes depois que inserirmos o código.

Nós também precisaremos adequar a nossa classe ao protocolo `UISearchBarDelegate`. Precisaremos nos tornar o delegate da barra de busca, além de ser o delegate da table view.

Faça as seguintes mudanças no SectionsViewController.h:

```
#import <UIKit/UIKit.h>

@interface SectionsViewController : UIViewController
<UITableViewDataSource, UITableViewDelegate, UISearchBarDelegate>
{
    UITableView *table;
    UISearchBar *search;
    NSDictionary *allNames;
    NSMutableDictionary *names;
    NSMutableArray *keys;
    NSDictionary *names;
```

```
    NSArray *keys;
}
@property (nonatomic, retain) NSDictionary *names;
@property (nonatomic, retain) NSArray *keys;
@property (nonatomic, retain) IBOutlet UITableView *table;
@property (nonatomic, retain) IBOutlet UISearchBar *search;
@property (nonatomic, retain) NSDictionary *allNames;
@property (nonatomic, retain) NSMutableDictionary *names;
@property (nonatomic, retain) NSMutableArray *keys;
- (void)resetSearch;
- (void)handleSearchForTerm:(NSString *)searchTerm;
@end
```

Aqui, está o que acabamos de fazer:

- A outlet `table` irá apontar indicar a nossa table view.
- A outlet `search` irá apontar para a barra de busca.
- O dicionário `allNames` irá manter um conjunto de dados cheio.
- O dicionário `names` irá manter o conjunto de dados que atende aos critérios de busca atuais.
- `keys` irá manter os valores de índice e os nomes da seção.

Se você entendeu tudo, agora vamos continuar e modificar nossa view.

Modificando a View

Clique duas vezes em *SectionsViewController. xib* para editar o arquivo no Xcode do Interface Builder. Em seguida, pegue uma *Search Bar* da library e adicione à parte superior da table view.

Você está tentando colocar a barra de busca na seção de cabeçalho da table view, uma parte especial da table view que fica antes da primeira seção. Para fazer isso, coloque a barra de busca na parte superior da view. Antes de soltar o botão do mouse, você deverá ver um retângulo azul arredondado na parte superior da view (veja a Figura 8-26). Isso indica que, se você soltar a barra de busca agora, ela irá para o cabeçalho da tabela. Solte o botão do mouse para colocar a barra de busca assim que você vir esse retângulo.

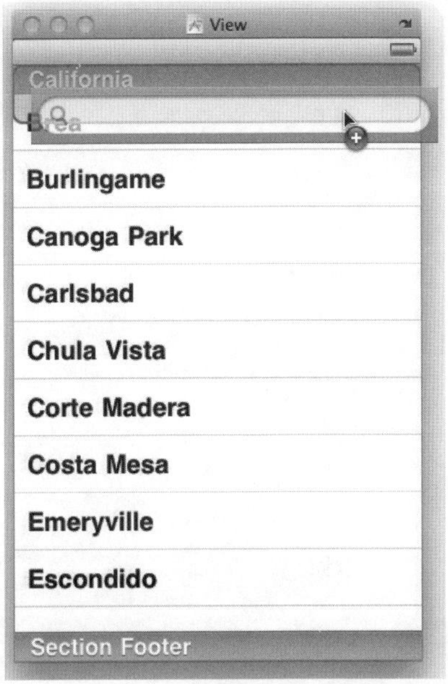

Figura 8-26. *Arrastado uma Search Bar para a table view. Observe o retângulo arredondado que aparece na parte superior da view, indicando que a barra de pesquisa será adicionada ao cabeçalho da tabela.*

Agora, arraste o ícone do *File's Owner* para a table view e selecione a outlet *table*. Repita isso com a barra de busca e selecione a outlet *search.*

Clique uma vez na barra de busca e vá para o attributes inspector pressionando **⌘1**. Deverá se parecer com a Figura 8-27.

Figura 8-27. *O attributes inspector para a barra de busca.*

Digite *search* no campo *Placeholder*. A palavra *search* deverá aparecer, muito levemente, no campo de busca.

Um pouco mais para baixo, você encontrará uma série de caixas de seleção para adicionar um botão de resultados de busca ou um botão de marcadores na parte inferior à direita da barra de busca. Esses botões não fazem nada sozinhos (exceto girar quando o usuário tocar neles), mas você poderá utilizá-los para permitir que o delegate defina algum conteúdo de exibição diferente do status dos botões de giro.

Deixe essas caixas desmarcadas, mas marque a que diz *Shows Cancel Button*. Um botão *Cancel* irá aparecer à direita do campo de busca. O usuário poderá tocar nesse botão para cancelar a busca. A caixa de seleção final serve para ativar a barra de escopo, que é uma série de botões conectados que permite ao usuário a escolha entre diferentes categorias de coisas que podem ser pesquisadas (conforme especificado pela série de *Scope Titles* abaixo dele). Não iremos utilizar a funcionalidade de escopo, então deixe isso isolado.

Abaixo das caixas de seleção e de *Scope Titles,* defina o menu pop-up *Correction* para *No* a fim de indicar que a barra de busca não deverá tentar corrigir a grafia do usuário.

Mude para o connections inspector pressionando ⌘**2** e arraste da conexão *delegate* para o ícone do *File's Owner* a fim de dizer a essa barra de busca que o nosso view controller também é um delegate da barra de busca.

Isso deve ser tudo de que precisamos aqui, então tenha certeza de ter salvo seu trabalho antes de voltar ao Xcode. Agora, vamos pesquisar mais código.

Modificando a Implementação de Controller

As mudanças para adaptar a barra de busca são relativamente drásticas. Faça as seguintes mudanças no *SectionsViewController.m:*

```
#import "SectionsViewController.h"
#import "NSDictionary-MutableDeepCopy.h"

@implementation SectionsViewController
@synthesize names;
@synthesize keys;
@synthesize table;
@synthesize search;
@synthesize allNames;

#pragma mark -
#pragma mark Custom Methods
- (void)resetSearch {
    NSMutableDictionary *allNamesCopy = [self.allNames mutableDeepCopy];
    self.names = allNamesCopy;
    [allNamesCopy release];
    NSMutableArray *keyArray = [[NSMutableArray alloc] init];
    [keyArray addObjectsFromArray:[[self.allNames allKeys]
             sortedArrayUsingSelector:@selector(compare:)]];
    self.keys = keyArray;
    [keyArray release];
}

- (void)handleSearchForTerm:(NSString *)searchTerm {
    NSMutableArray *sectionsToRemove = [[NSMutableArray alloc] init];
    [self resetSearch];

    for (NSString *key in self.keys) {
        NSMutableArray *array = [names valueForKey:key];
        NSMutableArray *toRemove = [[NSMutableArray alloc] init];
        for (NSString *name in array) {
            if ([name rangeOfString:searchTerm
                options:NSCaseInsensitiveSearch].location == NSNotFound)
                [toRemove addObject:name];
        }
        if ([array count] == [toRemove count])
            [sectionsToRemove addObject:key];

        [array removeObjectsInArray:toRemove];
        [toRemove release];
    }
    [self.keys removeObjectsInArray:sectionsToRemove];
    [sectionsToRemove release];
    [table reloadData];
}
```

```
- (void)viewDidLoad {
    NSString *path = [[NSBundle mainBundle] pathForResource:@"sortednames"
        ofType:@"plist"];
    NSDictionary *dict = [[NSDictionary alloc]
        initWithContentsOfFile:path];
    self.names = dict;
    self.allNames = dict;

    [dict release];

    NSArray *array = [[names allKeys] sortedArrayUsingSelector:
        @selector(compare:)];
    self.keys = array;

    [self resetSearch];
    [table reloadData];
    [table setContentOffset:CGPointMake(0.0, 44.0) animated:NO];
}

- (void)didReceiveMemoryWarning {;
    [super didReceiveMemoryWarning];
    // Releases the view if it doesn't have a superview
    // Release anything that's not essential, such as cached data
}

- (void)viewDidUnload {
    // Release any retained subviews of the main view.
    // e.g. self.myOutlet = nil;
    self.table = nil;
    self.search = nil;
    self.allNames = nil;
    self.names = nil;
    self.keys = nil;
    [super viewDidUnload];
}

- (void)dealloc {
    [table release];
    [search release];
    [allNames release];
    [names release];
    [keys release];

    [super dealloc];
}
#pragma mark -
#pragma mark Table View Data Source Methods
- (NSInteger)numberOfSectionsInTableView:(UITableView *)tableView {
    return [keys count];
    return ([keys count] > 0) ? [keys count] : 1;
}

- (NSInteger)tableView:(UITableView *)aTableView
        numberOfRowsInSection:(NSInteger)section {
    if ([keys count] == 0)
        return 0;
```

```
    NSString *key = [keys objectAtIndex:section];
    NSArray *nameSection = [names objectForKey:key];
    return [nameSection count];
}

- (UITableViewCell *)tableView:(UITableView *)aTableView
        cellForRowAtIndexPath:(NSIndexPath *)indexPath {
    NSUInteger section = [indexPath section];
    NSUInteger row = [indexPath row];

    NSString *key = [keys objectAtIndex:section];
    NSArray *nameSection = [names objectForKey:key];

    static NSString *sectionsTableIdentifier = @"sectionsTableIdentifier";

    UITableViewCell *cell = [aTableView dequeueReusableCellWithIdentifier:
        sectionsTableIdentifier];
    if (cell == nil) {
        cell = [[[UITableViewCell alloc] initWithFrame:CGRectZero
            reuseIdentifier: sectionsTableIdentifier] autorelease];
    }

    cell.text = [nameSection objectAtIndex:row];
    return cell;
}

- (NSString *)tableView:(UITableView *)tableView
    titleForHeaderInSection:(NSInteger)section {
    if ([keys count] == 0)
        return nil;

    NSString *key = [keys objectAtIndex:section];
    return key;
}

- (NSArray *)sectionIndexTitlesForTableView:(UITableView *)tableView {
    return keys;
}

#pragma mark -
#pragma mark Table View Delegate Methods
- (NSIndexPath *)tableView:(UITableView *)tableView
    willSelectRowAtIndexPath:(NSIndexPath *)indexPath {
    [search resignFirstResponder];
    return indexPath;
}

#pragma mark -
#pragma mark Search Bar Delegate Methods
- (void)searchBarSearchButtonClicked:(UISearchBar *)searchBar {
    NSString *searchTerm = [searchBar text];
    [self handleSearchForTerm:searchTerm];
}

- (void)searchBar:(UISearchBar *)searchBar
    textDidChange:(NSString *)searchTerm {
```

```
    if ([searchTerm length] == 0) {
        [self resetSearch];
        [table reloadData];
        return;
    }
    [self handleSearchForTerm:searchTerm];
}

- (void)searchBarCancelButtonClicked:(UISearchBar *)searchBar {
    search.text = @"";
    [self resetSearch];
    [table reloadData];
    [searchBar resignFirstResponder];
}
@end
```

Uau! Você ainda está conosco depois de toda essa digitação? Vamos dividi-la e ver o que fizemos. Começaremos pelo primeiro novo método que adicionamos.

Copiando Dados do allNames

Nosso novo método resetSearch será chamado sempre que a busca for cancelada ou quando os termos de busca forem mudados.

```
- (void)resetSearch {
    self.names = [self.allNames mutableDeepCopy];
    NSMutableArray *keyArray = [[NSMutableArray alloc] init];
    [keyArray addObjectsFromArray:[[self.allNames allKeys]
              sortedArrayUsingSelector:@selector(compare:)]];
    self.keys = keyArray;
    [keyArray release];
}
```

Tudo o que ele faz é criar uma cópia variável do allNames, atribuí-la a names e, então, atualizar os arrays da chave, o que inclui todas as letras do alfabeto.

Precisaremos atualizar os arrays da chave porque, se uma busca eliminar todos os valores de uma seção, precisaremos sair dela também. Caso contrário, a tela será preenchida com cabeçalhos e seções vazias, e isso não será bom. Nós também não queremos fornecer um índice para algo inexistente; então, conforme escolhermos nomes baseados nos termos de busca, também escolheremos as seções vazias.

Implementando a Busca

O outro método novo que adicionamos é a busca verdadeira.

```
- (void)handleSearchForTerm:(NSString *)searchTerm {
    NSMutableArray *sectionsToRemove = [[NSMutableArray alloc] init];
    [self resetSearch];

    for (NSString *key in self.keys) {
        NSMutableArray *array = [names valueForKey:key];
        NSMutableArray *toRemove = [[NSMutableArray alloc] init];
```

```
        for (NSString *name in array) {
            if ([name rangeOfString:searchTerm
                options:NSCaseInsensitiveSearch].location == NSNotFound)
                    [toRemove addObject:name];
          }

        if ([array count] == [toRemove count])
            [sectionsToRemove addObject:key];

        [array removeObjectsInArray:toRemove];
        [toRemove release];
      }
    [self.keys removeObjectsInArray:sectionsToRemove];
    [sectionsToRemove release];
    [table reloadData];
}
```

Embora comecemos a busca nos métodos de delegate da barra de busca, vamos mover o `handleSearchForTerm:` para o seu próprio método, já que vamos precisar usar exatamente a mesma funcionalidade em dois métodos delegates diferentes. Fixando a busca no método `handleSearchForTerm:`, nós consolidamos a funcionalidade em um único lugar, o que é mais fácil de manter, e depois é só chamar esse novo método quando necessário.

Já que essa é o prato principal desta seção, vamos dividir esse método em trechos menores.

Primeiro, criamos um array que irá manter as seções vazias, como nós as achamos. Usamos, mais tarde, esses arrays para remover aquelas seções vazias, porque não é seguro remover objetos de uma coleção enquanto a estivermos repetindo. Já que estamos usando a enumeração rápida, tentar fazer isso irá causar uma exceção. Então, já que nós não conseguiremos remover chaves enquanto estivermos repetindo, armazenaremos as seções a serem removidas em um array e, depois de ter tudo enumerado, removeremos todos os objetos imediatamente. Antes de alocar o array, vamos restaurar a busca.

```
NSMutableArray *sectionsToRemove = [[NSMutableArray alloc] init];
[self resetSearch];
```

Em seguida, enumeramos todas as chaves nos arrays de chaves restauradas recentemente.

```
for (NSString *key in self.keys) {
```

Toda vez que você terminar o loop, pegamos o array de nomes que corresponde à chave em vigor e criamos outro array para manter os valores que precisamos remover do array `names`. Lembre-se de que estamos removendo nomes e seções, então, precisamos nos manter informados sobre quais chaves estão vazias, assim como os nomes que não combinam com o critério de busca.

```
    NSMutableArray *array = [names valueForKey:key];
    NSMutableArray *toRemove = [[NSMutableArray alloc] init];
```

Em seguida, repetimos todos os nomes no array atual. Então, se você está trabalhando atualmente na chave do *"A"*, esse loop irá enumerar todos os nomes que começam com *"A"*.

```
    for (NSString *name in array) {
```

Dentro desse loop, usamos um método do NSString, que retorna a localização de uma substring dentro de uma string. Especificamos uma opção de NSCaseIntensiveSearch para nos informar de que não precisamos nos preocupar com a caixa maiúscula do termo de busca — em outras palavras, *"A"* é o mesmo que *"a"*. O valor retornado por esse método é uma estrutura NSRange com dois membros: location (posição) e length (comprimento). Se o termo de busca não for achado, a posição será NSNotFound, então nós vamos verificar isso. Se o NSRange que retorna for NSNotFound, adicionaremos o nome para o array dos objetos a serem removidos depois.

```
        if ([name rangeOfString:searchTerm
            options:NSCaseInsensitiveSearch].location == NSNotFound)
                [toRemove addObject:name];
    }
```

Depois de fazer o loop em todos os nomes de uma letra dada, verificamos se o array dos nomes a ser removido tem o mesmo comprimento do array de nomes. Se for isso, sabemos que agora essa seção está vazia e a adicionamos ao array de chaves a serem removidas mais tarde.

```
    if ([array count] == [toRemove count])
        [sectionsToRemove addObject:key];
```

Em seguida, nós removemos os nomes que não correspondem dos arrays de seção e, então, liberamos o array que usamos para manter registro dos nomes. É muito importante evitar usar métodos de conveniência dentro de loops como esse sempre que possível, porque eles colocarão algo no pool de autoliberação sempre que passarem pelo loop. Entretanto, o pool de autoliberação não pode nivelar até que esteja tudo pronto no nosso loop.

```
        [array removeObjectsInArray:toRemove];
        [toRemove release];
    }
```

Por fim, removemos as seções vazias, liberamos o array usado para informar as seções e dizemos à tabela para recarregar seus dados.

```
    [self.keys removeObjectsInArray:sectionsToRemove];
    [sectionsToRemove release];
    [table reloadData];
}
```

Mudanças no viewDidLoad

Abaixo, no viewDidLoad, faremos algumas mudanças. Primeiro, vamos carregar agora a lista de propriedade no dicionário allNames em vez de no dicionário names, e excluir o código que carrega o array keys, porque agora isso é feito no método resetSearch. Então, chamamos o método resetSearch, que preenche para nós o dicionário variável names e o array keys. Em seguida, chamamos reloadData na nossa tableView. No fluxo normal do programa, reloadData será chamado antes de o usuário ver a tabela, então, na maior parte do tempo, não é necessário chamá-lo no viewDidLoad:. No entanto, para a linha depois dele, setContentOffset:animated:, trabalhar, precisaremos ter a certeza de que a tabela está toda configurada antes de fazermos aquilo, o que acontecerá chamando reloadData na tabela.

```
    [table reloadData];
    [table setContentOffset:CGPointMake(0.0, 44.0) animated:NO];
```

O que `setContentOffset:animated:` faz? Bem, ela faz exatamente o que parece. Desloca os conteúdos da tabela — no nosso caso, por 44 pixels, a altura da barra de busca. Isso faz com que a barra de busca seja movida para a parte superior quando a tabela aparecer pela primeira vez. Estamos "escondendo" a barra de busca lá no topo para ser descoberta pelo usuário quando ele mover tudo para cima na primeira vez. Isso é semelhante ao Mail, ao Contacts e a outros aplicativos padrão de iOS que suportam a busca. Inicialmente, os usuários não veem a barra de busca, mas podem colocá-la na view com um simples toque para baixo.

Ocultar a barra de busca inicialmente cria um certo risco de que o usuário pode não descobrir a funcionalidade de busca nunca! No entanto, esse é um risco compartilhado entre uma variedade de aplicativos de iOS, e esse uso da barra de busca é tão comum que não há motivo real para mostrar algo mais explícito. Trataremos mais disso na seção "Colocando uma Lente de Aumento no Índice", que virá em breve.

Mudanças nos Métodos de DataSource

Se você pular para os métodos de datasource, verá que faremos algumas poucas mudanças lá. Como o dicionário `names` e o array `keys` ainda estão em uso para alimentar a datasource, esses métodos são basicamente os mesmos que antes.

Precisamos explicar o fato de que as table views sempre têm, no mínimo, uma seção, e agora a busca poderia excluir potencialmente todos os nomes de todas as seções. Então, adicionamos um pequeno código para verificar a situação do lugar de onde todas as seções foram removidas. Nesses casos, alimentamos a table view com uma única seção sem nenhuma linha e com um nome em branco. Isso evita qualquer problema e não dá nenhum feedback incorreto ao usuário.

Adicionando um Método Delegate de Table View

Abaixo dos métodos de datasource, tínhamos adicionado um único método delegate. Se o usuário clicar em uma linha enquanto estiver usando a barra de busca, esperamos que o teclado suma. Nós fazemos isso implementando `tableView :willSelectedRowAtIndexPath:` e dizendo à barra de busca para renunciar ao status do first responder, o que fará com que o teclado se recolha. Em seguida, retornamos `indexPath` não modificado.

```
- (NSIndexPath *)tableView:(UITableView *)tableView
    willSelectRowAtIndexPath:(NSIndexPath *)indexPath {
    [search resignFirstResponder];
    return indexPath;
}
```

Também poderíamos já ter feito isso no `tableView:didSelectedRowAtIndexPath:`, mas, como estamos fazendo isso aqui, o teclado sai um pouco mais cedo.

Adicionando o Método Delegate de Barra de Busca

A barra de busca tem vários métodos que chama em seu delegate. Se o usuário tocar em "voltar" ou na chave de busca no teclado, o `searchBarSearchButtonClicked:` será chamado. A nossa versão desse método pega o termo de busca da barra de busca e chama o nosso método de busca, que irá remover os nomes que não combinam de names e das seções vazias de keys.

```
- (void)searchBarSearchButtonClicked:(UISearchBar *)searchBar {
    NSString *searchTerm = [searchBar text];
    [self handleSearchForTerm:searchTerm];
}
```

O método `searchBarSearchButtonClicked:` deve ser implementado a qualquer hora em que você usar a barra de busca.

Nós também implementamos outro método delegate de barra de busca, mas que requer um pouco de atenção. O próximo método implementa uma live search. Toda vez em que o termo de busca mudar, mesmo se o usuário selecionar o botão de busca ou apertar para voltar, nós iremos refazer a busca. Esse comportamento é favorável ao usuário, e é como se ele pudesse ver os resultados mudando enquanto digita. Se os usuários reduzirem a lista a três caracteres, eles poderão parar de digitar e selecionar a linha que quiserem.

Você pode facilmente paralisar a performance do seu aplicativo implementando a live search, principalmente se você estiver exibindo imagens ou tiver um modelo de dados complexos. Nesse caso, com 2000 strings e nenhuma imagem ou ícones de acessórios, as coisas realmente funcionam muito bem, até mesmo na primeira geração do iPhone ou iPod Touch.

> **ATENÇÃO:** Não suponha que aquela performance rápida do simulador se traduz em uma performance rápida no seu aparelho. Se você vai implementar uma live search como essa, precisa testar extensivamente no seu hardware para ter certeza de que seu aplicativo permanece respondendo. Se estiver em dúvida, não use. Seus usuários ficarão perfeitamente felizes apertando o botão de busca.

Para lidar com uma live search, implemente o método delegate da barra de busca `searchBar:textDidChange:` assim:

```
- (void)searchBar:(UISearchBar *)searchBar
    textDidChange:(NSString *)searchTerm {
    if ([searchTerm length] == 0) {
        [self resetSearch];
        [table reloadData];
        return;
    }
    [self handleSearchForTerm:searchTerm];
}
```

Perceba que verificamos uma string vazia. Se a string estiver vazia, sabemos que todos os nomes irão combinar, então nós simplesmente cancelamos a busca e recarregamos os dados, sem nos preocupar em enumerar todos os nomes.

Por fim, implementamos um método que permite sermos notificados quando o usuário clicar no botão Cancel da barra de busca:

```
- (void)searchBarCancelButtonClicked:(UISearchBar *)searchBar {
    search.text = @"";
    [self resetSearch];
    [table reloadData];
    [searchBar resignFirstResponder];
}
```

Quando o usuário clica em *Cancel*, nós colocamos o termo de busca em uma série vazia, cancelamos a busca e recarregamos os dados para que todos os nomes sejam mostrados. Nós também dizemos à barra de busca para dar o status do first responder para que o teclado saia e o usuário possa prosseguir trabalhando com a table view.

Se você não tiver feito isso ainda, ligue e experimente a funcionalidade da busca. Lembre-se de que a barra de pesquisa está escondida no topo da tela; então, arraste-a para baixo para torná-la visível. Clique no campo de busca e comece a digitar.

A lista de nomes deve ir diminuindo para corresponder ao texto que você digitar. Funcionou, certo?

No entanto, uma coisa ainda não está certa: o índice está se sobrepondo ao botão Cancel (veja a Figura 8-28).

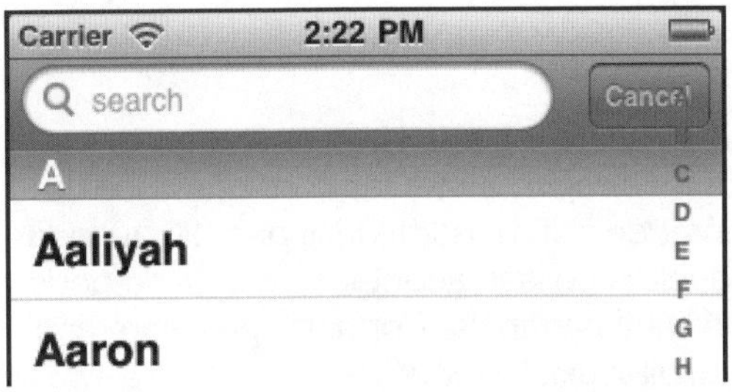

Figura 8-28. *Na versão atual do nosso aplicativo, o botão Cancel da barra de busca está sobreposto pelo índice.*

É algo sutil, mas os usuários de iPhone geralmente percebem coisas sutis. Como os desenvolvedores da Apple lidam com esse problema no aplicativo Contacts? Eles fazem o índice desaparecer quando você toca na barra de busca. Você pode não conseguir duplicar exatamente a abordagem de Contacts, mas podemos chegar bem perto disso sem muito problema.

Primeiro, vamos adicionar uma variável de instância para manter controle sobre o fato de o usuário estar ou não atualmente usando a barra de busca. Adicione o seguinte ao SectionsViewController.h:

```
@interface SectionsViewController : UIViewController
<UITableViewDataSource, UITableViewDelegate, UISearchBarDelegate>
{
    UITableView *table;
    UISearchBar *search;
    NSDictionary *allNames;
    NSMutableDictionary *names;
    NSMutableArray *keys;

    BOOL    isSearching;
}
@property (nonatomic, retain) IBOutlet UITableView *table;
@property (nonatomic, retain) IBOutlet UISearchBar *search;
@property (nonatomic, retain) NSDictionary *allNames;
@property (nonatomic, retain) NSMutableDictionary *names;
@property (nonatomic, retain) NSMutableArray *keys;
- (void)resetSearch;
- (void)handleSearchForTerm:(NSString *)searchTerm;
@end
```

Salve o arquivo e vamos voltar nossa atenção ao *SectionsViewController.m*. Primeiro, precisamos modificar o método `sectionIndexTitlesForTableView:` para retornar `nil` se o usuário estiver pesquisando:

```
- (NSArray *)sectionIndexTitlesForTableView:(UITableView *)tableView {
    if (isSearching)
        return nil;
    return keys;
}
```

Precisamos implementar um novo método delegate para definir `isSearching` para `YES` quando a pesquisa começar. Adicione o seguinte método à seção de métodos delegate da barra de busca do *SectionsViewController.m*:

```
- (void)searchBarTextDidBeginEditing:(UISearchBar *)searchBar {
    isSearching = YES;
    [table reloadData];
}
```

Esse método é chamado quando a barra de busca é tocada. Nele, definimos `isSearching` para `YES` e dizemos à tabela para recarregar, o que faz com que o índice desapareça. Também precisamos nos lembrar de definir `isSearching` para `NO` quando o usuário acabar de pesquisar. Há duas maneiras de isso acontecer: o usuário pode pressionar o botão *Cancel* ou tocar em uma linha na tabela. Portanto, precisaremos adicionar um código ao método `searchBarSearchButtonClicked::`

```
- (void)searchBarCancelButtonClicked:(UISearchBar *)searchBar {
    isSearching = NO;
    search.text = @"";
    [self resetSearch];
    [table reloadData];
    [searchBar resignFirstResponder];
}
```

Também precisaremos fazer aquela mudança no método `tableView:WillSelectRowAtIndexPath::`

```
- (NSIndexPath *)tableView:(UITableView *)tableView
  willSelectRowAtIndexPath:(NSIndexPath *)indexPath {
    [search resignFirstResponder];
    isSearching = NO;
    search.text = @"";
    [tableView reloadData];
    return indexPath;
}
```

Agora, tente novamente. Você verá que, quando tocar na barra de busca, o índice irá desaparecer até que você tenha terminado de pesquisar.

Colocando uma Lente de Aumento no Índice

Como nós compensamos o conteúdo da table view, a barra de busca não fica visível quando o aplicativo abre pela primeira vez, mas um rápido toque a traz à view para que possa ser utilizada. Também é aceitável colocar uma barra de busca acima da table view, em vez de dentro dela, para que ela esteja sempre visível, mas isso ocuparia um espaço valioso da tela. Fazer com que a barra de busca role com a tabela utiliza a tela pequena do iPhone de maneira mais eficaz, e o usuário pode rapidamente obter a barra de busca tocando na barra de status, na parte superior da tela.

O problema é que nem todo mundo sabe que tocar na barra de status leva você à parte superior da tabela atual. A solução ideal seria colocar uma lente de aumento na parte superior do índice, assim como o aplicativo Contacts faz (veja a Figura 8-29). E sabe o que mais? Realmente, podemos fazer isso. O iOS inclui a possibilidade de colocar uma lente de aumento em um índice de tabela. Vamos fazer isso agora para o nosso aplicativo.

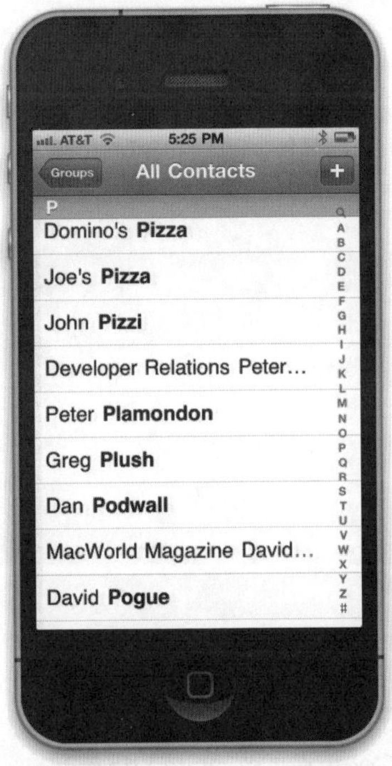

Figura 8-29. *O aplicativo Contacts tem um ícone de lente de aumento no índice que leva você à barra de busca. Antes do iOS 3, isso não estava disponível para outros aplicativos, mas agora está.*

Apenas três etapas estão envolvidas na inclusão de lente de aumento:

- Adicionar um valor especial em nosso array keys para indicar que queremos uma lente de aumento.
- Evitar que o iOS imprima um cabeçalho de seção na tabela para aquele valor especial.
- Dizer à tabela para rolar para a parte superior quando aquele item for selecionado.

Vamos enfrentar essas tarefas em ordem.

Adicionando um Valor Especial ao Array Keys

Para adicionar um valor especial ao nosso array keys, só precisamos adicionar uma linha de código ao método `resetSearch`:

```
- (void)resetSearch {
    self.names = [self.allNames mutableDeepCopy];
    NSMutableArray *keyArray = [[NSMutableArray alloc] init];
    [keyArray addObject:UITableViewIndexSearch];
    [keyArray addObjectsFromArray:[[self.allNames allKeys]
            sortedArrayUsingSelector:@selector(compare:)]];
    self.keys = keyArray;
    [keyArray release];
}
```

Omitindo o Cabeçalho da Seção

Agora, precisamos omitir aquele valor do aparecimento como título da seção. Fazemos isso adicionando uma marca ao método `tableView:titleForHeaderInSection:` e retornamos `nil` quando ele pedir o título para a seção de busca especial:

```
- (NSString *)tableView:(UITableView *)tableView
    titleForHeaderInSection:(NSInteger)section {
    if ([keys count] == 0)
        return nil;

    NSString *key = [keys objectAtIndex:section];
    if (key == UITableViewIndexSearch)
        return nil;
    return key;
}
```

Dizendo à Table View o Que Fazer

Por fim, precisamos dizer à table view o que fazer quando o usuário tocar na lente de aumento no índice. Quando ele fizer isso, o método delegate `tableView:sectionForSectionIndexTitle:atIndex:` será chamado, se estiver implementado.

Adicione este método à parte inferior de *SectionsViewController.m*, acima de `@end`:

```
- (NSInteger)tableView:(UITableView *)tableView
        sectionForSectionIndexTitle:(NSString *)title
        atIndex:(NSInteger)index {
    NSString *key = [keys objectAtIndex:index];
    if (key == UITableViewIndexSearch) {
        [tableView setContentOffset:CGPointZero animated:NO];
        return NSNotFound;
    }
    else return index;
}
```

Para dizer a ele para ir até a caixa de busca, devemos fazer duas coisas. A primeira é que nos livrar do offset de conteúdo que adicionamos anteriormente e, então, retornar `NSNotFound`. Quando a table view tiver sua resposta, ela sabe que tem de mover para a parte superior. Então, agora que removemos o offset, ele irá mover para a barra de busca em vez de mover para a seção superior.

Aí está — live search em uma tabela de iPhone com uma lente de aumento no índice!

> **DICA:** O iOS inclui coisas de busca ainda mais legais. Está interessado? Vá ao browser da documentação e pesquise por `UISearchDisplay` para ler sobre `UISearchDisplayController` e `UISearchDisplayDelegate`. Você achará esse material muito mais fácil de entender quando acabar o Capítulo 9.

Colocando Tudo Isso na Tabela

Bem, como você está indo? Este foi um capítulo bem pesado, e você aprendeu demais! Você deve ter uma compreensão muito sólida do jeito como as tabelas funcionam e entender como personalizar tabelas e células de table view, assim como configurar table views. Você também sabe como implementar uma barra de busca, que é uma ferramenta vital em qualquer aplicativo do iOS que apresenta uma grande quantidade de dados. Tenha certeza de que aprendeu tudo o que fizemos neste capítulo, porque nós vamos construir em cima disso.

Vamos continuar trabalhando com table views no próximo capítulo e você irá aprender a usá-las nos dados hierárquicos vigentes. Você verá como criar content views que permitem que o usuário edite dados selecionados na table view, assim como introduzir listas de itens nas tabelas, colocar controles nas linhas da tabela e excluir linhas.

Colocando Tudo Isso na Tabela

Capítulo 9

Navigation Controllers e Table Views

No capítulo anterior, você dominou o básico de como trabalhar com Table Views. Neste capítulo, você terá muito mais prática, porque nós vamos explorar **navigation controllers**.

As table views e os navigation controllers trabalham de mãos dadas. Estamos falando exatamente que um navigation controller não precisa de uma Table View para fazer as suas coisas. Como uma questão prática, entretanto, quando você implementa um navigation controller, você quase sempre implementa pelo menos uma tabela, e geralmente várias, porque o poder do navigation controller está na comodidade com que ele lida com dados hierárquicos complexos. Na pequena tela do iPhone, dados hierárquicos são melhores apresentados usando uma série de Table Views.

Neste capítulo, nós vamos criar um aplicativo progressivamente, assim como fizemos com o aplicativo Pickers no Capítulo 7. Nós vamos colocar o navigation controller e o primeiro view controller para funcionar e então vamos começar adicionando mais controladores e mais camadas para a hierarquia. Cada view controller que criarmos irá reforçar alguns aspectos do uso ou da configuração da tabela.

- Como detalhar table views em tabelas sucessoras.
- Como detalhar de table views para content views, em que os dados detalhados podem ser visualizados e até mesmo editados.
- Como utilizar uma lista de tabela para permitir que o usuário selecione a partir de múltiplos valores.
- Como utilizar o modo de edição para permitir que a exclusão de linhas de uma table view.

Isso é muito, não é? Bem, vamos começar com uma introdução aos navigation controllers.

Navigation Controllers

A principal ferramenta que você vai usar para criar aplicativos hierárquicos é o `UINavigationController`. O `UINavigationController` é parecido com o `UITabBarController` em questão de gerenciamento e troca para dentro e para fora múltiplas content views. A principal diferença entre eles é que o `UINavigationController` é implementado como uma stack (pilha), o que faz com que fique mais apropriado para trabalhar com hierarquias.

Você tem certeza que conhece tudo que há para saber sobre stacks? Examine a subseção a seguir e nós encontraremos no início da próxima subseção, "Um stack dos controladores". Se você é um novato no mundo da stacks, então continue lendo. Felizmente, o conceito de stacks é fácil de compreender.

Santo Empilhador

Uma **pilha** é uma estrutura de dados geralmente usada e que trabalha com o princípio de "último a entrar, primeiro a sair". Acredite ou não, um Pez dispenser é um grande exemplo de pilha. Já tentou carregar um? De acordo com uma folhinha de instrução que vem com cada Pez dispenser, existem poucas etapas fáceis. Primeiro, desembrulhe o pacote da bala Pez. Segundo, abra o Pez dispenser inclinando sua ponta para baixo verticalmente. Terceiro, pegue a pilha (perceba o jeito esperto que usamos a expressão "pilha") de balas, segurando firmemente entre a ponta do dedo e o polegar, e insira a coluna no tubo aberto. Quarto, pegue as balinhas que voaram para o chão, porque essas instruções nunca funcionam.

Tudo bem, esse exemplo não é particularmente útil. No entanto, o que acontece em seguida é. Assim que você pegar as balas e colocá-las, uma a uma, no seu Pez dispenser, você estará trabalhando com uma pilha. Lembre-se de que dissemos que a pilha era um sistema de último a entrar, primeiro a sair? Isso também é um sistema de último a entrar, primeiro a sair. A primeira bala Pez que você coloca no Pez dispenser será a última que você vai pegar. A última que você colocar lá será a primeira que você vai pegar. Uma pilha de computador segue as mesmas regras:

- Quando você adiciona um objeto a uma pilha, ele é chamado de **push** (empurrar). Você empurra um objeto para a pilha.
- O primeiro objeto que você coloca na pilha é chamado de **base** da pilha.
- O último objeto que você coloca na pilha é chamado de **top** (topo) da pilha (pelo menos até ser substituído pelo próximo objeto a ser colocado na pilha).
- Quando você remove um objeto da pilha, é chamado de **pop** (tirar/remover). Quando você dispara um objeto para fora da pilha, ele sempre será o último que você empurrou para a pilha. O primeiro objeto que você empurrou para a pilha sempre será o último que você tira dela.

Uma Pilha de Controladores

Um navigation controller mantém a pilha de view controllers. Qualquer tipo de view controller é um jogo claro para a pilha. Quando você desenha seu navigation controller, você precisará especificar as primeiras views que o usuário irá ver.

Aquela view é a mais importante na hierarquia de view e seu controller é chamado de **root view controller**, ou só **root controller**, e é a base da pilha do navigation controller de view controllers. Conforme o usuário seleciona a próxima view para exibir, um novo view controller é empurrado para a pilha, e a view que ele controla aparece. Nós nos referimos àqueles novos view controllers, como **subcontrollers** (subcontroladores). Como você verá, o aplicativo deste capítulo, Nav, é composto por um navigation controller e seis subcontroladores.

Dê uma olhada na Figura 9-1. Note o **botão de navegação** no canto superior à esquerda da view atual. O botão de navegação é parecido com o do browser da internet. Quando o usuário aperta aquele botão, o view controller atual é tirado da pilha, e a view anterior se transforma na atual.

Figura 9-1. ***O aplicativo Setting utiliza um navigation controller. Na parte superior à esquerda, está o botão de navegação utilizado para tirar o view controller da pilha, retornando a você o nível de hierarquia anterior. O título do controller da content view atual também é exibido.***

Nós adoramos esse padrão de projeto. Ele permite que você crie aplicativos hierárquicos complexos repetidamente. Não precisamos saber a hierarquia inteira para organizar e executar. Cada controller só precisa saber sobre seus controladores filhos, portanto isso pode colocar o novo objeto controller apropriado na pilha quando o usuário fizer a sua seleção. Você pode criar um grande aplicativo com várias peças pequenas dessa maneira, que é exatamente o que vamos fazer neste capítulo.

O navigation controller é realmente o coração e a alma de muitos aplicativos para iPhone, mas, quando se trata de aplicativo para iPad, o navigation controller desempenha uma função maior. Um exemplo típico disso é o aplicativo Mail, que apresenta um navigation controller hierárquico para permitir que o usuário navegue entre servidores de e-mail, pastas e mensagens. Na versão do Mail para iPad, o navigation controller nunca preenche a tela, mas aparece como uma barra lateral ou uma janela popover temporária. Falaremos mais sobre esse uso posteriormente, quando cobrirmos a funcionalidade da GUI específica do iPad no Capítulo 10.

Nav, um Aplicativo Hierárquico em Seis Partes

O aplicativo que estamos prestes a criar mostrará a você como fazer a maioria das tarefas comuns associadas à exibição de uma hierarquia de dados. Quando o aplicativo iniciar, você será apresentado a uma lista de opções (veja a Figura 9-2).

Figura 9-2. *A view de primeiro nível do aplicativo deste capítulo. Note os ícones de acessório à direita da view. Esse tipo específico de ícone de acessório é chamado de indicador de abertura. Ele diz ao usuário que tocar naquela linha irá expandir para outra table view.*

Cada uma das linhas nessa view de primeiro nível representa um view controller diferente daquele que foi colocado na pilha de navigation controllers quando essa linha foi selecionada. Os ícones do lado direito de cada linha são chamados de **accessory icons** (ícones de acessório). Esse ícone de acessório (a seta cinza), em particular, é chamado de **disclosure indicator** (indicador de abertura), porque ele permite que o usuário saiba que tocar naquela linha irá expandir para outra table view.

Conheça os Subcontroladores

Antes de começar a criar o aplicativo Nav, vamos ver rapidamente cada uma das views exibidas pelos nossos seis subcontroladores.

A View do Botão de Abertura

Tocar na primeira linha da tabela mostrada na Figura 9-2 irá abrir a view sucessora mostrada na Figura 9-3.

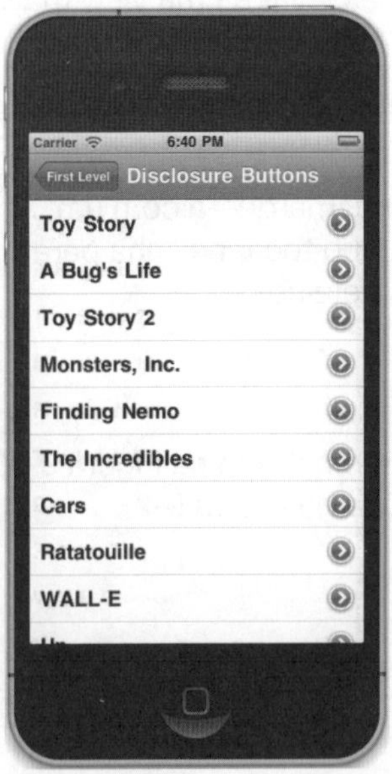

Figura 9-3. *O primeiro dos seis subcontroladores do aplicativo Nav implementa uma tabela em que cada linha contém um botão de abertura de detalhes.*

O ícone de acessório à direita de cada linha na Figura 9-3 é um pouco diferente. Cada um desses ícones é conhecido como **detail disclosure button** (botão de abertura de detalhes). Tocar nesse botão deverá permitir ao usuário visualizar, e talvez editar, informações mais detalhadas sobre a linha atual.

Ao contrário do indicador de abertura, o botão de abertura de detalhes não é apenas um ícone: é um controle que o usuário pode tocar. Então, você pode ter diferentes opções disponíveis para uma determinada linha: uma action disparada quando o usuário seleciona a linha e outra disparada quando ele toca no botão de abertura.

Um bom exemplo da utilização apropriada desse botão é encontrado no aplicativo Phone do iPhone. Selecionar a linha de uma pessoa da aba *Favorites* faz uma chamada para a pessoa cuja linha você selecionou, mas selecionar o botão de abertura próximo a um nome leva você a uma informação detalhada do contato. O aplicativo YouTube é outro bom exemplo. Selecionar uma linha reproduz um vídeo, mas clicar no botão de abertura de detalhes leva você a informações detalhadas sobre o vídeo. No aplicativo Contacts, a lista de contatos não apresenta botões de abertura de detalhes, mesmo selecionando uma linha que o leva a uma detail view. Já que existe apenas uma opção disponível para cada linha no aplicativo Contacts, nenhum ícone de acessório é exibido.

Vamos recapitular sobre quando utilizar indicadores de abertura e botões de abertura de detalhes:

- Se você quiser oferecer uma única opção de um toque de linha, não utilize um ícone de acessório se esse toque de linha *apenas* levar a uma view mais detalhada do que aquela linha.
- Marque a linha com um indicador de abertura (seta cinza) se um toque de linha levar a uma nova view (*não* a uma detail view).
- Se você quiser oferecer duas opções para uma linha, marque-a com um botão de abertura de detalhes. Isso permite ao usuário tocar na linha para uma nova view ou no botão de abertura para mais detalhes.

A View de Checklist

O segundo dos seis subcontroladores do nosso aplicativo é mostrado na Figura 9-4. Esta é a view que aparece quando você seleciona *Check One* na Figura 9-2.

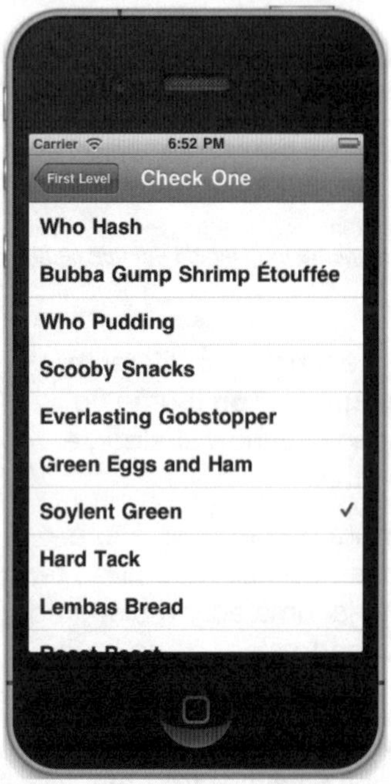

Figura 9-4. *O segundo dos seis subcontroladores do aplicativo Nav permite que você selecione uma linha a partir de muitas.*

Essa view é acessível quando você quer apresentar uma lista da qual apenas um item pode ser selecionado. Essa abordagem está para o iOS como botões de rádio estão para o Mac OS X. Essas listas usam uma marca de verificação (check mark) para marcar a linha selecionada.

A View de Controle de Linhas

O terceiro dos seis subcontroladores do nosso aplicativo é mostrado na Figura 9-5. Esta view apresenta um botão que pode ser tocado na **view de acessório** de cada linha. Essa view de acessório está mais à direita na célula da table view que geralmente tem o ícone de acessório, mas pode ser usada para outras coisas. Quando chegarmos nessa parte do nosso aplicativo, você verá como criar controles na view de acessório.

Figura 9-5. *O terceiro dos seis subcontroladores do aplicativo Nav adiciona um botão à view de acessório de cada célula da table view.*

A View das Linhas Mutáveis

O quarto dos seis subcontroladores do nosso aplicativo é mostrado na Figura 9-6. Nesta view, vamos deixar o usuário reorganizar a ordem das linhas em uma lista que tem a entrada da tabela no **modo de edição** (veremos mais sobre isso quando chegarmos ao código um pouco mais para frente neste capítulo).

Figura 9-6. *O quarto dos seis subcontroladores do aplicativo Nav permite ao usuário reorganizar as linhas em uma lista tocando e arrastando o ícone de mover.*

A View de Linhas que Podem Ser Excluídas

O quinto dos seis subcontroladores do nosso aplicativo é mostrado na Figura 9-7. Nesta view, nós vamos mostrar outro uso do modo de edição, permitindo ao usuário excluir linhas da nossa tabela.

Figura 9-7. *O quinto dos seis subcontroladores do aplicativo Nav implementa o modo de edição para permitir que o usuário exclua itens da tabela.*

A Detail View Editável

O sexto e último subcontrolador do nosso aplicativo é mostrado na Figura 9-8. Ela mostra uma detail view editável usando uma tabela agrupada. Essa técnica para detail view é muito usada pelos aplicativos que navegam no iPhone.

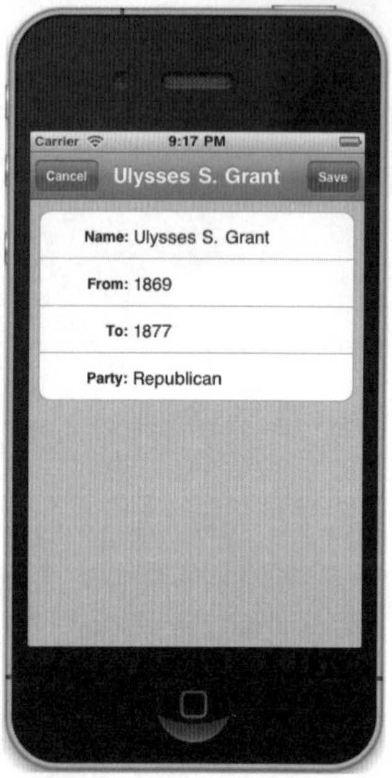

Figura 9-8. *O sexto e último dos seis subcontroladores implementa uma detail view editável utilizando uma tabela agrupada.*

Temos muito o que fazer. Vamos começar!

O Esqueleto do Aplicativo Nav

O Xcode oferece um template muito bom para a criação de aplicativos baseados em navegação, e é provável que você já o tenha usado muitas vezes quando precisou criar aplicativos hierárquicos. No entanto, nós não vamos usá-lo hoje. Não. Vamos construir o nosso aplicativo, desde o início, baseado na navegação, para que você sinta como tudo se encaixa. Não é realmente muito diferente do modo como construímos o controller da barra de abas no Capítulo 7, então você não deverá ter qualquer problema para acompanhar.

No Xcode, pressione ⌘⇧**N** para criar um novo projeto e selecione *Window-based Application* na lista de template de *Application* do iOS, certificando-se de que *Use Core Data for storage* para armazenamento *não* esteja selecionado e de que *Product* esteja definido para *iPhone*. Dê ao seu novo projeto o nome de *Nav*.

Como você verá se clicar nas pastas *Classes* e *Resources*, esse template dá a você um delegate do aplicativo, um *MainWindow.xib* e nada mais. Nesse ponto, não há view controllers ou navigation controllers.

Para executar esse aplicativo, precisaremos adicionar um navigation controller, que inclui uma barra de navegação. Também precisaremos adicionar uma série de views e view controllers para que a barra de navegação apareça. A primeira dessas views é a view de primeiro nível mostrada na Figura 9-2.

Cada linha nessa view está ligada ao view controller antecessor, conforme mostrado nas Figuras de 9-3 a 9-8. Não se preocupe com os detalhes. Você verá como essas conexões funcionam no decorrer do capítulo.

Criando o View Controller de Primeiro Nível

Neste capítulo, iremos subclassificar `UITableViewController` em vez de `UIViewController` para nossas table views. Quando subclassificamos `UITableViewController`, herdamos alguma boa funcionalidade daquela classe que irá criar uma table view sem precisar de um arquivo nib. Podemos fornecer uma table view em um nib, como fizemos no capítulo anterior, mas, se não quisermos, o `UITableViewController` irá criar automaticamente uma table view. Ela irá pegar todo o espaço disponível e conectar as outlets apropriadas na nossa classe controller, fazendo dessa classe o delegate e a datasource para essa tabela. Quando tudo de que você precisa para um controller específico é uma tabela, o caminho a seguir é o `UITableViewController`.

Iremos criar uma classe chamada `FirstLevelViewController`, que representa o primeiro nível na hierarquia de navegação. Essa é a tabela que contém uma linha para cada table view de segundo nível. Essas table views serão representadas pela classe `SecondLevelViewController`. Você verá como tudo isso funciona no decorrer do capítulo.

Na janela do seu projeto, selecione a pasta *Classes* no painel *Groups & Files* e, depois, pressione **⌘N** ou selecione **`File > New File...`**. Quando o assistente do novo arquivo aparecer, selecione *Cocoa Touch Class*, depois selecione *Objective-C class* e, em seguida, selecione *NSObject* do menu pop-up *Subclass* of. Em seguida, clique em *Next*. Dê a esse arquivo o nome de *FirstLevelViewController.m* e certifique-se de ter marcado *Also create "FirstLevelViewController.h"*. Como sempre, verifique a grafia com atenção antes de clicar em *Finish*.

Talvez você tenha notado uma entrada chamada *UITableViewController* no menu pop-up *Subclass of*. Ao criar nossos próprios aplicativos, fique à vontade para utilizar esse template. Não o utilizamos para que não precisássemos perder tempo escolhendo entre todos os métodos de template desnecessários, trabalhando onde inserir ou excluir o código. Ao criar uma subclasse de `NSObject` e, nessa declaração, mudar a superclasse para `UITableViewController`, iremos obter um arquivo menor e mais gerenciável.

Quando os arquivos estiverem criados, clique uma vez em *FirstLevelViewController.h* e faça a seguinte alteração para que `FirstLevelViewController` seja uma subclasse de `UITableViewController`:

```
#import <UIKit/UIKit.h>

@interface FirstLevelViewController : NSObject {
```

```
@interface FirstLevelViewController : UITableViewController {

}
@end
```

Os dois arquivos que acabamos de criar apresentam uma classe controller para a view de primeiro nível, conforme mostrado na Figura 9-2. Nossa próxima etapa é configurar o nosso navigation controller.

Configurando o Navigation Controller

Nosso objetivo aqui é editar o delegate do aplicativo para adicionar a view do nosso navigation controller à janela do aplicativo.

Vamos começar editando *NavAppDelegate.h* para adicionar uma outlet, `navController`, para apontar para nosso navigation controller.

```
#import <UIKit/UIKit.h>

@interface NavAppDelegate : NSObject <UIApplicationDelegate> {
    UIWindow *window;
    UINavigationController *navController;
}

@property (nonatomic, retain) IBOutlet UIWindow *window;
@property (nonatomic, retain) IBOutlet UINavigationController
    *navController;
@end
```

Em seguida, precisaremos sobrepor o arquivo de implementação e adicionar a declaração `@synthesize` para o `navController`. Também vamos adicionar a view do navController como uma subview da janela do nosso aplicativo para que seja mostrada ao usuário. Clique uma vez em *NavAppDelegate.m* e faça as seguintes mudanças:

```
#import "NavAppDelegate.h"

@implementation NavAppDelegate

@synthesize window;
@synthesize navController;

#pragma mark -
#pragma mark Application lifecycle

- (BOOL)application:(UIApplication *)application
        didFinishLaunchingWithOptions:(NSDictionary *)launchOptions {
    // Override point for customization after application launch

    [self.window addSubview:navController.view];
    [self.window makeKeyAndVisible];

    return YES;
}

...
```

```
- (void)dealloc {
    [window release];
    [navController release];
    [super dealloc];
}
@end
```

Salve os arquivos.

Em seguida, precisaremos criar um navigation controller, conectá-lo à outlet `navController` que acabamos de declarar e, então, dizer ao navigation controller o que usar como seu root view controller.

Expanda a pasta *Resources* no painel *Groups & Files*, se necessário, e clique duas vezes em *MainWindow.xib* para abrir aquele arquivo para edição no Interface Builder. Se a janela chamada *Window* (aquela associada ao ícone *Window*) estiver aberta, feche-a. Nada deve estar aberto, exceto a janela principal do nib.

Procure na library por um *Navigation Controller* (veja a Figura 9-9) e arraste para a janela principal do nib.

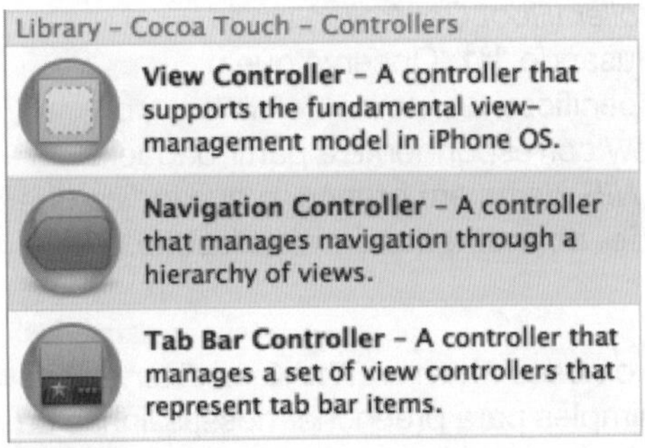

Figura 9-9. *Arrastando um Navigation Controller da library para a área de edição do nib.*

Arraste o ícone *Nav App Delegate* para o novo ícone *Navigation Controller* e selecione a outlet *navController*.

Já estamos quase terminando, mas a próxima tarefa é um pouco delicada. Precisaremos dizer ao navigation controller onde achar seu root view controller, que será uma instância da classe `FirstLevelViewController` que criamos anteriormente. A maneira mais fácil de fazer isso é mudar a janela principal do nib para modo de lista, usando o controle *View Mode* na parte superior da janela.

No modo de lista, clique no triângulo de abertura à esquerda do *Navigation Controller* para expandi-lo (veja a Figura 9-10). Abaixo dele, você achará dois itens: *Navigation Bar* e *ViewController* (*Root View Controller*).

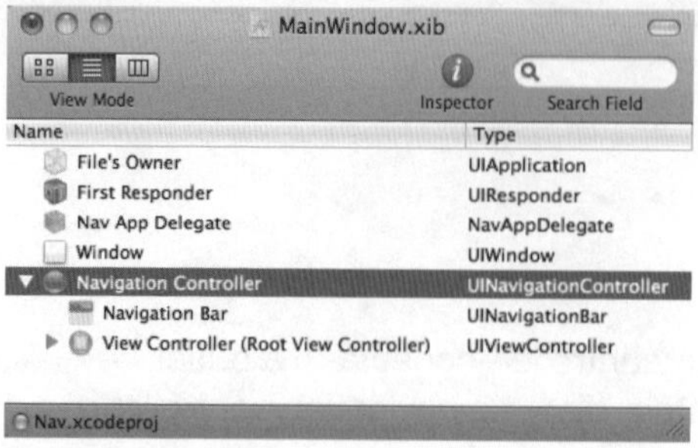

Figura 9-10. *Clicar no triângulo de abertura à esquerda do Navigation Controller abrirá Navigation Bar e View Controller Items.*

Clique no ícone *View Controller - Root View Controller* e pressione ⌘**4** para abrir o identity inspector. Mude a classe-base para *FirstLevelViewController* e pressione return para confirmar a alteração. Quando o arquivo nib carregar, o navigation controller será instanciado juntamente a um `FirstLevelViewController`.

Com o recém-nomeado *First Level View Controller* (*Root Controller*) ainda selecionado, mude para o attributes inspector usando ⌘**1**. Observe que o campo *NIB Name* está em branco. Se você especificou um nome de nib aqui, o `FirstLevelViewController` irá carregar a table view correspondente a partir daquele arquivo nib. No entanto, deixaremos o campo *NIB Name* em branco, o que indica que o `FirstLevelViewController` irá criar um `UITableView` no momento da inicialização.

Salve suas alterações.

Agora, precisamos de uma lista de linhas para o nosso `FirstLevelViewController` exibir. No capítulo anterior, usamos arrays de string simples para preencher nossas linhas da tabela. Neste aplicativo, o view controller de primeiro nível irá gerenciar uma lista dos seus subcontroladores, que nós vamos construir no decorrer do capítulo.

Quando estávamos criando esse aplicativo, decidimos que queríamos que nosso view controle de primeiro nível exibisse um ícone à esquerda de cada nome de subcontroller. Em vez de adicionar uma propriedade `UIImage` para cada subcontroller, vamos criar uma subclasse do `UITableViewController`, que tem uma propriedade `UIImage` para manter o ícone da linha. Depois, iremos subclassificar essa nova classe em vez de subclassificar diretamente o `UITableViewController`. Como resultado, todas as nossas subclasses terão aquela propriedade `UIImage` de graça, o que tornará o nosso código muito mais claro.

> **NOTA:** Na verdade, nós nunca criaremos uma instância para nossa nova subclasse `UITableViewController`. Ela existe somente para nos deixar adicionar um item comum ao resto dos controladores que vamos escrever. Em várias linguagens, nós podemos declarar isso como uma **classe abstrata**, mas o Objective-C não inclui nenhuma sintaxe para suportar classes abstratas. Podemos fazer classes que não tenham a finalidade de ser instanciadas, mas, na verdade, o compilador não irá nos impedir de criar instâncias de uma classe, como muitos compiladores para outras linguagens o fazem. O Objective-C é uma linguagem muito mais permissiva do que muitas outras linguagens populares, e isso pode ser um pouco difícil de se acostumar.

Clique uma vez na pasta *Classes* no Xcode e pressione **⌘N** para abrir o assistente de novo arquivo. Selecione *Cocoa Touch Class* no painel à esquerda, selecione *Objective-C* class e escolha *NSObject* para *Subclass of*. Dê ao novo arquivo o nome de *SecondLevelViewController.m*. Não se esqueça de também criar o arquivo *.h*. Quando os novos arquivos forem criados, selecione *SecondLevelViewController.h* e faça as seguintes mudanças:

```
#import <UIKit/UIKit.h>

@interface SecondLevelViewController : NSObject {
@interface SecondLevelViewController : UITableViewController {
    UIImage     *rowImage;
}
@property (nonatomic, retain) UIImage *rowImage;
@end
```

Em *SecondLevelViewController.m*, adicione a seguinte linha de código:

```
#import "SecondLevelViewController.h"

@implementation SecondLevelViewController
@synthesize rowImage;
@end
```

Qualquer classe controller que quisermos implementar como controller de segundo nível — em outras palavras, qualquer controller para o qual o usuário possa navegar diretamente desde a primeira tabela mostrada no nosso aplicativo — deverá subclassificar `SecondLevelViewController` em vez de `UITableViewController`. Como estamos subclassificando `SecondLevelViewController`, todas essas classes terão uma propriedade que poderá ser usada para armazenar uma imagem da linha, e poderemos escrever nosso código em `FirstLevelViewController` antes de termos escrito realmente quaisquer classes controller concretas de segundo nível utilizando `SecondLevelViewController` como substituto.

Agora, vamos implementar nosso `FirstLevelViewController`. Lembre-se de salvar as alterações feitas ao `SecondLevelViewController`. Em seguida, faça as seguintes mudanças ao *FirstLevelViewController.h*:

```
#import <UIKit/UIKit.h>

@interface FirstLevelViewController : UITableViewController {
    NSArray *controllers;
}
@property (nonatomic, retain) NSArray *controllers;
@end
```

O array que acabamos de adicionar manterá as instâncias dos view controllers de segundo nível. Iremos utilizá-lo para alimentar os dados da nossa tabela.

Adicione o seguinte código ao *FirstLevelViewController.m* e, em seguida, volte e conte tudo para nós, ok?

```
#import "FirstLevelViewController.h"
#import "SecondLevelViewController.h"

@implementation FirstLevelViewController
@synthesize controllers;

- (void)viewDidLoad {
   self.title = @"First Level";
   NSMutableArray *array = [[NSMutableArray alloc] init];
   self.controllers = array;
   [array release];
   [super viewDidLoad];
}

- (void)viewDidUnload {
   self.controllers = nil;
   [super viewDidUnload];
}

- (void)dealloc {
   [controllers release];
   [super dealloc];
}

#pragma mark -
#pragma mark Table Data Source Methods
- (NSInteger)tableView:(UITableView *)tableView
 numberOfRowsInSection:(NSInteger)section {
    return [self.controllers count];
}

- (UITableViewCell *)tableView:(UITableView *)tableView
        cellForRowAtIndexPath:(NSIndexPath *)indexPath {

    static NSString *FirstLevelCell= @"FirstLevelCell";
    UITableViewCell *cell = [tableView dequeueReusableCellWithIdentifier:
                             FirstLevelCell];
    if (cell == nil) {
        cell = [[[UITableViewCell alloc]
                initWithStyle:UITableViewCellStyleDefault
                reuseIdentifier: FirstLevelCell] autorelease];
    }
    // Configure the cell
    NSUInteger row = [indexPath row];
    SecondLevelViewController *controller =
        [controllers objectAtIndex:row];
    cell.textLabel.text = controller.title;
    cell.imageView.image = controller.rowImage;
```

```
    cell.accessoryType = UITableViewCellAccessoryDisclosureIndicator;
    return cell;
}

#pragma mark -
#pragma mark Table View Delegate Methods
- (void)tableView:(UITableView *)tableView
        didSelectRowAtIndexPath:(NSIndexPath *)indexPath {
    NSUInteger row = [indexPath row];
    SecondLevelViewController *nextController = [self.controllers
                                                 objectAtIndex:row];
    [self.navigationController pushViewController:nextController
                                         animated:YES];
}

@end
```

Primeiro, observe que importamos aquele novo arquivo de cabeçalho *SecondLevelViewController.h*. Fazer isso permite que utilizemos a classe `SecondLevelViewController` no nosso código para que o compilador saiba sobre a propriedade `rowImage`.

Em seguida, vem o método `viewDidLoad`. A primeira coisa que fazemos é configurar o `self.title`. Um navigation controller sabe o que exibir no título da sua barra de navegação pedindo ao controller ativo atual o título dele. Por isso, é importante configurar o título para todas as instâncias de controladores em um aplicativo baseado em navegação, para que os usuários saibam onde eles estão o tempo todo.

Depois, nós criamos um array mutável e o atribuímos à propriedade `controllers` que declaramos antes. Posteriormente, quando você estiver pronto para adicionar linhas à nossa tabela, nós vamos adicionar view controllers a esse array, e eles vão aparecer automaticamente. Ao selecionar uma daquelas linhas, você irá automaticamente gerar a view do controller correspondente a ser exibida ao usuário.

> **DICA:** Você percebeu que a nossa propriedade `controllers` é declarada como um `NSArray`, mas estamos criando um `NSMutableArray`? É perfeitamente aceitável atribuir uma subclasse a uma propriedade como essa. Nesse caso, utilizamos o array mutável em `viewDidLoad` para facilitar a inclusão de novos controladores em um modelo repetitivo, mas deixamos a propriedade declarada como um array imutável como uma mensagem ao outro código de que ele não deverá modificar esse array.

A peça final do método `viewDidLoad` é a chamada para `[super viewDidLoad]`. Fazemos isso porque, agora, estamos subclassificando `UITableViewController`. Você deverá sempre chamar `[super viewDidLoad]` quando sobrescrever o método `viewDidLoad`, pois não há como saber se a sua classe-pai faz algo importante no método `viewDidLoad`.

O método `tableView:numberOfRowsInSection:` é idêntico aos que você viu antes. Ele simplesmente retorna a contagem do nosso array de controladores. O método `tableView:cellForRowAtIndexPath:` também é muito parecido com aqueles que você já escreveu. Ele pega uma célula já usada, ou cria uma nova, se não tiver nenhuma, e, então, pega o objeto do controller do array correspondente à linha que está sendo pedida. Depois, ele irá carregar as propriedades `textLabel` e `image` da célula, utilizando o `title` e `rowImage` daquele controller.

Perceba que estamos presumindo que o objeto recuperado da matriz seja uma instância do `SecondLevelViewController`, e estamos atribuindo a propriedade `rowImage` do controller a um `UIImage`. Essa etapa fará mais sentido quando declararmos e adicionarmos o primeiro controller concreto do segundo nível ao array na seção seguinte.

O ultimo método que adicionamos é o mais importante aqui e é a única funcionalidade realmente nova. Você já viu o método `tableView:didSelectRowAtIndexPath:` antes — é aquele método chamado depois que o usuário toca em uma linha. Se tocar uma linha precisa ativar um detalhamento, é assim que fazemos. Primeiro, pegamos a linha do `indexPath`.

```
NSUInteger row = [indexPath row];
```

Em seguida, pegamos o controller correto do nosso array que corresponde àquela linha:

```
SecondLevelViewController *nextController =
    [Self.controllers objectAtIndex:row];
```

Em seguida, usamos a propriedade `navigationController`, que aponta para o navigation controller do nosso aplicativo, para colocar o próximo controller — o que nós tiramos do nosso array — na pilha do navigation controller:

```
[self.navigationController pushViewController:nextController
                                      animated:YES];
```

Isso é realmente tudo o que há aí. Cada controller na hierarquia só precisa saber dos seus filhos. Quando uma linha é selecionada, o controller ativo é responsável por conseguir ou criar um novo subcontroller, configurando suas propriedades se preciso (não necessariamente aqui), e, depois, por colocar aquele novo subcontrolador dentro da pilha do navigation controller. Como você fez isso, todo o resto é feito automaticamente pelo navigation controller.

Neste ponto, o esqueleto do aplicativo está pronto. Salve todos os seus arquivos, crie e execute seu aplicativo. Se estiver tudo bem, o aplicativo deverá ser iniciado, e uma barra de navegação com o título *First Level* deverá aparecer. Já que o nosso array atualmente está vazio, nenhuma linha será exibida nessa etapa (veja a Figura 9-11).

Figura 9-11. *O esqueleto do aplicativo em ação.*

Agora, estamos prontos para começar a desenvolver as views de segundo nível. Antes de fazer isso, pegue os ícones de imagem do diretório de arquivo de código-fonte *09 Nav*. Uma pasta chamada *Images* deverá ter oito imagens *.png* que serão usadas como imagens de linhas e duas adicionais que iremos utilizar para que o botão fique melhor posteriormente no capítulo. Adicione a pasta *Images* à pasta *Resources* do seu projeto Xcode antes de prosseguir.

Primeiro Subcontroller: A View do Botão de Abertura

Vamos implementar o primeiro dos nossos view controllers de segundo nível. Para fazer isso, vamos precisar, primeiramente, criar uma subclasse do `SecondLevelViewController`.

Selecione a pasta *Classes* no Xcode e pressione ⌘**N** para abrir novamente o assistente do novo arquivo. Selecione *Cocoa Touch Class* no painel à esquerda. Em seguida, selecione *Objective-C class* e *NSObject* para *Subclass of*. Nomeie o arquivo *DisclosureButtonController.m* e certifique-se de ter criado o arquivo de cabeçalho. Essa classe irá gerenciar a tabela de títulos de filme, que será exibida quando o usuário clicar no item *Disclosure Buttons* na view de primeiro nível (veja a Figura 9-3).

Criando a Detail View

Quando o usuário clicar em qualquer título de filme, o aplicativo irá detalhar em outra view, que irá informar qual linha foi selecionada. Consequentemente, nós também precisaremos criar uma detail view para o usuário detalhar nela. Repita os passos para criar outro arquivo *Objective-C class.* Chame-o de *DisclosureDetailController.m* e tenha certeza de que o Xcode criou o arquivo de cabeçalho associado.

A detail view terá um único label que podemos configurar. Não será editável, e nós só vamos usar isso para mostrar como passar valores para um controlador-filho. Como esse controller não será responsável por uma table view, nós também precisaremos de um nib para seguir em frente com a classe controller. Antes de criarmos o nib, vamos adicionar rapidamente a outlet para o rótulo. Adicione o seguinte código a *DisclosureDetailController.h*:

```
#import <Foundation/Foundation.h>
#import <UIKit/UIKit.h>

@interface DisclosureDetailController : NSObject {
@interface DisclosureDetailController : UIViewController {
    UILabel    *label;
    NSString   *message;
}
@property (nonatomic, retain) IBOutlet UILabel *label;
@property (nonatomic, copy) NSString *message;
@end
```

Primeiramente substituímos `UIKit` por `Foundation`. Essa classe começou como uma subclasse do `NSObject`, que, em teoria, poderia ser utilizado em todos os tipos de programas que precisassem se ligar apenas ao Foundation, não ao UIKit (embora, na verdade, seja difícil imaginar um aplicativo de iOS que não precise de um UIKIt). Então, precisamos mudar aquela importação.

Por que estamos adicionando ambos um label e uma string? Você se lembra do conceito do lazy loading (carregamento tardio)? Bem, view controllers utilizam lazy loading nos bastidores também. Quando criamos o nosso controller, ele não irá carregar seu arquivo nib até ele realmente ser exibido. Quando o controller é colocado dentro da pilha do navigation controller, não poderemos contar que lá tenha um label para configurar. Se o arquivo nib não for carregado, `label` será apenas um ponteiro para o `nil`. Mas está tudo bem. Em vez disso, vamos configurar `message` para o valor que quisermos e, no método `viewWillAppear:`, vamos configurar `label` com base no valor em `message`.

Por que estamos usando `viewWillAppear:` para a nossa atualização em vez de usar `viewDidLoad`, como fizemos anteriormente? O problema é que `viewDidLoad` só é chamado na primeira vez em que sua view é carregada. No entanto, em nosso caso, nós estamos reutilizando a view do `DisclosureDetailController`. Não importa qual filme legal da Pixar você escolher, quando você clicar no botão de abertura, a mensagem de detalhes aparecerá na mesma view `DisclosureDetailController`. Se nós usássemos `viewDidLoad` para gerenciar nossas atualizações, aquela view somente poderia ser atualizada na primeira vez em que a view `DisclosureDetailController` aparecesse. Quando escolhermos o nosso segundo filme legal da Pixar, nós ainda poderemos ver a mensagem de detalhes do primeiro filme da Pixar — não é legal. Já que o `viewWillAppear:` é chamado sempre que uma view está prestes a ser desenhada, será bom usarmos isso para a nossa atualização.

Voltando às declarações de propriedade, você poderá notar que a propriedade `message` está declarada utilizando a palavra-chave `copy` em vez de `retain`. O que aconteceu? Por que deveremos copiar strings contra a nossa vontade? O motivo é a existência potencial de strings mutáveis.

Imagine que tínhamos declarado a propriedade utilizando `retain` e um espaço fora do código, passado em uma instância de `NSMutableString` para definir o valor da propriedade `message`. Se essa chamada original posteriormente decidir mudar o conteúdo daquela string, a instância `DisclosureDetailController` acabará em um estado inconsistente, em que o valor de `message` e o valor exibido no campo de texto não são os mesmos! Utilizar `copy` elimina esse risco, já que chamar `copy` em um `NSString` (incluindo subclasses que sejam mutáveis) sempre nos dá uma cópia imutável. Além disso, não precisamos nos preocupar muito com o impacto no desempenho. Pelo que se sabe, enviar `copy` para qualquer string imutável não copia, de fato, a string. Em vez disso, retorna o mesmo objeto de string após aumentar a contagem de referência. Na verdade, chamar `copy` em uma string imutável é o mesmo que chamar `retain`, que funciona bem para todos, desde que o objeto nunca possa mudar.

Adicione o seguinte código ao *DisclosureDetailController.m*:

```
#import "DisclosureDetailController.h"

@implementation DisclosureDetailController
@synthesize label;
@synthesize message;

- (void)viewWillAppear:(BOOL)animated {
    label.text = message;
    [super viewWillAppear:animated];
}

- (void)viewDidUnload {
   self.label = nil;
   self.message = nil;
   [super viewDidUnload];
}

- (void)dealloc {
   [label release];
   [message release];
   [super dealloc];
}

@end
```

Tudo isso está muito certo, não está? Agora, vamos criar o nib para continuar com esse código-fonte. Tenha certeza de que salvou todas as suas mudanças da fonte.

Selecione a pasta *Resources* no painel *Groups & Files* e pressione ⌘**N** para criar outro novo arquivo. Dessa vez, selecione *User Interfaces* na seção *iOS* no painel à esquerda, *View XIB* acima à direita e um *Product* de *iPhone*. Dê a este arquivo nib o nome de *DisclosureDetail.xib*. O arquivo irá implementar a view vista quando o usuário tocar em um dos botões do filme.

Clique duas vezes em *DisclosureDetail.xib* no painel *Groups & Files* para abrir o arquivo para edição. Quando ele estiver aberto, clique uma vez em *File's*

Owner e pressione ⌘**4** para abrir o identity inspector. Mude a classe-base para *DisclosureDetailController*. Agora, arraste do ícone *File's Owner* para o ícone *View* e selecione a outlet *view* para estabelecer o link do controller para a sua view.

Clique duas vezes no ícone *View* para abrir o editor. Arraste um *Label* da library e coloque-o na janela *View*. No centro da view, está bom. Redimensione para que ocupe a maior parte da largura da view, usando as linhas azuis para colocá-lo corretamente, e, então, use o attributes inspector (⌘**1**) para mudar o alinhamento do texto para centralizado. Arraste do *File's Owner* para o label e selecione a outlet *label*. Em seguida, salve as alterações e volte ao Xcode.

Modificando o Controller do Botão de Abertura

Para este exemplo, nossa tabela de filmes irá basear seus dados nas linhas de um array; então, iremos declarar um `NSArray` chamado `list` para esse objetivo. Nós também precisaremos declarar uma variável de instância para manter uma instância do nosso controlador-filho, que indicará a uma instância da classe `DisclosureDetailController` que acabamos de criar. Nós poderemos alocar uma nova instância daquela classe controller sempre que o usuário apertar um botão de abertura de detalhes, mas é mais eficaz criar uma e depois continuar reutilizando. Faça as seguintes mudanças ao *DisclosureButtonController.h*:

```
#import <Foundation/Foundation.h>
#import <UIKit/UIKit.h>
#import "SecondLevelViewController.h"
@class DisclosureDetailController;

@interface DisclosureButtonController : NSObject {
@interface DisclosureButtonController : SecondLevelViewController {
    NSArray    *list;
    DisclosureDetailController *childController;
}
@property (nonatomic, retain) NSArray *list;
@end
```

Perceba que não declaramos uma propriedade para `childController`. Estamos usando essa variável de instância internamente na nossa classe e não queremos mostrá-la aos outros; então, não vamos informar sua existência declarando uma propriedade.

Agora, chegamos à parte mais interessante. Digite o seguinte código no *DisclosureButtonController.m*. Falaremos sobre o que está acontecendo depois.

```
#import "DisclosureButtonController.h"
#import "NavAppDelegate.h"
#import "DisclosureDetailController.h"

@implementation DisclosureButtonController
@synthesize list;

- (void)viewDidLoad {
    NSArray *array = [[NSArray alloc] initWithObjects:@"Toy Story",
                      @"A Bug's Life", @"Toy Story 2", @"Monsters, Inc.",
                      @"Finding Nemo", @"The Incredibles", @"Cars",
                      @"Ratatouille", @"WALL-E", @"Up", @"Toy Story 3",
```

```
                        @"Cars 2", @"Brave", nil];
    self.list = array;
    [array release];
    [super viewDidLoad];
}

- (void)viewDidUnload {
   self.list = nil;
   [childController release], childController = nil;
}

- (void)dealloc {
   [list release];
   [childController release];
   [super dealloc];
}

#pragma mark -
#pragma mark Table Data Source Methods
- (NSInteger)tableView:(UITableView *)tableView
 numberOfRowsInSection:(NSInteger)section {
    return [list count];
}

- (UITableViewCell *)tableView:(UITableView *)tableView
         cellForRowAtIndexPath:(NSIndexPath *)indexPath {

    static NSString * DisclosureButtonCellIdentifier =
        @"DisclosureButtonCellIdentifier";

    UITableViewCell *cell = [tableView dequeueReusableCellWithIdentifier:
                              DisclosureButtonCellIdentifier];
    if (cell == nil) {
        cell = [[[UITableViewCell alloc]
            initWithStyle:UITableViewCellStyleDefault
            reuseIdentifier:DisclosureButtonCellIdentifier] autorelease];
    }
    NSUInteger row = [indexPath row];
    NSString *rowString = [list objectAtIndex:row];
    cell.textLabel.text = rowString;
    cell.accessoryType = UITableViewCellAccessoryDetailDisclosureButton;
    [rowString release];
    return cell;
}

#pragma mark -
#pragma mark Table Delegate Methods
- (void)tableView:(UITableView *)tableView
didSelectRowAtIndexPath:(NSIndexPath *)indexPath {
    UIAlertView *alert = [[UIAlertView alloc] initWithTitle:
          @"Hey, do you see the disclosure button?"
          message:@"If you're trying to drill down, touch that instead"
          delegate:nil
```

```
            cancelButtonTitle:@"Won't happen again"
            otherButtonTitles:nil];
    [alert show];
    [alert release];
}
- (void)tableView:(UITableView *)tableView

        accessoryButtonTappedForRowWithIndexPath:(NSIndexPath *)indexPath {
    if (childController == nil) {
        childController = [[DisclosureDetailController alloc]
                          initWithNibName:@"DisclosureDetail" bundle:nil];
    }
    childController.title = @"Disclosure Button Pressed";
    NSUInteger row = [indexPath row];
    NSString *selectedMovie = [list objectAtIndex:row];
    NSString *detailMessage = [[NSString alloc]
            initWithFormat:@"You pressed the disclosure button for %@.",
            selectedMovie];
    childController.message = detailMessage;
    childController.title = selectedMovie;
    [detailMessage release];
    [self.navigationController pushViewController:childController
                                          animated:YES];
}

@end
```

Agora, você deve estar completamente confortável com tudo até aqui, inclusive com os três métodos de datasource que acabamos de adicionar. Vamos dar uma olhada nos três novos métodos delegate.

O primeiro método, `tableView:didSelectRowAtIndexPath:`, é chamado quando a linha é selecionada. Ele coloca um pequeno alerta educado dizendo ao usuário para apertar o botão de abertura, em vez de selecionar a linha. Se o usuário realmente apertar o botão de abertura de detalhes, o outro novo método delegate, o `tableView:accessoryButtonTappedForRowWithIndexPath:`, será chamado.

A primeira coisa que fazemos no `tableView:accessoryButtonTappedForRowWithIndexPath:` é verificar se a variável de instância `childController` está `nil`. Se estiver, nós ainda não alocamos e inicializamos uma nova instância do `DetailDisclosureController`, então faremos isso em seguida.

```
if (childController == nil)
    childController = [[DisclosureDetailController alloc]
                      initWithNibName:@"DisclosureDetail" bundle:nil];
```

Isso nos dá um novo controller, que podemos colocar dentro da pilha de navegação, assim como fizemos anteriormente no `FirstLevelViewController`. Antes de colocarmos na pilha, precisaremos dar a ele algum texto para exibir. Neste caso, enviaremos uma message para refletir a linha na qual o botão de revelação foi apertado.

```
childController.title = @"Disclosure Button Pressed";
```

Nesse caso, nós definimos `message` para refletir qual botão de abertura foi pressionado. Nós também configuramos o título da nova view com base na linha selecionada.

```
NUSInteger row = [indexPath row];
```

```
    NSString *selectedMovie = [list objectAtIndex:row];
    NSString *detailMessage = [[NSString alloc]
             initWithFormat:@"You pressed the disclosure button for %@.",
             selectedMovie];
    childController.message = detailMessage;
    childController.title = selectedMovie;
    [detailMessage release];
```

Por fim, colocamos o detail view controller na pilha de navegação.

```
    [self.navigationController pushViewController:childController
                                         animated:YES];
```

Com isso, nosso primeiro controller de segundo nível está pronto, assim como nosso detail controller. A única tarefa que resta é criar uma instância no nosso controller de segundo nível e adicioná-la aos controllers do `FirstLevelViewController`.

Adicionando uma Instância de Controller do Botão de Abertura

Clique uma vez em *FirstLevelViewController.m* e insira o seguinte código ao método `viewDidLoad`:

```
- (void)viewDidLoad {
    self.title = @"First Level";
    NSMutableArray *array = [[NSMutableArray alloc] init];

    // Disclosure Button
    DisclosureButtonController *disclosureButtonController =
        [[DisclosureButtonController alloc]
        initWithStyle:UITableViewStylePlain];
    disclosureButtonController.title = @"Disclosure Buttons";
    disclosureButtonController.rowImage = [UIImage
        imageNamed:@"disclosureButtonControllerIcon.png"];
    [array addObject:disclosureButtonController];
    [disclosureButtonController release];

    self.controllers = array;
    [array release];
    [super viewDidLoad];
}
```

Tudo o que estamos fazendo é criar uma nova instância do `DisclosureButtonController`. Especificamos o `UITableViewStylePlain` para indicar que queremos uma tabela indexada, não uma tabela agrupada. Em seguida, insira o título e a imagem em um dos arquivos *.png* que você adicionou ao seu projeto, adicione o controller ao array e libere o controller. Na parte superior do arquivo, você precisará adicionar uma linha de código para importar a classe de cabeçalho para o nosso novo arquivo. Insira esta linha bem acima da declaração `@implementation`:

```
#import "DisclosureButtonController.h"
```

Salve as alterações e tente criar. Se tudo ocorrer como planejado, o seu projeto deverá compilar e, depois, iniciar no simulador. Quando ele aparecer, deverá haver apenas uma única linha (veja a Figura 9-12).

Figura 9-12. *Nosso aplicativo após a inclusão do primeiro dos seis controllers de segundo nível.*

Se você tocar na única linha, ela o levará à table view `DisclosureButtonController` que acabamos de implementar (veja a Figura 9-13).

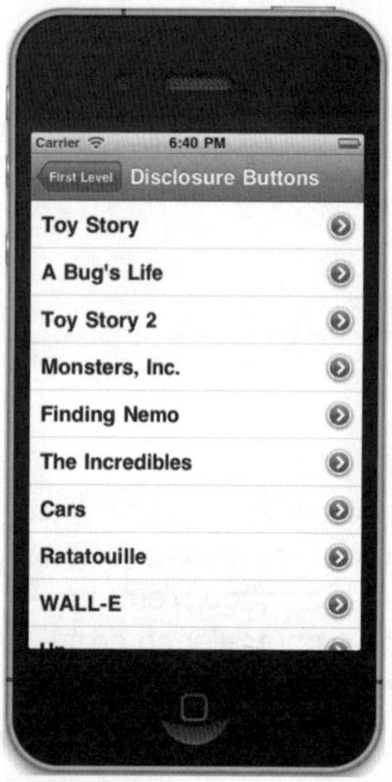

Figura 9-13. *A view dos botões de abertura.*

Note que o título que nós colocamos no nosso controller agora é exibido na barra de navegação, e o título do view controller que anteriormente estávamos usando (*First Level*) é inserido em um botão de navegação. Apertar aquele botão levará o usuário de volta para o primeiro nível. Selecione qualquer linha dessa tabela e você receberá um lembrete delicado de que o botão de abertura de detalhes está lá para ser detalhado (veja a Figura 9-14).

Figura 9-14. *Selecionar a linha não dá o detalhamento quando há um botão de abertura de detalhes visível.*

Se você tocar no próprio botão de abertura de detalhes, você irá detalhar a view `DisclosureDetailController` (veja a Figura 9-15). Essa view mostra as informações que passamos para ela. Ainda que esse seja um exemplo simples, a mesma técnica básica é usada sempre que você mostrar uma detail view.

Figura 9-15. *A detail view.*

Perceba que, quando nós passamos para a detail view, o título muda novamente, assim como o botão voltar, que agora nos leva à view anterior em vez da root view.

Isso finaliza o primeiro view controller. Agora, você vê como o design da Apple usado aqui com o navigation controller torna possível criar seu aplicativo em pequenos trechos? Isso é bem legal, não é?

Segundo Subcontroller: A Checklist

A próxima view do segundo nível que nós vamos implementar é outra table view, mas, dessa vez, iremos utilizar o ícone de acessório para deixar o usuário selecionar um (e apenas um) item da lista. Nós vamos usar o ícone de acessório para colocar uma marca de seleção próxima à linha selecionada no momento e vamos mudar a seleção quando o usuário tocar em outra linha.

Como essa é uma table view e não tem detail view, nós não precisamos de um novo nib, mas precisamos criar outra subclasse do `SecondLevelViewController`. Selecione a pasta *Classes* no painel *Groups & Files* no Xcode e selecione **`File > New File...`** ou pressione **⌘N**. Selecione *Cocoa Touch Class,* escolha *Objective-C class* e *NSObject* para *Subclass of*. Clique no botão *Next* e, quando for solicitado um nome, digite *CheckListController.m* e verifique se o arquivo de cabeçalho também foi criado.

Criando a View de Checklist

Para apresentar uma checklist, precisamos de uma maneira para manter registro de qual linha está selecionada no momento. Iremos declarar uma propriedade `NSIndexPath` para rastrear a última linha selecionada. Clique uma vez em *CheckListController.h* e faça as seguintes alterações:

```
#import <Foundation/Foundation.h>
#import <UIKit/UIKit.h>
#import "SecondLevelViewController.h"

@interface CheckListController : NSObject {
@interface CheckListController : SecondLevelViewController {
    NSArray         *list;
    NSIndexPath     *lastIndexPath;
}
@property (nonatomic, retain) NSArray *list;
@property (nonatomic, retain) NSIndexPath *lastIndexPath;
@end
```

Agora, mude para o *CheckListController.m* e adicione o seguinte código:

```
#import "CheckListController.h"

@implementation CheckListController
@synthesize list;
@synthesize lastIndexPath;

- (void)viewDidLoad {

    NSArray *array = [[NSArray alloc] initWithObjects:@"Who Hash",
       @"Bubba Gump Shrimp Étouffée", @"Who Pudding", @"Scooby Snacks",
       @"Everlasting Gobstopper", @"Green Eggs and Ham", @"Soylent Green",
       @"Hard Tack", @"Lembas Bread", @"Roast Beast", @"Blancmange", nil];
    self.list = array;
    [array release];

    [super viewDidLoad];
}

- (void)viewDidUnload {
    self.list = nil;
    self.lastIndexPath = nil;
    [super viewDidUnload];
}

- (void)dealloc {
    [list release];
    [lastIndexPath release];
    [super dealloc];
}

#pragma mark -
#pragma mark Table Data Source Methods
- (NSInteger)tableView:(UITableView *)tableView
 numberOfRowsInSection:(NSInteger)section {
```

```
    return [list count];
}

- (UITableViewCell *)tableView:(UITableView *)tableView
        cellForRowAtIndexPath:(NSIndexPath *)indexPath {
    static NSString *CheckMarkCellIdentifier = @"CheckMarkCellIdentifier";

    UITableViewCell *cell = [tableView dequeueReusableCellWithIdentifier:
                            CheckMarkCellIdentifier];
    if (cell == nil) {
        cell = [[[UITableViewCell alloc]
            initWithStyle:UITableViewCellStyleDefault
            reuseIdentifier:CheckMarkCellIdentifier] autorelease];
    }
    NSUInteger row = [indexPath row];
    NSUInteger oldRow = [lastIndexPath row];
    cell.textLabel.text = [list objectAtIndex:row];
    cell.accessoryType = (row == oldRow && lastIndexPath != nil) ?
        UITableViewCellAccessoryCheckmark : UITableViewCellAccessoryNone;

    return cell;
}

#pragma mark -
#pragma mark Table Delegate Methods
- (void)tableView:(UITableView *)tableView
didSelectRowAtIndexPath:(NSIndexPath *)indexPath {
int newRow = [indexPath row];
    int oldRow = (lastIndexPath != nil) ? [lastIndexPath row] : -1;

    if (newRow != oldRow) {
        UITableViewCell *newCell = [tableView cellForRowAtIndexPath:
                                    indexPath];
        newCell.accessoryType = UITableViewCellAccessoryCheckmark;

        UITableViewCell *oldCell = [tableView cellForRowAtIndexPath:
                                    lastIndexPath];
        oldCell.accessoryType = UITableViewCellAccessoryNone;
        lastIndexPath = indexPath;
    }
    [tableView deselectRowAtIndexPath:indexPath animated:YES];
}

@end
```

Vamos começar pelo método `tableView:cellForRowAtIndexPath:`, que apresenta algumas coisas novas que valem a pena notar. As primeiras linhas devem ser familiares para você.

```
static NSString *CheckMarkCellIdentifier = @"CheckMarkCellIdentifier";

UITableViewCell *cell = [tableView dequeueReusableCellWithIdentifier:
    CheckMarkCellIdentifier];
if (cell == nil) {
    cell = [[[UITableViewCell alloc]
```

```
                initWithStyle:UITableViewCellStyleDefault
                reuseIdentifier:CheckMarkCellIdentifier] autorelease];
}
```

Aqui é o ponto em que as coisas começam a ficar interessantes. Primeiramente, nós tiramos a linha desta célula e da seleção atual:

```
NSUInteger row = [indexPath row];
NSUInteger oldRow = [lastIndexPath row];
```

Pegamos o valor dessa linha em nosso array e o atribuímos ao título da célula:

```
cell.textLabel.text = [list objectAtIndex:row];
```

Depois, configuramos os acessórios para mostrar uma marca de seleção ou nada, dependendo de se as duas linhas são as mesmas. Em outras palavras, se a linha de tabela está solicitando uma célula para a linha selecionada atualmente, configuramos o ícone de acessório para ser uma marca de seleção; caso contrário, configuramos para não ser nada. Perceba que nós também verificamos o `lastIndexPath` para ter certeza de que não está `nil`. Fazemos isso porque um `lastIndexPath` igual a `nil` indica nenhuma seleção. No entanto, chamar o método row em um objeto `nil` irá retomar um 0, que é uma linha válida, mas não queremos colocar uma marca de seleção na linha 0 quando, na realidade, não há seleção.

```
cell.accessoryType = (row == oldRow && lastIndexPath != nil) ?
    UITableViewCellAccessoryCheckmark : UITableViewCellAccessoryNone;
```

Depois disso, nós apenas liberamos a string que declaramos e retornamos a célula.

```
[rowTitle release];
return cell;
```

Agora, salte para o último método. Você já deve ter visto o método `tableView:didSelectedRowAtIndexPath:` antes, mas estamos fazendo algo diferente aqui. Nós não só pegamos a linha que foi selecionada há pouco, mas também a linha que foi selecionada anteriormente.

```
int newRow = [indexPath row];
int oldRow = [lastIndexPath row];
```

Fazemos isso porque, se a linha nova e a linha antiga forem as mesmas, não precisaremos nos preocupar em fazer várias mudanças.

```
if (newRow  !=  oldRow) {
```

Em seguida, pegue, a célula que acabou de ser selecionada e especifique uma marca de seleção como ícone de acessório:

```
    UITableViewCell *newCell = [tableView
        cellForRowAtIndexPath:indexPath];
    newCell.accessoryType = UITableViewCellAccessoryCheckmark;
```

Depois, nós pegamos a célula selecionada anteriormente e configuramos o seu ícone de acessório para nenhum.

```
    UITableViewCell *oldCell = [tableView cellForRowAtIndexPath:
        lastIndexPath];
    oldCell.accessoryType = UITableViewCellAccessoryNone;
```

Feito isso, nós armazenamos o caminho do índice que acabou de ser selecionado no `lastIndexPath`; então, nós teremos isso na próxima vez em que uma linha for selecionada:

```
        lastIndexPath = indexPath;
    }
```

Quando tudo estiver pronto, dizemos à table view para desfazer a seleção da linha que acabou de ser selecionada, porque nós não queremos que ela fique em destaque. Nós já tínhamos marcado a linha com uma marca de seleção; então, deixá-la azul seria apenas uma distração.

```
    [tableView deselectRowAtIndexPath:indexPath animated:YES];
}
```

Adicionando uma Instância do Controller de Checklist

Nossa próxima tarefa é adicionar uma instância desse controller ao array `controllers` do `FirstLevelViewController`. Nós fazemos isso adicionando o seguinte código ao método `viewDidLoad` no *FirstLevelViewController.m*:

```
- (void)viewDidLoad {
    self.title = @"First Level";
    NSMutableArray *array = [[NSMutableArray alloc] init];

    // Disclosure Button
    DisclosureButtonController *disclosureButtonController =
        [[DisclosureButtonController alloc]
        initWithStyle:UITableViewStylePlain];
    disclosureButtonController.title = @"Disclosure Buttons";
    disclosureButtonController.rowImage = [UIImage imageNamed:
        @"disclosureButtonControllerIcon.png"];
    [array addObject:disclosureButtonController];
    [disclosureButtonController release];

    // Checklist
    CheckListController *checkListController = [[CheckListController alloc]
        initWithStyle:UITableViewStylePlain];
    checkListController.title = @"Check One";
    checkListController.rowImage = [UIImage imageNamed:
        @"checkmarkControllerIcon.png"];
    [array addObject:checkListController];
    [checkListController release];

    self.controllers = array;
    [array release];
    [super viewDidLoad];
}
```

Por fim, você precisará importar o novo arquivo de cabeçalho; então, adicione esta linha após todas as outras declarações `#import`, em direção ao início do arquivo:

```
#import "CheckListController.h"
```

Bem, o que você está esperando? Salve as alterações, compile e execute. Se tudo correr bem, o aplicativo se inicia novamente no simulador, e haverá muito o que comemorar. Dessa vez, serão duas linhas (veja a Figura 9-16).

Figura 9-16. *Dois controllers de segundo nível, duas linhas. Que coincidência!*

Se você tocar na linha *Check One*, ela o levará para o view controller que acabamos de implementar (veja a Figura 9-17). Quando ela aparecer pela primeira vez, nenhuma linha será selecionada, e nenhuma marca de seleção será visível. Se você tocar em uma linha, aparecerá uma marca de seleção. Se depois você tocar em uma linha diferente, a marca de seleção irá passar para a nova linha. Eba!

Figura 9-17. *A view do checklist. Note que é possível marcar somente um ícone por vez. Soylent Green, alguém?*

Terceiro Subcontroller: Controles nas Linhas de Tabela

No capítulo anterior, nós mostramos a você como adicionar subviews a uma célula na table view para personalizar sua aparência, mas nós não colocamos um controle ativo na content view; só labels. É hora de tentar adicionar controles à uma célula da table view.

No nosso exemplo, nós vamos adicionar uma chave para cada linha, mas a mesma técnica irá funcionar com a maioria dos controles. Vamos adicionar o controle à view de acessório, que é a área à direita de cada linha em que você encontrou os ícones de acessório sobre os quais falamos anteriormente no capítulo.

Para adicionar outra linha à nossa tabela do `FirstLevelViewController`, precisaremos de outro controller de segundo nível. Você sabe o caminho: selecione a pasta *Classes* no painel *Groups & Files* do Xcode e pressione ⌘**N** ou selecione `File > New File...`. Selecione *Cocoa Touch Class*, depois selecione *Objective-C class* e escolha *NSObject* para *Subclass of*. Quando pedirem um nome, digite *RowControlsController.m*; não se esqueça de criar o cabeçalho. Assim como aconteceu com o subcontrolador anterior, esse controller pode ser completamente implementado com uma única table view; não é necessário um arquivo nib.

Criando a View de Controle de Linha

Clique uma vez em *RowControlsController.h* e faça as seguintes mudanças:

```
#import <Foundation/Foundation.h>
#import <UIKit/UIKit.h>
#import "SecondLevelViewController.h"

@interface RowControlsController : NSObject {
@interface RowControlsController : SecondLevelViewController {
    NSArray *list;
}
@property (nonatomic, retain) NSArray *list;
- (IBAction)buttonTapped:(id)sender;
@end
```

Não tem muita coisa aí, não é? Mudamos a classe-pai e criamos um array para manter os dados da tabela. Em seguida, definimos a propriedade para aquele array e declaramos um método action que será chamado quando os botões da linhas forem pressionados.

> **NOTA:** Estritamente falando, não precisamos declarar ao método `buttonTapped:` um método action especificando `IBAction`, já que não os iremos disparar a partir de controles em um arquivo nib. Como esse é um método action e será chamado por um controle, no entanto, ainda é uma boa ideia utilizar a palavra-chave `IBAction`, pois isso sinaliza nosso objetivo para leitores futuros desse código.

Mude para o *RowControlsController.m* e faça as seguintes mudanças:

```
#import "RowControlsController.h"

@implementation RowControlsController
@synthesize list;
```

```
- (IBAction)buttonTapped:(id)sender {
    UIButton *senderButton = (UIButton *)sender;
    UITableViewCell *buttonCell =
        (UITableViewCell *)[senderButton superview];
    NSUInteger buttonRow = [[self.tableView
        indexPathForCell:buttonCell] row];
    NSString *buttonTitle = [list objectAtIndex:buttonRow];
    UIAlertView *alert = [[UIAlertView alloc]
                    initWithTitle:@"You tapped the button"
                    message:[NSString stringWithFormat:
                        @"You tapped the button for %@", buttonTitle]
                    delegate:nil
                    cancelButtonTitle:@"OK"
                    otherButtonTitles:nil];
    [alert show];
    [alert release];
}

- (void)viewDidLoad {
    NSArray *array = [[NSArray alloc] initWithObjects:@"R2-D2",
          @"C3PO", @"Tik-Tok", @"Robby", @"Rosie", @"Uniblab",
          @"Bender", @"Marvin", @"Lt. Commander Data",
          @"Evil Brother Lore", @"Optimus Prime", @"Tobor", @"HAL",
          @"Orgasmatron", nil];
    self.list = array;
    [array release];
    [super viewDidLoad];
}

- (void)viewDidUnload {
    self.list = nil;
    [super viewDidUnload];
}

- (void)dealloc {
    [list release];
    [super dealloc];
}

#pragma mark -
#pragma mark Table Data Source Methods
- (NSInteger)tableView:(UITableView *)tableView
 numberOfRowsInSection:(NSInteger)section {
    return [list count];
}

- (UITableViewCell *)tableView:(UITableView *)tableView
         cellForRowAtIndexPath:(NSIndexPath *)indexPath {
    static NSString *ControlRowIdentifier = @"ControlRowIdentifier";

    UITableViewCell *cell = [tableView
        dequeueReusableCellWithIdentifier:ControlRowIdentifier];
    if (cell == nil) {
```

```
            cell = [[[UITableViewCell alloc]
                         initWithStyle:UITableViewCellStyleDefault
                         reuseIdentifier:ControlRowIdentifier] autorelease];
            UIImage *buttonUpImage = [UIImage imageNamed:@"button_up.png"];
            UIImage *buttonDownImage = [UIImage imageNamed:@"button_down.png"];
            UIButton *button = [UIButton buttonWithType:UIButtonTypeCustom];
            button.frame = CGRectMake(0.0, 0.0, buttonUpImage.size.width,
                buttonUpImage.size.height);
            [button setBackgroundImage:buttonUpImage
                forState:UIControlStateNormal];
            [button setBackgroundImage:buttonDownImage
                forState:UIControlStateHighlighted];
            [button setTitle:@"Tap" forState:UIControlStateNormal];
            [button addTarget:self action:@selector(buttonTapped:)
              forControlEvents:UIControlEventTouchUpInside];
            cell.accessoryView = button;
        }
        NSUInteger row = [indexPath row];
        NSString *rowTitle = [list objectAtIndex:row];
        cell.textLabel.text = rowTitle;

        return cell;
    }

    #pragma mark -
    #pragma mark Table Delegate Methods
    - (void)tableView:(UITableView *)tableView
        didSelectRowAtIndexPath:(NSIndexPath *)indexPath {
        NSUInteger row = [indexPath row];
        NSString *rowTitle = [list objectAtIndex:row];
        UIAlertView *alert = [[UIAlertView alloc]
                              initWithTitle:@"You tapped the row."
                              message:[NSString
                                 stringWithFormat:@"You tapped %@.", rowTitle]
                              delegate:nil
                              cancelButtonTitle:@"OK"
                              otherButtonTitles:nil];
        [alert show];
        [alert release];
        [tableView deselectRowAtIndexPath:indexPath animated:YES];
    }

    @end
```

Vamos começar com nosso novo método action. A primeira coisa que faremos é declarar uma nova variável UIButton e defini-la ao sender. É só isso, então não precisamos lançar o sender várias vezes por meio do nosso método.

```
UIButton *senderButton = (UIButton *)sender;
```

Em seguida, obteremos a superview do botão, que é a célula da table view para a linha em que ela está, e utilizaremos isso para determinar a linha que foi pressionada e recuperar o título para ela.

```
UITableViewCell *buttonCell =
    (UITableViewCell *)[senderButton superview];
```

```
NSUInteger buttonRow = [[self.tableView
    indexPathForCell:buttonCell] row];
NSString *buttonTitle = [list objectAtIndex:buttonRow];
```

Em seguida, mostraremos um alerta, dizendo ao usuário que ele pressionou o botão.

```
UIAlertView *alert = [[UIAlertView alloc]
                    initWithTitle:@"You tapped the button"
                    message:[NSString stringWithFormat:
                        @"You tapped the button for %@", buttonTitle]
                    delegate:nil
                    cancelButtonTitle:@"OK"
                    otherButtonTitles:nil];
[alert show];
[alert release];
```

Tudo, dali até `tableView:cellForRowAtIndexPath:`, deverá ser familiar para você, então pule para o método em que definimos a célula da table view com o botão. O método começa normalmente. Declaramos um identificador e, depois, iremos utilizá-lo para solicitar uma célula reutilizável.

```
static NSString *ControlRowIdentifier = @"ControlRowIdentifier";
UITableViewCell *cell = [tableView
    dequeueReusableCellWithIdentifier:ControlRowIdentifier];
```

Se não houver uma célula reutilizável, criaremos uma.

```
if (cell == nil) {
    cell = [[[UITableViewCell alloc]
                initWithStyle:UITableViewCellStyleDefault
                reuseIdentifier:ControlRowIdentifier] autorelease];
```

Para criar o botão, carregaremos duas das imagens que estão na pasta *Images* que você importou anteriormente. Uma delas irá representar o botão no estado normal; a outra irá representar o botão em seu estado destacado ou, em outras palavras, quando o botão for tocado.

```
UIImage *buttonUpImage = [UIImage imageNamed:@"button_up.png"];
UIImage *buttonDownImage = [UIImage imageNamed:@"button_down.png"];
```

Em seguida, criaremos um botão. Como a propriedade `buttonType` de `UIButton` está declarada somente para leitura, precisaremos criar o botão utilizando o método de fábrica `buttonWithType:`. Se o criarmos utilizando `alloc` ou `init`, conseguiremos mudar o tipo do botão para `UIButtonTypeCustom`, o que precisamos fazer para utilizar as imagens personalizadas do botão.

```
UIButton *button = [UIButton buttonWithType:UIButtonTypeCustom];
```

Em seguida, definiremos o tamanho do botão para que ele se adeque às imagens, atribuiremos as imagens aos dois estados e daremos um título ao botão.

```
button.frame = CGRectMake(0.0, 0.0, buttonUpImage.size.width,
    buttonUpImage.size.height);
[button setBackgroundImage:buttonUpImage
    forState:UIControlStateNormal];
[button setBackgroundImage:buttonDownImage
    forState:UIControlStateHighlighted];
[button setTitle:@"Tap" forState:UIControlStateNormal];
```

Por fim, pediremos ao botão para chamar nosso método action ao evento Touch Up Inside e o atribuiremos à view de acessório da célula.

```
        [button addTarget:self action:@selector(buttonTapped:)
            forControlEvents:UIControlEventTouchUpInside];
        cell.accessoryView = button;
```

Todo o resto no método `tableView:cellForRowAtIndexPath:` é igual ao que fizemos anteriormente.

O último método que implementamos é o `tableView:didSelectRowAtIndexPath:`, que, como você sabe, é o método delegate chamado depois que o usuário seleciona uma linha. Tudo o que fizemos aqui foi descobrir qual linha foi selecionada e pegar o título apropriado do nosso array:

```
    NSUInteger row = [indexPath row];
    NSString *rowTitle = [list objectAtIndex:row];
```

Então, criaremos outro alerta para informar ao usuário que eles tocaram na linha, mas não no botão.

```
    UIAlertView *alert = [[UIAlertView alloc]
                          initWithTitle:@"You tapped the row."
                          message:[NSString
                              stringWithFormat:@"You tapped %@.", rowTitle]
                          delegate:nil
                          cancelButtonTitle:@"OK"
                          otherButtonTitles:nil];
    [alert show];
    [alert release];
    [tableView deselectRowAtIndexPath:indexPath animated:YES];
```

Adicionando uma Instância de Controller de Controle das Linhas

Agora, tudo o que precisamos fazer é adicionar esse controller ao array no `FirstLevelViewController`. Clique uma vez em *FirstLevelViewController.m* e adicione o seguinte código ao `viewDidLoad`:

```
- (void)viewDidLoad {
    self.title = @"Root Level";
    NSMutableArray *array = [[NSMutableArray alloc] init];

    // Disclosure Button
    DisclosureButtonController *disclosureButtonController =
        [[DisclosureButtonController alloc]
            initWithStyle:UITableViewStylePlain];
    disclosureButtonController.title = @"Disclosure Buttons";
    disclosureButtonController.rowImage = [UIImage
        imageNamed:@"disclosureButtonControllerIcon.png"];
    [array addObject:disclosureButtonController];
    [disclosureButtonController release];

    // Checklist
    CheckListController *checkListController = [[CheckListController alloc]
                    initWithStyle:UITableViewStylePlain];
    checkListController.title = @"Check One";
    checkListController.rowImage = [UIImage
        imageNamed:@"checkmarkControllerIcon.png"];
```

```
    [array addObject:checkListController];
    [checkListController release];

    // Table Row Controls
    RowControlsController *rowControlsController =
        [[RowControlsController alloc]
            initWithStyle:UITableViewStylePlain];
    rowControlsController.title = @"Row Controls";
    rowControlsController.rowImage = [UIImage imageNamed:
        @"rowControlsIcon.png"];
    [array addObject:rowControlsController];
    [rowControlsController release];

    self.controllers = array;
    [array release];
    [super viewDidLoad];
}
```

Para que esse código compile, nós também precisamos importar o arquivo de cabeçalho da classe `RowControlsController`; então, adicionaremos a seguinte linha de código bem acima da linha `@implementation` no mesmo arquivo:

```
#import "RowControlsController.h"
```

Salve tudo e compile. Dessa vez, você ainda deverá ver outra linha quando seu aplicativo iniciar (veja a Figura 9-18).

Figura 9-18. *O controller de Controle de Linhas adicionado ao controller do nível raiz.*

Se você tocar nessa nova linha, ela o levará a uma nova lista em que todas as linhas têm um controle de botão à direita. Tocar no botão ou na linha irá mostrar um alerta dizendo qual deles foi tocado (veja a Figura 9-19).

Figura 9-19. *A tabela com botões na view de acessório.*

Apertar em qualquer lugar da linha, exceto na chave, irá exibir um alerta dizendo se a chave para aquela linha está ligada ou desligada.

Nesse ponto, você deverá estar bem confortável com a maneira como tudo isso funciona, então, vamos tentar um caso um pouco mais difícil, tudo bem? Vamos ver como permitir que o usuário reordene as linhas em uma tabela.

> **NOTA:** Como você está? Aguentando firme aí? Sabemos que esse capítulo é um pouco de maratona, com muita coisa para absorver. Nesse ponto, você já conseguiu muita coisa. Por que não faz uma pausa, toma um refresco e come algum petisco? Faremos o mesmo. Volte quando estiver mais refrescado e pronto para continuar.

Quarto Subcontroller: Linhas Móveis

Mover e excluir linhas, assim como inserir linhas em um lugar específico na tabela, são tarefas que podem ser implementadas facilmente. Todas as três são feitas abrindo algo chamado **editing mode** (modo de edição), o que é feito usando o método `setEditing:animated:` na table view.

Esse método tem dois Booleans. O primeiro indica se você está ligando ou desligando o modo de edição, e o segundo indica se a tabela deve animar a transição. Se você configurar a edição para o modo que já está em vigor (em outras palavras, ligando-o quando já estiver on — ligado — ou desligando-o quando estiver off — desligado), a transição não será animada, independentemente do que você especificar no segundo parâmetro.

Uma vez que o modo de edição esteja ligado, um número específico de novos métodos delegate que poderão trabalhar juntos aparece. A table view os usa para perguntar se uma determinada coluna pode ser movida ou editada e depois novamente o usa para notificar a você se o usuário realmente mover ou editar uma fileira específica. Parece mais complexo do que é. Vamos ver isto em ação em nosso controller móvel de linhas.

Como não precisamos exibir uma detail view, o view controller pode ser implementado sem um nib e com apenas uma única classe controller. Então, selecione a pasta *Classes* no painel *Groups & Files* no Xcode e, em seguida, pressione ⌘**N** ou selecione `File` ▸ `New File...`. Selecione *Cocoa Touch Class*, depois *Objective-C class* e escolha *NSObject* para *Subclass of*. Quando pedir um nome, digite *MoveMeController.m*. Não se esqueça do arquivo de cabeçalho!

Criando uma View de Linha Móvel

No arquivo de cabeçalho, precisamos de duas coisas. Primeiro, precisamos de um array mutável para armazenar os dados e para que controle a ordem das linhas. Tem de ser mutável, porque precisamos poder mover os itens e ser notificados da mudança. Também precisamos de um método action para ligar e desligar o modo de edição. O método action será chamado por um botão da barra de navegação que vamos criar.

Clique uma vez em *MoveMeController.h* e faça as seguintes alterações:

```
#import <Foundation/Foundation.h>
#import <UIKit/UIKit.h>
#import "SecondLevelViewController.h"

@interface MoveMeController : NSObject {
@interface MoveMeController : SecondLevelViewController {
    NSMutableArray *list;
}
@property (nonatomic, retain) NSMutableArray *list;
- (IBAction)toggleMove;
@end
```

Agora, mude para *MoveMeController.m* e adicione o seguinte código:

```
#import "MoveMeController.h"

@implementation MoveMeController
@synthesize list;

- (IBAction)toggleMove{
    [self.tableView setEditing:!self.tableView.editing animated:YES];

    if (self.tableView.editing)
```

```
        [self.navigationItem.rightBarButtonItem setTitle:@"Done"];
    else
        [self.navigationItem.rightBarButtonItem setTitle:@"Move"];
}

- (void)viewDidLoad {
    if (list == nil) {
        NSMutableArray *array = [[NSMutableArray alloc] initWithObjects:
                    @"Eeny", @"Meeny", @"Miney", @"Moe", @"Catch", @"A",
                    @"Tiger", @"By", @"The", @"Toe", nil];
        self.list = array;
        [array release];
    }

    UIBarButtonItem *moveButton = [[UIBarButtonItem alloc]
                                   initWithTitle:@"Move"
                                   style:UIBarButtonItemStyleBordered
                                   target:self
                                   action:@selector(toggleMove)];
    self.navigationItem.rightBarButtonItem = moveButton;
    [moveButton release];
    [super viewDidLoad];
}

- (void)dealloc {
    [list release];
    [super dealloc];
}

#pragma mark -
#pragma mark Table Data Source Methods
- (NSInteger)tableView:(UITableView *)tableView
 numberOfRowsInSection:(NSInteger)section {
    return [list count];
}

- (UITableViewCell *)tableView:(UITableView *)tableView
         cellForRowAtIndexPath:(NSIndexPath *)indexPath {
static NSString *MoveMeCellIdentifier = @"MoveMeCellIdentifier";
    UITableViewCell *cell = [tableView
        dequeueReusableCellWithIdentifier:MoveMeCellIdentifier];
    if (cell == nil) {
        cell = [[[UITableViewCell alloc]
                initWithStyle:UITableViewCellStyleDefault
                reuseIdentifier:MoveMeCellIdentifier] autorelease];
        cell.showsReorderControl = YES;
    }
    NSUInteger row = [indexPath row];
    cell.textLabel.text = [list objectAtIndex:row];

    return cell;
}
```

```
- (UITableViewCellEditingStyle)tableView:(UITableView *)tableView
          editingStyleForRowAtIndexPath:(NSIndexPath *)indexPath {
    return UITableViewCellEditingStyleNone;
}

- (BOOL)tableView:(UITableView *)tableView
    canMoveRowAtIndexPath:(NSIndexPath *)indexPath {
    return YES;
}

- (void)tableView:(UITableView *)tableView
    moveRowAtIndexPath:(NSIndexPath *)fromIndexPath
    toIndexPath:(NSIndexPath *)toIndexPath {
    NSUInteger fromRow = [fromIndexPath row];
    NSUInteger toRow = [toIndexPath row];

    id object = [[list objectAtIndex:fromRow] retain];
    [list removeObjectAtIndex:fromRow];
    [list insertObject:object atIndex:toRow];
    [object release];
}

@end
```

Vamos por partes. O primeiro código que adicionamos é a implementação do nosso método action.

```
- (IBAction)toggleMove{
    [self.tableView setEditing:!self.tableView.editing animated:YES];

    if (self.tableView.editing)
        [self.navigationItem.rightBarButtonItem setTitle:@"Done"];
    else
        [self.navigationItem.rightBarButtonItem setTitle:@"Move"];
}
```

Tudo o que estamos fazendo aqui é alterar o modo de edição e depois configurar o título do botão para um valor apropriado. Bem fácil, não?

O próximo método que vimos é o `viewDidLoad`. A primeira parte dele não faz nada que você não tenha visto antes. Ele verifica se `list` está `nil` e, se estiver (significando que essa é a primeira vez que o método é chamado), ele cria um array mutável, com valores preenchidos, para que sua tabela tenha algum dado para mostrar. Depois disso, no entanto, existe algo novo.

```
    UIBarButtonItem *moveButton = [[UIBarButtonItem alloc]
             initWithTitle:@"Move"
             style:UIBarButtonItemStyleBordered
             target:self
             action:@selector(toggleMove)];
    self.navigationItem.rightBarButtonItem = moveButton;
    [moveButton release];
```

Aqui, estamos criando um navigation Iten, que é um botão que ficará na navigation bar. Damos a ele o título de *Move* e especificamos uma constante, `UIBarButtonItemStyleBordered`, para indicar que queremos um bar button com borda padrão. Os dois últimos argumentos, `target` e `action`, dizem ao botão o que fazer quando pressionados. Passando `self` como alvo e dando um `selector` ao método `toggleMove` como action, estamos dizendo ao botão para chamar o método `toggleMove` sempre que o botão for pressionado. Consequentemente, sempre que o usuário pressionar esse botão, o modo de edição será invertido (ligado/desligado). Depois de criar o botão, iremos adicioná-lo à direita da barra de navegação e, então, liberá-lo.

Em seguida, temos um método `dealloc` padrão, mas sem método `viewDidUnload`. Isso é intencional. Não temos outlets e, se quiséssemos limpar a memória do nosso array `list`, perderíamos qualquer reorganização que o usuário tivesse feito quando a view foi limpa, o que não queremos que aconteça. Portanto, como não temos algo a fazer no método `viewDidUnload`, não nos importamos em sobrescrevê-lo.

Agora, pule para o método `tableView:cellForRowAtIndexPath:` que acabamos de adicionar. Você percebeu esta linha do código?

```
cell.showsReorderControl = YES;
```

Ícones de acessórios-padrão podem ser especificados definindo-se a propriedade `accessoryType` da célula. No entanto, o controle de reordenação não é um ícone de acessório-padrão. Ele é um caso especial que só é mostrado quando a tabela está no modo de edição. Para habilitar o controle de reordenação, precisamos configurar uma propriedade na própria célula. Note, entretanto, que configurar essa propriedade para `YES`, na verdade, não exibe o controle de reordenação até que a tabela seja colocada no modo de edição. Todo o resto nesse método já foi feito anteriormente.

O próximo novo método é curto, porém importante. Na nossa table view, queremos poder reordenar linhas, mas não queremos que o usuário possa excluir ou inserir linhas. Dessa maneira, implementamos o método `tableView:editingStyleForRowAtIndexPath:`. Esse método permite que a table view pergunte se uma linha específica pode ser excluída ou se uma nova linha pode ser inserida em um local específico. Ao retornar `UITableViewCellEditingStyleNone` para cada linha, estamos indicando que não damos suporte para que nenhuma linha seja inserida ou excluída.

Em seguida, vem o método `tableView:canMoveRowAtIndexPath:`. Ele é chamado para cada linha e possibilita desabilitar o movimento de linhas específicas. Se você retornar `NO` para esse método para qualquer linha, o controle de reordenação não será exibido para ela, e o usuário ficará impossibilitado de alterar a posição atual dessa linha. Queremos permitir a reordenação de tudo; então, apenas retornamos `YES` para cada linha.

O último método, `tableView:moveRowAtIndexPath:fromIndexPath:`, é o que será chamado apenas quando o usuário mover uma linha. Os dois parâmetros depois do `tableView` são instâncias do `NSIndexPath` que identificam a linha que foi movida e sua nova posição. A table view já moveu as linhas na tabela, então, o usuário vê a coisa certa, mas precisamos atualizar o modelo de dados para manter os dois em sincronia e evitar problemas de exibição.

Primeiramente, retornamos a linha que precisa ser movida. Depois, retornamos a nova posição da linha.

```
NSUInteger fromRow = [fromIndexPath row];
NSUInteger toRow = [toIndexPath row];
```

Agora, precisamos remover o objeto especificado do array e reinseri-lo na sua nova posição. Antes de fazer isso, nós recuperamos um indicador do objeto prestes a ser movido e o retivemos, para que o objeto não seja liberado quando o removermos do array. Se o array for o único objeto que retém o objeto que vamos remover (como é, no nosso caso), então remover o objeto selecionado do array fará com que seu tamanho caia para 0, significando que provavelmente ele desapareceria na nossa frente. Ao retê-lo primeiro, evitamos que isso aconteça.

```
id object = [[list objectAtIndex:fromRow] retain];
[list removeObjectAtIndex:fromRow];
```

Depois de removê-lo, precisamos reinserí-lo no novo local especificado.

```
[list insertObject:object atIndex:toRow];
```

E, por fim, como retivemos o objeto, precisaremos liberá-lo para evitar vazamento de memória.

```
[object release];
```

Bom, aí está. Implementamos uma tabela que permite a reordenação de linhas.

Adicionando uma Instância do Controller Move Me

Agora, precisamos apenas adicionar uma instância dessa nova classe ao array de controller `FirstLevelViewController`. Você provavelmente já está acostumado a fazer isso agora, mas iremos com você apenas para fazer companhia.

Em *FirstLevelViewController.m*, importe o arquivo de cabeçalho da nova view adicionando a seguinte linha de código antes da declaração `@implementation`:

```
#import "MoveMeController.h"
```

Agora, adicione o seguinte código ao método `viewDidLoad` no mesmo arquivo:

```
- (void)viewDidLoad {
    self.title = @"First Level";
    NSMutableArray *array = [[NSMutableArray alloc] init];

    // Disclosure Button
    DisclosureButtonController *disclosureButtonController =
        [[DisclosureButtonController alloc]
        initWithStyle:UITableViewStylePlain];
    disclosureButtonController.title = @"Disclosure Buttons";
    disclosureButtonController.rowImage = [UIImage
        imageNamed:@"disclosureButtonControllerIcon.png"];
    [array addObject:disclosureButtonController];
    [disclosureButtonController release];

    // Checklist
    CheckListController *checkListController = [[CheckListController alloc]
        initWithStyle:UITableViewStylePlain];
    checkListController.title = @"Check One";
    checkListController.rowImage = [UIImage
        imageNamed:@"checkmarkControllerIcon.png"];
    [array addObject:checkListController];
    [checkListController release];

    // Table Row Controls
    RowControlsController *rowControlsController =
        [[RowControlsController alloc]
```

```
        initWithStyle:UITableViewStylePlain];
    rowControlsController.title = @"Row Controls";
    rowControlsController.rowImage = [UIImage imageNamed:
        @"rowControlsIcon.png"];
    [array addObject:rowControlsController];
    [rowControlsController release];

    // Move Me
    MoveMeController *moveMeController = [[MoveMeController alloc]
         initWithStyle:UITableViewStylePlain];
    moveMeController.title = @"Move Me";
    moveMeController.rowImage = [UIImage imageNamed:@"moveMeIcon.png"];
    [array addObject:moveMeController];
    [moveMeController release];

    self.controllers = array;
    [array release];
    [super viewDidLoad];
}
```

Certo, vamos em frente, compile essa coisa e veja o que acontece. Se tudo correr bem, o aplicativo será iniciado no simulador com (conte-as) quatro linhas no nível raiz da tabela. Se você clicar na nova, chamada *Move Me*, será levado para uma tabelas cujas linhas formam uma rima infantil familiar (veja a Figura 9-20).

Figura 9-20. *O view controller Move Me quando você o detalha primeiro. Reconhece a música?*

Para reordenar as linhas, clique no botão *Move* no canto superior à direita, e os controles de reordenação deverão aparecer. Se você tocar em um controle de reordenação de linha e depois arrastar, a linha deverá se mover conforme você a arrasta, como na Figura 9-6. Quando estiver feliz com o novo posicionamento da linha, solte o controle. A linha deverá ficar bem na nova posição. Você pode até navegar de volta ao nível superior e depois voltar para baixo, e suas linhas estarão exatamente onde você as deixou. Se você sair e depois voltar, elas serão restauradas, mas não se preocupe; em alguns capítulos, vamos ensiná-lo a salvar e restaurar dados em uma base mais permanente.

NOTA: Se você acha que está com um pouco de dificuldades ao entrar em contato com o controle mover, não entre em pânico. Esse gesto realmente requer um pouco de paciência. Tente manter o botão do mouse clicado (se você estiver no simulador) ou o seu dedo pressionado no controle (se você estiver em um aparelho) um pouco mais antes de movê-lo, para que o gesto de arrastar para reordenar funcione.

Agora, vamos para o quinto controller, que demonstra outro uso do modo de edição. Desta vez, permitiremos que o usuário exclua nossas preciosas linhas. Ufa!

Quinto Subcontroller: Linhas Deletáveis

Permitir que os usuários excluam as linhas não é mais difícil do que deixar que eles as movam. Vamos dar uma olhada nesse processo. Em vez de criar um array de uma lista de objetos com código rígido, vamos carregar um arquivo de lista de propriedade dessa vez, apenas para não precisar digitar tanto. Você pode tirar o arquivo chamado *computers.plist* da pasta *09 Nav*, no arquivo de projetos que acompanha esse livro, e adicioná-lo à pasta Resources do seu projeto do Xcode.

Selecione a pasta Classes no painel *Groups & Files* no Xcode e, em seguida, pressione ⌘**N** ou selecione `File > New File...`. Selecione *Cocoa Touch Class*, depois *Objective-C class* e escolha *NSObject* para *Subclass of*. Quando pedirem um nome, digite *DeleteMeController.m*.

Criando a View de Linhas que Podem ser Excluídas

As mudanças que faremos no *DeleteMeController.h* deverão parecer familiares, já que são quase idênticas às feitas no view controller de linhas móveis que acabamos de criar. Siga em frente e faça as seguintes alterações agora:

```
#import <Foundation/Foundation.h>
#import <UIKit/UIKit.h>
#import "SecondLevelViewController.h"

@interface DeleteMeController : NSObject {
@interface DeleteMeController : SecondLevelViewController {
    NSMutableArray *list;
}
@property (nonatomic, retain) NSMutableArray *list;
- (IBAction)toggleEdit:(id)sender;
@end
```

Sem surpresas aqui, certo? Estamos mudando a superclasse de `NSObject` para `SecondLevelViewController`. Feito isso, iremos declarar um array mutável para armazenar dados e um método action para alternar o modo de edição.

No controller anterior, utilizamos o modo de edição para permitir que os usuários reordenem linhas. Nesta versão, o modo de edição será utilizado para permitir que os usuários excluam linhas. Na verdade, você pode combinar os dois na mesma tabela, se quiser. Nós os separamos para que os conceitos fiquem mais fáceis de seguir, mas as operações de exclusão e reordenação funcionam bem juntas.

Uma linha que pode ser reordenada irá exibir o ícone de reordenação sempre que a tabela estiver no modo de edição. Quando você pressionar o ícone de círculo vermelho à esquerdo da linha (veja a Figura 9-7), o botão *Delete* aparecerá, fazendo com que o ícone de reordenação se torne oculto apenas temporariamente.

Mude para *DeleteMeController.m* e adicione o seguinte código:

```
#import "DeleteMeController.h"

@implementation DeleteMeController
@synthesize list;

- (IBAction)toggleEdit:(id)sender {
    [self.tableView setEditing:!self.tableView.editing animated:YES];

    if (self.tableView.editing)
        [self.navigationItem.rightBarButtonItem setTitle:@"Done"];
    else
        [self.navigationItem.rightBarButtonItem setTitle:@"Delete"];
}

- (void)viewDidLoad {
    if (list == nil)
    {
        NSString *path = [[NSBundle mainBundle]
            pathForResource:@"computers" ofType:@"plist"];
        NSMutableArray *array = [[NSMutableArray alloc]
                                 initWithContentsOfFile:path];
        self.list = array;
        [array release];
    }
    UIBarButtonItem *editButton = [[UIBarButtonItem alloc]
                                   initWithTitle:@"Delete"
                                   style:UIBarButtonItemStyleBordered
                                   target:self
                                   action:@selector(toggleEdit:)];
    self.navigationItem.rightBarButtonItem = editButton;
    [editButton release];

    [super viewDidLoad];
}

- (void)dealloc {
    [list release];
    [super dealloc];
}
```

```
#pragma mark -
#pragma mark Table Data Source Methods
- (NSInteger)tableView:(UITableView *)tableView
    numberOfRowsInSection:(NSInteger)section {
    return [list count];
}

- (UITableViewCell *)tableView:(UITableView *)tableView
        cellForRowAtIndexPath:(NSIndexPath *)indexPath {
    static NSString *DeleteMeCellIdentifier = @"DeleteMeCellIdentifier";

    UITableViewCell *cell = [tableView dequeueReusableCellWithIdentifier:
                               DeleteMeCellIdentifier];

    if (cell == nil) {
        cell = [[[UITableViewCell alloc]
            initWithStyle:UITableViewCellStyleDefault
            reuseIdentifier:DeleteMeCellIdentifier] autorelease];
    }
    NSInteger row = [indexPath row];
    cell.textLabel.text = [self.list objectAtIndex:row];
    return cell;
}

#pragma mark -
#pragma mark Table View Data Source Methods
- (void)tableView:(UITableView *)tableView
    commitEditingStyle:(UITableViewCellEditingStyle)editingStyle
    forRowAtIndexPath:(NSIndexPath *)indexPath {
    NSUInteger row = [indexPath row];
    [self.list removeObjectAtIndex:row];
    [tableView deleteRowsAtIndexPaths:[NSArray arrayWithObject:indexPath]
                withRowAnimation:UITableViewRowAnimationFade];
}

@end
```

Aqui, o novo método action, `toggleEdit:`, é quase igual ao da nossa versão anterior. Ele configura o modo de edição para ligado se no momento estiver desligado e vice-versa, definindo o título do botão conforme apropriado. O método `viewDidLoad` também é semelhante ao do view controller anterior e, novamente, não tem método `viewDidUnload`, porque não temos outlets e queremos manter as mudanças feitas no nosso array mutável no modo de edição. A única diferença é que estamos carregando o array a partir de uma lista de propriedades em vez de uma lista hard--coded. A lista de propriedades que estamos usando tem um array de string que apresenta uma variedade de nomes de modelos de computadores que podem parecer um pouco familiares. Também atribuímos o nome Delete ao botão editar, para fazer o efeito do botão óbvio para o usuário.

Os dois métodos datasource não têm nada de novo, mas o último método na classe é algo que você nunca viu antes, então vamos dar uma olhada mais de perto:

```
- (void)tableView:(UITableView *)tableView
```

```
commitEditingStyle:(UITableViewCellEditingStyle)editingStyle
forRowAtIndexPath:(NSIndexPath *)indexPath {
```

Esse método é chamado pela table view quando o usuário faz uma edição, que significa que algo foi excluído ou inserido. O primeiro argumento é a table view em que a linha foi editada. O segundo parâmetro, `editingStyle`, é uma constante que nos diz qual tipo de edição aconteceu. Atualmente, existem três tipos de estilos de edição definidos:

- **`UITableViewCellEditingStyleNone:`** usamos esse estilo no controller anterior para indicar que uma linha não pode ser editada. A opção `UITableViewCellEditingStyleNone` nunca será passada por esse método, pois ele costuma indicar que a edição não foi permitida para essa linha.
- **`UITableViewCellEditingStyleDelete:`** é a opção padrão. Ignoramos esse parâmetro, pois o estilo de edição padrão para linhas é o estilo delete; então sabemos que, sempre que um método for chamado, estará solicitando um delete. Você pode usar esse parâmetro para permitir inserções e exclusões dentro de uma única tabela.
- **`UITableViewCellEditingStyleInsert:`** geralmente, usado quando é preciso permitir que o usuário insira linhas em um local específico de uma lista. Em uma lista cuja ordem é mantida pelo sistema, tal como uma lista alfabética de nomes, o usuário pressionará normalmente o botão da tool bar ou da navigation bar para pedir ao sistema que crie um novo objeto em uma detail view. Quando o usuário acabar de especificar o novo objeto, o sistema irá posicioná-lo na linha adequada.

> **NOTA:** Não vamos cobrir o uso de inserções, mas essa funcionalidade trabalha basicamente da mesma forma que o delete que estamos prestes a implementar. A única diferença é que, em vez de excluir a linha especificada do modelo de dados, é preciso criar um novo objeto e inseri-lo no local especificado.

O último parâmetro, `indexPath`, nos diz qual linha está sendo editada. Para uma exclusão, esse caminho do índice representa a linha a ser excluída. Para uma inserção, ele representa o índice em que a nova linha deve ser inserida.

Em nosso método, primeiro recuperamos a linha editada do `indexPath`.

```
    NSUInteger row = [indexPath row];
```

Depois, removemos o objeto do array mutável que criamos anteriormente.

```
    [self.list removeObjectAtIndex:row];
```

Por fim, dizemos à tabela para excluir a linha, especificando a constante `UITableViewRowAnimationFade`, que representa o tipo de animação para que a linha desapareça.

```
    [tableView deleteRowsAtIndexPaths:[NSArray arrayWithObject:indexPath]
        withRowAnimation:UITableViewRowAnimationFade];
}
```

NOTA: Alguns tipos de animação estão disponíveis para table views. Você pode procurar `UITableViewRowAnimation` no browser do documento do Xcode para ver quais outras animações estão disponíveis.

E isso é tudo o que tem escrito, pessoal.

Adicionando uma Instância de Controller Delete Me

Agora, vamos adicionar uma instância do novo controller ao nosso root view controller e testá-lo. No *FirstLevelViewController.m*, precisamos primeiro importar o novo arquivo de cabeçalho da nova classe controller e, então, adicionar a seguinte linha de código antes da declaração `@implementation`:

```
#import "DeleteMeController.h"
```

Em seguida, adicione o código a seguir no método de `viewDidLoad`

```
- (void)viewDidLoad {
    self.title = @"First Level";
    NSMutableArray *array = [[NSMutableArray alloc] init];

    // Disclosure Button
    DisclosureButtonController *disclosureButtonController =
        [[DisclosureButtonController alloc]
        initWithStyle:UITableViewStylePlain];
    disclosureButtonController.title = @"Disclosure Buttons";
    disclosureButtonController.rowImage = [UIImage imageNamed:
        @"disclosureButtonControllerIcon.png"];
    [array addObject:disclosureButtonController];
    [disclosureButtonController release];

    // Checklist
    CheckListController *checkListController = [[CheckListController alloc]
        initWithStyle:UITableViewStylePlain];
    checkListController.title = @"Check One";
    checkListController.rowImage = [UIImage imageNamed:
        @"checkmarkControllerIcon.png"];
    [array addObject:checkListController];
    [checkListController release];

    // Table Row Controls
    RowControlsController *rowControlsController =
        [[RowControlsController alloc]
        initWithStyle:UITableViewStylePlain];
    rowControlsController.title = @"Row Controls";
    rowControlsController.rowImage = [UIImage imageNamed:
        @"rowControlsIcon.png"];
    [array addObject:rowControlsController];
    [rowControlsController release];

    // Move Me
    MoveMeController *moveMeController = [[MoveMeController alloc]
        initWithStyle:UITableViewStylePlain];
    moveMeController.title = @"Move Me";
```

```
    moveMeController.rowImage = [UIImage imageNamed:@"moveMeIcon.png"];
    [array addObject:moveMeController];
    [moveMeController release];

    // Delete Me
    DeleteMeController *deleteMeController = [[DeleteMeController alloc]
        initWithStyle:UITableViewStylePlain];
    deleteMeController.title = @"Delete Me";
    deleteMeController.rowImage = [UIImage imageNamed:@"deleteMeIcon.png"];
    [array addObject:deleteMeController];
    [deleteMeController release];

    self.controllers = array;
    [array release];
    [super viewDidLoad];
}
```

Salve tudo, compile e deixe rodar. Quando o simulador aparecer, o nível-raiz terá agora — pode adivinhar? — cinco linhas. Se você selecionar a nova linha *Delete Me*, ela irá apresentar uma lista de modelos de computadores (veja a Figura 9-21). Quantas dessas pertencem a você?

Figura 9-21. *A view Delete Me quando abre pela primeira vez. Reconhece algum desses computadores?*

Repare que, novamente, existe um botão à direita da barra de navegação, dessa vez, chamado *Delete*. Se você pressioná-lo, a tabela entrará no modo de edição, que se parecerá com a Figura 9-22.

Figura 9-22. *A view Delete Me no modo de edição.*

Perto de cada ícone editável existe um pequeno ícone que se parece um pouco com a placa de rua "Não Entre". Se você tocá-lo, ele irá girar para os lados, e um botão chamado *Delete* aparecerá (veja a Figura 9-7). Tocar nesse botão fará com que a linha seja excluída, tanto do modelo subjacente como da tabela, usando o estilo de animação que especificamos.

Quando você implementar o modo de edição para permitir exclusões, estará disponível a funcionalidade de adicionar. Passe seu dedo horizontalmente por uma linha. Veja! O botão *Delete* aparece somente para aquela linha, como aconteceu no aplicativo Mail.

Estamos quase cruzando a linha de chegada, agora, e já podemos ver a bandeirada final, embora ainda um pouco longe. Se você ainda estiver conosco, dê a si mesmo um tapinha nas costas ou peça para alguém fazer por você. Este é um capítulo longo e difícil.

Sexto Subcontroller: Um Painel de Detalhes Editável

O próximo conceito que vamos explorar é como implementar um painel de detalhes editável. Você poderá notar, conforme observa os vários aplicativos que vêm com o seu iPhone, que muitos deles, incluindo o de Contatos, implementam as detail views como uma tabela agrupada (veja a Figura 9-23).

Figura 9-23. *Um exemplo de table view agrupada usada para apresentar uma table view editável.*

Vamos ver como fazer isso agora. Antes de começarmos, precisamos de algum dado para mostrar e precisamos mais do que uma lista de strings. Nos dois capítulos anteriores, quando precisávamos de dados mais complexos, como uma tabela de linhas múltiplas no Capítulo 8 ou o picker de CEP no Capítulo 7, usamos um `NSArray` para armazenar diversas instâncias do `NSDictionary` repletas de dados. Ele funciona bem e é muito flexível, mas é um pouco difícil de trabalhar. Para os dados dessa tabela, vamos criar um objeto de dados personalizados do Objective-C para armazenar as instâncias individuais que serão exibidas nessa lista.

Criando o Objeto de Modelo de Dados

A lista de propriedades que vamos usar nesta seção do aplicativo contém dados dos presidentes dos EUA: nome de cada um, seu partido, o ano em que tomou posse e o ano em que deixou o cargo. Vamos criar a classe para armazenar esses dados.

Novamente, clique uma vez na pasta Classes no Xcode e, em seguida, pressione ⌘**N** para abrir o assistente do novo arquivo. Selecione Cocoa Touch Class no painel esquerdo, depois Objective-C class e escolha NSObject para Subclass of. Nomeie essa classe para President.m e não se esqueça do arquivo de cabeçalho.

Clique em *President.h* e faça as seguintes alterações:

```
#import <Foundation/Foundation.h>

#define kPresidentNumberKey          @"President"
#define kPresidentNameKey            @"Name"
```

```
#define kPresidentFromKey              @"FromYear"
#define kPresidentToKey                @"ToYear"
#define kPresidentPartyKey             @"Party"

@interface President : NSObject {
@interface President : NSObject <NSCoding> {
    int         number;
    NSString    *name;
    NSString    *fromYear;
    NSString    *toYear;
    NSString    *party;
}
@property int number;
@property (nonatomic, copy) NSString *name;
@property (nonatomic, copy) NSString *fromYear;
@property (nonatomic, copy) NSString *toYear;
@property (nonatomic, copy) NSString *party;
@end
```

As cinco constantes serão utilizadas para identificar os campos quando eles forem lidos pelo sistema. Adaptar essa classe ao protocolo `NSCoding` é o que permite que esse objeto seja escrito nos arquivos e criados a partir deles. O resto das coisas novas que adicionamos a esse arquivo de cabeçalho está ali para implementar as propriedades necessárias para armazenar nossos dados. Mude para *President.m* e faça estas alterações:

```
#import "President.h"

@implementation President
@synthesize number;
@synthesize name;
@synthesize fromYear;
@synthesize toYear;
@synthesize party;

- (void)dealloc{
    [name release];
    [fromYear release];
    [toYear release];
    [party release];
    [super dealloc];
}

#pragma mark -
#pragma mark NSCoding
- (void)encodeWithCoder:(NSCoder *)coder {
    [coder encodeInt:self.number forKey:kPresidentNumberKey];
    [coder encodeObject:self.name forKey:kPresidentNameKey];
    [coder encodeObject:self.fromYear forKey:kPresidentFromKey];
    [coder encodeObject:self.toYear forKey:kPresidentToKey];
    [coder encodeObject:self.party forKey:kPresidentPartyKey];
}

- (id)initWithCoder:(NSCoder *)coder {
    if (self = [super init]) {
```

```
        number = [coder decodeIntForKey:kPresidentNumberKey];
        name = [[coder decodeObjectForKey:kPresidentNameKey] retain];
        fromYear = [[coder decodeObjectForKey:kPresidentFromKey] retain];
        toYear = [[coder decodeObjectForKey:kPresidentToKey] retain];
        party = [[coder decodeObjectForKey:kPresidentPartyKey] retain];
    }
    return self;
}

@end
```

Não se preocupe muito com os métodos `encodeWithCoder:` e `initWithCoder:`. Vamos falar sobre eles com mais detalhes posteriormente. Tudo o que você precisa saber é que esses dois métodos são uma parte do protocolo `NSCoding`. O `encodeWithCoder:` codifica o objeto a ser arquivado; o `initWithCoder:` é usado para criar novos objetos a partir do arquivo salvo. Esses métodos vão permitir que criemos objetos President a partir de uma pasta de arquivo de lista de propriedades. Todo o resto nessa classe deverá ser autoexplicativo.

Nós fornecemos um arquivo de listas de propriedade que contém dados de todos os presidentes dos Estados Unidos e podem ser usados para criar novas instâncias do objeto President que acabamos de escrever. Vamos utilizar isso na próxima seção; então, você não precisará digitar um monte de dados. Pegue o arquivo *Presidents.plist* da pasta *09 Nav* no arquivo do projeto e adicione-o à pasta *Resources* do seu projeto.

Agora, estamos prontos para escrever nossas duas classes controllers.

Criando os Controllers de Lista da Detail View

Para essa primeira parte do aplicativo, precisaremos de dois novos controllers: um que irá mostrar a lista a ser editada e outro para visualizar e editar os detalhes do item selecionado naquela lista. Já que esses dois view controllers estarão baseados em tabelas, não precisaremos criar arquivos nib, mas precisaremos de duas classes controller separadas. Vamos criar os arquivos para essas classes agora e implementá-las depois.

Selecione a pasta *Classes* no painel *Groups & Files* Xcode e, em seguida, pressione **⌘N** ou selecione **`File > New File...`**. Selecione *Cocoa Touch Class*, depois *Objective-C class* e escolha *NSObject* para *Subclass of*. Nomeie essa classe para *PresidentsViewController.m*. Repita o mesmo processo uma segunda vez usando o nome *PresidentDetailController.m*. Como sempre, preste atenção à grafia e lembre-se de criar os arquivos de cabeçalho.

> **NOTA:** Caso você esteja se perguntando, o `PresidentDetailController` é único (ao contrário do `PresidentsDetailController`), pois ele lida com os detalhes de um único presidente.

Vamos criar o view controller que mostra a lista de presidentes primeiro. Clique em *PresidentsViewController.h* e faça as seguintes alterações:

```
#import <Foundation/Foundation.h>
#import "SecondLevelViewController.h"

@interface PresidentsViewController : NSObject {
@interface PresidentsViewController : SecondLevelViewController {
    NSMutableArray *list;
}
@property (nonatomic, retain) NSMutableArray *list;
@end
```

Em seguida, mude para *PresidentsViewController.m* e faça as seguintes alterações:

```
#import "PresidentsViewController.h"
#import "PresidentDetailController.h"
#import "President.h"

@implementation PresidentsViewController
@synthesize list;

- (void)viewDidLoad {
    NSString *path = [[NSBundle mainBundle] pathForResource:@"Presidents"
                                                     ofType:@"plist"];
    NSData *data;
    NSKeyedUnarchiver *unarchiver;

    data = [[NSData alloc] initWithContentsOfFile:path];
    unarchiver = [[NSKeyedUnarchiver alloc] initForReadingWithData:data];
    NSMutableArray *array = [unarchiver decodeObjectForKey:@"Presidents"];
    self.list = array;
    [unarchiver finishDecoding];
    [unarchiver release];
    [data release];

    [super viewDidLoad];
}

- (void)viewWillAppear:(BOOL)animated {
    [self.tableView reloadData];
    [super viewWillAppear:animated];
}

- (void)dealloc {
    [list release];
    [super dealloc];
}

#pragma mark -
#pragma mark Table Data Source Methods
- (NSInteger)tableView:(UITableView *)tableView
 numberOfRowsInSection:(NSInteger)section {
    return [list count];
}

- (UITableViewCell *)tableView:(UITableView *)tableView
        cellForRowAtIndexPath:(NSIndexPath *)indexPath {
```

```
    static NSString *PresidentListCellIdentifier =
        @"PresidentListCellIdentifier";

    UITableViewCell *cell = [tableView
        dequeueReusableCellWithIdentifier:PresidentListCellIdentifier];
    if (cell == nil) {
        cell = [[[UITableViewCell alloc]
            initWithStyle:UITableViewCellStyleSubtitle
            reuseIdentifier:PresidentListCellIdentifier] autorelease];
    }
    NSUInteger row = [indexPath row];
    President *thePres = [self.list objectAtIndex:row];
    cell.textLabel.text = thePres.name;
    cell.detailTextLabel.text = [NSString stringWithFormat:@"%@ - %@",
        thePres.fromYear, thePres.toYear];
    return cell;
}

#pragma mark -
#pragma mark Table Delegate Methods
- (void)tableView:(UITableView *)tableView
    didSelectRowAtIndexPath:(NSIndexPath *)indexPath {
    NSUInteger row = [indexPath row];
    President *prez = [self.list objectAtIndex:row];

    PresidentDetailController *childController =
    [[PresidentDetailController alloc] initWithStyle:UITableViewStyleGrouped];

    childController.title = prez.name;
    childController.president = prez;

    [self.navigationController pushViewController:childController
        animated:YES];
    [childController release];
}

@end
```

A maior parte do código que digitamos são coisas que você já viu antes. A única coisa verdadeiramente nova está no método `viewDidLoad`, em que usamos o método `NSKeyUnarchiver` para criar um array cheio de instâncias da classe `President` a partir do arquivo das listas de propriedades. Não é importante que você entenda exatamente o que está acontecendo aí, contanto que entenda que estamos carregando um array cheio de `Presidents`.

Primeiro, pegamos o caminho para o arquivo de propriedades:

```
NSString *path = [[NSBundle mainBundle] pathForResource:@"Presidents"
    ofType:@"plist"];
```

Em seguida, declaramos um objeto de dados, que irá temporariamente armazenar o arquivo não codificado, e um `NSKeyedUnarchiver`, que vamos usar, na verdade, para restaurar objetos do arquivo:

```
NSData *data;
NSKeyedUnarchiver *unarchiver;
```

Carregamos a lista de propriedades nos dados e usamos os dados para iniciar o unarchiver:

```
data = [[NSData alloc] initWithContentsOfFile:path];
unarchiver = [[NSKeyedUnarchiver alloc] initForReadingWithData:data];
```

Agora, decodificamos um array do arquivo. A chave @"Presidents" é o mesmo valor que usamos para criar esse arquivo.

```
NSMutableArray *array = [unarchiver decodeObjectForKey:@"Presidents"];
```

Então, atribuímos esse array decodificado para nossa lista de propriedades, finalizamos o processo de decodificação, liberamos a memória e fazemos uma chamada para super:

```
self.list = array;
[unarchiver finishDecoding];
[unarchiver release];
[data release];

[super viewDidLoad];
```

Também precisamos dizer à nossa tableView para recarregar seus dados no método viewWillAppear:. Se o usuário mudar algo na detail view, precisaremos ter a certeza de que a view-pai irá mostrar os novos dados. Em vez de testar para uma mudança, forçamos a parent view-pai a recarregar seus dados e redesenhar sempre que ela aparecer.

```
- (void)viewWillAppear:(BOOL)animated {
    [self.tableView reloadData];
    [super viewWillAppear:animated];
}
```

Existe outra mudança da última vez que criamos uma detail view. Está no último método, tableView:didSelectRowAtIndexPath:. Quando criamos uma view do botão Disclosure, nós sempre reutilizamos o mesmo controlador-filho e apenas alteramos os valores. Isso é relativamente fácil de fazer quando você tem um nib sem outlets. Quando estiver usando uma table view para implementar sua detail view, o método que disparar primeiro e os outros que o seguirem serão diferentes. Além disso, as células de tabela que são usadas para exibir e alterar dados serão reutilizadas. A combinação desses dois detalhes significa que seu código pode ficar muito complexo se estiver tentando fazê-lo se comportar sempre exatamente da mesma forma e se assegurar de que é possível acompanhar todas as alterações. Consequentemente, vale a pena o esforço extra para alocar e liberar novos objetos controladores para reduzir a complexidade da sua classe controller.

Vamos ver nosso detail controller, pois é aí que está a parte principal das coisas novas dessa vez. Esse controller é adicionado na pilha de navegação quando o usuário pressiona uma das linhas na tabela PresidentsViewController para permitir a entrada de dados para aquele presidente. Vamos implementar a detail view agora.

Criando o Detail View Controller

Por favor, apertem os cintos, senhoras e senhores; esperamos um pouco de turbulência à frente. Sacos de enjoo estão localizados no bolso do assento à sua frente.

Esse próximo controller está um pouco do complicado, mas passaremos por ele com segurança. Por favor, permaneçam sentados. Clique uma vez em *PresidentDeatilController.h* e faça as seguintes alterações:

```
#import <Foundation/Foundation.h>
#import <UIKit/UIKit.h>

@class President;
#define kNumberOfEditableRows          4
#define kNameRowIndex                  0
#define kFromYearRowIndex              1
#define kToYearRowIndex                2
#define kPartyIndex                    3

#define kLabelTag                      4096

@interface PresidentDetailController : NSObject {
@interface PresidentDetailController : UITableViewController
        <UITextFieldDelegate> {
    President *president;
    NSArray *fieldLabels;
    NSMutableDictionary *tempValues;
    UITextField *textFieldBeingEdited;
}
@property (nonatomic, retain) President *president;
@property (nonatomic, retain) NSArray *fieldLabels;
@property (nonatomic, retain) NSMutableDictionary *tempValues;
@property (nonatomic, retain) UITextField *textFieldBeingEdited;

- (IBAction)cancel:(id)sender;
- (IBAction)save:(id)sender;
- (IBAction)textFieldDone:(id)sender;
@end
```

Bom, mas que droga é essa? Isso é novidade. Em todos os exemplos das nossas tabelas anteriores, cada linha correspondia a uma única linha no array. O array fornecia todos os dados de que a tabela precisava. Então, por exemplo, nossa tabela de filmes da Pixar era direcionado por um array de strings, cada string contendo um título de um filme da Pixar.

Nosso exemplo de presidentes retrata duas tabelas diferentes. Uma é uma lista dos nomes dos presidentes e direcionada por um array com um presidente por linha. A segunda tabela implementa uma detail view de um presidente selecionado. Como a tabela tem um número fixo de campos, em vez de usar um array para fornecer dados para essa tabela, definimos uma série de constantes que utilizaremos nos nossos métodos datasource da tabela. Essas constantes definem o número de campos editáveis, junto ao valor do índice para a linha que irá manter cada uma dessas propriedades.

Existe também uma constante chamada `kLabelTag`, que usaremos para recuperar o `UILabel` da célula a fim de que possamos configurar o rótulo corretamente para a linha. Não deveria haver outra tag para o `UITextField`? Normalmente, sim, mas precisaremos usar a propriedade tag do campo de texto para outro propósito. Iremos utilizar outro mecanismo um pouco menos conveniente para recuperar o campo de texto quando precisarmos definir esse valor. Não se preocupe se isso parecer confuso; tudo irá se esclarecer quando escrevermos o código de verdade.

Você deve notar que essa classe corresponde a três protocolos dessa vez: os protocolos datasource da tabela, os delegates (que essa classe herda porque é uma subclasse de `UITableViewController`) e um novo, o `UITextFieldDelegate`. Ao se adequar ao `UITextFieldDelegate`, seremos notificados quando o usuário fizer uma alteração em um campo de texto para que possamos salvar o valor desse campo. Esse aplicativo não tem linhas suficientes para que a tabela precise rolar, mas, em muitos aplicativos, um campo de texto pode rolar para fora da tela e, talvez, ser desalocado ou reutilizado. Se o campo de texto for perdido, o valor armazenado nele também o será; então, salvar o valor quando o usuário fizer a alteração é a maneira certa de agir.

Um pouco mais para baixo, declaramos um ponteiro para um objeto `President`. Esse é o objeto que vamos realmente editar usando essa view. Está localizado em `tableView:didSelectRowAtIndexPath:` do nosso controlador-pai baseado na linha selecionada aqui. Quando o usuário pressionar a linha do Thomas Jefferson, por exemplo, o `PresidentsViewController` irá criar uma instância do `PresidentDetailController`. O `PresidentsViewController` irá, então, configurar a propriedade president daquela instância para o objeto que representa Thomas Jefferson e adicionar a instância recém-criada do `PresidentDetailController` à pilha de navegação.

A segunda variável de instância, `fieldLabels`, é um array que armazena uma lista de rótulos que correspondem às constantes `kNameRowIndex`, `kFromYearIndex`, `kToYearIndex` e `kPartyIndex`. Por exemplo, `kNameRowIndex` é definido como 0. Então, o label para essa linha mostra o nome do presidente armazenado no índice 0 do array `fieldLabels`. Você verá isso em ação quando chegarmos ao código em um minuto.

Em seguida, definimos um dicionário mutável, `tempValues`, que irá armazenar os valores dos campos que o usuário alterar. Não queremos fazer as alterações diretamente no objeto president, pois, se o usuário selecionar o botão *Cancel*, precisaremos do dado original para poder voltar a ele. Em vez disso, o que faremos é armazenar qualquer valor que for alterado no nosso dicionário variável, tempValues. Por exemplo, se o usuário editar o campo *Name*: e depois pressionar o campo Party: para começar a editá-lo, o `PresidentDetailController`, seria notificado no momento que o campo *Name*: fosse editado, pois é o delegate do campo de texto.

Quando o `PresidentDetailController` for notificado da alteração, ele armazenará o novo valor no dicionário usando o nome da propriedade que ele representa como a chave. No exemplo, armazenamos uma alteração no campo *Name*: usando a chave `@"name"`. Dessa forma, sem levar em conta se o usuário salva ou cancela, teremos os dados necessários para lidar com isso. Se o usuário cancelar, apenas descartamos esse dicionário; se salvar, copiamos os valores alterados para o `president`.

Logo depois, está um ponteiro para um `UITextField` chamado `TextFieldBeingEdited`. No momento em que o usuário clicar em um dos campos de texto `PresidentDetailController`, o `textFieldBeingEdited` será configurado para apontar para aquele texto. Por que precisamos desse ponteiro de campo de texto? Temos um problema interessante de cronometragem, e o `textFieldBeingEdited` é a solução.

Os usuários podem seguir por dois caminhos básicos para terminar de editar um campo de texto. Primeiro, eles podem tocar em outro controle ou no campo de texto que se torna o first responder. Nesse caso, o campo de texto que estava sendo editado perde o status de first responder, e o método delegate `textFieldDidEndEditing:` é chamado. Com isso, o `textFieldDidEndEditing:` assume o valor do campo de texto e o armazena no tempValues.

A segunda maneira com que os usuários podem terminar de editar um campo de texto é pressionar *Save* ou *Cancel*. Quando se faz isso, o método action `save:` ou o `cancel:` é chamado. Em ambos os métodos, a view `PresidentDetailController` deve sair da pilha, já que as ações de salvar e cancelar encerram a seção de edição. Isso apresenta um problema. Os métodos action `save:` e `cancel:` não têm uma maneira simples de achar o campo de texto recém-editado para salvar os dados.

O método delegate `textFieldDidEndEditing:` tem acesso ao campo de texto, desde que esse campo seja passado como um parâmetro. É aí que o `textFieldBeingEdited` entra. O método action `cancel:` ignora o `textFielBeingEdited`, já que o usuário não quer salvar as alterações, então elas podem ser perdidas sem problemas. No entanto, o método action `save:` se importa com essas alterações e precisa de uma maneira para salvá-las.

Como o `textFieldBeingEdited` é mantido como um ponteiro para o campo de texto sendo editado no momento, o `save:` usa esse ponteiro para copiar o valor no campo de texto para `tempValues`. Agora, o `save:` pode fazer seu serviço e tirar o `PresidentDetailController` da pilha, o que trará nossa lista de presidentes de volta para o topo da pilha. Quando a view for tirada da pilha, o campo de texto e seu valor serão perdidos. No entanto, já salvamos essa coisinha; então está tudo legal.

Clique uma vez em *PresidentDetailController.m* e faça as seguintes alterações:

```
#import "PresidentDetailController.h"
#import "President.h"

@implementation PresidentDetailController
@synthesize president;
@synthesize fieldLabels;
@synthesize tempValues;
@synthesize textFieldBeingEdited;

- (IBAction)cancel:(id)sender {
    [self.navigationController popViewControllerAnimated:YES];
}

- (IBAction)save:(id)sender {

   if (textFieldBeingEdited != nil) {
        NSNumber *tagAsNum= [[NSNumber alloc]
                             initWithInt:textFieldBeingEdited.tag];
        [tempValues setObject:textFieldBeingEdited.text forKey: tagAsNum];
        [tagAsNum release];
    }
    for (NSNumber *key in [tempValues allKeys]) {
        switch ([key intValue]) {
            case kNameRowIndex:
                president.name = [tempValues objectForKey:key];
                break;
            case kFromYearRowIndex:
                president.fromYear = [tempValues objectForKey:key];
                break;
            case kToYearRowIndex:
                president.toYear = [tempValues objectForKey:key];
```

```
                break;
            case kPartyIndex:
                president.party = [tempValues objectForKey:key];
            default:
                break;
        }
    }
    [self.navigationController popViewControllerAnimated:YES];

    NSArray *allControllers = self.navigationController.viewControllers;
    UITableViewController *parent = [allControllers lastObject];
    [parent.tableView reloadData];
}

- (IBAction)textFieldDone:(id)sender {
    [sender resignFirstResponder];
}

#pragma mark -
- (void)viewDidLoad {
    NSArray *array = [[NSArray alloc] initWithObjects:@"Name:", @"From:",
                      @"To:", @"Party:", nil];
    self.fieldLabels = array;
    [array release];

    UIBarButtonItem *cancelButton = [[UIBarButtonItem alloc]
                                     initWithTitle:@"Cancel"
                                     style:UIBarButtonItemStylePlain
                                     target:self
                                     action:@selector(cancel:)];
    self.navigationItem.leftBarButtonItem = cancelButton;
    [cancelButton release];

    UIBarButtonItem *saveButton = [[UIBarButtonItem alloc]
                                   initWithTitle:@"Save"
                                   style:UIBarButtonItemStyleDone
                                   target:self
                                   action:@selector(save:)];
    self.navigationItem.rightBarButtonItem = saveButton;
    [saveButton release];

    NSMutableDictionary *dict = [[NSMutableDictionary alloc] init];
    self.tempValues = dict;
    [dict release];
    [super viewDidLoad];
}

- (void)dealloc {
    [president release];
    [fieldLabels release];
    [tempValues release];
    [textFieldBeingEdited release];
    [super dealloc];
}
```

```
#pragma mark -
#pragma mark Table Data Source Methods
- (NSInteger)tableView:(UITableView *)tableView
 numberOfRowsInSection:(NSInteger)section {
    return kNumberOfEditableRows;
}

- (UITableViewCell *)tableView:(UITableView *)tableView
        cellForRowAtIndexPath:(NSIndexPath *)indexPath {
    static NSString *PresidentCellIdentifier = @"PresidentCellIdentifier";

    UITableViewCell *cell = [tableView dequeueReusableCellWithIdentifier:
                             PresidentCellIdentifier];
    if (cell == nil) {
cell = [[[UITableViewCell alloc]
            initWithStyle:UITableViewCellStyleDefault
            reuseIdentifier:PresidentCellIdentifier] autorelease];
        UILabel *label = [[UILabel alloc] initWithFrame:
                      CGRectMake(10, 10, 75, 25)];
        label.textAlignment = UITextAlignmentRight;
        label.tag = kLabelTag;
        label.font = [UIFont boldSystemFontOfSize:14];
        [cell.contentView addSubview:label];
        [label release];

        UITextField *textField = [[UITextField alloc] initWithFrame:
                                  CGRectMake(90, 12, 200, 25)];
        textField.clearsOnBeginEditing = NO;
        [textField setDelegate:self];
        textField.returnKeyType = UIReturnKeyDone;
        [textField addTarget:self
                      action:@selector(textFieldDone:)
            forControlEvents:UIControlEventEditingDidEndOnExit];
        [cell.contentView addSubview:textField];
    }
    NSUInteger row = [indexPath row];

    UILabel *label = (UILabel *)[cell viewWithTag:kLabelTag];
    UITextField *textField = nil;
    for (UIView *oneView in cell.contentView.subviews) {
        if ([oneView isMemberOfClass:[UITextField class]])
            textField = (UITextField *)oneView;
    }
    label.text = [fieldLabels objectAtIndex:row];
    NSNumber *rowAsNum = [[NSNumber alloc] initWithInt:row];
    switch (row) {
        case kNameRowIndex:
            if ([[tempValues allKeys] containsObject:rowAsNum])
                textField.text = [tempValues objectForKey:rowAsNum];
            else
                textField.text = president.name;
            break;
```

```
        case kFromYearRowIndex:
            if ([[tempValues allKeys] containsObject:rowAsNum])
                textField.text = [tempValues objectForKey:rowAsNum];
            else
                textField.text = president.fromYear;
             break;
        case kToYearRowIndex:
             if ([[tempValues allKeys] containsObject:rowAsNum])
                 textField.text = [tempValues objectForKey:rowAsNum];
             else
                 textField.text = president.toYear;
             break;
        case kPartyIndex:
        if ([[tempValues allKeys] containsObject:rowAsNum])
            textField.text = [tempValues objectForKey:rowAsNum];
        else
            textField.text = president.party;
        default:
            break;
     }
    if (textFieldBeingEdited == textField) {
        textFieldBeingEdited = nil;
     }
    textField.tag = row;
    [rowAsNum release];
    return cell;
}

#pragma mark -
#pragma mark Table Delegate Methods
- (NSIndexPath *)tableView:(UITableView *)tableView
  willSelectRowAtIndexPath:(NSIndexPath *)indexPath {
    return nil;
}

#pragma mark Text Field Delegate Methods
- (void)textFieldDidBeginEditing:(UITextField *)textField {
    self.textFieldBeingEdited = textField;
}

- (void)textFieldDidEndEditing:(UITextField *)textField {
    NSNumber *tagAsNum = [[NSNumber alloc] initWithInt:textField.tag];
    [tempValues setObject:textField.text forKey:tagAsNum];
    [tagAsNum release];
}

@end
```

O primeiro novo método é o action `cancel:`. Ele é chamado, da forma mais apropriada, quando o usuário pressiona o botão *Cancel*. Quando esse botão é pressionado, a view do momento sai da pilha, e a view anterior aparece no topo da pilha. Inicialmente, esse trabalho seria manipulado pelo navigation controller, mas, um pouco mais adiante no código, vamos configurar manualmente o item do botão esquerdo da barra. Isso significa que estamos substituindo o botão que o navigation controller usa para esse propósito. Podemos retirar a view atual da pilha obtendo referências ao navigation controller e dizendo para ele fazer apenas isso.

```
- (IBAction)cancel:(id)sender {
    [self.navigationController popViewControllerAnimated:YES];
}
```

O próximo método é o `save:`, que é chamado quando o usuário pressiona o botão *Save*. Quando esse botão é pressionado, os valores que foram informados pelo usuário já foram armazenados no dicionário `tempValues`, a não ser que o teclado ainda continue visível, e o cursor ainda esteja em um dos campos de texto. Nesse caso, ainda será possível incluir alterações nesse campo de texto que ainda não foram colocadas no dicionário `tempValues`. Por conta disso, a primeira coisa que o método `Save:` faz é verificar se existe um campo de texto sendo editado atualmente. Sempre que o usuário começar a editar um campo de texto, nós salvamos um ponteiro para aquele campo em `textFieldBeingEdited`. Se o `textFieldBeingEdited` não estiver `nil`, pegaremos esse valor e o colocaremos no `tempValue`.

```
if (textFieldBeingEdited != nil) {
    NSNumber *tfKey= [[NSNumber alloc] initWithInt:
        textFieldBeingEdited.tag];
    [tempValues setObject:textFieldBeingEdited.text forKey:tfKey];
    [tagAsNum release];
}
```

Então, usamos fast enumeration para passar por todos os valores de chaves no dicionário, usando os números da linha como chaves. Não podemos armazenar tipos de dados brutos, como um `int` em um `NSDictionary`, então criamos objetos `NSNumber` baseados no número da linha e os utilizamos no lugar. Usamos o `intValue` para tornar o número representado pela chave de volta como um `int`, usamos um `switch` nesse valor com constantes que definimos anteriormente e atribuímos o valor apropriado do array `tempValues` de volta ao seu campo designado no nosso objeto `president`.

```
for (NSNumber *key in [tempValues allKeys]) {
    switch ([key intValue]) {
        case kNameRowIndex:
            president.name = [tempValues objectForKey:key];
            break;
        case kFromYearRowIndex:
            president.fromYear = [tempValues objectForKey:key];
            break;
        case kToYearRowIndex:
            president.toYear = [tempValues objectForKey:key];
            break;
        case kPartyIndex:
            president.party = [tempValues objectForKey:key];
        default:
            break;
    }
}
```

Agora, o nosso objeto president foi atualizado, e precisamos subir um nível na view hierárquica. Pressionar o botão *Save* ou o *Done* em uma detail view geralmente levará o usuário de volta ao nível anterior; então, pegamos o delegate do aplicativo e usamos a outlet `navController` para nos tirar da pilha de navegação, mandando o usuário de volta à lista de presidentes:

```
    [self.navigationController popViewControllerAnimated:YES];
```

Tem mais uma coisa que precisamos fazer aí: dizer à table view-pai para recarregar os dados. Pelo fato de um dos campos que o usuário pode editar ser o do nome, que é exibido na tabela `PresidentsViewController`, se não fizermos a tabela recarregar esses dados, continuaremos exibindo o valor antigo.

```
    UINavigationController *navController = [delegate navController];
    NSArray *allControllers = navController.viewControllers;
    UITableViewController *parent = [allControllers lastObject];
    [parent.tableView reloadData];
```

O terceiro método action será chamado quando o usuário pressionar o botão *Done* do teclado. Sem esse método, o teclado não irá retrair quando o *Done* for pressionado. Essa abordagem é necessária no nosso aplicativo, já que as quatro linhas que podem ser editadas aqui cabem na área acima do teclado. Dito isso, você precisará desse método se adicionar uma linha ou em um aplicativo futuro que requeira mais espaço de tela. É uma boa ideia manter o comportamento consistente de aplicativo para aplicativo, mesmo se fazer isso não for algo crítico para o funcionamento do seu aplicativo.

```
- (IBAction)textFieldDone:(id)sender {
    [sender resignFirstResponder];
}
```

O método `viewDidLoad` não contém nada muito surpreendente. Criamos um array de nomes de campos e o atribuímos à propriedade `fieldLabels`.

```
    NSArray *array = [[NSArray alloc] initWithObjects:@"Name:",
            @"From:", @"To:", @"Party:", nil];
    self.fieldLabels = array;
    [array release];
```

Em seguida, criamos dois botões e os adicionamos à navigation bar. Colocamos o botão *Cancel* no lugar do item do botão da barra à esquerda, o que substitui o botão de navegação colocado ali automaticamente. Colocamos o botão *Save* no lado direito e o atribuímos ao estilo `UIBarButtonItemStyleDone`. Esse estilo foi especificamente projetado para essa ocasião, para os usuários pressionarem quando estiverem felizes com as alterações e prontos para sair da view. Um botão com esse estilo será azul em vez de cinza e geralmente terá o rótulo de *Save* ou *Done*.

```
    UIBarButtonItem *cancelButton = [[UIBarButtonItem alloc]
              initWithTitle:@"Cancel"
              style:UIBarButtonItemStylePlain
              target:self
              action:@selector(cancel:)];
    self.navigationItem.leftBarButtonItem = cancelButton;
    [cancelButton release];

    UIBarButtonItem *saveButton = [[UIBarButtonItem alloc]
              initWithTitle:@"Save"
              style:UIBarButtonItemStyleDone
              target:self
              action:@selector(save:)];
    self.navigationItem.rightBarButtonItem = saveButton;
    [saveButton release];
```

Por fim, criamos um novo dicionário mutável e o atribuímos ao `tempValues` para que tenhamos lugar para colocar os valores alterados. Se fizermos as alterações diretamente no objeto president, não teríamos uma maneira fácil de retornar aos dados originais quando o usuário pressionasse *Cancel*.

```
    NSMutableDictionary *dict = [[NSMutableDictionary alloc] init];
    self.tempValues = dict;
    [dict release];
    [super viewDidLoad];
```

Podemos ignorar o método `dealloc` e o primeiro método datasource, já que não há nada novo aqui. Entretanto, precisamos fazer uma pausa para falar sobre o `tableView:cellForRowAtIndexPath:`, pois há algumas pegadinhas aí. A primeira parte do método é exatamente igual em qualquer outro método `tableView:cellForRowAtIndexPath:` que escrevemos.

```
- (UITableViewCell *)tableView:(UITableView *)tableView
    cellForRowAtIndexPath:(NSIndexPath *)indexPath {
    static NSString *PresidentCellIdentifier = @"PresidentCellIdentifier";

    UITableViewCell *cell = [tableView dequeueReusableCellWithIdentifier:
        PresidentCellIdentifier];
    if (cell == nil) {
cell = [[[UITableViewCell alloc] initWithFrame:CGRectZero
                        reuseIdentifier:PresidentCellIdentifier] autorelease];
```

Quando criamos uma nova célula, criamos um rótulo, deixamo-lo alinhado-lo à direita e em negrito e atribuímos a ele uma tag para que possamos recuperá-lo novamente mais tarde. Em seguida, adicionamo-lo a um `contentView` da célula e o liberamos.

```
        UILabel *label = [[UILabel alloc] initWithFrame:
            CGRectMake(10, 10, 75, 25)];
        label.textAlignment = UITextAlignmentRight;
        label.tag = kLabelTag;
        label.font = [UIFont boldSystemFontOfSize:14];
        [cell.contentView addSubview:label];
        [label release];
```

Depois disso, criamos um novo campo de texto. O usuário pode, de fato, digitar nele. Configuramos assim para que não se apague o valor atual durante a edição, para que os dados existentes não sejam perdidos, e configuramos `self` como o delegate do campo de texto. Configurando isso, podemos ser notificados pelo campo de texto quando certo evento ocorrer implementando o método apropriado do protocolo `UITextFieldDelegate`. Como você verá em instantes, implementamos dois métodos delegate de campos de texto nessa classe. Esses métodos serão chamados pelos campos de texto em todas as linhas quando o usuário começar e terminar o texto contido neles. Também configuramos o **return key type** do teclado, que é como especificamos o texto para a tecla no canto inferior direito do teclado. O valor do padrão é *Return*, mas, como temos apenas campos de uma única linha, queremos que essa tecla diga *Done* no lugar, então passamos para `UIReturnKeyDone`.

```
        UITextField *textField = [[UITextField alloc] initWithFrame:
            CGRectMake(90, 12, 200, 25)];
        textField.clearsOnBeginEditing = NO;
        [textField setDelegate:self];
        textField.returnKeyType = UIReturnKeyDone;
```

Depois disso, dizemos ao campo de texto para chamar o método `textFieldDone:` no evento *Did End on Exit*. Isso é exatamente a mesma coisa que arrastar do evento *Did End on Exit* no connections inspector no Interface Builder para o *File's Owner* e selecionar um método action. Já que não temos um arquivo nib, teremos de fazer isso de maneira programada, mas o resultado será o mesmo.

Quando acabarmos de configurar o campo de texto, iremos adicioná-lo à content view da célula. Note, entretanto, que não configuramos uma tag antes de a adicionarmos a essa view.

```
        [textField addTarget:self
                      action:@selector(textFieldDone:)
           forControlEvents:UIControlEventEditingDidEndOnExit];
        [cell.contentView addSubview:textField];
    }
```

Nesse ponto, sabemos que temos uma célula novinha em folha ou uma célula reutilizada, mas não sabemos qual. A primeira coisa que faremos é descobrir qual linha essa bendita célula irá representar:

```
NSUInteger row = [indexPath row];
```

Em seguida, precisaremos obter uma referência para o label e para o campo de texto de dentro da célula. O label é fácil; apenas usamos a tag atribuída a ele para recuperá-lo da célula:

```
UILabel *label = (UILabel *)[cell viewWithTag:kLabelTag];
```

O campo de texto, entretanto, não será assim tão fácil, pois precisamos da tag para dizer ao delegate do campo de texto qual campo de texto o está chamando. Então, vamos nos basear no fato de que existe apenas um campo de texto que é uma subview do `contentView` da célula. Vamos usar uma enumeração rápida para trabalhar com todas essas subviews e, quando acharmos um campo de texto, nós o atribuiremos ao ponteiro declarado anteriormente. Quando o loop acabar, o indicador `textField` deverá estar apontando para o único campo de texto contido nessa célula.

```
UITextField *textField = nil;

for (UIView *oneView in cell.contentView.subviews) {
    if ([oneView isMemberOfClass:[UITextField class]])
        textField = (UITextField *)oneView;
 }
```

Agora que temos ponteiros para o label e para o campo de texto, podemos atribuir a eles os valores corretos com base em qual campo do objeto `president` essa linha representa. Novamente, o label obtém seu valor do array `fieldLabels`.

```
label.text = [fieldLabels objectAtIndex:row];
```

Para atribuir o valor ao campo de texto precisamos primeiramente verificar se existe um valor no dicionário `tempValues` que corresponda a essa linha. Se existir, nós o designaremos ao campo de texto. Se não existir, sabemos que não houve entrada de alterações para esse campo, então o atribuímos ao valor correspondente do `president`.

```
NSNumber *rowAsNum = [[NSNumber alloc] initWithInt:row];
switch (row) {
```

```
        case kNameRowIndex:
            if ([[tempValues allKeys] containsObject:rowAsNum])
                textField.text = [tempValues objectForKey:rowAsNum];
            else
                textField.text = president.name;
            break;
        case kFromYearRowIndex:
            if ([[tempValues allKeys] containsObject:rowAsNum])
                textField.text = [tempValues objectForKey:rowAsNum];
            else
                textField.text = president.fromYear;
            break;
        case kToYearRowIndex:
            if ([[tempValues allKeys] containsObject:rowAsNum])
                textField.text = [tempValues objectForKey:rowAsNum];
            else
                textField.text = president.toYear;
             break;
        case kPartyIndex:
            if ([[tempValues allKeys] containsObject:rowAsNum])
                textField.text = [tempValues objectForKey:rowAsNum];
            else
                textField.text = president.party;
        default:
            break;
    }
```

Se o campo que estamos usando é o mesmo que está sendo editado no momento, isso é uma indicação de que esse valor que estamos avaliando no `textFieldBeingEdited` não é mais válido; então, definimos o `textFieldBeingEdited` para `nil`. Se o campo de texto foi liberado ou reutilizado, o delegate desse campo será chamado, e o valor correto já estará no dicionário `tempValues`.

```
    if (textFieldBeingEdited == textField) {
        textFieldBeingEdited = nil;
     }
```

Em seguida, definimos a tag do campo de texto para a linha que ela representa, o que vai permitir que nós saibamos qual campo está chamando o método delegate do nosso campo de texto:

```
    textField.tag = row;
```

Por fim, liberamos o `rowAsNum` para liberar a memória e recuperar a célula:

```
    [rowAsNum release];
    return cell;
}
```

Dessa vez, nós vamos implementar um método delegate, o `tableView:willSelectRowAtIndexPath:`. Lembre-se de que esse método é chamado antes que a linha seja selecionada e nos dá uma chance para desabilitar a seleção da linha. Nessa view, não queremos nunca que a linha apareça selecionada. Precisamos saber qual o usuário selecionou uma linha para que possamos posicionar um marcador perto dela, mas não queremos que ela fique realmente destacada. Não se preocupe. Uma linha não precisa ser selecionada para que o texto nela se torne editável, então esse método apenas impede que a linha fique destacada depois do toque.

```
- (NSIndexPath *)tableView:(UITableView *)tableView
   willSelectRowAtIndexPath:(NSIndexPath *)indexPath {
    return nil;
}
```

Tudo o que resta agora são os dois métodos delegate do campo de texto. O primeiro que implementamos, `textFieldBeginEditing:`, é chamado sempre que o campo de texto para o qual somos o delegate se tornar o first responder. Então, se o usuário pressionar um campo e o teclado aparecer, seremos notificados. Nesse método, armazenamos um ponteiro para o campo que está sendo editado no momento, a fim que tenhamos uma maneira de obter as últimas alterações feitas antes de o botão *Save* ser pressionado.

```
- (void)textFieldDidBeginEditing:(UITextField *)textField {
    self.textFieldBeingEdited = textField;
}
```

O último método que escrevemos é chamado quando o usuário para de editar um campo de texto pressionando outro diferente, pressionando o botão *Done* ou ainda quando outro campo de texto se torna o first responder, o que irá acontecer, por exemplo, quando o usuário navegar de volta para a lista de presidentes. Aqui, nós salvamos o valor desse campo no dicionário `tempValues` para que o tenhamos caso o usuário pressione o botão *Save* para confirmar as alterações.

```
- (void)textFieldDidEndEditing:(UITextField *)textField {
    NSNumber *tagAsNum = [[NSNumber alloc] initWithInt:textField.tag];
    [tempValues setObject:textField.text forKey:tagAsNum];
    [tagAsNum release];
}
```

E é isso. Acabamos com esses dois view controllers.

Adicionando uma Instância de Detail View Controller Editável

Agora, tudo o que precisamos fazer é adicionar uma instância dessa classe ao view controller de alto nível. Você sabe como fazer isso a essa altura. Clique uma vez em *FirstLevelViewController.m*.

Primeiramente, importe o cabeçalho da nova view de segundo nível, adicionando a seguinte linha de código antes da declaração `@implementation`:

```
#import "PresidentsViewController.h"
```

Depois adicione o seguinte código ao método `viewDidLoad`:

```
- (void)viewDidLoad {
    self.title = @"Top Level";
    NSMutableArray *array = [[NSMutableArray alloc] init];

    // Disclosure Button
    DisclosureButtonController *disclosureButtonController =
        [[DisclosureButtonController alloc]
            initWithStyle:UITableViewStylePlain];
    disclosureButtonController.title = @"Disclosure Buttons";
    disclosureButtonController.rowImage = [UIImage
        imageNamed:@"disclosureButtonControllerIcon.png"];
    [array addObject:disclosureButtonController];
    [disclosureButtonController release];

    // Checklist
```

```
    CheckListController *checkListController = [[CheckListController alloc]
            initWithStyle:UITableViewStylePlain];
    checkListController.title = @"Check One";
    checkListController.rowImage = [UIImage
      imageNamed:@"checkmarkControllerIcon.png"];
    [array addObject:checkListController];
    [checkListController release];

    // Table Row Controls
    RowControlsController *rowControlsController =
        [[RowControlsController alloc]
        initWithStyle:UITableViewStylePlain];
    rowControlsController.title = @"Row Controls";
    rowControlsController.rowImage =
        [UIImage imageNamed:@"rowControlsIcon.png"];
    [array addObject:rowControlsController];
    [rowControlsController release];

    // Move Me
    MoveMeController *moveMeController = [[MoveMeController alloc]
        initWithStyle:UITableViewStylePlain];
    moveMeController.title = @"Move Me";
    moveMeController.rowImage = [UIImage imageNamed:@"moveMeIcon.png"];
    [array addObject:moveMeController];
    [moveMeController release];

    // Delete Me
    DeleteMeController *deleteMeController = [[DeleteMeController alloc]
            initWithStyle:UITableViewStylePlain];
    deleteMeController.title = @"Delete Me";
    deleteMeController.rowImage = [UIImage imageNamed:@"deleteMeIcon.png"];
    [array addObject:deleteMeController];
    [deleteMeController release];

    // President View/Edit
    PresidentsViewController *presidentsViewController =
        [[PresidentsViewController alloc]
        initWithStyle:UITableViewStylePlain];
    presidentsViewController.title = @"Detail Edit";
    presidentsViewController.rowImage = [UIImage imageNamed:
        @"detailEditIcon.png"];
    [array addObject:presidentsViewController];
    [presidentsViewController release];

    self.controllers = array;
    [array release];
    [super viewDidLoad];
}
```

Salve tudo, inspire profundamente, segure o fôlego e, então, construa essa coisa. Se tudo estiver em ordem, o simulador irá iniciar, e a sexta (e última) linha irá aparecer, assim como na Figura 9-2. Se você clicar na nova linha, será levado para uma lista de presidentes dos Estados Unidos (veja a Figura 9-24).

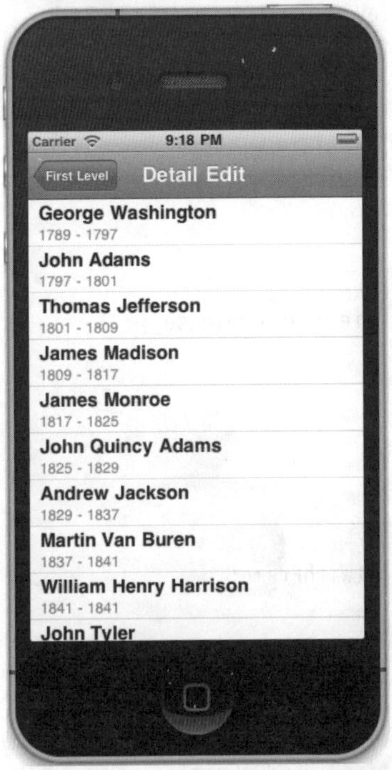

Figura 9-24. *Nosso sexto (e último) subcontroller apresenta uma lista de presidentes dos EUA. Toque em um dos presidentes e você será levado a uma detail view (ou um agente do serviço secreto irá nocauteá-lo).*

Pressionar qualquer uma das linhas levará você para a detail view que acabamos de criar (veja a Figura 9-8), e você poderá editar os valores. Se você selecionar o botão *Done* no teclado, o teclado irá retrair. Pressione um dos valores editáveis, e o teclado irá reaparecer. Faça algumas alterações e pressione *Cancel*, o aplicativo voltará para a lista de presidentes. Se visitar novamente o presidente que você acabou de cancelar, suas alterações irão sumir. Por outro lado, se fizer alterações e pressionar *Save*, suas mudanças serão refletidas na tabela-pai, e, quando voltar para a detail view, os novos valores ainda estarão lá.

Mas Tem Mais Uma Coisa...

Precisamos dar mais uma polida para fazer nosso aplicativo se comportar do jeito que deve. Na versão que acabamos de criar, o teclado incorpora um botão *Done* que, quando pressionado, faz o teclado retrair. Esse comportamento é adequado se existirem outros controles na view que o usuário poderá precisar acessar. Como cada linha nessa table view é um campo de texto, precisamos de uma solução um pouco diferente. O teclado deveria exibir o botão *Return* em vez do *Done*. Quando pressionado, esse botão deverá levar o usuário para o próximo campo de texto da linha.

Para conseguirmos fazer isso, a primeira coisa que precisamos fazer é substituir o botão *Done* por um *Return*. Podemos fazer isso excluindo uma única linha do código do *PresidentDetailController.m*. No método `tableView:cellForRowAtIndexPath:`, exclua as seguintes linhas de código:

```
- (UITableViewCell *)tableView:(UITableView *)tableView
        cellForRowAtIndexPath:(NSIndexPath *)indexPath {
    static NSString *PresidentCellIdentifier = @"PresidentCellIdentifier";
    UITableViewCell *cell = [tableView dequeueReusableCellWithIdentifier:
        PresidentCellIdentifier];
    if (cell == nil) {

        cell = [[[UITableViewCell alloc] initWithFrame:CGRectZero
                     reuseIdentifier:PresidentCellIdentifier] autorelease];
        UILabel *label = [[UILabel alloc] initWithFrame:
            CGRectMake(10, 10, 75, 25)];
        label.textAlignment = UITextAlignmentRight;
        label.tag = kLabelTag;
        label.font = [UIFont boldSystemFontOfSize:14];
        [cell.contentView addSubview:label];
        [label release];

        UITextField *textField = [[UITextField alloc] initWithFrame:
           CGRectMake(90, 12, 200, 25)];
        textField.clearsOnBeginEditing = NO;
        [textField setDelegate:self];
        textField.returnKeyType = UIReturnKeyDone;
        [textField addTarget:self
                      action:@selector(textFieldDone:)
                      forControlEvents:UIControlEventEditingDidEndOnExit];
        [cell.contentView addSubview:textField];
    }
    NSUInteger row = [indexPath row];
...
```

O próximo passo não é tão simples. No nosso método `textFieldDone:`, em vez de simplesmente dizer ao `sender` para renunciar ao status do first responder, precisamos descobrir de alguma forma o que o próximo campo deve ser e dizer a esse campo para se tornar o first responder. Substitua sua versão do `textFieldDone:` por essa nova versão, e depois conversaremos sobre como ela funciona.

```
- (IBAction)textFieldDone:(id)sender {
    UITableViewCell *cell =
        (UITableViewCell *)[[sender superview] superview];
    UITableView *table = (UITableView *)[cell superview];
    NSIndexPath *textFieldIndexPath = [table indexPathForCell:cell];
    NSUInteger row = [textFieldIndexPath row];
    row++;
    if (row >= kNumberOfEditableRows) {
        row = 0;
    }
    NSIndexPath *newPath = [NSIndexPath indexPathForRow:row inSection:0];
    UITableViewCell *nextCell = [self.tableView
        cellForRowAtIndexPath:newPath];
    UITextField *nextField = nil;
    for (UIView *oneView in nextCell.contentView.subviews) {
        if ([oneView isMemberOfClass:[UITextField class]])
            nextField = (UITextField *)oneView;
```

```
        }
        [nextField becomeFirstResponder];
}
```

Infelizmente, as células não sabem que linhas elas representam. A table view, entretanto, sabe qual linha uma determinada célula está representando no momento. Então, damos uma referência para a célula do table view. Sabemos que o campo de texto que está disparando esse método action é uma subview da content view da célula de table view, então precisamos apenas da superview da superview do `sender`.

Se isso pareceu confuso, pense da seguinte forma. O `sender`, nesse caso, é o campo de texto sendo editado. A superview do `sender` é a content view que agrupa o campo de texto e seu label. A superview da superview do `sender` é a célula que envolve essa content view.

```
UITableViewCell *cell = (UITableViewCell *)[[(UIView *)sender
        superview] superview];
```

Precisamos acessar a table view de fechamento da célula, o que é fácil, já que é a superview da célula.

```
UITableView *table = (UITableView *)[cell superview];
```

Em seguida, perguntamos para a tabela qual linha a célula representa. A resposta é um `NSIndexPath`, e pegamos a linha daí.

```
NSIndexPath *textFieldIndexPath = [table indexPathForCell:cell];
NSUInteger row = [textFieldIndexPath row];
```

Em seguida, incrementamos a `row` em um, o que representa a próxima linha na tabela. Se incrementar o número da linha nos colocar além da última, retornaremos a `row` para 0.

```
 row++;
if (row >= kNumberOfEditableRows) {
     row = 0;
 }
```

Feito isso, criamos um novo `NSIndexPath` para representar a próxima linha e o utilizamos para obter uma referência à célula que está atualmente representando a linha seguinte.

```
NSIndexPath *newPath = [NSIndexPath indexPathForRow:row inSection:0];
UITableViewCell *nextCell = [self.tableView
        cellForRowAtIndexPath:newPath];
```

Note que, em vez de utilizar os métodos `alloc` e `init` para criar o `NSIndexPath`, utilizamos um método de fábrica especial, que existe apenas para a criação de um caminho de índice que aponta uma linha na `UITableView`. Isso desvia, de alguma forma, da nossa política de evitar métodos de fábrica (que, geralmente, acaba colocando o objeto que eles criam em um pool de autoliberação, adicionando um pouco de overhead), mas, nesse caso, vale a pena pelo benefício ao nosso código. A maneira normal de criar um `NSIndexPath`, por outro lado, envolve primeiro a criação de um array C e, em seguida, passá-lo para o método `initWithIndexes:length:` juntamente ao comprimento do array. O que estamos fazendo aqui é muito mais direto.

Para o campo de texto, já estamos usando `tag` para outro propósito, então precisaremos passar o loop pelas subviews da content view da célula para encontrar o campo de texto em vez de usar `tag` para recuperá-lo.

```
UITextField *nextField = nil;
for (UIView *oneView in nextCell.contentView.subviews) {
    if ([oneView isMemberOfClass:[UITextField class]])
    nextField = (UITextField *)oneView;
}
```

Por fim, podemos dizer que o novo campo de texto se tornou o first responder.

```
[nextField becomeFirstResponder];
```

Agora, compile e execute. Dessa vez, quando detalhar a detail view, pressionar o botão *Return* levará você para o próximo campo na tabela, o que irá tornar a entrada de dados muito mais fácil para os usuários.

Cruzando a Linha de Chegada

Este capítulo foi uma maratona, e, se ainda estiver de pé, você deve se sentir muito bem consigo mesmo. Insistir nessas table views místicas e objetos do navigation controller é importante, pois eles são a espinha dorsal de uma quantidade muito grande de aplicativos do iOS, e sua complexidade pode definitivamente te deixar em apuros se você não a entender de verdade.

Assim que começar a criar suas próprias tabelas, volte a este capítulo e ao anterior e não fique com medo da documentação da Apple. Table views são extraordinariamente complexas, e nunca conseguiríamos cobrir toda permutação concebível, mas você deve ter um bom conjunto de blocos de criação de table views, que poderá usar quando projetar e construir seus próprios aplicativos. Como sempre, por favor, sinta-se à vontade para reutilizar esses códigos em seus próprios aplicativos. É um presente nosso para você. Aproveite!

No próximo capítulo, veremos alguns componentes de interface de usuário que são específicos para o iPad. Em particular, você verá como aplicar o estilo de navegação do iPhone ao iPad, sem ter uma tela grande lado a lado conforme vai para frente e para trás. O próximo capítulo pode não ser a maratona que foi este, mas é, pelo menos, uma meia-maratona; então, encha seu squeeze e beba bastante líquido antes de continuar. Ah, e não se esqueça de se alongar.

Capítulo 10

Considerações sobre o iPad

Do ponto de vista técnico, programar para iPad é quase igual a programar para qualquer outro aparelho iOS. Com exceção do tamanho da tela, há pouca diferença entre um iPad 3G e um iPhone, ou entre um iPad com Wi-Fi e um iPod touch. Apesar das semelhanças fundamentais entre o iPhone e o iPad, do ponto de vista do usuário, esses aparelhos são realmente bem diferentes. Felizmente, a Apple teve o bom senso de reconhecer isso desde o início e equipou o iPad com componentes UIKit adicionais, que ajudam a criar aplicativos que utilizam melhor o tamanho da tela do iPad e os padrões de uso. Neste capítulo, você aprenderá a utilizar esses componentes. Vamos começar!

Split Views e Popovers

No Capítulo 9, você passou muito tempo lidando com navegação de aplicativo baseadas em seleções nas table views, em que cada seleção causa a view de nível superior, que preenche toda a tela, de cima a baixo, e traz a nova view na hierarquia, talvez outra table view. Muitos aplicativos do iPhone e do iPod touch trabalham assim, entre os próprios aplicativos da Apple e aplicativos de terceiros.

Um exemplo típico é o Mail, que permite que você mova por servidores e pastas, até que finalmente chegue a uma mensagem. Tecnicamente, essa abordagem pode funcionar também no iPad, mas leva a um problema de interação do usuário. Em uma tela do tamanho do iPhone ou do iPod touch, deslizar uma view do tamanho da tela para mostrar outra view também do tamanho da tela funciona bem. Em uma tela do tamanho do iPad, no entanto, a mesma interação fica um pouco errada, um pouco exagerada e, até mesmo, um pouco cheia. Além disso, utilizar um espaço grande com uma única table view não é eficaz na maioria dos casos.

Consequentemente, você verá que os aplicativos incorporados do iPad não se comportam dessa maneira. Em vez disso, qualquer funcionalidade de deslize de navegação, como aquela utilizada no Mail, é transferida para uma coluna estreita, cujos conteúdos movem para a direita ou para a esquerda conforme o usuário move para baixo ou para fora. Com o iPad no modo paisagem, a coluna de navegação está em uma posição fixa à esquerda, com o conteúdo do item selecionado exibido à direita. No mundo do iPad, é isso que chamamos de uma split view (veja a Figura 10-1).

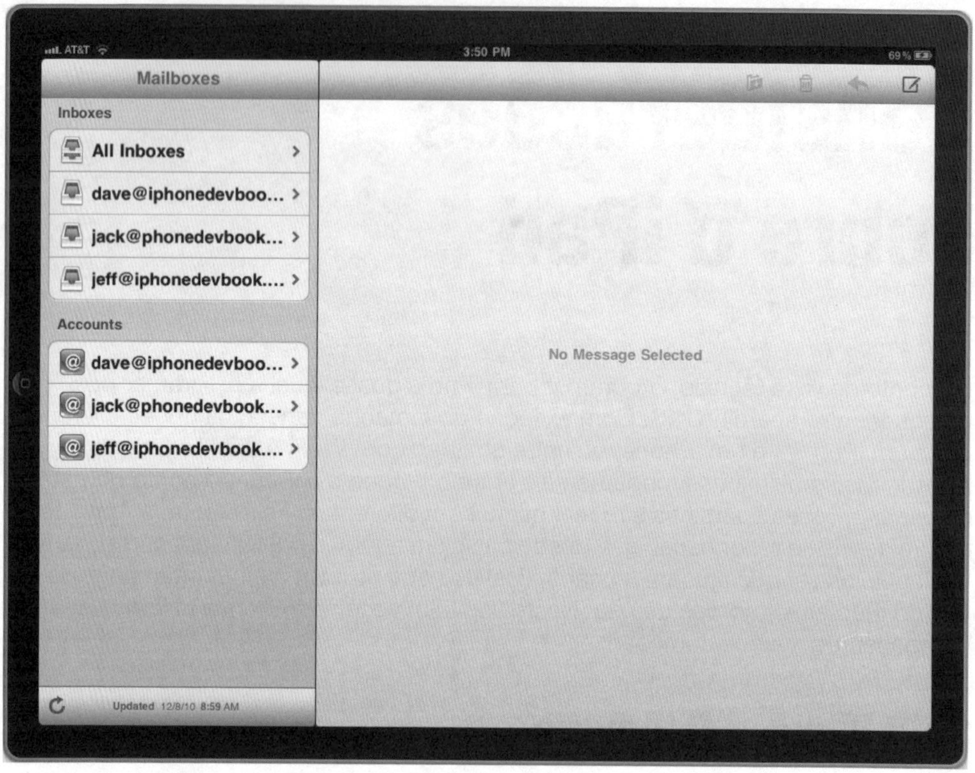

Figura 10-1. *Esse iPad, no modo paisagem, está mostrando uma split view. A coluna de navegação está à esquerda. Toque em um item dessa coluna, nesse caso uma conta de e-mail específica, e o conteúdo desse item será exibido na área à direita.*

O lado esquerdo da split view tem sempre 320 pontos de largura (a mesma largura do iPhone quando está na orientação retrato), e a split view propriamente dita, com a navegação e o conteúdo lado a lado, aparece somente no modo paisagem. Se você virar o iPad para orientação retrato, a split view ainda será executada, mas não estará mais visível da mesma maneira. A navigation view perde seu local permanente e pode ser ativada tocando-se um botão da barra de ferramentas, que faz com que a navigation view apareça em uma view que flutua na frente de tudo na tela (veja a Figura 10-2). Isso é chamado de popover.

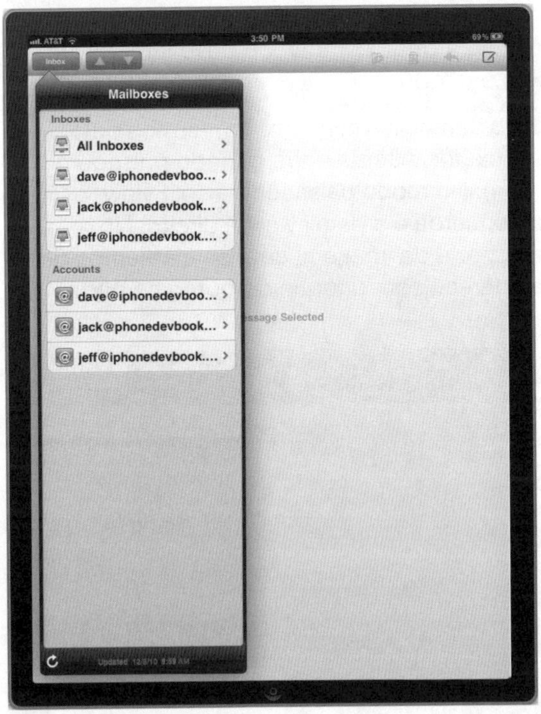

Figura 10-2. *Esse iPad, no modo retrato, não mostra a mesma split view. Em vez disso, as informações feitas à esquerda dela no modo paisagem, são incorporadas em um popover. Hummm, popovers.*

No projeto de exemplo deste capítulo, você verá como criar um aplicativo para iPad que utiliza uma split view e um popover.

Crie um Projeto SplitView

Vamos começar pelo mais fácil, aproveitando a vantagem de um dos templates predefinidos do Xcode para criar um projeto de split view. Vamos criar um aplicativo que apresenta uma entrada levemente diferente do aplicativo presidencial do Capítulo 9, listando todos os presidentes dos EUA e mostrando a entrada na Wikipédia para o que quer que você selecione.

Vá até Xcode e selecione `File ➤ New Project...`. No grupo iOS *Application*, selecione *Split View-based Application*. Certifique-se de que a caixa de seleção Core Data está desmarcada e nomeie o novo projeto para *Presidents*. O Xcode fará o usual, criando várias classes e arquivos *.xib* para você, e depois mostrará o seu projeto. Expanda as pastas Classes e Resources e veja cada uma delas.

Desde o início, o projeto apresenta um delegate de aplicativo (como usual), uma classe chamada `RootViewController` e uma chamada `DetailViewController`. Esses dois view controllers representam, respectivamente, as views que irão aparecer à esquerda e à direita da split view. `RootViewController` define o alto nível de uma estrutura de navegação, e `DetailViewController` define o que é exibido na área maior quando um elemento de navegação é selecionado. Quando o aplicativo abrir, eles estarão dentro de uma split view, a qual, como você deve lembrar, faz um ajuste na forma conforme o aparelho é girado.

Para ver o que esse template de aplicativo particular dá a você em termos de funcionalidade, crie-o e execute-o no simulador. Alterne entre o modo paisagem (Figura 10-3) e o modo retrato (Figura 10-4). No modo paisagem, a split view trabalha mostrando a navigation view à esquerda e a detail view à direita. No modo retrato, a detail view ocupa a maior parte da imagem, com os elementos de navegação colocados no popover, que aparece com o toque do botão na parte superior à esquerda da view.

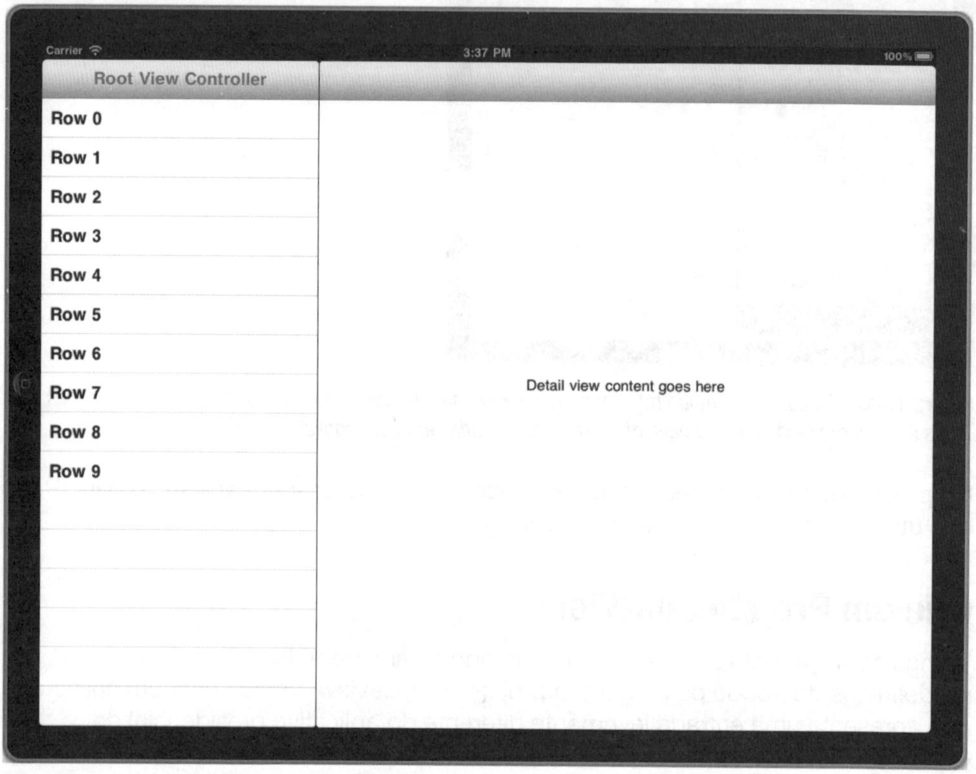

Figura 10-3. *Essa captura de tela mostra o template padrão do Split View-based Application no modo paisagem. Note a semelhança entre essa figura e a Figura 10-1.*

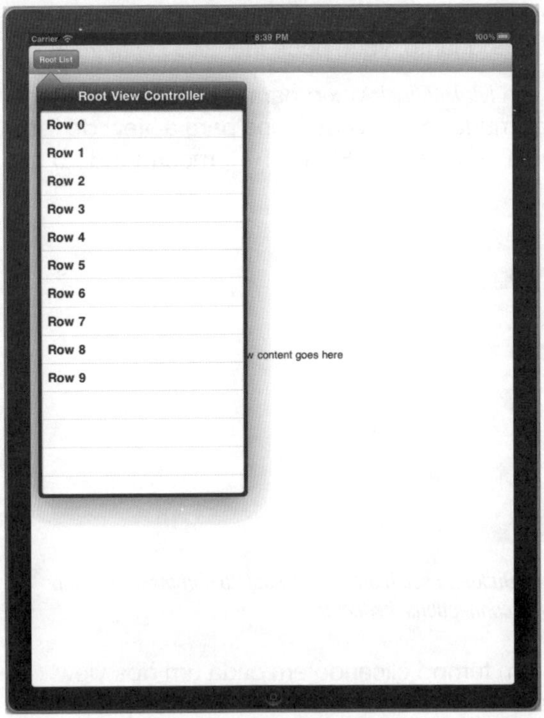

Figura 10-4. ***Essa captura de tela mostra o template padrão do Split View-based Application no modo retrato. Note a semelhança entre essa figura e a Figura 10-2.***

Vamos criar em cima disso para fazer o aplicativo de apresentação do presidente que queremos, mas primeiro vamos ver direito o que já está lá.

O Xib Define a Estrutura

Desde o início, você tem um conjunto bem complexo de view controllers em execução. Há um split view controller que apresenta todos os elementos, um navigation controller para lidar com as ações à esquerda do split, um root view controller dentro do navigation controller e um detail view controller à direita.

No template padrão do Split View-based Application que usamos, esses view controllers são configurados e interconectados primeiramente no arquivo *.xib* principal, depois no código. Além de fazer o layout da GUI, o Interface Builder realmente se destaca como uma maneira de deixar o usuário conectar diferentes componentes sem escrever um monte de código apenas para estabelecer relações. Vamos nos aprofundar nos arquivos *.xib* do projeto para ver como as coisas são configuradas.

Na pasta *Resources*, clique duas vezes em *DetailView.xib* para abri-lo no Interface Builder. Esse arquivo *.xib* é bem direto, contendo apenas uma view com um label e a classe `DetailViewController` como seu file's owner. Voltaremos a falar sobre isso posteriormente e faremos algumas mudanças, mas apenas depois de você saber como os outros elementos se unem. Por enquanto, você pode fechar o *DetailView.xib*.

De volta ao Xcode, clique duas vezes em *MainWindow.xib* para editá-lo no Interface Builder. Você definitivamente irá querer mudar da view de ícone para a view de lista para ter uma noção melhor da hierarquia do objeto. A Figura 10-5 mostra tudo o que há para ver aqui.

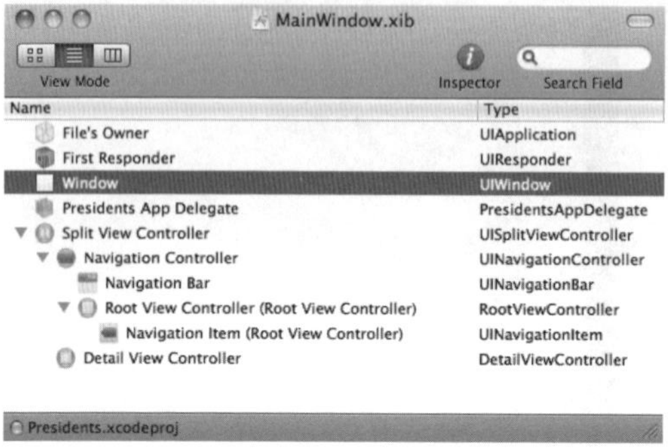

Figura 10-5. *MainWindow.xib aberto no Interface Builder. Essa hierarquia de objeto complexa é melhor visualizada no modo de lista em combinação com o connections inspector.*

Abra o connections inspector e passe um tempo clicando em cada um dos view controllers para ter uma ideia de como eles se relacionam entre si. O delegate do aplicativo contém outlets para cada um dos outros view controllers, exceto para o navigation controller. Entre os outros controladores, você verá que a maioria não tem outlets apontando para outro controller, mas muitos "contêm" um ou mais dos outros, como a split view, que contém o navigation e o detail controllers, e o navigation controller, que contém o root view controller. A exceção é o root view controller, que tem uma outlet para o detail view controller, permitindo que ele atualize a detail view quando a seleção do usuário mudar.

Em seguida, abra o attributes inspector e passe um tempo clicando em cada um dos view controllers. Note que o attributes inspector contém uma seção *View Controller*, que inclui um campo chamado *NIB Name.* Para a maioria dos view controllers, o campo *NIB Name* está vazio, mas, no caso do detail view controller, está definido para DetailView, que, você irá se lembrar, é o nome do primeiro arquivo nib que vimos. Isso significa que, quando *MainWindow.xib* é carregado e o detail view controller é criado, ele não procura sua GUI no mesmo arquivo nib, mas carrega o outro arquivo nib especificado.

Esse tipo de configuração dá a você muita flexibilidade, já que você fica livre para determinar quais views pertencem à main view e quais você quer colocar em um nib separado. Nesse caso, *MainWindow.xib* realmente contém um view controller "interessante", e sua view é carregada a partir de um nib externo; todos os outros views controllers são table view controllers, que criam automaticamente sua própria table view, ou container view controllers (como `UISplitViewController` e `UINavigationController`), que não apresentam qualquer view editável.

O que sobrou, então, no *MainWindow.xib* é realmente uma definição de como os diversos controladores de aplicativos são interconectados. Como na maioria dos casos em que estamos usando arquivos nib, isso elimina muito código, o que é bom quase sempre. Se você for o tipo de pessoa que gosta de ver toda a configuração feita em código, fique à vontade para fazer isso, mas, nesse exemplo, ficamos mais presos ao que o Xcode forneceu.

O Código Define a Funcionalidade

Uma das principais razões para manter as interconexões do view controller em um arquivo nib é o fato de que ele não pode misturar nosso código-fonte com informações sobre configuração que não precisam estar lá. Portanto, o que sobrou é apenas o código que define a real funcionalidade. Então, vamos dar uma olhada no que temos como ponto de partida. O Xcode definiu várias classes para nós quando o projeto foi criado, e iremos ver cada uma delas antes de começar a fazer qualquer alteração.

Primeiro, é o *PresidentsAppDelegate.h*, que se parece com algo assim:

```
#import <UIKit/UIKit.h>

@class RootViewController;
@class DetailViewController;

@interface PresidentsAppDelegate : NSObject <UIApplicationDelegate> {

    UIWindow *window;

    UISplitViewController *splitViewController;

    RootViewController *rootViewController;
    DetailViewController *detailViewController;
}

@property (nonatomic, retain) IBOutlet UIWindow *window;

@property (nonatomic, retain) IBOutlet UISplitViewController *splitViewController;
@property (nonatomic, retain) IBOutlet RootViewController *rootViewController;
@property (nonatomic, retain) IBOutlet DetailViewController *detailViewController;

@end
```

É bem semelhante a vários outros delegates de aplicativo que você viu até agora neste livro. A maior diferença é que há outlets para vários controladores em vez de um só. Isso nos permite utilizar o delegate do aplicativo como um ponto central por meio do qual todos os controladores podem ser acessados. Mude para a implementação em *PresidentsAppDelegate.m*, que parece com o seguinte (excluímos a maioria dos comentários e dos métodos em branco para maior brevidade):

```
#import "PresidentsAppDelegate.h"
#import "RootViewController.h"
#import "DetailViewController.h"

@implementation PresidentsAppDelegate
```

```
@synthesize window, splitViewController, rootViewController, detailViewController;

- (BOOL)application:(UIApplication *)application
    didFinishLaunchingWithOptions:(NSDictionary *)launchOptions {
    // Override point for customization after app launch.

    // Add the split view controller's view to the window and display.
    [self.window addSubview:splitViewController.view];
    [self.window makeKeyAndVisible];

    return YES;
}

- (void)dealloc {
    [splitViewController release];
    [window release];
    [super dealloc];
}

@end
```

Mais uma vez, nada de inovador aqui. Esse código define a exibição da main view do nosso aplicativo (nesse caso, o `UISplitViewController` que irá conter tudo), assim como você fez muitas vezes no decorrer deste livro, e executa alguma limpeza ao final.

Agora, vejamos `RootViewController`, que controla a configuração da table view contendo a navegação do aplicativo. *RootViewController.h* se parece com o seguinte:

```
#import <UIKit/UIKit.h>

@class DetailViewController;

@interface RootViewController : UITableViewController {
    DetailViewController *detailViewController;
}

@property (nonatomic, retain) IBOutlet DetailViewController *detailViewController;

@end
```

E o arquivo *RootViewController.m* correspondente se parece com o seguinte (após remoção dos bits sem código):

```
#import "RootViewController.h"
#import "DetailViewController.h"

@implementation RootViewController

@synthesize detailViewController;

- (void)viewDidLoad {
    [super viewDidLoad];
    self.clearsSelectionOnViewWillAppear = NO;
    self.contentSizeForViewInPopover = CGSizeMake(320.0, 600.0);
}
```

```
- (BOOL)shouldAutorotateToInterfaceOrientation:
    (UIInterfaceOrientation)interfaceOrientation {
    return YES;
}

- (NSInteger)numberOfSectionsInTableView:(UITableView *)aTableView {
    return 1;
}

- (NSInteger)tableView:(UITableView *)aTableView
    numberOfRowsInSection:(NSInteger)section {
    return 10;
}

- (UITableViewCell *)tableView:(UITableView *)tableView
    cellForRowAtIndexPath:(NSIndexPath *)indexPath {

    static NSString *CellIdentifier = @"CellIdentifier";

    UITableViewCell *cell = [tableView dequeueReusableCellWithIdentifier:
                                 CellIdentifier];
    if (cell == nil) {
        cell = [[[UITableViewCell alloc] initWithStyle:UITableViewCellStyleDefault
            reuseIdentifier:CellIdentifier] autorelease];
        cell.accessoryType = UITableViewCellAccessoryNone;
     }

    // Configure the cell.
    cell.textLabel.text = [NSString stringWithFormat:@"Row %d", indexPath.row];
    return cell;
}

- (void)tableView:(UITableView *)aTableView didSelectRowAtIndexPath:
    (NSIndexPath *)indexPath {
    detailViewController.detailItem = [NSString stringWithFormat:@"Row %d",
        indexPath.row];
}

- (void)dealloc {
    [detailViewController release];
    [super dealloc];
}

@end
```

Há uma quantidade justa de lógica lá, mas felizmente o Xcode forneceu isso para você como parte do template da split view. Para a maior parte, o que você está vendo é o table view controller padrão. No entanto, há algumas coisas que queremos pontuar sobre o código mostrado anteriormente que são relevantes para o iPad e com as quais talvez você não tenha se deparado antes.

Primeiro, o método `viewDidLoad` inclui uma linha que define a propriedade `contentSizeForViewInPopover` da `view`. Talvez você consiga descobrir o que isso faz: define o tamanho que será utilizado, caso esse view controller seja usado para fornecer a exibição para um controller de popover. Esse retângulo deve ter, no mínimo, 320 pixels de largura, mas, além disso, você pode definir o tamanho como você quiser. Falaremos mais sobre as questões de popover posteriormente neste capítulo.

A segunda questão que vale a pena mencionar é o método shouldAutorotateToInterfaceOrientation:. Geralmente, em um aplicativo para iPhone, você especificaria lá se uma determinada orientação é adequada ao seu objetivo. Em um aplicativo para iPad, no entanto, a recomendação, geralmente, é deixar os usuários escolherem qual maneira é melhor para eles. A menos que você esteja fazendo um jogo e queira forçar a exibição para uma orientação específica, os aplicativos para iPad quase sempre querem que esse método retorne YES.

O ponto final de interesse aqui é o método tableView:didSelectRowAtIndexPath:. Nos capítulos anteriores, quando você implementou table view controllers que respondiam a uma seleção de linha do usuário, nesse ponto, você geralmente criava um novo view controller e o colocava na pilha do navigation controller. Nesse aplicativo, no entanto, o view controller que queremos mostrar já está posicionado: é a instância de DetailViewController contida no arquivo xib. Então, tudo o que precisamos fazer aqui é dizer àquela instância de DetailViewController o que exibir.

A classe final criada para nós no Xcode é DetailViewController, que cuida da exibição do item que o usuário escolher. Já demos uma olhada no arquivo nib *DetailView.xib*. É assim que o *DetailViewController.h* se parecerá:

```
#import <UIKit/UIKit.h>

@interface DetailViewController : UIViewController <UIPopoverControllerDelegate,
    UISplitViewControllerDelegate> {
    UIPopoverController *popoverController;
    UIToolbar *toolbar;
    id detailItem;
    UILabel *detailDescriptionLabel;
}
@property (nonatomic, retain) IBOutlet UIToolbar *toolbar;
@property (nonatomic, retain) id detailItem;
@property (nonatomic, retain) IBOutlet UILabel *detailDescriptionLabel;
@end
```

Além da propriedade detailItem que vimos antes (na classe RootViewController), DetailViewController tem duas outlets para se conectar aos componentes da GUI no arquivo nib (toolbar e detailDescriptionLabel) e uma variável de instância para um controller popover, que iremos descrever em instantes.

Mude para *DetailViewController.m*, em que você encontrará o seguinte (novamente, de alguma forma resumida):

```
#import "DetailViewController.h"
#import "RootViewController.h"

@interface DetailViewController ()
@property (nonatomic, retain) UIPopoverController *popoverController;
- (void)configureView;
@end

@implementation DetailViewController

@synthesize toolbar, popoverController, detailItem, detailDescriptionLabel;

- (void)setDetailItem:(id)newDetailItem {
    if (detailItem != newDetailItem) {
        [detailItem release];
```

```
        detailItem = [newDetailItem retain];

        // Update the view.
        [self configureView];
    }

    if (self.popoverController != nil) {
        [self.popoverController dismissPopoverAnimated:YES];
    }
}


- (void)configureView {
    // Update the user interface for the detail item.
    detailDescriptionLabel.text = [detailItem description];
}

- (void)splitViewController: (UISplitViewController*)svc
    willHideViewController:(UIViewController *)aViewController
    withBarButtonItem:(UIBarButtonItem*)barButtonItem forPopoverController:
    (UIPopoverController*)pc {

    barButtonItem.title = @"Root List";
    NSMutableArray *items = [[toolbar items] mutableCopy];
    [items insertObject:barButtonItem atIndex:0];
    [toolbar setItems:items animated:YES];
    [items release];
    self.popoverController = pc;
}

- (void)splitViewController: (UISplitViewController*)svc
    willShowViewController:(UIViewController *)aViewController
    invalidatingBarButtonItem:(UIBarButtonItem *)barButtonItem {

    NSMutableArray *items = [[toolbar items] mutableCopy];
    [items removeObjectAtIndex:0];
    [toolbar setItems:items animated:YES];
    [items release];
    self.popoverController = nil;
}

- (BOOL)shouldAutorotateToInterfaceOrientation:
    (UIInterfaceOrientation)interfaceOrientation {
    return YES;
}

- (void)viewDidUnload {
    // Release any retained subviews of the main view.
    // e.g. self.myOutlet = nil;
    self.popoverController = nil;
}

- (void)dealloc {
    [popoverController release];
    [toolbar release];
    [detailItem release];
    [detailDescriptionLabel release];
```

```
    [super dealloc];
}
@end
```

Muito disso deve parecer familiar para você, mas essa classe contém algumas coisas novas que valem a pena verificar. A primeira delas é algo chamado de extensão de classe, declarada próxima à parte superior do arquivo:

```
@interface DetailViewController ()
@property (nonatomic, retain) UIPopoverController *popoverController;
- (void)configureView;
@end
```

Criar uma extensão de classe permite que você defina alguns métodos e propriedades que serão usados dentro da sua classe, embora você não queira expor isso a outras classes em um arquivo de cabeçalho. Aqui, declaramos uma propriedade `popoverController`, que utilizará a variável de instância que declaramos anteriormente e um método utility, que será chamado sempre que precisarmos atualizar a exibição. Ainda não dissemos a você para que a propriedade popoverController foi feita, mas estamos chegando lá!

Apenas um pouco mais adiante, você verá este método:

```
- (void)setDetailItem:(id)newDetailItem {
    if (detailItem != newDetailItem) {
        [detailItem release];
        detailItem = [newDetailItem retain];

        // Update the view.
        [self configureView];
     }

    if (self.popoverController != nil) {
        [self.popoverController dismissPopoverAnimated:YES];
     }
}
```

O método `setDetailItem:` pode parecer uma surpresa para você. Depois de tudo, nós definimos `detailItem` como uma propriedade e o sintetizamos para criar o getter e o setter para nós, então por que criar um setter em código? Nesse caso, precisamos conseguir reagir sempre que o usuário chamar o setter para que possamos atualizar a exibição, e essa é uma boa maneira de fazer isso. A primeira parte do método parece um tanto direta, mas, ao final, ele desvia para uma chamada para dispensar o `popoverController` atual, se houver algum. De onde, no mundo, vem aquele popupControl`ler` hipotético? O próximo método tem a resposta:

```
- (void)splitViewController:(UISplitViewController*)svc
    willHideViewController:(UIViewController *)aViewController
    withBarButtonItem:(UIBarButtonItem*)barButtonItem
    forPopoverController:(UIPopoverController*)pc {

    barButtonItem.title = @"Root List";
    NSMutableArray *items = [[toolbar items] mutableCopy];
    [items insertObject:barButtonItem atIndex:0];
    [toolbar setItems:items animated:YES];
    [items release];
    self.popoverController = pc;
}
```

Esse é um método delegate para `UISplitViewController`. Ele é chamado quando o split view controller não mostra mais o lado esquerdo da split view como uma posição fixa permanente (isto é, quando o iPad é girado para a orientação retrato). O split view controller chama esse método no delegate e passa alguns itens interessantes: um `UIPopoverController` e um `UIBarButtonItem`. O `UIPopoverController` já está pré-configurado para conter o que quer que esteja no lado esquerdo da split view, e o `UIBarButtonItem` está configurado para exibir o mesmo popover.

Isso significa que, se a nossa GUI tiver um `UIToolbar` (e a nossa tem), apenas precisamos adicionar o item do botão à nossa barra de ferramentas para permitir que o usuário mostre a navegação com um único toque no item do botão. Se a nossa GUI não tiver um `UIToolbar`, ainda teremos o popover controller passado, que poderíamos atribuir a algum outro elemento da nossa GUI para que ele pudesse abrir o popover para nós. Também lidamos com o `UIViewController` "embalado" (nesse caso, `RootViewController`), caso tenhamos de apresentar seu conteúdo totalmente de alguma outra maneira.

Então, é daí que vem o popover controller. Você pode não estar tão surpreso por aprender que o próximo método tira isso efetivamente:

```
- (void)splitViewController: (UISplitViewController*)svc
     willShowViewController:(UIViewController *)aViewController
     invalidatingBarButtonItem:(UIBarButtonItem *)barButtonItem {

     NSMutableArray *items = [[toolbar items] mutableCopy];
     [items removeObjectAtIndex:0];
     [toolbar setItems:items animated:YES];
     [items release];
     self.popoverController = nil;
}
```

Esse método é chamado quando o usuário volta à orientação paisagem no momento em que a split view quer novamente desenhar a view do lado esquerdo em uma posição permanente. Então, ele nos fala para nos livrarmos do UIBarButtonItem que recebemos anteriormente.

Isso conclui nossa visão geral sobre o que o template do Split View-based Application do Xcode dá a você. Pode ser muita coisa para absorver de uma só vez, mas, apresentando uma parte por vez, ajudamos você a entender como todas as partes se unem.

Lá vem os Presidentes

Agora que você viu o layout básico desse aplicativo, é hora de "preencher as lacunas" e transformar esse aplicativo gerado automaticamente em algo nosso. Comece olhando o arquivo de código-fonte do livro, cuja pasta *10 – Presidents* contém um arquivo chamado *PresidentList.plist*. Arraste esse arquivo para a pasta Resources do seu projeto no Xcode para adicioná-lo ao projeto, certificando-se de que a caixa de seleção dizendo para o Xcode copiar o arquivo esteja no estado "on". Esse arquivo plist contém informações sobre todos os presidentes dos EUA até o momento, com apenas o nome e a URL de entrada na Wikipédia para cada um deles.

Agora, vamos dar uma olhada na classe `RootViewController` e ver como precisaremos modificá-la para lidar com a propriedade de dados presidenciais. Será uma maneira simples de carregar a lista de presidentes, apresentando-os na table view e passando uma URL para a detail view para exibição. Em `RootViewController.h`, adicione as seguintes linhas em negrito:

```
@interface RootViewController : UITableViewController {
    DetailViewController *detailViewController;
    NSArray *presidents;
}
@property (nonatomic, retain) IBOutlet DetailViewController *detailViewController;
@property (nonatomic, retain) NSArray *presidents;
@end
```

Em seguida, mude para *RootViewController.m*, em que as mudanças são um pouco mais exigentes (mas ainda não tão ruins). Comece sintetizando a propriedade `presidents` próxima à parte superior do arquivo:

```
@implementation RootViewController
@synthesize detailViewController;
@synthesize presidents;
```

Feito isso, atualize o método `viewDidLoad`, adicionando algumas linhas para carregar a lista de presidentes:

```
- (void)viewDidLoad {
    [super viewDidLoad];
    self.clearsSelectionOnViewWillAppear = NO;
    self.contentSizeForViewInPopover = CGSizeMake(320.0, 600.0);
    NSString *path = [[NSBundle mainBundle] pathForResource:@"PresidentList"
        ofType:@"plist"];
    NSDictionary *presidentInfo = [NSDictionary dictionaryWithContentsOfFile:path];
    self.presidents = [presidentInfo objectForKey:@"presidents"];
}
```

Complete a parte “bookkeeping” (de cálculo direto) dessa classe fazendo as seguintes alterações aos métodos `viewDidUnload` e `dealloc`:

```
- (void)viewDidUnload {
    self.presidents = nil;
}

- (void)dealloc {
    [presidents release];
    [detailViewController release];
    [super dealloc];
}
```

Em seguida, atualize o método que diz à table view quantas linhas devem ser exibidas, excluindo a linha original que foi embutida para retornar 10:

```
- (NSInteger)tableView:(UITableView *)tableView numberOfRowsInSection:(NSInteger)section
{
    return 10;

}
```

Após essa etapa, modifique o método `tableView:cellForRowAtIndexPath:` para fazer com que cada célula exiba um nome de presidente, fazendo a seguinte alteração ao final do método:

```
    // Configure the cell.
    NSDictionary *president = [self.presidents objectAtIndex:indexPath.row];
```

```
    cell.textLabel.text = [president objectForKey:@"name"];
    cell.textLabel.text = [NSString stringWithFormat:@"Row %d", indexPath.row];
    return cell;
```

Por fim, é hora de atualizar o comportamento do `tableView:cellForRowAtIndexPath:` para passar a URL ao detail view controller:

```
- (void)tableView:(UITableView *)aTableView didSelectRowAtIndexPath:(NSIndexPath
*)indexPath {
    detailViewController.detailItem = [NSString stringWithFormat:@"Row %d",
        indexPath.row];
    NSDictionary *president = [self.presidents objectAtIndex:indexPath.row];
    NSString *urlString = [president objectForKey:@"url"];
    detailViewController.detailItem = urlString;
}
```

Isso é tudo o que precisamos fazer para `RootViewController`. Nesse ponto, você poderá criar e executar novamente o aplicativo e verá que, na navigation view, a tabela de 10 linhas que o aplicativo tinha desde o início foi substituída por uma que lista todos os presidentes. Tocar em qualquer uma delas irá exibir a URL na detail view.

Vamos terminar essa seção fazendo com que aquela detail view faça algo um pouco mais útil com a URL. Comece com *DetailViewController.h*, em que iremos adicionar uma outlet para uma web view exibir a página da Wikipédia relativa ao presidente selecionado. Adicione as seguintes linhas em negrito:

```
@interface DetailViewController : UIViewController <UIPopoverControllerDelegate,
UISplitViewControllerDelegate> {
    UIPopoverController *popoverController;
    UIToolbar *toolbar;
    id detailItem;
    UILabel *detailDescriptionLabel;
    UIWebView *webView;
}
@property (nonatomic, retain) IBOutlet UIToolbar *toolbar;
@property (nonatomic, retain) id detailItem;
@property (nonatomic, retain) IBOutlet UILabel *detailDescriptionLabel;
@property (nonatomic, retain) IBOutlet UIWebView *webView;
@end
```

Em seguida, mude para *DetailViewController.m*, em que temos um pouco mais a fazer (embora realmente não seja muito). Comece perto da parte superior do bloqueio `@implementation` da classe, adicionando síntese à propriedade `webView`:

```
@synthesize toolbar, popoverController, detailItem, detailDescriptionLabel;
@synthesize webView;
```

Depois, mova para o método `configureView` e adicione os seguintes métodos em negrito:

```
- (void)configureView {
    // Update the user interface for the detail item.
    NSURL *url = [NSURL URLWithString:detailItem];
    NSURLRequest *request = [NSURLRequest requestWithURL:url];
    [self.webView loadRequest:request];

    detailDescriptionLabel.text = [detailItem description];
}
```

Essas novas linhas são tudo de que precisamos para fazer com que nossa web view carregue a página solicitada. Em seguida, vá até o método `splitViewController:willHideViewController:withBarButtonItem:forPopoverController:`, em que simplesmente daremos ao `UIBarButtonItem` um título mais relevante:

```
barButtonItem.title = @"Root List";
barButtonItem.title = @"Presidents";
```

Tudo o que resta agora é nos limpar, primeiro no método `viewDidUnload`:

```
- (void)viewDidUnload {
    // Release any retained subviews of the main view.
    // e.g. self.myOutlet = nil;
    self.popoverController = nil;
    self.webView = nil;
}
```

E depois um pouco no `dealloc`:

```
- (void)dealloc {
    [popoverController release];
    [toolbar release];
    [detailItem release];
    [detailDescriptionLabel release];
    [webView release];
    [super dealloc];
}
```

Acredite ou não, essas poucas edições são o código que precisamos escrever nesse ponto. As mudanças finais que precisamos fazer estão no *DetailView.xib*. Abra-o para edição e comece cuidando do rótulo na GUI (cujo texto é “Detail view content goes here”).

Arraste o label para a parte superior da janela. Note que ele deverá executar da linha azul da esquerda para a direita e se ajustar bem na barra de ferramentas. Esse label está sendo adaptado para nos mostrar a URL atual. No entanto, quando o aplicativo abre, antes de o usuário escolher um presidente, queremos que esse campo dê a ele uma dica sobre o que fazer.

Selecione o texto e mude-o para *Select a President*. Você também deverá utilizar o size inspector para se certificar de que do label está ancorado nos lados esquerdo e direito, bem como na margem superior, e de que permita o redimensionamento horizontal para que possa se ajustar entre as orientações paisagem e retrato (veja a Figura 10-6).

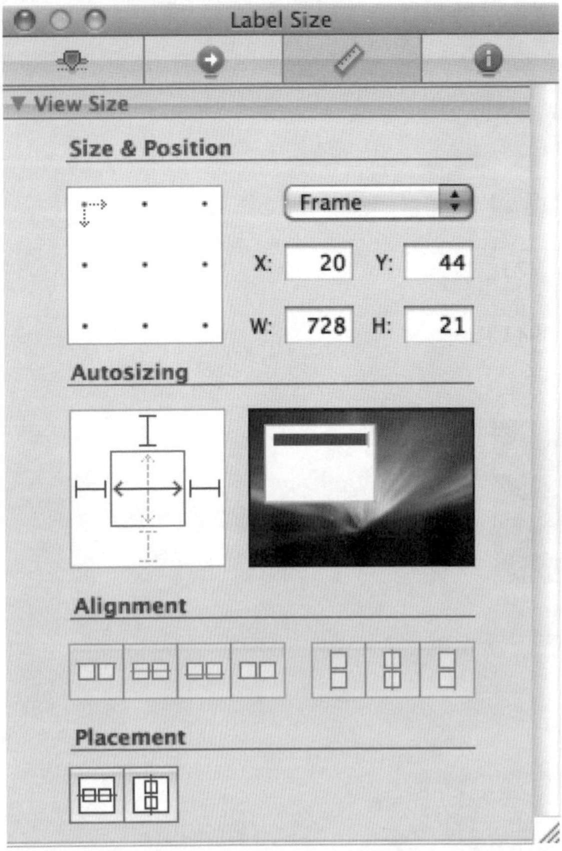

Figura 10-6. *O size inspector mostrando as configurações para o label Select a President.*

Então, use a library para encontrar um `UIWebView` e arraste-o para o espaço abaixo do label que você acabou de mover. Após deixá-lo lá, utilize as alças de redimensionamento para que ele preencha o restante da view abaixo do label. Faça com que ele vá da margem esquerda à direita e da linha azul abaixo da parte inferior do label até a parte superior da janela.

Em seguida, utilize o size inspector para ancorar a web view às quatro margens e permitir que ela se redimensione horizontal e verticalmente (Figura 10-7). Para conectar a outlet que você criou, arraste o controle do ícone do File's Owner na janela principal do nib até nosso novo `UIWebView` e conecte a outlet `webView`. Salve as alterações e pronto!

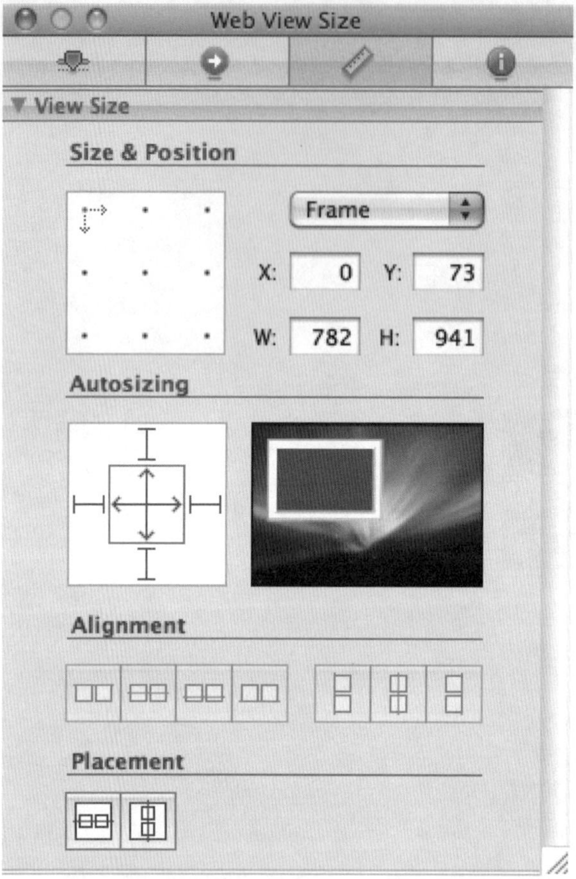

Figura 10-7. *O size inspector mostrando as configurações para a web view.*

Agora, você pode criar e executar o aplicativo, e ele permitirá que você veja as entradas da Wikipédia para cada um dos presidentes. Gire a tela entre as duas orientações e você verá como o split view controller lida com tudo para você, com uma pequena ajuda do detail view controller para lidar com o item da Toolbar necessário para mostrar um popover (assim como no aplicativo original antes de fazermos as alterações).

A alteração final a fazer nesta seção é algo estritamente de aparência. Quando você executa seu aplicativo na orientação paisagem, o cabeçalho acima da navigation view à esquerda é *Root View Controller*. Mude para a orientação retrato e toque no botão *Presidents* da Toolbar; você verá o mesmo.

Para corrigir isso, abra *MainWindow.xib*, clique duas vezes no ícone *Split View Controller* na janela principal do nib e, em seguida, clique duas vezes no texto mostrado na parte superior à esquerda da view, mudando-o para *Presidents* (Figura 10-8). Salve o arquivo nib, volte ao Xcode, crie e execute; você verá a sua alteração no lugar.

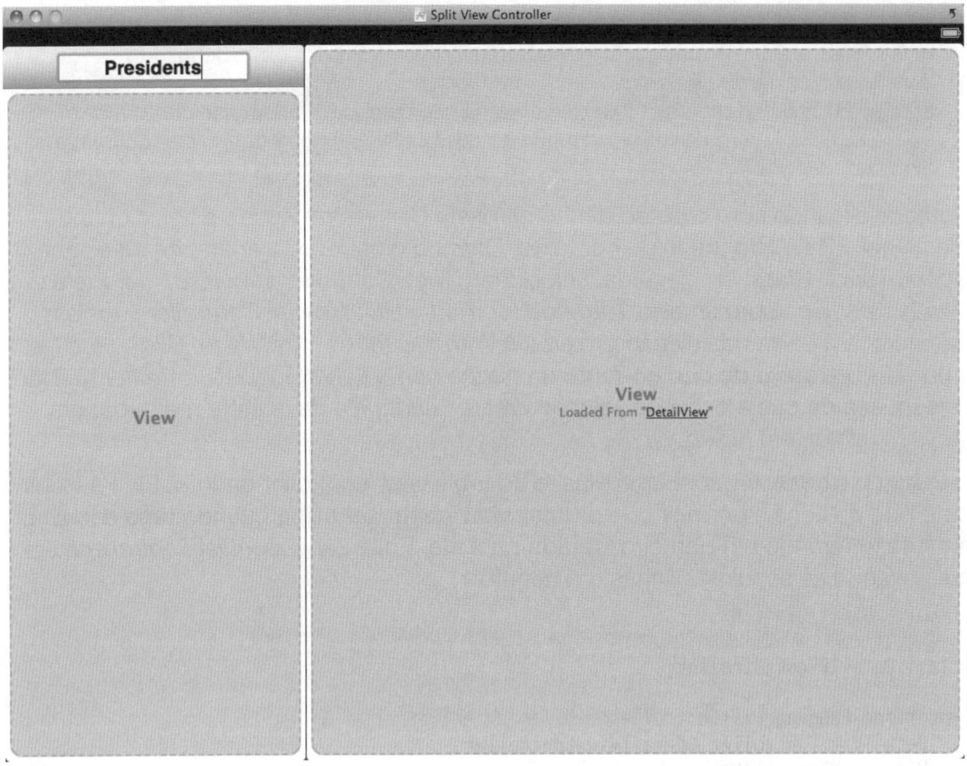

Figura 10-8. *O split view controller dentro do MainWindow.xib. Note que mudamos o título no canto superior esquerdo para Presidents.*

Crie seu Próprio Popover

Está tudo bem, mas há uma parte da tecnologia da GUI do iPad que não abordamos com detalhes suficientes ainda: a criação e exibição do nosso próprio popover. Até agora, no máximo, tivemos um `UIPopoverController` entregue a nós a partir de um método delegate `UISplitView`, que nos permite manter registro dele em uma variável de instância, para que possamos forçá-lo a sair, mas os popovers realmente são úteis quando você quer apresentar seus próprios view controllers.

Para ver como isso funciona, iremos adicionar um popover nosso para ser ativado por um item permanente da Toolbar (ao contrário daquele que o método delegate `UISplitView` nos dá, que deve ir e vir). Esse popover irá exibir uma table view contendo uma lista de idiomas. Se o usuário escolher um idioma da lista, a web view será carregada, qualquer que seja a entrada da Wikipédia já exibida no novo idioma. Isso será algo simples de fazer, já que mudar de um idioma para outro na Wikipédia é apenas uma questão de mudar uma pequena parte da URL contendo um código de país incorporado.

> **NOTA:** Os dois usos de popovers nesse exemplo estão mostrando um `UITableView`, mas não se engane com isso. O `UIPopoverController` também pode ser usado para lidar com a exibição de qualquer conteúdo de view controller que você quiser! Estamos nos prendendo às table views nesse exemplo, pois é um caso comum de uso, é algo fácil de mostrar em uma quantidade relativamente pequena de código e é algo com que você já deverá estar familiarizado.

Comece clicando com o botão direito na pasta *Classes* no Xcode e selecionando **`Add ➤ New File...`** do menu de contexto. Quando o assistente aparecer, selecione *Cocoa Touch Class*; em seguida, selecione *UIViewController subclass*, marque as caixas de seleção próximas à *Targeted for iPad* e *UITableViewController subclass* e desmarque a caixa de seleção próxima à *With XIB for user interface*. Clique em *Next* e nomeie o arquivo do código-fonte da classe como *LanguageListController.m*. Não se esqueça de que a caixa de seleção *create header file* deve estar marcada; em seguida, clique em *Finish*.

`LanguageListController` será uma classe do table view controller padrão. Ela irá exibir uma lista de itens e permitir que o detail view controller saiba quando uma escolha for feita, utilizando um ponteiro voltado para ele. Edite *LanguageListController.h*, adicionando as seguintes linhas em negrito:

```
#import <UIKit/UIKit.h>

@class DetailViewController;

@interface LanguageListController : UITableViewController {
    DetailViewController *detailViewController;
    NSArray *languageNames;
    NSArray *languageCodes;
}

@property (nonatomic, assign) DetailViewController *detailViewController;
@property (nonatomic, retain) NSArray *languageNames;
@property (nonatomic, retain) NSArray *languageCodes;

@end
```

Essas inclusões definem um ponteiro voltado para o detail view controller (que iremos configurar a partir do código no próprio detail view controller, quando estivermos prestes a exibir a lista de idiomas), bem como um par de arrays contendo os valores que serão exibidos ("English", "French" e assim por diante) e os valores-base que serão utilizados para criar uma URL a partir do idioma escolhido ("en", "fr" e assim por diante).

Se você copiou/colou aquele código a partir do arquivo-fonte do livro (ou e-book) para o seu próprio projeto ou digitou de maneira um pouco negligente, poderá não ter notado uma diferença importante em como a propriedade `detailViewController` foi declarada anteriormente. Ao contrário da maioria das propriedades que faz referência a um ponteiro de objeto, nós declaramos esse ponteiro utilizando *assign* em vez de *retain*. Isso é algo que precisamos fazer para evitar um ciclo de retenção.

O que é um ciclo de retenção? É uma situação em que um conjunto de dois ou mais objetos retiveram outro em uma aparência circular. Cada objeto tem um contador de retenção de um ou mais e nunca irá liberar os ponteiros que ele contém, então eles nunca serão liberados. A maioria dos ciclos de retenção potenciais pode ser evitada considerando cuidadosamente a criação dos seus objetos, geralmente tentando descobrir quem "é proprietário" de quem. Nesse sentido, uma instância de `DetailViewController` "possui" uma instância de `LanguageListController`, pois é o `DetailViewController` que realmente cria o `LanguageListController` para fazer uma parte do trabalho. Sempre que você tiver um par de objetos em que cada um precisa fazer referência ao outro, você irá querer que o objeto "proprietário" retenha o outro, enquanto este outro deverá especificamente não reter seu proprietário.

Agora, mude para *LanguageListController.m* para implementar as alterações seguintes. Na parte superior do arquivo, comece importando o cabeçalho para `DetailViewController` e, em seguida, sintetize os getters e setters para as propriedades que você declarou:

```
#import "LanguageListController.h"

#import "DetailViewController.h"

@implementation LanguageListController

@synthesize languageNames;
@synthesize languageCodes;
@synthesize detailViewController;
```

Em seguida, mova um pouco para baixo até o método `viewDidLoad`, remova os marcadores de comentários ao redor dele e adicione um pouco de código de configuração:

```
- (void)viewDidLoad {
    [super viewDidLoad];
    self.languageNames = [NSArray arrayWithObjects:@"English", @"French",
        @"German", @"Spanish", nil];
    self.languageCodes = [NSArray arrayWithObjects:@"en", @"fr", @"de", @"es", nil];
    self.clearsSelectionOnViewWillAppear = NO;
    self.contentSizeForViewInPopover = CGSizeMake(320.0,
        [self.languageCodes count] * 44.0);
}
```

Isso define os arrays de idioma e o tamanho que essa view irá utilizar se for mostrada em um popover (como nós sabemos). Sem definir isso, acabaremos com um popover esticado verticalmente para preencher quase toda a tela, mesmo com apenas quatro entradas nela.

Em seguida, temos alguns métodos gerados pelo template do Xcode que não contêm um código válido, mas algum texto de espaço reservado. Vamos substituir isso por algo real:

```
- (NSInteger)numberOfSectionsInTableView:(UITableView *)tableView {
    // Return the number of sections.
    return <#number of sections#>;
    return 1;
}

- (NSInteger)tableView:(UITableView *)tableView numberOfRowsInSection:(NSInteger)section
{
    // Return the number of rows in the section.
    return <#number of rows in section#>;
    return [self.languageCodes count];
```

```
}
```

Depois, adicione uma linha próximo ao final da `tableView:cellForRowAtIndexPath:` para colocar um nome de idioma em uma célula:

```
    // Configure the cell.
    cell.textLabel.text = [languageNames objectAtIndex:[indexPath row]];
    return cell;
```

Em seguida, corrija `tableView:cellForRowAtIndexPath:`, eliminando o bloqueio de comentário que ele contém e adicionando este novo código:

```
- (void)tableView:(UITableView *)tableView didSelectRowAtIndexPath:(NSIndexPath
*)indexPath {
    detailViewController.languageString = [self.languageCodes objectAtIndex:
        [indexPath row]];
}
```

Note que o `DetailViewController` não tem uma propriedade `languageString`. Cuidaremos disso daqui a pouco. Primeiro, termine o `LanguageListController` fazendo as seguintes alterações:

```
- (void)viewDidUnload {
    self.detailViewController = nil;
    self.languageNames = nil;
    self.languageCodes = nil;
}

- (void)dealloc {
    [detailViewController release];
    [languageNames release];
    [languageCodes release];
    [super dealloc];
}
```

Agora, é hora de fazer as mudanças necessárias para o `DetailViewController` lidar com o popover, bem como gerar a URL correta sempre que usuário mudar o idioma de exibição ou escolher um presidente diferente. Comece fazendo as seguintes alterações no *DetailViewController.h*:

```
@interface DetailViewController : UIViewController <UIPopoverControllerDelegate,
UISplitViewControllerDelegate> {

    UIPopoverController *popoverController;
    UIToolbar *toolbar;

    id detailItem;
    UILabel *detailDescriptionLabel;
    UIWebView *webView;
    UIBarButtonItem *languageButton;
    UIPopoverController *languagePopoverController;
    NSString *languageString;
}

@property (nonatomic, retain) IBOutlet UIToolbar *toolbar;

@property (nonatomic, retain) id detailItem;
```

```
@property (nonatomic, retain) IBOutlet UILabel *detailDescriptionLabel;
@property (nonatomic, retain) IBOutlet UIWebView *webView;
@property (nonatomic, retain) IBOutlet UIBarButtonItem *languageButton;
@property (nonatomic, retain) UIPopoverController *languagePopoverController;
@property (nonatomic, copy) NSString *languageString;
- (IBAction)touchLanguageButton;
@end
```

Você verá que uma dessas propriedades, `languageButton`, é declarada como um `IBOutlet`. Vamos prosseguir e editar a GUI, criar esse botão e conectá-lo. Abra o *DetailView.xib* para edição no Interface Builder.

Na janela principal do nib, clique duas vezes no ícone *View* para que a janela da view apareça. Observe a Toolbar grande, cinza e vazia abaixo da barra de status. Quando você executou seu aplicativo anteriormente e girou para o modo retrato, viu que o botão *Presidents* aparecia na margem esquerda dessa Toolbar. Vamos adicionar um botão *Choose Language* para que ele apareça na margem direita.

Vá à library e encontre um *Flexible Space Bar Button Item*. Arraste-o para a barra de ferramentas e, quando colocá-lo ali, você verá que ele preenche a barra com uma seta dupla pontilhada (Figura 10-9).

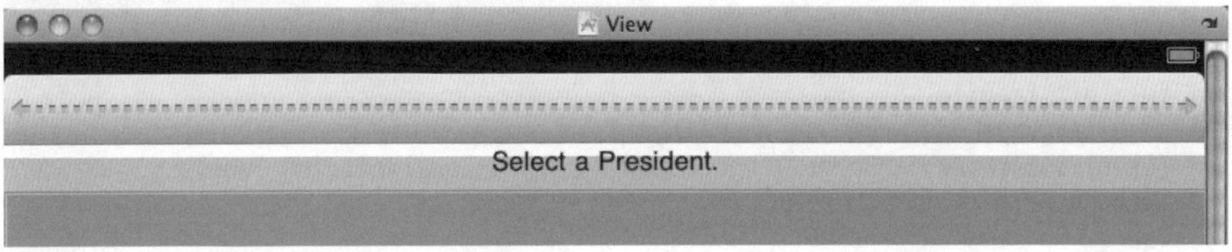

Figura 10-9. *A parte superior da janela da view do DetailView.xib mostrando um Flexible Space Bar Button Item na parte superior da Toolbar. Note que, nesse ponto, a Toolbar apenas mostra uma seta dupla pontilhada, que se alonga pela barra de ferramentas.*

Em seguida, volte à library, arraste um item do bar button para a margem direita da Toolbar e deixe-o lá. Ele ficará lá. Clique duas vezes no bar button que você acabou de adicionar para editar o texto no botão e altere-o para *Choose Language* (Figura 10-10).

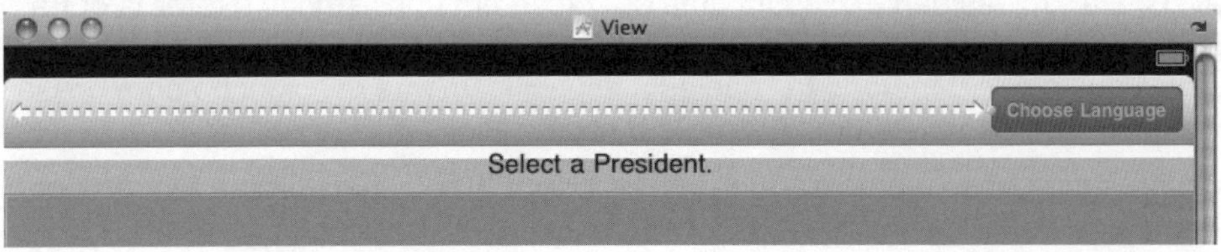

Figura 10-10. *A parte superior da janela da view do DetailView.xib, dessa vez com um botão adicionado à direita do Flexible Space Bar Button Item.*

Agora, arraste o controle do botão *Choose Language* para o *File's Owner* na janela principal do nib e selecione o método action `touchLanguageButton`. Em seguida, arraste o controle do *File's Owner* de volta para o botão e selecione a outlet `languageButton`. Salve as alterações e volte ao Xcode.

Tudo o que precisamos fazer agora é consertar o *DetailViewController.m* para que ele possa lidar com o popover de idioma e com a construção de URL. Comece adicionando esta importação em algum lugar na parte superior:

```
#import "LanguageListController.h"
```

Em seguida, sintetize as novas propriedades abaixo da linha @implementation:

```
@synthesize languageButton, languagePopoverController, languageString;
```

A próxima coisa que iremos adicionar é uma função que usa como argumentos uma URL apontando para uma página da Wikipédia, bem como um código de idiomas de duas letras, e retorna uma URL que combina com ambos. Iremos utilizar isso posteriormente, nos momentos apropriados, no nosso código de controller. Você pode colocar essa função em qualquer lugar, incluindo dentro da implementação da classe. O compilador é esperto o suficiente para sempre tratar uma função apenas como uma função. Por que você não a coloca após a última linha `synthesize` na parte superior do arquivo?

```
static NSString * modifyUrlForLanguage(NSString *url, NSString *lang) {
    if (!lang) {
        return url;
    }

    // We're relying on a particular Wikipedia URL format here. This
    // is a bit fragile!
    NSRange languageCodeRange = NSMakeRange(7, 2);
    if ([[url substringWithRange:languageCodeRange] isEqualToString:lang]) {
        return url;
    } else {
        NSString *newUrl = [url stringByReplacingCharactersInRange:languageCodeRange
            withString:lang];
        return newUrl;
    }
}
```

Por que fazer disso uma função e não um método? Há algumas razões para isso. Primeira: os métodos de instância em uma classe geralmente servem para fazer algo envolvendo uma ou mais variáveis de instância. Essa função não utiliza essas variáveis. Ela simplesmente executa uma operação em duas strings e retorna outra. Poderíamos fazer dela um método de classe, mas mesmo isso seria um pouco errado, já que o que o método faz não está especificamente relacionado com nossa classe controller. Às vezes, uma função é o necessário.

Nosso próximo passo é atualizar o método `setDetailItem:`. Ele utiliza a função que acabamos de definir para combinar a URL passada ao `languageString` escolhido a fim de gerar a URL correta. Ele também se certifica de que nosso segundo popover, se estiver presente, desapareça, assim como o primeiro (aquele que foi definido por nós).

```
- (void)setDetailItem:(id)newDetailItem {
    if (detailItem != newDetailItem) {
        [detailItem release];
        detailItem = [newDetailItem retain];
        detailItem = [modifyUrlForLanguage(newDetailItem, languageString) retain];
```

```
        // Update the view.
        [self configureView];
    }

    if (self.popoverController != nil) {
        [self.popoverController dismissPopoverAnimated:YES];
    }
    if (languagePopoverController != nil) {
        [languagePopoverController dismissPopoverAnimated:YES];
    }
}
```

Em seguida, implementamos `setLanguageString:`. Isso também chama nossa função `modifyUrlForLanguage()` para que a URL possa ser gerada novamente (e a nova página carregada) de maneira imediata. Adicione este método à parte inferior do arquivo, logo acima de `@end`.

```
- (void)setLanguageString:(NSString *)newString {
    if (![newString isEqualToString:languageString]) {
        [languageString release];
        languageString = [newString copy];
        self.detailItem = modifyUrlForLanguage(detailItem, languageString);
    }
}
```

Agora, vamos definir o que irá acontecer quando o usuário tocar no botão *Choose Language*. Para simplificar, criamos um `LanguageListController`, colocamos em um `UIPopoverController` e exibimos. Coloque este método na parte inferior do arquivo, logo antes de `@end`.

```
- (IBAction)touchLanguageButton {
    LanguageListController *languageListController = [[LanguageListController alloc]
      init];
    languageListController.detailViewController = self;
    UIPopoverController *poc = [[UIPopoverController alloc]
        initWithContentViewController:languageListController];
    [poc presentPopoverFromBarButtonItem:languageButton
              permittedArrowDirections:UIPopoverArrowDirectionAny
                              animated:YES];
    self.languagePopoverController = poc;
    [poc release];
    [languageListController release];
}
```

Então, precisamos fazer uma limpeza extra no `viewDidUnload` adicionando as seguintes linhas:

```
    self.languageButton = nil;
    self.languagePopoverController = nil;
```

A mudança final é adicionar as seguintes linhas ao método `dealloc`:

```
    [languageButton release];
    [languagePopoverController release];
```

É isso! Agora, você deve conseguir executar o aplicativo normalmente, alternando como quiser entre presidentes e idiomas. Mudar de um idioma para outro também deve deixar o presidente escolhido intacto, assim como mudar de um presidente para outro deve deixar o idioma intacto.

Fechamento do iPad

Neste capítulo, você aprendeu sobre os principais componentes da GUI — popovers e split views — que estão disponíveis apenas no iPad. Você também viu um exemplo de como um aplicativo complexo para iPad, com vários view controllers interconectados, pode ser configurado totalmente dentro do Interface Builder. Com esse conhecimento, você deverá se sair bem no caminho para a criação do seu primeiro grande aplicativo para iPad.

A seguir, é hora de visitar as configurações do aplicativo e os padrões de usuário.

Capítulo 11

Configurações do Aplicativo e Padrões do Usuário

Todos os programas de computador, menos os mais simples, têm hoje uma janela de preferências, em que o usuário pode configurar opções específicas do aplicativo. No Mac OS X, o item do menu `Preferences...` está geralmente localizado no menu do aplicativo. Selecioná-lo irá mostrar uma janela em que o usuário pode entrar e mudar várias opções. O iPhone e outros aparelhos iOS têm um aplicativo dedicado chamado Settings, com o qual você, sem dúvida, já brincou diversas vezes. Neste capítulo, vamos mostrar a você como adicionar configurações ao seu aplicativo para o aplicativo Settings e como acessar essas configurações de dentro do seu aplicativo.

Conhecendo o seu Pacote de Configurações

O aplicativo Settings permite que o usuário entre e mude preferências para qualquer aplicativo que tiver um pacote de configuração. Um **pacote de configuração** é um grupo de arquivos construídos dentro de um aplicativo que diz ao aplicativo Settings quais preferências o aplicativo deseja colher do usuário.

Pegue seu aparelho iOS e localize o ícone Settings. Por padrão, você irá encontrá-lo na tela Home (veja a Figura 11-1).

Figura 11-1. *O ícone do aplicativo Settings está no centro da última coluna nesse iPhone. Ele poderá estar em um ponto diferente no seu aparelho, mas estará sempre visível.*

Quando você tocar no ícone, o aplicativo Settings irá abrir. O nosso é mostrado na Figura 11-2.

Figura 11-2. *O aplicativo Settings.*

O aplicativo Settings age como uma interface de usuário comum para o mecanismo de Padrões do Usuário do iOS. Os padrões de usuário são uma parte do sistema que armazena e recupera preferências. O Padrão de Usuário é implementado pela classe `NSUserDefaults`. Se você programou com o Cocoa no Mac, provavelmente já está familiarizado com o `NSUserDefaults`, pois é a mesma classe usada para armazenar e ler as preferências no Mac. Seus aplicativos irão utilizar o `NSUserDefaults` para ler e armazenar dados de preferência usando o valor da chave, assim como você iria acessar dados chaveados de um `NSDictionary`. A diferença é que os dados do `NSUserDefaults` permanecem no sistema do arquivo em vez de serem armazenados em uma instância de objeto na memória.

Neste capítulo, vamos criar um aplicativo, adicionar e configurar um pacote de configuração e, então, acessar e editar essas preferências de dentro do nosso aplicativo.

Uma coisa boa sobre o aplicativo Settings é que você não precisa projetar uma interface do usuário para as suas preferências. Você cria uma lista de propriedades definindo as configurações disponíveis para o seu aplicativo, e o aplicativo Settings cria a interface para você.

Aplicativos de imersão, como jogos, geralmente devem fornecer sua própria view de preferência, para que o usuário não precise sair para fazer as alterações. Até aplicativos de utilidade e produtividade podem, às vezes, ter preferências que o usuário deve alterar sem sair do aplicativo. Também mostraremos como coletar preferências do usuário direto do aplicativo e armazená-las nos Padrões de Usuário do iOS.

Além disso, com a introdução do processamento de segundo plano no iOS 4, o usuário pode, de fato, mudar para o aplicativo Settings, alterar uma preferência e, depois, voltar para o seu aplicativo. Iremos mostrar como lidar com essa situação no final deste capítulo.

O Aplicativo AppSettings

Vamos criar um aplicativo simples neste capítulo. Primeiro, vamos implementar um pacote de configurações para que, quando o usuário iniciar o aplicativo Settings, exista uma entrada para o nosso aplicativo (veja a Figura 11-3).

Figura 11-3. *O aplicativo Settings mostrando uma entrada para o nosso aplicativo no simulador.*

Se o usuário selecionar nosso aplicativo, Settings irá deslizar para baixo em uma view que mostra as preferências relevantes para o nosso aplicativo. Como você pode ver na Figura 11-4, o aplicativo Settings utiliza campos de texto, campos de texto de segurança, chaves e barras de rolagem para tirar os valores do nosso corajoso usuário.

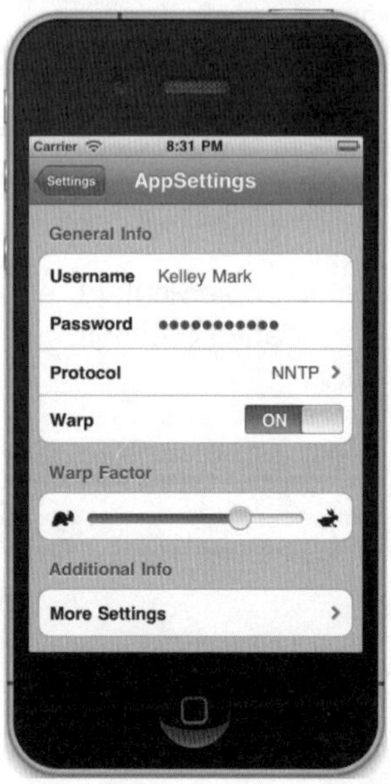

Figura 11-4. *A view primária de configurações do nosso aplicativo.*

Observe também os dois itens na view que têm indicadores de abertura. O primeiro, *Protocol*, leva o usuário à outra table view que exibe as opções disponíveis para aquele item. A partir dessa table view, o usuário pode selecionar um único valor (veja a Figura 11-5).

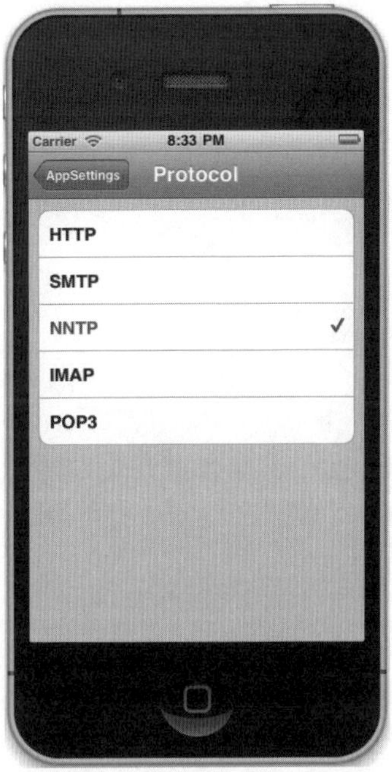

Figura 11-5. *Selecionando um único item de preferência a partir de uma lista.*

O indicador de abertura *More Settings* permite que o usuário role para outro conjunto de preferências (veja a Figura 11-6). Essa view sucessora pode ter os mesmos tipos de controles da view principal de configuração e pode até ter suas próprias views sucessoras. Você pode ter notado que o aplicativo Settings usa um navigation controller, que é necessário por ele dar suporte para a criação de views de preferências hierárquicas.

Figura 11-6. *Uma view sucessora de configurações em nosso aplicativo.*

Quando os usuários de fato iniciarem o aplicativo, eles serão apresentados a uma lista de preferências reunidas no aplicativo Settings (veja a Figura 11-7).

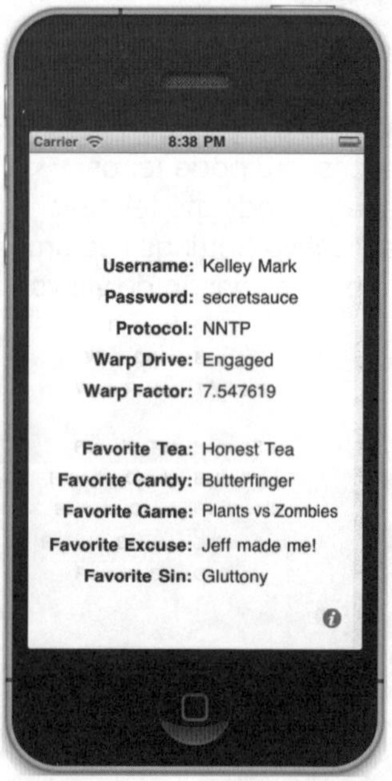

Figura 11-7. *A view principal do nosso aplicativo.*

Para mostrarmos como atualizar as preferências de dentro do nosso aplicativo, vamos fornecer também um pequeno botão de informação no canto inferior direito. Ele levará o usuário para outra view para configurar dois dos valores de preferência direto no nosso aplicativo (veja a Figura 11-8).

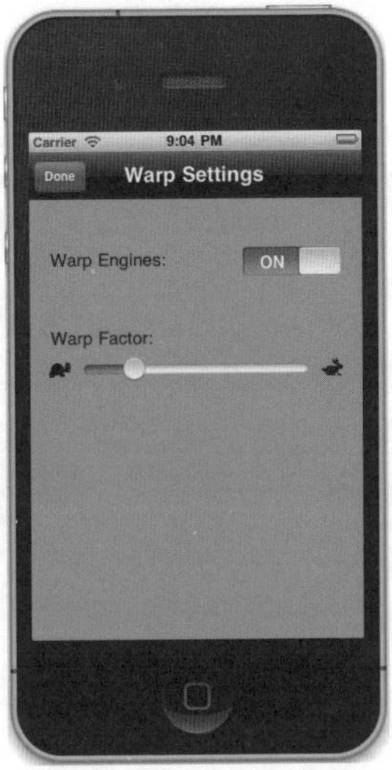

Figura 11-8. *Definindo algumas preferências diretamente no nosso aplicativo.*

Vamos começar a criar o AppSettings, sim?

Criando o Projeto

No Xcode, pressione **⌘⇧N** ou selecione `File > New Project...`. Quando o assistente de novo projeto aparecer, selecione *Application* abaixo do cabeçalho *iOS* no painel à esquerda, clique no ícone *Utility Application* e certifique-se de que a caixa de seleção *Use Core Data* está desmarcada antes de clicar no botão *Choose...*. Nomeie seu novo projeto como *AppSettings*.

Não utilizamos esse template particular de projeto antes, então vamos dar uma rápida olhada no projeto antes de continuar. Esse template cria um aplicativo semelhante ao de múltiplas views que criamos no Capítulo 6. O aplicativo tem uma view principal e uma secundária chamada **flipside view**. Tocar no botão de informações sobre a view principal levará você à flipside view, e tocar no botão *Done* da flipside view levará você de volta à view principal.

Vários controles e diversas views implementam esse tipo de aplicativo. Todos eles são fornecidos, como partes, pelo template. Expanda os diversos códigos-fonte e as pastas *Resources*, nos quais você encontrará a classe usual do delegate do aplicativo, bem como duas classes controller adicionais, cada uma com um arquivo *.xib* associado (veja a Figura 11-9).

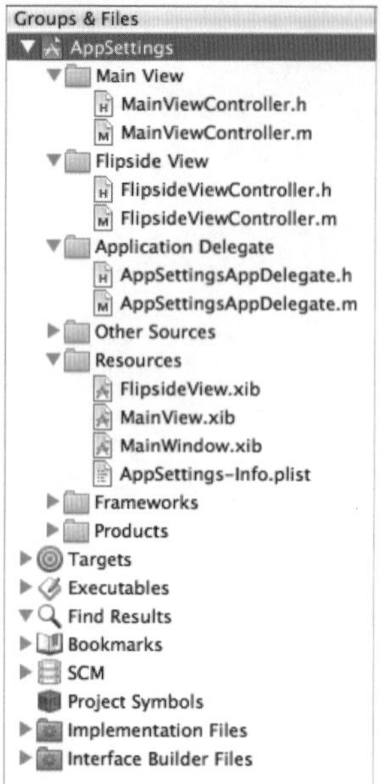

Figura 11-9. *Nosso projeto criado a partir do template Utility Application. Observe o delegate do aplicativo e os main e flipview controllers, juntamente aos seus arquivos nib associados.*

Trabalhando com o Pacote de Configurações

O aplicativo Settings baseia a exibição das preferências para um determinado aplicativo nos conteúdos do pacote de configuração dentro desse aplicativo. Cada pacote de configuração deve ter uma lista de propriedades, chamada *Root.plist*, que define o nível-base da view de preferências. Essa lista de propriedades deve seguir um formato muito preciso, sobre o qual falaremos quando configurarmos a lista de propriedade para o nosso aplicativo.

Quando o aplicativo Settings inicia, ele verifica o pacote de configurações de cada aplicativo e adiciona um grupo de configurações para cada aplicativo que tiver esse pacote. Se quisermos que nossas preferências incluam qualquer subview, precisaremos adicionar uma lista de propriedades ao pacote e uma entrada para *Root.plist* para cada view sucessora. Você verá exatamente como fazemos isso neste capítulo.

Adicionando um Pacote de Configurações ao Nosso Projeto

No navegador do projeto, clique no objeto-base (aquele chamado *AppSettings*, que deverá estar na parte superior da lista de arquivos do navegador do projeto) e selecione `File > New File...` ou pressione ⌘**N**. No painel esquerdo, selecione *Resources* abaixo do cabeçalho *iOS* e, então, selecione o ícone *Settings Bundle* (veja a Figura 11-10). Clique em *Next* e escolha o nome do padrão de *Settings.bundle* pressionando return.

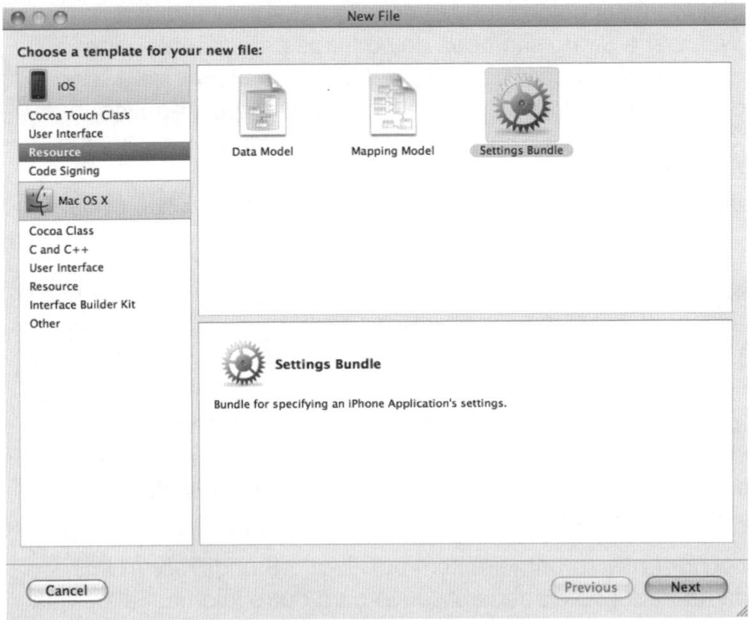

Figura 11-10. *Criando um pacote de configurações no Xcode.*

Agora, você deverá ver um novo item na janela do projeto, bem abaixo da pasta *Products*, chamado *Settings.bundle.* Expanda *Settings.bundle* e você deverá ver dois itens: um ícone chamado *Root.plist* e uma pasta chamada *en.lproj*. Trataremos do *en.lproj* no Capítulo 19 quando abordarmos a localização do seu aplicativo em outros idiomas. Por enquanto, vamos nos concentrar apenas no *Root.plist*.

Estabelecendo uma Lista de Propriedades

Clique uma vez em *Root.plist* e dê uma olhada no painel de edição. Você está olhando para um editor de lista de propriedades do Xcode (veja a Figura 11-11). Esse editor funciona da mesma maneira que o aplicativo Property List Editor no /*Developer/Application/Utilities*.

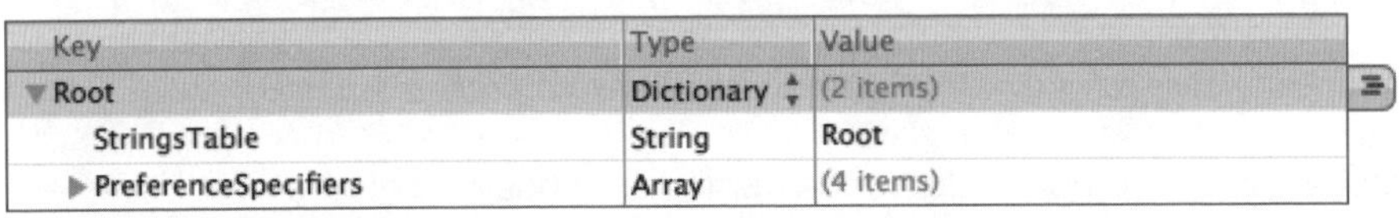

Key	Type	Value
▼ Root	Dictionary	(2 items)
StringsTable	String	Root
▶ PreferenceSpecifiers	Array	(4 items)

Figura 11-11. *Root.plist no painel de edição da lista de propriedade.*

Observe a organização dos itens na plist. As listas de propriedade são, essencialmente, dicionários, que armazenam tipos de item e valores usando uma chave para recuperá-los, assim como um `NSDictionary` faz.

Tipos diferentes de nó podem ser colocados em uma lista de propriedades. *Boolean, Data, Date, Number* e *String* são tipos de nó feitos para manter partes individuais de dados, mas você também poderá ter algumas maneiras para lidar com toda a coleção de nó. Além dos tipos de nó do *Dictionary*, que permitem o armazenamento de nó abaixo de uma chave, existem também os nós *Array*, que armazenam uma lista ordenada de outros nós parecidos com um `NSArray`. Os tipos *Dictionary* e o *Array* são os únicos tipos de nó de lista de propriedade que podem conter outros nós.

DICA: Embora você possa usar inúmeros tipos de objetos como chaves em um `NSDictionary`, as chaves em um nó de dicionário de uma lista de propriedades devem ser strings. No entanto, você está livre para usar qualquer tipo de nó para os valores.

Ao criar uma lista de propriedade de configuração, você precisará seguir um formato muito específico. Felizmente, *Root.plist,* o plist que veio com o pacote de configurações que você acabou de adicionar ao seu projeto, segue exatamente esse formato. Vamos dar uma olhada.

No painel de edição do *Root.plist*, o primeiro item em *Root* é *StringsTable*. Uma strings table é utilizada na tradução do seu aplicativo para outro idioma. Falaremos sobre strings table no Capítulo 19, quando entraremos na localização. Como ela é opcional, você poderá excluir essa entrada clicando nela e pressionando a tecla delete, ou, então, deixá-la ali se você preferir, já que ela não irá causar qualquer mal.

Abaixo de *StringsTable*, está um nó chamado *PreferenceSpecifiers* (veja a Figura 11-12), que é um array. Esse nó de array foi criado para manter um conjunto de nós de dicionário, cada um representando uma única preferência que o usuário pode inserir ou uma única view sucessora que o usuário pode detalhar.

Key	Type	Value
▼ Root	Dictionary	(2 items)
StringsTable	String	Root
▼ PreferenceSpecifiers	Array	(4 items)
▶ Item 0	Dictionary	(2 items)
▶ Item 1	Dictionary	(8 items)
▶ Item 2	Dictionary	(4 items)
▶ Item 3	Dictionary	(7 items)

Figura 11-12. *Root.plist no painel de edição, dessa vez com PreferenceSpecifiers expandido.*

Você perceberá que o template do Xcode gentilmente nos deu quatro nós. Esses nós não refletem nossas preferências reais; então, exclua *Item 1, Item 2* e *Item 3* clicando uma vez em cada uma dessas linhas e pressionando a tecla delete, deixando apenas *Item 0* no lugar.

Clique uma vez em *Item 0*, mas não o expanda. À direita, na margem da linha, observe o botão com o ícone de adição (veja a Figura 11-13). Esse botão é usado para adicionar nós irmãos depois dessa linha. Em outras palavras, ele irá adicionar outro nó no mesmo nível desse. Se você clicar nesse ícone (mas não faça isso agora), iremos obter uma nova linha chamada *Item 1*, logo depois de *Item 0*.

Key	Type	Value
▼Root	Dictionary	(1 item)
▼PreferenceSpecifiers	Array	(1 item)
▶Item 0	Dictionary	(2 items)

Figura 11-13. ***Item 0 está selecionado e mostra um ícone de adição à direita da linha. Clique nesse ícone para adicionar um novo item abaixo de Item 0.***

Agora, expanda o *Item 0* e note que o botão muda para um ícone diferente, com três linhas horizontais (veja a Figura 11-14). Clicar nesse novo ícone agora irá adicionar um nó sucessor, oposto ao nó irmão. Então, se clicarmos nele (novamente, não clique agora), vamos obter uma nova primeira linha sucessora, abaixo do *Item 0*.

Key	Type	Value
▼Root	Dictionary	(1 item)
▼PreferenceSpecifiers	Array	(1 item)
▼Item 0	Dictionary	(2 items)
Type	String	PSGroupSpecifier
Title	String	Group

Figura 11-14. ***Quando expandimos o Item 0, o ícone de adição muda para adicionar um ícone sucessor.***

A primeira linha abaixo do Item 0 tem uma chave *Type*. Cada nó de lista de propriedades no array `PreferenceSpecifiers` deve ter uma entrada com essa chave. Normalmente, ela é a primeira, mas a ordem não importa em um dicionário, então a chave *Type* não precisa ser a primeira. Ela diz ao aplicativo Settings que tipo de dado está associado a esse item.

A primeira entrada sucessora, abaixo do *Item 0*, tem uma chave *Type* com um valor de *PSGroupSpecifier*. Isso indica que o item representa o começo de um novo grupo. Cada item que seguir será parte desse grupo, até o próximo item com um *Type* de *PSGroupSpecifier*.

Se você olhar novamente a Figura 11-4, verá que o aplicativo Settings apresenta as configurações em uma tabela agrupada. O *Item 0* no array *PreferenceSpecifiers* em uma lista de propriedades do pacote de configuração sempre deveria ser um *PSGroupSpecifier* para que as configurações comecem em um novo grupo, pois você precisa de pelo menos um grupo em cada tabela de Settings.

A única entrada no *Item 0* tem uma chave de *Title*, e ela é usada para configurar um título opcional na parte superior do grupo que está sendo iniciado. Se olhar de novo a Figura 11-4, verá que nosso primeiro grupo é chamado de General Info (informações gerais). Agora, clique duas vezes no valor próximo ao *Title* e mude-o de Group para General Info.

Adicionando uma Configuração de Campo de Texto

Agora, precisamos adicionar um segundo item a esse array, que irá representar o primeiro campo real de preferências. Vamos começar com um simples campo de texto.

Se você clicar uma vez na linha *PreferenceSpecifiers* no painel de edição e clicar no botão para adicionar uma sucessora, a nova linha será inserida no começo da lista, o que não é o que queremos. Queremos adicionar uma linha no final do array. Para fazer isso, clique no triângulo de abertura à direita do *Item 0* para fechá-lo; em seguida, selecione o *Item 0* e clique no botão de adição no final da linha, o que dará a você uma nova linha irmã depois da linha atual (veja a Figura 11-15).

Key	Type	Value
▼ Root	Dictionary	(1 item)
▼ PreferenceSpecifiers	Array	(2 items)
▶ Item 0	Dictionary	(2 items)
Item 1	String	

Figura 11-15. *Adicionando uma nova linha irmã ao Item 0.*

A nova linha irá assumir o valor do padrão para um tipo de nó *String*, o que não é o que queremos. Lembre-se de que cada item no array *PreferenceSpecifiers* tem de ser um dicionário, então clique na palavra *String* e mude o tipo de nó para *Dictionary*.

Em seguida, clique no triângulo de abertura perto do *Item 1* para expandi-lo. Não contém nada, na verdade, ainda, então a única diferença que você irá notar é de que os triângulos de abertura apontam para baixo, e o botão de adicionar nós irmãos irá mudar para deixar você adicionar nós sucessores (veja a Figura 11-16). Clique no botão add child node (o botão à direita, com três linhas) para adicionar nossa primeira entrada para esse dicionário.

Key	Type	Value
▼ Root	Dictionary	(1 item)
▼ PreferenceSpecifiers	Array	(2 items)
▶ Item 0	Dictionary	(2 items)
▼ Item 1	Dictionary	(0 items)

Figura 11-16. *Adicionando um novo sucessor ao Item 1.*

Uma nova linha irá surgir e assumir o valor do padrão para o tipo *String*, que é o que queremos. O novo valor da chave da linha irá assumir o valor do padrão para *New item*. Mude-o para *Type*, clique duas vezes na coluna *Value* e insira *PSTextFieldSpecifier.* Esse é o tipo de valor usado para dizer ao aplicativo Settings que queremos que o usuário edite essa configuração em um campo de texto.

Nesse exemplo, *PSTextFieldSpecifier* é um tipo. Mais especificamente, é um tipo de campo de preferências específicas. Quando você vir *Type* na coluna *Key*, estará definindo o tipo de campo que será usado para editar as preferências.

Clique no botão com um ícone de adição à direita da linha *Type* para adicionar outro item ao seu dicionário. Essa nova linha irá especificar o rótulo que será exibido perto do campo de texto. Mude a chave de *New item* para *Title*.

Agora, pressione a tecla tab. Note que agora você está pronto para editar o valor na coluna *Value*. Configure-a para *Username* (nome do usuário).

Em seguida, pressione o botão de adição no final da linha *Title* para adicionar ainda outro item ao dicionário. Mude a chave dessa nova entrada para *Key* (não, isso não é um erro de digitação, você está realmente configurando a chave para *Key*). Para um valor, digite *username*. Você se lembra de que dissemos que o padrão de usuário funciona como um dicionário? Bem, essa entrada diz para o aplicativo Settings qual chave usar quando armazenar um valor inserido nesse campo de texto.

Você se lembra do que dissemos sobre o `NSUserDefaults`? Ele deixa você armazenar valores usando uma chave, quase como um `NSDictionary`. Bem, o aplicativo Settings fará a mesma coisa para cada preferência que for salva em seu nome. Se você der a ele um valor de chave de *foo*, então, mais tarde, no seu aplicativo, você poderá requerer o valor para *foo*, e ele dará o valor que você inseriu para essa preferência. Vamos usar essa mesma chave mais tarde para recuperar essa configuração do padrão do usuário no nosso aplicativo.

DICA: Perceba que nosso título tinha um valor de *Username*, e nossa *Key*, um valor de *username*. Essa diferença de letra maiúscula e minúscula acontecerá com frequência. *Title* é o que aparece na tela, então o "*U*" maiúsculo faz sentido. A *Key* é uma linha de texto que vamos usar para recuperar preferências do padrão do usuário, então a letra minúscula faz sentido aí. Poderíamos usar uma letra minúscula para *Title*? Pode apostar. Poderíamos usar as maiúsculas para *Key*? Claro. Desde que você faça o mesmo quando salvar e quando recuperar, não importa qual convenção você utiliza para as suas chaves de preferência.

Adicione outra entrada ao dicionário do nosso *item 1*, dando a ele uma chave *AutocapitalizationType* e o valor de *No*. Isso especifica que o campo de texto não deverá tentar colocar automaticamente em maiúscula o que o usuário digitar nele.

Crie uma última nova linha e dê a ela a chave *AutocorrectionType* e o valor de *No*. Isso irá dizer que o aplicativo Settings não tenta corrigir automaticamente valores inseridos nesse campo de texto. Quando você quiser que o campo de texto utilize a autocorreção, mude o valor nessa linha para *Yes*.

Quando acabar, sua lista de propriedades deverá se parecer com a mostrada na Figura 11-17.

Key	Type	Value
▼Root	Dictionary	(1 item)
▼PreferenceSpecifiers	Array	(2 items)
▶Item 0	Dictionary	(2 items)
▼Item 1	Dictionary	(5 items)
Type	String	PSTextFieldSpecifier
Title	String	Username
Key	String	username
AutocapitalizationType	String	None
AutocorrectionType	String	No

Figura 11-17. *O campo de texto pronto especificado em Root.plist.*

Adicionando um Ícone de Aplicativo

Antes de testar nossa configuração, vamos adicionar um ícone de aplicativo ao projeto. Você já fez isso antes.

Salve o arquivo de propriedade. Em seguida, veja o arquivo do código-fonte e a pasta *11 — AppSettings*. Arraste o arquivo icon.png para a pasta Resources do seu projeto e, quando solicitado, deixe o Xcode copiar o ícone.

Em seguida, ainda na pasta *Resources*, clique no arquivo *AppSettings-info.plist*. Quando o editor de plist aparecer, selecione a linha *Icon file* e mude seu valor para *icon.png*.

É isso. Agora compile e execute o aplicativo selecionando `Build > Build and Run`. Clique no botão home e, em seguida, no ícone para o aplicativo Settings. Você encontrará uma entrada para o nosso aplicativo que usa o ícone de aplicativo que adicionamos antes (veja a Figura 11-3). Clique na linha *AppSettings*, e será apresentada a você uma view simples de configurações com um único campo de texto, conforme mostrado na Figura 11-18.

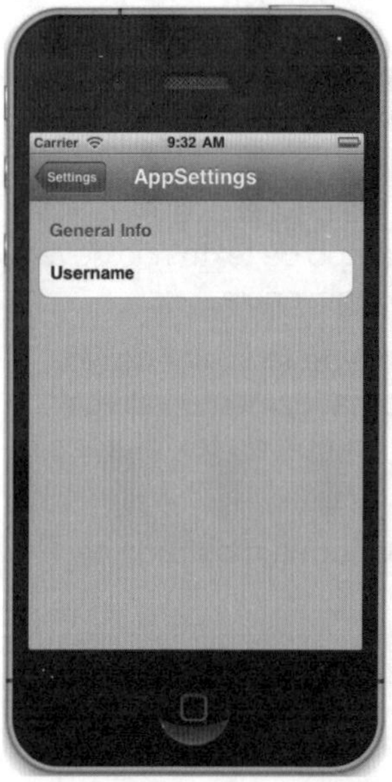

Figura 11-18. *Nossa root view no aplicativo Settings depois de adicionar um grupo e um campo de texto.*

Saia do simulador e volte ao Xcode. Ainda não acabamos, mas agora você deverá ter uma noção de como é fácil adicionar preferências ao seu aplicativo. Vamos adicionar o resto dos campos à nossa root view de configuração. O primeiro que vamos adicionar é um campo de texto de segurança para a senha do usuário.

Adicionando uma Configuração de Campo de Texto Segura

Clique em *Root.plist* para voltar ao seu especificador de configuração. Abra *Root*, abra *PreferenceSpecifiers* e oculte *Item 0* e *Item 1*. Agora, selecione *Item 1*. Pressione **⌘C** para copiar para a área de transferência e pressione **⌘V** para colar.

Isso irá criar um novo *Item 2* idêntico ao *Item 1*. Expanda o novo item e mude o *Title* para Password e a *Key* para password, (lembre-se de que um tem "P" maiúsculo, e o outro, "p" minúsculo).

Em seguida, adicione mais um sucessor ao novo item. Lembre-se de que a ordem de itens não importa. Então, sinta-se livre para colocá-lo logo abaixo do item *Key* que você acabou de editar. Para fazer isso, selecione a linha *Key/password* e clique no ícone de adicionar ao final da linha.

Dê ao novo item a *Key* de *IsSecure* e mude o *Type para Boolean*. Ao fazer isso, o espaço em que normalmente você digita um valor irá mudar para uma caixa de seleção. Marque essa caixa, o que irá dizer ao aplicativo Settings que esse campo precisa ser uma senha em vez de um simples campo de texto.

Nosso *Item 2* concluído é mostrado na Figura 11-19.

Key	Type	Value
▼Root	Dictionary	(1 item)
▼PreferenceSpecifiers	Array	(3 items)
▶Item 0	Dictionary	(2 items)
▶Item 1	Dictionary	(5 items)
▼Item 2	Dictionary	(6 items)
Type	String	PSTextFieldSpecifier
Title	String	Password
Key	String	password
isSecure	Boolean	☑
AutocapitalizationType	String	None
AutocorrectionType	String	No

Figura 11-19. *Nosso Item 2 concluído, um campo de texto criado para aceitar uma senha.*

Adicionando um Campo de Valores Múltiplos

O próximo item que vamos adicionar é um campo de valores múltiplos. Esse tipo de campo irá automaticamente gerar uma linha com um indicador de abertura. Clicar nele levará você para outra tabela em que você poderá selecionar uma de várias linhas.

Oculte o *Item 2,* selecione a linha e clique no ícone de adição ao fim da linha para adicionar o *Item 3*. Mude o *Type* do *Item 3* para *Dictionary* e expanda o *Item 3* clicando no triângulo de abertura.

Clique no ícone sucessor de adição para dar ao *Item 3* uma linha sucessora. Defina a chave para *Type* e o valor para *PSMultiValueSpecifier*. Adicione uma segunda linha com a chave de *Title* e um valor de *Protocol*. Agora, crie uma terceira linha com uma chave *Key* e um valor de *protocol*. A próxima parte é um pouco complicada, então vamos falar sobre ela antes da execução.

Vamos adicionar mais duas sucessões ao *Item 3*, mas elas serão nós do tipo *Array*, não do tipo *String*.

- Uma, chamada *Titles*, irá manter uma lista de valores de onde o usuário pode fazer seleções.

- A outra, chamada *Values*, irá manter uma lista de valores que, na verdade, são armazenados no padrão do usuário.

Então, se o usuário selecionar o primeiro item da lista, que corresponde ao primeiro item no array *Titles*, o aplicativo Settings irá, na verdade, armazenar o primeiro valor do array *Values*. Esse par de *Titles* e *Values* permite que você apresente um texto simpático ao usuário, mas, na verdade, armazena algo a mais, como um número, uma data ou uma linha diferente. Esses arrays são necessários. Se você quiser que ambos sejam iguais, você pode criar um array, copiar e colar de volta, mudando a chave para que não haja dois arrays com os mesmos componentes armazenados sob chaves diferentes. Na verdade, faremos somente isso.

Adicione uma nova sucessão ao *Item 3*. Mude sua chave para *Values* e configure seu tipo para *Array*. Expanda o array e adicione cinco nós sucessores. Todos eles devem ser do tipo *String* e devem conter os seguintes valores: *HTTP, SMTP, NNTP, IMAP* e *POP3*.

Quando você inserir os cinco nós, oculte *Values* e o selecione. Depois, pressione **⌘C** para copiá-lo e **⌘V** para colá-lo de volta. Isso irá criar um novo item com uma chave de *Values - 2*. Clique duas vezes em *Values - 2* e mude para *Titles*.

Estamos quase terminando com o nosso campo de valores múltiplos. Só existe mais um valor necessário no dicionário, que é o valor padrão. Os campos de valores múltiplos devem ter uma — e somente uma — linha selecionada; então, precisamos especificar o valor padrão para ser usado se nenhuma linha foi selecionada ainda, e ela precisa corresponder a um dos itens do array *Values* (não do array *Titles*, se eles forem diferentes). Adicione outra sucessora ao *Item 3*. Dê a ela uma chave de *DefaultValue* e um valor de *SMTP*.

A Figura 11-20 mostra nossa versão do *Item 3*.

Key	Type	Value
▼Root	Dictionary	(1 item)
▼PreferenceSpecifiers	Array	(4 items)
▶Item 0	Dictionary	(2 items)
▶Item 1	Dictionary	(5 items)
▶Item 2	Dictionary	(6 items)
▼Item 3	Dictionary	(6 items)
Type	String	PSMultiValueSpecifier
Title	String	Protocol
Key	String	protocol
▼Values	Array	(5 items)
Item 0	String	HTTP
Item 1	String	SMTP
Item 2	String	NNTP
Item 3	String	IMAP
Item 4	String	POP3
▶Titles	Array	(5 items)
DefaultValue	String	SMTP

Figura 11-20. *Nosso Item 3 concluído, um campo de valores múltiplos criado para selecionar um de cinco valores possíveis.*

Vamos verificar o nosso trabalho. Salve a lista de propriedade, construa e execute novamente o aplicativo. Quando ele iniciar, pressione o botão home e inicie o aplicativo Settings. Quando você selecionar *AppSettings*, deverá ver três campos na sua view de nível básico (veja a Figura 11-21). Siga em frente e brinque com a sua criação; depois, vamos continuar.

Figura 11-21. *Três campos para baixo. Não está tão desgastado!*

Adicionando uma Configuração de Chave Alternada

O próximo item que precisamos dar ao usuário é um valor booleano que indica se os motores estão ligados. Para capturar um valor booleano em suas preferências, vamos dizer ao aplicativo Settings para usar `UISwitch`, adicionando outro item ao nosso array *PreferenceSpecifiers* com um tipo do *PSToggleSwitchSpecifier*.

Oculte o *Item 3* se estiver expandido e, depois, clique uma vez para selecioná-lo. Clique no ícone de adição à esquerda da linha para criar o *Item 4*. Mude seu tipo para Dictionary, expanda o *Item 4* e adicione uma linha sucessora. Dê à linha sucessora uma chave de *Type* e um valor de *PSToggleSwitchSpecifier*. Adicione outra linha sucessora com uma chave *Title* e um valor do *Warp Drive*. Em seguida, adicione uma terceira linha sucessora com uma chave do *Key* e um valor *warp*.

Por padrão, uma chave alternada irá gerar um booleano `YES` ou `NO` para ser salvo dentro do padrão de usuário. Se você preferir atribuir um valor diferente para as posições de on (ligado) e off (desligado), poderá fazer isso especificando as chaves opcionais *TrueValue* ou *FalseValue*. Você pode designar séries, datas ou números para cada posição ligada (*TrueValue*) ou posição desligada (*FalseValue*), e, então, o aplicativo Settings irá armazenar a série que você especificou em vez de apenas armazenar `YES` ou `NO`.

Vamos configurar a posição on para salvar a série `Engaged` e a posição off para armazenar `Disabled`. Faça isso adicionando mais duas linhas sucessoras ao *Item 4*: uma com uma chave de *TrueValue* e um valor do *Engaged*, e a outra com uma chave de *FalseValue* e o valor de *Disabled*.

Temos mais um item necessário nesse dicionário, que é o valor padrão. Se não fornecemos os itens opcionais *TrueValue* e *FalseValue*, poderemos criar uma nova linha com uma chave de *DefaultValue* e mudar o tipo *String* para *Boolean*. Entretanto, como adicionamos aqueles dois itens, o valor que colocamos no *DefaultValue* precisa combinar com o passado no *TrueValue* ou com o passado em *FalseValue*.

Vamos ligar nossos motores por padrão, então criamos um último sucessor para o *Item 4*. Dê a ele uma chave de *DefaultValue* e um valor de *Engaged.* Observe que a string `Engaged` será armazenada no padrão do usuário, não aparecerá na tela. A Figura 11-22 mostra nosso *Item 4* completo.

Key	Type	Value
▼Root	Dictionary	(1 item)
▼PreferenceSpecifiers	Array	(5 items)
▶Item 0	Dictionary	(2 items)
▶Item 1	Dictionary	(5 items)
▶Item 2	Dictionary	(6 items)
▶Item 3	Dictionary	(6 items)
▼Item 4	Dictionary	(6 items)
Type	String	PSToggleSwitchSpecifier
Title	String	Warp
Key	String	warp
TrueValue	String	Engaged
FalseValue	String	Disabled
DefaultValue	String	Engaged

Figura 11-22. *Nosso Item 4 concluído, uma chave alternada para ligar e desligar os motores. Entre nessa!*

Adicionando a Configuração de Barra de Rolagem

O próximo item que precisamos implementar é uma barra de rolagem. No aplicativo Settings, uma barra de rolagem pode ter uma pequena imagem em cada ponta, mas não pode ter um texto. Vamos colocar uma barra de rolagem no seu próprio grupo com um cabeçalho, para que o usuário saiba o que essa barra faz.

Comece ocultando o *Item 4.* Agora, clique uma vez no *Item 0* abaixo do *PrefereceSpecifiers* e pressione **⌘C** para copiar para a área de transferência. Em seguida, selecione o *Item 4*, certificando-se de que esteja oculto, e pressione **⌘V** para colar. Já que o *Item 0* era um especificador de grupo, o item que acabamos de colar como um novo *Item 5* também é um especificador de grupo e irá dizer ao aplicativo Settings para começar um novo grupo nesse local.

Expanda o *Item 5*, clique duas vezes no valor da linha chamada *Title* e mude o valor para *Warp Factor*.

Oculte o *Item 5* e o selecione. Depois, clique no botão ao final da sua linha para adicionar uma nova linha irmã. Mude o *Type* da nova linha, *Item 6*, de *String* para *Dictionary* e depois expanda a nova linha. Adicione uma linha sucessora e dê a ela uma chave de *Type* e um valor de *PSSliderSpecifier*, que indica para o aplicativo Settings que deve usar um `UISlider` para obter essa informação do usuário. Adicione outra linha sucessora com uma chave de *Key* e um valor de *warpFactor* para que o aplicativo Settings saiba qual chave usar quando armazenar esse valor.

Nós vamos permitir que o usuário insira um valor de 1 a 10 e vamos configurar o padrão para *warp 5*. As barras de rolagem precisam ter um valor mínimo, um valor máximo e um valor inicial (ou padrão), e todas elas precisam ser armazenadas como números, não séries, em sua lista de propriedades. Para isso, adicione mais três linhas sucessoras para o *Item 6*, mudando o *Type* de todas as três linhas de *String* para *Number*. Dê à primeira uma chave de *DefaultValue* e o valor de *5*. Dê à segunda uma chave de *MinimumValue* e o valor de *1*; e à última, uma chave de *MaximumValue* e um valor de *10*.

Se você quiser testar a barra de rolagem, vá em frente, mas volte rápido. Nós vamos fazer um pouco mais de personalização. Como observado, as barras de rolagem podem ter imagens. Você pode colocar uma imagem pequena, de 21 x 21 pixels, em cada ponta delas. Vamos providenciar pequenos ícones para indicar que mover a rolagem para a esquerda deixa mais lento e mover para a direita acelera.

Adicionando Ícones ao Pacote de Configuração

Na pasta *11 - AppSettings*, no arquivo do projeto que acompanha este livro, você irá achar dois ícones chamados *rabbit.png* e *turtle.png*. Precisamos adicioná-los ao pacote de configurações. Como essas imagens precisam de um aplicativo Settings para ser usadas, não podemos colocá-las na nossa pasta *Resources;* precisamos colocá-las no pacote de configurações para que o aplicativo Settings possa pegá-las. Para fazer isso, vá ao Finder e navegue para onde você salvou o seu projeto do Xcode. Na mesma pasta, você irá achar um ícone chamado *Settings.bundle*.

Lembre-se de que pacotes parecem arquivos no Finder, mas, na verdade, eles são pastas, e você pode conseguir seu conteúdo clicando (ou apertando o botão de controle) no ícone do pacote e selecionando **Show Package Contents**. Ele abrirá uma nova janela, e você poderá ver os dois itens que você vê no *Settings.bundle* no Xcode. Copie os dois arquivos de ícone, *rabbit.png* e *turtle.png*, da pasta *11 – AppSettings* para a janela de conteúdo do pacote *Settings.bundle*.

Você pode deixar esta janela aberta no Finder, já que precisaremos copiar outro arquivo aqui em alguns minutos. Por enquanto, voltaremos ao Xcode e diremos à barra de rolagem para usar essas duas imagens.

Volte ao *Root.plist* e adicione mais duas linhas sucessoras abaixo do *Item 6*. Dê a uma delas a chave de *MinimumValueImage* e um valor de *turtle.png*. Dê à outra uma chave de *MaximumValueImage* e o valor de *rabbit.png*. Nosso *Item 6* concluído é mostrado na Figura 11-23.

Key	Type	Value
▼Root	Dictionary	(1 item)
▼PreferenceSpecifiers	Array	(7 items)
▶Item 0	Dictionary	(2 items)
▶Item 1	Dictionary	(5 items)
▶Item 2	Dictionary	(6 items)
▶Item 3	Dictionary	(6 items)
▶Item 4	Dictionary	(6 items)
▶Item 5	Dictionary	(2 items)
▼Item 6	Dictionary	(7 items)
Type	String	PSSliderSpecifier
Key	String	warpFactor
DefaultValue	Number	5
MinimumValue	Number	1
MaximumValue	Number	10
MinimumValueImage	String	turtle.png
MaximumValueImage	String	rabbit.png

Figura 11-23. *Nosso Item 6 concluído, uma barra de rolagem com um ícone turtle (tartaruga) e rabbit (coelho) para representar devagar e rápido.*

Salve sua lista de propriedade, vamos construir e executar para ter a certeza de que tudo ainda está ótimo. Se estiver, você poderá navegar para o aplicativo Settings e achar uma barra de rolagem esperando por você com a tartaruga sonolenta e o coelho feliz em cada ponta (veja a Figura 11-24).

Figura 11-24. *Temos campos de texto, campos de valores múltiplos, uma chave alternada e uma barra de rolagem. Estamos quase acabando.*

Adicionando uma View de Configuração Sucessora

Vamos adicionar um especificador de preferências para dizer ao aplicativo Settings que queremos exibir uma view de configurações sucessoras. Esse especificador irá apresentar uma linha com um indicador de abertura que, quando pressionado, levará o usuário para uma view totalmente nova e cheia de preferências. Vamos usá-lo.

Como não queremos que essa nova preferência seja agrupada com a barra de rolagem, nós vamos copiar o especificador de grupo no *Item 0* e colá-lo ao final do array *PreferenceSpecifiers* para criar um novo grupo para sua view de configurações sucessoras. No *Root.plist*, oculte todos os itens abertos, clique uma vez no *Item 0* para selecioná-lo e pressione **⌘C** para copiá-lo para a área de transferência. Em seguida, selecione o *Item 6* e pressione **⌘V** para colar em um novo *Item 7*. Expanda o *Item 7* e clique duas vezes na coluna *Value* próxima à chave *Title*, mudando de *General Info* para *Additional Info*.

Agora, oculte novamente o *Item 7*. Selecione-o e clique no botão add sibling à direita no final da linha para adicionar o *Item 8*, que será sua view sucessora atual. Mude o tipo da nova linha de *String* para *Dictionary* e a expanda clicando no triângulo de abertura. Adicione uma linha sucessora e dê a ela uma chave de *Type* e um valor de *PSChildPaneSpecifier*. Adicione outra linha sucessora com uma chave de *Title* e um valor de *More Settings*.

Precisamos adicionar uma última linha, que irá dizer ao aplicativo Settings qual lista de propriedade carregar para a view *More Settings*. Adicione outra linha sucessora e dê a ela uma chave de *File* e um valor de *More*. A extensão de arquivo *.plist* é aceita e não deve ser incluída (se for, o aplicativo Settings não irá achar o arquivo da lista de propriedades).

Estamos adicionando uma view sucessora à nossa view principal de preferências. As configurações nessa view sucessora são especificadas no arquivo *More.plist*. Precisamos copiá-lo para o pacote de configurações. Não podemos adicionar novos arquivos ao pacote no Xcode, e a caixa de diálogo Save do Property List Editor (editor da lista de propriedade) não nos deixará salvar em um pacote. Então, precisamos criar uma nova lista de propriedades, salvá-la em algum lugar e depois arrastá-la para a janela *Setting.bundle* usando o Finder.

Agora, você já viu todos os diferentes tipos de campos de preferência que você pode usar em um arquivo de lista de propriedades de pacote de configurações. Para salvar alguma digitação, por que você não tira o *More.plist* da pasta *11 — AppSettings*, do arquivo de projetos que acompanha este livro, e o arrasta para aquela janela *Setting.bundle* que deixamos aberta anteriormente?

DICA: Quando você criar suas próprias views de configurações sucessoras, o jeito mais fácil é fazer uma cópia do *Root.plist* e dar um novo nome. Depois, exclua todos os especificadores de preferência existentes, exceto o primeiro, e adicione os especificadores que você precisar para o novo arquivo.

Acabamos com o nosso pacote de configurações. Sinta-se livre para compilar, executar e testar o aplicativo Settings. Você deve conseguir chegar à view sucessora e configurar valores para todos os outros campos. Vá em frente e brinque com isso, faça mudanças na lista de propriedades se você quiser.

DICA: Falamos sobre quase todas as opções de configuração disponíveis (pelo menos, até quando esse livro foi escrito). Você pode achar uma documentação cheia de formatos de lista de propriedades de configuração no documento chamado *Settings Application Schema Reference*, no *iOS Dev Center*. Você pode obter esse documento, junto a milhares de outros documentos de referências úteis, na seguinte página:
`http://developer.apple.com/iphone/library/navigation/Reference.html`

Antes de continuar, copie os ícones *rabbit.png* e *turtle.png* da pasta *11 — AppSettings*, do arquivo de projeto, para a pasta *Resources* do seu projeto. Iremos utilizá-los no nosso aplicativo para mostrar o valor das configurações atuais.

DICA: Você pode ter notado que os dois ícones que você acabou de adicionar são exatamente os mesmos que adicionamos anteriormente ao seu pacote de configurações e deve estar se perguntando o porquê disso. Lembre-se de que aplicativos iOS não podem ler arquivos fora de sandboxes de outros aplicativos. O pacote de configurações não se torna parte da sandbox do nosso aplicativo; ele se torna parte da sandbox do aplicativo Settings. Como também queremos utilizar esses ícones no nosso aplicativo, precisamos adicioná-los separadamente à nossa pasta *Resources* para que sejam copiados também para a sandbox do nosso.

Lendo as Configurações em Nosso Aplicativo

Já resolvemos a metade do nosso problema. O usuário pode chegar às nossas preferências, mas como nós chegamos a elas? Como se pode ver, essa é a parte fácil.

Recuperando as Configurações de Usuário

Vamos aproveitar uma classe chamada NSUserDefaults para ler as configurações do usuário. Essa classe é implementada como uma coisa única, o que significa que há apenas uma instância de NSUserDefaults executando no seu aplicativo. Para ter acesso àquela instância, chamamos o método de classe standardUserDefaults, da seguinte maneira:

```
NSUserDefaults *defaults = [NSUserDefaults standardUserDefaults];
```

Quando tivermos um indicador para os padrões de usuário, iremos utilizá-lo como um NSDictionary. Para obter um valor para ele, podemos chamar o objectForKey:, que irá retornar um objeto Objective-C como NSSting, NSDate ou NSNumber. Se quisermos buscar os valores como uma grandeza escalar — como um int, float ou BOOL —, podemos usar outros métodos, tais como intForKey:, floatForKey: ou boolForKey:.

Quando você estava criando a lista de propriedades para o seu aplicativo, você criou um array de *PreferenceSpecifiers*. Alguns desses especificadores foram usados para criar grupos. Outros criaram objetos de interface que o usuário usa para ajustar suas configurações. Esses são os especificadores que realmente nos interessam, pois eles mantêm os dados reais. Todo especificador que estava ligado a uma configuração do usuário tinha uma *Key* chamada *Key*. Pegue um minuto para voltar e verificar. Por exemplo, a *Key* para nossa barra de rolagem tem um valor de *wardfactor*. A *Key* para o nosso campo *Password* era *password*. Nós vamos usar aquelas chaves para recuperar as configurações do usuário.

Para que tenhamos um lugar para exibir as configurações, vamos construir rapidamente nossa view principal com vários labels. Antes de ir para o Interface Builder, vamos criar outlets para todas os labels necessários. Clique em *MainViewController.h* e faça as seguintes mudanças:

```
#import "FlipsideViewController.h"
#define kUsernameKey          @"username"
#define kPasswordKey          @"password"
#define kProtocolKey          @"protocol"
#define kWarpDriveKey         @"warp"
#define kWarpFactorKey        @"warpFactor"
#define kFavoriteTeaKey       @"favoriteTea"
#define kFavoriteCandyKey     @"favoriteCandy"
#define kFavoriteGameKey      @"favoriteGame"
#define kFavoriteExcuseKey    @"favoriteExcuse"
#define kFavoriteSinKey       @"favoriteSin"

@interface MainViewController : UIViewController
        <FlipsideViewControllerDelegate> {
    UILabel *usernameLabel;
    UILabel *passwordLabel;
    UILabel *protocolLabel;
    UILabel *warpDriveLabel;
    UILabel *warpFactorLabel;

    UILabel *favoriteTeaLabel;
    UILabel *favoriteCandyLabel;
    UILabel *favoriteGameLabel;
    UILabel *favoriteExcuseLabel;
    UILabel *favoriteSinLabel;
}
```

```
@property (nonatomic, retain) IBOutlet UILabel *usernameLabel;
@property (nonatomic, retain) IBOutlet UILabel *passwordLabel;
@property (nonatomic, retain) IBOutlet UILabel *protocolLabel;
@property (nonatomic, retain) IBOutlet UILabel *warpDriveLabel;
@property (nonatomic, retain) IBOutlet UILabel *warpFactorLabel;
@property (nonatomic, retain) IBOutlet UILabel *favoriteTeaLabel;
@property (nonatomic, retain) IBOutlet UILabel *favoriteCandyLabel;
@property (nonatomic, retain) IBOutlet UILabel *favoriteGameLabel;
@property (nonatomic, retain) IBOutlet UILabel *favoriteExcuseLabel;
@property (nonatomic, retain) IBOutlet UILabel *favoriteSinLabel;

- (void)refreshFields;
- (IBAction)showInfo;
@end
```

Nada é novo aqui. Declaramos várias constantes, que são os valores da chave que usamos no nosso arquivo de lista de propriedades para os diferentes campos de preferência. Depois, declaramos dez outlets, todas elas labels, e criamos propriedades para cada uma delas. Por último, declaramos um método que irá ler as configurações dos padrões do usuário e colocamos aqueles valores em vários labels. Colocamos essa funcionalidade em seu próprio método, porque precisamos fazer a mesma tarefa em mais de um lugar.

Salve suas alterações. Agora que você já tem as suas outlets declaradas, vamos voltar ao arquivo nib principal para criar a GUI.

Criando a View Principal

Clique duas vezes em *MainView.xib* para editá-lo no Interface Builder. Quando ele abrir, você vai perceber que o plano de fundo da view é cinza escuro. Vamos mudá-lo para branco. Clique uma vez no ícone *View* na janela principal do nib e abra o attributes inspector. Use a fonte de cor chamada *Background* para mudar o plano de fundo para branco. Observe que a fonte de cor também funciona como um menu pop-up. Se você preferir, utilize esse menu para selecionar *White Color*.

Em seguida, na janela principal do nib, clique no ícone central *View Mode* para colocar a janela no modo de listagem. Deverá aparecer um triângulo de abertura à esquerda do ícone *View*. Abra-o.

Coloque a doca da área do layout no modo de listagem clicando no pequeno ícone de triângulo, se ainda não estiver nesse modo. Em seguida, clique no triângulo de abertura à esquerda do ícone *Main View*. Isso abrirá um item chamado *Light Info Button* (veja a Figura 11-25).

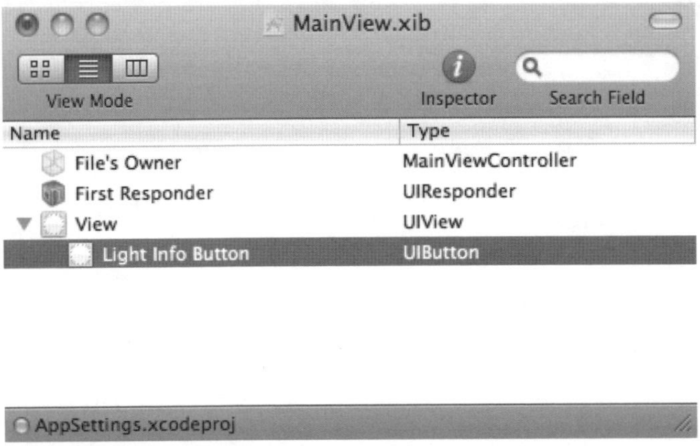

Figura 11-25. *Utilizando o modo de view de lista.*

> **DICA:** Tem uma hierarquia complexa do modo de listagem do Interface Builder que você quer abrir, tudo de uma vez? Em vez de expandir cada item individualmente, você pode expandir toda a hierarquia mantendo a tecla de opção pressionada e clicando em qualquer um dos triângulos de abertura da lista.

O *Light Info Button*, localizado no canto superior direito da view, contém um ícone quase branco, e, portanto, é difícil vê-lo contra um plano de fundo branco. Vamos mudar esse ícone para que ele fique bom em um plano de fundo branco. Clique uma vez no ícone *Light Info Button* para selecioná-lo e abra o attributes inspector. Mude o *Type* do botão de *Info Light* para *Info Dark.*

Agora, vamos adicionar vários labels à *View* para que fiquem parecidos com os mostrados na Figura 11-26. Precisaremos, no total, de 20 labels. Metade deles será estática, alinhada à direita e em **negrito**; a outra metade será usada para exibir os valores reais recuperados dos padrões do usuário e terá outlets apontando para eles.

Utilize a Figura 11-26 como seu guia para criar essa view. Você não precisa associar exatamente a aparência, mas precisa haver um label na view para cada uma das outlets declaradas. Vá em frente e crie a view. Você não precisa de ajuda para isso. Quando acabar e estiver do jeito que você quer, volte e continuaremos.

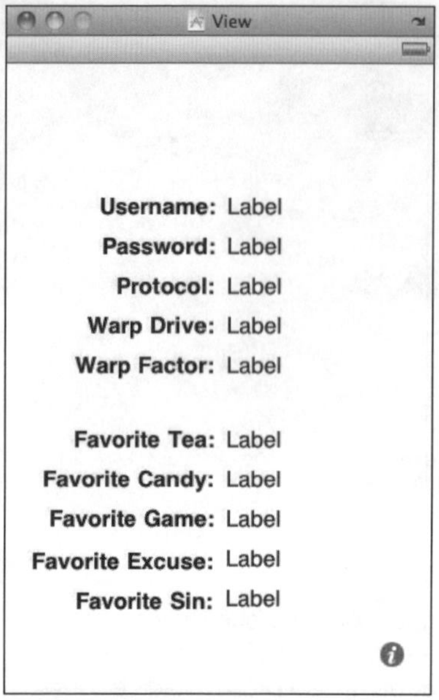

Figura 11-26. *A janela da View no Interface Builder mostrando os 20 labels que adicionamos.*

A próxima coisa que precisamos fazer é arrastar do *File's Owner* para cada um dos labels projetados para exibir um valor de configuração. No total, você irá arrastar dez vezes, colocando cada label em uma outlet diferente. Assim que todas as dez outlets estiverem conectadas aos labels, salve as alterações feitas em *MainView.xib* e volte para o Xcode.

Atualizando o Main View Controller

No Xcode, selecione *MainViewController.m* e adicione o seguinte código ao início do arquivo:

```
#import "MainViewController.h"


@implementation MainViewController
@synthesize usernameLabel;
@synthesize passwordLabel;
@synthesize protocolLabel;
@synthesize warpDriveLabel;
@synthesize warpFactorLabel;
@synthesize favoriteTeaLabel;
@synthesize favoriteCandyLabel;
@synthesize favoriteGameLabel;
@synthesize favoriteExcuseLabel;
@synthesize favoriteSinLabel;

- (void)refreshFields {
    NSUserDefaults *defaults = [NSUserDefaults standardUserDefaults];
```

```
    usernameLabel.text = [defaults objectForKey:kUsernameKey];
    passwordLabel.text = [defaults objectForKey:kPasswordKey];
    protocolLabel.text = [defaults objectForKey:kProtocolKey];
    warpDriveLabel.text = [defaults objectForKey:kWarpDriveKey];
    warpFactorLabel.text = [[defaults objectForKey:kWarpFactorKey]
                            stringValue];
    favoriteTeaLabel.text = [defaults objectForKey:kFavoriteTeaKey];
    favoriteCandyLabel.text = [defaults objectForKey:kFavoriteCandyKey];
    favoriteGameLabel.text = [defaults objectForKey:kFavoriteGameKey];
    favoriteExcuseLabel.text = [defaults objectForKey:kFavoriteExcuseKey];
    favoriteSinLabel.text = [defaults objectForKey:kFavoriteSinKey];
}

- (void)viewDidAppear:(BOOL)animated {
    [self refreshFields];
    [super viewDidAppear:animated];
}
...
```

Vamos também ser bons cidadãos de memória inserindo o seguinte código aos métodos `dealloc` e `viewDidUnload` existentes:

```
- (void)viewDidUnload {
    // Release any retained subviews of the main view.
    // e.g. self.myOutlet = nil;
    self.usernameLabel = nil;
    self.passwordLabel = nil;
    self.protocolLabel = nil;
    self.warpDriveLabel = nil;
    self.warpFactorLabel = nil;
    self.favoriteTeaLabel = nil;
    self.favoriteCandyLabel = nil;
    self.favoriteGameLabel = nil;
    self.favoriteExcuseLabel = nil;
    self.favoriteSinLabel = nil;
    [super viewDidUnload];
}

- (void)dealloc {
    [usernameLabel release];
    [passwordLabel release];
    [protocolLabel release];
    [warpDriveLabel release];
    [warpFactorLabel release];
    [favoriteTeaLabel release];
    [favoriteCandyLabel release];
    [favoriteGameLabel release];
    [favoriteExcuseLabel release];
    [favoriteSinLabel release];
    [super dealloc];
}
...
```

Quando o usuário acabar de usar a flipside view em que algumas preferências podem ser alteradas, nosso controller será notificado. Quando isso acontecer, precisaremos nos certificar de que nossos labels estejam atualizados para mostrar as alterações. Adicione a seguinte linha de código ao método `flipsideViewControllerDidFinish:` existente:

```
- (void)flipsideViewControllerDidFinish:
        (FlipsideViewController *)controller {
    [self refreshFields];
    [self dismissModalViewControllerAnimated:YES];
}
```

Não há nada aqui que te espante. O novo método, `refreshFields`, não faz nada mais do que pegar os padrões de usuário e definir a propriedade de texto de todos os labels para o objeto apropriado dos padrões do usuário, usando os valores da chave que colocamos em nosso arquivo de propriedades. Perceba que, para o `warpFactorLabel`, estamos chamando um `stringValue` no objeto retornado. Todas as nossas outras preferências são strings, que voltam do padrão do usuário como objetos `NSString`. A preferência armazenada pela barra de rolagem, entretanto, volta como um `NSNumber`, então chamamos um `stringValue` para conseguir uma representação de string do valor que ele mantém.

Depois disso, adicionamos um método `viewDidAppear:`, em que chamamos nosso método `refreshFields`. Chamamos `refreshFields` novamente quando somos notificados de que o flipside controller está sendo dispensado. Isso fará com que os campos exibidos sejam definidos para os valores de preferência apropriados quando a view carregar e depois atualizados quando a flipside view sair. Como a flipside view é manipulada de maneira modal, com a view principal como seu pai modal, o método `viewDidAppear:` do `MainViewController` não será chamado quando a flipside view for dispensada. Felizmente, o template Utility Application que escolhemos gentilmente nos forneceu um método delegate que podemos usar exatamente para isso.

Essa classe está pronta. Você deverá conseguir compilar e executar seu aplicativo e fazer com que ele se pareça com a Figura 11-7, a não ser que o seu mostre todos aqueles valores que você inseriu no seu aplicativo Settings, é claro. Não poderia ser mais fácil, poderia?

Mudando Padrões do Nosso Aplicativo

Agora que a view principal está pronta e em execução, vamos criar a flipside view.

Criando a Flipside View

Como você pode ver na Figura 11-27, a flipside view caracteriza nossa chave warp drive, assim como a barra de rolagem de fator warp. Nós vamos usar os mesmos controles que o aplicativo Settings usa para esses dois itens: uma chave e uma barra de rolagem. Além de declarar nossas outlets, precisaremos também declarar um método chamado `refreshFields`, como fizemos no `MainViewController`, e dois métodos action, que serão disparados quando o usuário tocar nos controles. Selecione *FlipsideViewController.h* e faça as seguintes alterações:

```
#import <UIKit/UIKit.h>

@protocol FlipsideViewControllerDelegate;

@interface FlipsideViewController : UIViewController {
    id <FlipsideViewControllerDelegate> delegate;
```

```
    UISwitch *engineSwitch;
    UISlider *warpFactorSlider;
}

@property (nonatomic, assign) id <FlipsideViewControllerDelegate> delegate;
@property (nonatomic, retain) IBOutlet UISwitch *engineSwitch;
@property (nonatomic, retain) IBOutlet UISlider *warpFactorSlider;

- (void)refreshFields;
- (IBAction)touchEngineSwitch;
- (IBAction)touchWarpSlider;
- (IBAction)done;
@end

@protocol FlipsideViewControllerDelegate
- (void)flipsideViewControllerDidFinish:
    (FlipsideViewController *)controller;
@end
```

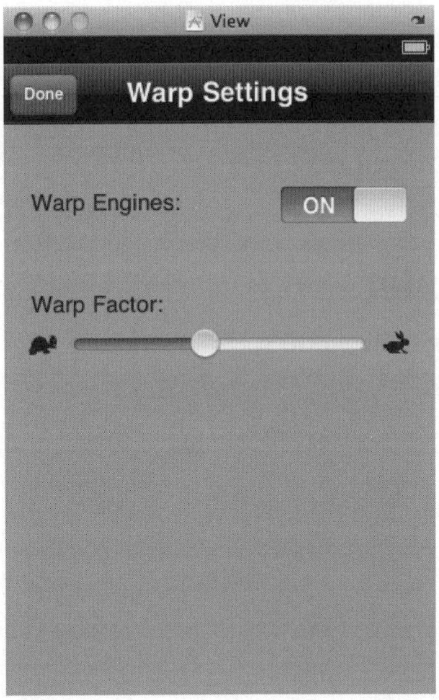

Figura 11-27. *Criando a flipside view no Interface Builder.*

> **NOTA:** Não se preocupe muito com o código extra aqui. Como você viu antes, o template Utility Application faz do `MainViewController` um delegate do `FlipsideViewController`. O código extra aqui, que não estava em outros templates de arquivo que utilizamos, implementa aquela relação do delegate.

Agora, salve as alterações e clique duas vezes em *FlipsideView.xib* para editar a GUI no Interface Builder. Primeiro, clique duas vezes no título na barra e mude-o para *Warp Settings.*

Em seguida, selecione *View* na janela principal e abra o attributes inspector. Primeiro, mude a cor do plano de fundo utilizando o pop-up *Background* para selecionar *Light Gray Color*. A cor do plano de fundo da flipside view padrão é muito escura para que o texto em preto fique bom, mas clara o suficiente para que o texto em branco seja difícil de ler.

Depois, arraste dois *Labels* da library e coloque-os na janela *View*. Clique duas vezes em um deles e mude o nome para *Warp Engines:*. Clique duas vezes no outro e chame-o de *Warp Factor:*. Você pode usar a Figura 11-27 como guia de localização.

Feito isso, arraste um *Switch* da library e coloque-o à direita da view, do outro lado do label *Warp Engines*. Arraste o controle do ícone do *File's Owner* para a nova chave e conecte-a à outlet *engineSwitch*. Então, arraste o controle da chave de volta ao ícone do *File's Owner* e conecte-o à action *touchEngineSwitch*.

Em seguida, arraste um *Slider* da library e coloque-o embaixo do rótulo *Warp Factor*. Redimensione a barra de rolagem para que ela vá da linha-guia azul na margem esquerda até a da direita. Depois, arraste o controle do ícone do *File's Owner* para a barra de rolagem e conecte-o à outlet *warpFactorSlider*. Em seguida, arraste o controle da barra de rolagem para o *File's Owner* e selecione a action *touchWarpSlider.*

Clique uma vez na barra de rolagem, se ainda não estiver selecionada, e pressione ⌘1 para abrir o attributes inspector. Ajuste *Minimum* para *1.00*, *Maximum* para *10.00* e *Current* para *5.00.* Em seguida, selecione *turtle.png* para *Min Image* e *rabbit.png* para *Max Image* (você *já* os arrastou para o projeto, certo?).

Salve o nib.

Atualizando o Flipside View Controller

Agora, vamos voltar ao Xcode para concluir o flipside view controller. Selecione *FlipsideViewController.m* e faça as seguintes alterações:

```
#import "FlipsideViewController.h"
#import "MainViewController.h"

@implementation FlipsideViewController
@synthesize delegate;
@synthesize engineSwitch;
@synthesize warpFactorSlider;

- (void)viewDidLoad {
    [super viewDidLoad];
    [self refreshFields];
    self.view.backgroundColor = [UIColor viewFlipsideBackgroundColor];
}

- (void)refreshFields {
    NSUserDefaults *defaults = [NSUserDefaults standardUserDefaults];
    engineSwitch.on = [[defaults objectForKey:kWarpDriveKey]
        isEqualToString:@"Engaged"] ? YES : NO;
    warpFactorSlider.value = [defaults floatForKey:kWarpFactorKey];

}
```

```
- (IBAction)touchEngineSwitch {
  NSUserDefaults *defaults = [NSUserDefaults standardUserDefaults];
  NSString *prefValue = engineSwitch.on ? @"Engaged" : @"Disabled";
  [defaults setObject:prefValue forKey:kWarpDriveKey];
}

- (IBAction)touchWarpSlider {
  NSUserDefaults *defaults = [NSUserDefaults standardUserDefaults];
  [defaults setFloat:warpFactorSlider.value forKey:kWarpFactorKey];
}
...
```

Adicione as seguintes linhas de código aos métodos `dealloc` e `viewDidUnload` existentes:

```
...
- (void)viewDidUnload {
    // Release any retained subviews of the main view.
    // e.g. self.myOutlet = nil;
    self.engineSwitch = nil;
    self.warpFactorSlider = nil;
    [super viewDidUnload];
}
- (void)dealloc {
    [engineSwitch release];
    [warpFactorSlider release];
    [super dealloc];
}
...
```

No método `viewDidLoad`, excluímos uma linha de código que não era importante. O código naquele template configurou a cor do plano de fundo da view usando um método de classe, e aquela linha de código fez com que a flipside view tivesse uma aparência cinza escura e texturizada em vez de usar o plano de fundo configurado no Interface Builder. O plano de fundo texturizado dificulta a leitura do texto e a visualização das figuras da barra de rolagem que usamos; nós excluímos a linha para deixar a cor do plano de fundo com o brilho do Interface Builder, então o nosso texto e os nossos ícones poderão ser vistos mais facilmente.

Depois, adicionamos uma chamada ao nosso método `refreshFields`, cujas quatro linhas de código obtêm referência para os padrões de usuário padrão, utilizando as outlets para a chave e a barra de rolagem para que elas exibam os valores armazenados nos padrões do usuário. Como optamos por armazenar strings em vez de booleanos para a configuração warp drive, precisaremos fazer a conversão no nosso código, pois uma instância de `UISwitch` é configurada usando uma propriedade `BOOL`.

```
- (void)refreshFields {
    NSUserDefaults *defaults = [NSUserDefaults standardUserDefaults];
    engineSwitch.on = [[defaults objectForKey:kWarpDriveKey]
         isEqualToString:@"Engaged"] ? YES : NO;
    warpFactorSlider.value = [defaults floatForKey:kWarpFactorKey];
}
```

Também implementamos os métodos action `touchEngineSwitch` e `touchWarpSlider` para que pudéssemos colocar nossos controles de volta nos padrões de usuário quando o usuário os alterasse.

Mantendo Real

Agora, você deve conseguir executar seu aplicativo, visualizar as configurações e depois pressionar o botão home e abrir o aplicativo Settings para colocar alguns valores ali. Aperte novamente o botão home, abra novamente o aplicativo e prepare-se para uma surpresa. Se você estiver executando o iOS 4.0 ou posterior no seu aparelho iOS ou simulador (apostamos que esteja), quando você voltar ao seu aplicativo, não verá a mudança na configuração! Elas continuarão como antes, mostrando os valores antigos.

Quando você estiver usando o iOS 4, apertar o botão home enquanto um aplicativo estiver em execução não para o aplicativo. Em vez disso, o sistema operacional suspende o aplicativo em segundo plano, deixando-o pronto para ser rapidamente acessado novamente. Esse recurso do iOS 4 é ótimo para alternar entre aplicativos, já que a quantidade de tempo que demora para reabrir um aplicativo suspenso é muito menor do que para abri-lo desde o início. No entanto, em nosso caso, precisamos ter um pouco mais de trabalho para que, quando nosso aplicativo reabrir, ele realmente "acorde", recarregue as preferências de usuário e exiba novamente os valores contidos.

Você aprenderá mais sobre aplicativos de segundo plano no Capítulo 13, mas daremos a você uma ideia rápida dos princípios de como fazer seu aplicativo perceber que ele foi trazido de volta ao uso. Para fazer isso, vamos registrar cada uma das nossas classes controller para que recebam uma notificação enviada pelo aplicativo quando ele voltar do seu estado de execução suspensa.

Uma **notificação** é um mecanismo leve que os objetos podem utilizar para se comunicar entre si. Qualquer objeto pode definir uma ou mais notificações que ele irá publicar no **centro de notificação** do aplicativo, um objeto único que existe somente para passar essas notificações entre objetos. As notificações geralmente são indicações de que algum evento ocorreu, e os objetos que as publicam incluem uma lista de notificações em sua documentação. Por exemplo, na Figura 11-28, você poderá ver que a classe `UIApplication` publica uma quantidade de notificações. O objetivo da maioria delas é geralmente óbvio pelos seus nomes, mas a documentação contém mais informações para o caso de você achar alguma notificação cujo objetivo não esteja claro.

✓ Notifications

UIApplicationDidBecomeActiveNotification
UIApplicationDidChangeStatusBarFrameNotification
UIApplicationDidChangeStatusBarOrientationNotification
UIApplicationDidEnterBackgroundNotification
UIApplicationDidFinishLaunchingNotification
UIApplicationDidReceiveMemoryWarningNotification
UIApplicationProtectedDataDidBecomeAvailable
UIApplicationProtectedDataWillBecomeUnavailable
UIApplicationSignificantTimeChangeNotification
UIApplicationWillChangeStatusBarOrientationNotification
UIApplicationWillChangeStatusBarFrameNotification
UIApplicationWillEnterForegroundNotification
UIApplicationWillResignActiveNotification
UIApplicationWillTerminateNotification

Figura 11-28. *A documentação da UIApplication lista todas as notificações que ela publica.*

Nosso aplicativo precisa atualizar a tela quando estiver prestes a ir para o primeiro plano. Então, estamos interessados na notificação chamada `UIApplicationWillEnterForegroundNotification`. Quando escrevemos nosso método `viewDidLoad`, iremos nos inscrever nela e dizer ao centro de notificação para chamar esse método quando a notificação aparecer. Adicione o seguinte método ao *MainViewController.m* e ao *FlipsideViewController.m*:

```
- (void)applicationWillEnterForeground:(NSNotification *)notification {
    NSUserDefaults *defaults = [NSUserDefaults standardUserDefaults];
    [defaults synchronize];
    [self refreshFields];
}
```

O método em si é muito simples. Primeiro, ele obtém uma referência ao objeto padrão dos padrões de usuário e chama o método de `synchronize`, o que força o sistema User Defaults a salvar quaisquer alterações não salvas e a recarregar quaisquer preferências não modificadas a partir do armazenamento. Estamos forçando a releitura das preferências armazenadas para que possamos escolher as mudanças que fizemos no aplicativo Settings. Então, ele chama o método `refreshFields`, que cada classe utiliza para atualizar a exibição.

Agora, precisamos fazer com que cada um dos nossos controladores se inscreva na notificação na qual estamos interessados adicionando as seguintes linhas à parte inferior do método `viewDidLoad` no *MainViewController.m* e no *FlipsideViewController.m*. Você também precisará remover os marcadores de comentário em volta do método no *MainViewController.m*, já que ele ainda não será usado lá.

```
- (void)viewDidLoad {
    ...
    UIApplication *app = [UIApplication sharedApplication];
    [[NSNotificationCenter defaultCenter] addObserver:self
              selector:@selector(applicationWillEnterForeground:)
              name:UIApplicationWillEnterForegroundNotification
              object:app];
}
```

Começamos obtendo uma referência à instância do nosso aplicativo e utilizamos isso para inscrever ao `UIApplicationWillEnterForegroundNotification`, utilizando a instância `NSNotificationCenter` padrão e um método chamado `addObserver:selector:name:object:`. Depois, passamos o seguinte a esse método:

- Para um `observer`, passamos `self`, o que significa que a nossa classe controller (cada uma delas individualmente, já que o código estará em ambas) é o objeto que precisa ser notificado.
- Para `selector`, passamos um seletor para o método `applicationWillEnterForeground:` que acabamos de escrever, dizendo ao centro de notificação para chamá-lo quando a notificação for postada.
- O terceiro parâmetro, `name:`, é o nome da notificação que nos interessa receber.

- O último parâmetro, `object:`, é o objeto em cuja notificação estamos interessados. Se passarmos `nil` para esse parâmetro, seríamos notificados sempre que algum método postasse o `UIApplicationWillEnterForegroundNotification`.

Isso cuida da atualização da tela, mas também precisamos considerar o que acontece com os valores que são colocados nos padrões do usuário quando o usuário manipula os controles no nosso aplicativo. Precisamos ter certeza de termos salvo para o armazenamento antes de o controle passar para outro aplicativo. A maneira mais fácil de fazer isso é chamar `synchronize` assim que as configurações forem mudadas, adicionando uma linha a cada um dos novos métodos action no *FlipsideViewController.m*:

```
- (IBAction)touchEngineSwitch {
  NSUserDefaults *defaults = [NSUserDefaults standardUserDefaults];
  NSString *prefValue = engineSwitch.on ? @"Engaged" : @"Disabled";
  [defaults setObject:prefValue forKey:kWarpDriveKey];
  [defaults synchronize];
}

- (IBAction)touchWarpSlider {
  NSUserDefaults *defaults = [NSUserDefaults standardUserDefaults];
  [defaults setFloat:warpFactorSlider.value forKey:kWarpFactorKey];
  [defaults synchronize];
}
```

NOTA: Chamar o método `synchronize` é uma operação potencialmente cara, já que todos os conteúdos dos padrões de usuário na memória serão comparados ao que estiver no armazenamento. Quando você estiver lidando com vários padrões de usuário de uma só vez e quiser ter a certeza de que tudo está em sincronia, é melhor tentar diminuir as chamadas para `synchronize` para que toda essa comparação não seja executada novamente. No entanto, chamá-lo uma vez em resposta a cada ação do usuário, como estamos fazendo aqui, não irá causar problemas sérios de desempenho.

Há mais uma coisa para cuidar para fazer com que isso funcione o mais claramente possível. Você já sabe que deve limpar sua memória liberando variáveis quando elas não estiverem mais em uso, bem como executar outras tarefas de limpeza. O sistema de notificação é outro local que você precisa limpar, dizendo ao `NSNotificationCenter` padrão que você não quer mais ouvir notificações. No nosso caso, quando registramos cada view controller para observar essa notificação no método `viewDidLoad`, deveríamos ter cancelado o registro no método `viewDidUnload` correspondente. Então, no *MainViewController.m* e no *FlipsideViewController.m*, coloque a seguinte linha na parte superior do método `viewDidUnload`:

```
- (void)viewDidUnload {
    [[NSNotificationCenter defaultCenter] removeObserver:self];
    ...
}
```

Note que é possível desfazer o registro para notificações específicas utilizando o método `removeObserver:name:object:`, passando os mesmos valores que foram usados para registrar seu observer no primeiro local. No entanto, a linha anterior é uma maneira útil para ter a certeza de que o centro de notificação vai se esquecer completamente do nosso observer, não importa em quantas notificações ele estava registrado.

Com isso no local, é hora de criar e executar o aplicativo, bem como ver o que acontece quando você alterna entre seu aplicativo e o Settings. As mudanças que você fizer no aplicativo Settings deveriam agora se refletir imediatamente no seu aplicativo quando você voltasse a ele.

Transporte-me de Volta, Scotty

Nesse ponto, você deve ter uma compreensão excelente tanto do aplicativo Settings quanto do mecanismo User Defaults. Você sabe como adicionar um pacote de configurações ao seu aplicativo e como construir uma hierarquia de views para as preferências dele. Você também aprendeu a ler e escrever preferências usando `NSUserDefaults` e a deixar o usuário mudar preferências dentro do seu aplicativo. Você até teve uma chance de usar um novo template de projeto no Xcode. Agora, não deve haver muitas coisas no percurso das preferências do aplicativo com as quais você não esteja pronto para lidar.

No próximo capítulo, vamos mostrar como manter os dados do seu aplicativo por perto após ele fechar. Pronto? Vamos lá!

Capítulo 12

Persistência de Dados Básicos

Até agora, estávamos focados no controller e nos aspectos da view do paradigma MVC. Embora muitos dos nossos aplicativos precisem ler dados fora do pacote do aplicativo, nenhum deles salvou seus dados em qualquer forma de armazenamento persistente — o armazenamento não volátil que gera uma reinicialização do computador ou dispositivo. Com exceção do aplicativo Settings (no Capítulo 11), até agora, todo modelo de aplicativo não armazenou dados ou usou armazenamento volátil ou não persistente. Sempre que um dos nossos modelos de aplicativos é inicializado, ele aparece exatamente com os mesmos dados que ele tinha na primeira vez que você o iniciou.

Essa abordagem funcionou para nós até esse momento. No entanto, no mundo real, o seu aplicativo precisará manter dados. Quando os usuários fazem alterações, eles geralmente gostam de encontrá-las quando abrirem novamente o programa.

Vários mecanismos diferentes estão disponíveis para dados persistentes em um aparelho iOS. Se você programou no Cocoa para Mac OS X, já usou algumas ou todas essas técnicas.

Neste capítulo, veremos quatro diferentes mecanismos para dados persistentes para o sistema de arquivo do iOS:

- Listas de propriedades
- Arquivos de objeto (ou arquivamento)
- SQLite3 (banco de dados relacional incorporado do iOS)
- Core Data (ferramenta de persistência fornecida pela Apple)

Vamos escrever exemplos de aplicativos que usam as quatro abordagens.

> **NOTA:** Listas de propriedades, arquivos de objeto, SQLite3 e Core Data não são as únicas maneiras para você manter dados em um iOS. Eles são apenas as mais comuns e mais fáceis. Você sempre terá a opção do uso tradicional das chamadas C I/O como fopen( ) para ler e escrever dados. Você também pode usar as ferramentas de gerenciamento de arquivos de nível baixo do Cocoa. Em quase todos os casos, fazer isso resulta em muito mais aplicações de código e raramente é necessário, mas aquelas ferramentas estão lá caso você precise.

Sua Sandbox do Aplicativo

Todos os quatro mecanismos de dados persistentes deste capítulo compartilham um importante elemento: a pasta */Documents* do seu aplicativo. Todo aplicativo tem sua própria pasta */Documents*, e os aplicativos podem ler e escrever apenas a partir do seu próprio diretório */Documents*.

Para contextualizar, vamos dar uma olhada em como os aplicativos são organizados no iOS. Abra uma janela Finder e navegue para o seu diretório inicial. Dentro dela, vá até *Library/Application Support/iPhoneSimulator/*. Nesse diretório, você verá um subdiretório para cada versão do iOS suportada pela atual instalação do Xcode. Por exemplo, você poderá ver um diretório chamado *4.1* e outro chamado *4.2*. Mova para o diretório que estiver representando a versão mais atual do iOS suportada pela sua versão do Xcode. Nesse ponto, você deverá ver cinco subpastas, incluindo uma chamada *Applications* (veja a Figura 12-1).

> **NOTA:** Se você instalou várias versões do SDK, talvez veja algumas pastas adicionais dentro do diretório *iPhone Simulator*, com nomes indicando o número da versão do iOS que elas representam. Isso é absolutamente normal.

Name	Date Modified
▶ Applications	Nov 23, 2010 5:42 PM
▶ Library	Nov 23, 2010 5:42 PM
▶ Media	Nov 23, 2010 5:42 PM
▶ tmp	Nov 23, 2010 5:42 PM

Figura 12-1. *O layout de um diretório Library/Application Support/iPhoneSimulator/4.2/ mostrando a pasta Applications.*

Embora essa lista represente o simulador, a estrutura de arquivo é semelhante à do que está no aparelho real. Como provavelmente é óbvio, a pasta *Applications* é o local em que o iOS armazena seus aplicativos. Se você abrir essa pasta, verá um pacote de pastas e arquivos com nomes que são strings longas de caracteres. Esses nomes são GUID (globally unique identifiers) e são gerados automaticamente pelo Xcode. Cada uma dessas pastas contém um aplicativo e suas pastas de suporte.

Se você abrir um dos subdiretórios de aplicativo, deverá ver algo que parece familiar. Você encontrará um dos aplicativos do iOS que criamos, juntamente a três pastas de suporte:

- ***Documents:*** seu aplicativo armazena os dados em *Documents*, com exceção das configurações de preferência baseadas em `NSUserDefaults`.
- ***Library:*** configurações de preferência baseadas em NSUserDefaults são armazenadas na pasta *Library/Preferences*.

- *tmp:* o diretório *tmp* oferece um lugar em que seu aplicativo pode armazenar arquivos temporários. Arquivos escritos em */tmp* não serão recuperados pelo iTunes quando seu aparelho iOS sincronizar, mas seu aplicativo precisa se responsabilizar pela exclusão dos arquivos em */tmp* quando eles não forem mais necessários, para evitar preenchimento do sistema de arquivos.

Obtendo o Diretório Documents

Já que o nosso aplicativo está em uma pasta com um nome aparentemente ao acaso, como podemos recuperar todo o caminho para o diretório *Documents* para que possamos ler e escrever nossos arquivos? Na verdade, é muito fácil. A função C chamada `NSSearchPathForDirectoriesInDomain()` irá localizar vários diretórios para você. Essa é uma função Foundation (Fundação), então é compartilhada com o Cocoa para o Mac OS X. Muitas das suas opções disponíveis são desenhadas para o Mac OS X e não retornam nenhum valor no iOS, pois aquelas localizações não existem no iOS (como a pasta *Downloads*) ou porque o seu aplicativo não tem direito ao acesso à localização devido ao mecanismo da sandbox do iOS.

Aqui, está um código para recuperar o caminho para o diretório *Documents*:

```
NSArray *paths = NSSearchPathForDirectoriesInDomains(NSDocumentDirectory,
    NSUserDomainMask, YES);
NSString *documentsDirectory = [paths objectAtIndex:0];
```

A constante `NSDocumentDiretory` diz que estamos procurando o caminho para o diretório *Documents*. A segunda constante, `NSUserDomainMask`, indica que precisamos restringir nossa busca para a sandbox do nosso aplicativo. No Mac OS X, essa mesma constante é usada para indicar que precisamos da função para procurar no diretório inicial do usuário, o que explica seu nome estranho.

Embora um array de caminhos correspondentes seja retornado, podemos contar com o nosso diretório *Documents* residindo no índice 0 no array. Por quê? Sabemos que apenas um diretório atende ao critério que tínhamos especificado, já que cada aplicativo tem apenas um diretório Documents.

Podemos criar um nome de arquivo anexando outra string ao final do caminho que acabamos de recuperar. Iremos utilizar o método `NSString` criado apenas para aquele propósito chamado `stringByAppendingPathComponent:`.

```
NSString *filename = [documentsDirectory
    stringByAppendingPathComponent:@"theFile.txt"];
```

Depois dessa chamada, o `filename` deveria conter um caminho cheio para um arquivo chamado *theFile.txt* no diretório *Documents* do nosso aplicativo, e podemos usar o `filename` para criar, ler e escrever a partir daquele arquivo.

Obtendo o Diretório tmp

Obter uma referência para o diretório temporário do nosso aplicativo é até mais fácil do que obter uma referência para o diretório *Documents*. A função Foundation chamada `NSTemporaryDirectory()` irá retornar uma string contendo todo o caminho para o diretório temporário do seu aplicativo. Para criar um nome de arquivo para um arquivo que será armazenado no diretório temporário, primeiro encontre o diretório temporário:

```
NSString *tempPath = NSTemporaryDirectory();
```

Depois, criamos um caminho para um arquivo naquele diretório anexando um nome de arquivo a esse caminho, como este:

```
NSString *tempFile = [tempPath
    stringByAppendingPathComponent:@"tempFile.txt"];
```

Estratégias para Salvar Arquivo

As quatro abordagens que veremos neste capítulo utilizam o sistema de arquivo do iOS.

No caso do SQLite3, você irá criar um único arquivo de banco de dados SQLite3 e deixar o SQLite3 se preocupar com o armazenamento e a recuperação dos seus dados. Na forma mais simples, o Core Data cuida de todo o gerenciamento de sistema de arquivo para você. Com os outros dois mecanismos de persistência — listas de propriedades e arquivamento —, você precisará pensar se vai armazenar seus dados em um único arquivo ou em vários.

Persistência de Arquivo Único

Usar um único arquivo é o caminho mais fácil, e, com muitos aplicativos, ele é aceito perfeitamente. Você começa criando um objeto básico, geralmente um `NSArray` ou `NSDictionary` (seu objeto básico também pode estar baseado em uma classe personalizada ao usar o arquivamento). Em seguida, você coloca os seus dados de programa no seu objeto básico. Sempre que precisar salvar, o seu código reescreverá todo o conteúdo daquele objeto básico para um único arquivo. Quando o seu aplicativo iniciar, ele irá ler todo o conteúdo daquele arquivo na memória; quando terminar, ele irá escrever todo o conteúdo. Esse é o acesso que vamos usar neste capítulo.

O lado negativo de usar um arquivo único é o fato de você ter de carregar todos os dados dos seus aplicativos na memória e escrever todos para o sistema de arquivo, até mesmo as pequenas mudanças. No entanto, se o seu aplicativo não gerencia mais do que poucos megabytes de dados, essa abordagem provavelmente é boa, e sua simplicidade, com certeza, tornará a sua vida mais fácil.

Persistência de Arquivos Múltiplos

Utilizar arquivos múltiplos para persistência é uma abordagem alternativa. Por exemplo, um aplicativo de e-mail pode armazenar cada mensagem no seu próprio arquivo.

Existem vantagens óbvias nesse método. Ele permite que o aplicativo carregue apenas dados que o usuário tenha solicitado (outra forma de lazy loading), e, quando o usuário fizer uma alteração, apenas os arquivos que mudaram precisarão ser salvos. Esse método também dá a oportunidade de liberar memória quando receber uma notificação de memória baixa. Qualquer memória sendo usada para armazenar dados que o usuário não está visualizando no momento pode ser embutida e simplesmente recarregada a partir do sistema de arquivo na próxima vez em que for necessário.

O lado negativo da persistência de arquivo múltiplo é o fato de ela adicionar uma quantidade razoável de complexidade em seu aplicativo. Por enquanto, ficaremos com a persistência de arquivo único.

Em seguida, veremos as características de cada um dos métodos de persistência: lista de propriedades, arquivos de objeto, SQLite3 e Core Data. Vamos explorar um de cada vez e construir um aplicativo que utiliza cada mecanismo para salvar alguns dados no sistema de arquivo do aparelho. Vamos começar pelas listas de propriedades.

Utilizando Listas de Propriedades

Vários dos nossos aplicativos têm utilizado listas de propriedades, mais recentemente, quando usamos uma lista de propriedades para especificar as preferências do nosso aplicativo. Listas de propriedades são convenientes. Elas podem ser editadas manualmente usando o Xcode ou o aplicativo Property List Editor. Além disso, as instâncias `NSDictionary` e `NSArray` podem ser escritas e criadas a partir de listas de propriedades, contanto que o dicionário ou o array contenha apenas objetos específicos serializáveis.

Serialização da Lista de Propriedades

Um **objeto serializado** foi convertido em uma corrente de bytes para que pudesse ser armazenado em um arquivo ou transferido para uma rede. Embora qualquer objeto possa ser serializado, apenas alguns podem ser colocados em uma classe de coleção, como uma `NSDictionary` ou `NSArray`, e, então, armazenados em uma lista de propriedades usando o método `writeToFile:atomically:` da classe de coleção. As seguintes classes do Objective-C podem ser serializadas desta forma:

- `NSArray`
- `NSMutableArray`
- `NSDictionary`
- `NSMutableDictionary`
- `NSData`
- `NSMutableData`
- `NSString`
- `NSMutableString`
- `NSNumber`
- `NSDate`

Se você puder construir um modelo de dados apenas a partir desses objetos, você poderá usar listas de propriedades para salvar e carregar seus dados.

Se você for usar as listas de propriedades para manter seus dados do aplicativo, utilizará um NSArray ou um NSDictionary para manter os que precisam persistir. Caso todos os objetos que você colocar no NSArray ou NSDictionary sejam objetos serializáveis, você poderá escrever uma lista de propriedades chamando o método writeToFile:atomically: na instância do dicionário ou do array, assim:

```
[my Array write to file: @"/some/file/location/output.plist"atomically:yes];
```

NOTA: Caso você esteja se perguntando, o parâmetro atomically diz para o método escrever os dados em um arquivo auxiliar, não no local especificado. Uma vez que o arquivo foi escrito com sucesso, ele irá copiar aquele arquivo auxiliar para o local especificado pelo primeiro parâmetro. Essa é uma maneira segura para escrever um arquivo, pois, se o aplicativo falhar enquanto salva, o arquivo existente (se houver algum) não será violado. Ele tem um pequeno custo a mais, mas, na maioria das vezes, compensa.

Um problema com a abordagem da lista de propriedades é que os objetos personalizados não podem ser serializados nessas listas. Você também não pode usar outras classes passadas do Cocoa Touch que não estejam especificadas em uma lista anterior de objetos serializáveis, o que significa que classes como NSURL, UIImage e UIColor não podem ser usadas diretamente.

Além do problema da serialização, manter todos os dados do seu modelo na forma de listas de propriedade significa que você não poderá criar facilmente propriedades derivadas ou calculadas (por exemplo, uma propriedade que é a soma de duas outras), e alguns dos seus códigos que realmente deveriam estar na classe de modelo precisarão ser movidos para as suas classes controller. Novamente, essas restrições são boas para modelos de dados e aplicativos simples. Na maioria das vezes, no entanto, será mais fácil manter seu aplicativo se você criar classes de modelos dedicados.

As listas de propriedades simples ainda podem ser úteis em aplicativos complexos. Elas são um ótimo meio para inserir dados no seu aplicativo. Por exemplo, quando o seu aplicativo insere um picker, frequentemente o melhor jeito de inserir a lista de itens para ir até ele é criar um arquivo de lista de propriedades e colocar esse arquivo na pasta *Resources* do seu projeto, que será compilada no seu aplicativo.

Vamos construir um aplicativo que usa listas de propriedades para armazenar seus dados.

A Primeira Versão do Aplicativo Persistence

Vamos criar um programa que deixa você inserir dados nos quatro campos de texto, salvar esses campos em um arquivo de lista de propriedades quando o aplicativo encerra e depois recarregar os dados de volta daquele arquivo de lista de propriedades na próxima vez em que o aplicativo iniciar (veja a Figura 12-2).

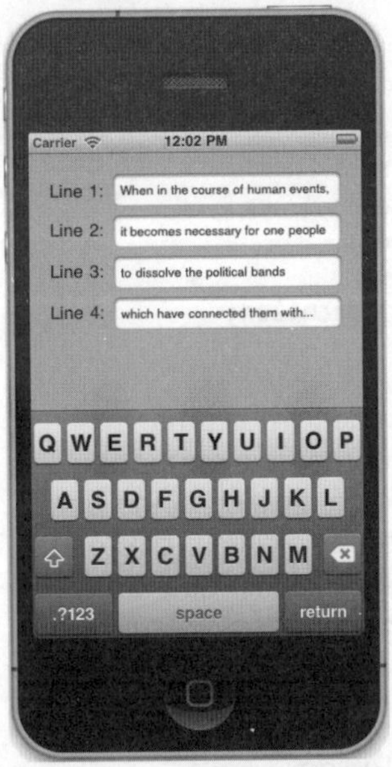

Figura 12-2. *O aplicativo Persistence.*

NOTA: No aplicativo deste capítulo, não vamos perder tempo criando todas as delicadezas da interface do usuário que fizemos antes. Pressionar a tecla return, por exemplo, não irá dispensar o teclado nem levá-lo para o próximo campo. Se você quiser adicionar aquele refinamento ao aplicativo, fazer isso pode ser um bom exercício, então o encorajamos a fazer isso por conta própria.

Criando o Projeto Persistence

No Xcode, crie um novo projeto usando um template View-based Application e salve-o com o nome *Persistence*. Esse projeto contém todos os arquivos necessários para construir nosso aplicativo, então podemos mergulhar direto.

Antes de criar a view com os quatro campos de texto, vamos criar as outlets necessárias. Expanda a pasta *Classes*. Depois, clique uma vez no arquivo *PersistenceViewController.h* e faça as seguintes alterações:

```
#import <UIKit/UIKit.h>

#define kFilename        @"data.plist"

@interface PersistenceViewController : UIViewController {
    UITextField *field1;
    UITextField *field2;
```

```
    UITextField *field3;
    UITextField *field4;
}
@property (nonatomic, retain) IBOutlet UITextField *field1;
@property (nonatomic, retain) IBOutlet UITextField *field2;
@property (nonatomic, retain) IBOutlet UITextField *field3;
@property (nonatomic, retain) IBOutlet UITextField *field4;
- (NSString *)dataFilePath;
- (void)applicationWillResignActive:(NSNotification *)notification;
@end
```

Além de definir quatro outlets de campos de texto, também definimos uma constante para o nome do arquivo que vamos usar, assim como dois métodos adicionais. Um, `dataFilePath`, irá criar e retornar o nome completo do caminho para o nosso arquivo de dados, encadeando `kFilename` em um caminho para o diretório *Documents*. O outro método, `applicationWillTerminate:`, será chamado quando o aplicativo encerrar e salvar dados no arquivo de lista de propriedades. Falaremos sobre esses métodos quando editarmos as classes persistentes.

Em seguida, expanda a pasta *Resources* e clique duas vezes no *PersistentViewController.xib* para editar a GUI no Interface Builder.

Criando a View do Aplicativo Persistence

Quando o Interface Builder abrir, clique duas vezes no ícone *View* para abrir a janela *View*. Arraste um *Text Field* da library e coloque-o acima da linha azul, na parte superior à direta. Redimensione-o para a esquerda para que ele possa ocupar dois terços da janela e, depois, descompacte o attributes inspector. Certifique-se de que a caixa *Clear When Editing Begins* esteja desmarcada.

Em seguida, mantenha a chave option pressionada e arraste a caixa de texto para baixo; isso criará uma cópia. Repita esse passo mais duas vezes para que você tenha quatro campos de texto. Agora, arraste quatro labels para a janela e use a Figura 12-3 como guia de desenho e localização. Note que colocamos os campos de texto na parte superior da nossa view para que haja um lugar para o teclado.

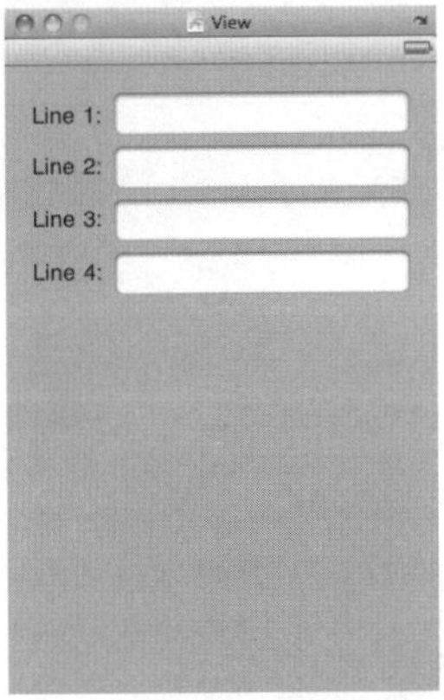

Figura 12-3. *Criando a view do aplicativo Persistence.*

Quando você posicionar os quatro campos de textos e os labels, arraste do ícone *File's Owner* para cada um dos quatro campos. Conecte o primeiro campo de texto à outlet chamada *field1*, o próximo à *field2*, o terceiro à *field3* e o último à *field4*. Quando estiver com todos os campos conectados às outlets, salve as alterações feitas ao *PersistenceViewController.xib* e volte ao Xcode.

Editando as Classes do Persistence

No painel *Groups & Files*, selecione *PersistenceViewController.m* e adicione o seguinte código ao início do arquivo:

```
#import "PersistenceViewController.h"

@implementation PersistenceViewController
@synthesize field1;
@synthesize field2;
@synthesize field3;
@synthesize field4;

- (NSString *)dataFilePath {
    NSArray *paths = NSSearchPathForDirectoriesInDomains(
        NSDocumentDirectory, NSUserDomainMask, YES);
    NSString *documentsDirectory = [paths objectAtIndex:0];
    return [documentsDirectory stringByAppendingPathComponent:kFilename];
}

#pragma mark -
- (void)viewDidLoad {
    NSString *filePath = [self dataFilePath];
    if ([[NSFileManager defaultManager] fileExistsAtPath:filePath]) {
        NSArray *array = [[NSArray alloc] initWithContentsOfFile:filePath];
        field1.text = [array objectAtIndex:0];
```

```
        field2.text = [array objectAtIndex:1];
        field3.text = [array objectAtIndex:2];
        field4.text = [array objectAtIndex:3];
        [array release];
    }

    UIApplication *app = [UIApplication sharedApplication];
    [[NSNotificationCenter defaultCenter] addObserver:self
            selector:@selector(applicationWillResignActive:)
            name:UIApplicationWillResignActiveNotification
            object:app];
    [super viewDidLoad];
}
- (void)applicationWillResignActive:(NSNotification *)notification {
    NSMutableArray *array = [[NSMutableArray alloc] init];
    [array addObject:field1.text];
    [array addObject:field2.text];
    [array addObject:field3.text];
    [array addObject:field4.text];
    [array writeToFile:[self dataFilePath] atomically:YES];
    [array release];
}
...
```

Além disso, insira o seguinte código aos métodos `dealloc` e `viewDidUnload` existentes:

```
...
- (void)viewDidUnload {
    // Release any retained subviews of the main view.
    // e.g. self.myOutlet = nil;
    self.field1 = nil;
    self.field2 = nil;
    self.field3 = nil;
    self.field4 = nil;
    [super viewDidUnload];
}
- (void)dealloc {
    [field1 release];
    [field2 release];
    [field3 release];
    [field4 release];
    [super dealloc];
}
...
```

O primeiro método que adicionamos, `dataFilePath`, retorna o caminho completo do seu arquivo de dados. Ele faz isso encontrando o diretório *Documents* e anexando `kFilename` a ele. Esse método será chamado para qualquer código que precise carregar ou salvar dados.

```
- (NSString *)dataFilePath {
    NSArray *paths = NSSearchPathForDirectoriesInDomains(
        NSDocumentDirectory, NSUserDomainMask, YES);
    NSString *documentsDirectory = [paths objectAtIndex:0];
    return [documentsDirectory stringByAppendingPathComponent:kFilename];
}
```

No método viewDidLoad, faremos mais algumas coisinhas. Primeiro, iremos verificar se o arquivo de dados já existe. Se não existir, nós não queremos nos preocupar tentando carregá-lo. Se o arquivo já existir, instanciamos um array com o conteúdo daquele arquivo e, depois, copiamos os objetos daquele array para os nossos campos de texto. Como os arrays são listas ordenadas, ao copiá-los na mesma ordem em que os salvamos, sempre precisaremos ter certeza de pegar os valores nos campos certos.

```
- (void)viewDidLoad {
    NSString *filePath = [self dataFilePath];
    if ([[NSFileManager defaultManager] fileExistsAtPath:filePath]) {
        NSArray *array = [[NSArray alloc] initWithContentsOfFile:filePath];
        field1.text = [array objectAtIndex:0];
        field2.text = [array objectAtIndex:1];
        field3.text = [array objectAtIndex:2];
        field4.text = [array objectAtIndex:3];
        [array release];
    }
```

Depois que carregarmos os dados da lista de propriedades, iremos obter uma referência para a nossa instância do aplicativo e usaremos isso para nos registrar no `UIApplicationWillResignActiveNotification`, usando a instância padrão `NSNotificationCenter` e um método chamado `addObserver:selector:name:object:`. Nós passamos um observer do self, especificando que o nosso `PersistenceViewController` é um objeto que precisa ser notificado. Para `selector`, passamos um seletor ao método `applicationWillResignActive:`, dizendo ao centro de notificações para chamar aquele método quando a notificação for publicada. O terceiro parâmetro, `name:`, é o nome da notificação que estamos interessados em receber. O parâmetro final, `object:`, é o objeto cuja notificação nos interessa receber.

```
UIApplication *app = [UIApplication sharedApplication];
[[NSNotificationCenter defaultCenter] addObserver:self
         selector:@selector(applicationWillResignActive:)
         name:UIApplicationWillResignActiveNotification
         object:app];
```

Depois de subscrever para a notificação, só precisamos dar uma chance para que a nossa superclasse responda ao `viewDidLoad` e terminaremos.

```
    [super viewDidLoad];
}
```

O método final é chamado de `applicationWillResignActive:`. Note que ele leva um ponteiro a um `NSNotification` como um argumento. Você provavelmente reconhece esse padrão do Capítulo 11. `applicationWillResignActive:` é um método de notificação, e todas as notificações pegarão uma única instância `NSNotification` como seus argumentos.

Nosso aplicativo precisa salvar seus dados antes de encerrar ou ser enviado para segundo plano; então, estamos interessados na notificação chamada `UIApplicationWillResignActiveNotification`. Essa notificação é postada sempre que um aplicativo não for mais aquele com o qual o usuário está interagindo. Isso inclui quando o usuário fecha o aplicativo e (no iOS 4 e posterior) quando o aplicativo é colocado em segundo plano, talvez para voltar ao primeiro plano posteriormente. Antes, no método `viewDidLoad`, utilizamos o centro de notificação para nos registrar àquela notificação em particular. Esse método é chamado quando a notificação acontece:

```
- (void)applicationWillResignActive:(NSNotification *)notification {
    NSMutableArray *array = [[NSMutableArray alloc] init];
    [array addObject:field1.text];
    [array addObject:field2.text];
    [array addObject:field3.text];
    [array addObject:field4.text];
    [array writeToFile:[self dataFilePath] atomically:YES];
    [array release];
}
```

Esse método é bem simples. Criamos um array variável, adicionamos o texto em cada um dos seus quatro campos e, depois, escrevemos o conteúdo daquele array fora de um arquivo da lista de propriedades. É tudo que há para salvar seus dados usando listas de propriedades.

Não foi tão ruim, foi? Quando a nossa view principal terminar de carregar, nós procuraremos por um arquivo de lista de propriedade. Se ele existir, copiaremos os dados dele para os nossos campos de texto. Em seguida, faremos o registro para ser notificados quando o aplicativo ficar inativo (seja fechando ou colocado para segundo plano). Quando isso acontecer, nós iremos reunir os valores dos nossos quatro campos de texto, colocá-los em um array variável e escrever esse array em uma lista de propriedades.

Por que você não compila e executa o aplicativo? Ele deve ser construído e iniciado no simulador. Quando ele aparecer, você deverá conseguir digitar em qualquer um dos quatro campos de texto. Quando já tiver digitado alguma coisa neles, pressione o botão home (o botão circular com o quadrado arredondado na parte inferior da janela do simulador). É muito importante que você pressione esse botão. Se você apenas sair do simulador, é o mesmo que forçar a saída do seu aplicativo. Nesse caso, você nunca receberá a notificação de que está encerrado, e os seus dados não serão salvos.

> **NOTA:** Iniciando no iOS 4, pressionar o botão home geralmente não o faz sair do aplicativo — pelo menos, não no começo. O aplicativo é colocado em um estado de segundo plano, pronto para ser reativado instantaneamente quando o usuário voltar a ele. Veremos mais detalhes sobre esses estados e suas implicações para a execução e a saída de aplicativos no Capítulo 13. Por enquanto, se você quiser verificar os dados que já foram salvos, poderá sair do iPhone simulator totalmente e reiniciar seu aplicativo no Xcode. Sair do simulador é basicamente o equivalente a reiniciar um iPhone; então, quando ele começar novamente, seu aplicativo terá uma nova experiência de reabertura.

A serialização de lista de propriedades é bem legal e muito fácil de usar, porém um pouco limitada, já que apenas uma pequena seleção de objetos pode ser armazenada nessa lista. Vamos dar uma olhada em uma abordagem um pouco mais forte.

Arquivando Model Objects

Na última parte do Capítulo 9, quando construímos o objeto de modelo de dados `Presidents`, você viu um exemplo do processo de carregar dados arquivados usando o `NSCoder`. No mundo Cocoa, o termo **arquivamento** se refere a outra forma de serialização, mas é um tipo mais genérico que qualquer objeto pode implementar.

Qualquer objeto-modelo escrito especificamente para manter dados deverá suportar o arquivamento. A técnica de arquivar objetos-modelo permite que você escreva facilmente objetos complexos em um arquivo e, depois, leia-os de volta.

Desde que toda propriedade que você implementar na sua classe seja uma escalar como `int` ou `float`, ou uma instância de uma classe que se adeque ao protocolo `NSCoding`, você poderá arquivar totalmente seus objetos. Como grande parte das classes Foundation e Cocoa Touch capazes de armazenar dados se adequa ao `NSCoding` (embora haja algumas exceções, como `UIImage`), o arquivamento é relativamente fácil para implementar na maioria delas.

Embora não seja estritamente necessário fazer o arquivamento, outro protocolo deveria ser implementado junto ao `NSCoding` — o protocolo `NSCopying`, que permite que seu objeto seja copiado. Ser capaz de copiar um objeto lhe dá muito mais flexibilidade quando usar objetos de modelo de dados. Por exemplo, no aplicativo Presidents no Capítulo 9, em vez daquele código complexo que tínhamos escrito para armazenar as mudanças que o usuário fizesse para que pudéssemos usar os botões *Cancel* e *Save*, nós poderíamos ter feito uma cópia do objeto `president` e armazenado as mudanças nela. Se o usuário pressionasse *Save*, nós só copiaríamos a versão mudada para substituir a original.

Adequando ao NSCoding

O protocolo `NSCoding` declara dois métodos, ambos necessários. Um codifica o seu objeto em um arquivo; o outro cria um novo objeto decodificando um arquivo. Ambos os métodos são passados em uma instância do `NSCoder`, com o qual você trabalhou muito como `NSUserDefaults`, apresentado no capítulo anterior. Você pode codificar e decodificar ambos os objetos e escalar o código de valor-chave.

Um método para codificar um objeto deve parecer com isso:

```
- (void)encodeWithCoder:(NSCoder *)encoder {
    [encoder encodeObject:foo forKey:kFooKey];
    [encoder encodeObject:bar forKey:kBarKey];
    [encoder encodeInt:someInt forKey:kSomeIntKey];
    [encoder encodeFloat:someFloat forKey:kSomeFloatKey]
}
```

Para dar suporte ao arquivamento no seu objeto, precisamos codificar cada variável de instância em encoder usando o método de decodificação apropriado. Precisamos implementar um método que inicialize um objeto a partir de um `NSCoder`, permitindo-nos restaurar um objeto que foi arquivado anteriormente. Se você subclassificar uma classe que também se adeque ao `NSCoding`, certifique-se de chamar `encodeWithCoder:` na sua superclasse, significando que seu método deveria se parecer com o seguinte:

```
- (void)encodeWithCoder:(NSCoder *)encoder {
    [super encodeWithCoder:encoder];
    [encoder encodeObject:foo forKey:kFooKey];
    [encoder encodeObject:bar forKey:kBarKey];
    [encoder encodeInt:someInt forKey:kSomeIntKey];
    [encoder encodeFloat:someFloat forKey:kSomeFloatKey]
}
```

Implementar o método `initWithCoder:` é um pouco mais complexo do que implementar `encodeWithCoder:`. Se você estiver subclassificando o `NSObject` diretamente ou subclassificando alguma outra classe que não se adeque ao `NSCoding`, seu método se parecerá com algo assim:

```
- (id)initWithCoder:(NSCoder *)decoder {
    if (self = [super init]) {
        foo = [[decoder decodeObjectForKey:kFooKey] retain];
        bar = [[decoder decodeObjectForKey:kBarKey] retain];
        someInt = [decoder decodeIntForKey:kSomeIntKey];
        someFloat = [decoder decodeFloatForKey:kAgeKey];
    }
    return self;
}
```

O método inicializa uma instância de objeto usando `[super init]`. Se isso tiver êxito, ele configura suas propriedades decodificando os valores da instância passada do `NSCoder`. Ao implementar o `NSCoding` para uma classe com uma superclasse que também se adequa ao `NSCoding`, o método `initWithCoder:` precisará parecer um pouco diferente. Em vez de se chamar init ou super, ele precisará se chamar `initWithCoder:`, assim:

```
- (id)initWithCoder:(NSCoder *)decoder {
    if (self = [super initWithCoder:decoder]) {
        foo = [[decoder decodeObjectForKey:kFooKey] retain];
        bar = [[decoder decodeObjectForKey:kBarKey] retain];
        someInt = [decoder decodeIntForKey:kSomeIntKey];
        someFloat = [decoder decodeFloatForKey:kAgeKey];
    }
    return self;
}
```

E é basicamente isso. Desde que você implemente esses dois métodos para codificar e decodificar todas as propriedades do seu objeto, ele poderá ser arquivado, bem como ser escrito e lido a partir dos arquivos.

Implementando o NSCopying

Como mencionamos há alguns minutos, adequar-se ao `NSCopying` também é uma boa ideia para quaisquer objetos de modelo de dados.O `NSCopying` tem um método chamado `copyWithZone:` que permite que os objetos sejam copiados. Implementar o `NSCopying` é muito parecido com implementar o `initWithCoder:`. Você só precisa criar uma nova instância da mesma classe e, então, configurar todas aquelas propriedades da nova instância para os mesmos valores dessas propriedades de objetos. Aqui está como um método `copyWithZone:` deve se parecer:

```
- (id)copyWithZone:(NSZone *)zone {
    MyClass *copy = [[[self class] allocWithZone:zone] init];
    copy.foo = [[self.foo copyWithZone:zone] autorelease];
    copy.bar = [[self.bar copyWithZone:zone] autorelease];
    copy.someInt = self.someInt;
    copy.someFloat = self.someFloat;
    return copy;
}
```

Note que nós não liberamos o novo objeto que criamos. Os objetos copiados são mantidos implicitamente e devem ser liberados ou autoliberados no código chamado copy (ou copyWithZone:).

> **NOTA:** Não se preocupe muito com o parâmetro NSZone. Esse indicador é para um struct que é usado pelo sistema para gerenciar memória. Apenas em situações raras, os desenvolvedores precisaram se preocupar com zonas ou com criar suas próprias, e, hoje em dia, quase não se fala sobre ter várias zonas. Chamar copy em um objeto é o mesmo que chamar copyWithZone: utilizando a zona padrão, que quase sempre é o que você quer.

Arquivando e Desarquivando Data Objects

Criar um arquivo a partir de um objeto ou objetos que se adequem ao NSCoding é relativamente fácil. Primeiro, criamos uma instância do NSMutableData para manter os dados codificados e, depois, criamos uma instância NSKeyedArchiver para arquivar objetos naquela instância NSMutableData:

```
NSMutableData *data = [[NSMutableData alloc] init];
NSKeyedArchiver *archiver = [[NSKeyedArchiver alloc]
    initForWritingWithMutableData:data];
```

Depois de criar os dois, usamos um código de valor-chave para arquivar quaisquer objetos que queiramos incluir no arquivo, como este:

```
[archiver encodeObject:myObject forKey:@"keyValueString"];
```

Uma vez que nós já codificamos todos os objetos que precisamos incluir, apenas dizemos ao arquivador que estamos prontos, escrevemos a instância NSMutableDate para o sistema de arquivo e limpamos a memória nos nossos objetos:

```
[archiver finishEncoding];
BOOL success = [data writeToFile:@"/path/to/archive" atomically:YES];
[archiver release];
[data release];
```

Se alguma coisa der errado na escrita do arquivo, success estará configurado como NO. Se success estiver como YES, os dados foram escritos com êxito no arquivo especificado. Todos os objetos especificados desse arquivo serão cópias exatas dos que escrevemos por último no arquivo.

Para reconstituir objetos de um arquivo, vamos fazer um processo similar. Criaremos uma instância NSData a partir de um arquivo e criaremos um NSKeyedUnarchiver para decodificar os dados:

```
NSData *data = [[NSData alloc] initWithContentsOfFile:path];
NSKeyedUnarchiver *unarchiver = [[NSKeyedUnarchiver alloc]
    initForReadingWithData:data];
```

Depois disso, nós leremos nossos objetos a partir do desarquivador, usando o mesmo valor que usamos para arquivar o objeto:

```
self.object = [unarchiver decodeObjectForKey:@"keyValueString"];
```

NOTA: O objeto retornado pelo `decodeObjectForKey:` é autoliberado, então, se você quiser mantê-lo por perto, terá de conservá-lo. A atribuição a uma propriedade declarada com a palavra-chave `retain` geralmente faz isso para nós. No entanto, se você não estiver atribuindo a uma propriedade e precisa do objeto para manter o final do evento loop, então precisará enviar a ele uma mensagem `retain`.

Por fim, vamos dizer ao arquivo que estamos prontos e faremos a limpeza da nossa memória:

```
[unarchiver finishDecoding];
[unarchiver release];
[data release];
```

Se você estiver se sentindo um pouco confuso, não se preocupe. Na verdade, é bem simples. Vamos aperfeiçoar o nosso aplicativo Persistence para usar o arquivamento e, depois, vamos vê-lo em ação. Como você fez isso algumas vezes, o arquivamento se tornará a segunda natureza, já que tudo o que você está fazendo é armazenar e recuperar as propriedades do seu objeto usando um código de valor-chave.

O Aplicativo Arquivamento

Vamos refazer o aplicativo Persistence para que ele use o arquivamento em vez das listas de propriedades. Faremos algumas mudanças pouco significativas no código-fonte do Persistence, então você deve fazer uma cópia do seu projeto antes de continuar.

Implementando a Classe FourLines

Quando você estiver pronto para continuar e uma cópia do seu projeto *Persistence* estiver aberta no Xcode, selecione a pasta *Classes* e pressione ⌘**N** ou selecione `File > New File...`. Quando o assistente do novo arquivo abrir, selecione *Cocoa Touch Class,* escolha *Objective-C class* com uma *Subclass of NSObject* e nomeie o arquivo *FourLines.m.* Certifique-se de que o arquivo de cabeçalho seja criado. Essa classe será o nosso modelo de dados e irá manter os dados que armazenamos em um dicionário no aplicativo de lista de propriedades. Clique uma vez em *FourLines.h* e faça as seguintes alterações:

```
#import <UIKit/UIKit.h>x

@interface FourLines : NSObject <NSCoding, NSCopying> {
    NSString *field1;
    NSString *field2;
    NSString *field3;
    NSString *field4;
}
@property (nonatomic, retain) NSString *field1;
@property (nonatomic, retain) NSString *field2;
@property (nonatomic, retain) NSString *field3;
@property (nonatomic, retain) NSString *field4;
@end
```

Essa é uma classe de modelo de dados muito direta, com quatro propriedades de string. Perceba que nós adequamos a classe aos protocolos `NSCoding` e `NSCopying`. Agora, mude para *FourLines.m* e adicione o seguinte código:

```
#import "FourLines.h"

#define    kField1Key    @"Field1"
#define    kField2Key    @"Field2"
#define    kField3Key    @"Field3"
#define    kField4Key    @"Field4"

@implementation FourLines
@synthesize field1;
@synthesize field2;
@synthesize field3;
@synthesize field4;

#pragma mark NSCoding
- (void)encodeWithCoder:(NSCoder *)encoder {
    [encoder encodeObject:field1 forKey:kField1Key];
    [encoder encodeObject:field2 forKey:kField2Key];
    [encoder encodeObject:field3 forKey:kField3Key];
    [encoder encodeObject:field4 forKey:kField4Key];
}

- (id)initWithCoder:(NSCoder *)decoder {
    if (self = [super init]) {
        field1 = [[decoder decodeObjectForKey:kField1Key] retain];
        field2 = [[decoder decodeObjectForKey:kField2Key] retain];
        field3 = [[decoder decodeObjectForKey:kField3Key] retain];
        field4 = [[decoder decodeObjectForKey:kField4Key] retain];
    }
    return self;
}

#pragma mark -
#pragma mark NSCopying
- (id)copyWithZone:(NSZone *)zone {
    FourLines *copy = [[[self class] allocWithZone: zone] init];
    copy.field1 = [[self.field1 copyWithZone:zone] autorelease];
    copy.field2 = [[self.field2 copyWithZone:zone] autorelease];
    copy.field3 = [[self.field3 copyWithZone:zone] autorelease];
    copy.field4 = [[self.field4 copyWithZone:zone] autorelease];
    return copy;
}
@end
```

Acabamos de implementar todos os métodos necessários para estar de acordo com `NSCoding` e `NSCopying`. Vamos codificar todas as nossas quatro propriedades no `encodeWithCoder:`. No `copyWithZone:`, nós criamos um novo objeto `FourLines` e copiamos todas as quatro séries para ele. Viu? Não é tão difícil.

Implementando a Classe PersistenceViewController

Agora que temos um objeto de dados que pode ser arquivado, vamos usá-lo para manter nossos dados do aplicativo. Clique em *PersistenceViewController.h* e faça as seguintes alterações:

```
#import <UIKit/UIKit.h>

#define kFilename           @"data.plist"
#define kFilename           @"archive"
#define kDataKey            @"Data"

@interface PersistenceViewController : UIViewController {
    UITextField *field1;
    UITextField *field2;
    UITextField *field3;
    UITextField *field4;
}
@property (nonatomic, retain) IBOutlet UITextField *field1;
@property (nonatomic, retain) IBOutlet UITextField *field2;
@property (nonatomic, retain) IBOutlet UITextField *field3;
@property (nonatomic, retain) IBOutlet UITextField *field4;
- (NSString *)dataFilePath;
- (void)applicationWillResignActive:(NSNotification *)notification;
@end
```

Tudo o que estamos fazendo aqui é especificar um novo nome de arquivo para que o nosso programa não tente carregar a antiga lista de propriedades como um arquivo. Nós também definimos uma nova constante, que será o valor da chave que usamos para codificar e decodificar o nosso objeto.

Em seguida, mude para o *PersistenceViewController.m* e faça as seguintes alterações:

```
#import "PersistenceViewController.h"
#import "FourLines.h"

@implementation PersistenceViewController
@synthesize field1;
@synthesize field2;
@synthesize field3;
@synthesize field4;

- (NSString *)dataFilePath {
    NSArray *paths = NSSearchPathForDirectoriesInDomains(
        NSDocumentDirectory, NSUserDomainMask, YES);
    NSString *documentsDirectory = [paths objectAtIndex:0];
    return [documentsDirectory stringByAppendingPathComponent:kFilename];
}

#pragma mark -
- (void)viewDidLoad {

    NSString *filePath = [self dataFilePath];
    if ([[NSFileManager defaultManager] fileExistsAtPath:filePath]) {
        NSMutableArray *array =[[NSMutableArray alloc]
            initWithContentsOfFile:filePath];
        field1.text = [array objectAtIndex:0];
        field2.text = [array objectAtIndex:1];
        field3.text = [array objectAtIndex:2];
```

```
        field4.text = [array objectAtIndex:3];
        [array release];

        NSData *data = [[NSMutableData alloc]
            initWithContentsOfFile:[self dataFilePath]];
        NSKeyedUnarchiver *unarchiver = [[NSKeyedUnarchiver alloc]
            initForReadingWithData:data];
        FourLines *fourLines = [unarchiver decodeObjectForKey:kDataKey];
        [unarchiver finishDecoding];

        field1.text = fourLines.field1;
        field2.text = fourLines.field2;
        field3.text = fourLines.field3;
        field4.text = fourLines.field4;

        [unarchiver release];
        [data release];
    }

    UIApplication *app = [UIApplication sharedApplication];
    [[NSNotificationCenter defaultCenter] addObserver:self
            selector:@selector(applicationWillResignActive:)
            name:UIApplicationWillResignActiveNotification
            object:app];
    [super viewDidLoad];
}

- (void)applicationWillResignActive:(NSNotification *)notification {
    NSMutableArray *array = [[NSMutableArray alloc] init];
    [array addObject:field1.text];
    [array addObject:field2.text];
    [array addObject:field3.text];
    [array addObject:field4.text];
    [array writeToFile:[self dataFilePath] atomically:YES];
    [array release];

    FourLines *fourLines = [[FourLines alloc] init];
    fourLines.field1 = field1.text;
    fourLines.field2 = field2.text;
    fourLines.field3 = field3.text;
    fourLines.field4 = field4.text;

    NSMutableData *data = [[NSMutableData alloc] init];
    NSKeyedArchiver *archiver = [[NSKeyedArchiver alloc]
        initForWritingWithMutableData:data];
    [archiver encodeObject:fourLines forKey:kDataKey];
    [archiver finishEncoding];
    [data writeToFile:[self dataFilePath] atomically:YES];
    [fourLines release];
    [archiver release];
    [data release];
}
...
```

Salve as alterações e dê uma volta com essa versão do Persistence.

Não houve muita mudança, na verdade. A interface é idêntica à versão anterior.

Essa nova versão tem muito mais linhas de código para implementar do que a serialização de lista de propriedades, então você deve estar imaginando se realmente existe vantagem em usar o arquivamento nas listas de propriedades. Para esse aplicativo, a resposta é simples: realmente não existe. No entanto, pense no último exemplo do Capítulo 9, no qual nós deixamos o usuário editar a lista dos presidentes com uma lista de propriedades, e no qual cada presidente tinha quatro campos diferentes que podiam ser editados. Arquivar aquela lista de presidentes com uma lista de propriedades implicaria a repetição da lista dos presidentes, criando uma instância `NSDictionary` para cada presidente, copiando o valor de cada um dos seus campos para a instância `NSDictionary` e adicionando essa instância a outro array, que poderia ser escrito em um arquivo de lista de propriedades. Isso, é claro, supondo que nos limitemos a usar somente propriedades serializáveis. Caso contrário, usar a serialização de lista de propriedades nem seria uma opção se não tivéssemos muito trabalho de conversão.

Por outro lado, se nós tivéssemos um array de objetos arquiváveis, tal como a classe `FourLines` que acabamos de construir, poderíamos arquivar todo o array arquivando a instância dele mesmo. As classes de coleção como a `NSArray`, quando arquivadas, arquivam também todos os objetos que elas contêm. Desde que todo objeto que você coloca em um array ou em um dicionário esteja de acordo com o `NSCoding`, você poderá arquivar o array ou o dicionário e restaurá-lo, e todos esses objetos que estavam nele quando houve o arquivamento estarão no array ou no dicionário restaurado.

Em outras palavras, essa abordagem se adapta maravilhosamente (em termos de tamanho de código, pelo menos). Não importa quantos objetos você adicionou, o trabalho de escrevê-los no disco (caso você esteja usando persistência de um único arquivo) é exatamente o mesmo. Com as listas de propriedades, a quantidade de trabalho aumenta com cada objeto que você adicionar.

Usando o SQLite3 Incorporado do iOS

A terceira opção de persistência que vamos discutir é o banco de dados do SQL incorporada do iOS, chamada SQLite3. O SQLite3 é muito eficiente para armazenar e manter uma grande quantidade de dados. Ele também é capaz de fazer agregações complexas em seus dados, com resultados muito mais rápidos do que se fizesse a mesma coisa usando objetos.

Por exemplo, se o seu aplicativo precisasse calcular uma soma de um campo particular percorrendo todos os objetos do seu aplicativo ou se você precisasse da soma apenas dos objetos que encontraram certos critérios, o SQLite3 permitiria a você fazer isso sem carregar todos os objetos na memória. Conseguir agregações do SQLite3 é várias ordens de magnitude mais rápido do que carregar todos os objetos na memória e somá-los a seus valores. Sendo um banco de dados incorporado e maduro, o SQLite3 contém ferramentas para tornar mais rápido, por exemplo, criar índices de tabela que podem acelerar as suas consultas.

NOTA: Há muitas divergências sobre a pronúncia de "SQL" e "SQLite". A maioria das documentações oficiais diz que "SQL" se pronuncia "Esse-Que-Ele" e "SQLite" é "Esse-Que-Ele-Light". Muitas pessoas os pronunciam, respectivamente, "Sequel" e "Sequel Light". Um pequeno grupo de rebeldes insensíveis prefere "Squeal" e "Squeal Light". Escolha o que melhor funcionar para você.

O SQLite3 usa a SQL (Structured Query Language - Linguagem de Pesquisa Estruturada). SQL é uma linguagem padrão usada para interagir com as bases de dados relacionais. Foram escritos vários livros sobre a sintaxe da SQL (centenas, na verdade), bem como sobre o próprio SQLite. Então, se você ainda não conhece a SQL e quer usar o SQLite3 no seu aplicativo, terá um pouquinho de trabalho pela frente. Nós vamos mostrar como configurar e interagir com a base de dados SQLite dos seus aplicativos de iOS, e você verá alguns princípios da sintaxe neste capítulo. No entanto, para fazer melhor uso do SQLite3, você precisará fazer uma pesquisa adicional. Alguns bons pontos de partida são *An Introduction to the SQLite3 C/C++ Interface* (`http://www.sqlite.org/cintro.html`) e *SQL As Understood by SQLite* (`http://www.sqlite.org/lang.html`).

As bases de dados relacionais, inclusive o SQLite3, e as linguagens de programação de objeto orientado usam abordagens fundamentalmente diferentes quanto ao armazenamento e à organização de dados. Elas são diferentes o suficiente para surgirem várias técnicas e muitas libraries e ferramentas para conversão entre os dois. Essas técnicas diferentes são comumente chamadas de **mapeamento de objeto relacional** (ORM). Há várias ferramentas ORM disponíveis para Cocoa Touch. Na verdade, veremos uma resolução ORM fornecida pela Apple, chamada Core Data, posteriormente no capítulo.

Neste capítulo, vamos nos focar nos fundamentos, inclusive em como configurar o SQLite3, criar uma tabela para manter seus dados e utilizar a base de dados em um aplicativo. Obviamente, no mundo real, um aplicativo tão simples como o que estamos trabalhando não justificaria o investimento no SQLite3. No entanto, sua simplicidade é exatamente o que o torna um bom exemplo de aprendizagem.

Criando ou Abrindo a Base de Dados

Antes de usar o SQLite3, você precisa abrir a base de dados. A função usada para isso, `sqlite3_open()`, irá abrir uma base de dados existente ou, caso não haja uma no local especificado, ele criará uma nova. Aqui está como deve parecer o código para abrir uma nova base de dados:

```
sqlite3 *database;
int result = sqlite3_open("/path/to/database/file", &database);
```

Se `result` for igual à constante `SQLITE_OK`, então a base de dados foi aberta com sucesso. Note que o caminho para o arquivo da base de dados deve ser passado como uma string C, não como um `NSString`. O SQLite3 foi escrito em C, não em

Objective-C, e não tem ideia do que seja um NSString. Felizmente, há um método NSString que generaliza uma string C a partir de uma instância NSString:

```
char *stringPath = [pathString UTF8String];
```

Ao finalizar uma base de dados SQLite3, feche-a:

```
sqlite3_close(database);
```

As bases de dados armazenam todos os seus dados em tabelas. Você pode criar uma nova tabela elaborando uma declaração SQL CREATE e passando-a para uma nova base de dados aberta, usando a função sqlite3_exec, assim:

```
char *errorMsg;
const char *createSQL = "CREATE TABLE IF NOT EXISTS PEOPLE ↩
    (ID INTEGER PRIMARY KEY AUTOINCREMENT, FIELD_DATA TEXT)";
int result = sqlite3_exec(database, createSQL, NULL, NULL, &errorMsg);
```

Assim como você fez antes, verifique o result para SQLITE_OK para assegurar-se de que seu comando foi executado perfeitamente. Se não foi, errorMsg terá uma descrição do problema que ocorreu.

A função sqlite3_exec é usada para executar qualquer comando SQLite3 que não retorne dados, incluindo atualizações, inserções e exclusões. A recuperação de dados de uma base de dados envolve algumas outras coisas. Primeiramente, você precisa preparar a declaração alimentando o comando SQL SELECT:

```
NSString *query = @"SELECT ID, FIELD_DATA FROM FIELDS ORDER BY ROW";
sqlite3_stmt *statement;
int result = (sqlite3_prepare_v2(database, [query UTF8String],
    -1, &statement, nil);
```

NOTA: Todas as funções SQLite3 que têm strings requerem uma string C antiga. No exemplo dado, nós criamos e passamos uma string C, mas, neste exemplo, nós criamos um NSString e obtivemos uma string C usando um dos métodos do NSString, chamado UTF8String. Qualquer método é aceitável. Se você precisar fazer uma manipulação na string, usar o NSString ou o NSMutableString será mais fácil, mas converter do NSString para uma string C envolve um pouquinho mais de trabalho.

Se o result for igual a SQLITE_OK, sua declaração foi preparada com sucesso, e você poderá começar a passar pelos resultados da configuração. Aqui está um exemplo dos passos pelo resultado da configuração e da recuperação de um int e de um NSString da base de dados:

```
while (sqlite3_step(statement) == SQLITE_ROW) {
    int rowNum = sqlite3_column_int(statement, 0);
    char *rowData = (char *)sqlite3_column_text(statement, 1);
    NSString *fieldValue = [[NSString alloc] initWithUTF8String:rowData];
    // Do something with the data here
    [fieldValue release];
}
sqlite3_finalize(statement);
```

Utilizando Variáveis Bind

Embora seja possível construir strings da SQL para inserir valores, é comum utilizar algo chamado **variáveis bind** para esse objetivo. Lidar corretamente com strings — tendo certeza de que elas não têm caracteres inválidos e de que a pontuação está correta — pode dar trabalho. Com variáveis bind, esses problemas são resolvidos para nós.

Para inserir um valor utilizando uma variável bind, você cria sua declaração SQL normalmente, mas coloca um ponto de interrogação (?) na string da SQL. Cada um desses pontos de interrogação representa uma variável que deve ser vinculada antes da declaração ser executada. Então, prepare a declaração SQL, vincule um valor para cada uma das variáveis e execute o comando.

Aqui está um exemplo que prepara uma declaração SQL com duas variáveis bind, vincula um `int` à primeira variável e uma string à segunda e, depois, executa e finaliza a declaração:

```
char *sql = "insert into foo values (?, ?);";
sqlite3_stmt *stmt;
if (sqlite3_prepare_v2(database, sql, -1, &stmt, nil) == SQLITE_OK) {
    sqlite3_bind_int(stmt, 1, 235);
    sqlite3_bind_text(stmt, 2, "Bar", -1, NULL);
}
if (sqlite3_step(stmt) != SQLITE_DONE)
    NSLog(@"This should be real error checking!");
sqlite3_finalize(stmt);
```

Há várias declarações bind disponíveis, dependendo do tipo de dado que você quer usar. A maioria das funções bind pega apenas três parâmetros:

- O primeiro parâmetro para qualquer função bind, independentemente do tipo de dado, é um indicador para `sqlite3_stmt` utilizado anteriormente na chamada `sqlite3_prepare_v2()`.
- O segundo parâmetro é o índice da variável para a qual você está vinculando. Esse é um valor de um indexado, significando que o primeiro ponto de interrogação na declaração SQL tem um índice 1 e que cada um após ele terá um a mais do que o anterior.
- O terceiro parâmetro é sempre o valor que deve ser substituído pelo ponto de interrogação.
- Algumas funções bind, como aquelas para texto vinculado e dados binários, têm dois parâmetros adicionais. O primeiro é o comprimento dos dados passados no terceiro parâmetro. No caso de strings C, você pode passar -1 em vez do comprimento da string, e a função irá utilizar toda a string. Em todas as outras classes, você precisará dizer o int do comprimento dos dados passados.
- O parâmetro final é um retorno de chamada de função opcional, caso você precise fazer alguma limpeza de memória após a declaração ser executada. Geralmente, essa função seria utilizada para liberar memória alocada utilizando `malloc()`.

A sintaxe que segue as declarações bind pode parecer um pouco estranha, já que estamos fazendo uma inserção. Ao utilizar variáveis bind, a mesma sintaxe é usada para solicitações e atualizações. Se a string da SQL tiver uma solicitação SQL, em vez de uma atualização, precisaremos chamar `sqlite3_step()` várias vezes até que ele retorne `SQLITE_DONE`. Como isso era uma atualização, nós o chamamos uma vez.

O Aplicativo SQLite3

Nós já abrangemos os fundamentos, então vamos ver como isso funcionaria na prática. Nós vamos remontar nosso aplicativo Persistence novamente, dessa vez armazenando seus dados usando o SQLite3. Vamos usar uma única tabela e armazenar os valores do campo em quatro linhas diferentes. Daremos a cada linha um número de linha que corresponde ao seu campo; por exemplo, o valor do `field1` será armazenado na tabela com um número de linha 1. Vamos começar.

Ligando a Library do SQLite3

O SQLite3 é acessado por meio de uma API processual, que fornece interfaces para várias chamadas de função C. Para usar essa API, nós precisamos fazer um link do nosso aplicativo com uma library dinâmica chamada *libsqlite3.dylib*, localizada no /*usr/lib* tanto no Mac OS X quanto no iOS.

O processo de ligar a library dinâmica ao seu projeto é exatamente o mesmo do que o de ligar a um framework.

Use o Finder para fazer uma cópia do seu último diretório do projeto *Persistence* e abra o novo arquivo de cópia *.xcodeproj*. Em seguida, clique com o botão direito (ou clique de controle) na pasta *Frameworks*, no seu painel *Files & Groups*. Escolha `Add > Existing Framework`. Encontre *libsqlite3.dylib*, selecione-o e clique em *Add* (Figura 12-4).

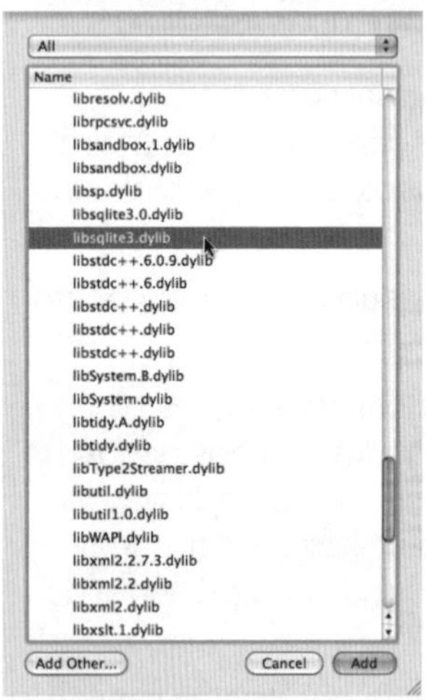

Figura 12-4. *Adicionando o framework do libsqlite3.dylib ao projeto. Note que há dois frameworks com nomes bem semelhantes.*

Note que há várias outras entradas naquele diretório que começam por *libsqlite3*. Tenha certeza de ter selecionado *libsqlite3.dylib*. É um pseudônimo que sempre aponta para a versão mais recente da library do SQLite3.

Modificando o Persistence View Controller

Em seguida, faça as seguintes alterações ao *PersistenceViewController.h*:

```
#import <UIKit/UIKit.h>

#define kFilename     @"dataarchive.plist"
#define kDataKey      @"Data"
#define kFilename     @"data.sqlite3"

@interface PersistenceViewController : UIViewController {
    UITextField *field1;
    UITextField *field2;
    UITextField *field3;
    UITextField *field4;
}
@property (nonatomic, retain) IBOutlet UITextField *field1;
@property (nonatomic, retain) IBOutlet UITextField *field2;
@property (nonatomic, retain) IBOutlet UITextField *field3;
@property (nonatomic, retain) IBOutlet UITextField *field4;

- (NSString *)dataFilePath;
- (void)applicationWillResignActive:(NSNotification *)notification;
@end
```

Mais uma vez, mudamos o nome do arquivo para não usar o mesmo que usamos na versão anterior e para que o arquivo mostre adequadamente o tipo de dados que ele mantém.

Mude para o *PersistenceViewController.m* e faça as seguintes alterações:

```
#import "PersistenceViewController.h"
#import "FourLines.h"
#import <sqlite3.h>

@implementation PersistenceViewController
@synthesize field1;
@synthesize field2;
@synthesize field3;
@synthesize field4;

- (NSString *)dataFilePath {
    NSArray *paths = NSSearchPathForDirectoriesInDomains(
        NSDocumentDirectory, NSUserDomainMask, YES);
    NSString *documentsDirectory = [paths objectAtIndex:0];
    return [documentsDirectory stringByAppendingPathComponent:kFilename];
}

#pragma mark -
- (void)viewDidLoad {
    NSString *filePath = [self dataFilePath];
```

```
if ([[NSFileManager defaultManager] fileExistsAtPath:filePath])
{
    NSData *data = [[NSMutableData alloc]
        initWithContentsOfFile:[self dataFilePath]];
    NSKeyedUnarchiver *unarchiver =
        [[NSKeyedUnarchiver alloc] initForReadingWithData:data];
    FourLines *fourLines = [unarchiver decodeObjectForKey:kDataKey];
    [unarchiver finishDecoding];

    field1.text = fourLines.field1;
    field2.text = fourLines.field2;
    field3.text = fourLines.field3;
    field4.text = fourLines.field4;

    [unarchiver release];
    [data release];
}
sqlite3 *database;
if (sqlite3_open([[self dataFilePath] UTF8String], &database)
        != SQLITE_OK) {
    sqlite3_close(database);
    NSAssert(0, @"Failed to open database");
}

char *errorMsg;
    // Note that the continuation char on next line is not part of string...
NSString *createSQL = @"CREATE TABLE IF NOT EXISTS FIELDS ↩
    (ROW INTEGER PRIMARY KEY, FIELD_DATA TEXT);";
if (sqlite3_exec (database, [createSQL UTF8String],
    NULL, NULL, &errorMsg) != SQLITE_OK) {
    sqlite3_close(database);
    NSAssert1(0, @"Error creating table: %s", errorMsg);
}
NSString *query = @"SELECT ROW, FIELD_DATA FROM FIELDS ORDER BY ROW";
sqlite3_stmt *statement;
if (sqlite3_prepare_v2(database, [query UTF8String],
    -1, &statement, nil) == SQLITE_OK) {
    while (sqlite3_step(statement) == SQLITE_ROW) {
        int row = sqlite3_column_int(statement, 0);
        char *rowData = (char *)sqlite3_column_text(statement, 1);

        NSString *fieldName = [[NSString alloc]
            initWithFormat:@"field%d", row];
        NSString *fieldValue = [[NSString alloc]
            initWithUTF8String:rowData];
        UITextField *field = [self valueForKey:fieldName];
        field.text = fieldValue;
        [fieldName release];
        [fieldValue release];
    }
    sqlite3_finalize(statement);
}
sqlite3_close(database);

UIApplication *app = [UIApplication sharedApplication];
```

```
    [[NSNotificationCenter defaultCenter] addObserver:self
            selector:@selector(applicationWillResignActive:)
            name:UIApplicationWillResignActiveNotification
            object:app];
    [super viewDidLoad];
}

- (void)applicationWillResignActive:(NSNotification *)notification {
    FourLines *fourLines = [[FourLines alloc] init];
    fourLines.field1 = field1.text;
    fourLines.field2 = field2.text;
    fourLines.field3 = field3.text;
    fourLines.field4 = field4.text;

    NSMutableData *data = [[NSMutableData alloc] init];
    NSKeyedArchiver *archiver = [[NSKeyedArchiver alloc]
        initForWritingWithMutableData:data];
    [archiver encodeObject:fourLines forKey:kDataKey];
    [archiver finishEncoding];
    [data writeToFile:[self dataFilePath] atomically:YES];
    [fourLines release];
    [archiver release];
    [data release];

    sqlite3 *database;
    if (sqlite3_open([[self dataFilePath] UTF8String], &database)
        != SQLITE_OK) {
        sqlite3_close(database);
        NSAssert(0, @"Failed to open database");
    }
    for (int i = 1; i <= 4; i++) {
        NSString *fieldName = [[NSString alloc]
                               initWithFormat:@"field%d", i];
        UITextField *field = [self valueForKey:fieldName];
        [fieldName release];

        char *errorMsg;
        // Note that the continuation char on next line is not part of string...
        char *update = "INSERT OR REPLACE INTO FIELDS (ROW, FIELD_DATA) ↩
            VALUES (?, ?);";
        sqlite3_stmt *stmt;
        if (sqlite3_prepare_v2(database, update, -1, &stmt, nil)
                == SQLITE_OK) {
            sqlite3_bind_int(stmt, 1, i);
            sqlite3_bind_text(stmt, 2, [field.text UTF8String], -1, NULL);
        }
        if (sqlite3_step(stmt) != SQLITE_DONE)
            NSAssert1(0, @"Error updating table: %s", errorMsg);
        sqlite3_finalize(stmt);

    }
    sqlite3_close(database);
}
...
```

O primeiro novo código está no método `viewdidLoad`. Começamos abrindo a base de dados. Se encontrarmos um problema nesse ponto, fechamos e criamos uma declaração.

```
sqlite3 *database;
if (sqlite3_open([[self dataFilePath] UTF8String], &database)
    != SQLITE_OK) {
    sqlite3_close(database);
    NSAssert(0, @"Failed to open database");
}
```

Em seguida, precisamos ter certeza de que temos uma tabela para manter nossos dados. Podemos usar o `SQL CREATE TABLE` para fazer isso. Ao especificar `IF NOT EXISTS`, evitamos que a base de dados seja sobrescrita por dados existentes. Se já houver uma tabela com o mesmo nome, esse comando silenciosamente fecha sem fazer nada, então é seguro chamá-lo sempre que nosso aplicativo abrir sem verificar explicitamente se uma tabela existe.

```
char *errorMsg;
NSString *createSQL = @"CREATE TABLE IF NOT EXISTS FIELDS ↩
     (ROW INTEGER PRIMARY KEY, FIELD_DATA TEXT);";
if (sqlite3_exec (database, [createSQL UTF8String], NULL, NULL,
    &errorMsg) != SQLITE_OK) {
    sqlite3_close(database);
    NSAssert1(0, @"Error creating table: %s", errorMsg);
}
```

Por fim, precisamos carregar nossos dados. Faremos isso utilizando a declaração `SQL SELECT`. Nesse exemplo simples, criamos um `SQL SELECT` que solicita todas as linhas da base de dados e pede ao `SQLite3` para preparar nosso `SELECT`. Também dizemos ao `SQLite3` para ordenar as linhas por seus números para que sempre as tenhamos de volta na mesma ordem. Sem isso, o `SQLite3` irá retornar as linhas na ordem em que elas foram armazenadas internamente.

```
NSString *query = @"SELECT ROW, FIELD_DATA FROM FIELDS ORDER BY ROW";
sqlite3_stmt *statement;
if (sqlite3_prepare_v2( database, [query UTF8String],
    -1, &statement, nil) == SQLITE_OK) {
```

Em seguida, passamos por cada uma das linhas retornadas:

```
    while (sqlite3_step(statement) == SQLITE_ROW) {
```

Pegamos o número da linha e o armazenamos em um `int`; depois, pegamos os dados do campo como uma string C.

```
        int row = sqlite3_column_int(statement, 0);
        char *rowData = (char *)sqlite3_column_text(statement, 1);
```

Feito isso, criamos um nome de campo com base no número da linha (como `field1` para a linha 1), convertemos a string C em um `NSString` e utilizamos isso para configurar o campo apropriado com o valor recuperado da base de dados.

```
        NSString *fieldName = [[NSString alloc]
            initWithFormat:@"field%d", row];
        NSString *fieldValue = [[NSString alloc]
            initWithUTF8String:rowData];
        UITextField *field = [self valueForKey:fieldName];
        field.text = fieldValue;
```

Por fim, fazemos uma limpeza na memória, fechamos a conexão da base de dados e terminamos.

```
            [fieldName release];
            [fieldValue release];
        }
        sqlite3_finalize(statement);
    }
    sqlite3_close(database);
```

Note que fechamos a conexão da base de dados assim que acabamos de criar a tabela e carregar quaisquer dados que ela contenha, em vez de mantê-la aberta sempre que o aplicativo estiver em execução. É a maneira mais simples de gerenciar a conexão, e, nesse pequeno aplicativo, podemos simplesmente abri-la quantas vezes precisarmos. Em um aplicativo com uma base de dados mais intensiva, você poderá querer manter a conexão aberta sempre.

As outras mudanças que fizemos estão no método `applicationWillResignActive:`, em que precisamos salvar os dados do nosso aplicativo. Como os dados na base de dados são armazenados em uma tabela, os dados do nosso aplicativo se parecerão com algo como a Tabela 12-1 quando armazenados.

Tabela 12-1. *Dados armazenados na tabela FIELDS da base de dados*

LINHA	FIELD_DATA
1	Quando se trata de eventos humanos,
2	torna-se necessário para as pessoas
3	desfazer as associações políticas
4	que as ligaram a ...

O método `applicationWillResignActive:` começa abrindo novamente a base de dados.

```
    sqlite3 *database;
    if (sqlite3_open([[self dataFilePath] UTF8String], &database)
        != SQLITE_OK) {
        sqlite3_close(database);
        NSAssert(0, @"Failed to open database");
    }
```

Para salvar os dados, fazemos loop por todos os quatro campos e editamos um comando separado para atualizar cada linha da base de dados.

```
    for (int i = 1; i <= 4; i++) {
        NSString *fieldName = [[NSString alloc]
            initWithFormat:@"field%d", i];
        UITextField *field = [self valueForKey:fieldName];
```

A primeira coisa que fazemos no loop é dar um nome de campo para que possamos recuperar a outlet do campo de texto correto. Lembre-se de que o `valueForKey:` permite que você recupere uma propriedade baseada em seu nome. Também declaramos um indicador a ser usado para a mensagem de erro se encontrarmos algum.

Fazemos uma declaração SQL `INSERT OR REPLACE` com duas variáveis bind. A primeira representa a linha que está sendo armazenada; a segunda é para o valor real da string a ser armazenada. Ao usar `INSERT OR REPLACE` em vez do `INSERT` mais padrão, não precisaremos nos preocupar se a linha já existe.

```
char *update = "INSERT OR REPLACE INTO FIELDS (ROW, FIELD_DATA) VALUES (?, ?);";
```

Em seguida, determinamos um indicador para uma declaração, preparamos nossa declaração com as variáveis bind e vinculamos os valores às variáveis bind.

```
sqlite3_stmt *stmt;
if (sqlite3_prepare_v2(database, update, -1, &stmt, nil) == SQLITE_OK) {
    sqlite3_bind_int(stmt, 1, i);
    sqlite3_bind_text(stmt, 2, [field.text UTF8String], -1, NULL);
}
```

Então, chamamos `sqlite3_step` para executar a atualização, verificamos se está funcionando e encerramos a declaração, terminando o loop.

```
    if (sqlite3_step(stmt) != SQLITE_DONE) {
        NSAssert(0, @"Error updating table.");
    }
    sqlite3_finalize(stmt);
}
```

Note que usamos uma declaração aqui para verificar uma condição de erro. Nós usamos uma declaração de exceções ou erros manuais, pois essa condição deveria aparecer somente se nós, os desenvolvedores, cometêssemos um erro. Usar essa declaração macro irá nos ajudar a depurar o nosso código, e ele pode ser retirado do nosso aplicativo final. Se uma condição de erro for uma que um usuário poderia experimentar com sensatez, você provavelmente deverá usar algumas outras formas de verificação de erro.

> **NOTA:** Há uma condição que poderia causar um erro no código SQLite anterior que não é um erro do programador. Se o armazenamento do aparelho estiver completamente cheio, até o ponto de o SQLite não conseguir salvar suas alterações na base de dados, ocorrerá um erro aqui também. No entanto, isso é raro e provavelmente irá resultar em problemas maiores para o usuário, fora do escopo dos dados do nosso aplicativo. Provavelmente, nosso aplicativo não abriria com êxito se o sistema estivesse nesse estado. Então, vamos apenas evitar completamente o problema.

Ao terminar o loop, fechamos a base de dados.

```
sqlite3_close(database);
```

Por que você não compila e executa o aplicativo? Insira alguns dados e pressione o botão home do simulador de iPhone. Depois, reinicie o aplicativo Persistence, e aqueles dados deverão estar bem onde você deixou. No que diz respeito ao usuário, não há qualquer diferença entre as diversas versões desse aplicativo, mas cada uma usou um mecanismo de persistência bem diferente.

Utilizando o Core Data

A última técnica que vamos demonstrar neste capítulo é como implementar a persistência utilizando o framework do Core Data da Apple. O Core Data é uma ferramenta de persistência forte e cheia de recursos. Aqui, mostraremos como utilizar o Core Data para recriar a mesma persistência que você viu em nosso aplicativo Persistence até agora.

> **NOTA:** Para uma cobertura mais abrangente do Core Data, verifique *More iPhone 4 Development,* de Jack Nutting, Dave Mark e Jeff LaMarche (Apress, 2011). Esse livro dedica vários capítulos ao Core Data.

No Xcode, criamos um novo projeto. Dessa vez, selecione o template *Window-based Application* e escolha *iPhone* no pop-up *Product*, mas ainda não clique no botão *Choose....* Se você olhar abaixo do pop-up *Product*, verá uma caixa de seleção chamada *Use Core Data for storage* (ver a Figura 12-5). Há uma certa complexidade envolvida na inclusão do Core Data em um projeto existente; então, a Apple gentilmente fornece uma opção com alguns templates de projeto de aplicativo para fazer grande parte do trabalho por você.

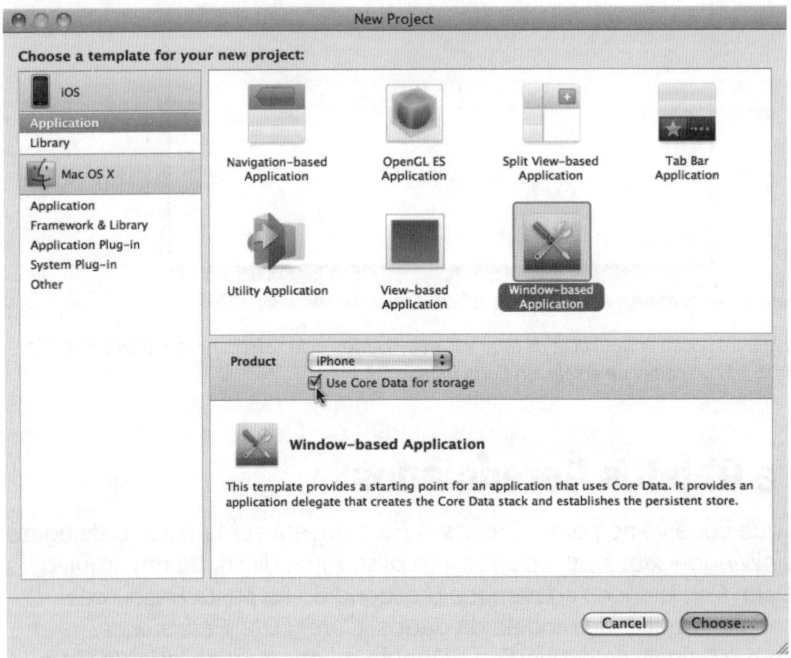

Figura 12-5. ***Alguns templates de projeto, incluindo o Window-based Application, oferecem a opção de usar o Core Date para persistência.***

Marque a caixa de seleção *Use Core Data for storage* e clique no botão *Choose...*. Quando solicitado, insira um nome de projeto de *Core Data Persistence* e clique em *Save*.

Antes de ir para o nosso código, vamos dar uma olhada na janela do projeto, que contém algumas coisas novas. Expanda as pastas *Classes* e *Resources* (veja a Figura 12-6).

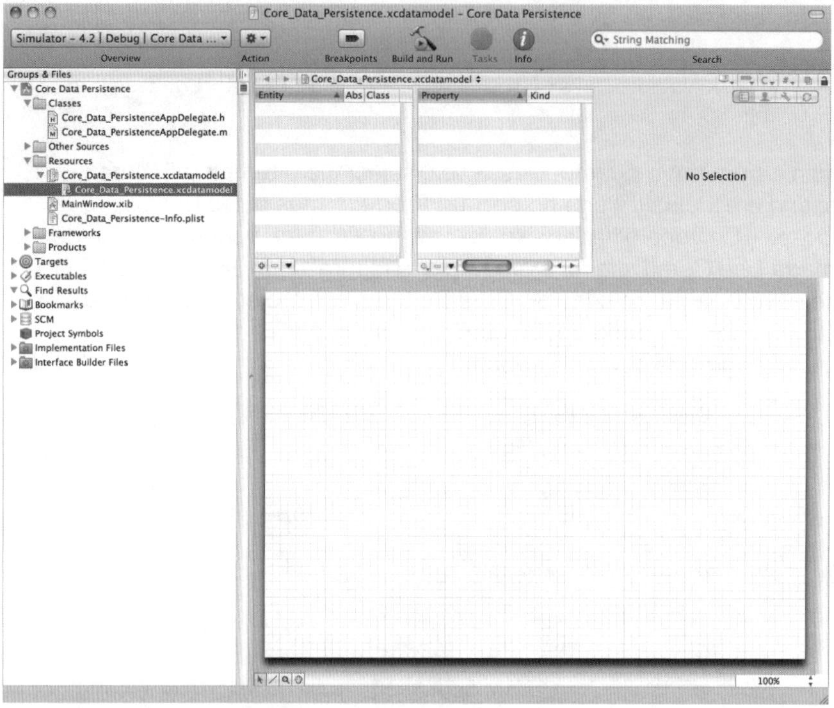

Figura 12-6. *O template do nosso projeto com os arquivos necessários está selecionado, e o editor do modelo de dados é mostrado no painel de edição do Corel Data.*

Entidades e Objetos Gerenciados

Grande parte do que você vê no painel *Groups & Files* deverá ser familiar: o delegate do aplicativo, *MainWindow.xib*, e os arquivos *info.plist*. Além disso, há um arquivo chamado *Core_Data_Persistence.xcdatamodeld* escondido na pasta *Resources*. Você poderá ver nosso arquivo de modelo de dados, *Core_Data_Persistence.xcdatamodel* (sem o "d" final), se expandir o triângulo de abertura ao lado de *Core_Data_Persistence.xcdatamodeld.* O Core Data permite que criemos modelos de dados visualmente, sem escrever código, e os armazena no arquivo *.xcdatamodel*.

Expanda *Core_Data_Persistence.xcdatamodeld* e clique uma vez em *Core_Data_Persistence.xcdatamodel* para mostrar o **editor de modelo de dados**, conforme mostrado na Figura 12-6.

Antes do Core Data, a maneira tradicional de criar modelos de dados era elaborar subclasses do `NSObject` e adequá-las ao `NSCoding` e `NSCopying` para que pudessem ser arquivadas, como fizemos anteriormente nesse capítulo. O Core Data utiliza uma abordagem diferente. Em vez de classes, você cria **entidades** aqui no editor de modelo de dados e depois, no seu código, você cria **objetos gerenciados** para essas entidades.

> **NOTA:** Os termos *entidade* e *objeto gerenciado* podem ser um pouco confusos, já que ambos se referem aos objetos de modelo de dados. *Entidade* se refere à descrição de um objeto. *Objeto gerenciado* se refere às instâncias concretas daquela entidade, criadas em tempo de execução. Então, no editor de modelo de dados, você cria entidades, mas, no seu código, você cria e recupera objetos gerenciados. A diferença entre entidades e objetos gerenciados é semelhante à diferença entre uma classe e as instâncias daquela classe.

Uma entidade é feita de propriedades. Há três tipos delas:

- **Attributes:** um atributo tem a mesma função em uma entidade do Core Data que uma variável de instância em uma classe Objective-C. Ambos mantêm os dados.
- **Relationship:** como o nome diz, define o relacionamento entre entidades. Por exemplo, para criar uma entidade `Person`, você pode começar definindo alguns atributos, como `hairColor`, `eyeColor`, `height` e `weight`. Você pode definir atributos de endereço, como `state` e `ZIP code`, ou incorporar isso a uma entidade `HomeAddress` separada. Utilizando a última abordagem, você criaria um relacionamento entre uma `Person` e uma `HomeAddress`. Relacionamentos podem ser **to-one** ou **to-many**. O relacionamento de `Person` para `HomeAddress` provavelmente é to-one, já que a maioria das pessoas tem um único endereço residencial. O relacionamento de `HomeAddress` para `Person` pode ser to-many, já que há muito mais do que uma `Person` morando naquele `HomeAddress`.
- **Fetched properties:** uma propriedade de busca é uma alternativa ao relacionamento. A principal diferença entre elas está na maneira como afetam o carregamento. Por exemplo, se uma `Person` tiver um relacionamento com uma `HomeAddress`, quando a `Person` for carregada, a `HomeAddress` também será. Por outro lado, se uma `Person` faz referência a uma `HomeAddress` como uma propriedade de busca, quando a `Person` for carregada, a `HomeAddress` não será — pelo menos, não até que `HomeAddress` seja acessada.

Geralmente, atributos, relacionamentos e propriedades de busca são definidos usando-se o editor de modelo de dados do Xcode. No nosso aplicativo Persistence do Core Data, criaremos uma entidade simples para que você possa ter uma noção de como tudo isso funciona junto.

Codificação de Valor-Chave

No seu código, em vez de usar getter e setter, você irá utilizar **codificação de valor-chave** para definir as propriedades ou recuperar os valores existentes. Codificação de valor-chave pode parecer assustador, mas você já usou isso um pouco neste livro. Sempre que utilizamos o `NSDictionary`, por exemplo, estávamos usando essa codificação, pois todo objeto no dicionário é armazenado em um valor-chave único. A codificação de valor-chave utilizada pelo Core Data é um pouco mais completa do que a que usamos no `NSDictionary`, mas o conceito básico é o mesmo.

Ao trabalhar com um objeto gerenciado, a chave que você irá utilizar para definir ou recuperar um valor de propriedade é o nome do atributo que desejamos configurar. Então, veja aqui como recuperar o valor armazenado no atributo chamado `name` a partir de um objeto gerenciado:

```
NSString *name = [myManagedObject valueForKey:@"name"];
```

De maneira semelhante, para definir um novo valor para uma propriedade de objeto gerenciado, faça o seguinte:

```
[myManagedObject setValue:@"Gregor Overlander" forKey:@"name"];
```

Contextualizando Tudo

Então, onde vivem esses objetos gerenciados? Eles vivem em algo chamado **persistent store**, também chamada de **backing store**. Persistent stores podem ter várias formas diferentes. Por padrão, um aplicativo do Core Data implementa uma backing store como uma base de dados SQLite armazenada no diretório de documentos do aplicativo. Mesmo que seus dados sejam armazenados por SQLite, as classes no framework Core Data farão todo o trabalho referente a carregar e salvar seus dados. Se você utilizar o Core Data, não precisará escrever declarações SQL. Você apenas trabalha com objetos, e o Core Data configura o que ele precisar fazer nos bastidores.

Além de bases de dados SQLite, backing stores podem também ser implementadas como arquivos planos binários. Uma terceira opção é criar uma in-memory store, que você poderá usar se estiver escrevendo um mecanismo de armazenamento em cache, mas ela não salva dados além do final da sessão atual. Em quase todas as situações, você deveria deixar essa opção como padrão e utilizar o SQLite como sua persistent store.

Embora a maioria dos aplicativos tenha apenas uma persistent store, é possível ter várias. Se você estiver curioso para saber sobre como a backing store é criada e configurada, dê uma olhada no arquivo *Core_Data_PersistenceAppDelegate.m* no seu projeto do Xcode. O template do projeto do Xcode que escolhemos nos forneceu todo o código necessário para configurar uma única persistent store para o nosso aplicativo.

Exceto criá-lo (o que é feito para você no delegate do seu aplicativo), você geralmente não irá trabalhar diretamente com sua persistent store, mas irá utilizar algo chamado **managed object context** (contexto de objeto gerenciado), geralmente mencionado apenas como um **context** (contexto). O context gerencia o acesso à persistent store e mantém as informações sobre quais propriedades mudaram desde a última vez em que um objeto foi salvo. Ele também registra todas as mudanças com o undo manager, o que significa que você sempre poderá desfazer uma única mudança ou voltar tudo para a última vez em que os dados foram salvos.

> **NOTA:** Você pode ter vários contextos apontando para a mesma persistent store, embora a maioria dos aplicativos iOS utilize apenas um. Você pode encontrar mais sobre o uso de vários contextos e sobre o undo manager em *More iPhone 4 Development*.

Muitas chamadas do Core Data requerem um `NSManagedObjectContext` como um parâmetro ou devem ser executadas contra um contexto. Com uma exceção bem complicada, os aplicativos iOS de multitransição, você poderá apenas usar a propriedade `managedObjectContext` a partir do delegate do seu aplicativo, que é um contexto padrão criado automaticamente para você, também uma cortesia do template de projeto do Xcode.

Você pode notar que, além de um contexto de objeto gerenciado e um coordenador de persistent store, o delegate de aplicativo fornecido também contém uma instância de `NSManagedObjectModel`. Essa classe é responsável por carregar e representar, durante a execução, o modelo de dados que você irá criar utilizando o editor de modelo de dados no Xcode. Geralmente, você não precisará interagir diretamente com essa classe. Ela é usada nos bastidores por outras classes do Core Data; logo, elas poderão identificar quais entidades e propriedades você definiu no seu modelo de dados. Desde que você crie seu modelo de dados utilizando o arquivo fornecido, não se preocupe com essa classe.

Criando Novos Objetos Gerenciados

Criar uma nova instância de um objeto gerenciado é bem fácil, mas não é tão direto quanto criar uma instância normal de objeto utilizando `alloc` e `init`. Em vez disso, você utiliza o método de fábrica `insertNewObjectForEntityForName:inManagedObjectContext:` em uma classe chamada `NSEntityDescription`. O trabalho dessa classe é manter o registro de todas as entidades definidas no modelo de dados do aplicativo. Esse método retorna uma instância que representa uma única entidade na memória. Ele retorna uma instância de `NSManagedObject` configurada com as propriedades corretas para uma entidade em particular ou, se você configurou sua entidade para ser implementada com uma subclasse específica de `NSManagedObject`, com uma instância dessa classe. Lembre-se de que as entidades são como as classes. Uma entidade é uma descrição de um objeto e define quais propriedades uma determinada entidade tem.

Para criar um novo objeto, faça isto:

```
theLine = [NSEntityDescription
    insertNewObjectForEntityForName:@"EntityName"
             inManagedObjectContext:context];
```

O método é chamado de `insertNewObjectForEntityForName:inManagedObjectContext:` porque, além de criar o objeto, ele insere o objeto recém-criado no contexto e retorna esse objeto. Após essa chamada, o objeto existirá no contexto, mas ainda não fará parte da persistent store. O objeto será adicionado à persistent store na próxima vez em que o método `save:` do contexto do objeto gerenciado for chamado.

Recuperando Objetos Gerenciados

Para recuperar objetos gerenciados da persistent store, você utilizará uma **fetch request** (solicitação de busca), que é a maneira que o Core Data tem para lidar com uma consulta pré-definida. Por exemplo, você pode dizer "Mostre cada Person com eyeColor azul".

Após a primeira criação dessa solicitação, você fornece a ela um NSEntityDescription, que especifica a entidade do(s) objeto(s) que você deseja recuperar. Aqui está um exemplo que cria a solicitação de busca:

```
NSFetchRequest *request = [[NSFetchRequest alloc] init];
NSEntityDescription *entityDescr = [NSEntityDescription
    entityForName:@"EntityName" inManagedObjectContext:context];
[request setEntity:entityDescr];
```

Outra opção é especificar critérios para uma solicitação de busca utilizando a classe NSPredicate. Um **predicate** (predicado) é semelhante à cláusula WHERE do SQL e permite que você defina os critérios utilizados para determinar os resultados da sua solicitação de busca.

Aqui está um exemplo de predicado:

```
NSPredicate *pred = [NSPredicate predicateWithFormat:@"(name = %@)", nameString];
[request setPredicate: pred];
```

O predicado criado pela primeira linha de código diz a uma solicitação de busca para, em vez de recuperar todos os objetos gerenciados para a entidade específica, recuperar apenas aqueles em que a propriedade name estiver configurada para o valor armazenado na variável nameString. Então, se nameString for um NSString que mantém o valor @"Bob", estamos dizendo à solicitação de busca para trazer de volta somente os objetos gerenciados que tenham a propriedade name configurada para "Bob". Esse é um exemplo simples, mas os predicados podem ser consideravelmente mais complexos e podem usar uma lógica Boolean para especificar os critérios específicos de que você pode precisar na maioria das situações.

> **NOTA:** O *Learn Objective-C on the Mac*, de Mark Dalrymple e Scott Knaster (Apress, 2009), tem um capítulo inteiro dedicado ao uso do NSPredicate.

Após criar sua solicitação de busca, provê-la com uma descrição de entidade e dar a ela, de maneira opcional, um predicado, você **executa** a solicitação de busca utilizando um método de instância no NSManagedObjectContext:

```
NSError *error;
NSArray *objects = [context executeFetchRequest:request error:&error];
if (objects == nil) {
    // handle error
}
```

executeFetchRequest:error: irá carregar os objetos especificados a partir da persistent store e retorná-los em um array. Se houver um erro, você receberá um array nil, e o indicador de erro que você forneceu irá apontar para um objeto NSError que descreve o problema específico. Caso contrário, você receberá um array válido, embora ele possa não ter objetos nele, já que é possível que nada atenda aos critérios especificados. A partir desse ponto, quaisquer mudanças que você fizer nos objetos gerenciados retornados naquele array serão rastreadas pelo contexto de objeto gerenciado no qual você executou a solicitação e salvas quando enviar àquele contexto uma mensagem `save:`.

O Aplicativo Core Data

Vamos levar o Core Data para dar uma volta agora. Primeiro, voltaremos nossa atenção ao Xcode e criaremos nosso modelo de dados.

Criando o Modelo de Dados

Clique uma vez em *Core_Data_Persistence.xcdatamodel* para abrir o editor de modelo de dados. O painel superior à esquerda do editor é chamado de **entity pane** (painel de entidade), pois lista todas as entidades que estão atualmente no seu modelo de dados. É uma lista vazia agora, pois ainda não criamos entidades (veja a Figura 12-7).

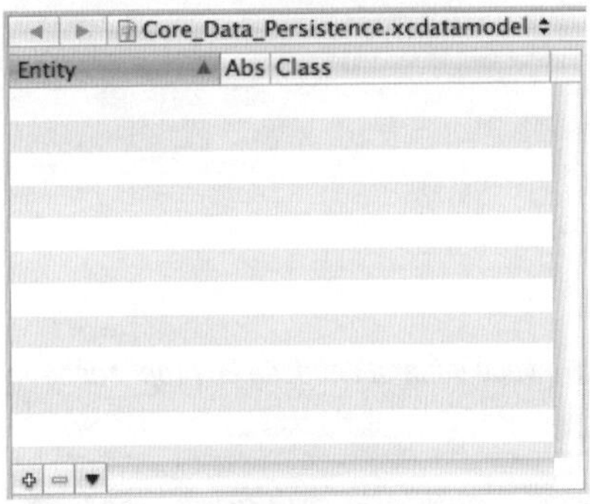

Figura 12-7. *O painel superior à esquerda do editor de modelo de dados é o painel de entidade. Clicar no ícone de adição no canto inferior à esquerda adiciona uma entidade.*

Corrija isso clicando no ícone de adição, no canto inferior à esquerda do painel de entidade, que irá criar e selecionar uma entidade chamada *Entity*. Se você olhar painel inferior do editor de modelo de dados, verá que ele não está mais vazio (veja a Figura 12-8)!

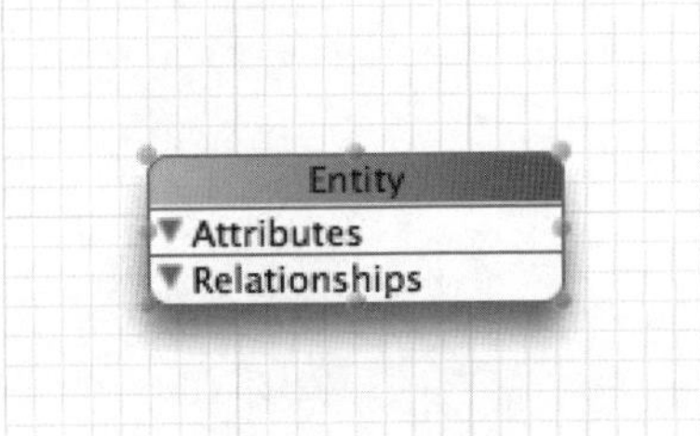

Figura 12-8. *A view de diagrama do editor de modelo de dados do Xcode mostra uma representação gráfica editável do seu modelo de dados.*

Como você cria seu modelo de dados utilizando os três painéis na parte superior (chamados coletivamente de **browser view**), será mostrada uma representação gráfica desse modelo na parte superior da tela, chamada de **diagram view**. Se você prefere trabalhar graficamente, poderá criar todo o seu modelo na diagram view. Clicar com o botão direito no plano de fundo da diagram view abrirá um menu de contexto, que permitirá a você adicionar entidades e mudar a aparência da diagram view. Clicar com o botão direito em uma entidade abrirá um menu que permite a você adicionar propriedades à entidade selecionada. Neste capítulo, vamos nos ater à browser view, pois é mais fácil de explicar, mas, quando você estiver criando seus próprios modelos de dados, fique à vontade para trabalhar na diagram view se for melhor para você.

O painel superior à direita do editor de modelo de dados é chamado de **detail pane** (Figura 12-9). Ele permite a você editar a entidade ou propriedade selecionada no momento.

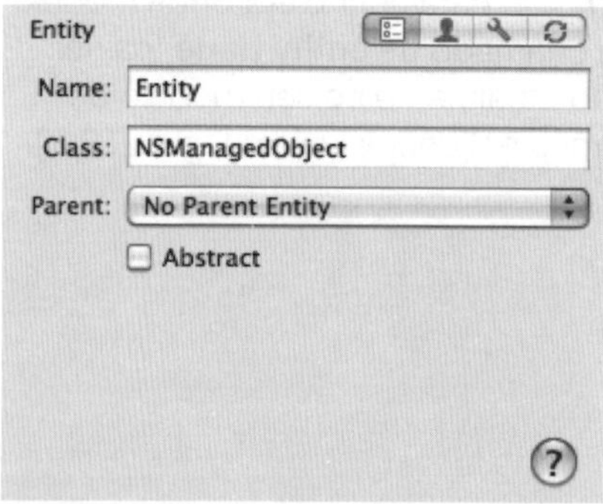

Figura 12-9. *O detail pane do editor de modelo de dados permite a você editar a entidade ou propriedade selecionada no momento.*

No momento, o detail pane mostra informações sobre a entidade que acabamos de adicionar. Mude o campo *Name de Entity* para *Line*. Você pode ignorar os outros campos do detail pane por enquanto. Esses outros campos entrarão em ação quando criarmos modelos de dados mais complexos, como aqueles que discutimos no *More iPhone 4 Development*.

O painel na parte superior ao centro do editor de modelo de dados é o **property pane** (veja a Figura 12-10). Como o nome mostra, ele permite a você adicionar novas propriedades à sua entidade.

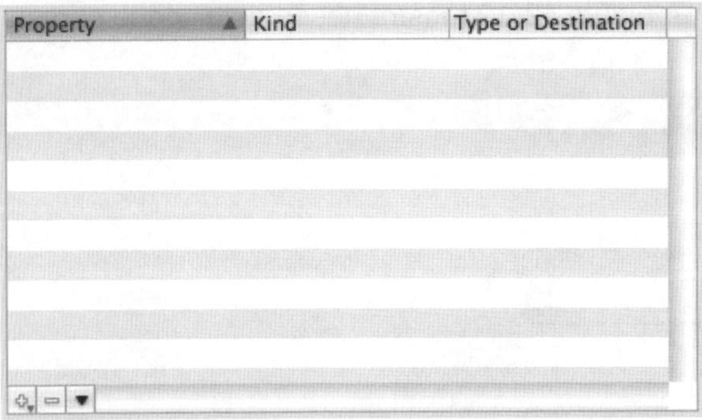

Figura 12-10. *O property pane no editor de modelo de dados do Xcode. É nele que você pode adicionar propriedades à entidade selecionada no momento.*

Note que o sinal de adição no canto inferior à esquerda do property pane apresenta um pequeno triângulo preto. Isso indica que um clique no ícone do sinal de adição irá mostrar um menu pop-up, permitindo que você adicione um atributo, uma propriedade de busca, um relacionamento ou uma solicitação de busca à sua entidade (veja a Figura 12-11).

Figura 12-11. *Clicar no ícone de adição no property pane mostra um menu de opções.*

Vamos adicionar um atributo à nossa entidade *Line*. Certifique-se de que ela esteja selecionada clicando nela na diagram view ou no entity pane. Agora, clique no ícone do sinal de adição no canto inferior esquerdo do property pane e selecione `Add Attribute` no menu que aparece.

Um novo atributo, chamado *newAttribute*, aparecerá no property pane. Certifique-se de que ele esteja selecionado e, então, no detail pane, mude o nome do novo atributo de *newAttribute* para *lineNum*. Em seguida, mude *Type* de *Undefined* para *Integer 16*, que faz com que esse atributo mantenha um valor inteiro. Utilizaremos esse atributo para identificar para qual dos quatro campos o objeto gerenciado mantém dados. Como só temos quatro opções, selecionamos o menor tipo de inteiro disponível.

Há três caixas de seleção abaixo do campo *Name*. A que está mais à esquerda, *Optional*, deve estar marcada no momento. Desmarque-a; não queremos que esse atributo seja opcional. Uma linha que não responde a um label na nossa interface é inútil. Não se preocupe, por enquanto, com as outras duas caixas de seleção. A *Transient* é usada para definir um atributo que não está salvo na data store (geralmente, um valor derivado de outros atributos). Marcar a caixa de seleção *Indexed* irá disparar a criação de um índice no campo correspondente do atributo na base de dados SQL subjacente. A Figura 12-12 mostra nosso detail pane para o atributo *lineNum*.

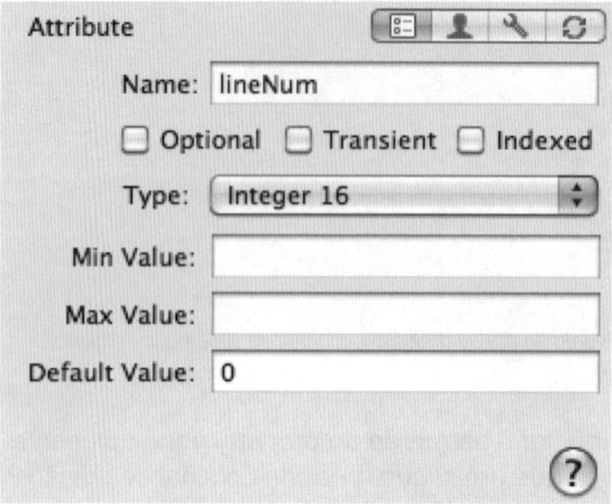

Figura 12-12. *O detail pane mostrando nossas configurações para o atributo lineNum.*

Clique no ícone de adição e selecione novamente *Add Attributes*, dessa vez criando um atributo com o nome *lineText* e mudando o *Type* para *String*. Esse atributo irá manter os dados reais do campo de texto. Deixe a caixa de seleção *Optional* marcada para esse; é totalmente possível que o usuário não insira um valor para um determinado campo.

Quando você mudar o *Type* para *String*, irá notar que aparecem duas opções adicionais que permitem que você configure um valor padrão ou limite o comprimento da string. Não utilizaremos nenhuma dessas opções para esse aplicativo, mas é bom saber que elas estão lá.

Quer saber? Seu modelo de dados está pronto. Isso é tudo. O Core Data permite que você aponte e clique da sua maneira em um modelo de dados de aplicativo. Vamos terminar de criar o aplicativo para que possamos ver como usar nosso modelo de dados a partir do nosso código.

Criando a Persistence View e o Controller

Como selecionamos o template Window-based Application, não nos forneceram um view controller. Volte ao seu painel *Groups & Files*, clique uma vez na pasta *Classes* e pressione ⌘**N** ou selecione `File > New File...` para abrir o novo assistente de arquivo. Selecione *UIViewController subclass* no cabeçalho *Cocoa Touch Class* e certifique-se de que as caixas *Targeted for iPad* e *UITableViewController subclass* estejam desmarcadas. Certifique-se também de marcar a caixa *With XIB for user interface* para que o Xcode crie um arquivo nib para você automaticamente. Clique em *Next* e nomeie a classe *PersistenceViewController*. Ao concluir, *PersistenceViewController.xib* será colocado na sua pasta *Classes*. Arraste-a para a pasta *Resources* para manter seu projeto organizado.

Selecione *PersistenceViewController.h* e faça as seguintes alterações, que deverão parecer bem familiares para você:

```
#import <UIKit/UIKit.h>

@interface PersistenceViewController : UIViewController {
    UITextField *line1;
    UITextField *line2;
    UITextField *line3;
    UITextField *line4;
}
@property (nonatomic, retain) IBOutlet UITextField *line1;
@property (nonatomic, retain) IBOutlet UITextField *line2;
@property (nonatomic, retain) IBOutlet UITextField *line3;
@property (nonatomic, retain) IBOutlet UITextField *line4;
@end
```

Salve esse arquivo. Em seguida, clique duas vezes em *PersistenceViewController.xib* para abrir o Interface Builder. Crie a view e conecte as outlets seguindo as instruções da seção "Criando a View do Aplicativo Persistence" anteriormente apresentada neste capítulo. Você também poderá achar útil consultar a Figura 12-3. Ao criar a view, salve o arquivo nib.

No *PersistenceViewController.m*, insira o seguinte código na parte superior do arquivo:

```
#import "PersistenceViewController.h"
#import "Core_Data_PersistenceAppDelegate.h"

@implementation PersistenceViewController
@synthesize line1;
@synthesize line2;
@synthesize line3;
@synthesize line4;

- (void)viewDidLoad {
    Core_Data_PersistenceAppDelegate *appDelegate =
        [[UIApplication sharedApplication] delegate];
    NSManagedObjectContext *context = [appDelegate managedObjectContext];
    NSEntityDescription *entityDescription = [NSEntityDescription
                entityForName:@"Line"
        inManagedObjectContext:context];
    NSFetchRequest *request = [[NSFetchRequest alloc] init];
    [request setEntity:entityDescription];

    NSError *error;
    NSArray *objects = [context executeFetchRequest:request error:&error];
    if (objects == nil) {
        NSLog(@"There was an error!");
        // Do whatever error handling is appropriate
    }

    for (NSManagedObject *oneObject in objects) {
```

```
        NSNumber *lineNum = [oneObject valueForKey:@"lineNum"];
        NSString *lineText = [oneObject valueForKey:@"lineText"];

        NSString *fieldName = [NSString
            stringWithFormat:@"line%d", [lineNum integerValue]];
        UITextField *theField = [self valueForKey:fieldName];
        theField.text = lineText;
    }
    [request release];

    UIApplication *app = [UIApplication sharedApplication];
    [[NSNotificationCenter defaultCenter] addObserver:self
        selector:@selector(applicationWillResignActive:)
            name:UIApplicationWillResignActiveNotification
          object:app];
    [super viewDidLoad];
}

- (void)applicationWillResignActive:(NSNotification *)notification {
    Core_Data_PersistenceAppDelegate *appDelegate =
        [[UIApplication sharedApplication] delegate];
    NSManagedObjectContext *context = [appDelegate managedObjectContext];
    NSError *error;
    for (int i = 1; i <= 4; i++) {
        NSString *fieldName = [NSString stringWithFormat:@"line%d", i];
        UITextField *theField = [self valueForKey:fieldName];

        NSFetchRequest *request = [[NSFetchRequest alloc] init];

        NSEntityDescription *entityDescription = [NSEntityDescription
            entityForName:@"Line"
            inManagedObjectContext:context];
        [request setEntity:entityDescription];
        NSPredicate *pred = [NSPredicate
            predicateWithFormat:@"(lineNum = %d)", i];
        [request setPredicate:pred];

        NSManagedObject *theLine = nil;

        NSArray *objects = [context executeFetchRequest:request
            error:&error];

        if (objects == nil) {
            NSLog(@"There was an error!");
            // Do whatever error handling is appropriate
        }
        if ([objects count] > 0)
            theLine = [objects objectAtIndex:0];
        else
            theLine = [NSEntityDescription
                    insertNewObjectForEntityForName:@"Line"
                             inManagedObjectContext:context];

        [theLine setValue:[NSNumber numberWithInt:i] forKey:@"lineNum"];
```

```
        [theLine setValue:theField.text forKey:@"lineText"];

        [request release];
    }
    [context save:&error];
}
...
```

Em seguida, insira o seguinte código nos métodos `dealloc` e `viewDidUnload` existentes:

```
...
- (void)viewDidUnload {
    // Release any retained subviews of the main view.
    // e.g. self.myOutlet = nil;
    self.line1 = nil;
    self.line2 = nil;
    self.line3 = nil;
    self.line4 = nil;
    [super viewDidUnload];
}

- (void)dealloc {
    [line1 release];
    [line2 release];
    [line3 release];
    [line4 release];
    [super dealloc];
}
...
```

Agora, vamos ver o método `viewDidLoad`, que precisa verificar se há algum dado existente na persistent store. Se houver, ela deverá carregar o dado e preencher os campos. A primeira coisa que fazemos nesse método é obter uma referência para o delegate do nosso aplicativo, que depois usamos para obter o contexto do objeto gerenciado que foi criado para nós.

```
Core_Data_PersistenceAppDelegate *appDelegate =
    [[UIApplication sharedApplication] delegate];
NSManagedObjectContext *context = [appDelegate managedObjectContext];
```

Em seguida, crie uma descrição de entidade que descreva nossa entidade.

```
NSEntityDescription *entityDescription = [NSEntityDescription
            entityForName:@"Line"
    inManagedObjectContext:context];
```

O próximo pedido é criar uma solicitação de busca e passar a descrição da entidade para que ela saiba qual tipo de objeto recuperar.

```
NSFetchRequest *request = [[NSFetchRequest alloc] init];
[request setEntity:entityDescription];
```

Como queremos recuperar todos os objetos `Line` na persistent store, não criamos um predicado. Ao executar uma solicitação sem um predicado, dizemos ao contexto para nos dar cada objeto `Line` na store.

```
NSError *error;
NSArray *objects = [context executeFetchRequest:request error:&error];
```

Iremos nos certificar de que obtivemos um array válido e o conectaremos, caso contrário.

```
if (objects == nil) {
    NSLog(@"There was an error!");
    // Do whatever error handling is appropriate
}
```

Em seguida, utilizaremos a enumeração rápida para processar o array dos objetos gerenciados recuperados, colocaremos os valores `lineNum` e `lineText` nele e utilizaremos essa informação para atualizar um dos campos de texto na nossa interface de usuário.

```
for (NSManagedObject *oneObject in objects) {
    NSNumber *lineNum = [oneObject valueForKey:@"lineNum"];
    NSString *lineText = [oneObject valueForKey:@"lineText"];

    NSString *fieldName = [NSString stringWithFormat:@"line%@",
        lineNum];
    UITextField *theField = [self valueForKey:fieldName];
    theField.text = lineText;
}
[request release];
```

Depois, assim como fizemos com todos os outros aplicativos deste capítulo, faremos o registra para ser notificados quando o aplicativo estiver prestes a sair do estado ativo (seja indo para segundo plano ou fechado completamente). Então, poderemos salvar quaisquer alterações que o usuário fizer aos dados.

```
UIApplication *app = [UIApplication sharedApplication];
[[NSNotificationCenter defaultCenter] addObserver:self
    selector:@selector(applicationWillResignActive:)
        name:UIApplicationWillResignActiveNotification
      object:app];
[super viewDidLoad];
```

Vejamos o `applicationWillResignActive:`. Começamos da mesma maneira que o método anterior, obtendo uma referência ao delegate do aplicativo e utilizando isso para obter um indicador para o contexto padrão do nosso aplicativo.

```
Core_Data_PersistenceAppDelegate *appDelegate =
    [[UIApplication sharedApplication] delegate];
NSManagedObjectContext *context = [appDelegate managedObjectContext];
```

Feito isso, entramos em um loop que executa quatro vezes, uma vez para cada rótulo.

```
for (int i = 1; i <= 4; i++) {
```

Criamos o nome de um dos quatro campos adicionando `i` à palavra `line` e utilizamos isso para obter uma referência ao campo correto utilizando `valueForKey:`.

```
    NSString *fieldName = [NSString stringWithFormat:@"line%d", i];
    UITextField *theField = [self valueForKey:fieldName];
```

Em seguida, criamos nossa solicitação de busca:

```
    NSFetchRequest *request = [[NSFetchRequest alloc] init];
```

Depois disso, criamos uma descrição de entidade que descreve a entidade *Line*, criada anteriormente no editor de modelo de dados e que utiliza o contexto que recuperamos do delegate do aplicativo. Com a descrição criada, iremos fornecê-la à solicitação de busca para que esta saiba qual tipo de entidade procurar.

```
        NSEntityDescription *entityDescription = [NSEntityDescription
                    entityForName:@"Line"
            inManagedObjectContext:context];
        [request setEntity:entityDescription];
```

Em seguida, precisamos descobrir se já existe um objeto gerenciado na persistent store que corresponda a esse campo; então, criamos um predicado que identifica o objeto correto para ele.

```
NSPredicate *pred = [NSPredicate
    predicateWithFormat:@"(lineNum = %d)", i];
[request setPredicate:pred];
```

Feito isso, declaramos um indicador para um `NSManagedObject` e o definimos para `nil`. Fazemos isso porque não sabemos se vamos carregar um objeto gerenciado a partir da persistent store ou se vamos criar um novo. Também declaramos um `NSError`, que o sistema irá utilizar para nos avisar sobre a natureza específica do problema se recebermos de volta um array nil.

```
NSManagedObject *theLine = nil;
NSError *error;
```

Em seguida, executamos a solicitação de busca no contexto.

```
NSArray *objects = [context executeFetchRequest:request
    error:&error];
```

Depois, verificamos se `objects` não é `nil`. Se for, houve um erro, e deveremos fazer toda verificação de erro apropriada para o nosso aplicativo. Para esse aplicativo simples, apenas registramos o erro e continuamos.

```
if (objects == nil) {
    NSLog(@"There was an error!");
    // Do whatever error handling is appropriate
}
```

Feito isso, verificamos se algum objeto que atenda aos nossos critérios foi retornado. Se houver um, iremos carregá-lo. Se não houver, criaremos um novo objeto gerenciado para manter esse campo de texto.

```
if ([objects count] > 0)
    theLine = [objects objectAtIndex:0];
else
    theLine = [NSEntityDescription
        insertNewObjectForEntityForName:@"Line"
                inManagedObjectContext:context];
```

Em seguida, utilizamos codificação de valor-chave para definir o número da linha e o texto para esse objeto gerenciado.

```
    [theLine setValue:[NSNumber numberWithInt:i] forKey:@"lineNum"];
    [theLine setValue:theField.text forKey:@"lineText"];
    [request release];
}
```

Por fim, ao terminar o loop, dizemos ao contexto para salvar as alterações.

```
    [context save:&error];
}
```

Tornando um Persistence View Controller o Root Controller do Aplicativo

Como utilizamos o template Window-based Application em vez do View-based Application, temos mais uma etapa a seguir antes do funcionamento do nosso novo aplicativo fashion Core Data. Precisamos criar uma instância de `PersistenceViewController` para agir como o root controller do nosso aplicativo e adicionar sua view como uma subview da janela principal. Vamos fazer isso agora.

Primeiramente, precisamos de uma outlet para o view controller no delegate do nosso aplicativo. Clique uma vez em *Core_Data_PersistenceAppDelegate.h* e faça as seguintes alterações para declarar essa outlet:

```
#import <UIKit/UIKit.h>
#import <CoreData/CoreData.h>

@class PersistenceViewController;

@interface Core_Data_PersistenceAppDelegate : NSObject
        <UIApplicationDelegate> {
    UIWindow *window;
@private
    NSManagedObjectContext *managedObjectContext_;
    NSManagedObjectModel *managedObjectModel_;
    NSPersistentStoreCoordinator *persistentStoreCoordinator_;

    PersistenceViewController *rootController;
}

@property (nonatomic, retain) IBOutlet UIWindow *window;

@property (nonatomic, retain, readonly) NSManagedObjectContext
    *managedObjectContext;
@property (nonatomic, retain, readonly) NSManagedObjectModel
    *managedObjectModel;
@property (nonatomic, retain, readonly) NSPersistentStoreCoordinator
    *persistentStoreCoordinator;

- (NSURL *)applicationDocumentsDirectory;
- (void)saveContext;

@property (nonatomic, retain) IBOutlet PersistenceViewController
    *rootController;
@end
```

Para fazer da view do root controller uma subview da janela do aplicativo para que o usuário possa interagir com ela, clique uma vez em *Core_Data_PersistenceAppDelegate.m* e faça as seguintes alterações na parte superior do arquivo:

```
#import "Core_Data_PersistenceAppDelegate.h"
#import "PersistenceViewController.h"

@implementation Core_Data_PersistenceAppDelegate

@synthesize window;
```

```
@synthesize rootController;

#pragma mark -
#pragma mark Application lifecycle

- (BOOL)application:(UIApplication *)application
    didFinishLaunchingWithOptions:(NSDictionary *)launchOptions {
    // Override point for customization after application launch.
    [self.window addSubview:rootController.view];
    [self.window makeKeyAndVisible];
    return YES;
}
...
```

Por fim, precisamos utilizar o Interface Builder para criar a instância do nosso root controller e conectá-la à outlet que acabamos de criar. Clique duas vezes em *MainWindow.xib* para abri-lo para o modo de edição. Arraste um *View Controller* da library e coloque-o na janela principal do nib. O novo ícone do view controller ainda deverá estar selecionado (se não estiver, apenas clique uma vez no ícone *View Controller*). Abra o identity inspector e mude a classe-base de *UIViewController* para *PersistenceViewController*, o que deverá fazer com que o texto do ícone mude de *View Controller* para *Persistence View Controller*.

Em seguida, arraste o controle do ícone *Core Data Persistence App Delegate* para o ícone *Persistence View Controller* e selecione a outlet *rootController*.

É isso! Crie e execute o aplicativo para ver se ele funciona. A versão do Core Data do seu aplicativo deverá se comportar exatamente da mesma forma que as versões anteriores.

Parece que o Core Data exige muito trabalho e, para um aplicativo simples como esse, não oferece muita vantagem. No entanto, em aplicativos mais complexos, o Core Data pode reduzir significativamente o tempo que você gasta criando e escrevendo seu modelo de dados.

Persistência Recompensada

Agora, você deve ter um instrumento sólido com quatro maneiras diferentes de preservar os dados do seu aplicativo entre seções — cinco, se incluir os padrões do usuário que você aprendeu a usar no capítulo anterior. Nós construímos um aplicativo que mantém dados usando a lista de propriedades e modifica o aplicativo para salvar seus dados usando arquivos de objetos. Depois, nós fizemos uma última mudança e usamos o mecanismo SQLite3 incorporado do iOS para salvar os dados do aplicativo. Por fim, recriamos o mesmo aplicativo utilizando o Core Data. Esses mecanismos são os tijolos de base para salvar e carregar dados na maioria dos aplicativos do iOS.

Pronto para mais? Hora de se preparar para pensar, pois, no próximo Capítulo, você irá aprender a adicionar simultaneidade ao seu aplicativo, permitindo a ele fazer coisas em segundo plano enquanto ainda apresenta uma interface de usuário receptiva. Haverá alguns novos conceitos complicados, mas também muito coisa divertida. Vamos lá!

Capítulo 13

Grand Central Dispatch, Processamento em Segundo Plano e Você

Se você já tentou usar a programação multithreaded, em qualquer ambiente, há chances de você ter vindo da experiência com um sentimento de medo, terror ou pior. Felizmente, a tecnologia avança e, recentemente, a Apple lançou uma nova abordagem que facilita muito a programação multithread. Essa abordagem é chamada de **Grand Central Dispatch**, e começaremos a falar sobre ela neste capítulo.

Falaremos também sobre as novas capacidades de multitarefas no iOS 4, mostrando a você como ajustar seus aplicativos para que sejam bem executados nesse novo mundo, bem como utilizar essas novas capacidades para fazer com que seus aplicativos funcionem ainda melhor do que antes.

Grand Central Dispatch

Um dos maiores desafios que os desenvolvedores encaram hoje é escrever um software que possa executar ações complexas em resposta à entrada do usuário, enquanto permanece receptivo para que este não precise sempre esperar até que o processador faça alguma tarefa de bastidores. Se você pensar sobre isso, esse desafio tem estado conosco, e, apesar dos avanços na tecnologia de computação que têm trazido sempre CPU mais rápidas, o problema persiste. Se você quiser evidências, basta olhar a tela mais próxima de computador. As chances são de que, da última vez em que você se sentou para trabalhar no seu computador, em algum momento seu fluxo de trabalho foi interrompido por um cursor de mouse de algum tipo girando.

Então, por que isso continua nos atormentando, dados todos os avanços na arquitetura do sistema? Uma parte do problema é a maneira como o software é geralmente escrito, como uma sequência de eventos a serem executados em ordem. Esse software pode se ampliar conforme a velocidade da CPU aumentar, mas somente até um certo ponto. Assim que o programa para esperando por um recurso externo, como um arquivo ou uma conexão de rede, toda a sequência de eventos é efetivamente pausada. Todos os SO modernos agora permitem o uso de multithreads (multilinhas) de execução dentro de um programa, para que, se uma linha ficar presa esperando por um evento específico, as outras possam continuar. Mesmo assim, muitos desenvolvedores veem a programação multithreaded como uma "bruxaria" e se afastam disso.

Felizmente, a Apple tem boas notícias para todos os que querem quebrar seu código em partes simultâneas sem precisar de muita intimidade com a camada de linhas do sistema. Essa boa notícia é chamada de Grand Central Dispatch (GCD) e fornece uma API totalmente nova para dividir o trabalho que o seu aplicativo precisa executar em partes menores, que podem ser espalhadas por várias linhas e, com o hardware correto, várias CPU. Grande parte dessa nova API é acessada utilizando blocos, outra inovação da Apple que adiciona um tipo de capacidade de função alinhada anônima ao C e as Objective-C. Os blocos têm muito em comum com recursos semelhantes nas linguagens Ruby e Lisp e podem fornecer novas e interessantes maneiras de estruturar interações entre diferentes objetos, enquanto mantém o código relacionado mais perto com seus métodos.

Introdução ao SlowWorker

Como uma plataforma para demonstrar como o GCD funciona, criaremos um aplicativo simples chamado SlowWorker, que consiste em uma interface simples dirigida por um único botão e uma text view. Clique no botão, e uma tarefa simultânea será imediatamente iniciada, travando o aplicativo por aproximadamente dez segundos. Quando a tarefa terminar, aparecerá algum texto na text view (veja a Figura 13-1).

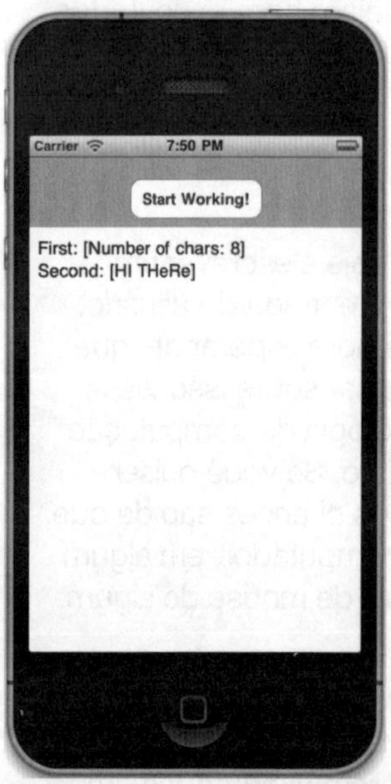

Figura 13-1. *O aplicativo SlowWorker oculta a interface atrás de um único botão. Clique no botão, e a interface irá parar por aproximadamente dez segundos enquanto o aplicativo faz o seu trabalho.*

Comece fazendo um novo aplicativo para iPhone baseado na view no Xcode, como você já fez várias vezes antes, nomeando-o de *SlowWorker*. Adicione o seguinte ao *SlowWorkerViewController.h*:

```
#import <UIKit/UIKit.h>

@interface SlowWorkerViewController : UIViewController {
    UIButton *startButton;
    UITextView *resultsTextView;
}

@property (retain, nonatomic) IBOutlet UIButton *startButton;
@property (retain, nonatomic) IBOutlet UITextView *resultsTextView;

- (IBAction)doWork:(id)sender;

@end
```

Isso simplesmente define duas outlets para os dois objetos visíveis na nossa GUI e um método action para ser disparado pelo botão. Agora, insira o seguinte código próximo à parte superior de *SlowWorkerViewController.m*:

```
#import "SlowWorkerViewController.h"

@implementation SlowWorkerViewController

@synthesize startButton, resultsTextView;

- (NSString *)fetchSomethingFromServer {
    [NSThread sleepForTimeInterval:1];
    return @"Hi there";
}

- (NSString *)processData:(NSString *)data {
    [NSThread sleepForTimeInterval:2];
    return [data uppercaseString];
}

- (NSString *)calculateFirstResult:(NSString *)data {
    [NSThread sleepForTimeInterval:3];
    return [NSString stringWithFormat:@"Number of chars: %d",
            [data length]];
}

- (NSString *)calculateSecondResult:(NSString *)data {
    [NSThread sleepForTimeInterval:4];
    return [data stringByReplacingOccurrencesOfString:@"E"
                                           withString:@"e"];
}

- (IBAction)doWork:(id)sender {
    NSDate *startTime = [NSDate date];
    NSString *fetchedData = [self fetchSomethingFromServer];
    NSString *processedData = [self processData:fetchedData];
    NSString *firstResult = [self calculateFirstResult:processedData];
```

```
    NSString *secondResult = [self calculateSecondResult:processedData];
    NSString *resultsSummary = [NSString stringWithFormat:
                                @"First: [%@]\nSecond: [%@]", firstResult,
                                secondResult];
    resultsTextView.text = resultsSummary;
    NSDate *endTime = [NSDate date];
    NSLog(@"Completed in %f seconds",
          [endTime timeIntervalSinceDate:startTime]);
}
```

E adicione o código usual de limpeza ao `viewDidUnload` e ao `dealloc`:

```
- (void)viewDidUnload {
    // Release any retained subviews of the main view.
    // e.g. self.myOutlet = nil;
    self.startButton = nil;
    self.resultsTextView = nil;
    [super viewDidUnload];
}

- (void)dealloc {
    [startButton release];
    [resultsTextView release];
    [super dealloc];
}
```

Como você pode ver, o “trabalho” dessa classe (como ela é) é dividido em algumas pequenas partes. Esse código foi feito para simular algumas atividades lentas, e nenhum desses métodos realmente faz algo que ocupe muito tempo. Para fazer coisas interessantes, cada método contém uma chamada para o método de classe `sleepForTimeInterval:` no `NSThread`, que simplesmente faz o programa (especificamente, o thread do qual o método é chamado) efetivamente “pausar” e fazer nada por alguns segundos. O método `doWork:` também contém código no início e no final a fim de calcular o tempo gasto para que todo o trabalho fosse feito.

Agora, abra *SlowWorkerViewController.xib* e arraste um Round Rect Button e uma Text View para a janela da view vazia, deixando as coisas conforme mostrado na Figura 13-2. Arraste o controle do *File’s Owner* para conectar as duas outlets do view controller ao botão e à text view. Em seguida, selecione o botão e vá ao connections inspector para conectar o evento *Touch Up Inside* do botão de volta ao método `doWork:` do view controller. Por fim, selecione a text view, utilize o attributes inspector para desmarcar a caixa de seleção `Editable` (está no canto superior à direita) e exclua o texto padrão da text view.

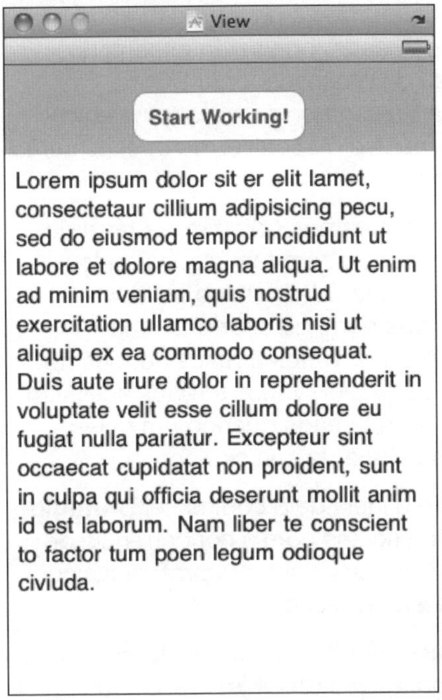

Figura 13-2. *A interface do SlowWorker consiste em um Round Rect Button e uma Text View. Certifique-se de desmarcar a caixa de seleção Editable para a text view e excluir todo o texto.*

Agora, salve seu trabalho e aperte `Build & Run` no Xcode. Seu aplicativo deverá inicializar, e pressionar o botão fará com que ele funcione por aproximadamente dez segundos antes de mostrar os resultados. Enquanto você espera, verá que o botão *Start Working!* permanecerá azul escuro o tempo todo, não voltando para a cor normal até que o "trabalho" esteja pronto. Além disso, até que o "trabalho" acabe, a view do aplicativo não responde. Tocar em qualquer lugar na tela não terá efeito algum. Na verdade, a única maneira pela qual você pode interagir com seu aplicativo durante esse tempo é tocando no botão home para sair dele. É exatamente isso o que queremos evitar! Nesse caso específico, não é tão ruim, já que o aplicativo parece estar travado por apenas alguns segundos, mas, se o seu aplicativo trava regularmente assim por muito mais tempo do que isso, utilizá-lo será uma experiência frustrante. Na pior das hipóteses, o SO poderá fechar seu aplicativo se ele não responder durante muito tempo. Em qualquer caso, você será um usuário infeliz — e talvez, até mesmo, um ex-usuário!

Fundamentos do Threading

Antes de começarmos a implementar as soluções, vamos revisar alguns dos fundamentos envolvidos na simultaneidade. Está longe de ser uma descrição completa de threading no iOS ou em geral. Queremos apenas explicar o suficiente para que você entenda o que faremos neste capítulo.

Os SO mais modernos (incluindo, é claro, o iOS) suportam a noção de threads de execução. Cada processo pode conter vários threads, que serão executados ao mesmo tempo. Se houver somente um núcleo de processador, o SO irá alternar entre os threads em execução, de forma similar a como ele alterna entre processos em execução. Se houver mais de um núcleo disponível, os threads serão distribuídos entre eles, assim como os processos.

Todos os threads em um processo compartilham o mesmo código executável do programa e os mesmos dados globais. Cada thread também tem alguns dados exclusivos. Os threads podem usar uma estrutura especial chamada **mutex** (abreviação para exclusão mútua) ou uma trava, que pode garantir que uma parte específica do código não pode ser executada por vários threads ao mesmo tempo. Isso é útil para garantir resultados corretos quando vários threads acessam simultaneamente o mesmo dado, travando os outros threads quando um deles estiver atualizando um valor (chamado de **seção crítica** do seu código).

Uma preocupação comum ao lidar com threads é a ideia de o código ser **protegido contra thread**. Algumas libraries de software são escritas com a concorrência de thread em mente e têm todas as suas seções críticas devidamente protegidas com mutexes. Algumas libraries de código não têm essa proteção.

Por exemplo, no Cocoa Touch, o framework Foundation (contento as classes básicas apropriadas para todos os tipos de programação de Objective-C, por exemplo, `NSString`, `NSArray` e assim por diante) é geralmente considerado protegido contra threads. No entanto, o framework UIKit (contento as classes específicas à criação de aplicativos da GUI, por exemplo, `UIApplication`, `UIView` e suas subclasses e assim por diante), para a maior parte, não é seguro. Isso significa que, em uma execução de aplicativo de iOS, todas as chamadas de método que lidam com quaisquer objetos UIKit devem ser executadas de dentro do mesmo thread, que é comumente conhecido como **thread principal**. Se você acessar objetos UIKit de outro thread, isso acaba! Você tende a encontrar bugs inexplicáveis (ou, ainda pior, não terá problema algum, mas alguns usuários serão afetados por eles depois que você enviar). Por padrão, o thread principal é o local em que toda ação do seu aplicativo iOS (como lidar com actions disparadas por eventos de usuário) ocorre, então, em aplicativos simples, você não precisa se preocupar com isso. Métodos action disparados por um usuário já estão em execução no thread principal. Até esse ponto do livro, seu código foi executado exclusivamente no thread principal, mas isso está prestes a mudar.

DICA: Há muito material escrito sobre segurança de thread, e vale a pena pesquisar e tentar digerir o máximo que conseguir. Um ótimo local para começar a fazer isso é a própria documentação da Apple. Pegue alguns minutos e leia esta página, ela irá ajudá-lo:

`HTTP://developer.apple.com/library/ios/#documentation/Cocoa/Conceptual/Multithreading/ThreadSafetySummary/ThreadSafetySummary.html`

Unidades de Trabalho

O problema com o modelo threading descrito anteriormente é que, para um programador médio, escrever sem erro o código multithreaded é quase impossível. Isso não é uma crítica à nossa indústria ou à capacidade média do programador; é simplesmente uma observação. As interações complexas pelas quais você deve se responsabilizar no seu código ao sincronizar dados e actions por vários threads realmente são demais para a maioria das pessoas que as enfrentam. Imagine que 5% das pessoas têm a capacidade de escrever software. Apenas uma pequena parte desses 5% realmente está pronta para a tarefa de escrever aplicativos multithreaded pesados. Mesmo as pessoas que já fizeram isso com êxito irão avisar aos outros para não seguirem seus exemplos!

Felizmente, nem tudo está perdido. É possível implementar alguma concorrência sem muita troca de thread de baixo nível. Assim como temos a capacidade de exibir dados na tela sem empurrar bits diretamente para a memória RAM do vídeo e de ler dados a partir do disco sem conectar diretamente por meio de interface com controladores de disco, as abstrações de software existem para nos permitir executar nosso código em vários threads, sem precisarmos nos ligar muito a eles. As soluções que a Apple nos incentiva a usar estão centralizadas em ideias de dividir tarefas de execução longa em unidades de trabalho e colocá-las em filas para execução. O sistema gerencia essas filas para nós, executando unidades de trabalho em vários threads. Não precisamos iniciar e gerenciar os threads de segundo plano diretamente e estamos livres de muito "bookkeeping", que geralmente está envolvido na implementação de aplicativos concorrentes; o sistema cuida disso para nós.

GCD: Enfileiramento de Baixo Nível

A ideia de enfileirar unidades de trabalho que podem ser executadas em segundo plano, com o sistema gerenciando os threads para nós, é realmente potente e simplifica muito diversas situações de desenvolvimento em que é necessário concorrência. No lançamento da versão 10.6 do Mac OS X, o Grand Central Dispatch fez sua estreia, fornecendo a infraestrutura para fazer exatamente isso. Com o lançamento da versão 4.0, a plataforma iOS também teve isso. Essa tecnologia funciona não apenas com o Objective-C, mas também com o C e o C++. O GCD coloca excelentes conceitos — unidades de trabalho, processamento fácil de segundo plano, gerenciamento automático de thread — em uma interface C, que pode ser utilizada a partir de todas as linguagens baseadas em C. O principal: a Apple implementou o open source do GCD para que fosse possível mudar também para outros OS, como o Unix.

Um dos principais conceitos do GCD é a fila. O sistema fornece algumas filas predefinidas, incluindo uma que garante sempre fazer seu trabalho no thread principal. É perfeito para UIKit de segurança não-thread! Você também pode criar suas próprias filas, quantas quiser. As filas do GCD são estritamente FIFO (first-in, first-out; primeiro a entrar, primeiro a sair). As unidades de trabalho adicionadas a uma fila GCD serão sempre iniciadas na ordem em que foram enfileiradas. Dito isso, elas parecem nunca terminar na mesma ordem, já que uma fila do GCD irá automaticamente distribuir seu trabalho entre múltiplos threads, se possível.

Cada fila tem acesso a um pool de threads que são reutilizados durante a duração do aplicativo. O GCD irá sempre tentar manter um pool de threads apropriado para a arquitetura da máquina, aproveitando automaticamente a vantagem de uma máquina mais potente ao utilizar mais núcleos de processados quando tiver trabalho a fazer. Os aparelhos iOS atuais têm, todos, um núcleo, então não é um problema, mas, quando aparelhos iOS mais potentes estão disponíveis, isso realmente irá interferir.

Tornando-se uma "Pessoa Quadrada"

Com o GCD, a Apple adicionou um pouco de nova sintaxe à própria linguagem C (e, consequentemente, ao Objective-C e C++) para implementar um recurso chamado **blocks** (também conhecido como **closures** ou **lambdas** em algumas outras linguagens), que é realmente importante para aproveitar o máximo do GCD. A ideia de um block é permitir que uma parte específica do código seja tratada como qualquer outro tipo de linguagem C. Um block pode ser atribuído a uma variável, passado como um argumento para uma função ou um método e (ao contrário da maioria dos outros tipos) executado. Assim, os blocks podem ser usados como uma alternativa ao padrão delegate no Objective-C ou a funções de retorno de chamada em C. Muito parecido a um método ou uma função, um block pode ter um ou mais parâmetros e especificar um valor de retorno. Para declarar uma variável de block, você utiliza o símbolo circunflexo (^) com alguns bits adicionais entre parênteses para declarar parâmetros e declarar tipos. Para definir o próprio block, você faz aproximadamente o mesmo, mas coloca o código real que define o block entre chaves ({).

```
// Declare a block variable "loggerBlock" with no parameters and no return value.
void (^loggerBlock)(void);

// Assign a block to the variable declared above.  A block without parameters
// and with no return value, like this one, needs no "decorations" like the use
// of void in the preceeding variable declaration.
loggerBlock = ^{ NSLog(@"I'm just glad they didn't call it a lambda"); };

// Execute the block, just like calling a function.
loggerBlock();  // this produces some output in the console
```

Se você trabalha muito com programação C, poderá reconhecer que isso é semelhante ao conceito de um indicador de função em C. No entanto, há algumas diferenças importantes. Talvez a maior, aquela que se destaca mais quando você vê pela primeira vez, seja a de que os blocks podem ser definidos alinhados no seu código; você pode definir um block no ponto exato em que ele será passado para outro método ou outra função. Outra grande diferença é de que um block pode acessar variáveis disponíveis no escopo quando ele é criado. Por padrão, os blocks fazem uma cópia de qualquer variável que você acessar dessa maneira, deixando o original intacto, mas você pode fazer uma variável de fora "ler/escrever" acrescentando o qualificador de armazenamento `__block` antes da declaração. Note que há dois sublinhados antes de `block`, não apenas um.

```
// define a variable that can be changed by a block
__block int a = 0;

// define a block that tries to modify a variable in its scope
void (^sillyBlock)(void) = ^{ a = 47; };

// check the value of our variable before calling the block
NSLog(@"a == %d", a); // outputs "a == 0"
```

```
// execute the block
sillyBlock();

// check the values of our variable again, after calling the block
NSLog(@"a == %d", a); // outputs "a == 47"
```

Como mencionamos há algum tempo, os blocks realmente se destacam quando usados com o GCD, o qual permite que você pegue um block e adicione-o a uma fila em uma única etapa. Quando você faz isso com um block que você define naquele ponto exato, em vez de com block armazenado em uma variável, você tem a vantagem extra de conseguir ver o código relevante no contexto certo em que está em uso.

Aprimorando o SlowWorker

Para ver como isso funciona, vamos rever o método `doWork:` do SlowWorker. Atualmente, ele se parece com o seguinte:

```
- (IBAction)doWork:(id)sender {
    NSDate *startTime = [NSDate date];
    NSString *fetchedData = [self fetchSomethingFromServer];
    NSString *processedData = [self processData:fetchedData];
    NSString *firstResult = [self calculateFirstResult:processedData];
    NSString *secondResult = [self calculateSecondResult:processedData];
    NSString *resultsSummary = [NSString stringWithFormat:
                               @"First: [%@]\nSecond: [%@]", firstResult,
                               secondResult];
    resultsTextView.text = resultsSummary;
    NSDate *endTime = [NSDate date];
    NSLog(@"Completed in %f seconds",
          [endTime timeIntervalSinceDate:startTime]);
}
```

Podemos fazer com que esse método seja executado totalmente em segundo plano colocando todo o código em um block e passando-o a uma função do GCD chamada `dispatch_async`. Essa função tem dois parâmetros: uma fila de GCD e um block para atribuir à fila. Faça a seguinte alteração à sua cópia do `doWork:`:

```
- (IBAction)doWork:(id)sender {
    NSDate *startTime = [NSDate date];
    dispatch_async(dispatch_get_global_queue(0, 0), ^{
        NSString *fetchedData = [self fetchSomethingFromServer];
        NSString *processedData = [self processData:fetchedData];
        NSString *firstResult = [self calculateFirstResult:processedData];
        NSString *secondResult = [self calculateSecondResult:processedData];
        NSString *resultsSummary = [NSString stringWithFormat:
                                   @"First: [%@]\nSecond: [%@]", firstResult,
                                   secondResult];
        resultsTextView.text = resultsSummary;
        NSDate *endTime = [NSDate date];
        NSLog(@"Completed in %f seconds",
              [endTime timeIntervalSinceDate:startTime]);
    });
}
```

A primeira linha pega uma fila global preexistente que está sempre disponível, utilizando a função dispatch_get_global_queue(). Essa função tem dois argumentos: o primeiro permite que você especifique uma prioridade; o segundo não está em uso no momento e deverá ser sempre 0. Se você especificar uma prioridade diferente no primeiro argumento, como DISPATCH_QUEUE_PRIORITY_HIGH ou DISPATCH_QUEUE_PRIORITY_LOW (passar 0 é o mesmo que passar DISPATCH_QUEUE_PRIORITY_DEFAULT), você irá obter uma fila global diferente, que o sistema irá priorizar de outra maneira. Por enquanto, vamos nos ater à fila global padrão.

A fila é, então, passada para a função dispatch_async(), juntamente ao block de código que vem depois. O GCD pega todo o block e o passa para um thread de segundo plano, onde ele será executado em uma etapa por vez, assim como quando executou no thread principal.

Não se Esqueça do Thread Principal

Há um problema aqui: a segurança de thread do UIKit. Lembre-se de que enviar mensagem a qualquer objeto GUI, incluindo nosso resultsTextView, a partir de um thread de segundo plano é inaceitável. Felizmente, o GCD nos fornece uma maneira para lidar com isso também. Dentro do block, podemos chamar qualquer outra função de execução, passando o trabalho de volta ao thread principal! Fazemos isso novamente chamando dispatch_async(), dessa vez passando a fila retornada pela função dispatch_get_main_queue(), que sempre nos dá a fila especial que está no thread principal, pronta para executar blocks que precisem do uso desse thread. Faça mais uma alteração à sua versão do doWork::

```
- (IBAction)doWork:(id)sender {
    NSDate *startTime = [NSDate date];
    dispatch_async(dispatch_get_global_queue(0, 0), ^{
        NSString *fetchedData = [self fetchSomethingFromServer];
        NSString *processedData = [self processData:fetchedData];
        NSString *firstResult = [self calculateFirstResult:processedData];
        NSString *secondResult = [self calculateSecondResult:processedData];
        NSString *resultsSummary = [NSString stringWithFormat:
                                    @"First: [%@]\nSecond: [%@]", firstResult,
                                    secondResult];
        dispatch_async(dispatch_get_main_queue(), ^{
            resultsTextView.text = resultsSummary;
        });
        NSDate *endTime = [NSDate date];
        NSLog(@"Completed in %f seconds",
              [endTime timeIntervalSinceDate:startTime]);
    });
}
```

Dando Algum Retorno

Se você criar e executar seu aplicativo nesse momento, verá que agora ele parece trabalhar um pouco mais facilmente, pelo menos em algum sentido. O botão não trava mais em uma posição destacada quando você o toca, o que talvez o leve a tocá-lo mais e mais vezes. Se você verificar o logo do console do Xcode, verá o resultado de cada um desses toques, mas apenas o do último será mostrado na text view. O que realmente queremos fazer é aprimorar a GUI para que, após o usuário pressionar o botão, a tela seja imediatamente atualizada, de maneira a indicar que uma action está a caminho e que o botão foi desativado enquanto o trabalho está em execução. Faremos isso adicionando um `UIActivityIndicatorView` à nossa exibição. Essa classe fornece o tipo de "giro" visto em muitos aplicativos e sites.

Comece declarando no arquivo *SlowWorkerViewController.h*:

```
@interface SlowWorkerViewController : UIViewController {
    UIButton *startButton;
    UITextView *resultsTextView;
    UIActivityIndicatorView *spinner;
}

@property (retain, nonatomic) IBOutlet UIButton *startButton;
@property (retain, nonatomic) IBOutlet UITextView *resultsTextView;
@property (retain, nonatomic) IBOutlet UIActivityIndicatorView *spinner;
...
```

Em seguida, abra o arquivo *SlowWorkerViewController.xib*, localize uma view do indicador de atividade na library e arraste-a para a nossa view, próxima ao botão (veja a Figura 13-3).

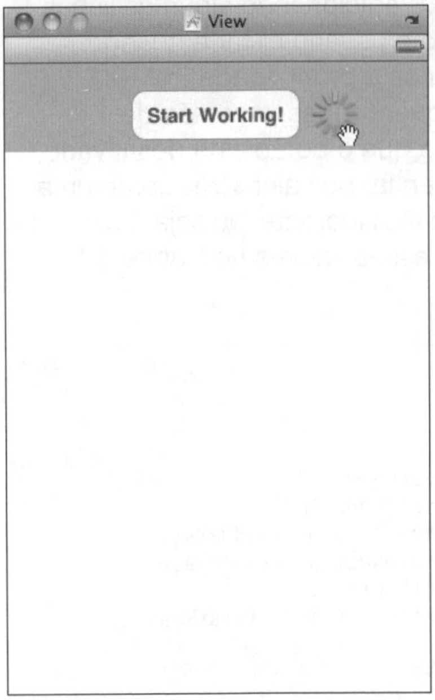

Figura 13-3. *Arrastando uma view de indicador de atividade para nossa view principal no Interface Builder.*

Com o giro do indicador de atividade selecionado, utilize o attributes inspector para marcar a caixa de seleção *Hide When Stopped*, a fim de que nosso giro apareça somente quando dissermos para ele começar a girar (ninguém quer um giro sem girar na GUI).

Em seguida, arraste o controle do ícone do File's Owner para o spinner e conecte a outlet *spinner*. Salve as alterações, depois volte ao Xcode e abra *SlowWorkerViewController.m*. Aqui, iremos primeiro adicionar o código usual para lidar com uma outlet:

```
@implementation SlowWorkerViewController

@synthesize startButton, resultsTextView;
@synthesize spinner;
...
- (void)viewDidUnload {
    // Release any retained subviews of the main view.
    // e.g. self.myOutlet = nil;
    self.startButton = nil;
    self.resultsTextView = nil;
    self.spinner = nil;
    [super viewDidUnload];
}
- (void)dealloc {
    [startButton release];
    [resultsTextView release];
    [spinner release];
    [super dealloc];
}
```

Agora, vamos trabalhar um pouco no método `doWork:`, adicionando algumas linhas para gerenciar a aparência do botão e o giro quando o usuário clicar e quando o trabalho estiver pronto. Primeiramente, configuramos a propriedade `enabled` do botão para `NO`, o que evita que ele registre quaisquer toques, mas não dê qualquer dica visual. Para permitir que o usuário veja que o botão está desativado, configuramos seu valor `alpha` para 0.5. Você pode pensar no valor `alpha` como uma configuração transparente, em que 0.0 é totalmente transparente (ou seja, invisível) e 1.0 não é nada transparente. Falaremos mais sobre esses valores no Capítulo 14.

```
- (IBAction)doWork:(id)sender {
    startButton.enabled = NO;
    startButton.alpha = 0.5;
    [spinner startAnimating];
    NSDate *startTime = [NSDate date];
    dispatch_async(dispatch_get_global_queue(0, 0), ^{
        NSString *fetchedData = [self fetchSomethingFromServer];
        NSString *processedData = [self processData:fetchedData];
        NSString *firstResult = [self calculateFirstResult:processedData];
        NSString *secondResult = [self calculateSecondResult:processedData];
        NSString *resultsSummary = [NSString stringWithFormat:
                                    @"First: [%@]\nSecond: [%@]", firstResult,
                                    secondResult];
        dispatch_async(dispatch_get_main_queue(), ^{
            startButton.enabled = YES;
            startButton.alpha = 1.0;
            [spinner stopAnimating];
            resultsTextView.text = resultsSummary;
        });
        NSDate *endTime = [NSDate date];
        NSLog(@"Completed in %f seconds",
              [endTime timeIntervalSinceDate:startTime]);
    });
}
```

Crie e execute o aplicativo, depois pressione o botão. É mais ou menos assim, tá bom? Embora o "trabalho" em andamento demore alguns segundos, o usuário não fica esperando; o botão é desativado e também vê a parte, e o giro animado permite que o usuário saiba que o aplicativo não está preso atualmente e pode voltar ao normal em algum ponto.

Blocks Concorrentes

Até agora, tudo bem, mas ainda não acabamos! O seu lado observador irá notar que, após fazermos todo esse movimento, ainda não mudamos realmente o layout sequencial básico do nosso algoritmo (se você puder chamar essa simples lista de etapas de um algoritmo). Tudo o que estamos fazendo é mover uma parte desse método para um thread de segundo plano e concluí-lo no thread principal, e a saída do console do Xcode prova isso. Esse "trabalho" demora dez segundos para ser executado, assim como fez no início. A grande pedra no sapato é que `calculateFirstResult:` e `calculateSecondResult:` não precisam ser executados em sequência, e fazer isso ao mesmo tempo poderia nos levar a uma aceleração substancial.

Felizmente, o GCD tem uma maneira de fazer isso utilizando o chamado **dispatch group** (grupo de execução). Todos os blocks que são executados de maneira não sincronizada dentro do contexto de um grupo, por meio da função `dispatch_group_async()`, são liberados para execução o mais rapidamente possível, incluindo a distribuição para múltiplos threads para execução concorrente se possível. Também podemos usar `dispatch_group_notify()` para especificar um block adicional, que será executado quando todos os blocks no grupo tiverem executado até o final.

Faça as seguintes alterações em sua cópia do `doWork:`:

```
- (IBAction)doWork:(id)sender {
    NSDate *startTime = [NSDate date];
    dispatch_async(dispatch_get_global_queue(0, 0), ^{
        NSString *fetchedData = [self fetchSomethingFromServer];
        NSString *processedData = [self processData:fetchedData];
        NSString *firstResult = [self calculateFirstResult:processedData];
        NSString *secondResult = [self calculateSecondResult:processedData];
        __block NSString *firstResult;
        __block NSString *secondResult;
        dispatch_group_t group = dispatch_group_create();
        dispatch_group_async(group, dispatch_get_global_queue(0, 0), ^{
            firstResult = [[self calculateFirstResult:processedData] retain];
        });
        dispatch_group_async(group, dispatch_get_global_queue(0, 0), ^{
            secondResult = [[self calculateSecondResult:processedData] retain];
        });
        dispatch_group_notify(group, dispatch_get_global_queue(0, 0), ^{
            NSString *resultsSummary = [NSString stringWithFormat:
                                        @"First: [%@]\nSecond: [%@]", firstResult,
                                        secondResult];
            dispatch_async(dispatch_get_main_queue(), ^{
                startButton.enabled = YES;
                startButton.alpha = 1.0;
                [spinner stopAnimating];
                resultsTextView.text = resultsSummary;
            });
            NSDate *endTime = [NSDate date];
```

```
                NSLog(@"Completed in %f seconds",
                      [endTime timeIntervalSinceDate:startTime]);
                [firstResult release];
                [secondResult release];
            });
        });
}
```

Uma complicação aqui é que cada um dos métodos `calculate` retorna um valor que queremos pegar; então, primeiro temos de criar as variáveis utilizando o modificador de armazenamento `__block`, que garante que os valores definidos dentro dos blocks sejam disponibilizados para o código a ser executado posteriormente. Outra complicação envolve o gerenciamento de memória. Você pode não saber qual block no grupo será concluído primeiro, mas pode ter uma certa certeza de que eles não serão finalizados exatamente ao mesmo tempo. Isso significa que, quando o último block especificado com `dispatch_group_notify( )` for chamado, haverá um risco de quase 100% de que `firstResult` ou `secondResult` já tenha sido liberado! A solução é simplesmente reter cada resultado dentro do block que faz o cálculo e, depois, liberá-los no último block.

Com isso posicionado, crie e execute novamente seu aplicativo e você verá que seus esforços valeram a pena. O que antes era uma operação de dez segundos agora passou para sete graças ao fato de estarmos executando simultaneamente os dois cálculos. É claro que o exemplo planejado obtém o efeito máximo, porque esses dois "cálculos" não fazem algo de fato, mas fazem com que o thread que está executando hiberne; em um aplicativo real, a velocidade dependeria do tipo de trabalho sendo feito e de quais recursos estão disponíveis. Executar cálculos intensivos de CPU apenas tem auxílio dessa técnica se vários núcleos de CPU estivessem disponíveis, e, até o momento da redação deste livro, nenhum aparelho iOS tinha mais de um núcleo. Outros usos, como dados de busca a partir de várias conexões de rede de uma vez, veriam um aumento de velocidade mesmo com apenas uma CPU.

Como você pode observar, o GCD não é uma panaceia. Utilizá-lo não irá automaticamente aumentar a velocidade de todos os aplicativos, mas aplicando cautelosamente essas técnicas nos pontos de seu aplicativo em que a velocidade é essencial ou em que você pode achar que seu aplicativo está mais lento nas respostas ao usuário, você poderá facilmente fornecer uma melhor experiência de usuário, até mesmo em situações em que não seja possível melhorar o desempenho real.

Processamento em Segundo Plano

Outra inclusão importante no iOS 4 é a introdução ao processamento de segundo plano, que permite que seus aplicativos sejam executados em segundo plano em algumas circunstâncias, até mesmo após o usuário pressionar o botão home. Essa funcionalidade não deve ser confundida com a multitarefas real que todos os SO modernos de desktop atualmente têm, em que todos os programas que você abrir permanecerão na RAM do sistema até que você os tire de lá diretamente; aparelhos iOS têm RAM bastante lenta para conseguir fazer isso muito bem. Em vez disso, essa funcionalidade foi feita para permitir que aplicativos que precisem de funcionalidade de sistema de tipos específicos continuem em execução de uma maneira forçada. Por exemplo, se você tiver um aplicativo que executa um fluxo de áudio a partir de uma estação de rádio na internet, o iOS 4 permitirá que ele continue em execução mesmo se o usuário mudar para outro aplicativo. Além disso, ele irá até mesmo fornecer pausa-padrão e controle de volume na barra de tarefas do sistema do iOS (a barra que aparece na parte inferior quando você clica duas vezes no botão home) enquanto seu aplicativo estiver reproduzindo áudio.

NOTA: Os recursos do processamento de segundo plano estão disponíveis apenas em aparelhos que atendam a um certo padrão mínimo de hardware. Até o momento da publicação deste livro, isso incluía o iPhone 3GS e o iPhone 4, a terceira e a quarta gerações do iPod touch e o iPad. Basicamente, se você tiver algum iPhone ou iPod touch que estava disponível antes de meados de 2009, seu aparelho não será bem-vindo ao parquinho das multitarefas. Desculpe-me!

Especificamente, se você estiver criando um aplicativo que reproduza áudio, que queira atualizações contínuas de local ou que implemente VOIP para permitir que os usuários enviem e recebam chamadas telefônicas pela internet, você poderá declarar essa situação no arquivo *Info.plist* do seu aplicativo, e o sistema irá tratá-lo de maneira especial. Esse uso, embora interessante, provavelmente não é algo que a maioria dos leitores queira, então não nos aprofundaremos isso aqui.

Além de executar aplicativos em segundo plano, o iOS 4 também inclui a possibilidade de colocar um aplicativo em um estado suspenso após o usuário pressionar o botão home. A execução desse estado é teoricamente semelhante a colocar seu Mac no modo hibernar. Toda a memória em trabalho do aplicativo é mantida em RAM; apenas não é executada enquanto suspensa. Consequentemente, voltar para um aplicativo é bem rápido. Isso não se limita a aplicativos especiais e, de fato, é o comportamento padrão de qualquer aplicativo que você compilar com o SDK do iOS 4 (embora isso possa ser exibido por outra configuração no arquivo *Info.plist*). Para ver isso em ação, abra o aplicativo Mail do seu aparelho e verifique uma mensagem. Em seguida, pressione o botão home, abra o aplicativo Notes e selecione uma nota. Agora, toque duas vezes no botão home e volte ao Mail. Você verá que não há atraso perceptível; ele apenas muda de lugar como se estivesse em execução por todo ele.

Na maioria dos aplicativos, esse tipo de suspensão e reinício automático é tudo de que você precisa. No entanto, em algumas situações, seu aplicativo pode precisar saber quando está prestes a ser suspenso e quanto será retomado. O sistema fornece maneiras para notificar um aplicativo sobre as mudanças no seu estado de execução por meio da classe `UIApplication`, que fornece um número de métodos delegate e notificações apenas para esse objetivo. Nós mostraremos como utilizá-los.

Quando seu aplicativo estiver prestes a ser suspenso, uma coisa que ele pode fazer, independentemente de ser ou não um dos tipos de aplicativo de segundo plano especial, é solicitar um pouco mais de tempo para a execução em segundo plano. A ideia é ter a certeza de que seu aplicativo tenha tempo suficiente para fechar quaisquer arquivos abertos, recursos de rede e assim por diante. Daremos um exemplo disso daqui a pouco.

Vida Útil do Aplicativo

Antes de entrar nos detalhes de como lidar com mudanças no estado de execução do seu aplicativo, falaremos um pouco sobre os vários estados:

- **Not Running** (não executado): esse é o estado em que todos os aplicativos estão em um aparelho reinicializado recentemente. No iOS 4, um aplicativo irá retornar para esse estado somente se o *Info.plist* incluir a chave `UIApplicationExitsOnSuspended` (com o valor definido para `YES`), se esteve Suspended (suspenso) antes e o sistema precisa limpar alguma memória, ou se trava enquanto estiver em execução.
- **Active** (ativo): esse é o estado de execução normal de um aplicativo quando ele é exibido na tela. Ele pode receber entrada de usuário e adicionar a exibição.
- **Background** (segundo plano): nesse estado, um aplicativo recebe mais um tempo para executar algum código, mas não consegue acessar diretamente a tela nem obter entrada do usuário. Todos os aplicativos entram brevemente nesse estado quando o usuário pressiona o botão home; a maioria deles muda rapidamente para o estado Suspended (suspenso). Os aplicativos que querem ser executados em segundo plano ficam aqui até se tornar ativos novamente.
- **Suspended** (suspenso): um aplicativo suspenso está congelado. É isso que acontece com aplicativos normais após a breve permanência no estado Background. Toda a memória que o aplicativo estava usando enquanto permaneceu ativo é mantida como antes. Se o usuário trouxer o aplicativo de volta ao estado Active, ele irá pegar o aplicativo do ponto em que o deixou. Por outro lado, se o sistema precisar de mais memória para qualquer aplicativo que esteja atualmente ativo, quaisquer aplicativos suspensos poderão ser encerrados (e colocados no estado Not Running), e sua memória será liberada para outro uso.
- **Inactive** (inativo): um aplicativo entra nesse estado somente como pausa temporária para descanso entre dois outros estados. A única maneira de um aplicativo ficar inativo por um tempo é no caso de o usuário estar lidando com uma solicitação do sistema (como aquelas mostradas para chamada recebida ou SMS) ou se o usuário tiver bloqueado a tela. Isso é basicamente um tipo de prisão.

Notificações de Mudança de Estado

Para gerenciar as alterações entre esses estados, o `UIApplication` define alguns métodos que seus delegates podem implementar. Além deles, o `UIApplication` pode definir uma série de nomes de notificação correspondentes (veja a Tabela 13-1). Isso permite que os outros objetos além do delegate do aplicativo registrem notificações quando o estado do aplicativo mudar.

Tabela 13-1. *Métodos delegate para rastreamento do estado de execução do seu aplicativo e seus nomes de notificação correspondentes*

Método Delegate	Nome de Notificação
application:didFinishLaunchingWithOptions:	`UIApplicationDidFinishLaunchingNotification`
applicationWillResignActive:	`UIApplicationWillResignActiveNotification`
applicationDidBecomeActive:	`UIApplicationDidBecomeActiveNotification`
applicationDidEnterBackground:	`UIApplicationDidEnterBackgroundNotification`
applicationWillEnterForeground:	`UIApplicationWillEnterForegroundNotification`
applicationWillTerminate:	`UIApplicationWillTerminateNotification`

Note que cada um está relacionado diretamente a um dos estados em "execução": Active, Inactive e Background. Cada método delegate é chamado (e cada notificação postada) somente em um desses estados. As transições mais importantes de estado são entre Active e os demais; algumas transições, como de Background para Suspended, ocorrem sem qualquer aviso. Vamos ver esses métodos e saber como eles devem ser usados.

O primeiro deles, `application:didFinishLaunchingWithOptions:`, é um que você já viu várias vezes neste livro. É a principal maneira de fazer codificação de nível de aplicativo diretamente após o aplicativo ser aberto.

Os próximos dois métodos, `applicationWillResignActive:` e `applicationDidBecomeActive:`, são usados em várias circunstâncias. Se o usuário pressionar o botão home, `applicationWillResignActive:` será chamado, e, se depois trouxer o aplicativo para o primeiro plano, `applicationDidBecomeActive:` será chamado. A mesma sequência de eventos ocorre se o usuário receber uma chamada telefônica. Para completar, `applicationDidBecomeActive:` também é chamado quando o aplicativo abre! Em geral, esses dois métodos agrupam o movimento de um aplicativo do estado Active para o Inactive e são bons lugares para ativar e desativar quaisquer animações, áudio interno ou outros itens que lidam com a apresentação do aplicativo ao usuário. Devido às diversas situações em que `applicationDidBecomeActive:` é usado, você poderá querer colocar algum código de inicialização de aplicativo lá em vez de `application:didFinishLaunchingWithOptions:`. Note que você não deverá supor, em `applicationWillResignActive:`, que o aplicativo está prestes a ser enviado para o segundo plano, pois essa é apenas uma alteração temporária que acaba com uma volta ao Active.

Depois vem mais dois métodos, `applicationDidEnterBackground:` e `applicationWillEnterForeground:`, que têm uma área de utilização levemente diferente: lidar com um aplicativo que está sendo enviado definitivamente para o segundo plano. `ApplicationDidEnterBackground:` é onde seu aplicativo deverá liberar todos os recursos que podem ser recriados posteriormente, salvar todos os dados de usuário, fechar conexões de rede e assim por diante. Esse é o ponto em que você pode solicitar mais tempo para executar no plano de fundo se precisar, como demonstramos há pouco. Se você passar muito tempo fazendo coisas em applicationDidEnterBackground:, mais do que cinco segundos, o sistema irá decidir que seu aplicativo não está se comportando bem e irá encerrá-lo. Você deverá implementar applicationWillEnterForeground: para recriar o que quer que tenha sido destruído no applicationDidEnterBackground:, como recarregamento de dados de usuário, restabelecimento de conexões de rede e assim por diante.

Note que, quando applicationDidEnterBackground: é chamado, você pode saber com segurança que applicationWillResignActive: também foi chamado recentemente; da mesma forma, quando applicationWillEnterForeground: é chamado, você pode supor que applicationDidBecomeActive: será chamado em breve também.

Por último na lista, está o applicationWillTerminate:, que você provavelmente irá usar raras vezes, se usar. Antes do iOS 4, esse era o método que você implementaria para salvar os dados do usuário e assim por diante, mas, agora que existe o applicationDidEnterBackground:, não precisamos do método antigo, que é realmente chamado só se o nosso aplicativo já estiver em segundo plano e o sistema decidir pular a suspensão por algum motivo e simplesmente encerrar o aplicativo.

Agora, você deverá ter a compreensão teórica básica dos estados entre os quais um aplicativo muda. Vamos testar esse conhecimento com um aplicativo simples, que não faz nada mais do que escrever uma mensagem no log de console do Xcode sempre que um desses métodos é chamado. Depois, iremos manipular o aplicativo em execução de diversas maneiras, como um usuário faria, e veremos qual transição ocorre.

Criando o State Lab

No Xcode, crie um novo projeto baseado no template *View-based Application* e o nomeie como *State Lab*. Esse aplicativo não irá exibir nada além da tela cinza padrão que vem com ele; toda saída que ele gerar terminará no console do Xcode. O arquivo *State_LabAppDelegate.m* já contém todos os métodos nos quais estamos interessados. Só precisamos adicionar algum logging, conforme mostrado em negrito. Note que também removemos os comentários desses métodos, apenas por questões de redução.

```
- (BOOL)application:(UIApplication *)application didFinishLaunchingWithOptions:
    (NSDictionary *)launchOptions {
    NSLog(@"%@", NSStringFromSelector(_cmd));

    [self.window addSubview:viewController.view];
    [self.window makeKeyAndVisible];

    return YES;
}

- (void)applicationWillResignActive:(UIApplication *)application {
    NSLog(@"%@", NSStringFromSelector(_cmd));
}

- (void)applicationDidEnterBackground:(UIApplication *)application {
    NSLog(@"%@", NSStringFromSelector(_cmd));
```

```
}

- (void)applicationWillEnterForeground:(UIApplication *)application {
    NSLog(@"%@", NSStringFromSelector(_cmd));
}

- (void)applicationDidBecomeActive:(UIApplication *)application {
    NSLog(@"%@", NSStringFromSelector(_cmd));
}

- (void)applicationWillTerminate:(UIApplication *)application {
    NSLog(@"%@", NSStringFromSelector(_cmd));
}
```

Você pode estar pensando sobre aquela chamada `NSLog` que estamos usando em todos esses métodos. O Objective-C fornece uma variável incorporada útil chamada `_cmd` que sempre contém o seletor do método atual. Um seletor, caso você precise de uma reciclagem, é simplesmente a maneira de o Objective-C se referir a um método; a função `NSStringFromSelector()` retorna uma representação `NSString` de um determinado seletor. Nossa utilização, aqui, apenas nos dá um atalho para tirar o nome do método atual sem precisar redigitá-lo ou copiar e colar.

Explorando os Estados de Execução

Agora, crie e execute o aplicativo. O simulador aparecerá com o visual plano cinza. Volte para o Xcode e dê uma olhada no console (**Run ▸ Console**), em que você deverá ver algo assim:

```
2010-12-28 11:56:52.674 State Lab[3090:207] application:didFinishLaunchingWithOptions:
2010-12-28 11:56:52.677 State Lab[3090:207] applicationDidBecomeActive:
```

Aqui, você poderá ver que o aplicativo foi aberto com êxito e movido para o estado Active. Agora, volte para o simulador e pressione o botão home; você deverá ver o seguinte no console:

```
2010-12-28 11:56:55.874 State Lab[3090:207] applicationWillResignActive:
2010-12-28 11:56:55.875 State Lab[3090:207] applicationDidEnterBackground:
```

Essas duas linhas mostram o aplicativo realmente mudando entre dois estados. Primeiramente, começa Inactive e, depois, vai para Background. O que você não consegue ver aqui é que o aplicativo também muda para um terceiro estado, Suspended. Lembre-se de que você não recebe notificação de que isso aconteceu. É algo completamente fora do seu controle. Note que o aplicativo ainda está "vivo" de alguma maneira, e o Xcode ainda está conectado a ele, embora ele não esteja, de fato, usando tempo da CPU. Verifique isso tocando o ícone do aplicativo para abri-lo novamente, o que deverá produzir o seguinte:

```
2010-12-28 11:57:00.886 State Lab[3090:207] applicationWillEnterForeground:
2010-12-28 11:57:00.888 State Lab[3090:207] applicationDidBecomeActive:
```

Aí está você, de volta ao trabalho. O aplicativo foi anteriormente Suspended, foi despertado para Inactive e, depois, voltou a Active. Então, o que acontece quando o aplicativo é realmente encerrado? Toque novamente no botão home:

```
2010-12-28 11:57:03.569 State Lab[3090:207] applicationWillResignActive:
2010-12-28 11:57:03.570 State Lab[3090:207] applicationDidEnterBackground:
```

Em seguida, toque duas vezes no botão home, mantenha o ícone State Lab pressionado até que um pequeno ícone “eliminar” apareça e elimine-o. O que acontece? Você poderá ficar surpreso em ver que nada está impresso no console; tudo o que você obtém é “Debugging terminated” na linha de status na parte inferior da janela do console.

Ao que se sabe, o método `applicationWillTerminate:` normalmente não é chamado quando o sistema está movendo um aplicativo de Suspended para Not running. Quando um aplicativo estiver Suspended, se o sistema decidir esvaziá-lo para recuperar memória ou forçá-lo a sair manualmente, ele simplesmente desaparece e não dá uma chance de fazer algo. O método `applicationWillTerminate:` é chamado somente se o aplicativo a ser encerrado estiver no estado Background. Isso pode ocorrer, por exemplo, se ele estiver em execução no estado Background e for forçado a sair pelo usuário ou pelo sistema.

Agora, há mais uma interação relevante para examinar aqui, e é isso o que acontece quando o sistema mostra um alerta, temporariamente pegando o fluxo de entrada do aplicativo e o colocando em um aparelho real em vez de colocá-lo no simulador, em particular, um iPhone. Se você já tem seus certificados em dia e consegue criar uma versão depurada para executar no seu telefone, faça isso. Depois, peça para alguém enviar um SMS para o seu iPhone. Quando ele exibir um alerta de sistema mostrando o SMS, aparecerá o seguinte no console do Xcode:

```
2010-12-28 12:05:15.391 State Lab[1069:307] applicationWillResignActive:
```

Note que o nosso aplicativo não foi enviado para segundo plano; ele está no estado Inactive e ainda poderá ser visto atrás do alerta do sistema. Se esse aplicativo fosse um jogo ou tivesse qualquer vídeo, áudio ou animação executando, aí provavelmente iríamos pausá-lo.

Pressione o botão Close no alerta e obtenha o seguinte:

```
2010-12-28 12:05:24.808 State Lab[1069:307] applicationDidBecomeActive:
```

Agora, vejamos o que acontece se você decidir responder ao SMS. Peça para alguém enviar outro SMS, gerando o seguinte:

```
2010-12-28 12:11:04.154 State Lab[1069:307] applicationWillResignActive:
```

Dessa vez, aperte Reply e você deverá ver o seguinte tumulto de atividades:

```
2010-12-28 12:11:07.826 State Lab[1069:307] applicationDidBecomeActive:
2010-12-28 12:11:07.966 State Lab[1069:307] applicationWillResignActive:
2010-12-28 12:11:07.984 State Lab[1069:307] applicationDidEnterBackground:
```

Interessante! Nosso aplicativo rapidamente se torna Active mais uma vez, torna-se Inactive novamente e, finalmente, vai para Background (e, depois, silenciosamente, Suspended). Sinceramente, não temos certeza do porquê dessa sequência particular de transições. Parece que a viagem extra para Active e de volta a Inactive poderia ser evitada, mas é assim que ele parece trabalhar, pelo menos na versão atual do iOS.

Utilizando as Mudanças do Estado de Execução

Então, o que deveríamos fazer com tudo isso? Com base no que acabamos de demonstrar, parece que há uma estratégia clara para seguir ao lidarmos com essas mudanças de estado:

Active ➤ Inactive

Utilize `applicationWillResignActive?/UIApplicationWillResignActiveNotification` para pausar a exibição do seu aplicativo. Se ele for um jogo, provavelmente já exista a possibilidade de pausar sua reprodução de alguma maneira. Para outros tipos de aplicativo, certifique-se de que nenhuma solicitação crítica de tempo para a entrada do usuário esteja no trabalho, pois o seu aplicativo não irá obter essas entradas por enquanto.

Inactive ➤ Background

Utilize `applicationDidEnterBackground:/UIApplicationDidEnterBackgroundNotification` para liberar quaisquer recursos que não precisem ser mantidos quando o aplicativo for colocado em segundo plano (como imagens em cache ou outros dados que podem ser facilmente recarregados) ou que não sobreviveriam ao segundo plano de qualquer maneira (como conexões ativas de rede). Livrar-se de uso de memória em excesso aqui diminuirá o snapshot Suspended eventual do seu aplicativo, reduzindo, portanto, o risco de o seu aplicativo ser tirado totalmente da RAM. Você também deverá utilizar essa oportunidade para salvar qualquer dado de aplicativo que vá ajudar o usuário voltar ao ponto em que parou da próxima vez que seu aplicativo for reaberto; se o seu aplicativo voltar ao estado Active, normalmente isso não terá importância, mas, caso seja limpo e precise ser reaberto, seus usuários irão preferir começar no mesmo local.

Background ➤ Inactive

Utilize `applicationWillEnterForeground:/UIApplicationWillEnterForeground` para desfazer qualquer coisa que você tenha feito ao mudar de Inactive para Background. Por exemplo, aqui você pode restabelecer conexões persistentes de rede.

Inactive ➤ Active

Utilize `applicationDidBecomeActive:/UIApplicationDidBecomeActive` para desfazer qualquer coisa que você tenha feito ao mudar de Active para Inactive. Note que, se o seu aplicativo for um jogo, isso provavelmente não significa sair da pausa direto para o jogo; você deve permitir que os usuários façam isso sozinhos. Tenha em mente também que esse método e a notificação são usados quando um aplicativo é recém-aberto, então tudo o que você fizer aqui deverá funcionar também nesse contexto.

Há uma consideração especial para a transição Inactive ➤ Background. Ela não somente tem a maior descrição na lista anterior, como também é provavelmente a transição mais demorada e cheia de códigos na maioria dos aplicativos, devido à quantidade de "bookkepping" que você pode querer que seu aplicativo faça. Quando essa transição estiver a caminho, o sistema não dará a você o benefício de uma quantidade ilimitada de tempo para salvar suas alterações aqui; ele dará aproximadamente cinco segundos e, se o seu aplicativo demorar mais do que isso para retornar do método delegate (e lidar com quaisquer notificações para as quais você se registrou), ele será expurgado da memória e colocado no estado Not Running! Se isso parece injusto, não se preocupe, pois há uma prorrogação disponível. Enquanto lida com aquele método delegate ou com aquela notificação, você poderá pedir ao sistema para executar um trabalho adicional para você em uma fila de segundo plano, o que lhe dará algum tempo extra. Iremos demonstrar essa técnica daqui a pouco.

Lidando com o Estado Inactive

A mudança mais simples de estado que o seu aplicativo poderá encontrar é de Active para Inactive e, depois, de volta a Active. Você deve se lembrar de que é isso o que acontece se o seu iPhone recebe um SMS enquanto seu aplicativo está em execução; e ele exibe isso ao usuário. Nesta seção, faremos com que o State Lab faça algo visualmente interessante, para que possamos ver o que acontece se ignorarmos essa mudança de estado, e, depois, veremos como corrigir isso.

O que faremos aqui é adicionar um `UILabel` em nossa exibição e fazer com que ele mova utilizando Core Animation, que é uma maneira bem legal de animar objetos no iOS.

Comece adicionando `UILabel` como uma variável de instância e propriedade no arquivo *State_LabViewController.h*:

```
@interface State_LabViewController : UIViewController {
    UILabel *label;
}
@property (nonatomic, retain) UILabel *label;
@end
```

Em seguida, faça o trabalho usual de gerenciamento de memória para essa propriedade no arquivo *State_LabViewController.m*:

```
@implementation State_LabViewController
@synthesize label;

...

- (void)viewDidUnload {
    // Release any retained subviews of the main view.
    // e.g. self.myOutlet = nil;
    self.label = nil;
    [super viewDidUnload];
}

- (void)dealloc {
    [label release];
    [super dealloc];
}
```

Agora, vamos configurar o label quando a view carregar. Remova todas as marcas de comentário ao redor do método `viewDidLoad` e adicione as linhas em negrito mostradas a seguir:

```
- (void)viewDidLoad {
    [super viewDidLoad];

    CGRect bounds = self.view.bounds;
```

```
    CGRect labelFrame = CGRectMake(bounds.origin.x, CGRectGetMidY(bounds) - 50,
                                   bounds.size.width, 100);
    self.label = [[[UILabel alloc] initWithFrame:labelFrame] autorelease];
    label.font = [UIFont fontWithName:@"Helvetica" size:70];
    label.text = @"Bazinga!";
    label.textAlignment = UITextAlignmentCenter;
    label.backgroundColor = [UIColor clearColor];
    [self.view addSubview:label];
}
```

Depois, é hora de configurar alguma animação. Iremos definir dois métodos, um para girar o label para uma posição invertida e outro para girar de volta ao normal. Vamos declarar esses métodos em uma extensão de classe na parte superior do arquivo, logo antes do início de `@implementation` da classe:

```
@interface State_LabViewController ()
- (void)rotateLabelUp;
- (void)rotateLabelDown;
@end
```

As definições do método em si podem ser inseridas em qualquer lugar dentro do block `@implementation`:

```
- (void)rotateLabelDown {
    [UIView animateWithDuration:0.5
                     animations:^{
                         label.transform = CGAffineTransformMakeRotation(M_PI);
                     }
                     completion:^(BOOL finished){
                         [self rotateLabelUp];
                     }];
}

- (void)rotateLabelUp {
    [UIView animateWithDuration:0.5
                     animations:^{
                         label.transform = CGAffineTransformMakeRotation(0);
                     }
                     completion:^(BOOL finished){
                         [self rotateLabelDown];
                     }];
}
```

Isso merece um pouco de explicação. O `UIView` define um método de classe chamado `animateWithDuration:animations:completion:`, que configura uma animação. Qualquer atributo animável que definirmos dentro do block de animações não terá um efeito imediato no receptor. Em vez disso, o Core Animation irá levemente fazer a transição daquele atributo do seu valor atual para o novo que especificarmos. Isso é chamado de **implicit animation** (animação implícita) e é um dos principais recursos do Core Animation. Essa funcionalidade já está presente no Core Animation há algum tempo, mas essa abordagem baseada em block para configuração é nova no iOS 4. O block final de conclusão permite que nós especifiquemos o que irá acontecer quando a animação estiver completa.

Então, cada um desses métodos define uma propriedade `transform` do label para um giro particular, especificado em radianos. Cada um também define um block de conclusão para chamar o outro método, então o texto continuará sendo animado para sempre.

Por fim, precisamos configurar uma maneira para começar a animação. Por enquanto, faremos isso adicionando a seguinte linha ao final de `viewDidLoad` (mas iremos mudar isso depois pelos motivos que serão descritos posteriormente):

```
[self rotateLabelDown];
```

Agora, crie e execute o aplicativo e você deverá ver o rótulo *Bazinga!* girar (veja a Figura 13-4).

Figura 13-4. *O aplicativo State Lab fazendo a mágica de giro do seu label.*

Para testar a transição Active ➤ Inactive, você realmente precisa executar isso de novo em um iPhone real e enviar um SMS para ele de qualquer outro lugar. Infelizmente, não há como simular esse comportamento em qualquer versão do iOS simulator que a Apple tenha lançado até agora. Se você ainda não consegue criar e instalar em um aparelho ou se não tem um iPhone, não conseguirá testar isso sozinho, mas prossiga o melhor que puder!

Crie e execute o aplicativo em um iPhone e veja que a animação está em execução. Agora, envie um SMS para o aparelho e, quando aparecer o alerta do sistema para mostrar o SMS, você verá que a animação continuará executando! Isso pode ser um pouco cômico, mas provavelmente é irritante para um usuário. Utilizaremos as notificações de transição para interromper nossa animação quando isso ocorrer.

Nossa classe controller precisará ter algum estado interno para manter registro para o caso de ser animada em um determinado momento. Para isso, vamos adicionar um ivar ao `State_LabViewController.h`. Como esse é um `BOOL` simples, não um objeto (e, portanto, não é um problema de gerenciamento de memória), e como não há classes externas que precisarão do acesso a isso, vamos pular a etapa de fazer uma propriedade.

```
@interface State_LabViewController : UIViewController {
    BOOL animate;
    UILabel *label;
}
```

Como a nossa classe não é o delegate do aplicativo, não podemos simplesmente implementar os métodos delegate e esperar que eles funcionem. Em vez disso, inscrevemo-nos para receber notificações do aplicativo quando o estado de execução mudar. Faça isso adicionando algumas linhas na parte superior do método `viewDidLoad` no arquivo `State_LabViewController.m`:

```
- (void)viewDidLoad {
    [super viewDidLoad];
    [[NSNotificationCenter defaultCenter] addObserver:self
                                             selector:@selector(applicationWillResignActive)
                                                 name:UIApplicationWillResignActiveNotification
                                               object:[UIApplication sharedApplication]];
    [[NSNotificationCenter defaultCenter] addObserver:self
                                             selector:@selector(applicationDidBecomeActive)
                                                 name:UIApplicationDidBecomeActiveNotification
                                               object:[UIApplication sharedApplication]];
    CGRect bounds = self.view.bounds;
    ...
```

Isso configura essas duas notificações para que cada uma chame um método na nossa classe no momento apropriado. Defina esses métodos em qualquer lugar que você quiser dentro do block `@implementation`:

```
- (void)applicationWillResignActive {
    NSLog(@"%@", NSStringFromSelector(_cmd));
    animate = NO;
}

- (void)applicationDidBecomeActive {
    NSLog(@"%@", NSStringFromSelector(_cmd));
    animate = YES;
    [self rotateLabelDown];
}
```

Como você pode ver, incluímos o mesmo logging de método que antes, então você poderá ver onde eles ocorrem no console do Xcode. O primeiro desses métodos apenas desativa a marca `animate`; o segundo reativa a marca e, depois, reinicia de fato as animações. Para que o primeiro método tenha efeito, você precisa adicionar algum código para selecionar a marca `animate` e manter a animação somente se isso estiver ativado.

```
- (void)rotateLabelUp {
    [UIView animateWithDuration:0.5
                     animations:^{
                         label.transform = CGAffineTransformMakeRotation(0);
                     }
                     completion:^(BOOL finished){
```

```
                if (animate) {
                    [self rotateLabelDown];
                }
            }];
}
```

Nós adicionamos isso ao block de conclusão de `rotateLabelUp`, e somente lá, para que nossa animação parasse somente quando o texto estivesse virado para cima.

Agora, crie e execute novamente e veja o que acontece. Você provavelmente verá um tremor, com o label se movendo para cima e para baixo sem sequer girar! A razão para isso é simples, mas talvez não seja óbvia (embora tenhamos dado uma dica anteriormente). Você se lembra de que começamos as animações ao final de `viewDidLoad` chamando `rotateLabelDown`? Bem, agora estamos chamando `rotateLabelDown` também no `applicationDidBecomeActive`, e, lembre, o `applicationDidBecomeActive` será chamado não apenas quando mudarmos de Inactive para Active, mas também quando o aplicativo abrir e ficar Active em primeiro lugar! Isso significa que estamos começando nossas animações duas vezes, e o Core Animation parece não lidar bem com várias animações tentando mudar os mesmos atributos ao mesmo tempo. A solução é simplesmente excluir a linha que você adicionou anteriormente ao final de `viewDidLoad`:

```
    [self rotateLabelDown];
```

Agora, crie e execute e você deverá ver a animação corretamente. Mais uma vez, envie um SMS para o seu iPhone e, agora, quando o alerta do sistema aparecer, você verá que a animação em segundo plano irá parar assim que o texto estiver de cabeça para cima. Toque no botão Close, e a animação começará a afastar.

Agora, você viu o que fazer no simples caso de mudar de Active para Inactive e vice-versa. A maior tarefa, e talvez a mais importante, é lidar com uma troca para Background e, depois, com a volta para Foreground.

Lidando com o Estado Background

Como mencionamos anteriormente, mudar para o estado background é muito importante para garantir a melhor experiência de usuário possível. Esse é o ponto em que queremos excluir recursos que podem ser facilmente readquiridos (ou que serão perdidos de qualquer maneira quando seu aplicativo ficar silencioso) e salvar informações sobre o estado atual do seu aplicativo, tudo isso sem ocupar o thread principal por mais de cinco segundos.

Para demonstrar alguns desses comportamentos, vamos estender o State Lab de algumas maneiras. Primeiro, iremos adicionar uma imagem à exibição para que, posteriormente, possamos mostrar a você como se livrar da imagem na memória. Em seguida, vamos mostrar como salvar algumas informações sobre o estado do aplicativo para que, posteriormente, possamos facilmente as recuperar. Por fim, mostramos a você como ter certeza de que essas atividades não estão ocupando muito o tempo do thread principal, colocando todo esse trabalho em uma fila de segundo plano.

Removendo Recursos ao Entrar em Segundo Plano

Comece adicionando *smiley.png* a partir do arquivo-fonte do livro até a pasta *Resources* do seu projeto. Você pode fazer isso arrastando a imagem diretamente do Finder para a pasta *Resources* na janela do projeto do Xcode ou clicando com o botão direito na pasta Resources e selecionando **Add > Existing Files...** do menu de contexto. Em qualquer um dos casos, tenha certeza de ter marcado a caixa de seleção que diz ao Xcode para copiar o arquivo para o diretório do seu projeto.

Em seguida, vamos adicionar variáveis de instância e propriedades a uma imagem e uma image view ao `State_LabViewController.h`:

```
@interface State_LabViewController : UIViewController {
    BOOL animate;
    UILabel *label;
    UIImage *smiley;
    UIImageView *smileyView;
}
@property (nonatomic, retain) UILabel *label;
@property (nonatomic, retain) UIImage *smiley;
@property (nonatomic, retain) UIImageView *smileyView;
@end
```

Feito isso, mude novamente para o arquivo *.m* e adicione o código usual de gerenciamento de memória:

```
@implementation State_LabViewController

@synthesize label;
@synthesize smiley, smileyView;
...
- (void)viewDidUnload {
    // Release any retained subviews of the main view.
    // e.g. self.myOutlet = nil;
    self.label = nil;
    self.smiley = nil;
    self.smileyView = nil;
    [super viewDidUnload];
}

- (void)dealloc {
    [label release];
    [smiley release];
    [smileyView release];
    [super dealloc];
}
```

Agora, vamos configurar a image view e colocá-la na tela modificando o método `viewDidLoad` conforme mostrado aqui:

```
- (void)viewDidLoad {
    [super viewDidLoad];
    [[NSNotificationCenter defaultCenter] addObserver:self
                                             selector:@selector(applicationWillResignActive)
                                                 name:UIApplicationWillResignActiveNotification
                                               object:[UIApplication sharedApplication]];
    [[NSNotificationCenter defaultCenter] addObserver:self
                                             selector:@selector(applicationDidBecomeActive)
```

```
                                               name:UIApplicationDidBecomeActiveNotification
                                             object:[UIApplication sharedApplication]];
    CGRect bounds = self.view.bounds;
    CGRect labelFrame = CGRectMake(bounds.origin.x, CGRectGetMidY(bounds) - 50,
                                   bounds.size.width, 100);
    self.label = [[[UILabel alloc] initWithFrame:labelFrame] autorelease];
    label.font = [UIFont fontWithName:@"Helvetica" size:70];
    label.text = @"Bazinga!";
    label.textAlignment = UITextAlignmentCenter;
    label.backgroundColor = [UIColor clearColor];

    // smiley.png is 84 x 84
    CGRect smileyFrame = CGRectMake(CGRectGetMidX(bounds) - 42,
                                    CGRectGetMidY(bounds)/2 - 42,
                                    84, 84);
    self.smileyView = [[[UIImageView alloc] initWithFrame:smileyFrame] autorelease];
    self.smileyView.contentMode = UIViewContentModeCenter;
    NSString *smileyPath = [[NSBundle mainBundle] pathForResource:@"smiley"
                                                           ofType:@"png"];
    self.smiley = [UIImage imageWithContentsOfFile:smileyPath];
    self.smileyView.image = self.smiley;

    [self.view addSubview:smileyView];
    [self.view addSubview:label];
}
```

Agora, crie, execute e você verá um rosto sorrindo, incrivelmente “feliz”, na parte superior da tela, acima do texto girando (veja a Figura 13-5).

Figura 13-5. *O aplicativo State Lab fazendo a mágica de giro do label com a inclusão de um ícone de carinha.*

Agora, pressione o botão home para mover seu aplicativo até o segundo plano e, depois, pressione seu ícone para abri-lo novamente. Nada acontece, certo? Certo. Lembre-se de que queremos diminuir o número de recursos que o nosso aplicativo irá utilizar enquanto estiver no estado Background, então gostaríamos realmente de liberar aquela imagem ao ir para segundo plano e recriá-la quando voltarmos do Background. Para fazer isso, precisaremos adicionar mais dois registros de notificação na parte superior do `viewDidLoad`, logo após `[super viewDidLoad]`:

```
[[NSNotificationCenter defaultCenter] addObserver:self
                                         selector:@selector(applicationDidEnterBackground)
                                             name:UIApplicationDidEnterBackgroundNotification
                                           object:[UIApplication sharedApplication]];
[[NSNotificationCenter defaultCenter] addObserver:self
                                         selector:@selector(applicationWillEnterForeground)
                                             name:UIApplicationWillEnterForegroundNotification
                                           object:[UIApplication sharedApplication]];
```

E queremos implementar os dois novos métodos:

```
- (void)applicationDidEnterBackground {
    NSLog(@"%@", NSStringFromSelector(_cmd));
    self.smiley = nil;
    self.smileyView.image = nil;
}

- (void)applicationWillEnterForeground {
    NSLog(@"%@", NSStringFromSelector(_cmd));
    NSString *smileyPath = [[NSBundle mainBundle] pathForResource:@"smiley"
                                                           ofType:@"png"];
    self.smiley = [UIImage imageWithContentsOfFile:smileyPath];
    self.smileyView.image = self.smiley;
}
```

Agora, crie, execute e faça as mesmas etapas de colocar em segundo plano seu aplicativo e voltar para ele. Você vai notar que, do ponto de vista do usuário, o comportamento parece ser o mesmo. Se você quiser verificar se isso realmente está acontecendo, comente os conteúdos do método `applicationWillEnterForeground`, crie e execute novamente; você verá que a imagem realmente desaparece.

Salvando o Estado ao Entrar em Segundo Plano

Agora que você viu um exemplo de como liberar alguns recursos ao entrar em segundo plano, é hora de pensar sobre salvar o estado. Lembre-se de que a ideia é salvar todos as informações relevantes sobre o que o usuário está fazendo para que, caso o seu aplicativo seja tirado da memória posteriormente, na próxima vez em que o usuário voltar, ele ainda possa continuar de onde parou. O tipo de estado sobre o qual estamos falando aqui é realmente específico do aplicativo. Você pode querer manter o registro de qual documento um usuário estava vendo, a localização do cursor em um campo de texto, qual view de aplicativo estava aberta e assim por diante. No nosso caso, iremos apenas manter registro da seleção em um controle segmentado.

Comece adicionando uma nova variável de instância e propriedade no *State_ LabViewController.h*:

```
@interface State_LabViewController : UIViewController {
```

```
    BOOL animate;
    UILabel *label;
    UIImage *smiley;
    UIImageView *smileyView;
    UISegmentedControl *segmentedControl;
}
@property (nonatomic, retain) UILabel *label;
@property (nonatomic, retain) UIImage *smiley;
@property (nonatomic, retain) UIImageView *smileyView;
@property (nonatomic, retain) UISegmentedControl *segmentedControl;
@end
```

Em seguida, implemente o código padronizado usual para accessors e gerenciamento de memória no *State_LabViewController.m*:

```
@implementation State_LabViewController

@synthesize label;
@synthesize smiley, smileyView;
@synthesize segmentedControl;

...

- (void)viewDidUnload {
    // Release any retained subviews of the main view.
    // e.g. self.myOutlet = nil;
    self.label = nil;
    self.smiley = nil;
    self.smileyView = nil;
    self.segmentedControl = nil;
    [super viewDidUnload];
}

- (void)dealloc {
    [label release];
    [smiley release];
    [smileyView release];
    [segmentedControl release];
    [super dealloc];
}
```

Agora, vá para o final do método `viewDidLoad`, onde criaremos o controle segmentado e o adicionaremos à view:

```
...
self.smileyView.image = self.smiley;

self.segmentedControl = [[[UISegmentedControl alloc] initWithItems:
                          [NSArray arrayWithObjects:
                           @"One", @"Two", @"Three", @"Four", nil]] autorelease];
self.segmentedControl.frame = CGRectMake(bounds.origin.x + 20,
                                         CGRectGetMaxY(bounds) - 50,
                                         bounds.size.width - 40, 30);

[self.view addSubview:segmentedControl];
[self.view addSubview:smileyView];
[self.view addSubview:label];
```

```
}
```

Se você criar e executar nesse ponto, verá um claro problema: o controle segmentado parece não funcionar! Você pode tocar em todos esses segmentos, se quiser e nada irá acontecer. O problema, de fato, está na animação que está sendo executado. Por padrão, o método Core Animation que utilizamos para configurar as coisas evita que qualquer entrada de usuário seja coletada enquanto as animações estiverem ocorrendo. Há uma maneira opcional de ativar a interação do usuário, que requer a utilização de um nome de método mais longo em cada um dos métodos de giro. Modifique-os conforme mostrado a seguir:

```
- (void)rotateLabelDown {
    [UIView animateWithDuration:0.5
                          delay:0
                        options:UIViewAnimationOptionAllowUserInteraction
                     animations:^{
                         label.transform = CGAffineTransformMakeRotation(M_PI);
                     }
                     completion:^(BOOL finished){
                         [self rotateLabelUp]; }];
}

- (void)rotateLabelUp {
    [UIView animateWithDuration:0.5
                          delay:0
                        options:UIViewAnimationOptionAllowUserInteraction
                     animations:^{
                         label.transform = CGAffineTransformMakeRotation(0);
                     }
                     completion:^(BOOL finished){
                         if (animate) {
                             [self rotateLabelDown];
                         }
                     }];
}
```

Crie e execute novamente e veja o que acontece. Está melhor, não está? Agora, toque em qualquer um dos quatro segmentos, depois, na sequência familiar do segundo plano do seu aplicativo e traga-o de volta. Você verá que o segmento que você escolheu (aposto que foi o "Three") ainda está selecionado; nenhuma surpresa aqui. Coloque seu aplicativo em segundo plano novamente, abra a barra de tarefas e elimine seu aplicativo; depois, abra-o novamente. Você estará de volta ao quadrado um, sem segmento selecionado. É isso que precisaremos corrigir em seguida.

Salvar a seleção é bem simples. Apenas precisamos adicionar algumas linhas ao final do método `applicationDidEnterBackground:`

```
- (void)applicationDidEnterBackground {
    NSLog(@"%@", NSStringFromSelector(_cmd));
    self.smiley = nil;
    self.smileyView.image = nil;

    NSInteger selectedIndex = self.segmentedControl.selectedSegmentIndex;
    [[NSUserDefaults standardUserDefaults] setInteger:selectedIndex
                                               forKey:@"selectedIndex"];
}
```

No entanto, onde deveríamos restaurar esse índice de seleção e utilizá-lo para configurar o controle segmentado? O inverso desse método, o `applicationWillEnterForeground`, não é o que queremos; quando esse método é chamado, o aplicativo já está em execução, e a configuração ainda está intacta. Em vez disso, precisamos acessá-lo quando as coisas estiverem configuradas após uma reabertura, o que nos traz de volta ao método `viewDidLoad`. Adicione as seguintes linhas em negrito ao final do método:

```
    ...

    [self.view addSubview:label];

    NSNumber *indexNumber;
    if (indexNumber = [[NSUserDefaults standardUserDefaults]
                       objectForKey:@"selectedIndex"]) {
        NSInteger selectedIndex = [indexNumber intValue];
        self.segmentedControl.selectedSegmentIndex = selectedIndex;
    }
}
```

Tivemos de incluir uma pequena marca racional para ver se há um valor armazenado para a chave `selectedIndex` para cobrir casos como a primeira abertura do aplicativo, em que nada foi selecionado.

Agora, crie e execute, toque em um segmento e depois faça toda a dança de reinício do segundo plano; lá está — sua seleção intacta! É claro que mostramos o mínimo aqui, mas o conceito pode ser ampliado para todos os tipos de estado do aplicativo. Depende de você decidir o quão longe quer ir para manter a ilusão do usuário de que o seu aplicativo sempre esteve lá, apenas esperando para voltar!

Solicitando Mais Tempo de Segundo Plano

Mencionamos anteriormente a possibilidade de o seu aplicativo ser tirado da memória se a mudança para o estado Background demorasse muito. Para ver isso em ação, apenas adicione uma linha ao método `applicationDidEnterBackground`:

```
- (void)applicationDidEnterBackground {
    NSLog(@"%@", NSStringFromSelector(_cmd));
    self.smiley = nil;
    self.smileyView.image = nil;

    NSInteger selectedIndex = self.segmentedControl.selectedSegmentIndex;
    [[NSUserDefaults standardUserDefaults] setInteger:selectedIndex
                                               forKey:@"selectedIndex"];
    // simulate a lengthy procedure
    [NSThread sleepForTimeInterval:10];
}
```

Agora, crie e execute. Em seguida, toque no botão home, veja a linha de status na parte inferior do console do Xcode e espere alguns segundos; você verá o texto mudar para “Debugging terminated”. Isso significa que o iOS (ou o iOS simulator) decidiu que seu aplicativo é um mau cidadão e o expulsou!

Não se preocupe. Há como evitar isso e não é tão ruim. Mais uma vez, utilizaremos novos conhecimentos, GCD e blocks para fazer com que os conteúdos do nosso método applicationDidEnterBackground sejam executados em uma fila separada. Modifique o método da seguinte maneira:

```
- (void)applicationDidEnterBackground {
    NSLog(@"%@", NSStringFromSelector(_cmd));
    UIApplication *app = [UIApplication sharedApplication];

    __block UIBackgroundTaskIdentifier taskId;
    taskId = [app beginBackgroundTaskWithExpirationHandler:^{
        NSLog(@"Background task ran out of time and was terminated.");
        [app endBackgroundTask:taskId];
    }];

    if (taskId == UIBackgroundTaskInvalid) {
        NSLog(@"Failed to start background task!");
        return;
    }

    dispatch_async(dispatch_get_global_queue(0, 0), ^{
        NSLog(@"Starting background task with %f seconds remaining",
              app.backgroundTimeRemaining);
        self.smiley = nil;
        self.smileyView.image = nil;

        NSInteger selectedIndex = self.segmentedControl.selectedSegmentIndex;
        [[NSUserDefaults standardUserDefaults] setInteger:selectedIndex
                                                   forKey:@"selectedIndex"];
        // simulate a lengthy procedure
        [NSThread sleepForTimeInterval:10];

        NSLog(@"Finishing background task with %f seconds remaining",
              app.backgroundTimeRemaining);
        [app endBackgroundTask:taskId];
    });
}
```

Vejamos parte por parte. Primeiro, arrastamos a instância UIApplication compartilhada, já que iremos utilizá-la várias vezes nesse método. Ficará assim:

```
__block UIBackgroundTaskIdentifier taskId;
taskId = [app beginBackgroundTaskWithExpirationHandler:^{
    NSLog(@"Background task ran out of time and was terminated.");
    [app endBackgroundTask:taskId];
}];
```

Essa chamada para beginBackgroundTaskWithExpirationHandler: retorna um identificador que precisará manter registro para uso futuro. Declaramos a variável taskId armazenada com o qualificador de armazenamento __block, já que queremos ter certeza de que o identificador retornado pelo método é compartilhado entre quaisquer blocks que criarmos nesse método.

Com a chamada ao beginBackgroundTaskWithExpirationHandler:, estamos basicamente dizendo ao sistema que precisamos de mais tempo para realizar algo e que prometemos dizer quando acabarmos. O block dado como um parâmetro pode ser chamado se o sistema decidir que está em execução por muito tempo e decidir parar.

Note que o block que demos acabou com uma chamada para `endBackgroundTask:`, passando para `taskId`. Isso diz ao sistema que acabamos o trabalho para o qual solicitamos tempo extra anteriormente. É importante equilibrar cada chamada para `beginBackgroundTaskWithExpirationHandler:` com uma chamada correspondente para `endBackgroundTask:` para que o sistema saiba quando acabarmos.

> **NOTA:** Dependendo do seu conhecimento de computação, a palavra *task* (tarefa) aqui pode causar associações com o que geralmente chamamos de *process* (processo), consistindo em um programa em execução que pode conter vários threads e assim por diante. Nesse caso, tente tirar isso da sua mente. O uso de *task* nesse contexto realmente apenas significa "algo que precisa ser feito". Qualquer "tarefa" que você criar aqui continuará em execução dentro do seu aplicativo executado.

Em seguida, faremos o seguinte:

```
if (taskId == UIBackgroundTaskInvalid) {
    NSLog(@"Failed to start background task!");
    return;
}
```

Se a nossa chamada anterior a `endBackgroundTaskWithExpirationHandler:` retornou o valor `UIBackgroundTaskInvalid` especial, isso significa que o sistema está se recusando a nos dar tempo adicional. Nesse caso, você poderia tentar fazer a parte mais rápida do que precisa ser feito e esperar que isso acabe em cinco segundos. Isso pode ser um problema ao executar em aparelhos mais antigos, como o iPhone 3G, que permite que você execute o iOS 4, mas não suporta multitarefas. Neste exemplo, no entanto, estamos apenas deixando deslizar.

Em seguida, vem a parte interessante em que o trabalho em si é realmente feito:

```
dispatch_async(dispatch_get_global_queue(0, 0), ^{
    NSLog(@"Starting background task with %f seconds remaining",
          app.backgroundTimeRemaining);
    self.smiley = nil;
    self.smileyView.image = nil;

    NSInteger selectedIndex = self.segmentedControl.selectedSegmentIndex;
    [[NSUserDefaults standardUserDefaults] setInteger:selectedIndex
                                               forKey:@"selectedIndex"];
    // simulate a lengthy procedure
    [NSThread sleepForTimeInterval:10];

    NSLog(@"Finishing background task with %f seconds remaining",
          app.backgroundTimeRemaining);
    [app endBackgroundTask:taskId];
});
```

Tudo o que isso faz é pegar o mesmo trabalho que o nosso método estava fazendo em primeiro lugar e colocá-lo em uma fila de segundo plano. Ao final desse block, chamamos `endBackgroundTask:` para que o sistema saiba que terminamos.

Com isso posicionado, crie, execute e, depois, coloque seu aplicativo em segundo plano pressionando o botão home. Observe o console e a barra de status na parte inferior da janela do Xcode. Você verá que, dessa vez, seu aplicativo continua em execução (você não recebe a mensagem "Debugging terminated" na barra de status), e, após dez segundos, você verá o registro final na sua saída. Uma execução completa do aplicativo até esse ponto deverá dar a você a saída de console nestas linhas:

```
2010-12-30 22:35:28.608 State Lab[7449:207] application:didFinishLaunchingWithOptions:
2010-12-30 22:35:28.616 State Lab[7449:207] applicationDidBecomeActive:
2010-12-30 22:35:28.617 State Lab[7449:207] applicationDidBecomeActive
2010-12-30 22:35:31.869 State Lab[7449:207] applicationWillResignActive:
2010-12-30 22:35:31.870 State Lab[7449:207] applicationWillResignActive
2010-12-30 22:35:31.871 State Lab[7449:207] applicationDidEnterBackground:
2010-12-30 22:35:31.873 State Lab[7449:207] applicationDidEnterBackground
2010-12-30 22:35:31.874 State Lab[7449:1903] Starting background task with 599.995069
seconds remaining
2010-12-30 22:35:41.877 State Lab[7449:1903] Finishing background task with 589.993956
seconds remaining
```

Como você pode ver, o sistema é muito mais generoso com o tempo quando faz coisas em segundo plano do que no thread principal do seu aplicativo; então, siga esse procedimento para realmente se ajudar se tiver alguma tarefa em execução com a qual lidar.

Observe que pedimos um único identificador de tarefas de segundo plano, mas, na prática, você pode pedir quantos precisar. Por exemplo, se você tiver várias transferências de rede acontecendo no tempo Background e precisar concluí-las, poderá pedir um identificador para cada uma e permitir que elas continuem em execução em uma fila dé segundo plano, para que você possa facilmente permitir a execução de várias operações em paralelo durante o tempo disponível. Considere também que o identificador de tarefas que você recebe é um valor normal de linguagem C (não um objeto) e, além de ser armazenado em uma variável `__block` local, pode também ser armazenado como uma variável de instância se for melhor para o design da sua classe.

Grand Central Dispatch, Desligo

Foi um capítulo bem pesado, com vários novos conceitos colocados no seu caminho. Você aprendeu não apenas sobre um conjunto completo de novos recursos que a Apple adicionou à linguagem C, mas também sobre um novo paradigma de conceito para lidar com a concorrência, sem se preocupar com threads e técnicas para ter certeza de que seus aplicativos serão bem executados no mundo de multitarefas do iOS 4. Agora que tiramos essas coisas pesadas do nosso caminho, vamos para o próximo capítulo, em que focaremos em desenho. Pegue seu lápis e vamos desenhar!

Capítulo 14

Desenhando com Quartz e OpenGL

Todos os aplicativos que criamos até agora têm sido construídos a partir de views e controles, que nos fornecem uma parte do Framework UIKit. Você pode fazer muitas coisas com esses componentes de estoque, e várias interfaces de aplicativos legais podem ser construídas usando apenas esses objetos. Alguns aplicativos, entretanto, não podem ser feitos completamente sem olhar mais adiante.

Por exemplo, às vezes, um aplicativo precisa ser capaz de fazer um desenho personalizado. Felizmente, não temos uma, mas duas bibliotecas separadas que podemos chamar para as nossas necessidades de desenho:

- Quartz 2D, que faz parte do framework do Core Graphics.
- OpenGL ES, que é uma biblioteca gráfica de plataforma cruzada.

A OpenGL ES é uma versão simplificada de outra biblioteca gráfica de plataforma cruzada chamada OpenGL. A OpenGL ES é um subconjunto da OpenGL, criada principalmente para sistemas embutidos (por isso as letras *ES*), tal como o iPhone, iPad e iPod touch.

Neste capítulo, vamos explorar esses dois potentes ambientes gráficos. Criaremos modelos de aplicativos em ambos e teremos uma noção de quando usar cada um deles.

Duas Views de um Mundo Gráfico

Embora a Quartz e a OpenGL sobreponham-se muito, existem diferenças entre eles.

Quartz é um conjunto de funções, tipos de dados e objetos criados para que você desenhe corretamente em uma view ou uma imagem na memória. A Quartz considera a view ou a imagem que está sendo desenhada como uma tela e segue o que é chamado de **modelo do pintor**, que é apenas uma maneira legal de dizer que aqueles comandos são aplicados de forma muito parecida com a pintura aplicada em uma tela.

Se o pintor fizer uma tela toda vermelha e, depois, pintar a metade inferior dela de azul, a tela ficará metade vermelha e metade azul ou roxa (azul se a pintura for opaca; roxa se a pintura for semitransparente). As telas virtuais da Quatz funcionam da mesma maneira. Se você pintar a view inteira de vermelho e, depois, pintar a metade inferior de azul, terá uma view metade vermelha e metade azul ou roxa, dependendo de a segunda ação de desenho ser totalmente opaca ou parcialmente transparente. Cada ação de desenho é aplicada às telas na parte superior de qualquer ação de desenho anterior.

Por outro lado, a OpenGL ES é implementada como uma **máquina de estado**. Esse conceito é um pouco mais difícil de dominar, pois ele não resolve uma simples metáfora, como pintar uma tela virtual. Em vez de deixar você utilizar as ações que impactam diretamente a view, janela ou imagem, a OpenGL ES mantém um mundo virtual tridimensional. Quando você adiciona objetos nesse mundo virtual, a OpenGL mantém registro do estado de todos os objetos.

Em vez de uma tela virtual, a OpenGL ES lhe dá uma janela virtual dentro do seu mundo. Você adiciona objetos ao mundo e define o local da sua janela virtual em relação a ele. A OpenGL ES, então, desenha o que você pode ver por aquela janela com base no modo em que ela é configurada e onde vários objetos estão relacionados entre si. Esse conceito é um pouco abstrato, mas ele fará mais sentido assim que criarmos nosso aplicativo de desenho OpenGL ES posteriormente neste capítulo.

A Quartz fornece uma variedade de funções de desenhos de linhas, formas e imagens. Apesar de ser fácil de usar, a Quartz 2D é limitada a desenhos bidimensionais. Embora muitas funções da Quartz resultem em desenhos que tiram vantagem da aceleração de hardware, não há garantia de que uma ação em particular que você fizer na Quartz será acelerada.

A OpenGL, embora consideravelmente mais complexa e conceitualmente mais difícil, oferece muito mais poder. Ela tem ferramentas tanto para desenho bidimensional quanto tridimensional e é especificamente designada para levar muitas vantagens da aceleração de hardware. Por ela poder manter a sequência dos estados de um mundo virtual, também é extremamente bem adaptada para escrever jogos e outros programas complexos e intensivos de gráficos.

Agora que você tem uma ideia geral sobre as duas bibliotecas de desenho, vamos testá-las. Começaremos com os fundamentos de como a Quartz 2D funciona e, depois, criaremos um aplicativo de desenho simples com ele. Em seguida, iremos recriar o mesmo aplicativo utilizando a OpenGL ES.

A Abordagem Quartz para Desenhar

Ao usar a Quartz para fazer o seu desenho, você geralmente irá adicionar o código de desenho para a view desenhar. Por exemplo, você deve criar uma subclasse do `UIView` e adicionar chamadas de função de Quartz para o método `drawRect:` daquela classe. Esse método faz parte da definição de classe `UIView` e é chamado sempre que a view precisar se redesenhar. Se você inserir o seu código Quartz no `drawRect:`, ele será chamado depois que a view se redesenhar.

Contextos de Gráficos da Quartz 2D

Na Quartz 2D, assim como no resto do Core Graphics, o desenho acontece em um **contexto gráfico**, geralmente chamado apenas de **contexto**. Toda view tem um contexto associado. Você recupera o contexto atual, usa-o esse contexto para fazer várias chamadas de desenho Quartz e deixa o contexto se preocupar com a apresentação do seu desenho na view.

Esta linha do código obtém os dados processados do contexto atual:

```
CGContextRef context = UIGraphicsGetCurrentContext();
```

NOTA: Note que estamos usando as funções C do Core Graphics, em vez dos objetos do Objective-C, para o nosso desenho. O Core Graphics e a OpenGL se baseiam em API do C; então, a maior parte do código que escreveremos nesta parte do capítulo irá consistir em chamadas de função C.

Ao definir o seu contexto gráfico, você poderá desenhar nele passando o contexto para uma variedade de funções de desenho do Core Graphics. Por exemplo, esta sequência irá criar um **caminho**, consistindo em uma linha de 4 pixels de largura, no contexto e, em seguida, irá desenhar a linha:

```
CGContextSetLineWidth(context, 4.0);
CGContextSetStrokeColorWithColor(context, [UIColor redColor].CGColor);
CGContextMoveToPoint(context, 10.0f, 10.0f);
CGContextAddLineToPoint(context, 20.0f, 20.0f);
CGContextStrokePath(context);
```

A primeira chamada especifica que as linhas usadas para criar o caminho atual devem ter 4 pixels de largura. Depois, especificamos que a cor do traço deverá ser vermelha. No Core Graphics, duas cores são associadas às ações do desenho:

- A **cor do traço** é usada nas linhas do desenho e para o contorno das formas.
- A **cor do preenchimento** é usada para preencher as formas.

Um contexto tem um tipo de caneta invisível associada a ele que faz o desenho da linha. Conforme os comandos de desenho são executados, os movimentos dessa caneta formam um **caminho**. Quando você chama o `CGContextMoveToPoint()`, você move o ponto final do caminho atual para aquele lugar, sem desenhar nada ainda. Qualquer que seja a operação que vier depois, fará seu trabalho relativo àquele ponto para o qual movemos a caneta. No caso anterior, por exemplo, nós, primeiramente, movemos a caneta para (10, 10). A chamada de função seguinte desenhou uma linha a partir da localização atual da caneta (10, 10) até a localização especificada (20, 20), que se tornou a nova localização da caneta.

Quando você desenha no Core Graphics, não está desenhando algo que realmente possa ver. Você está criando um caminho, que pode ser uma forma, uma linha ou algum outro objeto, mas ele não tem cor ou qualquer coisa que o torne visível. É como se estivesse escrevendo com uma tinta invisível. Até que você faça algo para torná-lo visível, seu caminho não poderá ser visto. Então, o próximo passo é pedir à Quartz para desenhar a linha usando `CGContextStrokePath()`. Essa função irá usar a largura da linha e a cor do traço que configuramos anteriormente para realmente colorir (ou "pintar") o caminho e torná-lo visível.

O Sistema de Coordenadas

Na parte de código anterior, passamos alguns números de pontos flutuantes como parâmetros para o `CGContextMoveToPoint()` e `CGContextLineToPoint()`. Esses números representam as posições no sistema do Core Graphics. As localizações nesse sistema são indicadas pelas suas coordenadas x e y, que geralmente são representadas como (x, y). O canto superior à esquerda do contexto é (0, 0). Conforme você move para baixo, o y aumenta. Conforme você move para a direita, o x aumenta.

No fragmento de código anterior, desenhamos uma linha diagonal de (10, 10) para (20, 20), que se parecerá com a linha exibida na Figura 14-1.

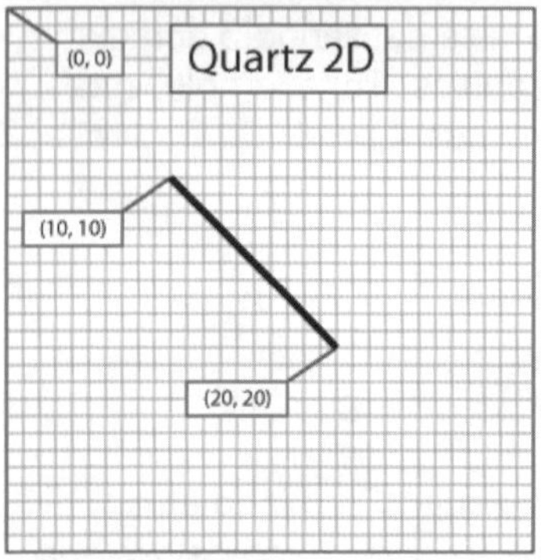

Figura 14-1. *Desenhando uma linha utilizando o sistema de coordenadas da Quartz 2D.*

O sistema de coordenadas é uma das "pegadinhas" ao desenhar no iPhone, pois esse sistema é uma combinação do que muitas bibliotecas gráficas usam e do sistema de coordenada cartesiano tradicional (introduzido por René Descartes no século XVII). Na OpenGL ES, por exemplo, (0, 0) está no canto inferior esquerdo e, conforme a coordenada y aumenta, você move em direção à parte superior do contexto ou da view, como é mostrado na Figura 14-2. Ao trabalhar com a OpenGL, você deverá traduzir a posição do sistema de coordenadas da view para o sistema de coordenadas da OpenGL. Isso é bem fácil de fazer, conforme você verá quando começarmos a trabalhar com a OpenGL posteriormente neste capítulo.

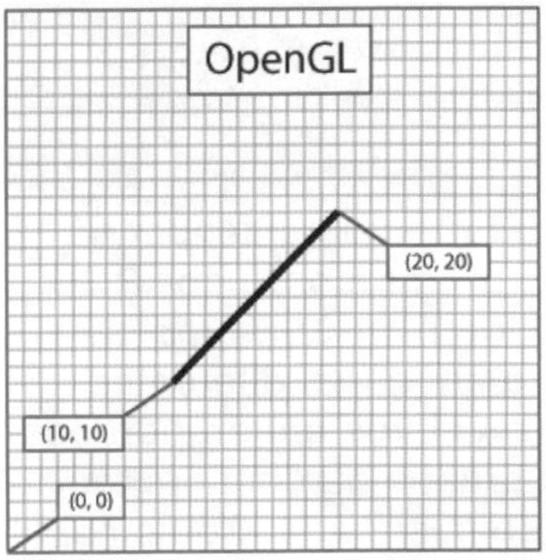

Figura 14-2. *Em muitas bibliotecas gráficas, incluindo a OpenGL, desenhar de (10, 10) a (20, 20) iria produzir uma linha que se parece mais com isso do que com a linha na Figura 14-1.*

Para especificar um ponto no sistema de coordenadas, algumas funções Quartz requerem dois números de pontos flutuantes como parâmetros. Outras funções Quartz pedem o ponto a ser incorporado em um `CGPoint`, um `struct` que armazena dois valores de pontos flutuantes: x e y. Para descrever o tamanho de uma view ou de outro objeto, a Quartz usa o `CGSize`, um `struct` que também armazena dois valores de pontos flutuantes: `width` (largura) e `heigth` (altura). A Quartz também declara um tipo de dado chamado `CGRect`, que é usado para definir um retângulo no sistema de coordenadas. Um `CGRect` contém dois elementos: um `CGPoint` chamado origin (origem) que identifica a parte superior esquerda do retângulo; e um `CGSize` chamado `size` (tamanho), que identifica a `largura` e a `altura` do retângulo.

Especificando Cores

Uma parte importante do desenho é a cor; então, é importante entender como as cores funcionam no iOS. Essa é uma das áreas em que o UIKit fornece uma classe do Objective-C: `UIColor`. Você pode usar o objeto `UIColor` diretamente nas chamadas do Core Graphics, mas, contanto que `UIColor` seja apenas um invólucro ao redor de `CGColor` (que é o que as funções do Core Graphics pedem), você poderá recuperar uma referência `CGColor` a partir de uma instância `UIColor` usando a propriedade `CGColor`, algo que fizemos antes nesse fragmento de código:

```
CGContextSetStrokeColorWithColor(context, [UIColor redColor].CGColor);
```

Nós criamos uma instância `UIColor` usando um método de conveniência chamado `redColor` e, então, recuperamos sua propriedade `CGColor` e a passamos para a função.

Um Pouco da Teoria sobre Cores para o Display do seu Aparelho iOS

Em gráficos de computadores modernos, um meio muito comum de representar as cores é usar quatro componentes: vermelho, verde, azul e alfa. Na Quartz 2D, cada um desses valores é representado como um `CGFloat` (que, no seu iPhone e iPad, é um valor de ponto flutuante de 4 bytes, igual a float), contendo um valor entre 0.0 e 1.0.

NOTA: Uma média esperada de um valor de ponto flutuante entre 0.0 e 1.0 é geralmente mencionada como uma **variável de ponto flutuante fixa**, ou, às vezes, apenas como **fixação**.

Os componentes vermelho, verde e azul são bem fáceis de entender, já que representam as **cores primárias aditivas** ou o **modelo de cor RGB** (Red-vermelho, Green-verde e Blue-azul; veja a Figura 14-3). Combinar essas três cores em proporções diferentes resulta em cores diferentes. Se você adicionar um pouco das três em tons mais claros em proporções iguais, o resultado parecerá, para os olhos, com branco ou com um tom de cinza, dependendo da intensidade da claridade misturada. Combinar as três cores primárias em proporções diferentes resulta em uma série de cores diferentes chamada de **gama**.

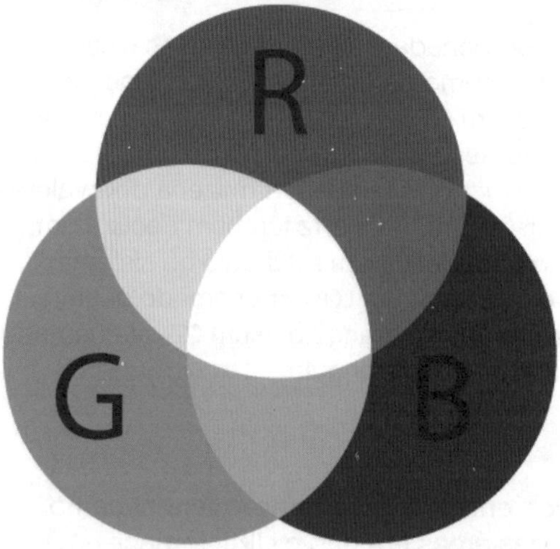

Figura 14-3. *Uma simples representação das cores primárias que compõem o modelo de cores RGB.*

Na escola primária, você provavelmente aprendeu que as cores primárias são vermelho, amarelo e azul. Essas primárias, que são conhecidas como as **primárias de subtração históricas** ou como o **modelo de cor RYB** (Red, Yellow e Blue), têm pouca aplicação na teoria moderna das cores e quase nunca são usadas em gráficos de computadores. A gama de cores do modelo RYB é extremamente limitada, e esse modelo não serve para uma definição matemática fácil. Por mais que odiemos lhe dizer que sua professora de artes da terceira série, a Sra. Smeddle, estava errada sobre qualquer coisa, bem, para o contexto de gráficos de computadores, ela estava. Para o nosso objetivo, as cores primárias são vermelho, verde e azul, não vermelho, amarelo e azul.

Além de vermelho, verde e azul, a Quartz 2D e a OpenGL ES têm outro componente, chamado **alfa**, que representa a transparência da cor. Ao desenhar uma cor em cima de outra, o alfa é usado para determinar a cor final desenhada. Com um alfa de 1.0, a cor desenhada é 100% opaca e obscurece qualquer cor abaixo dela. Com qualquer valor abaixo de 1.0, as cores abaixo irão aparecer e se misturar. Quando um componente alfa é usado, o modelo de cor é, algumas vezes, chamado de **modelo de cor RGBA**, embora, tecnicamente falando, o alfa não seja realmente uma parte da cor; ele apenas define como ela irá interagir com outras cores quando for desenhada.

Outros Modelos de Cor

Embora o modelo RGB seja o mais usado em gráficos de computadores, não é o único modelo de cor. Muitos outros estão em uso, inclusive:

- HSV (hue, saturation, value; em português, tonalidade, saturação, valor).
- HSL (hue, saturation, lightness; em português, tonalidade, saturação, brilho).
- CMYK (cyan, magenta, yellow, key; em português, ciano, magenta, amarelo, chave), usado em impressão de deslocamento de quatro cores.
- Grayscale (em português, escala de cinza).

Para tornar tudo ainda mais confuso, há versões diferentes de alguns desses modelos, incluindo diversas variantes do espaço de cor RGB.

Felizmente, para a maioria das operações, não precisamos nos preocupar com o modelo de cor que será utilizado. Podemos apenas passar o `CGColor` do nosso objeto `UIColor`, e o Core Graphics cuidará das conversões necessárias. Se você utilizar o `UIColor` ou o `CGColor` ao trabalhar com a OpenGL ES, é importante ter em mente que a Quartz dá suporte para outros modelos de cores, pois a OpenGL ES pede que elas sejam especificadas em RGBA.

Métodos de Conveniência de Cor

O `UIColor` tem uma grande quantidade de métodos de conveniência que retornam objetos `UIColor` inicializados para uma cor específica. Na nossa amostra de código anterior, utilizamos o método `redColor` para conseguir uma cor de inicialização vermelha.

Felizmente, para nós, as instâncias `UIColor` criam todos esses métodos de conveniência usados no modelo de cor RGBA. As únicas exceções são `UIColor` predefinidas que representam valores de escala de cinza, como `blackColor`, `whiteColor` e `darkGrayColor`, que são definidas apenas em níveis branco e alfa. Em nossos exemplos aqui, no entanto, não utilizaremos isso. Então, podemos considerar RGBA por enquanto.

Se você precisar de mais controle sobre as cores, em vez de usar métodos de conveniência com base no nome da cor, você pode criar uma cor especificando todos os quatro componentes. Aqui está um exemplo:

```
return [UIColor colorWithRed:1.0f green:0.0f blue:0.0f alpha:1.0f];
```

Desenhando Imagens no Contexto

A Quartz 2D permite que você desenhe imagens diretamente em um contexto. Esse é outro exemplo de uma classe Objective-C (`UIImage`) que você pode usar como uma maneira alternativa de trabalhar com uma estrutura de dados do Core Graphics (`CGImage`). A classe `UIImage` contém métodos para desenhar sua imagem no contexto atual. Você precisará identificar onde a imagem deverá aparecer no contexto utilizando uma das seguintes técnicas:

- Especificando um `CGPoint` para identificar o canto superior esquerdo da imagem.
- Especificando um `CGRect` para dar uma moldura à imagem, redimensionada para caber nessa moldura, se necessário.

Você pode desenhar um `UIImage` no contexto atual da seguinte maneira:

```
CGPoint drawPoint = CGPointMake(100.0f, 100.0f);
[image drawAtPoint:drawPoint];
```

Desenhando Formas: Polígonos, Linhas e Curvas

A Quartz 2D fornece inúmeras funções para facilitar a criação de formas complexas. Para desenhar um retângulo ou um polígono, você não precisará calcular ângulos, desenhar linhas ou fazer qualquer conta. Você poderá apenas chamar uma função da Quartz para fazer o serviço por você. Por exemplo, para desenhar uma elipse, você define o retângulo dentro do qual ela precisa caber e deixa que o Core Graphics faça o trabalho:

```
CGRect theRect = CGMakeRect(0,0,100,100);
CGContextAddEllipseInRect(context, theRect);
CGContextDrawPath(context, kCGPathFillStroke);
```

Você utiliza métodos semelhantes para retângulos. Há também métodos que permitem que você crie formas mais complexas, como arcos e curvas de Bézier.

> **NOTA:** Não iremos trabalhar com formas complexas nos exemplos deste capítulo. Para aprender mais sobre arcos e curvas de Bézier na Quartz, dê uma olhada no *Quartz 2D Programming Guide* no iOS Dev Center em `http://developer.apple.com/documentation/GraphicsImaging/Conceptual/drawingwithquartz2d/` ou na documentação online do Xcode.

Amostras da Quartz 2D: Padrões, Gradientes e Padrões Tracejados

Embora não tão expansiva quanto a OpenGL, a Quartz 2D oferece uma quantidade um tanto impressionante de array de ferramentas. Por exemplo, a Quartz 2D dá suporte ao preenchimento de polígonos com gradientes, não somente com cores sólidas, e à classificação de padrões tracejados além de linhas sólidas.

Dê uma olhada nas capturas de tela na Figura 14-4, tiradas do código de amostra QuartzDemo da Apple, para ter uma ideia do que a Quartz 2D pode fazer por você.

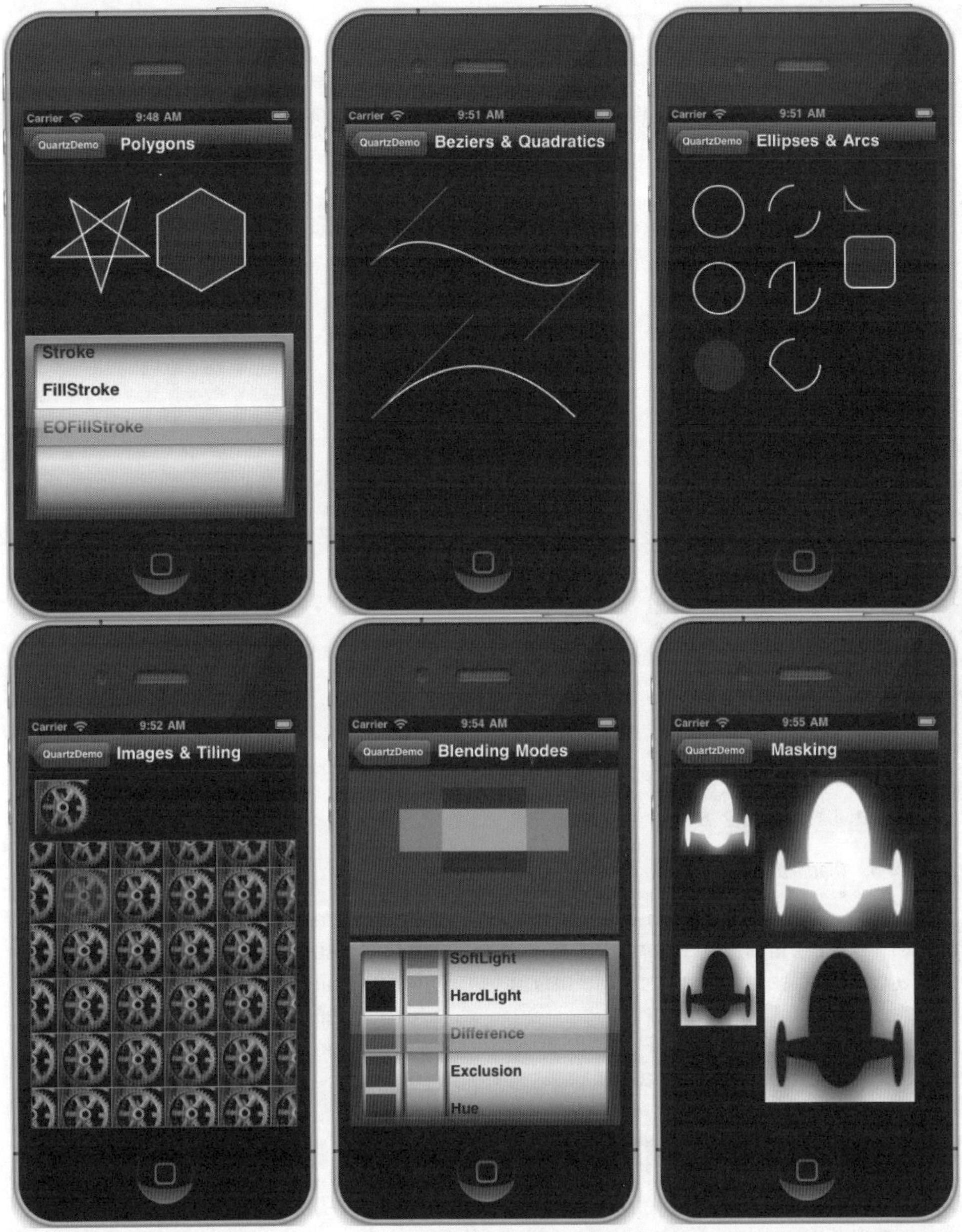

Figura 14-4. *Alguns exemplos do que a Quartz 2D pode fazer a partir do projeto de amostra da QuartzDemo fornecido pela Apple.*

Agora que você tem conhecimentos básicos sobre como a Quatz 2D funciona e sobre o que ela é capaz de fazer, vamos testá-la.

O Aplicativo QuartzFun

Nosso próximo aplicativo é um programa simples de desenho (veja a Figura 14-5). Vamos criá-lo duas vezes: agora, usando a Quartz 2D e, depois, usando a OpenGL ES, para que você tenha uma sensação real da diferença entre os dois.

Figura 14-5. *O aplicativo simples de desenho do nosso capítulo em ação*

O aplicativo apresenta uma barra na parte superior e outra na parte inferior, cada uma com um controle segmentado. O controle na parte superior permite que você mude a cor do desenho; o controle na parte inferior permite que você mude a forma a ser desenhada. Quando você toca e arrasta, a forma selecionada será desenhada na cor que você selecionou. Para diminuir a complexidade do aplicativo, é possível desenhar somente uma forma por vez.

Configurando o Aplicativo QuartzFun

No Xcode, crie um novo projeto usando o template *View-based Application* e chame-o de *QuartzFun*. Em seguida, expanda as pastas *Classes* e *Resource* e selecione a pasta *Classes*, em que iremos adicionar nossas classes.

O template já nos fornece um delegate do aplicativo e um view controller. Vamos executar nosso desenho customizado em uma view; então, precisamos criar uma subclasse do `UIView`, na qual faremos o desenho sobrescrevendo o método `drawRect:`.

Com *Classes* selecionada, pressione **⌘N** para abrir o novo assistente de arquivo e selecione *Objective-C class* na seção *Cocoa Touch Class*. Em seguida, selecione o *UIView* da lista pop-up *Subclass*. Apenas para repetir, utilize uma

Subclass of UIView, não *NSObject* como fizemos antes. Nomeie o arquivo para *QuartzFunView.m* e assegure-se de ter criado também o arquivo de cabeçalho.

Vamos definir algumas constantes, como fizemos em projetos anteriores, mas, dessa vez, nossas constantes serão necessárias para mais de uma classe. Criaremos um arquivo de cabeçalho apenas para essas constantes.

Selecione a pasta *Classes* e pressione ⌘**N** para abrir o novo assistente de arquivo. Selecione o template *Header File* na seção *Mac OS X*, o cabeçalho *C e C++* e nomeie o arquivo para *Constants.h*.

Temos mais dois arquivos para fazer. Se você olhar para a Figura 14-5, poderá ver que oferecemos uma opção para selecionar uma cor aleatória. O `UIColor` não tem um método para retornar uma cor aleatória, então precisaremos escrever um código para fazer isso. Poderíamos colocar um código na nossa classe controller, mas, como somos programadores experientes de Objective-C, colocaremos o código em uma categoria no `UIColor`.

Novamente, selecione a pasta *Classes* e pressione ⌘**N** para abrir o novo assistente de arquivo. Selecione *Objective-C class*, o template *Subclass of NSObject* no cabeçalho *Cocoa Touch Class* e nomeie o arquivo para *UIColor-Random.m*. Certifique-se de ter criado o cabeçalho também.

Criando uma Cor Aleatória

Vamos lidar com a categoria primeiro. Exclua os conteúdos de *UIColor-Random.h* e faça o seguinte:

```
#import <UIKit/UIKit.h>

@interface UIColor (UIColor_Random)
+ (UIColor *)randomColor;
@end
```

Observe que, como estamos utilizando `UIColor`, que é parte do UIKit, precisamos importar o framework do UIKit em vez de Foundation. Agora, mude para *UIColor-Random.m* e substitua os conteúdos existentes pelo seguinte código:

```
#import "UIColor-Random.h"

@implementation UIColor (Random)
+ (UIColor *)randomColor {
    static BOOL seeded = NO;
    if (!seeded) {
        seeded = YES;
        srandom(time(NULL));
    }
    CGFloat red = (CGFloat)random()/(CGFloat)RAND_MAX;
    CGFloat blue = (CGFloat)random()/(CGFloat)RAND_MAX;
    CGFloat green = (CGFloat)random()/(CGFloat)RAND_MAX;
    return [UIColor colorWithRed:red green:green blue:blue alpha:1.0f];
}
@end
```

Isso é bem objetivo. Declaramos uma variável estática que nos diz se essa é a primeira vez pelo método. Na primeira vez em que o método for chamado durante a execução de um aplicativo, colocaremos um gerador de números aleatórios. Fazer isso aqui significa que não precisamos depender de o aplicativo fazer isso em qualquer outro lugar e, como resultado, podemos reutilizar essa categoria em outros projetos do iOS.

Quando o gerador aleatório de números estiver implantado, geraremos três `CGFloats` aleatórios com valores entre 0.0 e 1.0 e utilizaremos esses valores para criar uma nova cor. Configuramos o alfa para 1.0 para que todas as cores geradas sejam opacas.

Definindo as Constantes do Aplicativo

Em seguida, vamos definir constantes para cada uma das opções que o usuário pode selecionar usando os controladores segmentados. Clique uma vez em *Constants.h* e adicione o seguinte:

```
typedef enum {
    kLineShape = 0,
    kRectShape,
    kEllipseShape,
    kImageShape
} ShapeType;

typedef enum {
    kRedColorTab = 0,
    kBlueColorTab,
    kYellowColorTab,
    kGreenColorTab,
    kRandomColorTab
} ColorTabIndex;

#define degreesToRadian(x) (M_PI * (x) / 180.0)
```

Para tornar o código mais legível, declaramos dois tipos de enumerações usando `typedef`. Uma delas irá representar as opções de forma disponíveis; a outra irá representar as diversas opções de cores disponíveis. Os valores que essas constantes têm irão corresponder aos segmentos nos dois controladores segmentados que criaremos em nosso aplicativo.

Implementando o Esqueleto do QuartzFunView

Como faremos nosso desenho em uma subclasse do `UIView`, vamos configurar nessa classe tudo o que for necessário, exceto o código real para fazer o desenho, que iremos adicionar mais tarde. Clique uma vez em *QuartzFunView.h* e faça as seguintes alterações:

```
#import <UIKit/UIKit.h>
#import "Constants.h"

@interface QuartzFunView : UIView {
    CGPoint firstTouch;
    CGPoint lastTouch;
    UIColor *currentColor;
    ShapeType shapeType;
```

```
    UIImage *drawImage;
    BOOL useRandomColor;
}
@property (nonatomic) CGPoint firstTouch;
@property (nonatomic) CGPoint lastTouch;
@property (nonatomic, retain) UIColor *currentColor;
@property (nonatomic) ShapeType shapeType;
@property (nonatomic, retain) UIImage *drawImage;
@property (nonatomic) BOOL useRandomColor;
@end
```

Primeiramente, importaremos o cabeçalho de *Constants.h* que acabamos de criar para que possamos utilizar nossas enumerações. Em seguida, declararemos as variáveis das instâncias. As duas primeiras irão rastrear o dedo do usuário enquanto ele percorre a tela. Armazenaremos o local em que o usuário tocou primeiro em `firstTouch`. Iremos armazenar os locais que o dedo do usuário percorreu e quando ele acabou de arrastar em `lastTouch`. Nosso código de desenho utilizará essas duas variáveis para determinar onde desenhar a forma solicitada.

Em seguida, definiremos uma cor para armazenar a seleção de cores do usuário e um `ShapeType` para manter registro da forma que ele quer desenhar. Depois disso, há uma propriedade `UIImage` que irá armazenar a imagem a ser desenhada na tela quando o usuário selecionar o item de ferramentas mais à direita na caixa de ferramentas inferior (veja a Figura 14-6). A última propriedade é uma propriedade Booleana, que será usada para manter o registro sobre se o usuário está ou não pedindo uma cor aleatória.

Figura 14-6. *Ao desenhar uma UIImage para a tela, note que o controle de cores desaparece. Você pode dizer qual aplicativo está em execução no pequeno iPhone?*

Mude para *QuartzFunView.m* e faça as seguintes alterações:

```
#import "QuartzFunView.h"
#import "UIColor-Random.h"

@implementation QuartzFunView
@synthesize firstTouch;
@synthesize lastTouch;
@synthesize currentColor;
@synthesize shapeType;
@synthesize drawImage;
@synthesize useRandomColor;

- (id)initWithCoder:(NSCoder*)coder
{
    if (self = [super initWithCoder:coder]) {
        currentColor = [[UIColor redColor] retain];
        useRandomColor = NO;
        if (drawImage == nil) {
            drawImage = [[UIImage imageNamed:@"iphone.png"] retain];
        }
    }
    return self;
}

- (id)initWithFrame:(CGRect)frame {
    if ((self = [super initWithFrame:frame])) {
        // Initialization code
    }
    return self;
}

/*
// Only override drawRect: if you perform custom drawing.
// An empty implementation adversely affects performance during animation.
- (void)drawRect:(CGRect)rect {
    // Drawing code
}
*/

- (void)touchesBegan:(NSSet *)touches withEvent:(UIEvent *)event {
    if (useRandomColor) {
        self.currentColor = [UIColor randomColor];
    }
    UITouch *touch = [touches anyObject];
    firstTouch = [touch locationInView:self];
    lastTouch = [touch locationInView:self];
    [self setNeedsDisplay];
}

- (void)touchesEnded:(NSSet *)touches withEvent:(UIEvent *)event {
    UITouch *touch = [touches anyObject];
    lastTouch = [touch locationInView:self];

    [self setNeedsDisplay];
}
```

```
- (void)touchesMoved:(NSSet *)touches withEvent:(UIEvent *)event {
    UITouch *touch = [touches anyObject];
    lastTouch = [touch locationInView:self];

    [self setNeedsDisplay];
}

- (void)dealloc {
    [currentColor release];
    [drawImage release];
    [super dealloc];
}

@end
```

Como essa view está sendo carregada a partir de um nib, primeiramente implementamos o `initWithCoder:`. Pense sempre que instâncias de objeto em nibs são armazenadas como objetos arquivados, que é exatamente o mesmo mecanismo que usamos no Capítulo 12 para arquivar os objetos no disco. Como resultado, quando a instância de um objeto é carregada a partir de um nib, o `init` e o `initWithFrame:` nunca são chamados. Em vez disso, é usado o `initWithCoder:`, então é aí que precisamos adicionar qualquer código de inicialização. No nosso caso, configuramos o valor da cor inicial para vermelho, inicializamos o `useRandomColor` para `NO` e carregamos o arquivo de imagem que iremos desenhar.

Os outros métodos, `touchesBegan:withEvent:`, `touchesMoved:withEvent:` e `touchesEnded:withEvent:`, são herdadas do `UIView` (mas realmente declarados no `UIResponder` pai do `UIView`). Eles podem ser substituídos para encontrar o ponto em que o usuário está tocando na tela. Eles funcionam da seguinte maneira:

- `touchesBegan:withEvent:` é chamado quando o dedo do usuário toca a tela pela primeira vez. Nesse método, mudamos a cor se o usuário selecionar uma cor aleatória usando o novo método `randomColor`, que adicionamos ao `UIColor` anteriormente. Depois disso, armazenamos a atual localização para sabermos onde o usuário tocou primeiro na tela e indicamos que nossa view precisa ser redesenhada chamando o `setNeedsDisplay` em self.
- `touchesMoved:withEvent:` é continuamente chamado enquanto o usuário está arrastando o dedo pela tela. Tudo o que fazemos aqui é armazenar a nova localização em `lastTouch` e indicar que a tela precisa ser redesenhada.
- `touchesEnded:withEvent:` é chamado quando o usuário tira seu dedo da tela. Assim como no método `touchesMoved:withEvent:`, tudo o que fazemos é armazenar a localização final na variável `lastTouch` e indicar que a view precisa ser redesenhada.

Não se preocupe se não entendeu tudo do restante do código aqui. Entraremos em mais detalhes sobre trabalhar com toques e as especificidades dos métodos `touchesBegan:withEvent:`, `touchesMoved:withEvent:` e `touchesEnded:withEvent:` no Capítulo 15.

Voltaremos a essa aula assim que tivermos o esqueleto do nosso aplicativo de pé e funcionando. Esse método `drawRect:`, que atualmente está comentado, é aquele em que faremos o trabalho real desse aplicativo, e ainda não escrevemos nada. Vamos terminar de configurar o aplicativo antes de adicionar o código de desenho.

Adicionando Outlets e Actions ao View Controller

Se você voltar para a Figura 14-5, verá que a nossa interface inclui dois controles segmentados: um na parte superior e outro na parte inferior da tela. O controle da parte superior, que deixa o usuário selecionar uma cor, é aplicável apenas em três ou quatro opções da base, então precisaremos de uma outlet para aquele controller segmentado do topo, a fim de que possamos ocultá-lo quando ele não tiver um propósito. Também precisaremos de dois métodos: um que será chamado quando uma cor for selecionada e o outro que será chamado quando uma nova forma for selecionada.

Selecione *QuartzFunViewController.h* e faça as seguintes alterações:

```
#import <UIKit/UIKit.h>

@interface QuartzFunViewController : UIViewController {
     UISegmentedControl *colorControl;
}
@property (nonatomic, retain) IBOutlet UISegmentedControl *colorControl;
- (IBAction)changeColor:(id)sender;
- (IBAction)changeShape:(id)sender;
@end
```

Nada aqui deverá precisar de explicação nesse ponto; então, mude para *QuartzFunViewController.m* e faça as seguintes alterações à parte superior do arquivo:

```
#import "QuartzFunViewController.h"
#import "QuartzFunView.h"
#import "Constants.h"

@implementation QuartzFunViewController
@synthesize colorControl;

- (IBAction)changeColor:(id)sender {
    UISegmentedControl *control = sender;
    NSInteger index = [control selectedSegmentIndex];

    QuartzFunView *quartzView = (QuartzFunView *)self.view;

    switch (index) {
        case kRedColorTab:
            quartzView.currentColor = [UIColor redColor];
            quartzView.useRandomColor = NO;
            break;
        case kBlueColorTab:
            quartzView.currentColor = [UIColor blueColor];
            quartzView.useRandomColor = NO;
            break;
        case kYellowColorTab:
            quartzView.currentColor = [UIColor yellowColor];
            quartzView.useRandomColor = NO;
            break;
        case kGreenColorTab:
```

```
                quartzView.currentColor = [UIColor greenColor];
                quartzView.useRandomColor = NO;
                break;
            case kRandomColorTab:
                quartzView.useRandomColor = YES;
                break;
            default:
                break;
        }
}

- (IBAction)changeShape:(id)sender {
    UISegmentedControl *control = sender;
    [(QuartzFunView *)self.view setShapeType:[control
        selectedSegmentIndex]];

    if ([control selectedSegmentIndex] == kImageShape)
        colorControl.hidden = YES;
    else
        colorControl.hidden = NO;
}
...
```

Demonstre ter boa memória adicionando o seguinte código aos métodos `viewDidUnload` e `dealloc` existentes:

```
...
- (void)viewDidUnload {
    // Release any retained subviews of the main view.
    // e.g. self.myOutlet = nil;
    self.colorControl = nil;
    [super viewDidUnload];
}

- (void)dealloc {
    [colorControl release];
    [super dealloc];
}
...
```

Novamente, essas mudanças de código são bem objetivas. No método `changeColor:`, vemos qual segmento foi selecionado e criamos uma nova cor com base na seleção. Nós lançamos `view` para `QuartzFunView`. Em seguida, configuramos sua propriedade `currentColor` para que ela saiba quais cores usar quando desenhar, exceto quando uma cor aleatória for selecionada. Nesse caso, apenas ajustamos a propriedade `useRandomColor` da view para `YES`. Como todo o código de desenho estará na view propriamente dita, não precisaremos fazer mais nada nesse método.

No método `changeShape:`, fazemos algo parecido. Entretanto, já que não precisamos criar um objeto, podemos apenas configurar a propriedade `shapeType` da view para o índice do segmento do sender. Você se lembra do `ShapeType enum`? Os quatro elementos do `enum` correspondem aos quatro segmentos da caixa de ferramentas na parte inferior do aplicativo. Configuramos a forma para que seja a mesma do segmento selecionado no momento e ocultamos e exibimos o `colorControl`, caso o segmento *Image* tenha sido selecionado.

Atualizando o QuartzFunViewController.xib

Antes de começar a desenhar, precisamos adicionar controles segmentados ao nosso nib e, então, conectar as actions e as outlets. Clique duas vezes em *QuartzFunViewController.xib* para editar o arquivo no Interface Builder.

A primeira coisa a fazer é mudar a classe da view; então, clique uma vez no ícone *View* na janela do nib do Interface Builder chamada *QuartzFunViewController.xib* e abra o identity inspector. Mude a classe de *UIView* para *QuartzFunView*.

Clique duas vezes no ícone recém-nomeado *QuartzFunView* para abrir a janela *View*. Em seguida, procure por uma *Navigation Bar* (Barra de Navegação) na biblioteca. Assegure-se de que está pegando uma *Navigation Bar*, não um *Navigation Controller*. Apenas queremos que a barra vá para a parte superior da view. Acomode a *Navigation Bar* na parte superior da janela View, abaixo da barra de status.

Em seguida, procure por um *Controle Segmentado* (Segmented Control) na biblioteca e arraste-o direto para a parte superior da navigation bar. Coloque-o ao centro da navigation bar, não à esquerda ou à direita (veja a Figura 14-7).

Figura 14-7. ***Arrastando um controle segmentado, certificando-se de tê-lo colocado na parte superior da navigation bar.***

Assim que você soltar o controle, ele deverá permanecer selecionado. Pegue um dos pontos de redimensionamento em qualquer um dos lados do controle segmentado e o redimensione para que ocupe a largura total da navigation bar. Você não verá nenhuma linha-guia azul, mas o Interface Builder não deixará você fazer a barra maior do que o desejado nesse caso, então apenas arraste até parar de expandir.

Com o controle segmentado ainda selecionado, abra o attributes inspector e mude o número de segmentos de *2* para *5*. Clique duas vezes em cada segmento por vez, mudando seu rótulo para (da esquerda para a direita) *Red*, *Blue*, *Yellow*, *Green* e *Random* (ou vermelho, azul, amarelo, verde e aleatório), nessa ordem. A essa altura, sua janela *View* deverá se parecer com a Figura 14-8.

Figura 14-8. *A barra de navegação completa.*

Arraste do ícone do *File's Owner* para o controle segmentado e selecione a outlet **colorControl**. Assegure-se de estar arrastando para o controle segmentado e não para a navigation bar. O Interface Builder irá mostrar uma dica de ferramenta que permitirá que você saiba qual item é o foco atual, então isso não será difícil de fazer.

Em seguida, certifique-se de que o controle segmentado esteja selecionado e abra o connections inspector. Arraste do evento *Values Changed* para o *File's Owner* e selecione a action **changeColor:**.

Agora, procure por uma Barra de Ferramentas (*Tool bar*) na biblioteca e arraste-a para a parte inferior da janela da view. A tool bar da biblioteca tem um botão de que não precisamos, então selecione-o e aperte a tecla delete do seu teclado. O botão deverá desaparecer, deixando uma tool bar em branco no lugar.

Em seguida, arraste outro *Controle Segmentado* e coloque-o na tool bar (veja a Figura 14-9).

Figura 14-9. *A view mostrando uma tool bar na parte inferior da janela, com um controle segmentado colocado nessa tool bar.*

Na verdade, os controles segmentados são um pouco mais difíceis de centralizar em uma tool bar, então traremos uma pequena ajuda. Arraste um *Flexible Space Bar Button Item* para a tool bar, à esquerda do nosso controle segmentado. Em seguida, arraste outro *Flexible Space Bar Button Item* para a tool bar, à direita do controle segmentado (veja a Figura 14-10). Esses itens irão manter o controle segmentado centralizado na tool bar enquanto o redimensionamos.

Figura 14-10. *O controle segmentado depois que deixamos o Flexible Space Bar Button Item em cada lado. Note que ainda não redimensionamos o controle segmentado para preencher a tool bar.*

Clique no controle segmentado para selecioná-lo e redimensione-o para que ele preencha a tool bar, deixando apenas um pouco de espaço à direita e à esquerda. O Interface Builder não dará guias ou evitará que você faça com que o controle segmentado fique maior do que a tool bar, como fez com a navigation bar; então, você precisará ficar atento para redimensionar o controle segmentado para o tamanho correto.

Em seguida, com o controle segmentado ainda selecionado, abra o attributes inspector e mude o número de segmentos de *2* para *4*. Depois, clique duas vezes em cada segmento e mude os títulos dos quatro para *Line*, *Rect*, *Ellipse* e *Image* (Linha, Retângulo, Elipse e Imagem), nessa ordem. Vá para o connections inspector e conecte o evento *Value Changed* ao método action `changeShape:` do *File's Owner*. Salve e feche o nib.

> **NOTA:** Você pode ter se perguntado por que colocamos uma navigation bar na parte superior da view e a tool bar na parte inferior. De acordo com o *Human Interface Guidelines* publicado pela Apple, as navigation bars foram criadas especificamente para ser colocadas bem na parte superior da tela e a tool bar na parte inferior. Se você ler as descrições sobre a *Tool bar* e a *Navigation Bar* na janela da biblioteca do Interface Builder, verá a intenção do design explicada.

Volte ao Xcode e assegure-se de que tudo esteja em ordem compilando e executando seu aplicativo. Você ainda não conseguirá desenhar formas na tela, mas os controles segmentados deverão funcionar, e, quando você pressionar o segmento *Image* no final do controle, os controles de cor deverão desaparecer.

Agora que tudo está funcionando, vamos começar a desenhar.

Adicionando o Código de Desenho do Quartz

Estamos prontos para adicionar o código que faz o desenho. Iremos desenhar uma linha, algumas formas e uma imagem.

Desenhando a Linha

Volte ao Xcode, edite o *QuartzFunView.m* e substitua o método `drawRect:` comentado por este:

```
- (void)drawRect:(CGRect)rect {
    CGContextRef context = UIGraphicsGetCurrentContext();

    CGContextSetLineWidth(context, 2.0);
    CGContextSetStrokeColorWithColor(context, currentColor.CGColor);

switch (shapeType) {
        case kLineShape:
            CGContextMoveToPoint(context, firstTouch.x, firstTouch.y);
            CGContextAddLineToPoint(context, lastTouch.x, lastTouch.y);
            CGContextStrokePath(context);
```

```
            break;
        case kRectShape:
            break;
        case kEllipseShape:
            break;
        case kImageShape:
            break;
        default:
            break;
    }
}
```

Vamos começar recuperando uma referência ao contexto atual para sabermos onde desenhar.

```
CGContextRef context = UIGraphicsGetCurrentContext();
```

Em seguida, configuramos a largura da linha para 2.0, o que significa que qualquer linha pincelada terá 2 pixels de largura.

```
CGContextSetLineWidth(context, 2.0);
```

Depois disso, iremos configurar a cor para as linhas pinceladas. Já que o `UIColor` tem uma propriedade `CGColor`, que é do que o método precisa, usamos essa propriedade da nossa variável de instância `currentColor` para passar dessa função para a cor certa.

```
CGContextSetStrokeColorWithColor(context, currentColor.CGColor);
```

Usamos um switch para pular até o código apropriado a cada tipo de forma. Começaremos com o código para lidar com o `kLineShape`, faremos com que funcione e, depois, adicionaremos o código para uma forma de cada vez enquanto prosseguimos nesse capítulo:

```
switch (shapeType) {
    case kLineShape:
```

Para desenhar uma linha, diremos ao contexto gráfico para criar um caminho começando pelo primeiro local em que o usuário tocou. Lembre-se de que armazenamos esse valor no método `touchesBegan:` para que sempre reflita o primeiro local tocado na última vez em que o usuário tocou ou arrastou o dedo.

```
        CGContextMoveToPoint(context, firstTouch.x, firstTouch.y);
```

Em seguida, desenharemos uma linha desse ponto até o último em que o usuário tocou. Se o dedo dele ainda estiver em contato com a tela, o `lastTouch` irá conter a localização atual do Sr. Dedo. Se o usuário não estiver mais tocando a tela, o `lastTouch` irá conter a localização do dedo quando ele foi levantado da tela.

```
        CGContextAddLineToPoint(context, lastTouch.x, lastTouch.y);
```

Então, apenas pincelamos o caminho. Essa função irá pincelar a linha que acabamos de desenhar, usando a cor e a largura que ajustamos anteriormente:

```
        CGContextStrokePath(context);
```

Depois disso, apenas finalizaremos a declaração switch e acabaremos por enquanto.

```
        break;
    case kRectShape:
        break;
```

```
        case kEllipseShape:
            break;
        case kImageShape:
            break;
        default:
            break;
    }
```

Nesse ponto, você deverá ser capaz de compilar e executar mais uma vez. As opções *Rect*, *Ellipse* e *Shape* não irão funcionar, mas você deverá conseguir desenhar linhas muito bem utilizando qualquer escolha de cor (veja a Figura 14-11).

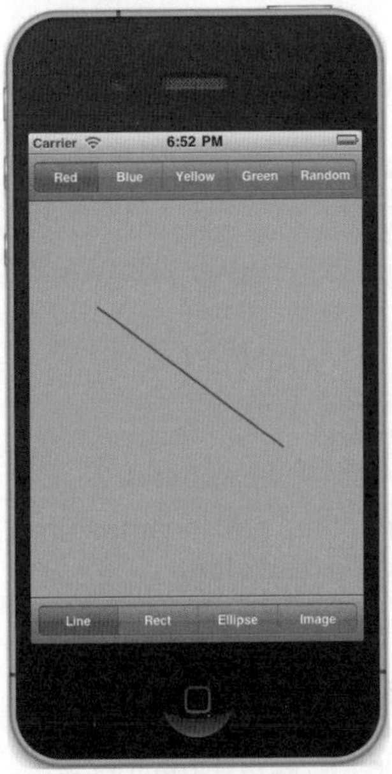

Figura 14-11. *Parte do desenho da linha do nosso aplicativo está completa. Aqui, estamos desenhando com a cor vermelha.*

Desenhando o Retângulo e a Elipse

Vamos escrever o código para desenhar o retângulo e a elipse ao mesmo tempo, já que a Quartz 2D implementa esses objetos basicamente da mesma maneira. Faça as seguintes alterações ao método `drawRect:`:

```
- (void)drawRect:(CGRect)rect {
    if (currentColor == nil)
        self.currentColor = [UIColor redColor];

    CGContextRef context = UIGraphicsGetCurrentContext();

    CGContextSetLineWidth(context, 2.0);
    CGContextSetStrokeColorWithColor(context, currentColor.CGColor);
```

```
        CGContextSetFillColorWithColor(context, currentColor.CGColor);
        CGRect currentRect = CGRectMake(firstTouch.x,
                                        firstTouch.y,
                                        lastTouch.x - firstTouch.x,
                                        lastTouch.y - firstTouch.y);

        switch (shapeType) {
            case kLineShape:
                CGContextMoveToPoint(context, firstTouch.x, firstTouch.y);
                CGContextAddLineToPoint(context, lastTouch.x, lastTouch.y);
                CGContextStrokePath(context);
                break;
            case kRectShape:
                CGContextAddRect(context, currentRect);
                CGContextDrawPath(context, kCGPathFillStroke);
                break;
            case kEllipseShape:
                CGContextAddEllipseInRect(context, currentRect);
                CGContextDrawPath(context, kCGPathFillStroke);
                break;
            case kImageShape:
                break;
            default:
                break;
        }
    }
```

Como queremos pintar a elipse e o retângulo com uma cor sólida, adicionamos uma chamada para configurar o preenchimento da cor usando o `currentColor`.

```
CGContextSetFillColorWithColor(context, currentColor.CGColor);
```

Em seguida, declaramos uma variável `CGRect`. Usaremos o `currentRect` para manter o retângulo descrito pelo espaço em que o usuário arrastou o dedo. Lembre-se de que um `CGRect` tem dois membros: size (tamanho) e origin (origem). Uma função chamada `CGRectMake()` nos permite criar um `CGRect` especificando os valores de x, y, da largura e da altura, então usamos esses valores para fazer nosso retângulo. O código para fazer o retângulo é bem objetivo. Utilizamos o ponto armazenado em `firstTouch` para criar a origem. Depois, descobrimos o tamanho obtendo a diferença entre os dois valores x e os dois valores y. Note que, dependendo da direção para a qual você arrastar, um ou dois valores de lateral poderão acabar com números negativos, mas tudo bem. Um `CGRect` com um tamanho negativo simplesmente será colocado na direção oposta do seu ponto de origem (para a esquerda para uma largura negativa; para cima para uma altura negativa).

```
    CGRect currentRect = CGRectMake(firstTouch.x,
                                    firstTouch.y,
                                    lastTouch.x - firstTouch.x,
                                    lastTouch.y - firstTouch.y);
```

Ao definir o retângulo, desenhar um retângulo ou uma elipse é tão fácil quanto chamar duas funções: uma para desenhar o retângulo ou a elipse no `CGRect` que definimos e outra para pincelar e preencher.

```
        case kRectShape:
            CGContextAddRect(context, currentRect);
```

```
            CGContextDrawPath(context, kCGPathFillStroke);
            break;
        case kEllipseShape:
            CGContextAddEllipseInRect(context, currentRect);
            CGContextDrawPath(context, kCGPathFillStroke);
            break;
```

Compile e execute seu aplicativo e teste as ferramentas *Rect* e *Ellipse* para ver se gosta do resultado. Não se esqueça de mudar as cores e de testar a cor aleatória.

Desenhando a Imagem

Para o nosso último truque, vamos desenhar uma imagem. Há uma na pasta *14 QuartzFun* chamada *iphone.png*, que você pode adicionar à sua pasta *Resources*, ou pode adicionar qualquer arquivo *.png* que quiser usar, contanto que se lembre de mudar o nome do arquivo no código para apontar para a imagem escolhida.

Adicione o seguinte código ao método `drawRect:`:

```
- (void)drawRect:(CGRect)rect {
    if (currentColor == nil)
        self.currentColor = [UIColor redColor];

    CGContextRef context = UIGraphicsGetCurrentContext();
    CGContextSetLineWidth(context, 2.0);
    CGContextSetStrokeColorWithColor(context, currentColor.CGColor);

    CGContextSetFillColorWithColor(context, currentColor.CGColor);
    CGRect currentRect = CGRectMake(firstTouch.x,
                                    firstTouch.y,
                                    lastTouch.x - firstTouch.x,
                                    lastTouch.y - firstTouch.y);

    switch (shapeType) {
        case kLineShape:
            CGContextMoveToPoint(context, firstTouch.x, firstTouch.y);
            CGContextAddLineToPoint(context, lastTouch.x, lastTouch.y);
            CGContextStrokePath(context);
            break;
        case kRectShape:
            CGContextAddRect(context, currentRect);
            CGContextDrawPath(context, kCGPathFillStroke);
            break;
        case kEllipseShape:
            CGContextAddEllipseInRect(context, currentRect);
            CGContextDrawPath(context, kCGPathFillStroke);
            break;
        case kImageShape: {
            CGFloat horizontalOffset = drawImage.size.width / 2;
            CGFloat verticalOffset = drawImage.size.height / 2;
            CGPoint drawPoint = CGPointMake(lastTouch.x - horizontalOffset,
                                    lastTouch.y - verticalOffset);
            [drawImage drawAtPoint:drawPoint];
            break;
        }
```

```
            default:
                break;
        }
}
```

NOTA: Observe que, na declaração switch, adicionamos chaves ({) ao redor do código sob `case kImageShape:`. O compilador tem um problema com as variáveis declaradas na primeira linha depois da declaração `case`. Esse sinal de chaves é a nossa maneira de dizer ao compilador para parar de reclamar. Também poderíamos ter declarado o `horizontalOffset` antes da declaração switch, mas essa abordagem mantém o código relacionado unido.

Primeiramente, calculamos o centro da imagem, já que queremos que ela seja desenhada de maneira centralizada no ponto em que o usuário tocou pela última vez. Sem esse ajuste, a imagem seria desenhada no canto superior esquerdo do dedo do usuário, o que também é uma opção válida. Então, faremos um novo `CGpoint` subtraindo esses deslocamentos dos valores x e y no `lastTouch`.

```
CGFloat horizontalOffset = drawImage.size.width / 2;
CGFloat verticalOffset = drawImage.size.height / 2;
CGPoint drawPoint = CGPointMake(lastTouch.x - horizontalOffset,
                                lastTouch.y - verticalOffset);
```

Agora, diremos à imagem para se desenhar sozinha. Essa linha do código fará o truque:

```
[drawImage drawAtPoint:drawPoint];
```

Otimizando o Aplicativo QuartzFun

Nosso aplicativo faz o que queremos, mas devemos considerar um pouco de otimização. No nosso pequeno aplicativo, não aparecerá qualquer atraso, mas, em um aplicativo mais complexo, em execução com um processador mais lento, você poderá notar algum atraso.

O problema ocorre no *QuartzFunView.m*, nos métodos `touchesMoved:` e no `touchesEnded:`. Esses métodos incluem a seguinte linha de código:

```
[self setNeedsDisplay];
```

Obviamente, é assim que dizemos à nossa view que algo mudou e que ela precisará se redesenhar. Esse código funciona, mas ele faz com que a view seja inteiramente apagada e redesenhada, mesmo se foi apenas uma pequena parte que mudou. Nós queremos apagar a tela quando estivermos prontos para arrastar uma nova forma, mas não queremos limpar a tela diversas vezes por segundo enquanto arrastamos nossas formas.

Ao invés de forçar toda a view a ser redesenhada incontáveis vezes enquanto arrastamos, nós podemos usar `setNeedsDisplayInRect:`, uma view do método `NSView` que marca apenas uma porção retangular de uma região da view que precise ser reexibida. Usando isto, podemos ser mais eficientes se marcarmos somente a parte da view que sofre alterações quando arrastamos, precisando ser redesenhada.

Precisamos redesenhar não apenas o retângulo entre `firstTouch` e `lastTouch`, mas qualquer parte da tela cercada pelo movimento de arrastar atual. Se o usuário tocou na tela e marcou tudo, mas nós redesenhamos somente a seção entre `firstTouch` e `lastTouch`, deixaríamos muita coisa desenhada na tela, o que não queremos.

A solução é manter o registro de toda a área que foi afetada por uma ação de arrastar em uma variável de instância `CGRect`. Em `touchesBegan:`, nós reinicializamos essa variável de instância para o ponto em que o usuário tocou. Então, em `touchesMoved:` e `touchesEnded:`, usamos uma função do Core Graphics para obter a união do retângulo atual e do armazenado e, depois, armazenamos o retângulo resultante. Também usamos isso para especificar qual parte da view precisa ser redesenhada. Essa abordagem nos dá uma execução total da área atingida pelo movimento de arrastar atual.

Agora, nós calculamos o retângulo atual pelo método `drawRect:` para usar no desenho as formas da elipse e do retângulo. Mudaremos esse cálculo para um novo método a fim de que isso possa ser usado em três locais sem repetir o código. Pronto? Vamos lá. Faça as seguintes alterações ao *QuartzFunView.h*:

```
#import <UIKit/UIKit.h>
#import "Constants.h"

@interface QuartzFunView : UIView {
    CGPoint firstTouch;
    CGPoint lastTouch;
    UIColor *currentColor;
    ShapeType shapeType;
    UIImage *drawImage;
    BOOL useRandomColor;
    CGRect redrawRect;
}
@property CGPoint firstTouch;
@property CGPoint lastTouch;
@property (nonatomic, retain) UIColor *currentColor;
@property ShapeType shapeType;
@property (nonatomic, retain) UIImage *drawImage;
@property BOOL useRandomColor;
@property (readonly) CGRect currentRect;
@property CGRect redrawRect;
@end
```

Nós declaramos um `CGRect` chamado `redrawRect`, que irá acompanhar a área que precisa ser redesenhada. Também declaramos uma propriedade somente de leitura chamada `currentRect`, que irá retornar o retângulo que calculamos anteriormente no `drawRect:`. Note que existe uma propriedade sem variáveis de instâncias sublinhadas, o que está ok, desde que implementemos o accessor em vez de depender que `@synthesize` faça isso por nós.

Mude para *QuartzFunView.m* e insira o seguinte código à parte superior do arquivo:

```
#import "QuartzFunView.h"

@implementation QuartzFunView
@synthesize firstTouch;
@synthesize lastTouch;
@synthesize currentColor;
```

```
@synthesize shapeType;
@synthesize drawImage;
@synthesize useRandomColor;
@synthesize redrawRect;


- (CGRect)currentRect {
    return CGRectMake (firstTouch.x,
                       firstTouch.y,
                       lastTouch.x - firstTouch.x,
                       lastTouch.y - firstTouch.y);
}
...
```

Agora, no método `drawRect:`, exclua as linhas de código em que calculamos `currentRect` e mude todas as referências a `currentRect` para `self.currentRect` para que o código utilize o novo accessor que acabamos de criar:

```
...
- (void)drawRect:(CGRect)rect {
    CGContextRef context = UIGraphicsGetCurrentContext();

    CGContextSetLineWidth(context, 2.0);
    CGContextSetStrokeColorWithColor(context, currentColor.CGColor);

    CGContextSetFillColorWithColor(context, currentColor.CGColor);

    CGRect currentRect = CGRectMake(firstTouch.x,
             firstTouch.y,
             lastTouch.x - firstTouch.x,
             lastTouch.y - firstTouch.y);

    switch (shapeType) {
        case kLineShape:
            CGContextMoveToPoint(context, firstTouch.x, firstTouch.y);
            CGContextAddLineToPoint(context, lastTouch.x, lastTouch.y);
            CGContextStrokePath(context);
            break;
        case kRectShape:
            CGContextAddRect(context, self.currentRect);
            CGContextDrawPath(context, kCGPathFillStroke);
            break;
        case kEllipseShape:
            CGContextAddEllipseInRect(context, self.currentRect);
            CGContextDrawPath(context, kCGPathFillStroke);
            break;
        case kImageShape: {
            CGFloat horizontalOffset = drawImage.size.width / 2;
            CGFloat verticalOffset = drawImage.size.height / 2;
            CGPoint drawPoint = CGPointMake(lastTouch.x - horizontalOffset,
                    lastTouch.y - verticalOffset);
            [drawImage drawAtPoint:drawPoint];
            break;
        default:
            break;
    }
}
```

...

Também precisamos fazer algumas alterações no `touchesEnded:withEvent:` e no `touchesMoved:withEvent:`. Precisamos recalcular o espaço atingido pela operação atual e utilizar isso para indicar que apenas uma parte da nossa view precisa ser redesenhada:

```
...
- (void)touchesEnded:(NSSet *)touches withEvent:(UIEvent *)event {
    UITouch *touch = [touches anyObject];
    lastTouch = [touch locationInView:self];

    [self setNeedsDisplay];
    if (shapeType == kImageShape) {
        CGFloat horizontalOffset = drawImage.size.width / 2;
        CGFloat verticalOffset = drawImage.size.height / 2;
        redrawRect = CGRectUnion(redrawRect,
            CGRectMake(lastTouch.x - horizontalOffset,
            lastTouch.y - verticalOffset, drawImage.size.width,
            drawImage.size.height));
    }
    else
        redrawRect = CGRectUnion(redrawRect, self.currentRect);
    redrawRect = CGRectInset(redrawRect, -2.0, -2.0);
    [self setNeedsDisplayInRect:redrawRect];
}

- (void)touchesMoved:(NSSet *)touches withEvent:(UIEvent *)event {
    UITouch *touch = [touches anyObject];
    lastTouch = [touch locationInView:self];

    [self setNeedsDisplay];
    if (shapeType == kImageShape) {
        CGFloat horizontalOffset = drawImage.size.width / 2;
        CGFloat verticalOffset = drawImage.size.height / 2;
        redrawRect = CGRectUnion(redrawRect,
             CGRectMake(lastTouch.x - horizontalOffset,
             lastTouch.y - verticalOffset, drawImage.size.width,
             drawImage.size.height));
   }
   redrawRect = CGRectUnion(redrawRect, self.currentRect);
   [self setNeedsDisplayInRect:redrawRect];
}
...
```

Com apenas algumas linhas adicionais de código, reduzimos a quantidade de trabalho necessário para redesenhar nossa view, livrando-nos da necessidade de apagar e redesenhar a parte da view que não foi afetada pelo movimento de arrastar atual. Ser gentil com os preciosos ciclos do processador do aparelho iOS dessa maneira pode fazer uma grande diferença no desempenho dos seus aplicativos, principalmente quando eles ficarem mais complexos.

NOTA: Se você estiver interessado em mais detalhes sobre os tópicos da Quartz 2D, dê uma olhada em *Beginning iPad Development for iPhone Developers: Mastering the iPad SDK,* de Jack Nutting, Dave Wooldridge e David Mark (Apress, 2010), que fala muito sobre o desenho da Quartz 2D. Todo o código de desenho e todas as explicações desse livro se aplicam ao iPhone e ao iPad.

O Aplicativo GLFun

Como mencionamos anteriormente nesse capítulo, a OpenGL ES e a Quartz 2D têm abordagens fundamentalmente diferentes para desenhar. Uma introdução detalhada à OpenGL ES daria um livro por si só, então não faremos qualquer tentativa aqui. Em vez disso, vamos recriar nosso aplicativo da Quartz 2D usando a OpenGL ES, apenas para lhe dar uma noção dos pontos básicos e algumas amostras de código que podemos usar para dar o pontapé inicial nos nossos aplicativos da OpenGL.

Vamos começar o nosso aplicativo.

DICA: Se você quiser criar um aplicativo de tela cheia da OpenGL ES, não precisará fazer isso manualmente. O Xcode tem um template que você pode usar. Ele configura a tela e os buffers para você e inclui algum código de amostra de desenho e animação na classe para que você possa ver onde colocar o código. Se você quiser testar isso depois de concluir o GLFun, crie um novo *iOS application* e escolha o template *OpenGL ES Application*.

Configurando o Aplicativo GLFun

Crie um novo *View-based Application* no Xcode e chame-o de *GLFun*. Para poupar tempo, copie os arquivos *Constants.h*, *UIColor-Random.h*, *UIColor-Random.m* e *iphone.png* do projeto *QuartzFun* para as pastas *Classes* e *Resources* desse novo projeto.

Abra o *GLFunViewController.h* e faça as alterações seguintes. Você deve reconhecê-las, já que são idênticas às que fizemos no *QuartzFunViewController.h*.

```
#import <UIKit/UIKit.h>

@interface GLFunViewController : UIViewController {
    UISegmentedControl *colorControl;
}
@property (nonatomic, retain) IBOutlet UISegmentedControl *colorControl;
- (IBAction)changeColor:(id)sender;
- (IBAction)changeShape:(id)sender;
@end
```

Mude para o *QuartzFunViewController.m* e faça as alterações seguintes. Novamente, elas deverão parecer muito familiares para você.

```
#import "GLFunViewController.h"
```

```
#import "GLFunView.h"
#import "Constants.h"

@implementation GLFunViewController
@synthesize colorControl;

- (IBAction)changeColor:(id)sender {
    UISegmentedControl *control = sender;
    NSInteger index = [control selectedSegmentIndex];

    GLFunView *glView = (GLFunView *)self.view;

    switch (index) {
        case kRedColorTab:
            glView.currentColor = [UIColor redColor];
            glView.useRandomColor = NO;
            break;
        case kBlueColorTab:
            glView.currentColor = [UIColor blueColor];
            glView.useRandomColor = NO;
            break;
        case kYellowColorTab:
            glView.currentColor = [UIColor yellowColor];
            glView.useRandomColor = NO;
            break;
        case kGreenColorTab:
            glView.currentColor = [UIColor greenColor];
            glView.useRandomColor = NO;
            break;
        case kRandomColorTab:
            glView.useRandomColor = YES;
            break;
        default:
            break;
    }
}

- (IBAction)changeShape:(id)sender {
    UISegmentedControl *control = sender;
    [(GLFunView *)self.view setShapeType:[control selectedSegmentIndex]];
    if ([control selectedSegmentIndex] == kImageShape)
        [colorControl setHidden:YES];
    else
        [colorControl setHidden:NO];
}
...
```

Não vamos nos esquecer de lidar com a limpeza da memória:

```
...
- (void)viewDidUnload {
    // Release any retained subviews of the main view.
    // e.g. self.myOutlet = nil;
    self.colorControl = nil;
```

```
    [super viewDidUnload];
}

- (void)dealloc {
    [colorControl release];
    [super dealloc];
}
...
```

A única diferença entre esse e o *QuartzFunViewController.m* é que estamos fazendo referência a uma view chamada `GLFunView` e não a uma chamada `QuartzFunView`. O código que faz o desenho está presente em uma subclasse de `UIView`. Como faremos o desenho de uma maneira totalmente diferente dessa vez, faz sentido utilizar uma nova classe para conter esse código de desenho.

Antes de continuarmos, precisaremos adicionar mais alguns arquivos ao seu projeto. Na pasta *14 GLFun*, você encontrará arquivos chamados *Texture2D.h*, *Texture2D.m*, *OpenGLES2DView.h* e *OpenGLES2DView.m*. O código nos primeiros dois arquivos foi escrito pela Apple para fazer as imagens de desenho na OpenGL ES com mais facilidade do que seria. Os outros dois arquivos são as classes que fornecemos com base no código de amostra da Apple que configura a OpenGL para fazer um desenho bidimensional (em outras palavras, fizemos a configuração necessária para você). Fique à vontade para usar qualquer um desses arquivos nos seus próprios programas, se desejar.

Desenhando com OpenGL

A OpenGL ES não tem sprites ou imagens por si; ela tem um tipo de imagem chamado **textura**. As texturas devem ser desenhadas em uma forma ou um objeto. A maneira para desenhar uma imagem na OpenGL ES é desenhar um quadrado (tecnicamente falando, são dois triângulos) e, depois, mapear a textura para ele a fim de que fique exatamente do seu tamanho. O `Texture2D` encapsula esse processo relativamente complexo em uma classe única e fácil de usar.

O `OpenGLES2DView` é uma subclasse de `UIView` que utiliza a OpenGL para desenhar. Configuramos essa view para que o sistema de coordenadas da OpenGL ES e o da view sejam mapeados para uma base exclusiva. A OpenGL ES é um sistema tridimensional. O `OpenGLES2DView` mapeia o mundo tridimensional da OpenGL para os pixels da nossa view bidimensional.

Observe que, apesar da relação exclusiva entre a view e o contexto da OpenGL, as coordenadas y ainda estão se movendo. Precisamos traduzir a coordenada y do sistema de coordenadas da view, em que o aumento em y representa movimento para baixo, para o sistema de coordenadas do OpenGL, em que o aumento em y representa movimento para cima.

Para usar a classe `OpenGLES2DView`, primeiramente, faça a subclasse dela e, depois, implemente o método draw para fazer seu desenho real, assim como faremos no código seguinte. Você também pode implementar quaisquer outros métodos necessários na sua view, como os relacionados ao toque que utilizamos no exemplo do QuartzFun.

Selecione a pasta *Classes* e crie um novo arquivo, utilizando o template *Objective-C Class* da seção *Cocoa Touch Class*. Selecione *NSObject* para *Subclass of* e chame-o de *GLFunView.m*. Certifique-se de ter criado o cabeçalho também.

Clique uma vez em *GLFunView.h* e faça as seguintes alterações:

```
#import <Foundation/Foundation.h>
#import "Constants.h"
#import "OpenGLES2DView.h"

@class Texture2D;

@interface GLFunView : NSObject {
@interface GLFunView : OpenGLES2DView {
    CGPoint firstTouch;
    CGPoint lastTouch;
    UIColor *currentColor;
    BOOL useRandomColor;

    ShapeType shapeType;

    Texture2D *sprite;
}
@property CGPoint firstTouch;
@property CGPoint lastTouch;
@property (nonatomic, retain) UIColor *currentColor;
@property BOOL useRandomColor;
@property ShapeType shapeType;
@property (nonatomic, retain) Texture2D *sprite;
@end
```

Essa classe é semelhante ao *QuartzFunView.h*, mas, em vez de usarmos o `UIImage` para armazenar a imagem, usamos um `Texture2D` para simplificar o processo de desenho de imagens em um contexto da OpenGL ES. Também mudamos a superclasse de `UIView` para `OpenGLES2DView` para que a nossa view se torne uma view apoiada na OpenGL, configurada para fazer desenhos bidimensionais.

Mude para o *GLFunView.m* e faça as seguintes alterações:

```
#import "GLFunView.h"
#import "UIColor-Random.h"
#import "Texture2D.h"

@implementation GLFunView
@synthesize firstTouch;
@synthesize lastTouch;
@synthesize currentColor;
@synthesize useRandomColor;
@synthesize shapeType;
@synthesize sprite;

- (id)initWithCoder:(NSCoder*)coder {
    if (self = [super initWithCoder:coder]) {
        currentColor = [[UIColor redColor] retain];
        useRandomColor = NO;
        sprite = [[Texture2D alloc] initWithImage:[UIImage
```

```
                                        imageNamed:@"iphone.png"]];
        glBindTexture(GL_TEXTURE_2D, sprite.name);
    }
    return self;
}

- (void)draw {
    glLoadIdentity();

    glClearColor(0.78f, 0.78f, 0.78f, 1.0f);
    glClear(GL_COLOR_BUFFER_BIT);

    CGColorRef color = currentColor.CGColor;
    const CGFloat *components = CGColorGetComponents(color);
    CGFloat red = components[0];
    CGFloat green = components[1];
    CGFloat blue = components[2];

    glColor4f(red,green, blue, 1.0);
    switch (shapeType) {
        case kLineShape: {
            glDisable(GL_TEXTURE_2D);
            GLfloat vertices[4];

            // Convert coordinates
            vertices[0] = firstTouch.x;
            vertices[1] = self.frame.size.height - firstTouch.y;
            vertices[2] = lastTouch.x;
            vertices[3] = self.frame.size.height - lastTouch.y;
            glLineWidth(2.0);
            glVertexPointer(2, GL_FLOAT, 0, vertices);
            glDrawArrays (GL_LINES, 0, 2);
            break;
        }
       case kRectShape: {
           glDisable(GL_TEXTURE_2D);
           // Calculate bounding rect and store in vertices
           GLfloat vertices[8];
           GLfloat minX = (firstTouch.x > lastTouch.x) ?
           lastTouch.x : firstTouch.x;
           GLfloat minY = (self.frame.size.height - firstTouch.y >
                           self.frame.size.height - lastTouch.y) ?
           self.frame.size.height - lastTouch.y :
           self.frame.size.height - firstTouch.y;
           GLfloat maxX = (firstTouch.x > lastTouch.x) ?
           firstTouch.x : lastTouch.x;
           GLfloat maxY = (self.frame.size.height - firstTouch.y >
                           self.frame.size.height - lastTouch.y) ?
           self.frame.size.height - firstTouch.y :
           self.frame.size.height - lastTouch.y;

           vertices[0] = maxX;
           vertices[1] = maxY;
           vertices[2] = minX;
```

```
            vertices[3] = maxY;
            vertices[4] = minX;
            vertices[5] = minY;
            vertices[6] = maxX;
            vertices[7] = minY;

            glVertexPointer (2, GL_FLOAT , 0, vertices);
            glDrawArrays (GL_TRIANGLE_FAN, 0, 4);
            break;
        }
        case kEllipseShape: {
            glDisable(GL_TEXTURE_2D);
            GLfloat vertices[720];

            GLfloat xradius = fabsf((firstTouch.x - lastTouch.x) / 2);
            GLfloat yradius = fabsf((firstTouch.y - lastTouch.y) / 2);
            for (int i = 0; i <= 720; i += 2) {
                GLfloat xOffset = (firstTouch.x > lastTouch.x) ?
                    lastTouch.x + xradius : firstTouch.x + xradius;
                GLfloat yOffset = (firstTouch.y < lastTouch.y) ?
                    self.frame.size.height - lastTouch.y + yradius :
                    self.frame.size.height - firstTouch.y + yradius;
                vertices[i] = (cos(degreesToRadian(i / 2))*xradius) + xOffset;
                vertices[i+1] = (sin(degreesToRadian(i / 2))*yradius) +
                    yOffset;
            }

            glVertexPointer(2, GL_FLOAT , 0, vertices);
            glDrawArrays (GL_TRIANGLE_FAN, 0, 360);
            break;
        }
        case kImageShape:
            glEnable(GL_TEXTURE_2D);
            [sprite drawAtPoint:CGPointMake(lastTouch.x,
                        self.frame.size.height - lastTouch.y)];
            break;
        default:
            break;
    }

    glBindRenderbufferOES(GL_RENDERBUFFER_OES, viewRenderbuffer);
    [context presentRenderbuffer:GL_RENDERBUFFER_OES];
}

- (void)dealloc {
    [currentColor release];
    [sprite release];
    [super dealloc];
}

- (void)touchesBegan:(NSSet *)touches withEvent:(UIEvent *)event {
    if (useRandomColor)
        self.currentColor = [UIColor randomColor];
```

```
    UITouch* touch = [[event touchesForView:self] anyObject];
    firstTouch = [touch locationInView:self];
    lastTouch = [touch locationInView:self];
    [self draw];
}

- (void)touchesMoved:(NSSet *)touches withEvent:(UIEvent *)event {
UITouch *touch = [touches anyObject];
    lastTouch = [touch locationInView:self];

    [self draw];
}

- (void)touchesEnded:(NSSet *)touches withEvent:(UIEvent *)event {
    UITouch *touch = [touches anyObject];
    lastTouch = [touch locationInView:self];

    [self draw];
}
@end
```

Você pode perceber que usar a OpenGL não é, de maneira alguma, mais fácil ou mais conciso do que usar a Quartz. Embora a OpenGL ES seja mais potente do que a Quartz 2D, você também está mais perto da estrutura, por assim dizer. A OpenGL pode ser intimidante às vezes.

Como essa view está sendo carregada a partir de um nib, adicionaremos um método `initWithCoder:` e, nele, nós criaremos e designaremos um `UIColor` para o `currentColor`. Também deixaremos `useRandomColor` com o valor padrão em `NO` e criaremos nosso objeto `Texture2D`.

Depois do método `initWithCoder:`, temos o método draw, no qual você pode realmente ver a diferença entre as duas bibliotecas.

Vamos dar uma olhada no processo de desenho de uma linha. Aqui está como se desenha uma linha na versão Quartz (removemos o código que não é diretamente relevante para o desenho):

```
CGContextRef context = UIGraphicsGetCurrentContext();
CGContextSetLineWidth(context, 2.0);
CGContextSetStrokeColorWithColor(context, currentColor.CGColor);
CGContextMoveToPoint(context, firstTouch.x, firstTouch.y);
CGContextAddLineToPoint(context, lastTouch.x, lastTouch.y);
CGContextStrokePath(context);
```

Na OpenGL, precisamos fazer mais algumas etapas para desenhar a mesma linha. Primeiramente, reiniciamos o mundo virtual para que quaisquer rotações, traduções ou outras transformações que possam ter sido aplicadas a ele sumam:

```
glLoadIdentity();
```

Em seguida, clareamos o segundo plano para a mesma sombra cinza que usamos na versão Quartz do aplicativo.

```
glClearColor(0.78, 0.78f, 0.78f, 1.0f);
glClear(GL_COLOR_BUFFER_BIT);
```

Depois disso, precisamos definir a cor do desenho da OpenGL dissecando um UIColor e tirando os componentes RGB individuais dali. Felizmente, como utilizamos os métodos de classe de conveniência, não precisaremos nos preocupar com o modelo da cor que o UIColor usa. Podemos supor, seguramente, que ele irá utilizar o espaço de cor RGBA.

```
CGColorRef color = currentColor.CGColor;
const CGFloat *components = CGColorGetComponents(color);
CGFloat red = components[0];
CGFloat green = components[1];
CGFloat blue = components[2];
glColor4f(red,green, blue, 1.0);
```

Em seguida, desativamos o recurso da OpenGL ES para mapear texturas.

```
glDisable(GL_TEXTURE_2D);
```

Qualquer código de desenho que seja disparado de quando fazemos essa chamada até quando houver uma chamada para glEnable(GL_TEXTURE_2D) será desenhado sem uma textura, que é o que queremos. Se permitíssemos que uma textura fosse utilizada, a cor que acabamos de configurar não seria mostrada.

Para desenhar uma linha, precisamos de dois vértices, o que significa que precisamos de um array com quatro elementos. Como discutimos, um ponto em um espaço bidimensional é representado por dois valores: x e y. Na Quartz, nós usamos um CGPoint struct para armazenar esses valores. Na OpenGL, os pontos não estão embutidos em structs. Em vez disso, nós unimos um array com todos os pontos que resultem na forma que precisamos desenhar. Então, para desenhar uma linha do ponto (100, 150) para o (200, 250) na OpenGL, precisaremos criar um array de vértice que se pareceria com isto:

```
vertex[0] = 100;
vertex[1] = 150;
vertex[2] = 200;
vertex[3] = 250;
```

Nosso array tem o formato {x1, y1, x2, y2, x3, y3}. O próximo ponto nesse método converte dois CGPoint structs em um array de vértice.

```
GLfloat vertices[4];
vertices[0] = firstTouch.x;
vertices[1] = self.frame.size.height - firstTouch.y;
vertices[2] = lastTouch.x;
vertices[3] = self.frame.size.height - lastTouch.y;
```

Ao definir o array do vértice que descreve o que queremos desenhar (nesse exemplo, uma linha), especificamos a largura da linha, passamos o array para a OpenGL ES usando o método glVertexPointer() e dizemos à OpenGL ES para desenhar os arrays.

```
glLineWidth(2.0);
glVertexPointer (2, GL_FLOAT , 0, vertices);
glDrawArrays (GL_LINES, 0, 2);
```

Sempre que terminarmos de desenhar na OpenGL ES, precisamos orientá-la para criar seu buffer e dizer ao contexto da view para mostrar somente os buffers criados recentemente.

```
glBindRenderbufferOES(GL_RENDERBUFFER_OES, viewRenderbuffer);
[context presentRenderbuffer:GL_RENDERBUFFER_OES];
```

Para deixar mais claro, o processo de desenho da OpenGL ES é constituído por três etapas:

1. Desenhe no contexto.
2. Assim que acabar de desenhar, crie automaticamente o contexto no buffer.
3. Apresente o seu buffer criado, que é onde os pixels são realmente desenhados na tela.

Como você pode ver, o exemplo da OpenGL ES é consideravelmente mais longo.

A diferença entre a Quartz 2D e a OpenGL ES se torna ainda mais dramática quando olhamos para o processo de desenho de uma elipse. A OpenGL ES não sabe como desenhá-la. A OpenGL, irmã mais velha e anterior da OpenGL ES, tem inúmeras funções de conveniência para gerar formas comuns bi e tridimensionais, mas essas são algumas das funcionalidades que foram tiradas da OpenGL ES para torná-la mais simples e adequada para o uso em dispositivos incorporados, como o iPhone. Consequentemente, muito mais responsabilidade cai nos braços do programador.

Para lembrar, aqui está como desenhamos a elipse usando a Quartz 2D:

```
CGContextRef context = UIGraphicsGetCurrentContext();
CGContextSetLineWidth(context, 2.0);
CGContextSetStrokeColorWithColor(context, currentColor.CGColor);
CGContextSetFillColorWithColor(context, currentColor.CGColor);
CGRect currentRect;
CGContextAddEllipseInRect(context, self.currentRect);
CGContextDrawPath(context, kCGPathFillStroke);
```

Para a versão da OpenGL ES, começamos com os mesmos passos de antes, reinicializando qualquer movimento ou rotação, limpando o segundo plano, deixando-o branco e ajustando a cor desenhada com base no currentColor.

```
glLoadIdentity();
glClearColor(1.0f, 1.0f, 1.0f, 1.0f);
glClear(GL_COLOR_BUFFER_BIT);
glDisable(GL_TEXTURE_2D);
CGColorRef color = currentColor.CGColor;
const CGFloat *components = CGColorGetComponents(color);
CGFloat red = components[0];
CGFloat green = components[1];
CGFloat blue = components[2];
glColor4f(red,green, blue, 1.0);
```

Já que a OpenGL ES não sabe desenhar uma elipse, precisaremos fazer a nossa própria, o que significa desenterrar memórias dolorosas da aula de geometria da Srta. Picklebaum. Definiremos um array de vértices que armazena o `720 GLfloats`, que irá manter uma posição x e uma y para 360 pontos, uma para cada ângulo em volta do círculo. Poderíamos mudar o número de pontos para aumentar ou diminuir a suavidade do círculo. Essa abordagem parece boa para qualquer view que se ajuste à tela do iPhone, mas, provavelmente, irá requerer mais processamento do que o estritamente necessário se tudo o que você estiver fazendo for desenhar círculos menores.

```
GLfloat vertices[720];
```

Depois, descobriremos os raios horizontal e vertical da elipse com base nos dois pontos armazenados em `firstTouch` e `lastTouch`.

```
GLfloat xradius = fabsf((firstTouch.x - lastTouch.x)/2);
GLfloat yradius = fabsf((firstTouch.y - lastTouch.y)/2);
```

Em seguida, vamos fazer um loop ao redor do círculo, calculando os pontos corretos.

```
for (int i = 0; i <= 720; i+=2) {
    GLfloat xOffset = (firstTouch.x > lastTouch.x) ?
        lastTouch.x + xradius : firstTouch.x + xradius;
    GLfloat yOffset = (firstTouch.y < lastTouch.y) ?
        self.frame.size.height - lastTouch.y + yradius :
        self.frame.size.height - firstTouch.y + yradius;
        vertices[i] = (cos(degreesToRadian(i / 2))*xradius) + xOffset;
        vertices[i+1] = (sin(degreesToRadian(i / 2))*yradius) +
            yOffset;
    }
```

Por fim, daremos o array do vértice à OpenGL ES, diremos a ele para desenhar e renderizar e, então, diremos ao nosso contexto para apresentar a imagem recém-criada.

```
glVertexPointer (2, GL_FLOAT , 0, vertices);
glDrawArrays (GL_TRIANGLE_FAN, 0, 360);
glBindRenderbufferOES(GL_RENDERBUFFER_OES, viewRenderbuffer);
[context presentRenderbuffer:GL_RENDERBUFFER_OES];
```

Não iremos rever o método do retângulo, pois ele usa a mesma técnica básica; definiremos um array do vértice com quatro vértices para definir o retângulo e, então, renderizaremos e apresentaremos.

Também não há muito o que falar sobre desenhar uma imagem, já que a adorável classe `Texture2D` da Apple faz com que desenhar um sprite seja tão fácil quanto na Quartz 2D. Há uma coisa importante a observar aqui, no entanto:

```
glEnable(GL_TEXTURE_2D);
```

Como existe a possibilidade de que a capacidade de desenhar texturas tenha sido desativada anteriormente, devemos ativá-la antes de tentar utilizar a classe `Texture2D`.

Depois do método draw, temos os mesmos métodos relacionados ao toque que tínhamos na versão anterior. A única diferença é que, em vez de dizer à view que ela precisa ser exibida, chamamos o método draw. Não precisamos dizer à OpenGL ES quais partes da tela precisam ser atualizadas; ela irá adivinhar e alavancar a aceleração do hardware para desenhar da maneira mais eficiente.

Encerrando o GLFun

Agora, você poderá editar o *GLFunViewController.xib* e criar a interface. Não o acompanharemos dessa vez, mas, se você ficar preso, consulte a seção "Atualizando o QuartzFunViewController.xib" deste capítulo para ver as etapas específicas. Se você não quiser ver todas elas, simplesmente copie *GLFunViewController.xib* para o projeto atual, renomeie-o e utilize isso como ponto de partida. De qualquer forma, certifique-se de ter mudado a classe da view principal para *GLFunView* em vez de *QuartzFunView*.

Antes de compilar e executar esse programa, será necessário conectar dois frameworks ao seu projeto. Siga as instruções do Capítulo 7 para adicionar o framework da caixa de ferramentas de áudio (na seção "Conectando o Framework da Caixa de Ferramentas de Áudio"), mas, em vez de selecionar *AudioToobox.framework*, selecione *OpenGLES.framework* e *QuartzCore.framework*.

Frameworks adicionados? Ótimo. Execute seu projeto. Ele deverá se parecer com a versão da Quartz. Agora, você já viu o suficiente para começar a OpenGL ES.

> **NOTA:** Se você estiver interessado em usar a OpenGL ES nos seus aplicativos para iPhone, poderá encontrar a especificação dela em links para livros, documentação e fóruns em que as questões sobre a OpenGL ES foram discutidas, em http://www.kronos.org/opengles/. Além disso, acesse http://www.kronos.org/developers/resources/opengles/ e pesquise a palavra "tutorial". Verifique também o tutorial sobre a OpenGL no blog do Jeff LaMarche sobre iPhone em http://iphonedevelopment.blogspot.com/2009/05/opengl-es-from-ground-up-table-of.html.

Desenhando em um Espaço em Branco

Nesse capítulo, apenas vimos por alto a habilidade de desenho do iOS. Você deverá se sentir bem confortável com a Quartz 2D agora e, após algumas olhadas na documentação da Apple, você poderá provavelmente lidar com a maioria dos requisitos de desenho que cruzar seu caminho. Você também deverá ter um entendimento básico do que é a OpenGL ES e de como ela se integra com o sistema de view do iOS.

O próximo passo? Você irá aprender a adicionar o suporte referente a gestos em seus aplicativos.

Capítulo 15

Toques Leves, Toques e Gestos

As telas do iPhone, do iPod touch e do iPad — com seu display entrelaçado, claro, sensível ao toque — são verdadeiras belezas, obras-primas da engenharia. A tela multitoque, comum a todos os aparelhos iOS, é um dos fatores-chave para tamanha utilização da plataforma. Como a tela consegue detectar múltiplos toques ao mesmo tempo e acompanhá-los independentemente, os aplicativos são capazes de detectar uma grande variedade de gestos, dando ao usuário um poder que vai além da interface.

Como exemplo, suponhamos que você esteja no aplicativo Mail olhando para uma longa lista de lixo eletrônico que você quer excluir. Você tem algumas opções:

- Você pode tocar em qualquer mensagem de e-mail individualmente, tocar no ícone da lixeira para excluí-la e esperar para que a próxima mensagem seja descarregada, excluindo uma por vez. Esse é o melhor método se você quiser ler cada mensagem antes de excluir.
- Na lista de mensagens, você pode tocar no botão *Edit* no canto superior direito, tocar em cada linha de e-mail para marcá-la e, em seguida, pressionar o botão *Delete* para excluir todas as mensagens marcadas. Esse é o melhor método caso você não precise ler cada mensagem antes de excluir.
- Passe o dedo por uma mensagem na lista de lado a lado. Isso irá mostrar um botão *Delete* para aquele e-mail. Toque nesse botão, e a mensagem será excluída.

Esses exemplos são apenas alguns dos gestos inumeráveis que são possíveis pela tela mutitoque. Você pode fazer movimento de pinça com seus dados para dar um zoom em uma imagem ou inverter o gesto para sair do zoom. Você pode manter um ícone pressionado para ativar o "modo de balanço", que permite a você excluir aplicativos do seu aparelho iOS.

Nesse capítulo, veremos a arquitetura fundamental que permite detectar gestos. Você irá aprender a identificar os mais comuns e a criar e detectar um completamente novo.

A Terminologia Multitoque

Antes de mergulharmos na arquitetura, veremos algum vocabulário básico.

- **Evento (event):** gerado quando você interage com a tela multitoque. Um gesto é passado pelo sistema dentro de uma série de eventos, os quais contêm informações sobre o(s) toque(s) que ocorreu (ocorreram). Eles são passados pela cadeia de responder, como será discutido na próxima seção.
- **Gesto (gesture):** é qualquer sequência de eventos que acontece do momento em que ocorre um toque na tela, com um ou mais dedos, até os dedos serem levantados. Não importa quanto tempo levará; enquanto um dedo ainda estiver em contato com a tela, ainda estará em um mesmo gesto (a não ser que um evento do sistema, tal como receber uma ligação, o interrompa). Note que o Cocoa Touch não expõe qualquer classe ou estrutura que represente um gesto. De certa forma, um gesto é um verbo, e um aplicativo em execução pode observar o fluxo de entrada de usuário para saber se algum está acontecendo.
- **Toque (touch):** refere-se ao dedo sendo colocado na tela, arrastando ou sendo tirado dela. O número de toques envolvidos em um gesto é igual ao número de dedos na tela ao mesmo tempo. Você pode até mesmo colocar os cinco dedos na tela que, desde que não estejam muito perto um do outro, o iOS poderá reconhecer e rastreá-los. Agora, não existem muitos gestos de cinco dedos, mas é bom saber que o iOS pode lidar com eles se necessário.

> **NOTA:** Na verdade, testes mostraram que o iPad consegue lidar com até 11 toques simultâneos! Isso pode parecer um excesso, mas poderia ser útil se você estivesse trabalhando em um jogo com vários jogadores interagindo com a tela ao mesmo tempo.

- **Toque leve (tap):** acontece quando você toca a tela com um único dedo e, então, o levanta imediatamente sem movimentá-lo. O aparelho iOS mantém registro do número de toques leves e pode dizer se o usuário tocou duas, três ou até vinte vezes na tela. Ele lida com todo o tempo e com outros trabalhos necessários para diferenciar entre toques leves únicos e toques leves duplos, por exemplo.
- **Reconhecedor de gesto (gesture recognizer):** é um objeto que sabe como observar um fluxo de eventos gerado por um usuário e reconhece quando ele está tocando e arrastando de uma maneira que corresponde a um gesto pré-definido. Incluso no iOS 3.2 e posterior, a classe `UIGestureRecognizer` e suas diversas subclasses podem ajudar a tirar muito trabalho das suas mãos quando você quiser observar gestos comuns. Ele encapsula bem o trabalho de observação de um gesto e pode ser facilmente aplicado a qualquer view no seu aplicativo.

A Cadeia de Responders

Como os gestos são passados pelo sistema dentro de eventos, e estes são passados por **cadeias de responders** (responder chain), você precisa entender como a cadeia de responders funciona para lidar adequadamente com os gestos.

Se você trabalhou com o Cocoa para o Mac OS X, você provavelmente está familiarizado com o conceito de uma cadeia de responders, já que o mesmo mecanismo básico é usado no Cocoa e no Cocoa Touch. Se este for um material novo, não se preocupe; explicaremos como ele funciona.

Diversas vezes, nesse livro, mencionamos o first responder, que normalmente é o objeto com o qual o usuário está interagindo no momento. Ele é o começo da cadeia de responders; também existem outros.

Qualquer classe que tenha um `UIResponder` como uma das suas superclasses é um **responder**. O `UIView` é uma subclasse do `UIResponder`, e o `UIControl` é uma subclasse do `UIView`, então todas as views e todos os controles são responders. O `UIViewController` também é uma subclasse do `UIResponder`; isso quer dizer que é um responder, assim como todas as suas subclasses, como o `UINavigationController` e o `UITabBarController`. Os responders, então, recebem esse nome porque eles respondem aos eventos gerados pelo sistema, assim como aos toques na tela.

Para a Cadeia de Responders

Se o first responder não lidar com um evento particular, como um gesto, ele o passará para a cadeia de responders. Se o próximo objeto na cadeia responder àquele evento particular, ele normalmente irá consumir o evento, o que irá parar a progressão deste pela cadeia de responders.

Em alguns casos, se o responder apenas lidar com o evento de maneira parcial, ele tomará uma ação e passará o evento adiante para o próximo responder na cadeia. No entanto, normalmente não é isso o que acontece. Geralmente, quando um objeto responde a um evento, esse é o fim da linha para este último. Se o evento passar por toda a cadeia de responders e nenhum objeto lidar com ele, ele será descartado.

Vamos dar uma olhada mais específica na cadeia de responders. O first responder é quase sempre uma view ou um controle e tem a primeira tentativa para responder a um evento. Se o first responder não conseguir lidar com o evento, ele irá passá-lo para o view controller. Se o view controller não consumir o evento, o evento, então, será passado para a view antecessora do first responder. Se a view antecessora não responder, o evento irá para o view controller antecessor, se ele existir. O evento irá subir na hierarquia da view, com cada view, e, então, para o view controller que tiver a chance de lidar com o evento. Se o evento percorrer toda a hierarquia da view, será passado para a janela do aplicativo. Se a janela não lidar com o evento, então ela o passará para a instância de objeto `UIApplication` do nosso aplicativo. Se o `UIApplication` não responder a ele, o evento irá gentilmente dizer boa noite.

Esse processo é importante por inúmeras razões. Primeiramente, porque ele controla a maneira como os gestos podem ser tratados. Vamos dizer que o usuário está vendo uma tabela e passa o dedo por uma linha dessa tabela. Qual objeto lida com esse gesto?

Se o passar de dedo ocorrer dentro de uma view ou de um controle que é uma subview da célula da table view, então essa view ou esse controle terá a chance de responder. Se não responder, a célula de table view terá sua chance. Em um aplicativo como o Mail, em que um passar de dedo pode ser usado para excluir uma mensagem, a célula de table view provavelmente precisaria olhar para esse evento para saber se ele contém um gesto de passar o dedo. A maioria das células da table view não responde a esse gesto. Nesse caso, o evento prossegue para a table view e, depois, para o resto da cadeia de responders, até alguma coisa responder a esse evento ou ele chegar ao fim da linha.

Repassando um Evento: Mantendo a Cadeia de Responders Viva

Vamos dar um passo para trás até aquela célula da table view no aplicativo Mail. Nós não sabemos os detalhes internos do aplicativo Mail da Apple, mas vamos supor, nesse momento, que a célula da table view lide apenas com o passar de dedo para excluir. Essa célula precisa implementar os métodos relacionados ao recebimento de eventos de toque (que você verá na próxima seção) para que possa verificar se o evento continha um gesto de passar o dedo. Em caso positivo a célula de table view agirá e, então, é isso; o evento não seguirá adiante.

Se o evento não tiver um gesto de passar o dedo, a célula de table view será responsável por passá-lo adiante manualmente para o próximo objeto na cadeia de responders. Se não fizer isso, a tabela e os outros objetos acima na cadeia nunca terão a chance de responder, e o aplicativo poderá não funcionar como o usuário espera. Essa célula de table view pode evitar que as outras views reconheçam um gesto.

Sempre que você responder a um evento de toque, precisará ter em mente que o código não funciona no vácuo. Se um objeto interceptar um evento com o qual não consiga lidar, ele precisará passá-lo adiante manualmente, chamando o mesmo método no próximo responder. Aqui está um pouco de código imaginário:

```
-(void)respondToFictionalEvent:(UIEvent *)event {
    if (someCondition)
        [self handleEvent:event];
    else
        [self.nextResponder respondToFictionalEvent:event];
}
```

Note como chamamos o mesmo método no próximo responder. É assim que se deve agir na cadeia de responders. Felizmente, na maioria das vezes, métodos que respondem a um evento também o consomem, mas é importante saber que, se esse não for o caso, você precisará ter certeza de que o evento será empurrado de volta para a cadeia de responders.

A Arquitetura Multitoque

Agora que você sabe um pouco sobre a cadeia de responders, vamos dar uma olhada no processo de lidar com os gestos. Como indicamos, gestos são passados pela cadeia de responders, embutidos nos eventos. Isso indica que o código para lidar com qualquer tipo de interação com a tela multitoque precisa estar contido em um objeto na cadeia de responders. Geralmente, isso significa que podemos tanto escolher incorporar o código a uma subclasse do `UIView` como incorporá-lo ao `UIViewController`.

Então, esse código pertence à view ou ao view controller?

Onde Colocar o Código de Toque

Se a view precisar fazer algo com ela mesma baseada no toque do usuário, o código provavelmente pertencerá à classe que define a view. Por exemplo, muitas classes de controle, como o `UISwitch` e o `UISlider`, respondem aos eventos relacionados ao toque. Um `UISwitch` pode querer se ligar sozinho ou desligar baseado em um toque. Os caras que criaram a classe `UISwitch` incorporaram o código de manipulação de gestos à classe, para que o `UISwitch` possa responder a um toque.

Entretanto, muitas vezes, quando o gesto sendo processado afeta mais do que o objeto tocado, o código do gesto, na verdade, pertence à classe do view controller. Por exemplo, se o usuário fizer um gesto tocando uma linha que indica que todas as linhas devem ser excluídas, o código no view controller deverá lidar com o gesto.

A maneira como você responde aos toques e gestos em ambas as situações é exatamente a mesma, independentemente da classe a que o código pertence.

Os Quatro Métodos de Notificação de Toques

Existem quatro métodos usados para notificar um responder sobre os toques: `touchesBegan:withEvent:`, `touchesMoved:withEvent:`, `touchesEnded:withEvent:` e `touchesCancelled:withEvent:`.

Quando o usuário toca na tela pela primeira vez, o aparelho iOS procura um responder que tenha um método chamado `touchesBegan:withEvent:`. Para descobrir o local em que o usuário iniciou um gesto ou tocou na tela, implemente esse método na sua view ou no seu view controller. Aqui está um exemplo de como esse método deve se parecer:

```
- (void)touchesBegan:(NSSet *)touches withEvent:(UIEvent *)event {

    NSUInteger numTaps = [[touches anyObject] tapCount];
    NSUInteger numTouches = [touches count];

    // Do something here.
}
```

Esse método, e todos os relacionados ao toque, recebem uma instância `NSSet` chamada touches e uma instância do `UIEvent`. Você pode determinar o número de dedos pressionados contra a tela no momento, contando os objetos em `touches`. Cada objeto em touches é um evento `UITouch`, que representa um dedo tocando na tela. Se esse toque for parte de uma série de toques, você poderá descobrir o número de toques perguntando para qualquer objeto `UITouch`. Se touches tiver mais de um objeto, você deverá saber que o número de toques tem de ser um, pois o sistema computa o número de toques contanto que apenas um dedo esteja tocando na tela. No exemplo anterior, se `numTouches` for 2, você saberá que o usuário tocou na tela com dois dedos de uma vez.

Todos os objetos em touches podem não ser relevantes para a view ou o view controller em que você implementou esse método. Uma célula de table view, por exemplo, provavelmente não se importa com os toques feitos em outras linhas ou na barra de navegação. Você pode obter um subconjunto de touches que tenha apenas aqueles toques que cabem a uma view particular de evento, desta forma:

```
NSSet *myTouches = [event touchesForView:self.view];
```

Cada `UITouch` representa um dedo diferente, e cada dedo está localizado em uma posição diferente da tela. Você pode descobrir a posição de um dedo específico usando o objeto `UITouch`. Ele até irá traduzir o ponto do sistema de coordenadas do local da view se você pedir, assim:

```
CGPoint point = [touch locationInView:self];
```

Você pode ser notificado enquanto o usuário estiver movendo os dedos pela tela implementando o `touchesMoved:withEvent:`. Esse método é chamado diversas vezes durante um movimento longo de arrastar, e, a cada vez que for chamado, você receberá outro conjunto de toques e outro evento. Além de conseguir descobrir a posição atual de cada dedo pelos objetos `UITouch`, você poderá também descobrir a posição anterior daquele toque, que é a posição do dedo na última vez em que o `touchesMoved:withEvent:` ou o `touchesBegan:withEvent:` foi chamado.

Quando o dedo do usuário é removido da tela, outro evento, `touchesEnded:withEvent:`, é chamado. Quando esse método for chamado, você saberá que o usuário terminou seu gesto.

O último método relacionado ao toque que os responders podem implementar é o `touchesCancelled:withEvent:`. Ele é chamado se o usuário estiver no meio de um gesto quando algo interrompê-lo, como o telefone tocando. É aqui que você pode fazer qualquer limpeza que queira para começar do zero com um novo gesto. Quando esse método é chamado, o `touchesEnded:withEvent:` não será requisitado para o gesto atual.

Certo, chega de teoria — vamos ver um pouco disso em ação.

Detectando Toques

Nosso primeiro exemplo é um pequeno aplicativo que nos dará uma noção maior de quando os quatro métodos de responders relacionados ao toque são chamados. No Xcode, crie um novo projeto usando o template *View-based Application*. Para *Product*, escolha *iPhone* e chame o novo projeto de *TouchExplorer*.

Nosso aplicativo *TouchExplorer* irá imprimir mensagens na tela contendo o número de toques e de toques leves sempre que um método relacionado ao toque for chamado (veja a Figura 15-1).

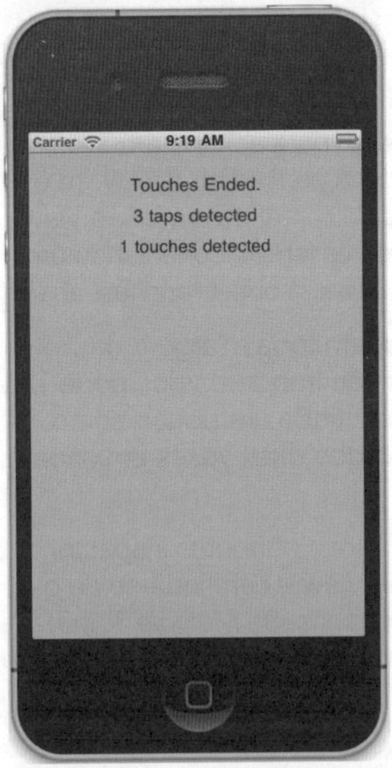

Figura 15-1. *O aplicativo TouchExplorer.*

> **NOTA:** Embora os aplicativos neste capítulo sejam executados no simulador, você não poderá ver todas as funcionalidades do multitoque disponíveis, a não ser que os execute em um iPhone ou em um iPod touch. Se você foi aceito no Programa de Desenvolvimento do iPhone (iPhone Developer Program), poderá executar os programas que você escreve no aparelho de sua escolha. O site da Apple faz um ótimo trabalho de acompanhamento do processo de obter tudo de que você precisa para preparar para conectar o Xcode ao seu aparelho.

Criando o Aplicativo TouchExplorer

Precisamos de três labels para esse aplicativo: um para indicar qual método chamaremos por último; outro para relatar a contagem dos toques leves atuais; um terceiro para relatar o número de toques. Clique uma vez em *TouchExplorerViewController.h* e adicione três outlets e uma declaração de método. O método será utilizado para atualizar os rótulos de vários lugares.

```
#import <UIKit/UIKit.h>

@interface TouchExplorerViewController : UIViewController {
    UILabel    *messageLabel;
    UILabel    *tapsLabel;
    UILabel    *touchesLabel;
}
@property (nonatomic, retain) IBOutlet UILabel *messageLabel;
@property (nonatomic, retain) IBOutlet UILabel *tapsLabel;
```

```
@property (nonatomic, retain) IBOutlet UILabel *touchesLabel;
- (void)updateLabelsFromTouches:(NSSet *)touches;
@end
```

Agora, clique duas vezes em *TouchExplorerViewController.xib* para editar o arquivo. No Interface Builder, clique duas vezes no ícone *View* na doca para editar a view, se o editor de view ainda não estiver aberto. Arraste três *Labels* da library para a janela *View*. Arraste o controle do ícone *File's Owner* para cada um dos três labels, conectando um deles à outlet *messageLabel*, outro à outlet *tapsLabel*, e o último à outlet *touchesLabel*.

Você deverá redimensionar os labels, para que eles ocupem toda a largura da view, e centralizar o texto, mas a localização exata dos labels não importa. Você pode também brincar com as fontes e as cores se estiver se sentindo um pouco como Picasso. Quando acabar de colocar os labels no lugar, clique duas vezes em cada um e pressione delete para se livrar do texto neles.

Por fim, clique no ícone *View* na janela principal do nib e abra o attributes inspector (veja a Figura 15-2). Nele, vá para a parte inferior da seção View e certifique-se de que *User Interacting Enabled* e *Multiple Touch* estejam selecionadas. Se *Multiple Touch* não estiver, seu método de toque da classe controller sempre receberá um, e somente um, toque, não importa quantos dedos estejam tocando na tela.

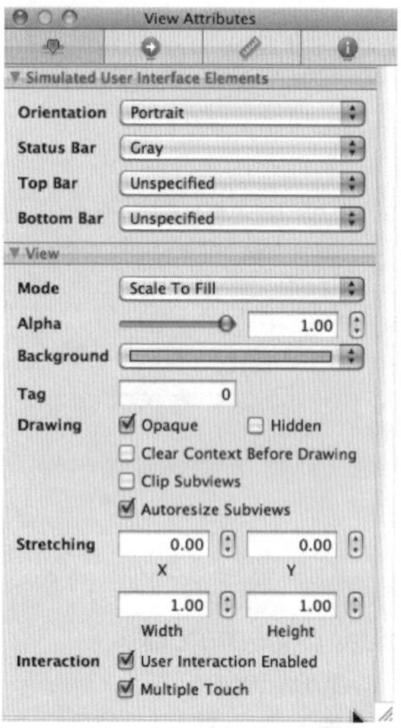

Figura 15-2. *Nos atributos da view, certifique-se de que User Interaction Enabled e Multiple Touch estejam marcadas.*

Ao terminar, salve o nib. Em seguida, volte ao Xcode, selecione *TouchExplorerViewController.m* e adicione o seguinte código:

```
#import "TouchExplorerViewController.h"

@implementation TouchExplorerViewController
@synthesize messageLabel;
```

```
@synthesize tapsLabel;
@synthesize touchesLabel;

- (void)updateLabelsFromTouches:(NSSet *)touches {
    NSUInteger numTaps = [[touches anyObject] tapCount];
    NSString *tapsMessage = [[NSString alloc]
        initWithFormat:@"%d taps detected", numTaps];
    tapsLabel.text = tapsMessage;
    [tapsMessage release];

    NSUInteger numTouches = [touches count];
    NSString *touchMsg = [[NSString alloc] initWithFormat:
        @"%d touches detected", numTouches];
    touchesLabel.text = touchMsg;
    [touchMsg release];
}
...
```

Em seguida, insira as seguintes linhas de código nos métodos `viewDidUnload` e `dealloc` existentes:

```
...
- (void)viewDidUnload {
    // Release any retained subviews of the main view.
    // e.g. self.myOutlet = nil;
    self.messageLabel = nil;
    self.tapsLabel = nil;
    self.touchesLabel = nil;
    [super viewDidUnload];
}
- (void)dealloc {
    [messageLabel release];
    [tapsLabel release];
    [touchesLabel release];
    [super dealloc];
}
...
```

Além disso, adicione os novos métodos a seguir ao final do arquivo:

```
...
#pragma mark -
- (void)touchesBegan:(NSSet *)touches withEvent:(UIEvent *)event {
    messageLabel.text = @"Touches Began";
    [self updateLabelsFromTouches:touches];
}

- (void)touchesCancelled:(NSSet *)touches withEvent:(UIEvent *)event{
    messageLabel.text = @"Touches Cancelled";
    [self updateLabelsFromTouches:touches];
}

- (void)touchesEnded:(NSSet *)touches withEvent:(UIEvent *)event {
    messageLabel.text = @"Touches Ended.";
    [self updateLabelsFromTouches:touches];
}
```

```
- (void)touchesMoved:(NSSet *)touches withEvent:(UIEvent *)event {
    messageLabel.text = @"Drag Detected";
    [self updateLabelsFromTouches:touches];
}
@end
```

Nessa classe controller, nós implementamos os quatro métodos relacionados ao toque que discutimos anteriormente. Cada um deles configura o `messageLabel` para que o usuário possa ver qual método é chamado. Em seguida, os quatro chamam o `updateLabelsFromTouches:` para atualizar os outros dois labels. O método `updateLabelsFromTouches:` recebe a contagem de um dos toques, calcula o número de toques olhando para a contagem da configuração touches e atualiza os labels com essa informação.

Executando o TouchExplorer

Compile e execute o aplicativo. Se você estiver executando no simulador, tente clicar repetidamente na tela para aproximar a contagem de toques leves e tente clicar e manter o botão do mouse pressionado enquanto arrasta pela view para simular um toque e um movimento de arrastar. Note que um movimento de arrastar não é igual a um toque leve; então, quando você começar a arrastar, o aplicativo irá mostrar zero toques leves.

Você pode simular também um toque pinçado com dois dedos no simulador do iPhone, mantendo a tecla option pressionada enquanto você clica com o mouse e arrasta. Você ainda pode simular movimentos de arrastar com dois dedos mantendo a tecla option pressionada para simular uma pinça, movendo o mouse para que os dois pontos que representam os dedos virtuais fiquem próximos um ao outro e mantendo a tecla shift pressionada (enquanto ainda mantém a tecla option pressionada). Pressionar a tecla shift irá travar a posição dos dois dedos em relação um ao outro, e você poderá fazer esses toques arrastados e outros gestos com dois dedos. Você não conseguirá realizar gestos que peçam três ou mais dedos, mas poderá fazer a maioria dos de dois dedos no simulador usando combinações entre as teclas option e shift.

Se você conseguir executar esse programa no seu iPhone ou no seu iPod Touch, veja quantos toques você conseguirá registrar ao mesmo tempo. Tente arrastar com um dedo, então com dois dedos, depois com três. Tente tocar levemente duas ou três vezes na tela e veja se consegue aumentar a contagem dos toques leves tocando suavemente com dois dedos.

Brinque um pouco com o aplicativo TouchExplorer até se sentir bem com o que acontece e com a maneira como os quatro métodos de toque funcionam. Assim que estiver pronto, vá para a próxima seção, que demonstra como detectar um dos gestos mais comuns: o toque arrastado.

Detectando Toques Arrastados

O aplicativo que estamos prestes a criar, chamado Swipes, não faz nada além de detectar toques arrastados, tanto horizontais quanto verticais (veja a Figura 15-3). Se você arrastar seu dedo pela tela da esquerda para a direita, da direita para a esquerda, de cima para baixo ou de baixo para cima, o Swipes irá exibir uma mensagem na parte superior da tela por alguns segundos, informando que foi detectado um toque arrastado.

Figura 15-3. *O aplicativo Swipes irá detectar toques arrastados horizontais e verticais.*

Detectar toques arrastados é relativamente fácil. Vamos definir um comprimento mínimo de gesto em pixels, que é a distância que o usuário deve arrastar antes de o gesto ser contado como um toque arrastado. Também iremos definir uma variação, que será a distância, a partir de uma linha reta, que o nosso usuário pode desviar tendo ainda, a contagem de gesto como um toque arrastado horizontal ou vertical. Uma linha diagonal geralmente não será contada como um toque arrastado, mas apenas como uma linha que saiu um pouco da horizontal ou da vertical.

Quando o usuário tocar na tela, iremos salvar o local do primeiro toque em uma variável. Em seguida, iremos verificar como o dedo do usuário se movimenta pela tela para saber se ele chega a um ponto em que foi longe e reto o suficiente para ser contado como um toque arrastado. Vamos criá-lo.

Criando o Aplicativo Swipes

Crie um novo projeto no Xcode usando o template *View-based Application* e um *Product* de *iPhone.* Nomeie o projeto como *Swipes*.

Clique em *SwipesViewController.h* e adicione o seguinte código:

```
#import <UIKit/UIKit.h>

@interface SwipesViewController : UIViewController {
    UILabel     *label;
    CGPoint     gestureStartPoint;
}
@property (nonatomic, retain) IBOutlet UILabel *label;
@property CGPoint gestureStartPoint;
- (void)eraseText;
@end
```

Começamos declarando uma outlet para o nosso label e uma variável para manter o primeiro ponto em que o usuário tocar. Em seguida, declaramos um método que será utilizado para apagar o texto depois de alguns segundos.

Clique duas vezes em *SwipesViewController.xib* para abrí-lo para edição. No attributes inspector, certifique-se de que a view esteja configurada para que *User Interaction Enabled* e *Multiple Touch* estejam marcadas. Em seguida, arraste um *Label* da library e coloque-o na janela *View*. Ajuste o label para que ele ocupe toda a largura da view, de linha azul à linha azul, e centralize seu alinhamento. Sinta-se livre para brincar com os atributos do texto para facilitar a leitura do texto. Em seguida, clique duas vezes no label e exclua seu texto. Arraste o controle do ícone *File's Owner* para o rótulo e conecte-o à outlet *label*.

Salve seu nib, feche. Volte ao Xcode e selecione *SwipesViewController.m*. Adicione a seguinte linha à parte superior:

```
#import "SwipesViewController.h"

#define kMinimumGestureLength    25
#define kMaximumVariance         5

@implementation SwipesViewController
@synthesize label;
@synthesize gestureStartPoint;

- (void)eraseText {
    label.text = @"";
}
...
```

Nós começamos definindo um comprimento de gesto mínimo de 25 pixels e uma variação de 5. Se o usuário arrastar o dedo na horizontal, o gesto poderá acabar com 5 pixels além ou abaixo da posição vertical inicial e ainda contar como um toque arrastado, desde que o usuário tenha movido seu dedo por 25 pixels horizontalmente. Em um aplicativo real, você provavelmente precisará brincar um pouco mais com esses números para descobrir o que funciona na interface do seu aplicativo.

Insira as seguintes linhas de código nos métodos `viewDidUnload` e `dealloc` existentes:

```
...
- (void)viewDidUnload {
    // Release any retained subviews of the main view.
    // e.g. self.myOutlet = nil;
    self.label = nil;
    [super viewDidUnload];
}

- (void)dealloc {
    [label release];
    [super dealloc];
}
...
```

Adicione os seguintes métodos à parte inferior da classe:

```
#pragma mark -
- (void)touchesBegan:(NSSet *)touches withEvent:(UIEvent *)event {
```

```
    UITouch *touch = [touches anyObject];
    gestureStartPoint = [touch locationInView:self.view];
}

- (void)touchesMoved:(NSSet *)touches withEvent:(UIEvent *)event {
UITouch *touch = [touches anyObject];
    CGPoint currentPosition = [touch locationInView:self.view];

    CGFloat deltaX = fabsf(gestureStartPoint.x - currentPosition.x);
    CGFloat deltaY = fabsf(gestureStartPoint.y - currentPosition.y);

    if (deltaX >= kMinimumGestureLength && deltaY <= kMaximumVariance) {
        label.text = @"Horizontal swipe detected";
        [self performSelector:@selector(eraseText)
            withObject:nil afterDelay:2];
    }
    else if (deltaY >= kMinimumGestureLength &&
            deltaX <= kMaximumVariance){
        label.text = @"Vertical swipe detected";
        [self performSelector:@selector(eraseText) withObject:nil
            afterDelay:2];
    }
}

@end
```

Vamos começar com o método `touchesBegan:withEvent:`. Tudo o que fizemos aqui foi pegar qualquer toque da configuração touches e armazenar o seu ponto. Estamos, primeiramente, interessados em toques arrastados de um dedo agora. Então, não vamos nos preocupar com quantos toques existem; apenas pegamos um deles.

```
UITouch *touch = [touches anyObject];
gestureStartPoint = [touch locationInView:self.view];
```

No próximo método, `touchesMoved:withEvent:`, fazemos o trabalho real. Primeiramente, pegamos a posição atual do dedo do usuário.

```
UITouch *touch = [touches anyObject];
CGPoint currentPosition = [touch locationInView:self.view];
```

Depois disso, nós calculamos a distância que o usuário moveu seu dedo horizontal e verticalmente desde o ponto de partida. A função `fabsF()` vem da library padrão C de matemática, que retorna o valor absoluto de um `float`. Isso permite subtrair um de outro sem nos preocuparmos com qual tem maior valor.

```
CGFloat deltaX = fabsf(gestureStartPoint.x - currentPosition.x);
CGFloat deltaY = fabsf(gestureStartPoint.y - currentPosition.y);
```

Assim que tivermos os dois deltas, verificamos se o usuário moveu uma distância suficiente em uma direção sem ter movido demais em outra para constituir um toque arrastado. Se sim, configuramos o texto do label para indicar se foi detectado um toque arrastado horizontal ou verticalmente. Também usamos o `performSelector:withObject:afterDelay:` para apagar o texto depois que ele estiver na tela por 2 segundos. Dessa forma, o usuário poderá praticar diversos toques arrastados sem precisar se preocupar se o label está se referindo a uma tentativa anterior ou à mais recente.

```
        if (deltaX >= kMinimumGestureLength && deltaY <= kMaximumVariance) {
         label.text = @"Horizontal swipe detected";
         [self performSelector:@selector(eraseText)
             withObject:nil afterDelay:2];
    }
    else if (deltaY >= kMinimumGestureLength &&
             deltaX <= kMaximumVariance){
        label.text = @"Vertical swipe detected";
        [self performSelector:@selector(eraseText)
            withObject:nil afterDelay:2];
    }
```

Vá em frente, compile e execute o Swipes. Se você se pegar clicando e arrastando sem nenhum resultado, seja paciente. Clique e arraste reto para baixo ou reto para os lados, até você pegar o jeito de arrastar.

Utilizando o Reconhecimento Automático de Gestos

O procedimento que utilizamos para detectar um toque arrastado não é tão ruim. Toda a complexidade está no método `touchesMoved:withEvent:`, que também não é tão complicado assim. No entanto, há uma maneira ainda mais simples de se fazer isso. O iOS agora inclui uma classe chamada `UIGestureRecognizer`, que elimina a necessidade de observar como os dedos estão se movendo em todos os eventos. Você não utiliza o `UIGestureRecognizer` diretamente, mas, em vez de criar uma instância de uma das suas subclasses, cada uma delas é criada para procurar um tipo particular de gesto, como arrastado, pinçado, toque duplo, toque triplo e assim por diante.

Vamos ver como modificar o aplicativo Swipes para utilizar um reconhecimento de gesto em vez do nosso procedimento manual. Como sempre, talvez você queira fazer uma cópia da sua pasta de projeto *Swipes* e começar a partir dali.

Comece selecionando *SwipesViewController.m* e excluindo os métodos `touchesBegan:withEvent:` e `touchesMoved:withEvent:`. Isso mesmo, não precisaremos deles. Em seguida, adicione alguns novos métodos em seu lugar:

```
- (void)reportHorizontalSwipe:(UIGestureRecognizer *)recognizer {
    label.text = @"Horizontal swipe detected";
    [self performSelector:@selector(eraseText) withObject:nil afterDelay:2];
}

- (void)reportVerticalSwipe:(UIGestureRecognizer *)recognizer {
    label.text = @"Vertical swipe detected";
    [self performSelector:@selector(eraseText) withObject:nil afterDelay:2];
}
```

Esses métodos implementam a “funcionalidade” real (se podemos assim dizer) trazida pelos gestos arrastados, como o método `touchesMoved:withEvent:` fez anteriormente. Agora, remova os marcadores de comentário ao redor do método `viewDidLoad` e adicione o novo código mostrado a seguir:

```
- (void)viewDidLoad {
    [super viewDidLoad];
    UISwipeGestureRecognizer *vertical = [[[UISwipeGestureRecognizer alloc]
        initWithTarget:self action:@selector(reportVerticalSwipe:)] autorelease];
    vertical.direction = UISwipeGestureRecognizerDirectionUp|
        UISwipeGestureRecognizerDirectionDown;
    [self.view addGestureRecognizer:vertical];

    UISwipeGestureRecognizer *horizontal = [[[UISwipeGestureRecognizer alloc]
        initWithTarget:self action:@selector(reportHorizontalSwipe:)] autorelease];
    horizontal.direction = UISwipeGestureRecognizerDirectionLeft|
        UISwipeGestureRecognizerDirectionRight;
    [self.view addGestureRecognizer:horizontal];
}
```

Aí está! Para limpar ainda mais as coisas, você também pode excluir as linhas referentes a `gestureStartPoint` do *SwipesViewController.h* (mas deixá-las não irá prejudicar nada).

Graças ao `UIGestureRecognizer`, tudo o que tivemos de fazer aqui foi criar e configurar alguns reconhecimentos de gestos e adicioná-los à nossa view. Quando o usuário interage com a tela de uma maneira em que um dos reconhecimentos acontece, o método action que especificamos será chamado.

Em termos de linhas totais de código, não há muita diferença entre usar os reconhecimentos de gestos e a abordagem anterior para um caso simples como esse. No entanto, o código que utiliza o reconhecimento de gesto é, sem dúvida, mais simples de entender e mais fácil de escrever. Você não precisará perder tempo pensando sobre o problema de calcular um movimento do tempo, pois o `UISwipeGestureRecognizer` já faz isso por você.

Implementando Toques Múltiplos

No aplicativo Swipes, nós apenas pegávamos qualquer objeto do conjunto touches para descobrir em que ponto o dedo do usuário estava durante o toque arrastado. Essa abordagem é boa se estivermos interessados apenas em toque arrastado com um único dedo, que é o tipo mais comum.

No entanto, e se quisermos lidar com toques arrastados com dois ou três dedos? Em versões anteriores deste livro, dedicamos cerca de 50 linhas de código e uma grande quantidade de explicação para chegar a isso, rastreando várias instâncias de `UITouch` em vários eventos de toque. Felizmente, agora que temos o reconhecimento de gestos, esse problema está resolvido.

Um `UISwipeGestureRecognizer` pode ser configurado para reconhecer qualquer número de toques simultâneos. Por padrão, cada instância espera um único dedo, mas você pode configurar para que procure qualquer número de dedos que esteja pressionando a tela ao mesmo tempo. Cada instância responde apenas ao número exato de toques que você especificar. Então, para atualizar nosso aplicativo, criaremos diversos reconhecimentos de gesto em um loop.

Faça outra cópia da sua pasta de projeto *Swipes*. Edite *SwipesViewController.m* e modifique o método viewDidLoad, substituindo-o por este:

```
- (void)viewDidLoad {
    [super viewDidLoad];
    UISwipeGestureRecognizer *vertical;

    for (NSUInteger touchCount = 1; touchCount <= 5; touchCount++) {
        vertical = [[[UISwipeGestureRecognizer alloc] initWithTarget:self
            action:@selector(reportVerticalSwipe:)] autorelease];
        vertical.direction = UISwipeGestureRecognizerDirectionUp|
            UISwipeGestureRecognizerDirectionDown;
        vertical.numberOfTouchesRequired = touchCount;
        [self.view addGestureRecognizer:vertical];

        UISwipeGestureRecognizer *horizontal;
        horizontal = [[[UISwipeGestureRecognizer alloc] initWithTarget:self
            action:@selector(reportHorizontalSwipe:)] autorelease];
        horizontal.direction = UISwipeGestureRecognizerDirectionLeft|
            UISwipeGestureRecognizerDirectionRight;
        horizontal.numberOfTouchesRequired = touchCount;
        [self.view addGestureRecognizer:horizontal];
    }
}
```

Observe que, em um aplicativo real, você pode querer diferentes números de dedos arrastando pela tela para disparar diferentes comportamentos. Você pode facilmente fazer isso utilizando o reconhecimento de gesto, simplesmente fazendo com que cada um chame um método action diferente.

Agora, tudo o que precisamos fazer é mudar o logging, adicionando um método que nos dá uma descrição útil do número de toques e utilizando isso nos métodos "report", conforme mostrado aqui. Adicione o seguinte método logo abaixo do `dealloc`:

```
- (NSString *)descriptionForTouchCount:(NSUInteger)touchCount {
    if (touchCount == 2)
        return @"Double ";
    else if (touchCount == 3)
        return @"Triple ";
    else if (touchCount == 4)
        return @"Quadruple ";
    else if (touchCount == 5)
        return @"Quintuple ";
    else
        return @"";
}
```

Em seguida, modifique estes dois métodos conforme apresentado:

```
- (void)reportHorizontalSwipe:(UIGestureRecognizer *)recognizer {
    label.text = @"Horizontal swipe detected";
    label.text = [NSString stringWithFormat:@"%@Horizontal swipe detected",
        [self descriptionForTouchCount:[recognizer numberOfTouches]]];
    [self performSelector:@selector(eraseText) withObject:nil afterDelay:2];
}

- (void)reportVerticalSwipe:(UIGestureRecognizer *)recognizer {
    label.text = @"Vertical swipe detected";
    label.text = [NSString stringWithFormat:@"%@Vertical swipe detected",
```

```
        [self descriptionForTouchCount:[recognizer numberOfTouches]]];;
    [self performSelector:@selector(eraseText) withObject:nil afterDelay:2];
}
```

Compile e execute essa versão. Você deverá conseguir disparar toques arrastados duplos e triplos em ambas as direções e ainda disparar toques arrastados simples. Se você tiver dedos pequenos, pode ainda disparar toques arrastados quádruplos ou quíntuplos.

CUIDADO: Com o toque arrastado múltiplo, fique atento para não deixar seus dedos muito perto uns dos outros. Se dois dedos estiverem muito próximos, eles podem ser registrados como um toque único. Por isso, você não deve confiar em toques quádruplos ou quíntuplos para nenhum gesto importante, pois os dedos da maioria das pessoas são muito grandes para que um toque arrastado quádruplo seja eficaz.

Detectando Toques Múltiplos

No aplicativo TouchExplorer, nós marcamos a soma de toques na tela, e você já viu como é fácil detectar toques múltiplos. Entretanto, em um programa real, não é tão simples como parece, pois várias vezes você vai querer ter diferentes ações baseadas na quantidade de toques.

Se o usuário tocar três vezes, você será notificado três vezes separadamente: você obtém um toque único, um toque duplo e, finalmente, um toque triplo. Se quiser fazer algo com toque duplo, mas alguma coisa completamente diferente no toque triplo, ter três notificações separadas pode causar um problema.

Felizmente, os engenheiros da Apple anteciparam essa situação e forneceram um mecanismo que permite que vários reconhecimentos de gestos fiquem bem juntos, mesmo quando se depararem com entradas ambíguas que poderiam aparentemente disparar qualquer um deles. A ideia básica é que você coloque uma restrição em um reconhecimento de gesto, dizendo para ele não disparar o método associado, a menos que algum outro reconhecimento de gesto falhe em fazer isso.

Isso parece um pouco abstrato, mas vamos torná-lo real. Um reconhecimento de gesto muito utilizado é representado pela classe `UITapGestureRecognizer`. Um reconhecimento de gesto de toque leve pode ser configurado para fazer isso quando ocorrer um número particular de toques. Imagine uma view para a qual queremos definir actions distintas, que ocorrem quando o usuário toca uma ou duas vezes. Você pode começar com algo assim:

```
UITapGestureRecognizer *singleTap = [[[UITapGestureRecognizer alloc] initWithTarget:
    self action:@selector(doSingleTap)] autorelease];
singleTap.numberOfTapsRequired = 1;
[self.view addGestureRecognizer:singleTap];

UITapGestureRecognizer *doubleTap = [[[UITapGestureRecognizer alloc] initWithTarget:
    self action:@selector(doDoubleTap)] autorelease];
doubleTap.numberOfTapsRequired = 2;
[self.view addGestureRecognizer:doubleTap];
```

O problema com essa parte de código é que os dois reconhecimentos não estão cientes um do outro e não têm como saber que as actions do usuário podem se adequar melhor ao outro reconhecimento. Com o código anterior, se o usuário tocar levemente duas vezes na view, o método `doDoubleTap` será chamado, mas o `doSingleMethod` também será chamado duas vezes — uma vez para cada toque leve.

A maneira de contornar isso é exigir falha. Dizemos ao `singleTap` que queremos que ele dispare sua action somente se `doubleTap` não reconhecer e responder à entrada do usuário com esta única linha:

```
[singleTap requireGestureRecognizerToFail:doubleTap];
```

Isso significa que, quando o usuário toca levemente uma vez, singleTap não faz seu trabalho imediatamente. Em vez disso, singleTap espera até saber que doubleTap decidiu parar de prestar atenção ao gesto real (o usuário não tocou duas vezes). Criaremos isso posteriormente no nosso próximo projeto.

No Xcode, crie um novo projeto com o template *View-based Application* e um *Product* de *iPhone*. Chame esse novo projeto de *TapTaps*. Esse aplicativo terá quatro labels, para nos informar sobre quando ele detectar um toque leve simples, toque leve duplo, toque leve triplo ou toque leve quádruplo (veja a Figura 15-4).

Figura 15-4. *O aplicativo TapTaps detecta até quatro toques leves simultâneos.*

Precisamos de outlets para os quatro labels e também precisamos separar os métodos para que cada cenário de toque leve simule o que teria em um aplicativo real. Nós também incluímos um método para apagar os campos do texto. Expanda a pasta *Classes*, clique uma vez em *TapTapsViewController.h* e faça as seguintes alterações:

```
#import <UIKit/UIKit.h>

@interface TapTapsViewController : UIViewController {
    UILabel *singleLabel;
    UILabel *doubleLabel;
    UILabel *tripleLabel;
    UILabel *quadrupleLabel;
}
@property (nonatomic, retain) IBOutlet UILabel *singleLabel;
@property (nonatomic, retain) IBOutlet UILabel *doubleLabel;
@property (nonatomic, retain) IBOutlet UILabel *tripleLabel;
@property (nonatomic, retain) IBOutlet UILabel *quadrupleLabel;
- (void)tap1;
- (void)tap2;
- (void)tap3;
- (void)tap4;
- (void)eraseMe:(UITextField *)textField ;
@end
```

Salve o arquivo.

Em seguida, expanda a pasta *Resources*. Clique duas vezes em *TapTapsViewController.xib* para editar a GUI. Assim que estiver aí, adicione quatro *Labels* à view a partir da library. Certifique-se de que os quatro labels se expandam da linha azul para a linha azul e, depois, os formate como você achar mais adequado. Por exemplo, fique à vontade para fazer cada label de uma cor diferente. Ao terminar, arraste o controle do ícone *File's Owner* para cada label e conecte cada um deles a *singleLabel*, *doubleLabel*, *tripleLabel* e *quadrupleLabel*, respectivamente. Agora, certifique-se de ter clicado duas vezes em cada label e pressione a tecla delete para se livrar de qualquer texto.

Salve suas alterações e volte ao Xcode. Selecione *TapTapsViewController.m* e adicione o seguinte código à parte superior do arquivo:

```
#import "TapTapsViewController.h"

@implementation TapTapsViewController
@synthesize singleLabel;
@synthesize doubleLabel;
@synthesize tripleLabel;
@synthesize quadrupleLabel;

- (void)tap1 {
    singleLabel.text = @"Single Tap Detected";
    [self performSelector:@selector(eraseMe:)
        withObject:singleLabel afterDelay:1.6f];
}

- (void)tap2 {
    doubleLabel.text = @"Double Tap Detected";
    [self performSelector:@selector(eraseMe:)
        withObject:doubleLabel afterDelay:1.6f];
}

- (void)tap3 {
    tripleLabel.text = @"Triple Tap Detected";
```

```
    [self performSelector:@selector(eraseMe:)
        withObject:tripleLabel afterDelay:1.6f];
}

- (void)tap4 {
    quadrupleLabel.text = @"Quadruple Tap Detected";
    [self performSelector:@selector(eraseMe:)
        withObject:quadrupleLabel afterDelay:1.6f];
}

- (void)eraseMe:(UITextField *)textField {
    textField.text = @"";
}
...
```

Insira as seguintes linhas aos métodos `dealloc` e `viewDidUnload` existentes:

```
...
- (void)viewDidUnload {
      // Release any retained subviews of the main view.
    // e.g. self.myOutlet = nil;
   self.singleLabel = nil;
   self.doubleLabel = nil;
   self.tripleLabel = nil;
   self.quadrupleLabel = nil;
   [super viewDidUnload];
}

- (void)dealloc {
    [singleLabel release];
    [doubleLabel release];
    [tripleLabel release];
    [quadrupleLabel release];
    [super dealloc];
}
```

Agora, exclua os comentários de `viewDidLoad` e adicione o seguinte código:

```
- (void)viewDidLoad {
    [super viewDidLoad];

    UITapGestureRecognizer *singleTap =
        [[[UITapGestureRecognizer alloc] initWithTarget:self
                                         action:@selector(tap1)] autorelease];
    singleTap.numberOfTapsRequired = 1;
    singleTap.numberOfTouchesRequired = 1;
    [self.view addGestureRecognizer:singleTap];

    UITapGestureRecognizer *doubleTap =
        [[[UITapGestureRecognizer alloc] initWithTarget:self
                                         action:@selector(tap2)] autorelease];
    doubleTap.numberOfTapsRequired = 2;
    doubleTap.numberOfTouchesRequired = 1;
    [self.view addGestureRecognizer:doubleTap];
    [singleTap requireGestureRecognizerToFail:doubleTap];
```

```
    UITapGestureRecognizer *tripleTap =
        [[[UITapGestureRecognizer alloc] initWithTarget:self
                                                 action:@selector(tap3)] autorelease];
    tripleTap.numberOfTapsRequired = 3;
    tripleTap.numberOfTouchesRequired = 1;
    [self.view addGestureRecognizer:tripleTap];
    [doubleTap requireGestureRecognizerToFail:tripleTap];

    UITapGestureRecognizer *quadrupleTap =
        [[[UITapGestureRecognizer alloc] initWithTarget:self
                                                 action:@selector(tap4)] autorelease];
    quadrupleTap.numberOfTapsRequired = 4;
    quadrupleTap.numberOfTouchesRequired = 1;
    [self.view addGestureRecognizer:quadrupleTap];
    [tripleTap requireGestureRecognizerToFail:quadrupleTap];
}
```

Os quatro métodos de toque leve não fazem nada mais nesse aplicativo do que configurar um dos quatro labels e usar o `performSelector:withObject:afterDelay:` para apagar o mesmo label depois de 1,6 segundos. O método `eraseMe:` apaga qualquer campo de texto que passar por lá.

A parte interessante disso é o que ocorre no método `viewDidLoad`. Começamos com simplicidade, configurando um reconhecimento de gesto de toque leve e anexando-o à nossa view.

```
UITapGestureRecognizer *singleTap =
    [[[UITapGestureRecognizer alloc] initWithTarget:self
                                             action:@selector(tap1)] autorelease];
singleTap.numberOfTapsRequired = 1;
singleTap.numberOfTouchesRequired = 1;
[self.view addGestureRecognizer:singleTap];
```

Observe que configuramos o número de *toques leves* (toques na mesma posição, um após o outro) necessários para disparar a action e *toques* (número de dedos tocando na tela ao mesmo tempo) para `1`. Depois disso, configuramos outro reconhecimento de gesto de toque leve para lidar com um toque leve duplo.

```
UITapGestureRecognizer *doubleTap =
    [[[UITapGestureRecognizer alloc] initWithTarget:self
                                             action:@selector(tap2)] autorelease];
doubleTap.numberOfTapsRequired = 2;
doubleTap.numberOfTouchesRequired = 1;
[self.view addGestureRecognizer:doubleTap];
[singleTap requireGestureRecognizerToFail:doubleTap];
```

Isso é bem semelhante ao reconhecimento anterior, até a última linha, em que damos ao `singleTap` algum contexto adicional. Estamos efetivamente dizendo ao `singleTap` que ele deverá disparar sua action somente se algum outro reconhecimento de gesto — neste caso, `doubleTap` — decidir que a entrada atual do usuário não é a que ele está procurando.

Vamos pensar sobre o que isso significa. Com aqueles dois reconhecimentos de gesto posicionados, um único toque leve na view fará com que o `singleTap` pense imediatamente "Ei, parece que é para mim". Ao mesmo tempo, `doubleTap` irá pensar "Ei, parece que *pode* ser para mim, mas preciso esperar mais um toque leve". Como o singleTap está configurado para esperar a "falha" do doubleTap, ele não envia logo seu método action; em vez disso, ele espera para ver o que acontece com o doubleTap.

Após esse primeiro toque leve, se ocorrer outro toque leve imediatamente, o doubleTap irá pensar "Ei, é meu" e irá disparar sua action. Nesse ponto, o singleTap irá perceber o que aconteceu e desistir daquele gesto. Por outro lado, se passar um certo tempo (tempo que o sistema considera ser a duração máxima entre toques leves em um toque leve duplo), o doubleTap irá desistir, e o singleTap verá a falha e, finalmente, irá disparar seu evento.

O restante do método define o reconhecimento de gesto para três e quatro toques leves e, em cada ponto, configura um gesto para ser dependente da falha do próximo.

```
UITapGestureRecognizer *tripleTap =
    [[[UITapGestureRecognizer alloc] initWithTarget:self
                                            action:@selector(tap3)] autorelease];
tripleTap.numberOfTapsRequired = 3;
tripleTap.numberOfTouchesRequired = 1;
[self.view addGestureRecognizer:tripleTap];
[doubleTap requireGestureRecognizerToFail:tripleTap];

UITapGestureRecognizer *quadrupleTap =
    [[[UITapGestureRecognizer alloc] initWithTarget:self
                                            action:@selector(tap4)] autorelease];
quadrupleTap.numberOfTapsRequired = 4;
quadrupleTap.numberOfTouchesRequired = 1;
[self.view addGestureRecognizer:quadrupleTap];
[tripleTap requireGestureRecognizerToFail:quadrupleTap];
```

Observe que não precisamos explicitamente configurar cada gesto para ser dependente da falha de cada um dos que forem tocados levemente muitas vezes. Essa dependência múltipla vem naturalmente como resultado da cadeia de falhas estabelecida em nosso código. Como o singleTap requer a falha do doubleTap, o doubleTap requer a falha do tripleTap, e o tribleTap requer a falha do quadrupleTap, por extensão, o singleTap requer a falha de todos os outros.

Compile e rode o aplicativo; quando você der um toque leve único, duplo, triplo ou quádruplo, deverá ver apenas um label exibido.

Detectando Toques Pinçados

Outro gesto comum é o toque pinçado com dois dedos. Ele é usado em vários aplicativos, inclusive Mobile Safari, Mail e Photos — para dar zoom (se você pinçar separado) e tirá-lo (se você pinçar junto).

Detectar toques pincelados é muito fácil, graças ao UIPinchGestureRecognizer. Nós nos referimos a esse como um reconhecimento de gesto contínuo, pois ele chama várias vezes o método action durante o movimento de pinçar.

Enquanto o gesto está a caminho, o reconhecimento de toque pinçado passa por vários estados. O único que queremos observar é UIGestureRecognizerStateBegan, que é o estado em que o reconhecimento está quando ele chama o método action pela primeira vez após detectar um movimento de pinçar acontecendo.

Nesse momento, uma propriedade scale do reconhecimento de gesto pinçado está sempre configurada para 1,0; para o restante do gesto, esse número aumenta e diminui. Iremos utilizar o valor scale para redimensionar o texto em um label. Criaremos o aplicativo PinchMe (veja a Figura 15-5), que irá detectar o gesto pinçado para colocar e tirar zoom.

Figura 15-5. *O aplicativo PinchMe detecta o gesto pinçado para colocar e tirar zoom.*

Crie um novo projeto no Xcode, novamente utilizando o template *View-based Application*, e chame-o de *PinchMe*.

O aplicativo PinchMe é o único que precisará de uma única outlet para o label, mas ele também precisa de uma variável de instância para manter o tamanho da fonte do label no início do movimento de pinçar. Expanda a pasta *Classes*, clique uma vez em *PinchMeViewController.h* e faça as seguintes alterações:

```
#import <UIKit/UIKit.h>

@interface PinchMeViewController : UIViewController {
    UILabel *label;
    CGFloat initialFontSize;
}
@property (nonatomic, retain) IBOutlet UILabel *label;
@property CGFloat initialFontSize;

@end
```

Agora que temos nossa outlet, expanda a pasta *Resources* e clique duas vezes em *PinchMeViewController.xib*. No Interface Builder, tenha certeza de que a view aparece na janela de edição e arraste um label para ela. Redimensione o label para preencher toda a view e coloque uma pequena palavra ou apenas uma ou duas letras nele. Certifique-se de que o label esteja redimensionado da linha azul para a linha azul, da esquerda para a direita e de cima para abaixo. É nesse texto que iremos dar e tirar o zoom. Defina o alinhamento do label para centralizado. Em seguida, arraste o controle do ícone *File's Owner* para o label e conecte-o à outlet *label*.

Salve e feche o nib, volte ao Xcode para *PinchMeViewController.m* e adicione o seguinte código à parte superior do arquivo:

```
#import "PinchMeViewController.h"


@implementation PinchMeViewController
@synthesize label;
@synthesize initialFontSize;

...
```

Limpe nossa outlet nos métodos `dealloc` e `viewDidUnload`:

```
...
- (void)viewDidUnload {
    // Release any retained subviews of the main view.
    // e.g. self.myOutlet = nil;
    self.label = nil;
    [super viewDidUnload];
}

- (void)dealloc {
    [label release];
    [super dealloc];
}
...
```

Em seguida, remova as marcas de comentário ao redor do método `viewDidLoad` e adicione o seguinte código ao método:

```
- (void)viewDidLoad {
    [super viewDidLoad];

    UIPinchGestureRecognizer *pinch = [[[UIPinchGestureRecognizer alloc]
        initWithTarget:self action:@selector(doPinch:)] autorelease];
    [self.view addGestureRecognizer:pinch];
}
```

Adicione o seguinte método ao final do arquivo:

```
...
- (void)doPinch:(UIPinchGestureRecognizer *)pinch {
    if (pinch.state == UIGestureRecognizerStateBegan) {
        initialFontSize = label.font.pointSize;
    } else {
        label.font = [label.font fontWithSize:initialFontSize * pinch.scale];
    }
```

```
}
@end
```

Em viewDidLoad, configuramos um reconhecimento de gesto pinçado e dizemos para ele nos notificar por meio do método doPinch: quando ocorrer o movimento de pinçar. Dentro do doPinch:, observamos o estado do movimento para saber se ele acabou de começar; em caso positivo, armazenamos o tamanho da fonte atual para usar posteriormente. Caso contrário, se o movimento já estiver em execução, utilizaremos o tamanho de fonte inicial armazenado e a escola de pinça atual para calcular o novo tamanho de fonte.

E isso é tudo o que existe na detecção do toque pinçado. Compile e execute o aplicativo para testá-lo. Se você estiver no simulador, lembre-se de que você pode simular um toque pinçado mantendo a tecla option pressionada, clicando e arrastando com o mouse na janela do simulador.

Criando e Utilizando Gestos Personalizados

Agora, você já viu como detectar os gestos mais comuns usados no iPhone. A verdadeira diversão começa quando você define seus próprios gestos personalizados! Você já viu como utilizar algumas subclasses do UIGestureRecognizer, então, agora é hora de aprender a criar seus próprios gestos, o que pode ser facilmente aplicável a qualquer view que você queira.

Definir um gesto personalizado é complicado. Você já dominou o mecanismo básico, e não foi tão difícil. A parte complicada é ficar flexível quando definimos o que constitui um gesto. A maioria das pessoas não é precisa quando usa gestos. Você se lembra da variação que usamos quando programamos o toque arrastado para que mesmo um toque arrastado que não fosse perfeitamente horizontal ou vertical ainda fosse contado? Esse é um exemplo perfeito da sutileza que você precisa adicionar às suas próprias definições de gestos. Se você definir seus gestos de maneira muito rígida, será inútil. Se você defini-lo de maneira muito genérica, terá muitos falsos positivos, o que irá frustrar o usuário. De certo modo, definir um gesto personalizado pode ser difícil, porque é necessário ser preciso com as imprecisões do gesto. Se você tentar capturar um gesto complexo como, digamos, um número oito, a matemática por trás disso também ficará um pouco mais complexa.

Ao definir novos gestos para seus próprios aplicativos, certifique-se de testá-los totalmente e, se possível, peça para outras pessoas fazerem o mesmo para você. Você quer ter certeza de que seu gesto será fácil para o usuário fazer, mas não tão fácil a ponto de ele ser disparado de maneira não intencional. Você também precisará se certificar de não causar conflito com outros gestos usados no seu aplicativo. Um único gesto não deverá ser, por exemplo, um gesto personalizado e um gesto pinçado.

Definindo o Gesto da Marca de Seleção

No nosso exemplo, iremos definir um gesto com formato de uma marca de seleção (veja a Figura 15-6).

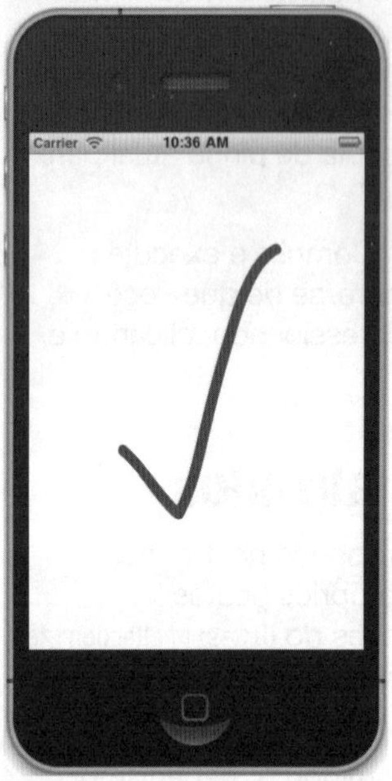

Figura 15-6. *Nosso gesto da marca de seleção.*

Quais são as propriedades de definição desse gesto de marca de seleção? Bem, o principal é a nítida mudança no ângulo entre as duas linhas. Nós também queremos ter certeza de que o dedo do usuário passou por uma pequena distância em uma linha reta antes de formar um ângulo claro. Na Figura 15-6, as pernas da marca de seleção formam um ângulo agudo, com pouco menos de 90°. Um gesto que requer exatamente um ângulo de 85° deve ser bem difícil de dar certo, então vamos definir uma variedade de ângulos aceitáveis.

Crie um novo projeto no Xcode usando o template *View-based Application* e chame o projeto de *CheckPlease*. Nesse projeto, precisaremos fazer contas geométricas analíticas padrão para calcular coisas como a distância entre dois pontos e o ângulo entre duas linhas. Não se preocupe se você não se lembrar de geometria; nós fornecemos as funções que farão os cálculos para você.

Procure na pasta *15 – CheckPlease* dois arquivos chamados *CGPointUtils.h* e *CGPointUtils.c*. Arraste-os para a pasta *Other Sources* do seu projeto. Fique à vontade para utilizar essas funções de utilitário nos seus próprios aplicativos.

Clique com o controle na pasta *Classes* e adicione um novo arquivo ao projeto. Utilize o novo assistente de arquivo para criar uma nova classe do Objective-C (por enquanto, faça dela uma subclasse de `NSObject`, já que o assistente não nos dá uma maneira de criar uma subclasse de `UIGestureRecognizer`).

Chame o arquivo de *CheckMarkRecognizer.m*, certifique-se de pedir o arquivo *.h* e salve-o na pasta *Classes* do projeto. Em seguida, selecione *CheckMarkRecognizer.h* e faça as seguintes alterações:

```
#import <Foundation/Foundation.h>

@interface CheckMarkRecognizer : NSObject {
@interface CheckMarkRecognizer : UIGestureRecognizer {
    CGPoint     lastPreviousPoint;
    CGPoint     lastCurrentPoint;
    CGFloat     lineLengthSoFar;
}
@end
```

Aqui, declaramos três variáveis: `lastPreviousPoint`, `lastCurrentPoint` e `lineLengthSoFar`. Sempre que somos notificados sobre um toque, recebemos o ponto de toque anterior e o atual. Esses dois pontos definem um segmento de linha. O próximo toque adiciona outro segmento. Armazenamos os pontos de toque anteriores e atuais anteriores em `lastPreviousPoint` e `lastCurrentPoint`, que nos dá o segmento de linha anterior. Podemos, então, compará-lo ao segmento de linha de toque atual. A comparação entre esses dois segmentos pode nos dizer se ainda estamos desenhando uma linha única ou se há um ângulo claro o suficiente entre os dois segmentos em que estamos desenhando uma marca de seleção.

Lembre-se de que todo objeto `UITouch` sabe sua posição atual e sua posição anterior na view. Para comparar os ângulos, entretanto, precisamos saber a linha que os dois pontos anteriores fizeram; então, precisamos armazenar os pontos atuais e os anteriores à última vez em que o usuário tocou na tela. Iremos utilizar essas duas variáveis para armazenar esses dois valores sempre que o método for chamado, para que tenhamos a habilidade de comparar a linha atual à anterior e verificar o ângulo.

Nós também declaramos uma variável para manter uma contagem ativa sobre a distância em que o usuário arrastou o dedo. Se o dedo não arrastou pelo menos 10 pixels (o valor em `kMinimumCheckMarkLength`), não importa se o ângulo está na variação certa. Se não exigirmos essa distância, podemos receber vários falsos positivos.

Agora, selecione *CheckMarkRecognizer.m* e faça as seguintes alterações:

```
#import "CheckMarkRecognizer.h"
#import "CGPointUtils.h"
#import <UIKit/UIGestureRecognizerSubclass.h>

#define kMinimumCheckMarkAngle    50
#define kMaximumCheckMarkAngle    135
#define kMinimumCheckMarkLength   10

@implementation CheckMarkRecognizer

- (void)touchesBegan:(NSSet *)touches withEvent:(UIEvent *)event {
    [super touchesBegan:touches withEvent:event];
    UITouch *touch = [touches anyObject];
    CGPoint point = [touch locationInView:self.view];
    lastPreviousPoint = point;
    lastCurrentPoint = point;
```

```
    lineLengthSoFar = 0.0f;
}

- (void)touchesMoved:(NSSet *)touches withEvent:(UIEvent *)event {
    [super touchesMoved:touches withEvent:event];
    UITouch *touch = [touches anyObject];
    CGPoint previousPoint = [touch previousLocationInView:self.view];
    CGPoint currentPoint = [touch locationInView:self.view];
    CGFloat angle = angleBetweenLines(lastPreviousPoint,
                                      lastCurrentPoint,
                                      previousPoint,
                                      currentPoint);
    if (angle >= kMinimumCheckMarkAngle && angle <= kMaximumCheckMarkAngle
        && lineLengthSoFar > kMinimumCheckMarkLength) {
        self.state = UIGestureRecognizerStateEnded;
    }
    lineLengthSoFar += distanceBetweenPoints(previousPoint, currentPoint);
    lastPreviousPoint = previousPoint;
    lastCurrentPoint = currentPoint;
}
@end
```

Após importar *CGPointUtils.h*, o arquivo que mencionamos anteriormente, importamos um arquivo de cabeçalho especial chamado *UIGestureRecognizerSubclass.h*, que contém declarações que devem ser utilizadas somente por uma subclasse. O importante disso é fazer com que a propriedade state do reconhecimento de gesto possa ser escrita. Esse é o mecanismo que a nossa subclasse irá utilizar para confirmar que o gesto que estamos procurando foi concluído com êxito.

Em seguida, definimos os parâmetros que iremos utilizar para decidir se o rabisco do dedo do usuário corresponde à nossa definição de uma marca de seleção. Você pode ver que definimos um ângulo mínimo de 50° e um máximo de 135°. Esse é um alcance bem amplo e, dependendo das suas necessidades, você poderá decidir diminuir o ângulo.

Experimentamos um pouco os ângulos e descobrimos que nossos gestos práticos da marca de seleção caem em um alcance consideravelmente amplo, que é o motivo de termos escolhido uma tolerância relativamente grande aqui. De certa maneira, estávamos negligentes com nossos gestos da marca de seleção e, então, esperávamos que, no mínimo, alguns dos nossos usuários fossem assim também. Como um sábio disse uma vez, "seja rigoroso com o que você produz e tolerante com o que você aceita".

Vamos dar uma olhada nos métodos de toque. Você perceberá que cada um deles primeiramente chama a implementação da superclasse, algo que nunca fizemos antes. Precisamos fazer isso na subclasse de `UIGestureRecognizer` para que a nossa superclasse tenha a mesma quantidade de conhecimento sobre os eventos que nós temos.

No `touchesBegan:withEvent:`, nós determinamos o ponto em que o usuário está tocando atualmente e armazenamos aquele valor em `lastPreviousPoint` e `lastCurrentPoint`. Já que esse método é chamado quando os gestos começam, sabemos que não existe ponto anterior para se preocupar, então armazenamos o ponto atual em ambos. Também restabelecemos a extensão da linha traçada contando a partir do 0.

Depois, em touchesMoved:withEvent:, calculamos o ângulo entre a linha da posição anterior ao toque atual e a sua posição atual, e a linha entre os dois pontos armazenados nas variáveis de instância lastPreviousPoint e lastCurrentPoint. Assim que você tiver esse ângulo, verifique se ele está dentro da nossa variação de ângulos aceitáveis e certifique-se de que o dedo do usuário tenha percorrido uma distância suficiente antes de fazer aquela curva. Se ambos forem verdadeiros, nós ajustamos o label para mostrar que identificamos um gesto de marca de seleção. Em seguida, calculamos a distância entre a posição do toque e sua posição anterior, adicionamos isso a lineLengthSoFar e substituímos os valores em lastPreviousPoint e lastCurrentPoint pelos dois pontos do toque atual, então vamos tê-los nesse método na próxima vez.

Agora que temos um reconhecimento de gestos nosso para testar, é hora de conectá-lo a uma view, assim como fizemos antes com os outros que utilizamos.

Incluindo o Gesto da Marca de Seleção em uma View

Clique uma vez em *CheckPleaseViewController.h* e faça as seguintes alterações:

```
#import <UIKit/UIKit.h>

@interface CheckPleaseViewController : UIViewController {
    UILabel     *label;

}
@property (nonatomic, retain) IBOutlet UILabel *label;

@end
```

Aqui, nós simplesmente definimos uma outlet para um label, que iremos utilizar para informar ao usuário sobre quando detectamos um gesto de marca de seleção.

Expanda a pasta *Resources* e clique duas vezes em *CheckPleaseViewController.xib* para editar a GUI. Adicione um *Label* da library e configure-o para como você quiser. Arraste o controle do ícone *File's Owner* para esse rótulo a fim de conectá-lo à outlet *label* e clique duas vezes no label para excluir o texto nele. Salve o arquivo nib.

Agora, volte ao Xcode, escolha *CheckPleaseViewController.m* para editar e adicione o seguinte código à parte superior do arquivo:

```
#import "CheckPleaseViewController.h"
#import "CheckMarkRecognizer.h"

@implementation CheckPleaseViewController
@synthesize label;

- (void)doCheck:(CheckMarkRecognizer *)check {
    label.text = @"Checkmark";
    [self performSelector:@selector(eraseLabel)
               withObject:nil afterDelay:1.6];
}

- (void)eraseLabel {
    label.text = @"";
}
```

Isso nos dá um método action ao qual conectar nosso reconhecimento, que, às vezes, dispara o familiar método eraseLabel. Em seguida, remova os marcadores de comentário ao redor do método viewDidLoad e adicione as linhas seguintes, que irão conectar uma instância do nosso reconhecimento de view à view:

```
- (void)viewDidLoad {
    [super viewDidLoad];
    CheckMarkRecognizer *check = [[[CheckMarkRecognizer alloc] initWithTarget:self
        action:@selector(doCheck:)] autorelease];
    [self.view addGestureRecognizer:check];
}
```

A única coisa que resta agora é adicionar o seguinte código aos métodos viewDidUnload e dealloc existentes:

```
- (void)viewDidUnload {
    // Release any retained subviews of the main view.
    // e.g. self.myOutlet = nil;
    self.label = nil;
    [super viewDidUnload];
}

- (void)dealloc {
    [label release];
    [super dealloc];
}
```

Compile e execute o aplicativo e teste o gesto.

Garçom? A Conta, Por Favor

Agora, você deve entender o mecanismo que o iOS usa para executar os toques, os toques leves e os gestos. Você aprendeu a detectar os gestos mais usados no iOS e até teve o gostinho de ver como deveria definir seus próprios gestos personalizados. A interface do iOS conta com gestos que, na maior parte, são fáceis de usar, então você vai querer essas técnicas prontas para a maioria do seu desenvolvimento do iOS.

Quando estiver pronto para prosseguir, vire a página, e vamos dizer a você como descobrir em que lugar do mundo o Core Location está sendo usado.

Capítulo 16

Onde Eu Estou? Descobrindo seu Caminho com o Core Location

O seu iPhone tem a habilidade de determinar em que lugar do mundo ele está usando um framework chamado Core Location. Na verdade, existem três tecnologias que o Core Location pode usar para fazer isso: GPS, triangulação de torre de celular e Serviço de Posicionamento Wi-Fi (WPS). O GPS é o mais preciso dos três, mas não está disponível na primeira geração do iPhone, do iPod touch ou do iPad somente com Wi-Fi; resumindo, qualquer aparelho com uma conexão de dados 3G também contém uma unidade de GPS. O GPS lê sinais de micro-ondas de múltiplos satélites para determinar a localização atual.

> **NOTA:** Tecnicamente, a Apple utiliza uma versão de GPS chamada Assisted GPS, também conhecida como A-GPS. Essa versão utiliza recursos de rede para ajudar a melhorar o desempenho do GPS autônomo.

A triangulação de torres de celular determina a localização atual fazendo um cálculo baseado nas torres de celular na extensão do telefone. Essa triangulação pode ser bem precisa em cidades e em outras áreas com grande densidade de torres de celular, mas se torna menos precisa em áreas onde há uma grande distância entre as torres. A triangulação requer uma conexão de rádio de celular, então ela funciona somente no iPhone (todos os modelos, incluindo o primeiro) e no iPad com conexão de dados 3G. A última opção, WPS, usa endereços do MAC a partir de pontos de acesso Wi-Fi próximos para descobrir seu local, fazendo referência a uma grande base de dados de provedores de serviço conhecidos e de áreas a que eles atendem. O WPS é impreciso e pode ficar fora de área por muitos quilômetros.

Todos os três métodos colocam um dreno na bateria, então tenha isso em mente quando usar o Core Location. Seu aplicativo não deve captar localização mais do que é necessário. Ao usar o Core Location, você tem a opção de especificar a precisão desejada. Com cuidado, especificando o nível de precisão mínimo absoluto de que você precisa, você pode evitar o uso desnecessário da bateria.

As tecnologias das quais o Core Location depende estão escondidas no seu aplicativo. Nós não dizemos ao Core Location para usar o GPS, a triangulação ou o WPS. Nós apenas dizemos a ele o quão preciso nós gostaríamos que ele fosse, e ele irá decidir qual tecnologia é a melhor para atender à sua necessidade.

O Location Manager

Na verdade, é bem fácil trabalhar com a API do Core Location. A principal classe com a qual nós vamos trabalhar é a `CLLocationManager`, geralmente chamada de **location manager** (gerente de localização). Para interagir com o Core Location, precisamos criar uma instância do location manager, como esta:

```
CLLocationManager *locationManager = [[CLLocationManager alloc] init];
```

Isso cria para nós uma instância do location manager, mas, na verdade, ele não inicia apurando a nossa localização. Criamos um objeto que se adequa ao protocolo `CLLocationManagerDelegate` e o atribuímos como o delegate do location manager. O location manager irá chamar nosso método delegate quando a informação sobre a localização estiver disponível ou mudar. Esse processo pode levar algum tempo, mesmo alguns segundos.

Configurando a Precisão Desejada

Depois de ajustar o delegate, você também irá querer configurar a precisão solicitada. Como dissemos antes, não especifique um nível de precisão maior do que você realmente precisa. Se você estiver escrevendo um aplicativo que precisa apenas saber em qual Estado ou país o telefone está, não especifique um nível alto de precisão. Lembre-se de que, quanto maior for a precisão que você solicitar ao Core Location, mais combustível terá de usar. Tenha em mente também que não há garantia de que você conseguirá o nível de precisão solicitado.

Aqui está um exemplo de configuração do delegate e da solicitação de um nível específico de precisão:

```
locationManager.delegate = self;
locationManager.desiredAccuracy = kCLLocationAccuracyBest;
```

A precisão é configurada usando um valor `CLLocationAccuracy`, um tipo que é definido como um `double`. O valor está em metros, então, se você especificar um `desiredAccuracy` de `10`, estará dizendo ao Core Location que quer que ele determine a localização atual dentro de 10 metros, se possível. Especificar `kCLLocationAccuracyBest`, como fizemos antes, diz ao Core Location para usar o método mais preciso que estiver disponível no momento. Além do `kCLLocationAccuracyBest`, você também pode usar o `kCLLocationAccuracyNearestTenMeters`, o `kCLLocationAccuracyHundredMeters`, o `kCLLocationAccuracyKilometer` e o `kCLLocationAccuracyThreeKilometers`.

Configurando o Filtro de Distância

Por padrão, o location manager irá notificar ao delegate sobre qualquer mudança detectada na localização do aparelho. Ao especificar um **filtro de distância**, você estará dizendo ao Core Location para não o notificar sobre cada mudança, fazendo isso apenas quando a localização mudar mais do que uma certa quantidade. Configurar um filtro de distância pode reduzir a quantidade de captação que o seu aplicativo faz. Os filtros de distância também são configurados em metros.

Especificar um filtro de distância de 1000 diz ao Core Location para não especificar o delegate até que o iPhone tenha movido, pelo menos, 1000 metros da sua posição relatada anteriormente. Aqui está um exemplo:

```
locationManager.distanceFilter = 1000.0f;
```

Se você sempre quiser voltar o Location Manager para a configuração padrão sem filtro, você pode usar a constante `kCLDistanceFilterNone`, assim:

```
locationManager.distanceFilter = kCLDistanceFilterNone;
```

Assim como quando especificar a precisão desejada, você deverá tomar cuidado para evitar que as atualizações sejam mais frequentes do que o necessário, pois você pode perder potência de bateria. Um aplicativo de velocímetro que está calculando a velocidade do usuário com base no local dele provavelmente irá querer atualizações o mais rápido possível, mas um aplicativo que mostra o restaurante fast-food mais próximo pode funcionar com muito menos.

Iniciando o Location Manager

Quando você estiver pronto para iniciar a apuração da localização, você diz para o Location Manager começar; então, ele irá iniciar, fazer suas coisas e, depois, chamar um método delegate quando determinar a localização atual. Até que você diga a ele para parar, ele irá continuar chamando seu método delegate sempre que perceber uma mudança que exceda o filtro de distância atual. Aqui está como você inicia o location manager:

```
[locationManager startUpdatingLocation];
```

Usando Sabiamente o Location Manager

Se você precisar determinar apenas a localização atual e não precisar apurar continuamente a localização, você deverá parar o seu delegate de localização assim que ele conseguir a informação de que o seu aplicativo necessita. Se você precisar de uma apuração contínua, assegure-se de pará-la assim que puder. Lembre-se de que, enquanto você está recebendo as atualizações do Location Manager, estará usando bastante a bateria do usuário. Para dizer ao Location Manager para parar de enviar atualizações ao delegate, chame o `stopUpdatingLocation`, assim:

```
[locationManager startUpdatingLocation];
```

O Delegate do Location Manager

O location manager deve se adequar ao protocolo `CLLocationManagerDelegate`, que define dois métodos, ambos opcionais. Um deles é chamado pelo location manager quando ele determina a localização atual ou quando ele detecta uma mudança na localização. O outro método é chamado quando o location manager encontra um erro.

Obtendo Atualizações de Localização

Quando o location manager quer informar seu delegate sobre a localização atual, ele chama o método `locationManager:didUpdateToLocation:fromLocation:`. Esse método tem três parâmetros. O primeiro é o location manager que chamou o método. O segundo é um objeto `CLLocation` que define a localização atual do aparelho; e o terceiro é um objeto `CLLocation` que define a localização anterior da última atualização. Quando esse método for chamado pela primeira vez, o objeto da localização anterior será `nil`.

Obtendo Latitude e Longitude Utilizando o CLLocation

A informação de localização é passada a partir do location manager, usando instâncias da classe `CLLocation`. Essa classe tem cinco propriedades que devem ser interessantes para o seu aplicativo. A latitude e longitude são armazenadas em uma propriedade chamada `coordinate` (coordenadas). Para obter a latitude e longitude em graus, faça o seguinte:

```
CLLocationDegrees latitude = theLocation.coordinate.latitude;
CLLocationDegrees longitude = theLocation.coordinate.longitude;
```

O objeto `CLLocation` também pode dizer a você o quanto o location manager é seguro em seus cálculos de latitude e longitude. A propriedade `horizontalAccuracy` descreve o raio de um círculo com a `coordinate` como seu centro. Quanto maior for o valor `horizontalAccuracy`, menor será a precisão da localização. Um raio muito pequeno indica um nível muito alto de segurança na localização determinada.

Você pode ver uma representação gráfica da `horizontalAccuracy` no aplicativo Maps (veja a Figura 16-1). O círculo mostrado em Maps usa a `horizontalAccuracy` para o raio quando detecta sua localização. O location manager acha que você está no centro daquele círculo. Se não estiver, certamente está em algum lugar dentro do círculo azul. Um valor negativo na `horizontalAccuracy` é uma indicação de que você não pode confiar nos valores da `coordinate` por alguma razão.

O objeto `CLLocation` também tem uma propriedade chamada `altitude` que pode lhe dizer quantos metros acima ou abaixo do mar você está:

```
CLLocationDistance altitude = theLocation.altitude;
```

Cada objeto `CLLocation` mantém uma propriedade chamada `verticalAccuracy`, que é uma indicação de quão seguro o Core Location está na sua determinação de altitude. O valor em altitude pode se afastar por vários metros do valor no `verticalAccuracy`, e, se o valor de `verticalAccuracy` for negativo, o Core Location dirá que não pode determinar uma altitude válida.

O objeto `CLLocation` também tem um timestamp que diz quando o location manager determinou a localização.

Figura 16-1. *O aplicativo Maps utiliza o Core Location para determinar sua localização atual. O círculo externo é uma representação visual da precisão horizontal.*

Além dessas propriedades, o `cllocation` também tem um método de instância útil, que permitirá a você determinar a distância entre dois objetos. Esse método é chamado de `distanceFromLocation:` e funciona da seguinte maneira:

```
CLLocationDistance distance = [fromLocation distanceFromLocation:toLocation];
```

A linha anterior do código irá retornar a distância entre dois objetos `CLLocation`: `fromLocation` e `toLocation`. Esse valor `distance` respondido será o resultado de um cálculo da distância de um grande círculo, que ignora a propriedade de altitude e calcula a distância como se ambos os pontos estivessem no nível do mar. Para a maioria das situações, um cálculo de um grande círculo será mais do que o suficiente, mas, se você precisar considerar as altitudes quando calcular distâncias, precisará escrever seu próprio código para fazer isso.

NOTA: Se você estiver em dúvida quanto ao que significa "distância do grande círculo", lembre-se da aula de geografia e da noção de "rota do grande círculo". A ideia é de que a menor distância entre dois pontos quaisquer na superfície da Terra será encontrada por uma rota que gira totalmente pelo planeta: um "grande círculo". O cálculo realizado pelo `CLLocation` calcula a distância entre dois pontos como uma rota, levando em consideração a curvatura da Terra. Sem considerar essa curvatura, você acabará com o comprimento de uma linha reta conectando dois pontos, que não é de muito uso, já que aquela linha iria invariavelmente direto para alguma parte da Terra!

Notificações de Erro

Se o Core Location não conseguir determinar a localização atual, ele irá chamar um segundo método delegate chamado `locationManager:didFailWithError:`. A causa mais provável de um erro é o usuário recusar o acesso. O uso do location manager precisa ser autorizado pelo usuário. Sendo assim, na primeira vez em que o seu aplicativo determinar a localização, aparecerá um alerta na tela perguntando se é permitido ao programa atual acessar sua localização (veja a Figura 16-2).

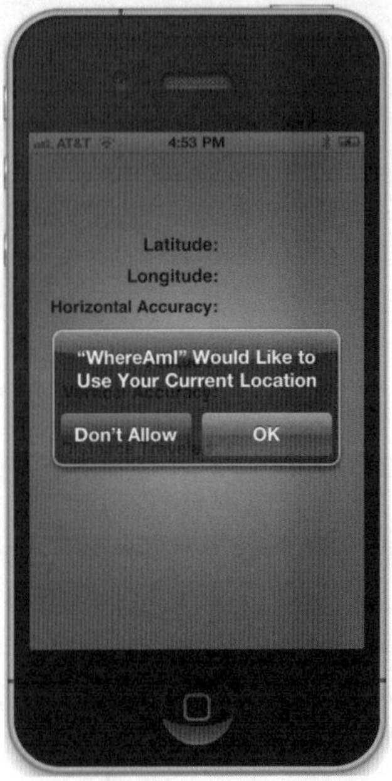

Figura 16-2. *O acesso do location manager precisa ser aprovado pelo usuário.*

Se o usuário clicar no botão *Don't Allow* (Não Permitir), o delegate será notificado do fato pelo location manager, usando o `locationManager:didFailWithError:` com um código de erro do `kCLErrorDenied`. Quando esse livro foi escrito, o outro único erro suportado pelo location manager era o `kCLErrorLocationUnknown`, que indica que o Core Location não conseguia determinar a localização, mas continuaria tentando. O erro `kCLErrorDenied` geralmente indica que o seu aplicativo não conseguirá acessar o Core Location em nenhum momento durante o restante da sessão atual. Por outro lado, os erros `kCLErrorLocationUnknown` indicam um problema que pode ser temporário.

NOTA: Quando estiver trabalhando no simulador, aparecerá uma caixa de diálogo, fora da janela dele, pedindo para usar sua localização atual. Nesse caso, sua localização será determinada usando-se um algoritmo supersecreto, mantido em um cofre enterrado abaixo da sede da Apple em Cupertino.

Experimentando o Core Location

Vamos construir um pequeno aplicativo para detectar a localização atual do iPhone e a distância total percorrida enquanto o programa é executado. Você pode ver que nosso aplicativo final se parecerá com a Figura 16-3.

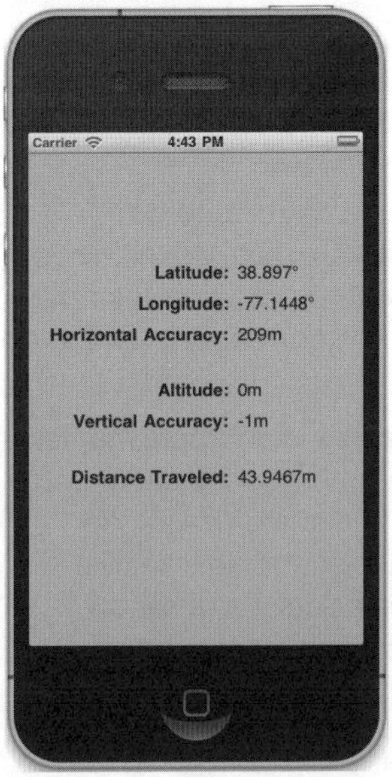

Figura 16-3. *O aplicativo WhereAmI em ação. Essa captura de tela foi feita no simulador. Observe que a precisão vertical é um número negativo, que nos diz que ele não conseguiu determinar a altitude.*

No Xcode, crie um novo projeto usando o template *View-based Application*, utilize um *Product* de *iPhone* e nomeie o projeto para WhereAmI. Expanda as pastas *Classes* e *Resources* e clique em *WhereAmIViewController.h*. Faça as seguintes alterações, que vamos discutir em um minuto:

```
#import <UIKit/UIKit.h>
#import <CoreLocation/CoreLocation.h>

@interface WhereAmIViewController :
    UIViewController <CLLocationManagerDelegate> {

    CLLocationManager *locationManager;
    CLLocation        *startingPoint;

    UILabel *latitudeLabel;
    UILabel *longitudeLabel;
    UILabel *horizontalAccuracyLabel;
    UILabel *altitudeLabel;
    UILabel *verticalAccuracyLabel;
```

```
    UILabel *distanceTraveledLabel;
}
@property (nonatomic, retain) CLLocationManager *locationManager;
@property (nonatomic, retain) CLLocation *startingPoint;
@property (nonatomic, retain) IBOutlet UILabel *latitudeLabel;
@property (nonatomic, retain) IBOutlet UILabel *longitudeLabel;
@property (nonatomic, retain) IBOutlet UILabel *horizontalAccuracyLabel;
@property (nonatomic, retain) IBOutlet UILabel *altitudeLabel;
@property (nonatomic, retain) IBOutlet UILabel *verticalAccuracyLabel;
@property (nonatomic, retain) IBOutlet UILabel *distanceTraveledLabel;
@end
```

A primeira coisa para observar é que incluímos os arquivos de cabeçalho do Core Location. O Core Location não faz parte do UIKit, então precisamos incluir os arquivos do cabeçalho manualmente. Em seguida, adaptamos essa classe ao método `CLLocationManagerDelegate` para que possamos receber informações vindas do location manager.

Depois disso, declaramos um indicador `CLLocationManager`, que será usado para manter a instância do Core Location que criamos. Nós também declaramos um indicador para o `CLLocation`, que vamos colocar na localização recebida na primeira atualização do location manager. Assim, se o usuário tiver o nosso programa executando e se tiver movido o suficiente para disparar atualizações, conseguiremos calcular a distância que ele moveu. Nosso delegate será notificado sobre a localização anterior com cada chamada, mas não sobre o local de partida original, que é o motivo de nós o armazenarmos.

As variáveis de instância restantes são todas outlets que serão usadas para atualizar labels na interface do usuário.

Clique duas vezes em *WhereAmIViewController.xib* para criar a GUI. Utilizando a Figura 16-3 como guia, arraste doze *Labels* da library para a janela *View*. Seis deles devem ser colocados do lado esquerdo da tela, justificados à direita e em negrito. A esses seis labels em negrito devem ser dados os valores *Latitude:*, *Longitude:*, *Horizontal Accuracy:*, *Altitude:*, *Vertical Accuracy:* e *Distance Traveled:*. Como o label *Horizontal Accuracy:* é o mais longo, você pode colocá-lo primeiro e, depois, arrastar a opção para fora das cópias desse label para criar outros cinco labels à esquerda. Os seis labels à direita devem ser justificados à esquerda e colocados próximos a cada um dos labels em negrito.

Cada um dos labels à direita deve ser conectado à outlet apropriada que definimos anteriormente no arquivo de cabeçalho. Quando todos eles estiverem conectados às outlets, clique duas vezes em um de cada vez e exclua o texto que ele mantém.

Salve as alterações, volte ao Xcode, selecione *WhereAmIViewController.m* e faça as seguintes alterações à parte superior do arquivo:

```
#import "WhereAmIViewController.h"

@implementation WhereAmIViewController
@synthesize locationManager;
@synthesize startingPoint;
@synthesize latitudeLabel;
@synthesize longitudeLabel;
@synthesize horizontalAccuracyLabel;
@synthesize altitudeLabel;
```

```
@synthesize verticalAccuracyLabel;
@synthesize distanceTraveledLabel;

#pragma mark -
- (void)viewDidLoad {
    self.locationManager = [[CLLocationManager alloc] init];
    locationManager.delegate = self;
    locationManager.desiredAccuracy = kCLLocationAccuracyBest;
    [locationManager startUpdatingLocation];
}
...
```

Insira as seguintes linhas em `viewDidUnload` e em `dealloc` para limpar nossas outlets:

```
...
- (void)viewDidUnload {
    // Release any retained subviews of the main view.
   // e.g. self.myOutlet = nil;
   self.locationManager = nil;
   self.latitudeLabel = nil;
   self.longitudeLabel = nil;
   self.horizontalAccuracyLabel = nil;
   self.altitudeLabel = nil;
   self.verticalAccuracyLabel = nil;
   self.distanceTraveledLabel= nil;
   [super viewDidUnload];
}

- (void)dealloc {
    [locationManager release];
    [startingPoint release];
    [latitudeLabel release];
    [longitudeLabel release];
    [horizontalAccuracyLabel release];
    [altitudeLabel release];
    [verticalAccuracyLabel release];
    [distanceTraveledLabel release];
    [super dealloc];
}
...
```

Insira os novos métodos a seguir no final do arquivo:

```
...
#pragma mark -
#pragma mark CLLocationManagerDelegate Methods
- (void)locationManager:(CLLocationManager *)manager
      didUpdateToLocation:(CLLocation *)newLocation
      fromLocation:(CLLocation *)oldLocation {

    if (startingPoint == nil)
        self.startingPoint = newLocation;

    NSString *latitudeString = [[NSString alloc] initWithFormat:@"%g\u00B0",
            newLocation.coordinate.latitude];
    latitudeLabel.text = latitudeString;
```

```
    [latitudeString release];

    NSString *longitudeString = [[NSString alloc] initWithFormat:@"%g\u00B0",
             newLocation.coordinate.longitude];
    longitudeLabel.text = longitudeString;
    [longitudeString release];

    NSString *horizontalAccuracyString = [[NSString alloc]
       initWithFormat:@"%gm",
       newLocation.horizontalAccuracy];
    horizontalAccuracyLabel.text = horizontalAccuracyString;
    [horizontalAccuracyString release];

    NSString *altitudeString = [[NSString alloc] initWithFormat:@"%gm",
             newLocation.altitude];
    altitudeLabel.text = altitudeString;
    [altitudeString release];

    NSString *verticalAccuracyString = [[NSString alloc]
        initWithFormat:@"%gm",
        newLocation.verticalAccuracy];
    verticalAccuracyLabel.text = verticalAccuracyString;
    [verticalAccuracyString release];

    CLLocationDistance distance = [newLocation
        distanceFromLocation:startingPoint];
    NSString *distanceString = [[NSString alloc]
        initWithFormat:@"%gm", distance];
    distanceTraveledLabel.text = distanceString;
   [distanceString release];
}

- (void)locationManager:(CLLocationManager *)manager
       didFailWithError:(NSError *)error {

   NSString *errorType = (error.code == kCLErrorDenied) ?
            @"Access Denied" : @"Unknown Error";
   UIAlertView *alert = [[UIAlertView alloc]
       initWithTitle:@"Error getting Location"
             message:errorType
            delegate:nil
   cancelButtonTitle:@"Okay"
   otherButtonTitles:nil];
   [alert show];
   [alert release];
}
@end
```

No método `viewDidLoad`, nós alocamos e inicializamos uma instância `CLLocationManager`, designamos nossa classe controller como o delegate, configuramos a precisão desejada para a melhor disponível e, depois, dizemos à nossa instância location manager para começar a nos dar as atualizações da localização:

```
- (void)viewDidLoad {
    self.locationManager = [[CLLocationManager alloc] init];
```

```
    locationManager.delegate = self;
    locationManager.desiredAccuracy = kCLLocationAccuracyBest;
    [locationManager startUpdatingLocation];
}
```

Atualizando o Location Manager

Já que essa classe se designa como o delegate do location manager, sabemos que a atualização da localização entrará nela se implementarmos o método delegate `locatiomanager:didUpdateToLocation:fromLocation:`; então, vamos dar uma olhada na implementação desse método. A primeira coisa que faremos nele será verificar se o `startingPoint` é `nil`. Se for, então, essa atualização será a primeira do location manager, e atribuiremos a localização atual para a nossa propriedade `startingPoint`.

```
if (startingPoint == nil)
    self.startingPoint = newLocation;
```

Depois disso, atualizaremos os seis primeiros labels com valores do objeto `CLLocation` passados no argumento `newLocation`:

```
NSString *latitudeString = [[NSString alloc] initWithFormat:@"%g\u00B0",
    newLocation.coordinate.latitude];
latitudeLabel.text = latitudeString;
[latitudeString release];

NSString *longitudeString = [[NSString alloc] initWithFormat:@"%g\u00B0",
   newLocation.coordinate.longitude];
longitudeLabel.text = longitudeString;
[longitudeString release];

NSString *horizontalAccuracyString = [[NSString alloc]
    initWithFormat:@"%gm",
    newLocation.horizontalAccuracy];
horizontalAccuracyLabel.text = horizontalAccuracyString;
[horizontalAccuracyString release];

NSString *altitudeString = [[NSString alloc] initWithFormat:@"%gm",
    newLocation.altitude];
altitudeLabel.text = altitudeString;
[altitudeString release];

NSString *verticalAccuracyString = [[NSString alloc]
    initWithFormat:@"%gm",
    newLocation.verticalAccuracy];
verticalAccuracyLabel.text = verticalAccuracyString;
[verticalAccuracyString release];
```

NOTA: A longitude e a latitude são exibidas em strings formatadas contendo o visual enigmático "\u00B0". Isso corresponde à representação Unicode do símbolo graus (°). Nunca é uma boa ideia colocar algo que não sejam caracteres ASCII diretamente em um arquivo de código-fonte, mas incluir um valor hex em uma string tudo bem, e foi isso o que fizemos aqui.

Determinando a Distância Percorrida

Finalmente, determinamos a distância entre a localização atual e a armazenada no `startingPoint` e exibimos essa distância. Enquanto esse aplicativo executa, se o usuário mover o suficiente para o location manager detectar a mudança, o campo *Distance Traveled:* será atualizado continuamente com a distância a partir de onde o usuário estava quando o aplicativo foi iniciado.

```
CLLocationDistance distance = [newLocation
    distanceFromLocation:startingPoint];
NSString *distanceString = [[NSString alloc]
    initWithFormat:@"%gm", distance];
distanceTraveledLabel.text = distanceString;
[distanceString release];
```

E aí está. O Core Location é razoavelmente simples e fácil de usar.

Antes de poder compilar esse programa, você precisa adicionar o *CoreLocation.framework* ao seu projeto. Você faz isso exatamente do mesmo modo como fez no Capítulo 7 quando adicionou o *AudioToolbox.framework*, exceto pela sua escolha do *CoreLocation.framework* em vez do *AudioToolbox.framework*. Compile, execute o aplicativo e teste. Se você conseguir executar o aplicativo no seu iPhone ou iPad, tente dar uma volta com o aplicativo em execução e veja a mudança dos valores enquanto você dirige. Hum, na verdade, é melhor chamar alguém para dirigir!

Aonde Você For, Lá Está Você

Agora, você já viu quase tudo o que existe sobre o Core Location. Embora a tecnologia principal seja um pouco complexa, a Apple forneceu uma interface simples, que esconde a maior parte da sua complexidade, tornando-o bem fácil para adicionar recursos relacionados à localização dos seus aplicativos; então, você pode dizer onde os usuários estão e identificar quando eles se moverem.

Por falar em movimento, quando estiver pronto, vá diretamente para o próximo capítulo para que possamos brincar com o acelerômetro e o giro incorporados do iPhone.

Capítulo 17

Uau! Giroscópio e Acelerômetro

Um dos recursos mais legais do iPhone, do iPad e do iPod Touch é o acelerômetro incorporado — um pequeno aparelho que deixa o iOS saber como está sendo segurado e se ele está se movendo. O iOS usa o acelerômetro para lidar com a autorrotação, e vários jogos o utilizam como um mecanismo de controle. Ele também pode ser usado para detectar balanços e outros movimentos repentinos. Essa capacidade se estende ainda mais com o iPhone 4, que também inclui um giroscópio incorporado, que permite a você determinar o ângulo no qual o aparelho está posicionado ao redor de cada eixo. Neste capítulo, vamos apresentar a você o uso do framework Core Motion para acessar esses valores no seu aplicativo.

A Física do Acelerômetro

Um **acelerômetro** mede tanto a aceleração quanto a gravidade, percebendo a quantidade de força de inércia em uma determinada direção. O acelerômetro dentro do seu aparelho iOS é de três eixos, o que significa que ele é capaz de detectar cada movimento ou força de tração da gravidade em um espaço tridimensional. Como resultado, você pode usar o acelerômetro para descobrir não apenas como o telefone está sendo segurado no momento (como a autorrotação faz), mas também se ele está em cima da mesa e, até mesmo, se está virado para cima ou para baixo.

Os acelerômetros dão as medidas em força g ("g" de gravidade), então um valor de 1.0 enviado pelo acelerômetro significa que 1 g é sentido em uma direção particular, como nestes exemplos:

- Se o aparelho é segurado mesmo sem nenhum movimento, haverá aproximadamente 1 g de força exercida nele pela força de tração da Terra.
- Se o aparelho é segurado para cima, na orientação retrato, ele irá detectar e relatar cerca de 1 g de força exercida sobre seu eixo y.

- Se o aparelho é segurado em um ângulo, aquele 1 g de força será distribuído pelos diferentes eixos, dependendo de como ele é segurado. Quando segurado no ângulo de 45 graus, aquele 1 g irá se dividir de forma aproximadamente igual entre os dois eixos.

Movimentos repentinos podem ser detectados buscando-se valores de acelerômetro consideravelmente maiores do que 1 g. Em uso normal, o acelerômetro não detecta significativamente mais do que 1 g em qualquer eixo. Se você sacudir, largar ou jogar seu aparelho, o acelerômetro irá detectar uma grande quantidade de força em um ou mais eixos. Por favor, não largue ou jogue o seu próprio aparelho iOS para testar essa teoria.

A Figura 17-1 mostra uma representação gráfica dos três eixos usados pelo acelerômetro. Observe que ele usa o padrão mais convencional para a coordenada y, com o aumento em y indicando uma força para cima, que é o oposto do sistema de coordenadas da Quartz 2D discutido no Capítulo 14. Quando você estiver usando o acelerômetro como um mecanismo de controle com a Quartz 2D, será necessário modificar a coordenada y. Quando trabalhar com a OpenGL ES, o que é mais provável quando você estiver utilizando o acelerômetro para controlar animação, nenhuma tradução será requerida.

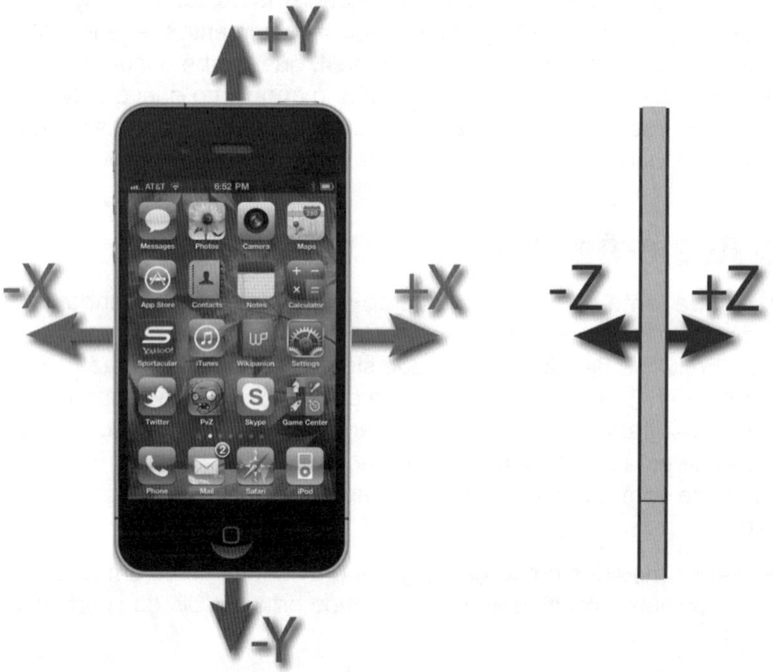

Figura 17-1. *Os eixos do acelerômetro do iPhone em três dimensões. A view dianteira de um iPhone 4 à esquerda mostra os eixos x e y. A view lateral à direita mostra o eixo z.*

Não se Esqueça da Rotação

Mencionamos anteriormente que o iPhone 4 também inclui um sensor de giroscópio que permite que você leia valores descrevendo a rotação do aparelho ao redor dos seus eixos.

Se a diferença entre esse sensor e o acelerômetro não parece clara, considere um iPhone deitado em uma mesa. Se você começar a girar o telefone enquanto ele estiver nessa posição, os valores do acelerômetro não irão mudar. Isso ocorre porque as forças colocadas na movimentação do telefone — nesse caso, apenas a força da gravidade empurrada direto para o eixo z — não estão mudando (na verdade, as coisas são um pouco mais confusas do que isso, e a ação da sua mão batendo no telefone certamente irá disparar uma pequena quantidade de ação do acelerômetro). Durante esse mesmo movimento, no entanto, os valores de rotação do aparelho irão mudar, principalmente o do eixo z. Girar o aparelho em sentido horário irá gerar um valor negativo; girá-lo no sentido anti-horário dá um valor positivo. Pare de girar, e o valor de rotação do eixo x voltará a zero.

Em vez de registrar um valor de rotação absoluto, os giroscópios avisam a você sobre as mudanças na rotação do aparelho quando elas acontecerem. Você verá como isso funciona no primeiro exemplo deste capítulo daqui a pouco.

Core Motion e Motion Manager

No iOS 4 e superior, os valores do acelerômetro e do giroscópio são acessados utilizando o framework Core Motion. Esse framework oferece, entre outras coisas, a classe `CMMotionManager`, que age como um gateway para todos os valores que descrevem como o aparelho está sendo movido pelo seu usuário. Seu aplicativo cria uma instância de `CMMotionManager` e, depois, a coloca em uso em um dos dois modos:

- Ele consegue executar algum código para você sempre que ocorre movimento.
- Ele consegue segurar uma estrutura atualizada continuamente, o que permite a você acessar os valores mais recentes a qualquer momento.

O último método é ideal para jogos e outros aplicativos altamente interativos, que precisam conseguir fazer o pool do estado atual do aparelho durante cada passagem pelo loop do jogo. Mostraremos a você como implementar essas abordagens.

Note que a classe `CMMotionManager` não é realmente um singleton, mas seu aplicativo deverá tratá-la como tal. Você deverá criar somente uma delas por aplicativo, utilizando os métodos `alloc` e `init` normais. Então, se precisar acessar o motion manager a partir de vários lugares no seu aplicativo, você provavelmente deverá criá-lo no delegate do seu aplicativo e fornecer acesso a ele a partir de lá.

Além da classe `CMMotionManager`, o Core Motion também oferece algumas outras classes, como `CMAccelerometerData` e `CMGyroData`, que são contêineres simples por meio dos quais seu aplicativo pode acessar dados de movimento. Falaremos sobre essas classes conforme chegarmos a elas.

Movimento com Base no Evento

Mencionamos que o motion manager pode funcionar em um modo no qual executa algum código para você sempre que os dados de movimento mudam. A maioria das outras classes Cocoa Touch oferece esse tipo de funcionalidade ao permitir que você se conecte a um delegate que recebe uma mensagem quando chega a hora, mas o Core Motion faz as coisas de maneira um pouco diferente.

Como esse é um framework novo, disponível somente no iOS 4 e superior, a Apple decidiu permitir que a `CMMotionManager` utilize outro novo recurso do SDK do iOS 4: **blocos**. Você já os utilizou antes neste livro, e, agora, veremos outro uso dessa técnica.

Utilize o Xcode para criar um novo projeto *View-based Application* chamado *MotionMonitor*. Esse será um aplicativo simples, que lê dados do acelerômetro e do giroscópio (se disponível) e os exibe na tela.

> **NOTA:** Os aplicativos desde capítulo não funcionam no simulador, pois este não tem acelerômetro nem giroscópio. Que pena!

Primeiramente, precisamos ligar o Core Motion ao nosso aplicativo. Esse é um framework de sistema opcional, então devemos adicioná-lo nele. Siga as instruções do Capítulo 7 para adição do framework Audio Toolbox (na seção "Conectando ao Framework da Caixa de Ferramentas de Áudio"), mas, em vez de selecionar *AudioToolbox.framework*, selecione *CoreMotion.framework* (em suma, clique no controle da pasta *Frameworks* e selecione **`Add > Existing Frameworks...`** no menu de contexto que aparece.).

Agora, selecione o arquivo *MotionMonitorViewController.h* e faça as seguintes alterações:

```
#import <UIKit/UIKit.h>
#import <CoreMotion/CoreMotion.h>

@interface MotionMonitorViewController : UIViewController {
    CMMotionManager *motionManager;
    UILabel *accelerometerLabel;
    UILabel *gyroscopeLabel;
}

@property (nonatomic, retain) CMMotionManager *motionManager;
@property (nonatomic, retain) IBOutlet UILabel *accelerometerLabel;
@property (nonatomic, retain) IBOutlet UILabel *gyroscopeLabel;

@end
```

Isso nos fornece um indicador para acessar o próprio motion manager, juntamente a outlets para um par de labels em que iremos exibir as informações. Não há mais o que explicar aqui; então, vá em frente e salve suas alterações.

Em seguida, abra *MotionMonitorViewController.xib* no Interface Builder.

Abra a view clicando duas vezes no seu ícone na janela do nib e arraste um label da library para a view. Redimensione o label para que ele execute da linha azul à esquerda até a linha azul à direita, redimensione-o para que ele ocupe metade da altura de toda a view e alinhe a parte superior do label à linha azul superior.

Agora, abra o attributes inspector e mude o campo # *Lines* de *1* para *0*. O atributo # *Lines* é usado para especificar apenas quantas linhas de texto poderão aparecer no label e fornece um limite superior alto. Se você defini-lo para *0*, nenhum limite será aplicado, e o label poderá ter quantas linhas você quiser.

Em seguida, arraste a opção do label para criar uma cópia e alinhá-la às linhas azuis na metade inferior da view.

Por fim, arraste o controle do ícone *File's Owner* para cada um dos labels, conectando *accelerometerLabel* ao superior e *gyroscopeLabel* ao inferior.

Essa simples GUI está completa; então, salve seu trabalho e se prepare para algum código.

Em seguida, selecione *MotionMonitorViewController.m* e adicione os sintetizadores de propriedade à parte superior do bloco de implementação, e o gerenciamento de memória irá chamar os métodos `viewDidUnload` e `dealloc` ao final:

```
#import "MotionMonitorViewController.h"

@implementation MotionMonitorViewController
@synthesize motionManager;
@synthesize accelerometerLabel;
@synthesize gyroscopeLabel;

...

- (void)viewDidUnload {
    // Release any retained subviews of the main view.
    // e.g. self.myOutlet = nil;
    self.motionManager = nil;
    self.accelerometerLabel = nil;
    self.gyroscopeLabel = nil;
    [super viewDidUnload];
}

- (void)dealloc {
    [motionManager release];
    [accelerometerLabel release];
    [gyroscopeLabel release];
    [super dealloc];
}
@end
```

Agora, vem a parte interessante. Remova as marcas de comentário ao redor do método `viewDidLoad` e dê a ele o seguinte conteúdo:

```
- (void)viewDidLoad {
    [super viewDidLoad];
    self.motionManager = [[[CMMotionManager alloc] init] autorelease];
    NSOperationQueue *queue = [[[NSOperationQueue alloc] init] autorelease];
    if (motionManager.accelerometerAvailable) {
        motionManager.accelerometerUpdateInterval = 1.0/10.0;
        [motionManager startAccelerometerUpdatesToQueue:queue withHandler:
```

```
        ^(CMAccelerometerData *accelerometerData, NSError *error){
            NSString *labelText;
            if (error) {
                [motionManager stopAccelerometerUpdates];
                labelText = [NSString stringWithFormat:
                             @"Accelerometer encountered error: %@", error];
            } else {
                labelText = [NSString stringWithFormat:
                    @"Accelerometer\n-----------\nx: %+.2f\ny: %+.2f\nz: %+.2f",
                    accelerometerData.acceleration.x,
                    accelerometerData.acceleration.y,
                    accelerometerData.acceleration.z];
            }
            [accelerometerLabel performSelectorOnMainThread:@selector(setText:)
                                                 withObject:labelText
                                              waitUntilDone:YES];
        }];
    } else {
        accelerometerLabel.text = @"This device has no accelerometer.";
    }
    if (motionManager.gyroAvailable) {
        motionManager.gyroUpdateInterval = 1.0/10.0;
        [motionManager startGyroUpdatesToQueue:queue withHandler:
        ^(CMGyroData *gyroData, NSError *error) {
            NSString *labelText;
            if (error) {
                [motionManager stopGyroUpdates];
                labelText = [NSString stringWithFormat:
                             @"Gyroscope encountered error: %@", error];
            } else {
                labelText = [NSString stringWithFormat:
                             @"Gyroscope\n--------\nx: %+.2f\ny: %+.2f\nz: %+.2f",
                             gyroData.rotationRate.x,
                             gyroData.rotationRate.y,
                             gyroData.rotationRate.z];
            }
            [gyroscopeLabel performSelectorOnMainThread:@selector(setText:)
                                             withObject:labelText
                                          waitUntilDone:YES];
        }];
    } else {
        gyroscopeLabel.text = @"This device has no gyroscope";
    }
}
```

Esse método contém todo o código necessário para disparar os sensores, dizer a eles para nos informar a cada 1/10 segundo e atualizar a tela quando eles assim o fizerem.

Graças ao poder dos blocos, tudo isso é realmente simples e coeso. Em vez de colocar partes da funcionalidade nos métodos delegate, definir comportamentos em blocos nos permite ver o comportamento no mesmo método em que ele está sendo configurado! Vamos desmembrar isso um pouco. Começamos assim:

```
self.motionManager = [[[CMMotionManager alloc] init] autorelease];
NSOperationQueue *queue = [[[NSOperationQueue alloc] init] autorelease];
```

Esse código, primeiramente, cria uma instância de `CMMotionManager`, que iremos utilizar para observar os eventos de movimento. Em seguida, ele cria uma fila de operação, que é simplesmente um contêiner para uma pilha de trabalho que precisa ser feito, como você deve se lembrar do Capítulo 13.

> **ATENÇÃO:** O motion manager quer ter uma fila para colocar o trabalho a ser feito, conforme especificado pelos blocos que você dará a ele, sempre que ocorrer um evento. Ele ficaria tentado a usar a fila padrão do sistema para esse fim, mas a documentação para `CMMotionManager` explicitamente avisa para não fazer isso! A preocupação é de que a fila padrão poderia acabar cheia por esses eventos e demorar muito tempo para processar outros eventos importantes de sistema como resultado.

Em seguida, vamos configurar o acelerômetro. Primeiramente, verificamos se o aparelho realmente tem um acelerômetro. Todos os aparelhos iOS de mão lançados até agora o têm, mas é melhor verificar, caso algum aparelho futuro não tenha. Depois, definimos o intervalo de tempo que queremos entre as atualizações, especificado em segundos. Aqui, pediremos 1/10 segundo. Note que configurar isso não garante que iremos receber atualizações precisamente nessa velocidade. Aliás, essa configuração é realmente boa, especificando a melhor taxa que o motion manager poderá nos dar. Na verdade, ele pode atualizar com menos frequência do que isso.

```
if (motionManager.accelerometerAvailable) {
    motionManager.accelerometerUpdateInterval = 1.0/10.0;
```

Em seguida, pedimos ao motion manager para começar a relatar as atualizações do acelerômetro. Passamos a fila em que queremos colocar o trabalho e o bloco que define o trabalho que será feito sempre que ocorrer uma atualização. Lembre-se de que um bloco sempre começa por um circunflexo (^), seguido por uma lista de argumentos entre parênteses, que o bloco espera que sejam preenchidos quando for executado (nesse caso, os dados do acelerômetro e, potencialmente, um erro para nos alertar sobre algum problema), e termina com uma seção de chaves contendo o código a ser executado.

```
[motionManager startAccelerometerUpdatesToQueue:queue withHandler:
 ^(CMAccelerometerData *accelerometerData, NSError *error) {
```

Aqui está o conteúdo do bloco. Ele cria uma string baseada nos valores atuais do acelerômetro ou gera uma mensagem de erro se houver algum problema. Em seguida, ele coloca esse valor de string no `accelerometerLabel`. Aqui, não podemos fazer isso diretamente, já que classes UIKit como `UILabel` geralmente funcionam bem somente quando são acessadas a partir do thread principal. Devido à maneira como esse código será executado, de dentro de um `NSOperationQueue`, nós simplesmente não sabemos o thread específico no qual iremos executá-lo. Então, utilizamos o método `performSelectorOnMainThread:withObject:waitUntilDone:` para fazer o thread principal lidar com isso.

Note que os valores do acelerômetro são acessados por meio da propriedade acceleration, do accelerometerData que foi passado para ele. Essa propriedade é do tipo CMAcceleration, que é apenas um struct simples que tem três valores float. O accelerometerData em si é uma instância da classe CMAccelerometerData, que realmente é apenas um invólucro para CMAcceleration! Se você pensa que isso parece um excesso desnecessário de classes para apenas passar três floats adiante, bem, você não está sozinho. Independentemente disso, é assim que se usa:

```
NSString *labelText;
if (error) {
    [motionManager stopAccelerometerUpdates];
    labelText = [NSString stringWithFormat:
                 @"Accelerometer encountered error: %@", error];
} else {
    labelText = [NSString stringWithFormat:
        @"Accelerometer\n-----------\nx: %+.2f\ny: %+.2f\nz: %+.2f",
        accelerometerData.acceleration.x,
        accelerometerData.acceleration.y,
        accelerometerData.acceleration.z];
}
[accelerometerLabel performSelectorOnMainThread:@selector(setText:)
    withObject:labelText
    waitUntilDone:YES];
```

Então, finalizamos o bloco e terminamos a chamada do método em colchetes para o qual estávamos passando o bloco inicialmente. Por fim, fornecemos um caminho de código totalmente diferente, caso o aparelho não tenha um acelerômetro. Como mencionado anteriormente, todos os aparelhos iOS até agora têm um acelerômetro, mas quem sabe o que o futuro reserva?

```
    }];
} else {
    accelerometerLabel.text = @"This device has no accelerometer.";
}
```

Como certamente deu para notar, o código para o giroscópio é estruturalmente idêntico, diferindo apenas sobre quais métodos são chamados e como os valores reportados são acessados. É tão semelhante que não é preciso guiar você aqui.

Agora, crie e execute seu aplicativo em qualquer aparelho iOS que você tiver; além disso, teste-o (veja a Figura 17-2). Conforme você inclina seu aparelho de diferentes maneiras, você verá como os valores do acelerômetro se ajustam à nova posição e como permanecerão estáveis se você segurar o aparelho de maneira estável.

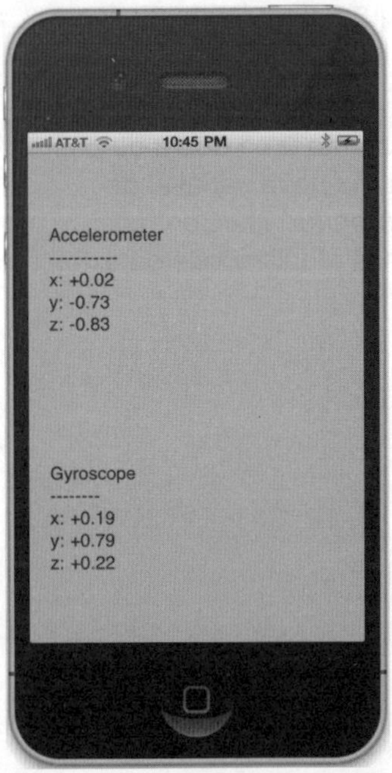

Figura 17-2. *O MotionMonitor em execução em um iPhone 4. Infelizmente, você irá obter apenas algumas mensagens de erro se executar esse aplicativo no simulador.*

Se você tiver um iPhone 4 (ou qualquer aparelho recente que tenha o giroscópio), verá como esses valores também mudam. Sempre que o aparelho estiver parado, não importa em qual orientação, os valores do giroscópio ficarão em torno de zero. Conforme você girar o aparelho, no entanto, verá que os valores mudam, dependendo de como você o girar nos seus diversos eixos. Os valores voltarão sempre a zero quando você parar de mover o aparelho.

Acesso Proativo do Movimento

Você viu como acessar dados de movimento passando blocos `CMMotionManager` para serem chamados conforme o movimento ocorre. Esse tipo de manipulação de movimento direcionado a evento pode funcionar muito bem para alguns aplicativos Cocoa, mas, às vezes, não se ajusta a uma necessidade específica do aplicativo. Jogos interativos, por exemplo, geralmente têm um loop de execução contínuo, que processa a entrada do usuário, atualiza o estado do jogo e redesenha a tela. Nesse caso, a abordagem direcionada a evento não é uma boa escolha, já que você precisaria implementar um objeto que esperasse por eventos de movimento, se lembrasse das posições mais recentes a partir de cada sensor que eles relataram e estivesse pronto para reportar os dados de volta ao loop do jogo principal quando necessário.

Felizmente, `CMMotionManager` tem uma solução incorporada. Em vez de passar blocos, nós apenas dizemos a ele para ativar os sensores utilizando os métodos `startAccelerometerUpdates` e `startGyroUpdates`, depois dos quais simplesmente iremos ler os valores sempre que quisermos diretamente do motion manager!

Vamos mudar nosso aplicativo MotionMonitor para usar essa abordagem, apenas para que você possa ver como ele funciona. Comece fazendo uma cópia da pasta do nosso projeto *MotionMonitor*. Em seguida, adicione uma nova variável de instância e uma propriedade correspondente ao *MotionMonitorViewController.h*, um indicador para um `NSTimer` que irá disparar todas as nossas atualizações de exibição:

```
#import <UIKit/UIKit.h>
#import <CoreMotion/CoreMotion.h>

@interface MotionMonitorViewController : UIViewController {
    CMMotionManager *motionManager;
    UILabel *accelerometerLabel;
    UILabel *gyroscopeLabel;
    NSTimer *updateTimer;
}

@property (retain) CMMotionManager *motionManager;
@property (retain) IBOutlet UILabel *accelerometerLabel;
@property (retain) IBOutlet UILabel *gyroscopeLabel;
@property (retain) NSTimer *updateTimer;

@end
```

```
@implementation MotionMonitorViewController

@synthesize motionManager;
@synthesize accelerometerLabel;
@synthesize gyroscopeLabel;
@synthesize updateTimer;
...
- (void)dealloc {
    [motionManager release];
    [accelerometerLabel release];
    [gyroscopeLabel release];
    [updateTimer release];
    [super dealloc];
}
```

Livre-se do método `viewDidLoad` que tínhamos antes e substitua-o por esta versão mais simples, que apenas configura o motion manager e fornece textos informativos para os aparelhos que não tenham sensores:

```
- (void)viewDidLoad {
    [super viewDidLoad];
    self.motionManager = [[[CMMotionManager alloc] init] autorelease];

    if (motionManager.accelerometerAvailable) {
        motionManager.accelerometerUpdateInterval = 1.0/10.0;
        [motionManager startAccelerometerUpdates];
    } else {
        accelerometerLabel.text = @"This device has no accelerometer.";
```

```
    }
    if (motionManager.gyroAvailable) {
        motionManager.gyroUpdateInterval = 1.0/10.0;
        [motionManager startGyroUpdates];
    } else {
        gyroscopeLabel.text = @"This device has no gyroscope.";
    }
}
```

Normalmente, utilizamos `viewDidLoad` e `viewDidUnload` para “agrupar” a criação e a destruição de propriedades relacionadas à exibição da GUI. No caso do nosso novo timer, no entanto, queremos que ele seja ativo somente durante um espaço de tempo ainda menor, quando a view estiver, de fato, sendo exibida. Assim, limitamos o uso do nosso “loop de jogo” principal ao mínimo. Podemos fazer isso implementando `viewWillAppear:` e `viewDidDisappear:` da maneira seguinte. Adicione os dois novos métodos a seguir logo após o `viewDidLoad`:

```
- (void)viewWillAppear:(BOOL)animated {
    [super viewWillAppear:animated];
    self.updateTimer = [NSTimer scheduledTimerWithTimeInterval:1.0/10.0
                                                         target:self
                                                       selector:@selector(updateDisplay)
                                                       userInfo:nil
                                                        repeats:YES];
}

- (void)viewDidDisappear:(BOOL)animated {
    [super viewDidDisappear:animated];
    self.updateTimer = nil;
}
```

O código em `viewWillAppear:` cria um novo timer e o agenda para disparar uma vez a cada 1/10 segundo, chamando o método `updateDisplay`, que ainda não criamos. Adicione esse método abaixo de `viewDidDisappear:`.

```
- (void)updateDisplay {
    if (motionManager.accelerometerAvailable) {
        CMAccelerometerData *accelerometerData = motionManager.accelerometerData;
        accelerometerLabel.text  = [NSString stringWithFormat:
                    @"Accelerometer\n-----------\nx: %+.2f\ny: %+.2f\nz: %+.2f",
                    accelerometerData.acceleration.x,
                    accelerometerData.acceleration.y,
                    accelerometerData.acceleration.z];
    }
    if (motionManager.gyroAvailable) {
        CMGyroData *gyroData = motionManager.gyroData;
        gyroscopeLabel.text = [NSString stringWithFormat:
                    @"Gyroscope\n--------\nx: %+.2f\ny: %+.2f\nz: %+.2f",
                    gyroData.rotationRate.x,
                    gyroData.rotationRate.y,
                    gyroData.rotationRate.z];
    }
}
```

Crie e execute o aplicativo no seu aparelho. Você deve ver que ele se comporta exatamente como a primeira versão. Agora, você viu as duas maneiras de acessar dados de movimento. Utilize aquela que melhor se adequa aos seus aplicativos.

Resultados do Acelerômetro

Mencionamos anteriormente que o acelerômetro do iPhone detecta a aceleração em três eixos e fornece essa informação utilizando o `struct CMAcceleration`. Cada `CMAcceleration` tem um campo x, y e z, cada qual mantendo um valor de ponto flutuante. Um valor 0 significa que o acelerômetro não detectou movimento naquele eixo específico. Um valor positivo ou negativo indica força em uma direção. Por exemplo, um valor negativo para y indica que foi sentido um empurrão para baixo, o que provavelmente mostra que o telefone está sendo mantido para cima na orientação retrato. Um valor positivo para y indica que alguma força está sendo exercida na direção oposta, o que poderia significar que o telefone está sendo mantido de cabeça para baixo ou movido em uma direção para baixo.

Tendo em mente o diagrama na Figura 17-3, vejamos alguns resultados do acelerômetro. Note que, na vida real, você dificilmente irá obter valores com essa precisão, já que o acelerômetro é sensível o suficiente para pegar até mesmo quantidades pequenas de movimento, e você geralmente irá escolher pelo menos uma pequena quantidade de força nos três eixos. Essa é a física do mundo real, não de colegial.

Provavelmente, o uso mais comum do acelerômetro em aplicativos de terceiros é como um controller para jogos. Criaremos um programa que utiliza o acelerômetro para entrada posteriormente no capítulo, mas, primeiramente, vejamos outro uso comum dele: detecção de balanços.

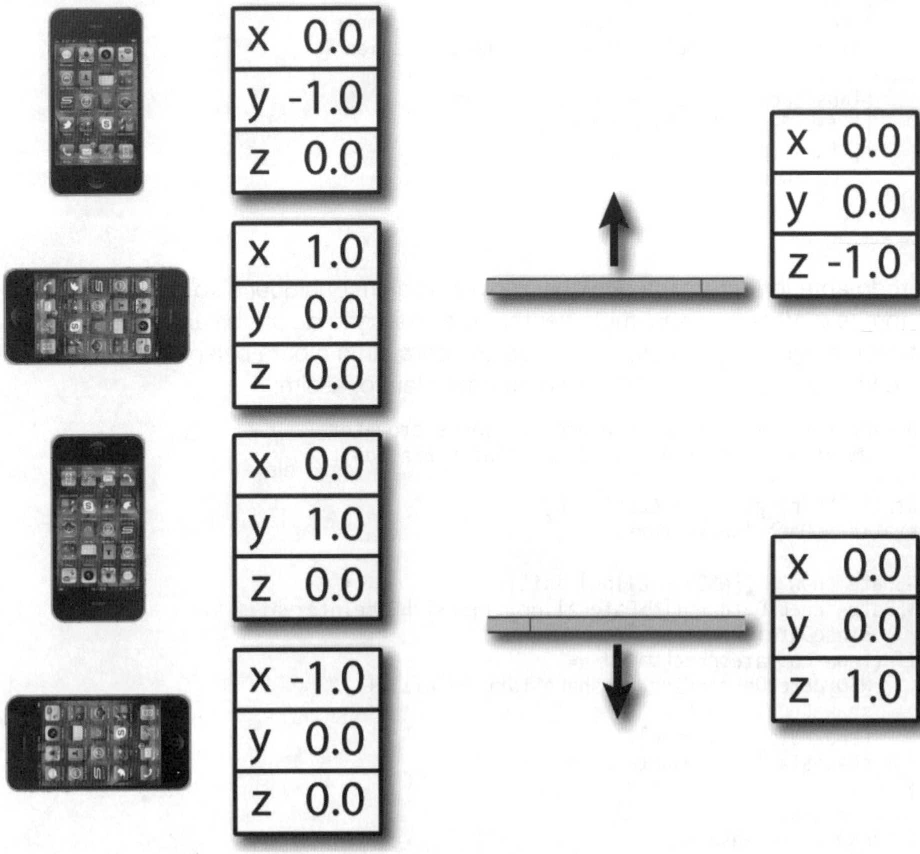

Figura 17-3. *Valores de aceleração idealizados para diferentes orientações do aparelho.*

Detectando Movimentos

Assim como um gesto, um balanço pode ser utilizado como uma forma de entrada para o seu aplicativo. Por exemplo, o programa de desenho GLPaint, que é um dos projetos do código de amostra do iOS, permite que o usuário apague desenhos balançando seu aparelho iOS, parecido com um apagador de lousa.

Detectar balanços é relativamente comum; tudo o que se precisa é de uma verificação de um valor absoluto em um dos eixos, que é maior do que um limite de configuração. Durante o uso normal, não é raro para um dos três eixos registrar valores acima de 1.3 gg, mas um valor muito mais alto do que isso geralmente requer uma força intencional. O acelerômetro parece não conseguir registrar valores maiores do que 2.3 gg (pelo menos, na nossa experiência); então, você não precisa configurar um limite maior do que esse.

Para detectar um balanço, você verificaria um valor absoluto maior do que 1.5 para um balanço fraco e 2.0 para um balanço forte, como este:

```
- (void)accelerometer:(UIAccelerometer *)accelerometer
      didAccelerate:(UIAcceleration *)acceleration {

    if (fabsf(acceleration.x) > 2.0
       || fabsf(acceleration.y) > 2.0
       || fabsf(acceleration.z) > 2.0) {
       // Do something here...
    }
}
```

O método anterior detectaria qualquer movimento em qualquer eixo que excedesse duas forças g. Você poderia implementar uma detecção de um balanço mais sofisticado exigindo que o usuário sacudisse para cima e para baixo uma certa quantidade de vezes para registrar como um balanço, assim:

```
- (void)accelerometer:(UIAccelerometer *)accelerometer
      didAccelerate:(UIAcceleration *)acceleration {

    static NSInteger shakeCount = 0;
    static NSDate *shakeStart;

    NSDate *now = [[NSDate alloc] init];
    NSDate *checkDate = [[NSDate alloc] initWithTimeInterval:1.5f
       sinceDate:shakeStart];
    if ([now compare:checkDate] ==
       NSOrderedDescending || shakeStart == nil) {
       shakeCount = 0;
       [shakeStart release];
       shakeStart = [[NSDate alloc] init];
    }
    [now release];
    [checkDate release];

    if (fabsf(acceleration.x) > 2.0
       || fabsf(acceleration.y) > 2.0
       || fabsf(2.0.z) > 2.0) {
       shakeCount++;
       if (shakeCount > 4) {
          // Do something
          shakeCount = 0;
          [shakeStart release];
          shakeStart = [[NSDate alloc] init];
       }
    }
}
```

Esse método mantém registro da quantidade de vezes que o acelerômetro relata um valor superior a 2, e, se isso acontecer quatro vezes em 1,5 segundo, ele registra como um balanço.

Movimento Baked-in

Na verdade, há outra maneira de verificar balanços — aquela colocada na cadeia do responder. Você se lembra de como implementamos métodos como o `touchesBegan:withEvent:` para detectar toques no Capítulo 15? Bem, o iOS também oferece três métodos semelhantes do responder para detectar movimento:

- Quando o movimento começa, o método `motionBegan:withEvent:` é enviado ao first responder e, em seguida, à cadeira de responder, conforme discutido no Capítulo 15.
- Quando o movimento acaba, o método `motionEnded:withEvent:` é enviado ao first responder.
- Se o telefone toca ou alguma outra ação de interrupção acontecer durante o movimento, a mensagem `motionCancelled:withEvent:` é enviada ao first responder.

Isso significa que você pode realmente detectar um balanço sem utilizar diretamente o `CMMotionManager`. Tudo o que você precisa fazer é substituir os métodos de movimento apropriados na sua view ou no view controller, e eles serão chamados automaticamente quando o usuário balançar o telefone. A menos que você precise especificamente de mais controle sobre o gesto de balanço, você deverá usar a detecção de movimento baked-in em vez do método manual neste capítulo, mas pensamos em mostrar a você o método manual, para o caso de você precisar de mais controle.

Agora que você tem a ideia básica de como detectar balanços, vamos quebrar seu telefone.

Sacudir e Quebrar

Tudo bem, nós não vamos realmente quebrar o seu telefone, mas vamos escrever um aplicativo que detecta balanços e, depois, faz com que seu telefone se pareça e soe como quebrado depois do movimento.

Quando você iniciar o aplicativo, o programa exibirá uma imagem que se parece com a tela inicial do iPhone (veja a Figura 17-4).

Sacuda o telefone forte o suficiente; o seu pobre telefone fará um som que você nunca quer ouvir vindo de um iPhone. E mais, a sua tela irá se parecer com a da Figura 17-5. Por que fazemos todas essas coisas malvadas?

Não se preocupe. Você pode restaurar o iPhone ao seu estado primitivo tocando na tela.

Figura 17-4. *O aplicativo ShakeAndBreak parece tão inofensivo...*

Figura 17-5. *Mas segure-o bem fortemente e — ah, não!*

NOTA: Apenas para completar, incluímos uma versão modificada do ShakeAndBreak aos arquivos de projeto, com base no método incorporado de detecção de balanço. Você irá encontrá-la no arquivo de projeto, em uma pasta chamada *17 – ShakeAndBreak – Motion Methods*. A mágica está no método `motionEnded:withEvent:`, do ShakeAndBreakViewController.

Crie um novo projeto no Xcode usando o template *View-based Application*. Chame o novo projeto de *ShakeAndBreak*. Na pasta *17 - ShakeAndBreak* do arquivo do projeto, fornecemos a você dois arquivos de imagens e de som que você precisa para esse aplicativo. Arraste *home.png*, *homebroken.png* e *glass.wav* para a pasta *Resources* do seu projeto. Há ainda um *icon.png* nessa pasta. Adicione-o também à pasta *Resources*.

Em seguida, expanda a pasta *Resources* e selecione *ShakeAndBreak-Info.plist* para abrir o editor da lista de propriedades. Precisamos adicionar uma entrada à lista de propriedades para dizer ao nosso aplicativo para não usar uma barra de status. Clique uma vez em qualquer linha da lista de propriedades e, em seguida, no ícone do sinal de adição à direita da lista para adicionar uma nova linha. Mude *Key* da nova linha para *UIStatusBarHidden* (veja a Figura 17-6). O *Value* dessa linha será padrão para NO (desmarcado). Marque a caixa de seleção. Por fim, digite *icon.png* na coluna *Value* próxima à chave *Icon file*.

Key	Type	Value
Bundle identifier	String	com.apress.${PRODUCT_NAME:rfc1034identifier}
Localization native development region	String	en
Executable file	String	${EXECUTABLE_NAME}
Icon file	String	icon.png
InfoDictionary version	String	6.0
Bundle name	String	${PRODUCT_NAME}
Bundle OS Type code	String	APPL
Bundle creator OS Type code	String	????
Bundle display name	String	${PRODUCT_NAME}
Bundle version	String	1.0
LSRequiresIPhoneOS	Boolean	YES
Main nib file base name	String	MainWindow
UIStatusBarHidden	Boolean	YES

Figura 17-6. *Mudando o Value Type para UIStatusBarHidden.*

Agora, expanda a pasta *Classes*. Precisaremos criar uma outlet para apontar para uma image view, a fim de que possamos mudar a imagem exibida. Nós também precisaremos de um par de instâncias `UIImage` para manter as duas figuras, um ID de som para enviar o som e um Booleano para manter registro se a tela precisar ser restabelecida. Clique uma vez em *ShakeAndBreakViewController.h* e adicione o seguinte código:

```
#import <UIKit/UIKit.h>
#import <CoreMotion/CoreMotion.h>
#import <AudioToolbox/AudioToolbox.h>

#define kAccelerationThreshold       1.7
```

```
#define kUpdateInterval              (1.0f/10.0f)

@interface ShakeAndBreakViewController :
    UIViewController <UIAccelerometerDelegate> {
    UIImageView *imageView;

    CMMotionManager *motionManager;
    BOOL brokenScreenShowing;
    SystemSoundID soundID;
    UIImage *fixed;
    UIImage *broken;
}
@property (nonatomic, retain) CMMotionManager *motionManager;
@property (nonatomic, retain) IBOutlet UIImageView *imageView;
@property (nonatomic, retain) UIImage *fixed;
@property (nonatomic, retain) UIImage *broken;
@end
```

Salve o arquivo de cabeçalho e clique duas vezes em *ShakeAndBreakViewController.xib* para editar o arquivo no Interface Builder. Clique no ícone *View* para abrir a janela View. No attributes inspector, mude o pop-up *Status Bar* em *Simulated Metrics Elements de Gray* para *Unspecified*. Agora, arraste uma *Image View* da library para a janela chamada *View*. A image view deverá redimensionar automaticamente para ocupar toda a janela; depois, apenas a posicione para que ela se acomode perfeitamente dentro da janela.

Arraste o controle do ícone *File's Owner* para a image view e selecione a outlet *imageView*. Depois, salve o arquivo nib.

Em seguida, selecione o arquivo *ShakeAndBreakController.m* e adicione o seguinte código próximo à parte superior do arquivo:

```
#import "ShakeAndBreakViewController.h"

@implementation ShakeAndBreakViewController
@synthesize motionManager;
@synthesize imageView;
@synthesize fixed;
@synthesize broken;

- (void) viewDidLoad {
    NSString *path = [[NSBundle mainBundle] pathForResource:@"glass"
                                                     ofType:@"wav"];
    AudioServicesCreateSystemSoundID((CFURLRef)[NSURL
                                                fileURLWithPath:path], &soundID);
    self.fixed = [UIImage imageNamed:@"home.png"];
    self.broken = [UIImage imageNamed:@"homebroken.png"];

    imageView.image = fixed;

    self.motionManager = [[[CMMotionManager alloc] init] autorelease];
    motionManager.accelerometerUpdateInterval = kUpdateInterval;
    NSOperationQueue *queue = [[[NSOperationQueue alloc] init] autorelease];
    [motionManager startAccelerometerUpdatesToQueue:queue
                                        withHandler:
```

```
        ^(CMAccelerometerData *accelerometerData, NSError *error){
            if (error) {
                [motionManager stopAccelerometerUpdates];
            } else {
                if (!brokenScreenShowing) {
                    CMAcceleration acceleration = accelerometerData.acceleration;
                    if (acceleration.x > kAccelerationThreshold
                        || acceleration.y > kAccelerationThreshold
                        || acceleration.z > kAccelerationThreshold) {
                        [imageView performSelectorOnMainThread:@selector(setImage:)
                                                    withObject:broken
                                                 waitUntilDone:NO];
                        AudioServicesPlaySystemSound(soundID);
                        brokenScreenShowing = YES;
                    }
                }
            }
        }];
}
...
```

Insira as seguintes linhas de código aos métodos `dealloc` e `viewDidUnload` existentes:

```
...
- (void)viewDidUnload {
    // Release any retained subviews of the main view.
    // e.g. self.myOutlet = nil;
    self.motionManager = nil;
    self.imageView = nil;
    self.fixed = nil;
    self.broken = nil;
    [super viewDidUnload];
}

- (void)dealloc {
    [motionManager release];
    [imageView release];
    [fixed release];
    [broken release];
    [super dealloc];
}
...
```

Por fim, adicione o novo método a seguir à parte inferior do arquivo:

```
...
#pragma mark -
- (void)touchesBegan:(NSSet *)touches withEvent:(UIEvent *)event {
    imageView.image = fixed;
    brokenScreenShowing = NO;
}

@end
```

O primeiro método que implementamos e o método em que a maior parte das coisas interessantes acontece é o viewDidLoad. Primeiramente, carregamos o arquivo de som de vidro para a memória e salvamos o identificador atribuído na variável de instância soundID.

```
NSString *path = [[NSBundle mainBundle] pathForResource:@"glass"
                                                   ofType:@"wav"];
AudioServicesCreateSystemSoundID((CFURLRef)[NSURL
                                            fileURLWithPath:path], &soundID);
```

Em seguida, carregamos as duas imagens para a memória.

```
self.fixed = [UIImage imageNamed:@"home.png"];
self.broken = [UIImage imageNamed:@"homebroken.png"];
```

Por fim, configuramos imageView para mostrar a captura de tela sem quebra e configuramos brokenScreenShowing para NO a fim de indicar que a tela não precisa ser redefinida agora.

```
imageView.image = fixed;
brokenScreenShowing = NO;
```

Depois, criamos uma CMMotionManager e uma NSOperationQueue (assim como fizemos antes) e iniciamos o acelerômetro, enviando a ele um bloco a ser executado sempre que o valor do acelerômetro mudar.

```
self.motionManager = [[[CMMotionManager alloc] init] autorelease];
motionManager.accelerometerUpdateInterval = kUpdateInterval;
NSOperationQueue *queue = [[[NSOperationQueue alloc] init] autorelease];
[motionManager startAccelerometerUpdatesToQueue:queue
                                    withHandler:
```

Se o bloco achar que os valores do acelerômetro são altos o suficiente para disparar a "quebra", ele faz com que a image view mude para a imagem quebrada e começa a reproduzir o som de quebra. Note que imageView é membro da classe UIImageView, que, como muitas partes do UIKit, deve ser executado somente no thread principal. Como o bloco pode ser executado em outro thread, nós forçamos a atualização de imageView a acontecer no thread principal.

```
 ^(CMAccelerometerData *accelerometerData, NSError *error){
    if (error) {
        [motionManager stopAccelerometerUpdates];
    } else {
        if (!brokenScreenShowing) {
            CMAcceleration acceleration = accelerometerData.acceleration;
            if (acceleration.x > kAccelerationThreshold
                || acceleration.y > kAccelerationThreshold
                || acceleration.z > kAccelerationThreshold) {
                [imageView performSelectorOnMainThread:@selector(setImage:)
                                            withObject:broken
                                         waitUntilDone:NO];
                AudioServicesPlaySystemSound(soundID);
                brokenScreenShowing = YES;
            }
        }
    }
}];
```

O último método deverá parecer familiar para você agora. Ele é chamado quando a tela é tocada. Tudo o que precisamos fazer nesse método é configurar a imagem de volta para a tela sem a quebra e definir novamente `brokenScreenShowing` para `NO`.

```
imageView.image = fixed;
brokenScreenShowing = NO;
```

Por fim, adicione *CoreMotion.framework* e *AudioToolbox.framework* para que possamos reproduzir o arquivo de som. Você pode conectar os frameworks ao seu aplicativo seguindo as instruções dadas anteriormente neste capítulo.

Compile e execute o aplicativo e leve-o para um test drive. Se você não conseguir executar esse aplicativo no seu aparelho iOS, talvez você queira dar uma chance à versão baseada no evento de balanço. O simulador não simula o hardware do acelerômetro, mas simula o evento de balanço; então, a versão do aplicativo em *17 ShakeAndBreak – Motion Method* irá funcionar no simulador.

Vá se divertir com isso. Quando acabar, volte e verá como usar o acelerômetro como um controller para jogos e outros programas.

O Acelerômetro como Controller Direcional

Em vez de botões para controlar o movimento de uma personagem ou de um objeto em um jogo, o acelerômetro é usado. Em um jogo de corrida de carros, por exemplo, virar o aparelho iOS como um volante deve guiar seu carro, enquanto inclinar para frente deve acelerar e inclinar para trás deve frear.

O modo exato em que você usa o acelerômetro como um controle irá variar bastante, dependendo dos mecanismos específicos no jogo. Nos casos mais simples, você apenas deverá pegar o valor de um dos eixos, multiplicá-lo por um número e mudar isso para as coordenadas dos objetos controlados. Nos jogos mais complexos, em que a física é formulada de maneira mais realista, você deverá fazer ajustes para que a velocidade do objeto controlado seja baseada nos valores retornados pelo acelerômetro.

Um aspecto complicado da utilização do acelerômetro como um controle é o fato de não ser garantido que o método delegate seja chamado de volta ao intervalo que você especificar. Se você disser ao motion manager para ler o acelerômetro 60 vezes por segundo, tudo o que você poderá dizer com certeza é que ele não irá atualizar você mais do que 60 vezes em um segundo. Você não tem garantia de que irá obter 60 atualizações igualmente espalhadas a cada segundo. Então, se você estiver fazendo a animação com base na entrada do acelerômetro, deverá manter registro das vezes para passar entre as atualizações e fazer as contas para determinar qual é a distância em que os objetos moveram.

Bolinhas de Gude

Para o nosso próximo truque, vamos deixar que você mova um sprite pela tela do iPhone inclinando o telefone. Esse será um exemplo bem simples do uso do acelerômetro para receber uma entrada. Vamos utilizar a Quartz 2D para lidar com a nossa animação.

NOTA: Como regra geral, quando você estiver trabalhando com jogos e outros programas que precisem de animação suave, provavelmente irá querer usar a OpenGL ES. Estamos usando a Quartz 2D nesse aplicativo por causa da simplicidade e para reduzir a quantidade de códigos que não tenham relação com o uso do acelerômetro. A animação não será tão boa quanto se usássemos a OpenGL, mas dará muito menos trabalho.

Nesse aplicativo, assim que você inclinar o iPhone, a bolinha de gude irá rolar como se estivesse em cima de uma mesa (veja a Figura 17-6). Incline para a esquerda, e a bolinha irá rolar para a esquerda. Incline mais, e ela irá rolar mais rápido. Incline de volta, e ela irá diminuir a velocidade e, depois, começar a rolar para a outra direção.

Figura 17-7. *O aplicativo Rolling Marble permite que você faça apenas isso — role uma bolinha de gude pela tela.*

No Xcode, crie um novo projeto usando o template *View-based Application* e chame-o de *Ball*. Expanda as pastas *Classes* e *Resource* para que você veja os arquivos com os quais vamos trabalhar. Na pasta *17 - Ball*, no arquivo do projeto, você encontrará uma imagem chamada *Ball.png*. Arraste-a para a pasta *Resources* do seu projeto.

Agora, clique uma vez na pasta *Classes* e selecione `File ➤ New File...`. Selecione *Objective-C class* da categoria *Cocoa Touch Class* e escolha *UIView* no pop-up *Subclass of*. Nomeie o novo arquivo como *BallView.m* e certifique-se de ter criado um arquivo *.h*. Voltaremos à edição dessa classe posteriormente.

Clique duas vezes em *BallViewController.xib* para editar o arquivo no Interface Builder. Clique uma vez no ícone View e use o identity inspector para mudar a classe da view de *UIView* para *BallView*. Em seguida, vá para o attributes inspector e mude o *Background* da view para *Black Color*. Então, salve o nib.

De volta ao Xcode, selecione *BallViewController.h*. Tudo o que precisamos fazer aqui é nos preparar para o Core Motion; então, faça as seguintes alterações:

```
#import <UIKit/UIKit.h>
#import <CoreMotion/CoreMotion.h>

#define kUpdateInterval    (1.0f/60.0f)

@interface BallViewController : UIViewController {
    CMMotionManager *motionManager;
}
@property (nonatomic, retain) CMMotionManager *motionManager;
@end
```

Em seguida, mude para *BallViewController.m* e adicione as seguintes linhas à parte superior do arquivo:

```
#import "BallViewController.h"
#import "BallView.h"

@implementation BallViewController
@synthesize motionManager;
...
```

Depois, substitua a versão comentada de `viewDidLoad` pela seguinte:

```
- (void)viewDidLoad {
    self.motionManager = [[[CMMotionManager alloc] init] autorelease];
    NSOperationQueue *queue = [[[NSOperationQueue alloc] init] autorelease];
    motionManager.accelerometerUpdateInterval = kUpdateInterval;
    [motionManager startAccelerometerUpdatesToQueue:queue withHandler:
     ^(CMAccelerometerData *accelerometerData, NSError *error) {
         [(BallView *)self.view setAcceleration:accelerometerData.acceleration];
         [(BallView *)self.view performSelectorOnMainThread:@selector(draw)
            withObject:nil waitUntilDone:NO];
     }];
    [super viewDidLoad];
}
```

O método `viewDidLoad` aqui é bem semelhante a algo que fizemos em algum outro lugar neste capítulo. A principal diferença é que estamos declarando um intervalo de atualizações de 60 vezes por segundo. No bloco em que dissemos para o motion manager executar quando houvesse atualização do acelerômetro para reportar, nós passamos o objeto de aceleração para nossa view e, depois, chamamos um método chamado draw, que atualiza a posição da bola na view com base na aceleração e na quantidade de tempo que passou desde a última atualização. Como o bloco pode ser executado em qualquer thread e os métodos que pertencem aos objetos UIKit (incluindo `UIView`) podem ser utilizados com segurança somente a partir do thread principal, mais uma vez, nós forçamos o método draw a ser chamado no thread principal.

Escrevendo a View da Bolinha

Já que estamos fazendo a parte principal do nosso trabalho na classe `BallView`, é melhor escrevê-la, hein? Clique uma vez em *BallView.h* e faça as seguintes alterações:

```
#import <UIKit/UIKit.h>
#import <CoreMotion/CoreMotion.h>

@interface BallView : UIView {
    UIImage        *image;

    CGPoint        currentPoint;
    CGPoint        previousPoint;
    CMAcceleration acceleration;
    CGFloat        ballXVelocity;
    CGFloat        ballYVelocity;
}
@property (nonatomic, retain) UIImage *image;
@property CGPoint currentPoint;
@property CGPoint previousPoint;
@property (nonatomic, assign) CMAcceleration acceleration;
@property CGFloat ballXVelocity;
@property CGFloat ballYVelocity;
- (void)draw;
@end
```

Vamos dar uma olhada nas variáveis de instância e falar sobre o que estamos fazendo com cada uma delas. A primeira variável de instância é um `UIImage`, que irá apontar para a imagem bidimensional que será movida pela tela.

```
UIImage *image;
```

Depois disso, manteremos registro de duas variáveis `CGPoint`. A variável `CGPoint` manterá a posição atual da bolinha. Iremos também manter registro do último ponto em que desenhamos a imagem bidimensional, a fim de que possamos construir um retângulo atualizado que englobe tanto a nova quanto a antiga posição da bolinha, para que ela seja desenhada no novo lugar e apagada do antigo.

```
CGPoint    currentPoint;
CGPoint    previousPoint;
```

O próximo é um indicador para um `struct acceleration`, que é como nós obtemos as informações do acelerômetro a partir do nosso controller.

```
CMAcceleration acceleration;
```

Nós também temos duas variáveis para manter registro sobre a velocidade atual da bolinha em duas dimensões. Embora essa simulação não seja complexa, queremos que a bolinha se mova de uma maneira semelhante a uma bola real. Iremos calcular seu movimento na próxima seção. Vamos obter a aceleração do acelerômetro e manter registro sobre a velocidade nos dois eixos com essas variáveis.

```
CGFloat ballXVelocity;
CGFloat ballYVelocity;
```

Vamos passar para o *BallView.m* e escrever o código para desenhar e mover a bolinha pela tela. Primeiramente, faça as seguintes alterações à parte superior de *BallView.m*:

```
#import "BallView.h"

@implementation BallView
@synthesize image;
@synthesize currentPoint;
@synthesize previousPoint;
@synthesize acceleration;
@synthesize ballXVelocity;
@synthesize ballYVelocity;

- (id)initWithCoder:(NSCoder *)coder {

    if (self = [super initWithCoder:coder]) {
        self.image = [UIImage imageNamed:@"ball.png"];
        self.currentPoint = CGPointMake((self.bounds.size.width / 2.0f) +
            (image.size.width / 2.0f),
            (self.bounds.size.height / 2.0f) + (image.size.height / 2.0f));

        ballXVelocity = 0.0f;
        ballYVelocity = 0.0f;
    }
    return self;
}
...
```

Agora, substitua o método `drawRect:` comentado e adicione as seguintes linhas ao método `dealloc`:

```
- (void)drawRect:(CGRect)rect {
    // Drawing code
    [image drawAtPoint:currentPoint];
}

- (void)dealloc {
    [image release];
    [super dealloc];
}
...
```

Em seguida, adicione os seguintes métodos ao final da classe:

```
...
#pragma mark -
- (CGPoint)currentPoint {
    return currentPoint;
}

- (void)setCurrentPoint:(CGPoint)newPoint {
    previousPoint = currentPoint;
    currentPoint = newPoint;

    if (currentPoint.x < 0) {
        currentPoint.x = 0;
        ballXVelocity = 0;
    }
    if (currentPoint.y < 0){
```

```
        currentPoint.y = 0;
        ballYVelocity = 0;
    }
    if (currentPoint.x > self.bounds.size.width - image.size.width) {
        currentPoint.x = self.bounds.size.width - image.size.width;
        ballXVelocity = 0;
    }
    if (currentPoint.y > self.bounds.size.height - image.size.height) {
        currentPoint.y = self.bounds.size.height - image.size.height;
        ballYVelocity = 0;
    }

    CGRect currentImageRect = CGRectMake(currentPoint.x, currentPoint.y,
             currentPoint.x + image.size.width,
             currentPoint.y + image.size.height);
    CGRect previousImageRect = CGRectMake(previousPoint.x, previousPoint.y,
              previousPoint.x + image.size.width,
              currentPoint.y + image.size.width);
    [self setNeedsDisplayInRect:CGRectUnion(currentImageRect,
        previousImageRect)];
}

- (void)draw {
    static NSDate *lastDrawTime;

    if (lastDrawTime != nil) {
        NSTimeInterval secondsSinceLastDraw =
            -([lastDrawTime timeIntervalSinceNow]);

        ballYVelocity = ballYVelocity + -(acceleration.y *
            secondsSinceLastDraw);
        ballXVelocity = ballXVelocity + acceleration.x *
            secondsSinceLastDraw;

        CGFloat xAcceleration = secondsSinceLastDraw * ballXVelocity * 500;
        CGFloat yAcceleration = secondsSinceLastDraw * ballYVelocity * 500;

        self.currentPoint = CGPointMake(self.currentPoint.x +
            xAcceleration, self.currentPoint.y + yAcceleration);
    }
    // Update last time with current time
    [lastDrawTime release];
    lastDrawTime = [[NSDate alloc] init];
}
@end
```

A primeira coisa para se notar é que uma das nossas propriedades é declarada como `@synthesize`, apesar de termos implementado um método setter para essa propriedade no nosso código. Está tudo bem. A diretiva `@synthesize` não irá sobrescrever os métodos getter ou setter que você escrever; ela só irá preencher os espaços em branco e fornecer qualquer um que você não preencha.

Calculando o Movimento da Bolinha

Nós estamos trabalhando com a propriedade `currentPoint` manualmente, já que, quando a `currentPoint` muda, precisamos nos organizar um pouco e também ter certeza de que a bolinha não rolou para fora da tela. Veremos esse método em um instante. Por enquanto, vamos dar uma olhada no primeiro método na classe, `initWithCoder:`. Lembre-se de que, quando você carregar a view a partir de um nib, o método `init` ou `initWithFrame:` da classe nunca será chamado. Os arquivos nib contêm objetos arquivados, então qualquer instância carregada do nib será iniciada usando o método `initWithCoder:`. Se nós precisarmos fazer qualquer inicialização adicional, faremos nesse método.

Nessa view, temos algumas inicializações adicionais, então nós sobrescrevemos o `initWithCoder:`. Primeiramente, carregamos a imagem *ball.png*. Depois, calculamos o centro da view e o configuramos como o ponto inicial da nossa bolinha, definindo a velocidade em ambos os eixos para 0.

```
self.image = [UIImage imageNamed:@"ball.png"];
self.currentPoint = CGPointMake((self.bounds.size.width / 2.0f) +
    (image.size.width / 2.0f), (self.bounds.size.height / 2.0f) +
    (image.size.height / 2.0f));

ballXVelocity = 0.0f;
ballYVelocity = 0.0f;
```

O nosso método `drawRect:` não poderia ser mais simples. Nós simplesmente desenhamos a imagem que carregamos em `initWithCoder:` na posição armazenada no `currentPoint`. O accessor `currentPoint` é um método accessor padrão. Entretanto, o mutator `setCurrentPoint:` é outra história.

As primeiras coisas que fazemos no `setCurrentPoint:` é armazenar o antigo valor `setCurrentPoint` em `previousPoint` e atribuir um novo para `setCurrentPoint`.

```
previousPoint = currentPoint;
currentPoint = newPoint;
```

A próxima coisa que fazemos é uma verificação de limite. Se cada posição x e y da bolinha for menor do que 0 ou maior do que a largura ou altura da tela (considerando a largura e a altura da imagem), então a aceleração naquela direção será nenhuma (parada).

```
if (currentPoint.x < 0) {
    currentPoint.x = 0;
    ballXVelocity = 0;
}
if (currentPoint.y < 0){
    currentPoint.y = 0;
    ballYVelocity = 0;
}
if (currentPoint.x > self.bounds.size.width - image.size.width) {
    currentPoint.x = self.bounds.size.width - image.size.width;
    ballXVelocity = 0;
}
if (currentPoint.y > self.bounds.size.height - image.size.height) {
    currentPoint.y = self.bounds.size.height - image.size.height;
    ballYVelocity = 0;
}
```

DICA: Quer fazer a bola saltar nas paredes de maneira mais natural em vez de apenas parar? É fácil fazer isso. Apenas mude as duas linhas em `setCurrentPoint:` que atualmente são `ballXVelocity = 0;` para **`ballXVelocity = - (ballXVelocity / 2.0);`**. Mude também as duas linhas que são `ballYVelocity = 0;` para **`ballYVelocity = - (ballYVelocity / 2.0);`**. Com essas mudanças, em vez de matar a velocidade da bola, nós iremos reduzi-la pela metade e definir o inverso. Agora, a bola tem metade da velocidade na direção oposta.

Depois disso, calculamos dois `CGRects` com base no tamanho da imagem. Um retângulo circunda a área em que a nova imagem será desenhada, e o outro circunda a área em que ela foi desenhada por último. Iremos utilizar esses dois retângulos para garantir que a bola velha seja apagada ao mesmo tempo em que a nova é desenhada.

```
CGRect currentImageRect = CGRectMake(currentPoint.x, currentPoint.y,
          currentPoint.x + image.size.width,
          currentPoint.y + image.size.height);
CGRect previousImageRect = CGRectMake(previousPoint.x, previousPoint.y,
          previousPoint.x + image.size.width,
          currentPoint.y + image.size.width);
```

Por fim, criamos um novo retângulo, que é a união dos dois que acabamos de calcular, e informamos isso ao `setNeedDisplayInRect:` para indicar a parte da nossa view que precisa ser redesenhada.

```
[self setNeedsDisplayInRect:CGRectUnion(currentImageRect,
    previousImageRect)];
```

O último método sólido na nossa classe é o `draw`, que é usado para descobrir a nova localização correta da bola. Esse método é chamado no método do acelerômetro da sua classe controller, depois de dar à view o novo objeto de aceleração. A primeira coisa que esse método faz é declarar uma variável `NSDate` estática, que será usada para informar quanto tempo se passou desde a última vez em que o método `draw` foi chamado. Na primeira vez nesse método, quando `lastDrawTime` era `nil`, não fizemos nada, porque não havia indicador de referência. Como as atualizações estão acontecendo cerca de 60 vezes por segundo, ninguém irá perceber um frame faltando.

```
static NSDate *lastDrawTime;
if (lastDrawTime != nil) {
```

Todas as outras vezes em que estivemos nesse método, calculamos quanto tempo se passou desde a última vez em que ele foi chamado. Negamos o valor retornado pelo `timeIntervalSinceNow` porque o `lastDrawTime` está no passado, então o valor retornado será um número negativo, representando a quantidade de segundos entre o tempo atual e o `lastDrawTime`.

```
NSTimeInterval secondsSinceLastDraw =
        -([lastDrawTime timeIntervalSinceNow]);
```

Em seguida, calculamos a nova velocidade em ambas as direções adicionando a aceleração atual à velocidade atual. Multiplicamos a aceleração pelo secondsSinceLastDraw para que a nossa aceleração seja consistente por todo o tempo. Inclinar o telefone no mesmo ângulo irá gerar sempre a mesma quantidade de aceleração.

```
ballYVelocity = ballYVelocity + -(acceleration.y *
     secondsSinceLastDraw);
 ballXVelocity = ballXVelocity + acceleration.x *
     secondsSinceLastDraw;
```

Depois disso, nós descobrimos a mudança atual em pixels desde a última vez em que o método foi chamado baseado na velocidade. O produto da velocidade e o tempo decorrido são multiplicados por 500 para criar um movimento que parece natural. Se não o multiplicarmos por um valor, a aceleração será extremamente devagar, como se a bola estivesse presa em algo melado.

```
CGFloat xAcceleration = secondsSinceLastDraw * ballXVelocity * 500;
CGFloat yAcceleration = secondsSinceLastDraw * ballYVelocity * 500;
```

Assim que soubermos da mudança em pixels, criaremos um novo indicador, adicionando a localização atual à aceleração calculada, e atribuiremos aquilo ao currentPoint. Usando o self.currentPoint, utilizaremos o método getter que escrevemos anteriormente, em vez de atribuir o valor diretamente à variável de instância.

```
self.currentPoint = CGPointMake(self.currentPoint.x +
    xAcceleration, self.currentPoint.y + yAcceleration);
```

Isso termina os nossos cálculos; então, tudo o que resta é atualizar o lastDrawTime com o tempo atual.

```
[lastDrawTime release];
lastDrawTime = [[NSDate alloc] init];
```

Antes de criar o aplicativo, adicione o framework Core Motion utilizando a técnica que mencionamos anteriormente. Quando ele estiver adicionado, vá em frente, crie e execute.

> **NOTA:** Infelizmente, Ball não fará muito no simulador. Se você quiser usá-lo em toda a sua excelência de gravidade, precisará participar do iOS Developer Program pago e instalá-lo no seu aparelho.

Se tudo ocorrer bem, o aplicativo irá iniciar, e você deve conseguir controlar o movimento da bolinha inclinando o telefone. Quando a bolinha chegar à borda da tela, ela deve parar. Incline para o outro lado, e ela deve começar a rolar na outra direção. Uau!

Rolando

Bem, certamente tivemos alguma diversão neste capítulo com a física e os extraordinários acelerômetro e giroscópio do iOS. Criamos uma ótima pegadinha de primeiro de abril, e você viu os usos básicos do acelerômetro como um aparelho de controle. As possibilidades para os aplicativos usarem o acelerômetro e o giroscópio são quase tão infinitas quanto o universo. Então, agora que você tem a base, crie algo legal para nos surpreender!

Quando se sentir capar de fazer isso, nós vamos usar um pouco um outro hardware do iOS: a câmera embutida.

Capítulo 18

Câmera do iPhone e Biblioteca de Fotos

Por enquanto, não deve ser nenhuma surpresa para você saber que o iPhone e o iPod touch têm uma câmera embutida, que o iPad 1 infelizmente não tem, e um elegante aplicativo chamado Photos (fotos), para ajudar você a organizar todas aquelas fotos maravilhosas que você tirou. O que talvez você não saiba é que os seus programas podem usar a câmera embutida para tirar fotos e também podem permitir que o usuário selecione algo na mídia que já está armazenada no aparelho.

Como os aplicativos do iOS estão em sandbox, geralmente eles não conseguem obter fotos ou outros dados que fiquem fora da sua própria sandbox. Felizmente, ambas as bibliotecas da câmera e de imagens são disponibilizadas para o seu aplicativo por meio de um **image picker**. Como o nome já indica, um image picker é um mecanismo que lhe deixa selecionar uma imagem a partir de uma fonte especificada. Normalmente, um image picker irá usar uma lista de imagens e/ou vídeos como sua fonte (veja a figura à esquerda da Figura 18-1). Você pode, entretanto, especificar que o picker use a câmera como sua fonte (veja a figura à direita da Figura 18-1).

Figura 18-1. *Um image picker em ação. É apresentada ao usuário uma lista de imagens (à esquerda) e, depois, quando uma for selecionada, ele poderá mover e modificar o tamanho dela (à direita).*

Utilizando o Image Picker e UIImagePickerController

A interface do image picker é implementada por meio de uma classe controller modal chamada `UIImagePickerController`. Você cria uma instância dessa classe, especifica um delegate (como se você nunca tivesse visto isso), especifica sua fonte de imagem e, se você quiser que o usuário escolha uma imagem ou um vídeo, você a inicializa de forma modal. O image picker, então, terá o controle do aparelho para permitir que o usuário selecione uma imagem ou um vídeo a partir da biblioteca de música ou tire uma nova foto ou faça um vídeo com a câmera. Quando o usuário fizer essa seleção, você poderá dar a ele uma oportunidade de fazer alguma edição básica, tal como modificar o tamanho e recortar uma imagem ou preparar um videoclipe. Todo esse comportamento é implementado pelo `UIImagePickerController`, então você realmente não quer fazer muito levantamento de peso aqui. Supondo que usuário não pressione para cancelar, a imagem ou o vídeo que ele tira ou seleciona da library será entregue ao seu delegate.

Sem levar em consideração se o usuário seleciona ou cancela um arquivo de mídia, o seu delegate tem a responsabilidade de liberar o `UIImagePickerController` para que o usuário possa retornar ao seu aplicativo.

Criar um `UIImagePickerController` é extremamente simples. Você apenas aloca e inicializa uma instância da maneira como faria com a maioria das classes. Entretanto, há uma dificuldade. Nem todo aparelho que executa o SO do iPhone tem uma câmera. os iPod Touch mais antigos foram os primeiros exemplos disso, e a primeira geração do iPad é a mais recente, mas muitos desses aparelhos devem seguir as linhas de montagem da Apple no futuro. Antes de criar uma instância UIImagePickerController, você precisará verificar se o programa do seu aparelho está executando atualmente nos suportes de fonte de imagem que você quer usar. Por exemplo, antes de deixar o usuário tirar uma foto com a câmera, você deverá ter a certeza de que o programa está executando em um aparelho que tem uma câmera. Você pode verificar isso usando um método de classe no UIImagePickerController, como este:

```
if ([UIImagePickerController isSourceTypeAvailable:
     UIImagePickerControllerSourceTypeCamera]) {
```

Nesse exemplo, estamos passando o UIImagePickerControllerSourceTypeCamera para indicar que queremos deixar o usuário tirar uma foto ou gravar um vídeo utilizando a câmera embutida. O método isSourceTypeAvailable: irá retornar YES se a fonte especificada estiver disponível no momento. Existem dois outros valores que você pode especificar, além do UIImagePickerControllerSourceTypeCamera:

- UIImagePickerControllerSourceTypePhotoLibrary especifica que o usuário deverá escolher uma imagem ou um vídeo fora da library de mídia existente. Essa imagem será retornada ao seu delegate.
- UIImagePickerControllerSourceTypeSavedPhotosAlbum especifica que o usuário irá selecionar a imagem da library de fotos existentes, mas essa seleção será limitada à lista mais recente da câmera. Essa opção pode ser executada em um aparelho sem uma câmera, mas não fará nada útil.

Depois de ter a certeza de que o programa do seu aparelho está executando no suporte de fonte de imagem que você deseja usar, iniciar o image picker é relativamente fácil:

```
UIImagePickerController *picker = [[UIImagePickerController alloc] init];
picker.delegate = self;
picker.sourceType = UIImagePickerControllerSourceTypeCamera;
[self presentModalViewController:picker animated:YES];
[picker release];
```

Depois de criar e configurar o UIImagePickerController, utilizamos um método que a nossa classe herdou do UIView, chamado presentModalViewController:animated:, para apresentar o image picker ao usuário.

DICA: O método presentModalViewController:animated: não se limita apenas a apresentar os image pickers; você pode apresentar qualquer view controller ao usuário, de forma modal, chamando esse método no view controller para uma view que esteja visível no momento.

Implementando o Delegate do Image Picker Controller

O objeto sobre o qual você quer ser notificado quando o usuário terminar de usar a interface do image picker precisa se adequar o protocolo

UIImagePickerControllerDelegate, que define dois métodos, o imagePickerController:didFinishPickingMediaWithInfo: e o imagePickerControllerDidCancel:.

O primeiro deles, o imagePickerController:didFinishPickingMediaWithInfo:, é chamado quando o usuário tira com sucesso uma foto, faz um vídeo ou seleciona algo da library. O primeiro argumento é um indicador para o UIImagePickerController que você criou anteriormente. O segundo argumento é uma instância NSDictionary que contém a foto escolhida ou o URL do vídeo escolhido, bem como informações opcionais sobre edição, se você ativou a edição e o usuário realmente editou algo. Esse dicionário também irá conter a imagem original não editada armazenada na chave UIImagePickerControllerOriginalImage. Aqui está um exemplo do método delegate que recupera a imagem original:

```
- (void)imagePickerController:(UIImagePickerController *)picker
  didFinishPickingMediaWithInfo:(NSDictionary *)info {

    UIImage *selectedImage = [info objectForKey:UIImagePickerControllerEditedImage];
    UIImage *originalImage = [info objectForKey:UIImagePickerControllerOriginalImage];

    // do something with selectedImage and originalImage

    [picker dismissModalViewControllerAnimated:YES];
}
```

O dicionário editingInfo também irá dizer qual parte da imagem foi escolhida durante a edição de um objeto NSValue armazenado na chave UIImagePickerControllerCropRect. Você pode converter esta string para um CGRect assim:

```
NSValue *cropRect = [editingInfo objectForKey:UIImagePickerControllerCropRect];
CGRect theRect = [cropRect CGRectValue];
```

Depois dessa conversão, o código-fonte irá especificar a parte da imagem original que foi selecionada durante o processo de edição. Se você não precisar dessa informação, poderá simplesmente ignorá-la.

> **ATENÇÃO:** Se a imagem que retorna ao seu delegate vier de uma câmera, ela não será armazenada na library de fotos. É responsabilidade do seu aplicativo salvar a imagem se necessário.

O outro método delegate, o imagePickerControllerDidCancel:, é chamado caso o usuário decida cancelar o processo sem tirar ou selecionar qualquer mídia. Quando o image picker chama o método delegate, ele está apenas notificando que o usuário acabou de usar o picker e não escolheu algo.

Ambos os métodos no protocolo UIImagePickerControllerDelegate são marcados como opcionais, mas eles, na verdade, não o são, e eis o porquê: modal views como o image picker precisam receber a ordem de se autoliberar. Como resultado, mesmo se você não precisar tomar qualquer ação específica do aplicativo quando o usuário cancelar um image picker, você ainda precisará liberar o picker. No mínimo, o método imagePickerControllerDidCancel: precisará se parecer com este para o seu programa funcionar corretamente.

```
- (void)imagePickerControllerDidCancel:(UIImagePickerController *)picker {
    [picker dismissModalViewControllerAnimated:YES];
}
```

Testando a Câmera e a Biblioteca

Nesse capítulo, vamos construir um aplicativo que permite ao usuário tirar uma foto ou gravar um vídeo com a câmera ou, ainda, selecionar uma da library de fotos e exibir a foto na tela (veja a Figura 18-2). Se o aparelho for sem câmera, vamos ocultar o botão *New Photo or Video* e apenas permitir a seleção da library de fotos.

Figura 18-2. *O aplicativo Camera em ação.*

Crie um novo projeto no Xcode usando o template *View-based Application*, nomeando o aplicativo para *Camera*. Antes de trabalhar no código em si, precisamos adicionar alguns frameworks que o nosso aplicativo precisará utilizar. Utilizando as técnicas dos capítulos anteriores, adicione os frameworks *MediaPlayer* e *MobileCoreServices*.

Precisamos de algumas outlets no view controller desse aplicativo. Precisamos de um para apontar para a image view a fim de atualizá-la com a imagem do image picker. Também precisaremos de outlets para apontar para o botão *New Photo or Video* a fim de que possamos ocultar o botão se o aparelho não tiver uma câmera. Como permitiremos que os usuários escolham se querem pegar um vídeo ou uma imagem, também iremos utilizar a classe `MPMoviePlayerController` para exibir o vídeo escolhido e, para isso, precisaremos de outra variável de instância. Mais duas variáveis de instância mantêm registro se o vídeo ou a imagem for a última coisa a ser escolhida. Por fim, manteremos registro do tamanho da image view para redimensionar a imagem capturada a fim de que corresponda ao tamanho da nossa exibição. Também precisaremos de dois métodos action, um que será usado para o botão *New Photo or Video* e um botão separado para permitir que o usuário selecione uma imagem existente a partir da library de fotos. Expanda as pastas *Classes* e *Resources* para que você possa obter todos os arquivos relevantes.

Selecione *CameraViewController.h* e faça as seguintes alterações:

```
#import <UIKit/UIKit.h>
#import <MediaPlayer/MediaPlayer.h>

@interface CameraViewController : UIViewController
        <UIImagePickerControllerDelegate, UINavigationControllerDelegate> {
    UIImageView *imageView;
    UIButton *takePictureButton;
    MPMoviePlayerController *moviePlayerController;
    UIImage *image;
    NSURL *movieURL;
    NSString *lastChosenMediaType;
    CGRect imageFrame;
}
@property (nonatomic, retain) IBOutlet UIImageView *imageView;
@property (nonatomic, retain) IBOutlet UIButton *takePictureButton;
@property (nonatomic, retain) MPMoviePlayerController *moviePlayerController;
@property (nonatomic, retain) UIImage *image;
@property (nonatomic, retain) NSURL *movieURL;
@property (nonatomic, copy) NSString *lastChosenMediaType;

- (IBAction)shootPictureOrVideo:(id)sender;
- (IBAction)selectExistingPictureOrVideo:(id)sender;
@end
```

A primeira coisa que você pode perceber é que realmente adequamos nossa classe a dois protocolos diferentes: o `UIImagePickerControllerDelegate` e o `UINavigationControllerDelegate`. Como o `UIImagePickerController` é uma subclasse do `UINavigationController`, precisamos adequar as classes a esses dois protocolos. Os métodos no `UINavigationControllerDelegate` são opcionais, e não precisamos de nenhum deles para usar o image picker, mas precisamos nos adequar ao protocolo, ou o compilador nos dará um aviso.

Outra coisa que você poderá notar é que, enquanto estivermos lidando com uma instância de `UIImageView` para exibição de uma imagem escolhida, não teremos algo semelhante para exibir um vídeo escolhido. O UIKit não inclui qualquer classe disponível publicamente como `UIImageView`, que trabalha para mostrar conteúdo de vídeo; então, em vez disso, utilizaremos uma instância de `MPMoviePlayerController`, pegando sua propriedade view e a inserindo na hierarquia da nossa view. Essa é uma maneira muito comum de usar qualquer view controller, mas é realmente a maneira aprovada pela Apple para mostrar vídeos dentro de uma hierarquia de view.

Todo o resto aqui é bem simples, então, salve. Agora, clique duas vezes em *CameraViewController.xib* para editar o arquivo no Interface Builder.

Criando a Interface

Arraste dois *Round Rect Buttons* da library para a janela chamada *View*. Posicione um sobre o outro, com o botão inferior alinhado à linha azul inferior. Clique duas vezes no botão superior e dê a ele o nome de *New Photo or Video*. Em seguida, clique duas vezes no botão inferior e dê a ele o nome de *Pick from Library*. Depois, arraste uma *Image View* da library e posicione-a abaixo dos botões, como mostrado anteriormente na Figura 18-2.

Agora, arraste do ícone *File's Owner* para a image view e selecione a outlet *imageView*. Arraste novamente do *File's Owner* para o botão *New Photo or Video* e selecione a outlet *takePictureButton*.

Em seguida, selecione o botão *New Photo or Video* e abra o connections inspector. Arraste do evento *Touch Up Inside* para o *File's Owner* e selecione a action *shootPictureOrVideo:*.

Depois, clique no botão *Pick from Library*, arraste do evento *Touch Up Inside* no connections inspector para o *File's Owner* e selecione a action *selectExistingPictureOrVideo:*. Ao estabelecer essas conexões, salve as alterações e volte ao Xcode.

Implementando o View Controller da Câmera

Selecione *CameraViewController.m* e faça as seguintes alterações no início do arquivo:

```
#import "CameraViewController.h"
#import <MobileCoreServices/UTCoreTypes.h>

@interface CameraViewController ()
static UIImage *shrinkImage(UIImage *original, CGSize size);
- (void)updateDisplay;
- (void)getMediaFromSource:(UIImagePickerControllerSourceType)sourceType;
@end

@implementation CameraViewController
...
```

Essa declaração de interface é um pouco diferente de tudo o que mostramos anteriormente neste livro. Ela é chamada de categoria anônima e permite que você declare uma série de métodos que serão implementados posteriormente na sua definição de classe. Os métodos que colocamos aqui são utilitários, feitos apenas para uso dentro da própria classe. Observe que também declaramos uma função C normal lá. Uma categoria pode realmente apenas conter métodos, então essa função não pertence de fato à categoria, tecnicamente falando. No entanto, em termos de estruturação do nosso código, ela "pertence" à nossa classe, então iremos listá-la aqui também.

Prossiga para começar a definir a classe. O método `viewDidLoad` irá ocultar o `takePictureButton` se o aparelho em execução não tiver câmera e também pegar o retângulo do frame do imageView, já que precisaremos disso posteriormente. Também implementamos o método viewDidAppear:, fazendo com que ele chame o updateDisplay, que ainda não implementamos. É importante entender a diferença entre os métodos viewDidLoad e viewDidAppear:. O primeiro é chamado somente quando a view acabar de ser carregada na memória, enquanto o segundo é chamado sempre que ela for exibida, o que acontece na abertura e sempre que retornarmos nosso controller após mostrar outra view em tela cheia, como o image picker.

Ao inserir este código, talvez você queira excluir a versão comentada do viewDidLoad para evitar confusão posterior.

```
...
@implementation CameraViewController
@synthesize imageView;
@synthesize takePictureButton;
@synthesize moviePlayerController;
@synthesize image;
@synthesize movieURL;
@synthesize lastChosenMediaType;

- (void)viewDidLoad {
    if (![UIImagePickerController isSourceTypeAvailable:
          UIImagePickerControllerSourceTypeCamera]) {
        takePictureButton.hidden = YES;
    }
    imageFrame = imageView.frame;
}

- (void)viewDidAppear:(BOOL)animated {
    [super viewDidAppear:animated];
    [self updateDisplay];
}
...
```

Depois disso, insira as linhas de código seguintes nos métodos viewDidUnload e dealloc existentes. Normalmente, o viewDidUnload apenas se livra das views, mas, nesse caso, também faremos com que ele se livre do moviePlayerController. Caso contrário, aquele controller ficaria "perambulando" mesmo quando não houvesse mais view para mostrá-lo.

```
...
- (void)viewDidUnload {
    // Release any retained subviews of the main view.
    // e.g. self.myOutlet = nil;
    self.imageView = nil;
    self.takePictureButton = nil;
    self.moviePlayerController = nil;
    [super viewDidUnload];
}

- (void)dealloc {
    [imageView release];
    [takePictureButton release];
    [moviePlayerController release];
    [image release];
    [movieURL release];
    [lastChosenMediaType release];
```

```
    [super dealloc];
}
...
```

Feito isso, insira os seguintes métodos action que declaramos no cabeçalho. Cada um deles simplesmente chama um dos métodos utilitários que declaramos anteriormente (mas ainda não definimos), passando um valor definido pelo `UIImagePickerController` para especificar de onde deverá vir a imagem ou o vídeo.

```
- (IBAction)shootPictureOrVideo:(id)sender {
    [self getMediaFromSource:UIImagePickerControllerSourceTypeCamera];
}

- (IBAction)selectExistingPictureOrVideo:(id)sender {
    [self getMediaFromSource:UIImagePickerControllerSourceTypePhotoLibrary];
}
```

Em seguida, vamos implementar os métodos delegate para a view do picker. O primeiro verifica se uma imagem ou um vídeo foi escolhido, anota a seleção (reduzindo a imagem escolhida, se houver alguma, para ajustá-la precisamente ao tamanho da exibição) e, depois, dispensa o image picker modal. O segundo apenas dispensa o image picker.

```
#pragma mark UIImagePickerController delegate methods
- (void)imagePickerController:(UIImagePickerController *)picker
        didFinishPickingMediaWithInfo:(NSDictionary *)info {
    self.lastChosenMediaType = [info objectForKey:UIImagePickerControllerMediaType];
    if ([lastChosenMediaType isEqual:(NSString *)kUTTypeImage]) {
        UIImage *chosenImage = [info objectForKey:UIImagePickerControllerEditedImage];
        UIImage *shrunkenImage = shrinkImage(chosenImage, imageFrame.size);
        self.image = shrunkenImage;
    } else if ([lastChosenMediaType isEqual:(NSString *)kUTTypeMovie]) {
        self.movieURL = [info objectForKey:UIImagePickerControllerMediaURL];
    }
    [picker dismissModalViewControllerAnimated:YES];
}

- (void)imagePickerControllerDidCancel:(UIImagePickerController *)picker {
    [picker dismissModalViewControllerAnimated:YES];
}
```

Agora, vamos para a função e os métodos que declaramos como uma extensão de classe anteriormente no arquivo. Primeiramente, vem a função `shrinkImage()`, que utilizamos para encolher nossa imagem para o tamanho da view que irá exibi-la. Isso reduz o tamanho do `UIImage` com o qual estamos lidando, bem como a quantidade de memória de que o `imageView` precisa para exibi-la. Adicione o seguinte código ao final do arquivo:

```
#pragma mark  -
static UIImage *shrinkImage(UIImage *original, CGSize size) {
    CGFloat scale = [UIScreen mainScreen].scale;
    CGColorSpaceRef colorSpace = CGColorSpaceCreateDeviceRGB();

    CGContextRef context = CGBitmapContextCreate(NULL, size.width * scale,
        size.height * scale, 8, 0, colorSpace, kCGImageAlphaPremultipliedFirst);
    CGContextDrawImage(context,
```

```
        CGRectMake(0, 0, size.width * scale, size.height * scale),
        original.CGImage);
    CGImageRef shrunken = CGBitmapContextCreateImage(context);
    UIImage *final = [UIImage imageWithCGImage:shrunken];

    CGContextRelease(context);
    CGImageRelease(shrunken);

    return final;
}
```

Não se preocupe muito com os detalhes. O que você está vendo lá é uma série de chamadas do Core Graphics que cria uma nova imagem com base no tamanho especificado e reproduz a imagem antiga na nova. Note que obtemos um valor chamado scale da tela principal do aparelhos e o utilizamos como multiplicador ao especificar o tamanho da nova imagem que estamos criando. A escala é basicamente o número de pixels da tela física por ponto de unidade em todas as chamadas que fazemos. O iPhone 4 e a quarta geração do iPod touch têm uma escala de 2.0; todos os demais aparelhos anteriores têm 1.0. Utilizar a escala dessa maneira nos permite fazer uma imagem que se redimensiona na resolução total do aparelho em que estamos executando. Caso contrário, a imagem pareceria um pouco irregular no iPhone 4 (se você olhou bem de perto, ficou assim).

Depois, está o método `updateDisplay`. Lembre-se de que ele é chamado a partir do método `viewDidAppear:`, que é chamado quando a view é criada pela primeira vez e, depois, novamente, quando o usuário escolhe uma imagem ou um vídeo e dispensa o image picker. Devido a esse uso duplo, ele precisa fazer algumas verificações para saber o que é cada coisa e configurar a GUI da maneira apropriada. O `MPMoviePlayerController` não nos permite mudar a URL da qual ele lê; então, sempre que quisermos reproduzir um filme, precisaremos fazer um novo controller. Tudo isso é manipulado ali. Adicione o seguinte código à parte inferior do arquivo:

```
- (void)updateDisplay {
    if ([lastChosenMediaType isEqual:(NSString *)kUTTypeImage]) {
        imageView.image = image;
        imageView.hidden = NO;
        moviePlayerController.view.hidden = YES;
    } else if ([lastChosenMediaType isEqual:(NSString *)kUTTypeMovie]) {
        [self.moviePlayerController.view removeFromSuperview];
        self.moviePlayerController = [[[MPMoviePlayerController alloc]
            initWithContentURL:movieURL] autorelease];
        moviePlayerController.view.frame = imageFrame;
        moviePlayerController.view.clipsToBounds = YES;
        [self.view addSubview:moviePlayerController.view];
        imageView.hidden = YES;
    }
}
```

O último novo método é aquele que os nossos dois métodos action chamam. É bem simples; ele apenas cria e configura um image picker, utilizando o `sourceType` passado para determinar se irá abrir a câmera ou a library de mídia. Adicione o seguinte código à parte inferior do arquivo:

```
- (void)getMediaFromSource:(UIImagePickerControllerSourceType)sourceType {
    NSArray *mediaTypes = [UIImagePickerController
        availableMediaTypesForSourceType:sourceType];
    if ([UIImagePickerController isSourceTypeAvailable:
         sourceType] && [mediaTypes count] > 0) {
        NSArray *mediaTypes = [UIImagePickerController
            availableMediaTypesForSourceType:sourceType];
        UIImagePickerController *picker =
        [[UIImagePickerController alloc] init];
        picker.mediaTypes = mediaTypes;
        picker.delegate = self;
        picker.allowsEditing = YES;
        picker.sourceType = sourceType;
        [self presentModalViewController:picker animated:YES];
        [picker release];
    }
    else {
        UIAlertView *alert = [[UIAlertView alloc]
                              initWithTitle:@"Error accessing media"
                              message:@"Device doesn't support that media source."
                              delegate:nil
                              cancelButtonTitle:@"Drat!"
                              otherButtonTitles:nil];
        [alert show];
        [alert release];
    }
}
@end
```

Isso é tudo o que precisamos fazer. Compile e execute. Se você tiver a oportunidade de executar em um aparelho de verdade, vá em frente e tente. Você deve conseguir tirar uma nova foto e dar mais ou menos zoom na imagem usando gestos de toque pinçados.

Se aumentar o zoom antes de apertar o botão *Use Photo*, a imagem que volta ao aplicativo no método delegate será a imagem recortada.

Foi Moleza!

Acredite ou não, isso é tudo que há para permitir que os usuários tirem fotos com a câmera do iPhone e as utilizem em seu aplicativo. Você pode até permitir que o usuário faça uma pequena quantidade de edição na imagem, se desejar.

No próximo capítulo, veremos como alcançar um público maior para os seus aplicativos do iPhone, facilitando a tradução deles para outros idiomas. *Êtes-vous prêt? Tournez la page et allez directement. Allez, allez!* (Está pronto? Vire a página e vá direto. Vai, vai!)

Capítulo 19

Localização do Aplicativo

Enquanto esse livro era escrito, o iPhone estava disponível em mais de 90 países diferentes, e esse número continuará aumentando com o tempo. Você pode comprar e usar um iPhone em todos os continentes, exceto na Antártida. O iPad ainda está um pouco atrás, já que a Apple tenta satisfazer à demanda dos países que ela considera mais relevantes, mas, em breve, certamente, será tão onipresente quando o iPhone.

Se você planeja liberar seu aplicativo na App Store, o seu mercado potencial é consideravelmente maior do que apenas as pessoas do seu país e que falam o seu idioma. Felizmente, o iPhone tem uma arquitetura robusta de **localização** que permite que você facilmente traduza seu aplicativo (ou que ele seja traduzido por outros) não apenas para diversos idiomas, mas para diversos dialetos de um mesmo idioma. Quer fornecer terminologias diferentes para os falantes da língua inglesa do Reino Unido e para os falantes da língua inglesa dos Estados Unidos? Tudo bem.

A localização não é um problema se você escreveu o código corretamente. É muito mais difícil aperfeiçoar um aplicativo existente para dar suporte à localização do que escrever dessa maneira desde o começo. Neste capítulo, vamos mostrar como escrever seu código para facilitar a localização e, depois, iremos localizar uma amostra de aplicativo.

Arquitetura de Localização

Quando um aplicativo não localizado é executado, todos os textos dos aplicativos são exibidos no idioma do desenvolvedor, também conhecido como **idioma básico de desenvolvimento**.

Quando os desenvolvedores decidem localizar os seus aplicativos, eles criam um subdiretório no pacote do aplicativo para cada idioma suportado. Cada subdiretório de idioma contém um subconjunto dos recursos do aplicativo que foram traduzidos para aquele idioma. Cada subdiretório é chamado de **projeto de localização** ou **pasta de localização**. Os nomes das pastas de localização sempre acabam com extensão *.lproj*.

No aplicativo Settings, o usuário pode configurar o formato do idioma e da região. Por exemplo, se o idioma do usuário for o inglês, as regiões disponíveis podem ser os Estados Unidos, a Austrália ou Hong Kong — todas as regiões em que o inglês é falado.

Quando um aplicativo localizado precisa carregar um recurso — como uma imagem, uma lista de propriedades ou um nib —, o aplicativo verifica o idioma do usuário e sua região e procura pela pasta de localização que corresponde a essa configuração. Se ele encontrar uma, irá carregar a versão localizada do recurso em vez da versão-base.

Para os usuários que selecionaram o francês como o idioma do iPhone e a França como região, o aplicativo irá procurar primeiro por uma pasta de localização com o nome de *fr_FR.lproj*. As duas primeiras letras do nome da pasta são o código ISO de dois dígitos que representa a língua francesa. As duas letras que seguem o sublinhado são o código ISO de dois dígitos que representa a França.

Se o aplicativo não conseguir achar um correspondente usando o código de dois dígitos, ele irá procurar por um usando um código ISO de três dígitos. No nosso exemplo, se o aplicativo não encontrar uma pasta chamada *fr_FR.lproj*, ele irá procurar uma pasta de localização chamada *fre_FR* ou *fra_FR*.

Todos os idiomas têm, pelo menos, um código de três dígitos. Alguns têm dois: um para a escrita do inglês e outro para a escrita nativa. Apenas alguns idiomas têm códigos de dois dígitos. Quando um idioma tiver um código de dois dígitos e um de três dígitos, o primeiro será a preferência.

NOTA: Você pode encontrar o atual código ISO de países na página na web da ISO. Os códigos de dois dígitos e os de três são parte do ISO 3166 padrão (`http://www.iso.org/iso/country_codes.htm`).

Se o aplicativo não conseguir localizar a pasta com o nome exato, ele irá procurar uma pasta de localização no pacote do aplicativo que corresponda apenas ao código do idioma, sem o código da região. Então, estando com um falante do francês da França, o aplicativo irá procurar, em seguida, por um projeto de localização chamado *fr.lproj*. Se ele não encontrar um projeto de idioma com esse nome, irá procurar por *fre.lproj* e, depois, por *fra.lproj*. Se nada disso for encontrado, ele verifica *French.lproj*. A última construção existe para suportar o legado dos aplicativos do Mac OS X, e, falando de maneira geral, você deve evitá-la.

Se o aplicativo não encontrar um projeto de idioma correspondente à combinação idioma/região ou apenas ao idioma, ele usará os recursos do idioma-base de desenvolvimento. Se encontrar um projeto de localização apropriado, sempre irá procurar ali primeiro por qualquer recurso que precisar. Se você carregar uma `UIImage` usando o `imageNamed:`, por exemplo, irá primeiro procurar uma imagem com o nome específico no projeto de localização. Se encontrar uma, irá utilizá-la. Se não encontrar, voltará para o recurso de idioma-base.

Se um aplicativo tiver mais de um projeto de localização correspondente (por exemplo, um projeto chamado *fr_FR.lproj* e outro chamado *fr.lproj*), ele irá olhar primeiro a correspondência mais específica; nesse caso, o *fr_FR.lproj*. Se não encontrar esse recurso ali, irá procurar *fr.lproj*. Isso lhe dá a possibilidade de fornecer recursos comuns para todos os falantes de idioma em um projeto de idioma, localizando apenas aqueles recursos que sofrem impactos por diferenças de dialeto ou de regiões geográficas.

Você deverá apenas localizar os recursos que são afetados pelo idioma ou pelo país. Se uma imagem no seu aplicativo não tiver palavras e seu significado for universal, não haverá necessidade de localizar essa imagem.

Arquivos de Strings

O que faremos com as literais e as constantes de strings no código-fonte? Considere este do capítulo anterior:

```
UIAlertView *alert = [[UIAlertView alloc]
    initWithTitle:@"Error accessing photo library"
          message:@"Device does not support a photo library"
         delegate:nil
cancelButtonTitle:@"Drat!"
otherButtonTitles:nil];
[alert show];
[alert release];
```

Se nos esforçamos para localizar o aplicativo para um público particular, certamente não queremos apresentar alertas escritos no idioma-base de desenvolvimento. A resposta é armazenar essas strings em arquivos de texto especiais chamados string files (**arquivos de strings**).

O Que É um Arquivo de Strings?

Os arquivos de strings não são nada mais do que arquivos de texto Unicode (UTF-16) que contêm uma lista de pares de strings, cada uma identificada por um comentário. Aqui está um exemplo de como um arquivo de strings pode parecer no seu aplicativo:

```
/* Used to ask the user his/her first name */
"First Name" = "First Name";

/* Used to get the user's last name */
"Last Name" = "Last Name";

/* Used to ask the user's birth date */
"Birthday" = "Birthday";
```

Os valores entre os caracteres /* e */ são apenas comentários para o tradutor.Eles não são utilizados no aplicativo e podem não ser adicionados, embora sejam uma boa ideia. Os comentários dão o contexto, mostrando como uma string específica é usada no aplicativo.

Você irá notar que cada linha lista a mesma string duas vezes. A string à esquerda do sinal de igual age como uma chave e sempre irá conter o mesmo valor, independentemente do idioma. O valor à direita do sinal é o que será traduzido para o idioma local. Então, os arquivos de strings anteriores, localizados em francês, podem parecer assim:

```
/* Used to ask the user his/her first name */
"First Name " = "Prénom";

/* Used to get the user's last name */
"Last Name " = "Nom de famille";

/* Used to ask the user's birth date */
"Birthday" = "Anniversaire";
```

A Macro Localizada de String

Você não irá, de fato, criar o arquivo de strings manualmente. Em vez disso, você irá incorporar todas as strings de textos localizáveis em um macro especial no seu código. Assim que seu código-fonte estiver finalizado e pronto para a localização, você irá executar um programa de linha de comando chamado `genstrings`, que irá procurar ocorrências da macro em todos os arquivos de código, tirando todas as strings e fixando-as em arquivos de string localizáveis.

Veja como a macro funciona. Primeiramente, eis uma declaração de string tradicional:

```
NSString *myString = @"First Name";
```

Para tornar essa linha localizável, faça o seguinte:

```
NSString *myString = NSLocalizedString(@"First Name",
    @"Used to ask the user his/her first name");
```

A macro `NSLocalizedFiles` tem dois parâmetros:

- O primeiro parâmetro é o valor de string no idioma-base. Se não houver localização, o aplicativo usará essa string.
- O segundo parâmetro será usado como um comentário no arquivo de strings.

`NSLocalizedString` procura no pacote do aplicativo, dentro do projeto de localização apropriado, um arquivo de strings chamado *localizable.strings*. Se ele não encontrar, irá retornar seu primeiro parâmetro, e a string irá aparecer no idioma-base de desenvolvimento, já que o aplicativo ainda não foi localizado.

Se o `NSLocalizedString` encontrar o arquivo de strings, ele irá procurar ali por uma linha que corresponda ao primeiro parâmetro. No exemplo anterior, o `NSLocalizedString` procurou no arquivo de strings pela string “`First Name`”. No caso de não encontrar um correspondente no projeto de localização que correspondesse à configuração de idioma do usuário, ele iria procurar um arquivo de strings no idioma-base e usar o valor lá. Se não houvesse arquivo de strings, ele apenas iria usar o primeiro parâmetro que você passou à macro `NSLocalizedString`.

Agora que você tem uma ideia de como a arquitetura de localização e o arquivo de strings funcionam, vamos dar uma olhada na localização em ação.

O iOS no Mundo Real: Localizando o Seu Aplicativo

Vamos criar um pequeno aplicativo que exibe a **localidade** atual do usuário. Uma localidade (uma instância do `NSLocale`) representa tanto o idioma do usuário quanto a região. Ela é usada pelo sistema para determinar qual idioma usar na interação com o usuário e como exibir informações de datas, de moedas correntes e de hora, entre outras coisas. Depois de criar o aplicativo, vamos localizá-lo em outros idiomas. Você irá aprender a localizar arquivos nib, arquivos de strings, imagens e, até mesmo, o nome de exibição do seu aplicativo.

Você pode ver como seu aplicativo irá parecer na Figura 19-1. O nome na parte superior vem da localidade do usuário. As palavras abaixo, no lado esquerdo da view, são rótulos estáticos configurados no arquivo nib. As palavras abaixo, no lado direito da view, são configuradas programaticamente usando outlets. A imagem da bandeira na parte inferior da tela é uma `UIImageView` estática.

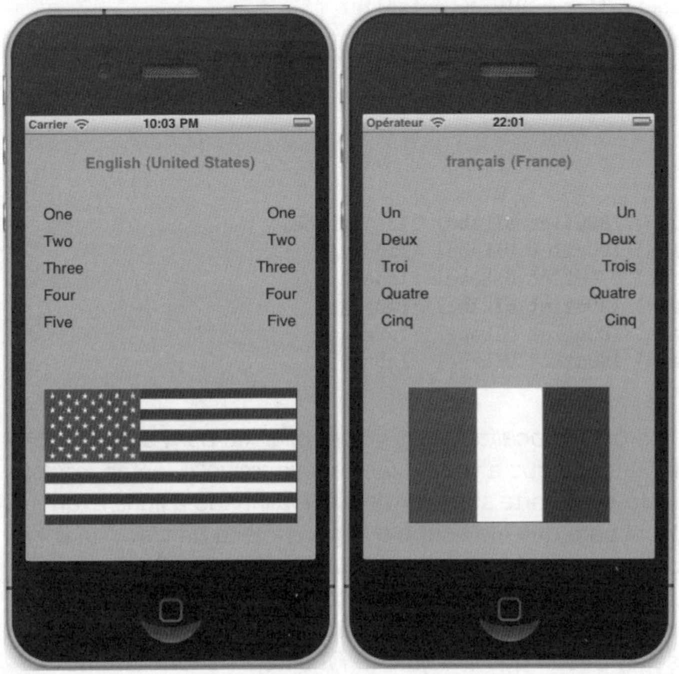

Figura 19-1. *O aplicativo LocalizeMe exibido com duas configurações de idioma/região diferentes.*

Vamos direto ao ponto.

Configurando o LocalizeMe

Crie um novo projeto no Xcode usando o template *View-based Application* e chame-o de *LocalizeMe*.

Se você olhar no arquivo do código-fonte, dentro da pasta *19 - LocalizeMe*, verá uma subpasta chamada *English.lproj*. Dentro dela, encontrará duas imagens: *icon.png* e *flag.png*. Arraste-as para a pasta *Resources* do seu projeto e certifique-se de ter ativado a caixa de seleção que copia os arquivos para o diretório do projeto.

Agora, clique em *LocalizeMe-Info.plist* e configure o valor *Icon File* para *icon.png*, a fim de que essa imagem do ícone seja usada como o ícone do seu aplicativo.

Precisamos criar outlets para um total de seis labels: uma para o label azul na parte superior da view e cinco para as palavras abaixo, no lado direito. Expanda a pasta *Classes*, selecione *LocalizeMeViewController.h* e faça as seguintes alterações:

```
#import <UIKit/UIKit.h>

@interface LocalizeMeViewController : UIViewController {
    UILabel *localeLabel;
    UILabel *label1;
    UILabel *label2;
    UILabel *label3;
    UILabel *label4;
    UILabel *label5;
}
@property (nonatomic, retain) IBOutlet UILabel *localeLabel;
@property (nonatomic, retain) IBOutlet UILabel *label1;
@property (nonatomic, retain) IBOutlet UILabel *label2;
@property (nonatomic, retain) IBOutlet UILabel *label3;
@property (nonatomic, retain) IBOutlet UILabel *label4;
@property (nonatomic, retain) IBOutlet UILabel *label5;
@end
```

Agora, clique duas vezes no arquivo *LocalizeMeViewController.xib* para editar a GUI no Interface Builder. Certifique-se de que a janela *View* esteja visível e, então, arraste um *Label* da library, colocando-o na parte superior da view, alinhado à linha azul superior. Redimensione o label para que ele ocupe a largura inteira da view, da linha azul à linha azul. Com o label selecionado, abra o attributes inspector. Configure o alinhamento do texto para centralizado e a cor para um azul claro usando o assistente de atributos. Você também pode utilizar o seletor de fonte para aumentar o tamanho da fonte, se desejar. Desde que o *Adjust to Fit* esteja selecionado no attributes inspector, o texto será redimensionado, se ficar muito grande, para caber.

Com o label posicionado, arraste o controle do ícone *File's Owner* para esse novo label e selecione a outlet *localeLabel*.

Em seguida, arraste mais cinco *Labels* da library e coloque-os na margem esquerda usando a linha azul, um acima do outro (veja a Figura 19-1). Redimensione os labels para que eles preencham metade da view ou um pouco menos. Clique duas vezes no label superior e altere de *Label* para *One*. Repita essa etapa com os outros quatro labels, mudando o texto para os números de *Two* a *Five*.

Arraste mais cinco *Labels* da library, dessa vez, posicionando-os na margem direita. Mude o alinhamento do texto usando o attributes inspector do objeto para que ele fique alinhado à direita e aumente o tamanho do label para que ele se alongue da linha azul da direita até cerca da metade da view. Arraste o controle do *File's Owner* para cada um dos cinco novos labels, conectando cada um a uma outlet diferente do label numerado. Agora, clique duas vezes em cada um dos novos labels e exclua o texto. Vamos configurar esses valores programaticamente.

Por fim, arraste uma *Image View* da library para a parte inferior da view. No attributes inspector, selecione *flag.png* para o atributo *Image* da view e redimensione a imagem para se alongar da linha azul à linha azul. No attributes inspector, altere o atributo

Mode do valor atual para *Aspect to Fit*. Nem todas as bandeiras têm a mesma proporção de aspecto, e queremos ter a certeza de que as versões localizadas da imagem pareçam certas. Selecionar essa opção fará com que a image view redimensione qualquer outra imagem inserida nessa view a fim de que ela caiba, mas manterá a proporção de aspecto correta (proporção altura/largura). Se preferir, deixe a bandeira mais alta, até que seus lados toquem as linhas azuis.

Salve as alterações e volte ao Xcode.

De volta ao Xcode, selecione *LocalizeMeViewController.m* e insira o seguinte código à parte superior do arquivo:

```
#import "LocalizeMeViewController.h"

@implementation LocalizeMeViewController
@synthesize localeLabel;
@synthesize label1;
@synthesize label2;
@synthesize label3;
@synthesize label4;
@synthesize label5;

- (void)viewDidLoad {
    NSLocale *locale = [NSLocale currentLocale];
    NSString *displayNameString = [locale
        displayNameForKey:NSLocaleIdentifier
        value:[locale localeIdentifier]];
    localeLabel.text = displayNameString;

    label1.text = NSLocalizedString(@"One", @"The number 1");
    label2.text = NSLocalizedString(@"Two", @"The number 2");
    label3.text = NSLocalizedString(@"Three", @"The number 3");
    label4.text = NSLocalizedString(@"Four", @"The number 4");
    label5.text = NSLocalizedString(@"Five", @"The number 5");
    [super viewDidLoad];
}
...
```

Além disso, adicione o seguinte código aos métodos `viewDidUnload` e `dealloc` existentes:

```
...
- (void)viewDidUnload {
    // Release any retained subviews of the main view.
    // e.g. self.myOutlet = nil;
    self.localeLabel = nil;
    self.label1 = nil;
    self.label2 = nil;
    self.label3 = nil;
    self.label4 = nil;
    self.label5 = nil;
    [super viewDidUnload];
}

- (void)dealloc {
    [localeLabel release];
    [label1 release];
```

```
    [label2 release];
    [label3 release];
    [label4 release];
    [label5 release];
    [super dealloc];
}
@end
```

O único item que precisamos ver nessa classe é o método `viewDidLoad`. A primeira coisa que fazemos ali é pegar a instância `NSLocale`, que representa a localidade atual do usuário, a qual pode nos informar quanto às preferências de idioma e de região e configurar o aplicativo Settings do iPhone.

```
NSLocale *locale = [NSLocale currentLocale];
```

A próxima linha do código pode precisar de um pouco mais de explicação. O `NSLocale` trabalha mais ou menos como um dicionário. Ele nos dá várias informações sobre as preferências atuais do usuário, inclusive o nome da moeda que ele usa e o formato da data que espera. Você pode encontrar uma lista completa das informações que você pode recuperar na referência da API do `NSLocale`.

Nesta linha de código, estamos recuperando o **identificador de localidade**, que é o nome do idioma e/ou da região que essa localidade representa. Usamos uma função chamada `displayNameForKey:value:`. O objetivo desse método é recuperar o valor do item requerido em um idioma específico.

O nome de exibição para o idioma francês, por exemplo, seria *Français*, em francês, mas *French*, em inglês. Esse método nos dá a possibilidade de recuperar dados de qualquer localidade para que possam ser exibidos de maneira apropriada a qualquer usuário. Nesse caso, colocamos o nome de exibição para a localidade no seu idioma, que é a razão pela qual inserimos `[locale localeIdentifier]` no segundo argumento. O `localeIdentifier` é uma string no formato que usamos anteriormente para criar nossos projetos de idioma. Para um falante da língua inglesa americana, seria *en_US* e, para um falante de francês na França, seria *fr_FR*.

```
NSString *displayNameString = [locale
            displayNameForKey:NSLocaleIdentifier
            value:[locale localeIdentifier]];
```

Assim que tivermos o nome de exibição, iremos utilizá-lo para configurar o label superior na view.

```
localeLabel.text = displayNameString;
```

Em seguida, configuramos os outros cinco labels para os números de um a cinco soletrados no nosso idioma-base de desenvolvimento. Também fornecemos um comentário dizendo o que cada palavra é. Você pode apenas fornecer linhas vazias se as palavras forem óbvias, como são aqui, mas qualquer string que passar no segundo argumento se tornará um comentário no arquivo de strings, então você pode usar este comentário para se comunicar com a pessoa que irá traduzir.

```
label1.text = NSLocalizedString(@"One", @"The number 1");
label2.text = NSLocalizedString(@"Two", @"The number 2");
label3.text = NSLocalizedString(@"Three", @"The number 3");
label4.text = NSLocalizedString(@"Four", @"The number 4");
label5.text = NSLocalizedString(@"Five", @"The number 5");
```

Vamos executar nosso aplicativo agora.

Testando o LocalizeMe

Você pode usar ou o simulador ou o aparelho para testar o LocalizeMe. O simulador parece armazenar em cache algumas configurações de idioma e região, então é melhor executar o aplicativo no aparelho, se tiver essa opção. Assim que o aplicativo iniciar, ele deverá se parecer com a Figura 19-2.

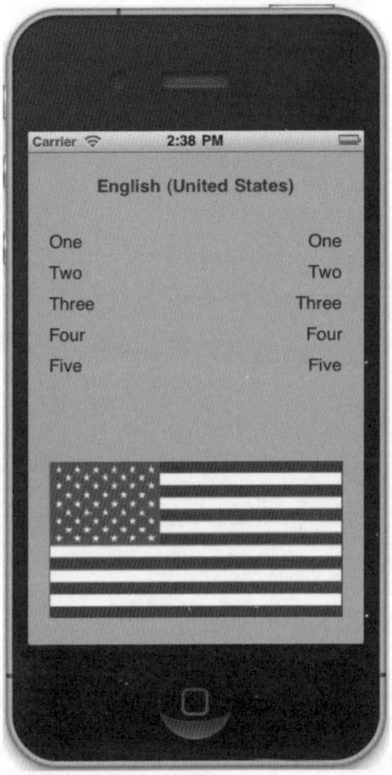

Figura 19-2. *O idioma em execução está no idioma-base do autor. Nosso aplicativo está configurado para localizar, mas ainda não está localizado.*

Usando as macros `NSLocalizedString` em vez das strings estáticas, estaremos todos prontos para a localização. No entanto, ainda não estamos localizados. Se você usar o aplicativo Settings no simulador ou no iPhone para alterar para outro idioma ou outra região, os resultados serão essencialmente os mesmos, exceto pelo label na parte superior da view (veja a Figura 19-3).

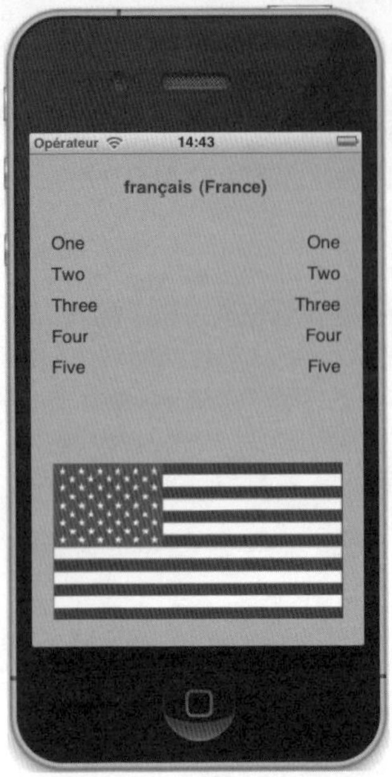

Figura 19-3. *O aplicativo não localizado executado em um iPhone configurado para usar o idioma francês da França.*

Localizando o Nib

Agora, vamos localizar o arquivo nib. O processo básico de localização de qualquer arquivo é o mesmo. No Xcode, clique uma vez em *LocalizeMeViewController.xib* e, em seguida, selecione `File > Get Info` (ou pressione ⌘I) para abrir a janela *Info* para esse arquivo.

> **ATENÇÃO:** O Xcode permitirá que você localize quase qualquer arquivo no navegador. Não é porque você pode que você deverá fazer isso. Nunca localize um arquivo de código-fonte. Fazer isso poderá causar erros de compilação, já que serão criados múltiplos arquivos de objeto com o mesmo nome.

Quando a janela *Info* aparecer, selecione a aba *General* e, em seguida, clique no botão que mostra *Make File Localizable*, na parte inferior à esquerda (veja a Figura 19-4).

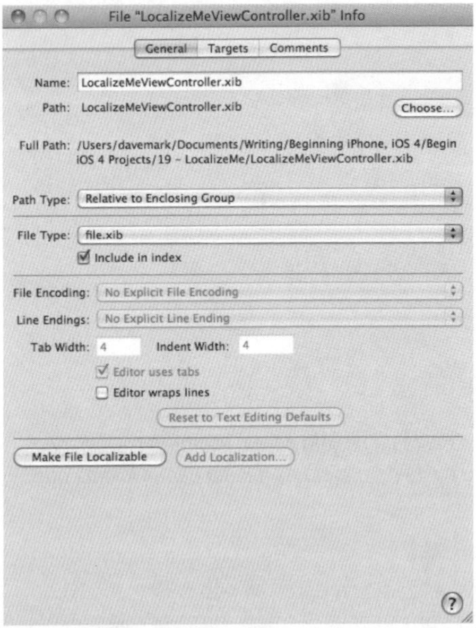

Figura 19-4. *A janela Info do LocalizeMeViewController.xib.*

Feche a janela *Info* e olhe o painel *Groups & Files* no Xcode. Observe que o arquivo *LocalizeMeViewController.xib* agora tem um triângulo de abertura próximo a ele, como se fosse um grupo ou uma pasta. Expanda-o e observe (veja a Figura 19-5).

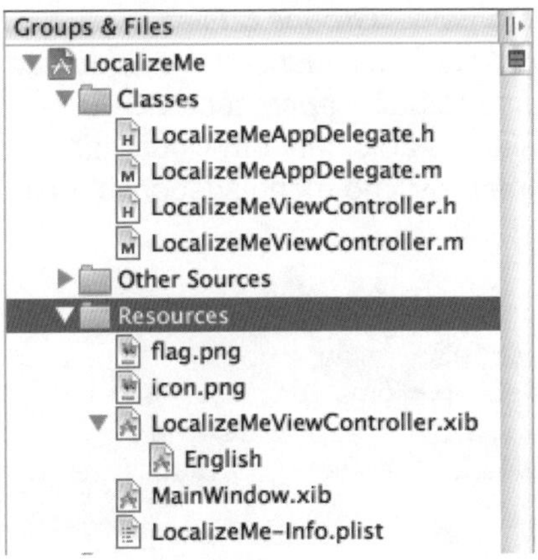

Figura 19-5. *Arquivos localizáveis têm um triângulo de abertura e um valor sucessor para cada idioma ou região que você adicionar.*

Em nosso projeto, o *LocalizeMeViewController.xib* tem um sucessor: *English*. Ele foi criado automaticamente e representa seu idioma-base de desenvolvimento. Vá ao Finder e abra a pasta de projeto *LocalizeMe*. Você deverá ver uma nova pasta chamada *English.lproj* (veja a Figura 19-6).

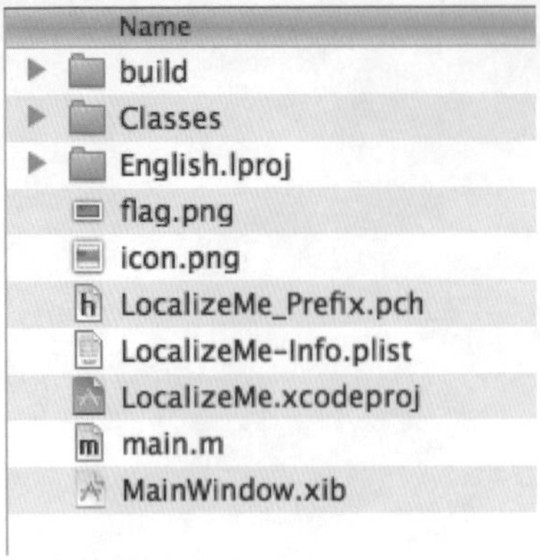

Figura 19-6. *No início, nosso projeto do Xcode incluía uma pasta de projeto para o idioma-base. Quando escolhemos fazer um arquivo localizável, o Xcode criou uma pasta de projeto de idioma para o idioma que selecionamos também.*

> **NOTA:** Na época em que este livro foi escrito, o Xcode ainda usava o nome do projeto do legado para o projeto de desenvolvimento de idioma-base, *English.lproj*, em vez de seguir a convenção de localização da Apple de usar o código ISO de idioma de duas letras, o que resultaria em uma pasta chamada *en.lproj*. Isso é listado nas notas da versão do Xcode 3.1 como um problema conhecido. Você não precisa mudar o nome dessa pasta, pois ela irá funcionar bem, mas use os códigos ISO para qualquer localização que você acrescentar.

Clique uma vez em *LocalizeMeViewController.xib* no painel *Groups & Files* novamente e pressione **⌘I** para abrir a janela *Info*. Volte à aba *General*, se ainda não estiver nela, e clique no botão *Add Localization*. Uma folha irá aparecer e perguntar se você quer inserir o nome da nova localização. Vamos adicionar uma localização para o idioma francês, então digite *fr*. Não selecione `French` no menu suspenso, pois ele irá usar o nome de legado *French*.

> **DICA:** Quando lidar com localidades, os códigos de idioma devem estar em letras minúsculas, mas os dos países devem estar em maiúsculas. Então, o nome certo para o projeto do idioma francês é *fr.lproj*, mas o projeto para o idioma francês parisiense (francês falado pelas pessoas na França) é *fr_FR.lproj*, não *fr_fr.lproj*. O sistema de arquivo do iOS é sensível a letras maiúsculas ou minúsculas, então é importante fazer a combinação corretamente.

Após pressionar return, o Xcode criará um novo projeto de localização na sua pasta de projetos chamada *fr.lproj* e irá copiar o *LocalizeMeViewController.xib* nela. No painel *Groups & Files*, o *LocalizeMeViewController.xib* deve ter, agora, dois sucessores: *English* e *fr*. Clique duas vezes em *fr* para abrir o arquivo nib que será mostrado aos falantes de francês.

O arquivo nib que abre no Interface Builder terá a aparência exata do que construímos anteriormente, pois o arquivo nib que acabamos de criar é uma cópia dele. Quaisquer alterações que fizer nele serão mostradas para as pessoas falantes do francês. Clique duas vezes em cada um dos rótulos à esquerda e mude-os de *One*, *Two*, *Three*, *Four*, *Five* para *Un*, *Deux*, *Trois*, *Quatre*, *Cinq*. Assim que terminar, salve o nib e volte ao Xcode. O seu nib agora estará localizado no francês. Compile e execute o programa. Depois que ele iniciar, pressione o botão home.

O simulador armazena as configurações em cache, então, se você estava prestes a continuar e executar o aplicativo agora, há uma grande chance de você ver exatamente o que viu antes. Para ter certeza de que viu a coisa certa, você precisa restaurar o simulador e fazer uma versão limpa do seu aplicativo (**`Build > Clean`**, e, depois, recrie).

O simulador tem uma opção no menu `iOS Simulator` para **`Reset Contents and Settings...`**. Selecione isso agora. Depois de selecionar, você verá a tela inicial. Ali, vá para o aplicativo Settings e selecione a linha *General* e a linha com o texto *International*. Daqui, você conseguirá mudar as preferências de idioma e de região (veja a Figura 19-7).

Figura 19-7. *Alterando o idioma e a região — as duas configurações que afetam a localidade do usuário.*

Você quer mudar primeiramente o *Region Format*, pois, ao mudar o idioma, o iOS irá restaurar e retornar à tela inicial. Mude o *Region Format* de *United States* para *France* (que está abaixo da linha para *French*) e, então, mude *Language* de *English* para *Français*. Clique no botão *Done* e saia do simulador. Agora, seu telefone está configurado para usar francês.

De volta ao Xcode, execute novamente seu aplicativo. Dessa vez, as palavras na parte inferior à esquerda devem aparecer em francês (veja a Figura 19-8).

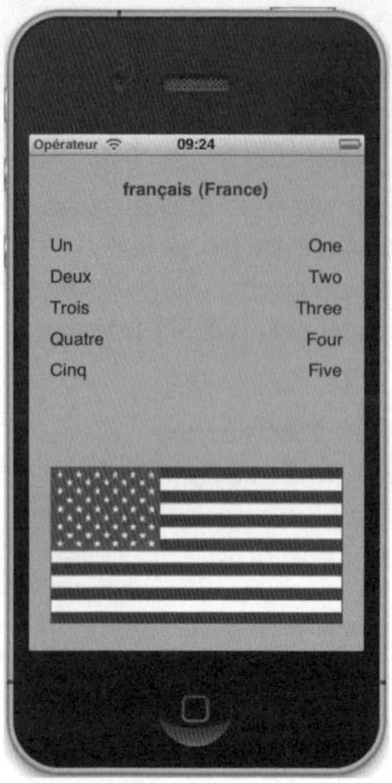

Figura 19-8. *O aplicativo está parcialmente traduzido para o francês agora.*

No entanto, a bandeira e a coluna à direita ainda estão erradas. Cuidaremos, em primeiro lugar, da bandeira.

Localizando uma Imagem

Poderíamos ter alterado a imagem da bandeira diretamente no nib, apenas selecionando uma imagem diferente para a image view no arquivo nib localizado em francês. Em vez de fazer isso, iremos, de fato, localizar a própria imagem da bandeira.

Quando uma imagem ou outro recurso usado por um nib for localizado, ele irá automaticamente mostrar a versão correta para o idioma (no entanto, não para dialeto, até o momento desta publicação). Se localizarmos o arquivo *flag.png* com uma versão em francês, o nib irá automaticamente mostrar a bandeira correta quando apropriado.

Primeiramente, saia do simulador e certifique-se de que o aplicativo tenha parado. De volta ao Xcode, clique uma vez em *flag.png* no painel *Groups & Files* do Xcode. Em seguida, pressione ⌘I para abrir a janela *Info* para aquele arquivo e clique no botão *Make File Localizable*. Ao fazer isso, o Xcode irá copiar *flag.png* para a pasta *English.lproj* (ou da pasta do seu idioma-base, se for diferente).

Mude para a aba *General* e clique no botão *Add Localization*. Quando for solicitado um idioma, digite *fr* e clique no botão *Add*. Agora, você encontrará outro arquivo na sua pasta *fr.lproj* dentro da pasta do seu projeto. Esse novo arquivo, *flag.png* é uma cópia do arquivo *flag.png* do idioma-base. Evidentemente, essa não é a imagem correta. Como o Xcode não permite que você edite arquivos de imagem, a maneira mais fácil de obter a imagem correta no projeto de localização é simplesmente copiar essa imagem para o projeto usando o Finder.

Na pasta Resources da pasta *19 – LocalizeMe*, você encontrará uma subpasta chamada *fr*. Nela, você encontrará um arquivo *flag.png*, que contém a bandeira da França em vez da norte-americana. Copie o arquivo *flag.png* dali para a subpasta *fr.lproj* do seu projeto, sobrescrevendo o arquivo que está lá.

É isso. Você terminou. Se você estiver executando no simulador, restaure-o e feche-o. Volte ao Xcode e selecione `Build > Clean`, como fez antes de executar novamente o programa. Ao executá-lo, você precisará redefinir a região e o idioma para que a bandeira francesa apareça.

Se você estiver executando em um aparelho, seu iPhone provavelmente armazenou em cache a bandeira norte-americana na última vez em que você executou o aplicativo. Vamos remover o aplicativo antigo do seu iPhone utilizando a janela *Organizer*, do Xcode.

Selecione `Window > Organizer` ou pressione ^⌘O. Na aba *Summary* (veja a Figura 19-9), você verá três seções. A seção mais abaixo é chamada de *Applications*. Na lista de aplicativos, procure por *LocalizeMe*. Selecione-o e clique no botão de menos para remover a versão antiga desse aplicativo e os locais de armazenamento associados a ele.

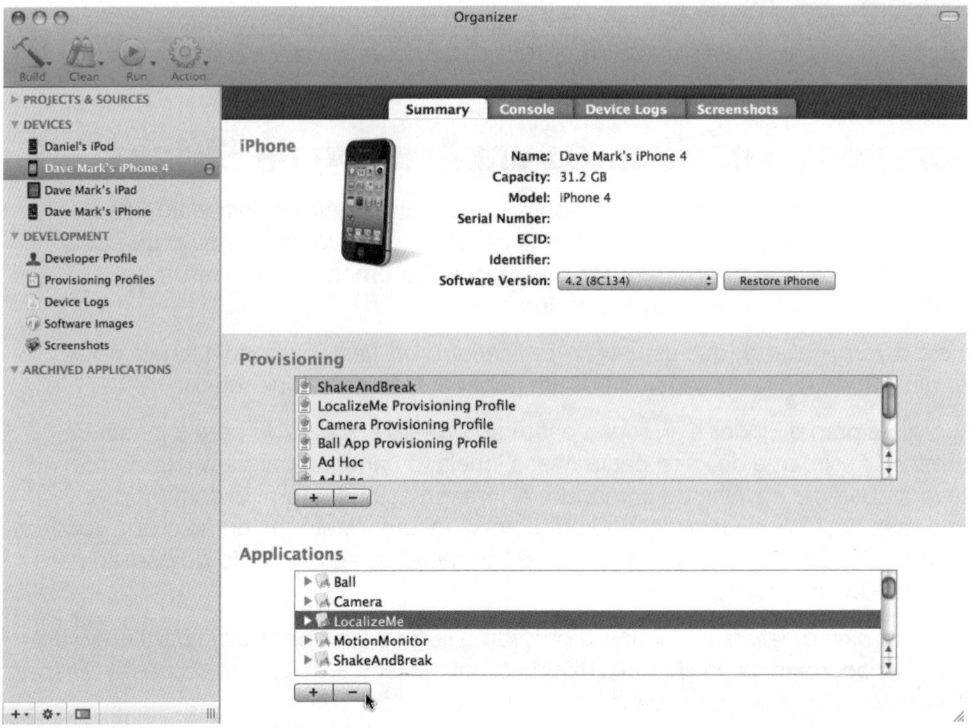

Figura 19-9. *Se você estiver executando seu aplicativo em um aparelho iOS, irá utilizar a janela Organizer, do Xcode, para exclui-lo.*

Agora, selecione `Build` ➤ `Clean`, construa e execute novamente o aplicativo. Assim que ele iniciar, você precisará redefinir a região e, depois, o idioma. A bandeira francesa, agora, deverá aparecer junto às palavras em francês do lado esquerdo (veja a Figura 19-10).

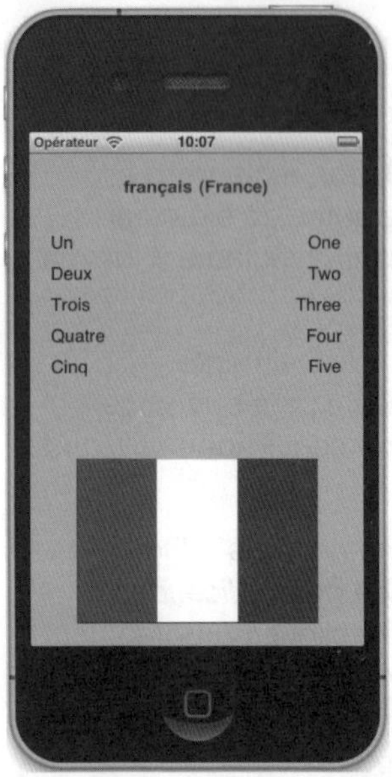

Figura 19-10. *A imagem da bandeira e o nib do aplicativo, agora, estão localizados em francês.*

Gerando e Localizando um Arquivo de Strings

Na Figura 17-10, você verá que as palavras do lado direito da view ainda estão em inglês. Para traduzi-las, precisamos gerar um arquivo de strings para nosso idioma-base e localizá-lo. Para fazer isso, precisaremos deixar o território confortável do Xcode por alguns minutos.

Inicie o *Terminal.app*, que está em */Applications/Utilities/*. Quando a janela do terminal abrir, digite *cd* seguido por um espaço. Não pressione return.

Agora, vá para o Finder e arraste a pasta do projeto *LocalizeMe* para a janela do terminal. Assim que deixar a pasta nessa janela, o caminho para a pasta do projeto deverá aparecer na linha de comando. Agora, pressione return. O comando `cd` é uma maneira Unix de falar "change directory" (alterar diretório), então o que você acabou de fazer foi guiar a sua sessão do terminal do seu diretório de padrão para o diretório do seu projeto.

Nosso próximo passo é executar o programa `genstrings` e dizer a ele para encontrar todas as ocorrências do `NSLocalizedStrings` nos nossos arquivos *.m* da pasta *Classes*. Para fazer isso, digite o seguinte comando e pressione return:

```
genstrings ./Classes/*.m
```

Quando o comando acabar de ser executado (leva apenas um segundo em um projeto desse tamanho), você será levado de volta à linha de comando. No Finder, procure na pasta do projeto por um novo arquivo chamado *Localizable.strings*. Arraste-o para a pasta *Resources* no Xcode, mas, quando ele pedir, não aperte o botão Add ainda.

> **DICA:** Você pode executar novamente o `genstring` a qualquer momento para recriar seu arquivo de idioma-base, mas, ao localizar seu arquivo de strings em outro idioma, é importante que você não altere o texto usado em qualquer macro `NSLocalizedString()`. Essa versão de idioma-base da string é usada como uma chave para recuperar as traduções, então, se você alterá-las, a versão traduzida não será mais encontrada, e você precisará atualizar o arquivo de strings localizado ou traduzi-lo novamente.

Os arquivos *Localizable.strings* são codificados em UTF-16, que é uma versão de dois bytes do Unicode. A maioria de nós provavelmente está usando o UTF-8 ou um esquema de codificação no idioma local como nosso codificador padrão no Xcode. Quando importamos o arquivo *Localizable.strings* para o nosso projeto, precisamos levar isso em conta. Primeiramente, desmarque a caixa que diz *Copy items into destination group's folder (if necessary)*, pois o arquivo já está na pasta do nosso projeto. E o mais importante: mude a codificação do texto para *Unicode* (*UFT-16*). Se você não fizer isso, o arquivo parecerá sem sentido quando você tentar editar no Xcode.

Agora, siga em frente e clique no botão *Add*. Assim que o arquivo for importado, clique uma vez em *Localizable.strings*, em *Resources*, e dê uma olhada nele. Ele contém cinco entradas, pois usamos o `NSLocalizableString` cinco vezes com cinco valores distintos. Os valores que passamos como um segundo argumento se tornaram um comentário para cada string.

As strings foram geradas em ordem alfabética, que é uma característica boa. Nesse caso, porém, já que estamos lidando com números, a ordem alfabética não é a maneira mais intuitiva de apresentá-las; no entanto, na maioria dos casos, mantê-las em ordem alfabética será útil.

```
/* The number 5 */
"Five" = "Five";

/* The number 4 */
"Four" = "Four";

/* The number 1 */
"One" = "One";

/* The number 3 */
"Three" = "Three";

/* The number 2 */
"Two" = "Two";
```

Vamos localizar essa coisa.

Clique uma vez em *Localizable.strings* e repita as mesmas etapas que fizemos para as outras localizações:

- Abra a janela info, se ela ainda não estiver visível.
- Clique no botão *Make File Localizable* para que o arquivo seja localizado.
- Mude para a aba *General* e clique no botão *Add Localization*. Insira *fr* para o nome da nova localização e clique em *Add*.

De volta ao painel *Groups & Files* do Xcode, selecione a localização francesa do arquivo. No editor, faça as seguintes alterações:

```
/* The number 5 */
"Five" = "Cinq";

/* The number 4 */
"Four" = "Quatre";

/* The number 1 */
"One" = "Un";

/* The number 3 */
"Three" = "Trois";

/* The number 2 */
"Two" = "Deux";
```

Na vida real (a menos que você seja poliglota), você normalmente mandaria esse arquivo para um serviço de tradução para traduzir os valores à direita dos sinais de igual. Nesse exemplo simples, cheio de conhecimentos que vieram de anos assistindo a Vila Sésamo, nós mesmos podemos fazer a tradução.

Agora, salve, compile e execute o aplicativo. Os números relevantes deverão estar traduzidos para o francês.

Localizando o Nome de Exibição do Aplicativo

Queremos mostrar a você uma última parte da localização que é muito utilizada: a localização do nome do aplicativo que está visível na tela inicial e em qualquer outro lugar. A Apple faz isso para diversos aplicativos incorporados, e você poderá querer fazer isso também.

O nome do aplicativo utilizado para exibição é armazenado no arquivo *Info.plist* do seu aplicativo, que, no nosso caso, é chamado de *LocalizeMe-Info.plist*. Selecione esse arquivo para edição e você verá que um dos itens que ele contém, *Bundle display name*, está atualmente definido para *${PRODUCT_NAME}*.

Na sintaxe usada pelos arquivos *Info.plist*, qualquer coisa que começar por um sinal de dólar estará sujeito à substituição de variável. Nesse caso, isso significa que, quando o Xcode compila o aplicativo, o valor desse item será substituído pelo nome do "produto" nesse projeto do Xcode, que é o nome do próprio aplicativo. É aí que queremos fazer alguma localização, substituindo *${PRODUCT_NAME}* pelo nome localizado para cada idioma. No entanto, ao que parece, isso não funciona tão facilmente quando você espera.

O arquivo *Info.plist* é como um caso especial e não foi feito para ser localizado. Em vez disso, se você quiser localizar o conteúdo de *Info.plist*, precisará fazer versões localizadas de um arquivo chamado *InfoPlist.strings*. Vamos criá-lo agora.

Selecione a pasta *Resources* e escolha `File > New File...`. Selecione *Resource* no cabeçalho *Mac OS X* e escolha *Strings File*. Clique em *Next* e nomeie o arquivo para *InfoPlist.strings*. Crie uma localização francesa utilizando as mesmas etapas que você executou para as localizações anteriores.

Agora, queremos adicionar uma linha para definir o nome de exibição para o aplicativo. No arquivo *LocalizeMe-Info.plist*, vimos o nome de exibição associado a uma chave de dicionário chamada *Bundle display name*, mas não é o nome real da chave! É apenas uma delicadeza do Xcode, tentando dar um nome mais amigável e legível. O nome real é *CFBundleDisplayName*, que você poderá verificar selecionando *LocalizeMe-Info.plist*, clicando com o botão direito em qualquer lugar da view e selecionando **Show Raw Keys/Values**. Isso mostra a você os nomes reais das chaves em uso.

Então, selecione a localização em inglês de *InfoPlist.strings* e adicione a seguinte linha:

```
CFBundleDisplayName = "Localize Me";
```

Agora, continue e faça uma nova localização francesa do arquivo *InfoPlist.strings*, assim como fez com os outros. Edite o arquivo para dar ao aplicativo um nome apropriado em francês:

```
CFBundleDisplayName = "Localisez Moi";
```

Se você criar e executar no simulador agora, poderá não ver o novo nome. O iOS parece armazenar essa informação em cache quando um novo aplicativo é adicionado, mas não necessariamente o muda quando um aplicativo existente é substituído por uma nova versão — pelo menos, não quando o Xcode está fazendo a substituição. Então, se você estiver executando o simulador em francês, mas não vir o novo nome, não se preocupe. Apenas exclua o aplicativo do simulador, volte ao Xcode, crie e execute novamente o aplicativo.

Agora, nosso aplicativo estará totalmente localizado em francês.

> **DICA:** Nós demos a você informações da subpasta *Resources* da 19 *LocalizeMe* para fazer a localização em alemão e francês do Canadá, para se quiser praticar um pouco mais. Você encontrará mais duas cópias dos arquivos *flag.png*, *Localizable.strings* e *InfoPlist.strings*, que você poderá utilizar se quiser tentar adicionar suportes a outros idiomas.

Auf Wiedersehen (Até Logo)

Se quiser maximizar as vendas do seu aplicativo do iOS, localize o quanto for possível. Felizmente, a arquitetura de localização do iOS facilita o trabalho de suporte a vários idiomas e, até mesmo, a diversos dialetos de um mesmo idioma dentro do seu aplicativo. Como você viu neste capítulo, quase qualquer tipo de arquivo que você adicionar ao seu aplicativo poderá ser localizado, conforme necessário.

Mesmo se você não planejar localizar o seu aplicativo, pegue o hábito de usar o `NSLocalizedString` em vez de usar apenas as strings estáticas no seu código. Com o recurso Code Sense do Xcode, a diferença no tempo de digitação é insignificante, e, se um dia você quiser traduzir o seu aplicativo, sua vida se tornará muito, muito mais fácil.

A essa altura, nossa jornada está quase no fim. Estamos quase no final das nossas viagens juntos. Depois do próximo capítulo, diremos *sayonara*, *au revoir*, *auf wiedersehen*, *avtío*, *arrivederci* e *adiós*. Agora, você tem uma base sólida que pode usar para construir seus próprios aplicativos do iOS maneiros. Fique por aqui para a festa de despedida, pois temos ainda algumas pequenas informações para você.

Capítulo 20

Para Onde Agora?

Nossa, uau! Você ainda está conosco, hein? Ótimo! Com certeza, foi uma longa jornada desde o primeiríssimo aplicativo do iOS que construímos juntos. Você certamente amadureceu muito. Adoraríamos dizer que agora você sabe tudo, mas, quando se trata de tecnologia, e especialmente quando se trata de programação, você nunca sabe tudo.

A linguagem e os frameworks com os quais estivemos trabalhando nos últimos 19 capítulos são o resultado final de mais de 20 anos de evolução. E os engenheiros da Apple estão trabalhando fervorosamente, sem intervalos, pensando nas próximas coisas legais. A plataforma do iOS apenas começou a florescer. Existe muito mais por vir.

Percorrendo todo este livro, você construiu para si mesmo uma forte base. Você tem um conhecimento sólido do Objective-C, do Cocoa Touch e das ferramentas que unem essas tecnologias para criar novos aplicativos incríveis para iPhone, iPod touch e iPad. Você entende sobre a arquitetura do software do iOS — os padrões de criação que fazem o Cocoa Touch cantar. Resumindo, você está pronto para trilhar seu próprio caminho. Estamos tão orgulhosos! Para onde agora?

Soltando-se

Em sua essência, programar é resolver problemas — descobrir coisas. É divertido e recompensador. No entanto, às vezes, você irá se deparar com um quebra-cabeça que parece insuperável — um problema que parece não ter solução.

Às vezes, a resposta apenas aparecerá se você tirar uma folga do problema. Uma boa noite de sono ou algumas horas fazendo alguma coisa diferente podem, muitas vezes, ser necessárias para fazer você superar isso. Acredite em nós — você pode olhar para o mesmo problema por horas, analisar mais do que o necessário e ficar tão agitado que deixará passar uma solução óbvia.

E, aí, há vezes em que nem a mudança de cenário ajuda. Nessas situações, é bom ter amigos influentes. A seção seguinte esboça alguns recursos aos quais você pode recorrer quando estiver em apuros.

A Documentação da Apple

Torne-se alguém com o navegador de documentação do Xcode. O navegador de documentação é um auxiliar para um incrível código-fonte de amostra extremamente valioso, guias conceituais, referências de API, tutoriais de vídeos e muito mais.

Existem algumas áreas do iOS sobre as quais você não poderá aprender mais passando pela documentação da Apple. E, se você ficar à vontade com a documentação da Apple, atravessando territórios não registrados e novas tecnologias enquanto a Apple as desenvolve, será mais fácil.

> **NOTA:** O navegador de documentação do Xcode leva você às mesmas informações que você pode obter indo ao site Apple's Developer Connection, em `http://developer.apple.com`.

Listas de Correspondência

Você também pode se registrar nestas listas de discussão úteis:

Cocoa-dev: esta lista de volume consideravelmente alto e executada pela Apple é principalmente sobre o Cocoa para o Mac OS X. Devido à herança em comum entre o Cocoa e o Cocoa Touch, entretanto, muitas pessoas desta lista poderão lhe ajudar. Assegure-se de procurar nos arquivos da lista antes de fazer perguntas.

`http://lists.apple.com/mailman/listinfo/cocoa-dev`

Xcode-users: outra lista mantida pela Apple, específica para perguntas e problemas relacionados ao Xcode.

`http://lists.apple.com/mailman/listinfo/xcode-users`

Quartz-dev: esta é uma lista de correspondência mantida pela Apple para a discussão das tecnologias Quartz 2D e Core Graphics.

`http://lists.apple.com/mailman/listinfo/quartz-dev`

Cocoa-unbound: esta lista, sugerida para discussão sobre o desenvolvimento do Mac e do iOS, surgiu em 2010 em resposta à moderação às vezes forte de algumas listas de execução da Apple, principalmente a Cocoa-dev. O volume de postagem é menor aqui, e os tópicos podem ser um pouco fora do contexto.

`http://groups.google.com/group/cocoa-unbound`

Phone SDK Development: outra lista de terceiros, focada totalmente no desenvolvimento do iOS. Você encontrará uma comunidade média aqui, com um bom elenco.

`http://groups.google.com/groups/iphonesdkdevelopment`

Fóruns de Discussão

Estes fóruns de discussão permitem que você poste suas perguntas para vários leitores de fóruns:

iphonedevbook.com: o fórum oficial deste livro apresenta uma comunidade ativa e vibrante, com várias pessoas com sabedoria e sensibilidade para comprar nosso livro, assim como você.

`http://iphonedevbook.com/forum`

Apple Developer Forums: este é um fórum da web definido pela Apple especificamente para a discussão de desenvolvimento de software do iOS e do Mac. Muitos programadores de iOS, iniciantes e experientes (incluindo muitos engenheiros e evangelistas da Apple), contribuem para este fórum. É também o único local que pode legalmente falar sobre os problemas das versões de pré-lançamento do SDK que estejam sob acordo de sigilo. Você precisará se registrar com seu ID da Apple para acessar este fórum.

`http://devforums.apple.com`

iPhone Dev SDK: neste fórum da web, os programadores do iOS, iniciantes e experientes, compartilham problemas e conselhos.

`http://www.iphonedevsdk.com`

Apple Discussions, Developer Forums: este link conecta você aos fóruns da comunidade da Apple para os desenvolvedores de software do Mac e do iOS.

`http://discussions.apple.com/category.jspa?categoryID=164`

Apple Discussions, iPhone: este link se conecta ao fórum da comunidade da Apple para discussões sobre o iPhone.

`http://discussions.apple.com/category.jspa?categoryID=201`

Sites

Visite estes sites para conselhos úteis sobre codificação:

CocoaDev: maior e mais original wiki focado no desenvolvimento do Cocoa. Muito do que você encontrar aqui antecede o iOS, mas muito se aplica igualmente bem ao Mac e ao iOS.

`http://www.cocoadev.com`

Cocoa Dev Central: este portal contém links para vários sites e tutoriais relacionados ao Cocoa.

`http://www.cocoadevcentral.com`

CocoaHeads: este é um site de um grupo dedicado a ver suportes e promoções do Cocoa. Ele foca em grupos locais, com reuniões regulares em que programadores do Cocoa podem se reunir e se ajudar. Não há nada melhor do que conhecer uma pessoa de verdade que pode lhe ajudar, então se houver um grupo CocoaHeads na sua área, dê uma olhada. Se não, por que não iniciar um?

`http://cocoaheads.org`

NSCoder Night: as NSCoder Nights são reuniões semanais organizadas em que os programadores do Cocoa se encontram para codificar e socializar. Assim como os encontros CocoaHeads, as NSCoder Nights são eventos locais organizados de maneira independente.

`http://nscodernight.com`

Stack Overflow: este é um site voltado para programadores. Muitos programadores experientes de iOS se encontram lá e respondem às perguntas dos demais.

`http://stackoverflow.com`

iDeveloper TV: este é um ótimo recurso para treinamento intenso em vídeo sobre o desenvolvimento de iOS e Mac; pago. Ele também contém conteúdos de vídeo legais e gratuitos, a maioria oriunda da NSConference (listada na seção "Conferências"), executados pelas mesmas pessoas por trás do iDeveloper TV.

`http://ideveloper.tv`

Blogs

Se você ainda não encontrou uma solução para o seu dilema de codificação, talvez queira ler estes blogs:

Blog do Wil Shipley: Wil Shipley é um dos programadores mais experientes de Objective-C no planeta. A sua série *Pimp My Code* de postagens de blog deve ser leitura obrigatória para qualquer programador de Objective-C.

`http://www.wilshipley.com/blog`

Blog do Wolf Rentzsch: Wolf Rentzsch é um programador de Cocoa independente e experiente e é o fundador da conferência de desenvolvedores independentes do C4.

`http://rentzch.tumblr.com`

Blog do Chris Hanson: Chris Hanson trabalha na Apple no time do Xcode, e seu blog está repleto de ótimas visões e informações sobre o Xcode e tópicos relacionados.

`http://eschatologist.net/blog`

iDev Blog a Day: este é um blog de vários autores, cuja autoria alterna diariamente entre vários desenvolvedores independentes de software de iOS e Mac. Siga este blog e você terá diferentes opiniões dos desenvolvedores todos os dias.

`http://idevblogaday.com`

CocoaCast: tem um blog e um podcast sobre vários tópicos de programação do Cocoa, disponíveis em inglês e em francês.

`http://cocoacast.com`

Blog do Mike Ash: Mike é *esse cara*, sabe. Esse feed RSS apresenta a coleção do Mike sobre seus P&R de sexta-feira do iOS em andamento.

`http://www.mikeash.com/pyblog/`

Conferências

Às vezes, livros e sites não são o suficiente. Participar de uma conferência focada no iOS pode ser uma ótima maneira de ter novas visões e encontrar outros desenvolvedores. Eis algumas delas:

WWDC: a Conferência Mundial de Desenvolvedor (World Wide Developer Conference), da Apple, é o evento anual em que a Apple geralmente libera as novas coisas para a sua comunidade de desenvolvedores.

`http://developer.apple.com/wwdc`

MacTech: esta é uma conferência para programadores de Mac e iOS e para profissionais de TI.

`http://mactechcom/conference`

NSConference: este evento de vários continentes ocorre no Reino Unido e nos Estados Unidos, por enquanto. Ele é feito e promovido por Steve "Scotty" Scott, talvez o homem que mais trabalha na cena das conferências sobre Mac/iOS.

`http://nsconference.com`

360 iDev: esta conferência anual, que ocorre a cada vez em uma cidade diferente, parece estar ganhando popularidade.

`http://www.360idev.com`

iPhone/iPad DevCon: esta conferência é recente. No momento da redação deste livro, ela tinha acontecido apenas uma vez, mas fique de olho nela.

`http://www.iphonedevcon.com`

Siga os Autores

Dave, Jack e Jeff são usuários ativos do Twitter. Você pode segui-los em @davemark, @ jacknutting e @jeff_lamarche, respectivamente. Todos eles têm blogs também:

- O blog de desenvolvimento de iOS do Jeff contém muito material técnico ótimo. Certifique-se de verificar a grande série da OpenGL ES.

  http://iphonedevelopment.blogspot.com

- O blog do Dave é apenas uma fatia de tudo o que há sob o sol. Há alguns materiais técnicos, mas a maioria é coisa que prende a atenção dele.

  http://www.davemark.com

- O cantinho do Jack na internet é tão surpreendentemente atualizado que praticamente tira o "registro" de "blog". No entanto, ele continua prometendo ajustar as coisas.

  http://www.nuthole.com

> **DICA:** Você está falando sério sobre mergulhar mais a fundo no SDK do iOS e, principalmente, sobre estar interessado em toda essa ótima funcionalidade apresentada com o SDK do iOS 4 (sobre o qual apenas falamos brevemente neste livro)? Se estiver, verifique *More iPhone 4 Development: Further Explorations of the iOS SDK* (http://apress.com/book/view/1430232528), também escrito por Dave Mark, Jack Nutting e Jeff LaMarche (Apress, 2011).

Se todo o resto falhar, envie-nos um e-mail para begin4errata@iphonedevbook.com ou para editora Alta Books, através do endereço contate@altabooks.com.br. Esse é o destinatário ideal para mandar e-mails sobre erros de impressão no livro ou falhas no *nosso* código. Não prometemos prometer responder a todos os e-mails, mas todos eles serão lidos. Assegure-se de ler a errata no site da Apress e nos fóruns em http://iphonedevbook.com/forum antes de apertar *Enviar*. E, por favor, escreva-nos (em inglês) e conte sobre os aplicativos legais que você desenvolveu.

Adeus

Estamos certamente muito felizes por você ter nos acompanhado nessa jornada. Desejamos muita sorte a você e esperamos que goste de programar para o iOS tanto quanto nós.

Índice

B

C

D

E

F

J

K

L

M

N

O

P

Q

R

S

T

U

V